세계를 뒤흔든 1968

세계를 뒤흔든 1968

크리스 하먼 지음 · 이수현 옮김

책갈피

세계를 뒤흔든 1968

지은이 크리스 하먼
옮긴이 이수현
펴낸곳 도서출판 책갈피
펴낸이 최수진
주소 서울 중구 필동 1가 21-2 대덕빌딩 205호(100-866)
전화 (02) 2265-6354
팩스 (02) 2265-6395
출판등록 1992년 2월 14일(제18-29호)

초판 1쇄 발행일 2004년 2월 28일
초판 4쇄 발행일 2022년 10월 5일

값 16,000원

ISBN 89-7966-032-4 03300
잘못된 책은 바꿔 드립니다.

CONTENTS

한국어판에 부치는 저자 머리말

1988년 초에 처음 출간된 이 책의 영어판은 그보다 20년 전에 분출한 더 나은 세계를 위한 투쟁의 물결을 축하하고 설명하기 위한 것이었다. 당시 유럽과 북아메리카 주류 언론의 평론가들은 그 운동을 철부지들의 하찮은 바보짓쯤으로 무시하고 있었다.

자본주의에 맞선 반란은 마차를 타고 여행하는 것이나 비둘기를 이용해 연락을 주고받는 것과 마찬가지로 시대에 뒤진 일이라고 그들은 말했다. 이런 메시지는 [1968년의] 30주년인 1998년에 훨씬 더 강력하게 주입됐다. 옛 동구권의 몰락으로 "새로운 세계 질서"가 형성됐고, 거기서는 자본주의만 선택할 수 있을 뿐이라는 것이었다.

그 뒤 정말 많은 것이 변했다. 1999년 11월, 즉 20세기가 끝나가던 바로 그때 자본주의적 세계화에 반대하는 새로운 국제 저항 운동이 시애틀 거리에서 탄생했다. 그 운동은 워싱턴·프라하·멜버른·예테보리·피렌체·세비야의 거대한 시위들을 거치며 더 확산되고 성장했다. 그 운동은 이탈리아 제노바에서 극악한 경찰 폭력에 맞서 싸웠다. 브라질 포르투 알레그레, [프랑스] 파리, 인도 뭄바이에서 수만 명씩 참가한 토론회들을 조직했다. 그리고 2003년 2월 15일 사상 최대의 국제 반전 시위를 건설하는 데서 핵심적 구실을 했다.

그 운동의 슬로건—"다른 세계는 가능하다"—은 이 책에서 묘사한 모든 투쟁들을 관통하는 정서를 요약하고 있다. 1966년과 1967년에 느리게 발전하다가 1968년에 유럽·아메리카·호주, 그리고 일부 아시아 지역에서 엄청난 동력을 얻은 것은 더 나은 세계를 위한 열정과 그런 세계의 실현을 방해하는 세력들에 대한 분노였고, 이는 시애틀 시위 이후 운동을 고무하는 정서와 매우 비슷한 것이었다. 그 운동은 1960년대와 함께 끝나지도 않았다. 그것은 계속 사람들을 자극해 행동에 나서게 만들었고 ― 학생들뿐 아니라 점차 노동자들도 자극했다 ― 1974년과 1975년까지 이어지며 스페인과 포르투갈을 지배하던 파시스트 정권들과 미국 닉슨 정부의 운명을 결정지었다.

기성 체제의 옹호자들은 그런 투쟁들에서 나타난 혼란, 실수, 일시적 부조리에 비난을 퍼부었다. 물론 혼란, 실수, 심지어 모종의 부조리가 있었던 것은 사실이다. 그러나 가장 중요한 문제들에서 운동은 옳았고, 옳았으며, 또 옳았다. 베트남 민중에게 파쇄탄과 화학무기를 퍼부은 미국 군대의 끔찍한 야만성에 반대한 것은 옳았다. 민주주의적 통치자들이라던 미국과 유럽의 지배자들이 브라질·볼리비아·자이르·인도네시아·한국·기타 수십 군데의 사악한 독재 정권들을 후원한 위선을 폭로한 것은 옳았다. 자본주의가 선진국 민중의 생활수준을 저하시키고 제3세계의 광대한 지역에서 굶주림을 만들어 내고 있다는 주장은 옳았다. 서방의 시장 자본주의뿐 아니라 옛 동구권의 스탈린주의에 반대한 것도 옳았다. 무엇보다도, 오늘날의 운동이 주장하듯이, 인류의 유일한 장기적 희망은 세계를 혁명적으로 변혁하는 것뿐이라는 주장은 옳았다.

이런 이유로, 새로운 운동에 참여하는 사람들이 1960년대 말과 1970년대 초의 이야기들에서 배울 것이 많다고 나는 확신한다. 그래서 거의 17년 전에 쓴 책이고 유럽과 북아메리카의 사건들을 집중적으로 다룬 책이긴 하지만, 한국인들에게도 유용할 것이라고 생각한다.

2004년 2월 런던에서
크리스 하먼

머리말

때때로 한 세대 전체를 마법에 빠뜨리는 특별한 해가 있다. 이런 시기는 나중에 그 해를 단순히 언급하는 것만으로도 그 시대를 산 사람들의 마음 속에 수많은 상념이 떠오르게 한다.

1968년이 바로 그런 해였다. 전 세계의 수많은 사람들이 지금도 그 열두 달 동안 일어난 사건들 때문에 자신들의 삶이 엄청나게 바뀌었다고 생각한다. 그런데 오늘날 언론의 설명과는 달리, 학생이나 히피가 그 사람들의 전부였던 것은 아니다.

1968년은 적어도 세 개의 주요 정부가 반란으로 뒤흔들린 해였고, 그 밖의 여러 나라에서도 젊은이들 사이에서 희망의 물결이 일었던 해였다. 바로 이 해에 세계적 약소국 하나에서 농민 게릴라들이 인류 역사상 가장 강력한 열강에 항거해 떨쳐 일어났다. 바로 이 해에 미국의 흑인 게토들은 비폭력 운동의 지도자 마틴 루서 킹 목사의 암살에 항의해 반란을 일으켰다. 바로 이 해에 베를린은 갑자기 학생 운동의 국제적 초점으로 떠올랐고, 학생 운동은 베를린을 분단시킨 양대 진영에 도전했다. 바로 이 해에 미국 민주당 전당대회에서는 모든 예비선거를 통해 유권자들에게 거부당한 사람을 대통령 후보로 선출하기 위해 최루탄과 곤봉을 사용했고, 소련의 탱크는 대중의 압력에 굴복해 유화 정책을 편 체코의 '공산당' 정부를 갈아치우기 위해 프라하로 진격했다. 바로 이 해에 멕시코 정부는 올림픽을 '평화적' 분위기에서 치르기 위해 100명

이상의 시위대를 학살했다. 바로 이 해에 데리와 벨파스트에서 영국의 식민주의적 차별 정책에 맞서 일어난 항의 시위는 북아일랜드라는, 종파주의의 화약통에 불을 붙였다. 그리고 무엇보다도 프랑스 역사상 가장 큰 총파업이 바로 이 해에 일어나 정부를 두려움에 떨게 했다.

1648년이나 1789년 또는 1917년처럼 세상이 완전히 뒤집힌 것은 아니었지만 강력하게 뒤흔들렸다. 그 충격파는 많은 사람들의 마음 속에 있던 족쇄를 끊어 내면서, 사회가 완전히 뒤바뀔 수 있으며 무엇이든 가능하다는 믿음을 심어 주었다.

언론은 1968년을 "학생들의 해"로 표현함으로써 이 모든 사실을 무시해 왔으며, 1968년을 장발, 마약 복용, 체 게바라 포스터 같은 것들이 갑자기 유행하면서 벌어진 "세대 간 충돌"로 설명해 왔다. 지금은 유복한 중간계급의 삶을 만끽하고 있는 당시 학생 운동 지도자들이 젊은 시절의 꿈을 포기하게 된 경위를 얘기함에 따라, 혁명은 역사의 낡은 유물 취급을 받아 왔다. 1968년에는 기성 사회를 거부하고 마약에 빠져드는 것이 유행이었다면, 지금은 분명 기성 사회에 편입해 사회주의 정치와 결별하는 것이 유행이라는 것이다.

이런 관점에서 보면 1968년은 철부지 아이들이 빠져들었던 일종의 집단적 열정으로서 그 전후 사건들과는 무관한 역사적 이변일 뿐이다.

이 책의 관점은 완전히 다르다. 1968년은 그 전부터 발전했고 그 뒤 10년 동안 지속적으로 폭발한 모순의 산물이었다.

프랑스의 5월은 1969년 이탈리아의 '뜨거운 가을'로 이어졌다. 미국 대통령은 워터게이트 추문으로 온갖 수모를 당해야 했다. 그럼으로써 전임 정부의 야망이 좌절된 뒤 후임 정부마저도 붕괴했다. 1968년 3월 바르샤바에서 일어난 학생 반란은 1970~71년 그단스크와 슈체친에서 일어난 훨씬 더 심각한 노동자 반란으로 이어졌고 스탈린주의에 도전한 '프라하의 봄'은 연대 노조 운동이라는 훨씬 더 큰 도전으로 이어졌다. 1968년에 영국의 대학들에서 표출된 불만의 파문은 결국 1974년에 히스 정부를 붕괴시킨 파업 물결로 이어졌다. 1973년 11월 아테네 과학기술대학에서 일어난 항쟁은 그리스 독재 정권의 붕괴를 재촉했다. 자유의 종소리는 1974년 4월 포르투갈의 리스본에서도, 1976년 3월 스페인의 빅토리아에서도 여전히 울려 퍼지고 있었다.

나는 이 모든 시기에 일어난 일들을 이야기하고 싶었지만, 불행히도 시간과 공간의 제약 때문에 전 세계에서 벌어진 일들을 모두 이야기할 수는 없었다. 그래서 어쩔 수 없이 이야기를 주요 유럽 나라들과 미국에 국한해야 했다. 그 밖의 나라들(베트남·중국·폴란드·유고슬라비아·멕시코·체코슬로바키아)에서 일어난 사건들은 거리로 뛰쳐나온 사람들의 의식에 직접 영향을 미친 경우에 한해서만 다루고 지나갔다. 그렇다고 해서 1968년이 단지 '유럽의 해'였다고 생각해서는 곤란하다. 1968년은 인도에서 수천 명의 학생들이 점점 부패해 가는 정권에 맞서 용기있는 저항을 시도함으로써 낙살라이트(Naxalite) 운동이 탄생한 해였다. 1968년은 (비록 패배했지만) 브라질에서 최초로 군사독재에 대한 항의 시위가 일어난 해였고, 이웃 아르헨티나에서 대중적 노동자·학생 운동이 시작된 해였다. 1968년은 칠레에서 에두아르도 프레이의 기독민주당 정부가 파업과 토지 점거에 직면해 허우적거린 해였다. 1968년은 아랍의 알파타 무장 게릴라(fedayeen)가 팔레스타인해방기구(PLO)를 장악하고 카라메에서 이스라엘 군대와 최초로 중대한 전투를 치른 해였다.

1968년은 세계적 혁명 과정의 일부였기에 중요한 해였다. 이 과정은 그 시기의 대부분 동안에는 느리게 진행됐으며 많은 패배를 겪었다. 흔히 혁명의 지지자들은 낡은 질서가 깔아 놓은 장애물들 속에서 길을 잃었다. 그 때문에 그들은 적군과 아군을 혼동하게 됐다. 세계의 한편에서는 독재에 반대한 사람들이 다른 곳에서는 억압자들을 지지했다. 활동가들은 지쳤고 뒷 세대 활동가들을 우습게 생각했다. 그들은 자기 집 정원 안으로 후퇴했다. 그들은 그 땅에 방사능이 녹아 있으며 정원 밖에는 기아가 있다는 사실에는 눈을 감았다. 그럼에도 인류의 유일한 희망이 이 혁명 과정 속에 있었다.

1968년에 꾸었던 꿈은 서로 경쟁하는 동구권과 서방 제국주의 둘 다에 대한 유일한 대안이다. 국내에서는 경제 위기, 해외에서는 군사적 모험을 배태하는 양대 제국주의는 모두 나름의 무기 체계를 지니고 있고 똑같이 핵 사고를 일으키고 있다. 양대 제국주의 모두 각자 위성 독재자들을 거느리고 파괴적인 국지전을 후원한다. 양대 제국주의 모두 똑같이 민족억압을 제도화하고 있으며, 그 때문에 일어날 수 있는 끔찍한 양민 학살을 묵인한다. 양대 제국주의 모두 수십억 인구가 굶주리고 수많은 나라가 통째로 기아에 빠져드는데도 이자 상환액을 늘리라고 끊임없이 강요한다.

그 때문에, 나는 1968년에 싸웠던 모든 이들과 오늘날 계속 싸우고 있는 모든 이들에게 이 책을 바치고 싶다. 그 때 어떻게 싸웠는지를 이해함으로써 다음 번에 우리가 승리하는 데 도움이 되기를 바란다.

1987년 12월 20일
크리스 하먼

1998년 개정판 머리말

이 책의 초판이 나온 이후 10년 동안 세상은 많이 변했다. 동구권과 옛 소련이 해체됐다. 적어도 10여 개 나라에서 전쟁과 내전이 있었다. 가장 유명한 것은 걸프전이었고, 아르메니아와 아제르바이잔, 옛 유고슬라비아, 아프가니스탄, 앙골라, 소말리아도 전쟁과 내전의 소용돌이에 휘말렸다. 1960년대와 1970년대 초의 공식 정치에서 이름을 날렸던 많은 사람들이 사망했다. 주요 정당들이 사라졌거나 이름을 바꿔 재기하려 했다. 옛 반란 세력의 일부는 지금 주류 정치인, 학자, 언론인이 돼 현상 유지를 옹호하고 있다. 영국에서는 한때 급진적 록스타로 여겨졌던 사람들이 지금 기사 작위를 받고 있다.

68세대가 나이를 들면서 일부 투쟁들에 관한 역사적 자료들—직접 설명뿐 아니라 회고록, 전기, 구술사, TV 다큐멘터리, 소설도—이 쏟아져 나왔다. 내가 이 책을 다시 쓸 수 있다면, 분명히 그런 자료들을 언급할 것이다.

그러나 그런 자료들에도 불구하고 10년 전에 쓴 이 책의 일반적 요점은 문제가 없다고 생각한다. 그래서 본문의 대부분을 손대지 않고 그대로 두었다. 이 매력적이고 흥미진진한 시기를 더 깊이 탐구하고자 하는 사람들을 위해 새로운 자료의 일부를 간략한 참고 도서 목록으로 정리해 이 책 말미에 덧붙였다.

그러나 마지막 장(章)은 약간 고쳤다. 초판의 마지막 장은 1980년대 초의 사건들을 조금 자세히 다루었다. 개정판에서는 그런 부분들을 빼고 지난 10년의 위기들과 투쟁들에 관한 새로운 내용을 첨가했다. 그러나 내 일반적 분석은 바뀌지 않는다고 생각한다. 10년 전에 묘사한 양상은 지금도 여전히 매우 타당하다.

1998년 3월
크리스 하먼

1부

THE FIRE LAST TIME : 1968 AND AFTER

1968

1

오랜 침묵

과거를 돌이켜보면, 믿을 수 없을 만큼 고요했던 듯한 시기들이 있다. 1968년 봄에 너무나 극적으로 마감된 시기가 바로 그렇다.

제1차세계대전과 제2차세계대전 사이 20년 동안 선진국들을 괴롭힌 문제들은 영원히 사라진 듯했다. 실업률은 떨어졌고 생활수준은 꾸준히 향상됐다. 오래된 빈민가와 다닥다닥 붙은 집들은 도시 계획에 따라 허물어지고 있었다. 보수당 출신의 영국 총리 해럴드 맥밀런은 1959년 선거 유세에서 "여러분은 전에 없는 행복을 누리고 있다."고 선언했는데, 대다수 국민은 이 말에 동의했다.

많은 사람들에게 과거의 격렬한 계급 분열은 물질적 번영과 함께 빠르게 사라져 가는 것처럼 보였다. 영국의 노동당과 노조 지도자들은 보수당 주류와 똑같은 이데올로기적 틀을 공유했다. 이러한 이데올로기적 합의는 보수당 출신 재무 장관 버틀러와 노동당 출신의 전임 장관 휴 게이츠켈의 이름을 따 "버츠컬리즘(Butsekellism)"이라고 불렸다. 서독의 사회민주당은 1959년 바트고데스부르크 전당대회를 통해 말뿐이었던 계급 정치조차 버렸고, 1966년에는 우파 정당들과 연정을 수립했다. 스칸디나비아의 사회민주당들은 대기업과 노조를 모두 만족시키면서 누구나 기억할 만큼 오랫동안 집권했다. 이 모든 나라에서 격렬한 대규모 파업은 옛 이야기처럼 들렸다.

미국에서도 똑같은 합의 정치가 민주·공화 양당의 주류를 지배했다. 대기업과 대노조와 국가는 협력했고, 사회는 갈수록 더 많은 소비재를 생산할 수밖에 없는 운명을 맞은 것처럼 보였다.

신문·방송 기자들, 철학자들과 사회학자들, 정부들과 정권을 장악하고 싶어한 야당들이 그린 세상은 한결같이 그런 식이었다.

특징적인 사실은 한때 좌파였던 사람들이 세계의 완벽성을 가장 열심히 찬양했다는 것이다. 영국에서 이런 논조는 1956년에 출판된 두 권의 책에서 잘 표현됐다. 많은 찬사를 받은 앤서니 크로스랜드의 ≪사회주의의 미래≫는 1950년대 사회의 가장 분명한 특징들을 열거했다.

> 초기의 선구적 사회주의자들은 …… 완전고용의 복지국가를 …… 천국인 양 생각했을 것이다. 빈곤과 불안은 사라지고 있고, 생활수준은 빠르게 향상되고 있다. 실업의 공포는 꾸준히 약해지고 있고, 보통의 젊은 노동자들은 그들의 아버지 세대가 상상조차 할 수 없었던 희망을 갖고 있다.[1] …… 우리 영국은 엄청난 풍요의 시대로 넘어가는 문턱에 서 있다.[2]

"영국을 자본주의 사회라고 부르는 것은 분명 정확한 말이 아니다."[3]라고 크로스랜드가 주장했을 만큼 큰 변화가 있었다. 계급투쟁은 과거의 일이었다.

> 오늘날에는 1921년이나 1925~26년 또는 1927년에 있었던 온갖 임금 삭감 시도들, 전국적 직장 폐쇄, 노조 억압 입법을 밀어붙이거나 광부들이 적절하게 반대한 탄광 정책을 진지하게 강행하려 했던 정부와 사용자 간의 의도적이고 공세적인 동맹은 상상할 수 없다.[4]

존 스트레이치는 1930년대 영국에서 다른 누구보다도 마르크스주의 사상을 선전하는 데 앞장섰다. 그는 여전히 마르크스의 분석에 찬사를 보냈고 사회를 '자본주의'로 설명했다. 그러나 이제 그 역시 실업과 위기가 과거의 일이라는 결론을 내렸다. 그는 대중 민주주의와 케인스가 발견한 정부의 경제 개입 방법 덕분에 이제 자본주의가 계획되고 있다고 말했다.

대서양 건너편에서도 똑같은 주장들이 쏟아져 나왔다. 강단의 사회 분석은 탤컷 파슨스가 주도했는데, 그의 사회 모델은 사회적 결속에만 초점을 맞추고 있었으며, 갈등의 여지조차 없었다. 1930년대에 급진적이었던 많은 학자들은 이러한 이론적 틀을 수용해, 갈등조차도 결속을 강화하는 구실을 한다고 역설했다.[5] 대세에 순응하지 않은 소수 학자들은 주변으로 밀려나 비웃음의 대상이 됐고, 일자리에서 쫓겨나는 일도 매우 흔했다.

대니얼 벨은 ≪인카운터≫라는 잡지에 기고한 논문들과 '문화 자유 회의'에 제출한 논문들에서(나중에 CIA가 이 두 단체에 돈을 댔다는 사실이 밝혀졌다) "이데올로기의 종말"을 선언함으로써 당시 존재하던 합의를 단적으로 보여 주었다. 그는 "생산의 조직화, 물가 인상 억제, 완전고용 유지를 위한" 수단들이 이제는 가능하다고 썼다.[6] 노동이 정치 무대에서 여러 이익 집단 중 하나로 확고히 자리잡았으며,[7] 민주주의 덕분에 지배계급이나 '파워 엘리트'의 존재 자체가 불가능해졌다고 주장했다. 따라서 "오늘날 정치는 국내의 계급 분열을 반영하지 않는다."[8]

이런 생각들에 대해 CIA가 재정 지원을 했다거나 수많은 신문기사들을 통해 이런 생각들이 지지를 받았다는 사실은 중요하지 않다. 중요한 것은 그런 생각들이 수많은 사람들이 현실로 느꼈던 것을 반영하고 있었다는 점이다. 사람들이 경험한 것들 — 임금수준이나 복지, 여가, 낮은 수준의 계급투쟁 — 만 본다면, 그런 생각들을 반박하기가 쉽지는 않았을 것이다.

심지어 기존 사회에 대해 도덕적 혐오를 느꼈던 사람들조차도 다수는 혁명적 이데올로기가 더는 노동자 대중에게 매력을 줄 수 없다는 대니얼 벨의 주장을 받아들이게 됐다. 독일계 미국인 철학자 허버트 마르쿠제는 그의 책 ≪일차원적 인간≫에서 동서 양쪽 체제에 대한 증오를 보여 주었다. 그는 안정을 위해 사악한 전쟁 준비에 의존하는 경제가 대중의 생활수준 향상을 가져왔으며, 한때는 인간 해방의 열쇠로 보였던 전례 없는 기술 진보가 이제는 인간의 종속을 강화하는 자물쇠가 됐다고 말했다.

지배와 조정의 체제 전체로 연장된 기술 진보는 반체제 세력들을 순응하게 만드는 듯한 삶(과 권력)의 형태를 만들어 내고 있다. 과거의 적들(부르주아지와 프롤레타리아)은 제도적인 현 상태를 보존하고 개선하는 데 강력한 이해관계가 걸려 있기 때문에 현 사회의 가장 선진적 영역에서 단결하게 됐다.[9] …… '민중'은 전에는 사회 변혁의 효소였지만, 이제는 사회 결속의 효소로 '승격'했다.[10]

그는 유일하고 가능한 희망은 "소외된 자, 착취당하는 자, 인종과 피부색 때문에 박해당하는 자, 실업자, 취업이 불가능한 자들 같은 하층"에게 있다는 결론을 내렸다. "그들의 의식은 혁명적이지 않을지라도 그들의 저항은 혁명적이다."[11]

마르쿠제의 비관주의가 모종의 예외가 아니었다는 점은 강조할 필요가 있다. 자본주의 특유의 고질적 위기를 완전히 극복했다는 느낌은 너무나 강력했고, 선진국의 노동자들이 혁명적이지 않다는 것, 처음에는 비관주의에 저항했던 사람들조차 다수는 끝내 그것에 굴복했다는 것은 너무나 명백했던 것이다.

미국의 마르크스주의자 폴 배런과 폴 스위지가 그러했다. 그들은 ≪독점 자본주의≫라는 책에서 선진국 노동자 계급이 더는 자본주의를 위협하지 못하며, 그러한 위협은 이제 과거에 식민지였던 '제3세계' 나라들에 존재한다는 결론을 내렸다. 반체제 사회학자 C 라이트 밀즈도 마찬가지였다. 그는 학생과 지식인이 — 노동자가 아니라 — 잠재적인 변혁 주체라고 보았다.[12] "신노동계급"을 주장한 프랑스의 이론가 앙드레 고르즈도 마찬가지다. 그는 1968년 초에 쓴 글에서 "가까운 미래에 노동자 대중을 혁명적 대중 파업으로 몰고 갈 정도로 극적인 위기가 유럽 자본주의에 찾아오는 일은 없을 것"[13]이라고 단언했다.

그렇다고 해서 거대한 사회적 투쟁들이 전혀 없었던 것은 아니다. 1961년 초에 벨기에 노동자들은 대규모 총파업을 벌였다. 1960년 파시스트의 지지를 바탕으로 극우파 정부를 구성하려는 기도에 맞서 이탈리아 노동자들은 봉기에 가까운 거리 투쟁을 벌였다. 핵무기의 일본 반입에 대한 일본 학생들의 항의 시위는 일부 노동자들로까지 확산됐고, 이 때문에 1960년에 기시 정부가 퇴진하는 일이 벌어졌다. 역대 프랑스 정부가 알제리에서 일어난 반식민지 투쟁을 분쇄하는 데 실패하자, 프랑스는 정치적 혼란에 빠져들었다. 알제리에서 일어난 프랑스 군부의 쿠데타는 본토로 확산될 위험이 있었다. 1950년대 중반 영국에서는 자동차 산업에서 노조를 조직하기 위한 격렬한 투쟁이 벌어졌다. 미국에서조차 1959년 철강 노동자 파업, 1960년 자동차 노동자 파업 등 대규모 파업들이 꽤 오래 계속됐다.

그러나 체제는 이러한 갈등을 흡수할 수 있는 듯 보였다. 2년 정도 지나자 그런 투쟁들이 언제 일어났는가 싶은 상황이 돼 버렸다. 벨기에 자본주의는 1961년의 사건을 떨쳐버렸고, 그 뒤 20년 동안 그와 비교될 만한 파업은 전혀 일어나지 않았다. 일본 기시 정부의 몰락은 대규모 격돌의 시작이 아니라 끝이었다. 전 세계 어느 곳에서나 사정은 마찬가지였다.

1930년대와 달리 사람들은 극우 사상에 매력을 느끼지 못했다. 좌파에게 문제는 따로 있었다. 프랑스의 극우파는 폭탄 테러에 의존했는데, 그 방법말고는 정치적 영향력을 행사할 방법이 전혀 없었기 때문이었다. 미국 공화당은 1964년 대통령 선거 후보로 극단적 보수주의자인 배리 골드워터를 선택했는데, 그의 득표율은 기록적으로 낮았다. 숨막힐 정도의 순응, 즉 반체제 세력의 운명을 고립과 무기력 속에 빠뜨린, 사방에 퍼져 있던 합의가 오히려 문제였다. 노동자 투사들은 동료 노동자들이 정치 문제들에 관심이 없다고 불평했다. 자칭 지적 반란자들은 "운동의 대의가 더는 남아 있는 게 없다."[14]고 불평했다. 아직 많은 대의가 남아 있다고 본 사람들조차도 어떻게 "무관심에서 탈출"[15] 할지가 문제라고 생각했다. 크로스랜드 식의 개혁주의적 낙관주의와 마르쿠제 식의 혁명적 비관주의가 전제로 한 사실들은 실제로 현실이었다. 자본주의는 역사상 가장 긴 호황을 겪고 있었다. 1930년대 식 위기가 임박했다고 예상한 사람들은 틀렸음이 입증됐다. 겉으로는 더없이 튼튼해 보인 정치 구조는 팽창하는 경제를 필수 전제 조건으로 해서 확립된 것이었다.

그러나 1950년대와 1960년대 초의 세계를 그러한 사실들로만 설명하는 것만큼 큰 실수도 없을 것이다. 왜냐하면 경제 팽창 자체가 세계 체제의 구조에 누적된 변화를 일으켰고, 이러한 변화는 결국 정치 안정의 토대를 위협할 수밖에 없었기 때문이다.

첫째, 열강들의 경제적 지위에 변화가 일어났다.

1940년대 후반의 세계는 미국과 소련, 두 초강대국이 지배했다. 그보다 약한 강대국의 지배계급들은 두 초강대국 주변에 모여 보호받아야 했다. 서방에서 '자유 세계' 경제 생산의 60퍼센트를 차지한 미국은 평시인데도 전례 없는 수준의 군사비를 지출할 여유가 있었다. 바로 이 때문에 장기간의 호황이 가능했다. 더 약한 강대국들은 모두 자국의 군사비 규모와 상관없이 이를 통해 이득을 볼 수 있었다. 국민소득의 0.5퍼센트를 '국방비'에 사용한 일본이나 5퍼센트를 사용한 영국이나 모두 이득을 봤다.[16] 열강은 무기 호황 덕분에 이득을 보았지만 그 호황을 위한 돈은 지출하지 않았기 때문에, 자연히 미국보다 높은 경제 성장률을 누릴 수 있었다. 이 때문에 시간이 지나면서 미국의 세계 패권에 문제가 생길 수밖에 없었고 그 호황의 대가를 치를 수 있는 미국의 능력도 약화됐다.

1960년대에 미국은 자국의 헤게모니를 재천명하기 위해 베트남 전쟁에 개입했지만 미국 사회에 깊은 골만 패였을 뿐이다. 군사비 지출이 감소하자 세계 경제는 다시 위기 속으로 미끄러져 들어갔다.

1950년대와 1960년대 초에 이런 결과를 내다본 사람들은 거의 없었다. 그리고 경제적·사회적 혼란이 찾아올 것이라는 그들의 예언은 대중을 움직이게 만들지 못했다. 그런 진단은 소수의 혁명적 사회주의자들로 하여금 그 황량한 시기를 버티고 살아남게 만들 수 있었지만, 그 이상은 할 수 없었다. 그러나 다른 변화들이 정치적 안정의 사회적 기반을 잠식하기 시작하고 있었다.

크로스랜드·스트레이치·벨·마르쿠제가 묘사한 그림은 북서유럽과 미국 대부분 지역의 상황이었다. 이들 지역에서 유력했던 것은 노동자 조직들을 자본주의 사회 구조 속으로 통합하는 것에 바탕을 둔 '자유민주주의적 복지국가'라는 합의였다. 그러나 남부 유럽, 미국의 남부 주들, 북아일랜드, 그리고 잘나가던 '개발도상국들' 다수의 상황은 다소 달랐다.

포르투갈과 스페인은 여전히 제2차세계대전 전에 확립된 파시스트 독재가 통치하고 있었다. 독립 노동조합과 정당은 불법이었고, 그런 조직을 결성하려 한 사람들은 장기형을 선고받거나 더 심한 처벌을 받았다. 1963년에 스페인의 프랑코는 지하 공산당 조직가 그리마우를 처형하라고 명령했다.

제2차세계대전 동안 독일의 점령에 맞서 싸워 승리한 그리스 좌파는 영국 군을 '해방군'으로 맞아들이는 치명적 실수를 저질렀다. 그 결과로 들어선 우 파 정부는 군대와 경찰을 나찌 부역자들로 채웠고 사악한 내전을 벌였다. 그 리스의 우파 정부는 영·미의 무기와 군사 고문들을 이용해 좌파를 분쇄했 다.[17] 1960년대 초까지도 여전히 수백 명의 좌파 활동가들이 감옥에 있었고 수 십만 명이 망명하지 않을 수 없었다.

정치적 우파와 중도파는 부정선거로 뽑힌 의회에서 집권 경쟁을 벌임으로 써 민주주의를 가장했다. 의회에는 심지어 좌파 국회의원들도 몇 명 있었다. 그러나 1963년 5월, 람브라키스라는 한 좌파 의원이 군부와 연계된 우파 암살 단에게 살해되면서 의회라는 가면 뒤에 숨어 있던 현실이 드러났다. 그 가면 마저도 곧 내던져졌다. 잠시 동안 중도파 정부가 들어서자 파업과 시위를 통 해 대중의 불만이 표출될 수 있었다. 국왕이 이를 빌미로 정부를 해산하자, 군 부는 쿠데타를 일으키고 노골적인 극우파 독재 정권을 세웠다.

이탈리아와 프랑스에서는 의회 체제가 확립돼 있었다. 그러나 집권 우파가 의회를 확고하게 장악하고 있었기 때문에 개혁주의적 좌파가 정치적 영향력 을 발휘할 여지가 별로 없었다. 두 나라에서 공산당과 사회당은 1944~47년 연립정부 구성 당시 가장 중요한 구실을 함으로써 좌파 레지스탕스 세력을 무 장 해제하고 공장에서 경영자들이 특권적 지위를 회복하는 데 도움을 주었다. 정부에서 쫓겨나 협상력을 높일 수단이 절실해진 공산당은 자신들이 3년 동 안 비난해 온 노동자들의 전투성에 기대기 위해 일련의 격렬한 대규모 파업을 호소했다. 그러나 전혀 소용이 없었다. 이미 상당 부문의 노동자들은 사기가 떨어져 있었다. 그렇지 않은 노동자들조차도 몇 달 전까지만 해도 잘못이라던 파업이 왜 지금은 옳은 것인지 이해할 수 없었다. 미국의 재정 지원을 받은 우파 사회민주주의자들은 노조들을 여러 정치 노선으로 분열시킴으로써 결정적으로 약화시킬 수 있었다. 그 덕분에 사용자들은 투사들을 뿌리뽑고, 종종 현장 조직 자체를 파괴할 수 있었다.

그리하여 프랑스와 이탈리아에서 주요 노동계급 정당이었던 공산당은 정치 권력에서 지속적으로 배제됐다. 또, 소수파 노동자들만이—이탈리아에서는 30퍼센트, 프랑스에서는 20퍼센트 미만—노동조합으로 조직됐고, 이 소수파 노동자들조차 공산당의 영향력 아래 있는 전통적으로 좀 더 전투적인 노조(프랑스의 노조총연맹(CGT), 이탈리아의 기업노동자동맹(CSIL))와, 투사들이나 대다수 사용자들이 모두 "황색 노조"라고 부른 가톨릭·사회민주주의 노조로 분열했다. 그래서, 노동자 계급 역량의 보루가 될 수도 있었을 프랑스의 시트로앵과 푸조 자동차 공장과 이탈리아 토리노의 거대한 피아트 자동차 공장에서조차 현장 노동자 조직이 사라졌다.

남부 유럽의 자본주의는 북유럽과 북미의 경쟁자들에 비해 상대적으로 낙후해 있었다. 남부 유럽의 자본주의가 두 경쟁 지역을 따라잡을 수 있는 유일한 방법은 노동자들의 생활수준을 낮추는 대가로 높은 수준의 이윤과 자본 축적을 실현하는 것밖에 없었다. 그 때문에 노동자들의 저항은 복지국가[사회보장제도]와 같은 양보가 아니라 강압에 부딪히기 일쑤였다. 노동자 조직이 취약했기 때문에 강압적 정책은 별탈 없이 진행됐다.

스페인과 포르투갈에서는 여전히 노골적인 강제가 노동자 계급에 대한 통제를 유지하는 주요 수단이었다. 프랑스와 이탈리아의 취약하고 분열된 노동조합 연맹들은 전국 수준의 활동은 허용돼 이따금 하루 파업과 반나절 파업을 벌였지만, 노조원들의 지역적 행동은 상당한 탄압을 받았다. 노조원들은 공장 안에서는 회사측 '구사대'의 공격을 받았고, 피켓라인에서는 무장 경찰의 공격을 받았다.

정치 생활은 공장의 억압적 상황을 그대로 반영했다. 북유럽의 조직 노동자 대중은 민주당과 노동당에 충성했지만, 남유럽의 많은 노동자들은 여전히 혁명이라는 단어를 사용하고 있던 공산당을 지지했다. 공산당들은 소련 지배자들을 변함없이 지지한다고 선언함으로써 자신들이 자국의 현 상태에 반대한다는 점을 부각시켰다.

사실, 공산당은 매우 관료화한 정당이었다. 공산당 지도자들은 자본주의 사회를 전복하려 할 때 뒤따르는 위험을 무릅쓰기보다는 자본주의 사회 내에서 정치적 흥정을 벌이는 것을 더 좋아했다. 이 점은 1930년대 중반과 1944~47년에 잘 입증됐다. 그러나 두 가지 요인 때문에 공산당은 혁명적인 것처럼 보였다.

먼저, 전통적인 사회민주주의적 개혁주의는 자국 지배계급과 동일시된 반면, 공산당은 동구권의 지배자들과 동일시됐다. 공산당 지도자들은 제2차세계대전 이전의 민중전선 시기와 전후의 연립정부 시기를 통해 공공연한 계급 협조를 즐기는 법을 알게 됐지만, 그럼에도 모스크바에서 명령이 떨어지면 그러한 협조를 중단하고 외견상 비타협적 반대자로 돌아설 준비가 돼 있었다. 공산당 지도자들은 1930년과 1947년에 그 점을 보여 주었다. 물론 그 때조차도 그들은 여전히 자신들과 같은 편에 서 줄 수 있는 덕망 있는 부르주아 인사를 찾았다.

첫 번째 냉전의 절정기였던 1950년대와 1960년대 초에 소련에 대한 충성심을 표명하는 것은 서방 자본가 계급이 핵심적 국익이라고 여긴 것—서로 다른 열강들의 세계 분할—에 반대하는 것이었다. 비록 공산당 지도자들이 민족 부르주아 성원들에게 '미국화'에 맞서 '민족 문화'를 함께 수호하자고 아무리 애걸했어도, 또 반식민지 투쟁을 지지하지 않으려고—프랑스 공산당이 알제리 전쟁에서 그랬듯이—아무리 요리조리 피했어도, 그들은 소련과의 연계만으로도 기성 부르주아 정치 세계의 바깥에 놓이기에 충분했다.

그러나 소련 문제가 공산당 배제와 그에 따른 외견상의 급진주의를 낳은 유일한 요인은 아니었다.

상대적으로 후진적인 남유럽 자본주의의 지배자들은 계급 협조에 참여한 개혁주의 정치인들과 노조 지도자들에게 큰 대가를 요구했다. 이 지도자들은 노동자들의 생활조건과 조직에 대한 사용자들과 국가의 공격을 지지해야 했다. 그 때문에 1947년에 공산당이 협조를 중단한 뒤에도 계속 협조한 자들은 노동자 운동에 대한 영향력을 급속하게 상실했다. 공산당의 영향력 아래 있는 프랑스의 노조총연맹(CGT)은 CGT에서 분리해 나간 노동자의 힘(FO)의 세 배, 가톨릭계 노조인 CFTC의 두 배 지지를 받았다.[18] CGT가 지지한 파업들이 잇따라 패배했는데도 그랬다. CGT는 공업 노동자들 사이에서는 그보다 더 큰 지지를 받았다.[19] 1960년 이탈리아에서는 공산당 계열 노조인 이탈리아노동자동맹(CGIL) 조합원 수가 가톨릭계 경쟁 노조인 이탈리아기업노동자동맹(CISL) 조합원 수의 두 배에 가까웠다.

득표율에서도 사정은 마찬가지였다. 1945년에 프랑스 공산당은 사회당과 같은 수준의 표를 얻었지만, 1960년에는 사회당보다 훨씬 많은 표를 얻었다. 1946년에 이탈리아 사회당은 공산당보다 많은 표를 얻었다. 그러나 1953년에는 상황이 역전돼 있었다. 냉전이 시작되면서 이탈리아 사회당이 분열했을 때 소수만이 우경화해 이탈리아 사회민주당(PSDI)을 결성했을 만큼 공산당의 영향력은 막강했다. 공산당·사회당 연합이 31퍼센트의 표를 얻은 반면, PSDI는 7.1퍼센트의 표를 얻었다. 사회당이 마침내 공산당과 결별하고 서방의 나토(NATO) 동맹에 몸을 맡기고 1964년 다수당과 연정을 수립하자, 사회당도 선거에서 패배했다. 사회당의 득표율은 1963년의 13.8퍼센트에서 1972년 9.6퍼센트로 하락했다. 반면, 공산당의 득표율은 25.3퍼센트에서 27.2퍼센트로 증가했다.[20]

이 수치는 주요 노조의 조합원 가입 비율이 1951년 43.4퍼센트에서 1967년 31퍼센트로 하락한 것에서도 알 수 있듯이 1968년까지 노동조합 운동이 끊임없이 후퇴했다는 점 때문에 특히 더 흥미롭다.[21]

미국의 남부도 '자유 민주주의'와는 어울리지 않는 곳이었다. 이 곳 역시 고전적인 부르주아 민주주의가 실종된 곳이었다.

한 세기 전에 일어난 남북전쟁은 남부 지배계급의 권력을 분쇄했다. 남부의 지배계급은 '자유' 임금 노동자가 아닌 노예 노동자에 대한 착취에 기반하고 있었다. 이 대농장주 계급의 목표는 급속하게 발전하고 있던 북부의 양키 자본주의의 목표와 더는 조화될 수 없었다. 양키들은 전국을 자신들의 지배 아래로 통합하고 싶어했다. 프랑스 부르주아지가 절대주의에 맞서 싸웠을 때 매우 급진적 선동을 이용했던 것처럼 북부의 부르주아지도 남부의 노예 소유 주들과 싸울 때 매우 급진적 선동을 이용했다. 내전 직후에는 이런 급진적 선 동이 실행에 옮겨질 것처럼 보였다. 몇 년 동안의 '재건기'에 남부를 지배한 북 부 자본은 옛 대농장주 계급의 정치적 영향력에 맞서기 위해 속박에서 풀려난 노예들에게 완전한 공민권을 부여했다.[22]

그러나 곧 북부 자본은 이런 것만이 과거의 적을 다루는 방법이 아니라는 점을 깨달았다. 일단 남부의 대농장주들이 양키 자본주의의 확산을 막을 수 없게 되자, 남부를 통치하는 가장 손쉬운 방법은 옛 노예 소유주들이 북부의 주도권을 인정하는 대가로 남부를 통치하게 하는 협정을 맺는 것이었다.

남부는 남북전쟁이 끝난 지 12년 만에 다시 옛 지배자들의 손에 넘어왔다. 그들은 권력을 유지하기 위해 흑인의 공민권을 박탈하고 인종 격리 제도인 '짐 크로'[Jim Crow : 미국 남부 인종 차별법의 총칭. 짐 크로는 1828년 토머스 다트머스 라이스가 흑인 생활을 주제로 쓴 연극의 주인공 이름]를 시행했으 며, 인종 차별 체제에 도전적인 성향을 보이는 흑인들을 살해할 목적으로 가 난한 백인들로 구성된 무장 단체 ─ 쿠 클럭스 클랜(KKK) ─ 를 조직했다.

공화당은 북부 양키 자본주의의 정당이었다. 급진적인 공화당원들은 남부 에 자유 민주주의를 도입하기 위해 싸웠다. 공화당은 일단 전국을 지배하기 위한 전투에서 승리하자 점점 더 보수화해 결국은 민주당보다 더 보수적인 정 당이 됐다. 그러나 남부에서는 공화당이 여전히 '재건'의 당으로 간주됐고, 남 부의 민주당 기구는 '딕시크랫'[Dixiecrat : 1948년 대선에서 공민권 강령에 반 대해 떨어져나간 민주당의 보수 우파]이라는 새로운 인종 차별 구조를 확립했 다. 민주당은 1877년부터 1960년대까지 줄곧 남부를 일당 국가처럼 통치했다.

이 구조는 때때로 도전에 직면했다. 1880년대 말과 1890년대 초에 일어난 백인 빈농들의 '민중주의' 운동은 흑인 빈농을 동맹자로 보기 시작했다. 그들은 투표권을 획득하기 위해 나란히 싸웠다. 제1차세계대전 종전 직후 귀향한 흑인 병사들의 정서는 더는 낡은 억압 체제를 견뎌 낼 수 없다는 것이었다. 1930년대 후반에는 새로 결성된 산별 노조인 '산업별노동조합회의(CIO)'가 '미국노동총연맹(AFL)'의 인종 분리적 지부들에 맞서 흑인 노동자와 백인 노동자를 함께 조직하기 시작했다.

그러나 남부의 기성 지배 세력은 이러한 도전에 매번 반격을 가했다. 민중주의 운동에 맞서 흑인의 투표권을 박탈하는 법률이 통과됐고, 수많은 사람들이 맞아 죽었다. 20세기 첫 2년 동안 214명이 맞아 죽었다.[23] 제1차세계대전 종전 직후에 일어난 흑인들의 항의 운동은 KKK의 부활에 직면했다. KKK는 조직원이 10만 명이라고 주장했고, 1919년에만 10명을 폭행·살해했다. CIO가 1946년에 시작한 '딕시 작전'이라는 이름의 조직화 운동은 노조 지도부가 자신들의 냉전적 덕망을 입증하기 위해 노조 내에서 좌파를 숙청하려고 집중적인 노력을 기울임에 따라 중단돼 버렸다. 심지어 1950년에는 남부에서 인종 분리적인 CIO 지부까지 생겨났다.[24]

인종 격리 제도인 '짐 크로'는 북부의 '민주당' 정치인들이 그것을 용인했기 때문에 살아남을 수 있었다. 북부 정치인들은 80년 동안이나 아무 거리낌 없이 '짐 크로'를 용인했다. '짐 크로' 덕분에 남부의 사회적 안정이 손쉽게 유지됐기 때문이다. '짐 크로' 체제에서는 가난한 백인들과 가난한 흑인들의 단결 움직임을 손쉽게 격퇴할 수 있었다. 1930년대에 미국 자본주의를 개조했고 명백히 급진적 개혁을 수행한 민주당의 프랭클린 로스벨트 정부조차도 의회의 지지를 얻기 위해 여전히 남부의 인종 차별적 정치 체제에 의존했다. 아메리칸 드림을 떠받치고 있던 북부 정치인들은 인종 차별적인 남부 민주당이 상원의 위원회들을 장악하고 흑인의 권리 신장을 위한 법안들에 거부권을 행사하도록 허용했을 만큼 남부 상황에 매우 만족했다. 공식적인 인종 차별주의는 두 차례의 세계대전에서 소위 '민주주의'를 위해 싸웠다는 군대가 인종 분리적이었을 만큼 강력했다.

남부와 북부의 지배자들이 동맹한 덕분에, 남부의 흑인들과 백인들이 일자리를 찾아 북부로 이주하면서 남부의 인종 차별은 북부의 도시들로 확산됐다. 북부에는 공식적이고 법적인 인종 격리는 존재하지 않았지만 비공식적인 인종 격리가 존재했다. 그 때문에 대다수 흑인들은 흑인 전용 거주 지역에서 살았고, 극심한 재정난에 시달리는 흑인 전용 학교에 아이들을 보낼 수밖에 없었다. 또한 많은 숙련직 일자리에서 배제됐고, 반숙련직·미숙련직 일자리조차 얻기 힘들었다. 이런 상황은 북부의 자본에게 이득을 가져다 주었다. 흑인 노동자들과 백인 노동자들의 분열은 노조 조직 운동을 수없이 파괴했기 때문이다.

사회적·정치적 인종 차별주의는 대중 문화에도 깊은 영향을 미쳤다. 1950년대 말까지 헐리우드 영화에서 흑인들이 맡을 수 있는 유일한 배역은 집사와 하녀, 짐꾼 역이었고, 흑인 록 음악은 백인들 속으로까지 폭넓게 확산되기 전까지는 백인 음악인들이 대신 연주했다.

부르주아 민주주의가 비민주적 퇴행을 겪은 것은 미국만의 일이 아니었다. 북아일랜드는 영국판 남부였다. 북아일랜드에서도 미국보다 수십 년 먼저 일당 국가가 확립됐다. 그것은 개신교 주민들이 가톨릭 주민들을 적대하도록 부추긴 결과였다. 가톨릭 주민들은 고용과 주택에서 차별받았고, 불평등한 선거구 조정으로 투표권을 사실상 박탈당했고, 무장 경찰과 특수 경찰의 체계적 탄압을 받았고, 주기적으로 학살당했다.

사실, 크로스랜드와 스트레이치, 벨과 마르쿠제가 제시한 그림은 '순수'하고 안정된 부르주아 민주주의가 확립돼 있고 노동 운동 지도자들이 체제에 편입돼 있던 사회들에 국한된 그림이었다. 그들의 그림은 선진 자본주의 나라들에만, 그것도 오로지 경제적으로 가장 발전된 지역들에나 들어맞는 그림이었다. 그 그림은 여전히 영국·프랑스·벨기에의 퇴색해 가던 식민주의나 미국의 팽창해 가던 제국주의의 노예로 남아 있던 제3세계 지역들은 말할 것도 없고 남부 유럽에도 들어맞지 않았다. 미국의 주요 지역과, 더는 경제적으로 사활적인 지역이 아니었지만 여전히 중요한 영국의 일부에서조차도 크로스랜드와 스트레이치와 벨의 글에서 그토록 강조된 것과는 근본적으로 다른 통치가 이루어졌다.

그럼에도 이러한 예외들이 — 비록 수적으로는 대다수 나라가 예외에 속했지만 — 지배적 추세와 모순되는 것처럼 보이지는 않았다. 크로스랜드와 스트레이치와 벨은(마르쿠제는 그렇지 않았지만) 다음과 같이 (그들이 예외의 존재를 알고 있었다는 전제 하에서 — 물론 그들의 책 어디에도 예외는 언급돼 있지 않다) 주장할 수 있었다. 남유럽은 개혁을 통해 북유럽에 동화될 수 있고, 미국의 남부는 미국 사회의 부르주아 민주주의 주류에 동화될 수 있다. 북아일랜드의 종파 분열은 시간이 지나면서 완화될 것이다. 제3세계조차 탈식민지화를 통해 미국 지배자들이 포용하게 될 부르주아 민주주의를 구현하게 될 것이다. 무엇보다도, 미국 남부와 북아일랜드에서 차별과 인종 격리에 반대하는 운동들이 처음에 내세운 요구는 나머지 사회와 단절하자는 요구가 아니라 공민권 요구였다. 피억압 집단들은 공민권을 획득함으로써 사회의 온전한 일부가 될 수 있다고 생각했다. 이상의 주장을 통해 그들이 전한 메시지는 '우리는 전복하리라'가 아니라 '우리는 승리하리라'였다.

무엇보다도, '예외적인' 나라들과 지역들이 사회·경제 안정이라는 큰 그림에 도전한 것은 아니었다. 프랑스와 이탈리아에서 공산당에 투표한 노동자들, 스페인과 포르투갈에서 파시즘에 패배한 노동자들, 미국 남부 흑인들, 북아일랜드 가톨릭 주민들의 특징은 체념과 침묵인 듯했다. 모든 계급의 양심적 세력이 단편적 개혁을 위해 단결하면 최악의 억압과 차별 사례들을 끝장낼 수 있다는 믿음에 빠져들기가 쉬웠다.

'거울 이미지'

스트레이치와 크로스랜드와 벨의 정설은 단지 나라들의 휘황찬란한 모습만을 그렸던 것이 아니었다. 그것은 또한 '공산주의'를 유일한 대안으로 제시했다.

제2차세계대전이 끝나자마자 승전국들은 자기들끼리 싸웠고, 세계는 양대 군사 진영으로 나뉘었다. 라틴 아메리카에 종속국들을 거느린 미국과 제국을 거느린 서유럽 열강이 한편에 있었고, 소련과 동유럽 나라들과 1949년에 마오 쩌둥 군대가 승리한 뒤의 중국이 다른 한편에 있었다.

양쪽의 지배자들은 모두 이런 분열이 완전히 다른 사회 체제 사이의 분열 이며, 서로 자기편은 선이지만 상대편은 악이라고 설명했다. 서방 자본주의의 선전가들은 '자유 세계'가 무신론적 공산주의의 세계 지배를 막기 위해 치열 한 방어 전투를 벌이고 있다고 주장했다. 반대로, 동구권의 선전가들은 인류 의 사회주의적 미래를 구현하고 있는 동구권 나라들이 썩어 가고 있는 제국주 의의 공세에 굳건히 맞서고 있다고 주장했다.

그러나 이러한 주장들이 단지 돈을 받고 일하는 전문 변호론자들만의 주장 은 아니었다. 이런 주장들은 수억 명의 사람들이 세계를 이해하는 틀이었고, 각각의 체제에 반대한 사람들조차도 대다수는 마찬가지 생각을 공유했다. 동 유럽의 반체제 세력은 미국의 방송인 '자유 유럽 라디오'를 들으며 언젠가는 나토가 자신들을 해방시켜 주는 일을 상상했다. 서방의 가장 전투적인 노동자 들은 소련 지배자들을 세계적 투쟁에서 동지라고 믿었다.

이처럼 자기 체제의 반대자들이 상대편 체제에 유착돼 있는 상황 때문에 양쪽 지배자들에게 약간의 문제가 생겨났다. 이데올로기적 동기를 지닌 첩자 들이 철통같은 안보 체계에 구멍을 낼 수도 있었기 때문이었다. 이 때문에 유 사시 군대의 신뢰성에 대한 우려가 제기됐다. 그러나 큰 장점도 있었는데, 반 체제 세력 일부의 주장을 어렵지 않게 반박할 수 있었다는 것이다. 소련 지배 자들은 세계에서 가장 빠른 성장을 보인 경제 중 하나인 소련 경제와, 북서유 럽과 북미의 몇 나라를 제외하면 정체와 고질적 빈곤으로 특징지워진 서방 경 제를 대비함으로써 이득을 볼 수 있었다. 한편, 서방 지배자들은 동구권 진영 의 숙청 재판과 강제노동수용소를 서방이 용인하는 표현의 자유와 대비할 수 있었다. 양 진영은 모두 상대 진영의 대중이 자신들의 체제를 지지한다고 선 전했다. 예컨대 <리더스 다이제스트>는 매호마다 "나는 자유를 선택했다."는 이야기로 끝을 맺었다. 한편, 모스크바에서는 동구권의 삶이 서방의 삶보다 낮다는 내용을 담고 있는 서방 신문들을 언제나 구독할 수 있었다.

세계가 이처럼 둘로 갈라져 있다는 생각은 너무나 널리 퍼져 있었다. 그 때문에 사실상 서방의 사회주의 지식인들 역시 거의 다 그런 식의 사고에 젖어 있었다. 심지어 요시프 스탈린 독재를 받아들이지 않았던 사람들조차도 그랬다. 장-폴 사르트르, 아이작 도이처, 배런과 스위지, 심지어 제4인터내셔널의 지적 지도자인 에르네스트 만델조차도 그와 비슷한 생각을 고수했다. 이들은 스탈린주의의 본질을 알게 되면서 환멸을 느끼게 됐고, 그리하여 거의 하나같이 180도 태도를 바꿔 서방에 대한 지지자로 변신했다. 스트레이치 자신과 하워드 패스트, 아서 쾨슬러, 제임스 패럴, 존 스타인벡, 존 도스 파소스, 이그나치오 실로네 같은 작가들이 그런 슬픈 운명을 겪었다.

현실은 질적으로 다른 두 사회가 극단적으로 대립하지 않으면 안 되는 이런 그림과는 많이 달랐다. 두 개의 강대국 블록이라는 틀은 대체로 1943년과 1944년에 상호 동의로 탄생한 것이었다. 미국과 영국은 스탈린이 동유럽을 지배할 수 있게 해 주는 대가로 프랑스·이탈리아·그리스를 마음대로 주무를 수 있게 됐다. '공산주의' 정권들이 서로 자동적으로 동맹한 것도 아니었다. 소련의 도움을 받지 않고 권력을 장악한 최초의 공산당, 즉, 유고슬라비아의 티토가 이끄는 공산당은 1948년에 돌연 소련 진영과 결별해 1950년 한국전쟁에서 소련과 싸운 미국을 지지했다. 두 번째 독립적 공산당인 중국 공산당은 수개월 동안 협상하고 나서야 비로소 1949년에 소련과 공식 동맹을 맺었다. 그 때조차도 중국은 미국의 도발이 없었다면 계속 한국전쟁에 개입하지 않았을 것이다. 가장 중요한 것은 어느 진영도 상대방 진영에서 일어난 반란에 대해 상징적인 지지 이상의 행동은 하지 않았다는 것이다. 소련의 통제 아래 있었던 공산당들은 서방이나 제3세계에서 한 번도 성공적인 봉기를 시도하지 않았다. 한편, 1953년에 동독 노동자들과 1956년 헝가리 노동자들이 일어섰을 때, 미국은 동정을 표현하는 상투적 어구에 단 한 자루의 소총이란 말도 들어가지 않도록 주의를 기울였다.

하지만, 1950년대와 1960년대 초에 미국과 소련의 거울 이미지를 꿰뚫어본 사람은 거의 없었다. 1956년에 헝가리 노동자평의회들이 유혈낭자하게 파괴된 뒤에조차도 새 세대의 청년 활동가들은 소련이 노동자의 낙원이라는 생각에 매력을 느꼈다. 미국이 라틴 아메리카의 군사 독재 정부들을 무장시키고 스페인의 파시스트 정부와 동맹을 맺었을 때조차도 수많은 젊은 이상주의자들은 미국의 '자유' 수호가 가치 있는 대의라고 생각했다.

우리는 1950년대와 1960년대 초의 수많은 신문기사와 엄청난 분량의 뉴스필름과 TV 프로그램을 볼 수 있으며, 수백 편의 사회학·경제학 논문들을 훑어볼 수 있다. 그러나 그 속에는 겨우 10년 뒤에 전 세계를 뒤흔든 요인들에 관한 언급은 찾기 어렵다.

2

'완행 열차는 다가오고'

"태어날 땐 급할 것 없었는데, 죽을 때는 바쁘다네." 밥 딜런은 1965년에 이런 노래를 불렀다. 그가 자신의 통찰을 제대로 인식하고 있었는지는 의심스럽지만 말이다.

언뜻 보기에는 난공불락 같았던 1950년대와 1960년대 초의 안정적 정치 구조는 전례 없는 경제 호황에서 비롯한 것이었다. 그러나 이 경제 호황은 정치 구조의 기반을 이루고 있던 사회적 토대에 미세하지만 엄청난 변화를 누적시켰다. 밥 딜런이 기타를 연주하던 때보다 100년 이상 앞서 칼 마르크스가 지적했듯이, 인간이 부를 창조하는 방식에 생기는 변화는 인간 상호간의 관계를 변화시킨다. 그 변화가 아무리 작을지라도 누적된 변화는 결국 낡은 사회 관계 위에 세워진 모든 구조에 의문을 제기하게 만든다.

장기 호황이 가져온 변화는 엄청난 것이었다. 호황이 시작됐을 때, 인구의 커다란 부분이 아직도 농업에 종사하고 있었다. 이것은 북유럽 대부분에서도 마찬가지였다. 남유럽에서는 대규모 소농 집단이 주요 사회 세력이었다. 지배자들이 회유와 협박을 통해 이 소농 세력이 현 체제를 지지하게 만들 수 있는 한은 노동자 계급의 저항은 효과적으로 상쇄됐다. 그러나 장기 호황은 대규모 산업 성장과 농업 합리화를 수반한 것이었다. 이 때문에 수많은 소농과 그 자녀들이 도시로 이주했고, 그 결과 사회 구조 전체가 바뀌었다.

1950년에 프랑스에서는 인구의 거의 30퍼센트가 여전히 농업에 종사하고 있었지만 1967년에는 이 수치가 거의 절반인 16.7퍼센트로 떨어졌다. 이탈리아에서는 1950년에 40퍼센트였던 농업 인구 비율이 1967년에는 25퍼센트 미만으로 감소했다. 1956년까지도 일본의 농업 인구 비율은 38.5퍼센트였지만 1967년에는 겨우 23퍼센트뿐이었다. 아일랜드에서 그 비율은 1950년의 40.1퍼센트에서 1967년에는 30퍼센트로 하락했다.[1]

이러한 농업 인구 감소는 도시 노동자 수의 증가와 맞물려 있었다. 1956년 이후 11년 동안 미국의 '비농업' 노동력은 1300만 명(25퍼센트) 늘어났고, 일본은 거의 1200만 명(65퍼센트), 프랑스는 270만 명(22퍼센트), 이탈리아는 겨우 8년 만에 120만 명(약 11퍼센트)이 증가했다.[2]

스페인·포르투갈·그리스가 장기 호황에 합류한 것은 상대적으로 느렸다. 이들 나라의 정부는 사회 변화를 두려워했고, 신규 산업 투자에 필요한 현대적 기반 시설이 거의 없었다. 이들 나라의 경제는 1950년대 내내 지지부진했다. 스페인의 제1차 경제개발계획은 1963년에 이르러서야 비로소 시작됐고, 1950년대 중반의 산업 노동자 비율은 스페인 내전 전인 20년 전보다 결코 높지 않았다. 하지만 여기서도 상황은 바뀌기 시작했다. 물론 처음에는 느렸지만, 1950년대 후반에 스페인의 산업 노동력은 실제로 성장해 1950년의 26.6퍼센트에서 1960년에 33퍼센트로, 1970년에는 37퍼센트로 증가했다.[3] 포르투갈의 경우에는, 1956년과 비교해 1967년에 도시 노동력이 3분의 1 증가했다. 그리스의 농업 인구는 1950년의 57퍼센트에서 1967년에는 50퍼센트로 감소했다.[4]

이런 명백한 통계 수치가 보여 주는 것은 사회 성격의 획기적 변화다.

남부 유럽의 정치 구조는 독립 소농 대중을 산업 노동자의 정치적 비중과 대비함으로써 구축될 수 있었다. 소농들은 흔히 가난으로 고통받았다. 그들의 시야는 협소했고 개별 농장을 보존하는 데만 골몰했으며 고립된 작은 마을을 벗어나지 못하는 인생관을 갖고 있었다. 그들의 특징은 현대적 도시 생활을 위협으로 여기는 보수주의, 그리고 전국적 정치 구조의 지역 대표자들을 적대시하기보다는 그들에게 우호적이고 의존하는 경향이었다. 만약 외부 정치 세력이 그들의 생활방식을 위협한다면 — 가령 독일의 그리스 점령이나 북부 이탈리아 점령, 또는 1930년대 초에 지주들이 카탈루냐의 소작농한테서 토지를 빼앗으려고 했던 시도들처럼 — 그들은 이에 맞서 싸우는 좌파 운동을 지지했을 것이다. 그러나 대부분의 상황에서 그들은 좌파가 그들의 생활방식을 위협하는 존재라는 지배자들과 가톨릭 교회의 설득에 쉽게 넘어갔다.

그래서 스페인의 파시즘은 카스티야와 나바라 농부들의 지지에 의존할 수 있었고[5] 포르투갈에서는 타호 강 북쪽의 농민들에게 의존할 수 있었다. 이탈리아에서는 교회와 기독교민주당이 농민 대중과 최근에 도시로 이주한 사람들에게 영향을 미치는 기구를 조직해 1947년 이후 전투적인 도시 노동자들을 고립시키고 패배시킬 수 있었다. 그 당시 반(反)좌파 조직으로서 맹위를 떨쳤던 가톨릭신도운동의 회원은 300만 명이 넘었고, 이탈리아기독노동자협회(ACLI)는 1950년대 초에 100만 명의 회원을 거느리고 있었다.[6] 주교들은 공산당과 사회당 지지자들을 파문하겠다고 위협할 수 있을 만큼 충분한 힘이 있었다.[7] 프랑스에서는 1947년부터 1958년까지 서로 싸우는 우파와 중도 정당들이 농민 지지표 덕분에 다수당이 될 수 있었고 그 후 10년 동안은 드골이 정치권을 지배할 수 있었다.

농민이 대거 도시로 이주하면서 이 모든 것은 바뀌기 시작했다.

이러한 변화가 처음부터 눈에 띄게 두드러진 것은 아니었다. 새로운 노동자들은 대부분 낡은 태도를 그대로 간직하고 있었다. 게다가, 그들은 대부분 가난한 시골 생활에서 탈출한 것을 그저 고맙게 여겼으며 광범한 도시 생활에 어리둥절해 하고 있었다. 그래서 1950년대 이탈리아에서 가장 큰 공장이었던 토리노의 피아트 공장 경영진은 피에몬테의 시골 출신과 남부 지방에서 올라온 노동자들을 대규모로 신규 채용하고 좌파적 생각을 가진 사람들은 모두 교묘하게 고용에서 제외함으로써 그 공장의 투쟁 전통을 파괴했다. 이런 방식은 매우 효과적이어서 1955년에 주요 좌파 노조 연맹이었던 이탈리아노동자동맹(CGIL)은 가톨릭계 노조인 이탈리아기업노동자동맹(CISL)한테 공장위원회의 통제권을 빼앗겼다. 이어서, CGIL 내의 우파가 떨어져 나가 노골적인 어용

노조를 결성했는데, 이 노조가 많은 젊은 노동자들 사이에서 인기가 높았다.[8]

스페인에서는 젊은 노동자들이 사회·정치 문제에 관심을 갖기 시작했지만, 스페인 내전 전에 노동자들 사이에 깊게 뿌리내렸던 전통 노조 조직 — 전국노동자총연맹(CNT)이나 노동조합총연맹(UGT) — 에 관심을 갖는 사람들은 드물었다. 이 두 조직은 지하 활동가들이 계속 체포·구속됨으로써 와해됐다. 이 조직들의 망명한 지도자들은 스페인 내부의 현실과 단절됐다. 새 세대는 흔히 종교 단체에 가입했다. 이런 단체들은 노동자들에 대한 영향력을 증대시키기 위해 일부 교회 분파들이 설립한 것이었고 파시스트 정권은 이를 용인했다.[9]

하지만 시간이 지나면서 새로운 노동자들은 바뀔 수밖에 없었다. 가난한 시골 생활에서 갓 벗어나 혼자 사는 청년 노동자들은 처음에는 자신들의 임금이 상대적으로 괜찮다고 생각했지만, 가족을 부양하기에는 충분하지 않다는 것을 곧 알게 됐다. 또 다른 중요한 사실은, 그들이 점점 더 많은 작업량과 강도 높은 노동 규율에 종속됐다는 것이다. 그들이 공장에 들어갔던 때는 이전의 다소 자급자족적인 국민 경제들을 국제적으로 경쟁력이 있는 체제로 만들기 위해 대규모 구조조정이 진행되고 있을 때였다. 이탈리아의 1950년대 호황기는 과거의 숙련직이 '탈숙련화'하고 그 일자리가 반(半)숙련 노동자들로 채워지며 노동 규율이 강화되고 노동량이 엄청나게 증가하던 시기이기도 했다. 스페인에서는 1962~66년의 '제1차 경제개발계획' 기간의 호황기에 앞서, 실업자를 늘리고 임금을 삭감하는 '안정화 계획'이 있었다.

이탈리아·프랑스·스페인·포르투갈에서 최초의 실질적 반란이 일어난 것은 1962~63년이었다.

피아트 공장에서는 10년 만에 처음으로 실질적 파업이 벌어졌다. 브레시아·밀라노·수자라 등지의 소규모 공장에서 시작된 운동이 거대한 토리노 공장으로 번진 것이다. 피아트 공장 파업에 참가한 노동자 수는 첫 주에 400명에서 7000명으로 뛰더니 그 다음에는 6만 명, 나중에는 9만 명으로 늘어났다. 경영진은 '온건한' 이탈리아노동조합연맹(UIL)과 어용 노조 — 이 두 노조는 불과 10개월 전에 공장위원회 선거에서 두각을 나타냈다[10] — 와 협상을 체결해 파업을 분쇄하려 했다. 경찰이 파업 시위대를 공격했고 노동자 대중은 이에 맞서 싸웠다. 노동자들의 전투성이 매우 높아서, 가톨릭계 노조인 CISL이 좌파 노조인 CGIL과 힘을 합치지 않을 수 없었다.

그 때문에 CGIL 지도부는 계속 이득을 보았다. 공장 경영진은 여러 해 동안 무시해 왔던 CGIL 지도부를 협상 상대로 인정했고 그들은 토리노 공장위원회에서 주도권을 회복했다. 그러나 노동자 대중의 이득은 그리 크지 않았다. 분쟁 해결 과정에서 노조 지도자들은 계약 기간 동안 어떤 파업도 지지하지 않겠다고 약속했고, 노동 조건과 작업 속도를 둘러싼 노동자 투쟁을 유보했다. 그런 투쟁들이 벌어졌다면 공장 여기저기에서 이제 막 성장하기 시작한 맹아적 노동자 조직이 생명력을 얻었을 것이다.[11] 1년 후, 고용주들은 경기 침체를 틈타 공격을 다시 시작할 수 있었고 과거의 손실을 만회했다.

CGIL의 공산당 계열 지도자들은 공장 경영진에게서 인정받는 대가로 중요한 투쟁을 철회하는 효과적인 거래를 성사시켰다. 그러나 1964년의 공장위원회 선거에서 CGIL이 패배하자 노조 자체의 이득도 위험에 처하게 됐다.[12]

프랑스

기독교민주당이 집권하고 있던 이탈리아처럼 드골 치하의 프랑스 역시 노동자 전투성의 갑작스런 분출로 흔들리다가 회복됐다.

알제리에서 프랑스 정착민들과 군 장성들이 반란을 일으킨 뒤인 1958년 5월에 드골 장군이 집권했다. 정쟁에 여념이 없던 제4공화국의 우파 정당과 중도 정당들은 이 반란에 제대로 대처할 수 없었다. 드골에 반대하려던 공산당의 시도는 실패했고, 주류 사회당, 즉 프랑스 사회당(SFIO)은 사실상 드골의 첫 번째 정부에 참여했다. 공산당 지지표는 줄어들었고, 1958년 말의 철도 파업은 사회민주주의 계열인 노동자의 힘(FO)과 기독교계 노조인 CFTC가 공산당계 노조 CGT만 홀로 싸우게 내버려둔 채 경영진과 타협함으로써 패배로 끝났다.

이후 4년 동안에 유일한 연대 투쟁은 우파가 드골 정부를 전복하려 했던 시도(1960년 1월과 1961년 4월에 프랑스령 알제리에서 군대와 정착민들이 일으킨 쿠데타)에 대항한 명목상의 파업뿐이었다. 그러나 우파의 이런 공격에서 살아남는 데 성공한 드골 정부는 여러 부문의 노동자들을 끌어당기면서 좌파를 더욱더 고립시키는 듯했다. 1962년 2월에 가장 큰 두 노조 연맹이 지지한 좌파의 시위를 금지시킬 만큼 드골 정부는 강력했고, 이 시위 금지령이 무시당하자 무장한 시위 진압 경찰 CRS가 시위를 해산시켰다. 이 과정에서 8명의 CGT 조합원들이 샤롱 전철역 밖에서 살해됐다.

연말에는 파리의 운송 노동자들이 파업에 돌입했는데, 경찰은 파업 참가자들을 공격했고, 군대가 투입돼 버스와 지하철을 운행시켰다.

1963년 초 광원 노동자들이 파업을 강행하겠다고 위협했을 때 정부가 자신감을 보인 것은 당연했다. 처음에 그 자신감은 충분한 근거가 있는 듯했다. 서로 다른 노조 연맹의 분열 때문에 CGT가 호소한 파업은 CFTC와 FO의 지지를 받지 못하고 패배했다. 반대로, 이 두 노조가 호소한 파업은 CGT의 외면으로 실패하고 말았다. 그러나 정부는 자기 힘을 과대 평가하고 있었다. 정부의 비타협적 태도 때문에 이 세 노조 모두 3월 초에 파업을 호소했다. 비록 CGT는 겨우 이틀 파업을 호소했을 뿐이지만 말이다.

총리 조르쥬 퐁피두는 파업 사흘째 되던 날—이 날은 CGT 소속 광원들이 어쨌든 작업에 복귀하기로 돼 있는 날이었다—광원들을 강제 징집해 입영시키겠다고 발표했다. 따라서 파업을 계속한다면 그들은 군법을 어기게 되는 것이었다. 퐁피두는 이렇게 하면 광원들을 무력화시킬 수 있다고 생각했다. 왜냐하면 그들은 14년 동안 대규모 파업을 해 본 적이 한 번도 없었기 때문이다. 전에 파리의 운송 노동자들이 이런 식의 협박에 당한 적이 있었다.

하지만 이것은 완전한 계산 착오였다. 그 조치에 대한 현장 조합원들의 분노가 너무나 강력했기 때문에 CGT는 전면 파업을 호소하는 다른 노조들과 함께하지 않을 수 없었다. 취약 지구라고 생각했던 로렌의 파업 노동자들이 정부의 명령을 전부 무시한다고 선언했다. 다음 날 북부 지방의 광원들이 그 뒤를 따랐다. 광산 지역에서는 주민 전체가—광원의 아내들, 다른 업종 노동자들뿐 아니라 심지어 지역의 성직자와 상점 주인들까지도—이 파업에 대한 지지를 표명했다.

정부는 파업 금지령을 감히 실행에 옮길 수 없었고 결국 세 명의 '현인(賢人)'을 임명해 진상을 조사하게 했다. 그 결과 12.5퍼센트의 임금 인상과 유급 휴가 1주일 연장으로 분쟁은 끝났다.

이 투쟁의 승리에서 전체 노동자 계급 운동이 이득을 얻기 위해서는 좀 더 상황이 무르익어야 했다. 그러나 노조 지도부는 그렇게 행동하지 않았다. CGT는 광원들의 투쟁이 다른 공공 부문으로 확산되는 것에 반대했다. 그 쪽도 임금에 대한 불만이 많았는데도 말이다. CGT는 그런 파업은 '비대중적인' 것이며, 정부의 손에 놀아나게 될 것이고, 노조에게 '정치적 극단주의'라는 비난을 가져다줄 것이라고 주장했다. CGT의 진정한 동기는 공산당이 정치적 고립에서 벗어나도록 사회당의 우파 사회민주주의자들과 교섭을 시도하려는 것이었다. 이 동맹은 1965년의 대통령 선거에서 중도 좌파인 프랑수아 미테랑을 후보로 내세운 선거 운동까지 이어졌다.

그래서 CGT는 공공 부문의 효과적인 전면 파업을 호소하지 않고 이름뿐인 하루 파업과 반나절 파업을 조직하는 데 그쳤다. CFTC가 CGT보다 선거를 덜 의식했다. CFTC는 어떤 좌파 정당에도 들어가 있지 않았기 때문이다. CFTC 지도부는 CGT에서 노동자들을 빼내오기 위해, 자신들이 전면 파업을 원한다는 인상을 노동자들에게 심어 주려고 노력했다.

그 결과, 각 노조는 다른 노조의 노력을 방해하게 됐고 광원들의 승리는 완전히 날아가 버렸다.

한편, 정부는 통화량을 줄이는 긴축 정책을 시행해 민간 부문—CGT가 '여론'이라는 문제에 덜 신경 써도 되는 부문—노동자들의 투쟁을 훨씬 더 힘들게 만들었다. 고용주들은 임금 인상 요구에 강한 거부 의사를 표명하기 시작했다. 1965년 초에 리옹의 베를리에 공장과 소쇼의 푸조 자동차 공장에서

'순환 파업'[서로 다른 부문의 노동자들이 차례대로 일으키는 파업]이 벌어지자, 직장이 폐쇄되고 경찰이 파업 참가자들을 공격했으며 투사들은 해고됐다.

어떤 학술 논문에 따르면, "부분적으로는 대통령 선거 운동 덕택에 1965년은 이렇다 할 노조 활동이 거의 없었던 해였다."[13]

스페인

스페인의 1962년은 스페인 내전의 패배 이래 노동자 계급에게 가장 중요한 해였다. 1961년 12월 첫 번째 파업이 바스크 지방에서 시작돼 바르셀로나·마드리드·발렌시아·카르타헤나로 번졌다. 그 다음에는 아스투리아스의 광원들이 파업에 돌입해 파업 물결을 촉진했고 마침내 40만 명의 노동자가 파업에 참가했는데, 이는 전국 노동력의 약 8분의 1에 해당하는 규모였다.

프랑코 정부는 어쩔 수 없이 양보해야 했고 혹시 있을지도 모를 위험한 충돌을 피하는 방법을 강구해야 했다. 정부는 '직업상의 충돌'과 '정치적 충돌'을 법률적으로 구분하면서, 후자는 여전히 공안사범으로 다스렸다.[14] 국영 '노조'인 신디카토스(Sindicatos)의 지도부는 노동자들의 발언권을 확대하는 개혁을 약속했다.

그러나 이 파업의 중요성은 노동자들이 사상 처음으로 정부에 양보를 받아 냈다는 것이 아니라, 그들이 새로운 형태의 조직, 즉 노동자위원회를 건설했다는 점이다. 노동자 위원들은 대중 집회에서 선출되고 그 통제를 받았다. 이 노동자위원회는 경영진에게 노동자들의 요구 사항을 제시하고 파업 투쟁을 조직했다.

사실, 최초의 노동자위원회는 1958년의 카모차 광원 파업 기간에 만들어졌다. 이후, 노동자위원회는 1962~63년의 파업 물결을 타고 한 작업장에서 다른 작업장으로 계속 번져 갔다. 혁명적이지도 않고 그다지 정치적이지도 않은 동기에서 출발한 노동자들이 자생적으로 만든 조직이 바로 노동자위원회였다. 노동자들이 경영진에게 불만을 품고 있는 곳이라면 어디든지 진정한 노동조합 조직이 없었기 때문에 그들이 불만 사항을 제시할 수 있는 유일한 방법은 위원회를 선출하는 것이었다. "최초의 노동자위원회는 자생적 운동으로서 성장했고, 투쟁이 끝나면 자진 해산했다."[15]

그러나 이처럼 단순한 '비정치적' 활동이 여러 작업장에서 되풀이되면서 정치적 의미를 지니게 됐다. 노동자 계급을 아래로부터 조직하는 새로운 방식이 나타나고 있었다. 머지않아 서로 다른 노동자위원회 사이에 연계가 형성됐고, 처음에는 지역 수준에서, 나중에는 전국 수준에서 상설 조직이 만들어졌다. 바스크 지방의 비스카야에서는

강력한 대중 운동의 지지를 받는 지역 노동자위원회가 사실상 몇 달 동안 준합법적 지위를 획득했다. 경영진뿐 아니라 정부 당국조차도 이를 인정했다. 그러나 노동자위원회는 노동자들의 요구를 제시하거나 그 대답을 들으러 갈 때마다 수백 명의 노동자를 대동하는 조심성을 보였다. 1963년에 위원들이 체포되기 전까지 빌바오와 그 공업 지대에서는 지역 노동자위원회를 뒤따르는 노동자들의 시위 행렬은 흔한 광경이었다.[16]

비록 조금 변형된 형태였지만, 이후 3년 동안 노동자위원회 운동은 계속 성장했다. 큰 파업이 없을 때는 노동자위원회를 선출하는 대중 집회도 열리지 않았다. 그렇지만, 이 운동은 활동가들의 운동으로서 지속됐다. 이들은 이후의 파업이 대중 집회와 선출된 노동자위원회에 기반을 두고 조직되도록 만들었다. 그래서 예컨대 1960년대 중반에 칸타브리카에서는 약 150명 가량의 토렐라베가-레이노사 지역 활동가들로 이루어진 지역 조직이 출현했다.[17]

1966년에는 이 새로운 운동이 전국 수준에서 강화될 수 있는 기회가 찾아왔다. 이 해에 어용 '노조'인 오르가니사시온 신디칼('노동조합 조직')의 하위 간부직 선거가 있었다. 이 자리는 단순히 노동자들의 사소한 불만을 접수하는 것만 할 수 있었고 실제의 교섭권은 3만 명의 파시스트 관료들이 쥐고 있었다. 이 관료들이 노동자와 고용주의 '조합'을 운영하고 있었다. 이 때문에 노동자

들은 이 선거에 거의 관심이 없었다.

이제 노동자위원회 운동은 자신의 목적을 위해 이 조직을 이용하기로 결심했다. 위원회 후보들이 선거에 출마했고 많은 자리를 확보했다. 이제 그들이 확보한 공식 지위 덕분에 수천 명의 투사들은 다른 노동자들과 합법적이고 규칙적으로 접촉할 수 있게 됐다. 따라서 그들은 비공식·비합법적으로 오르가니사시온 신디칼의 기반을 약화시키기 위한 노동자위원회의 선동을 개발할 수 있었다. 바스크 지방 출신의 한 활동가는 나중에 다음과 같이 말했다.

1966년의 신디칼 선거는 노동자들이 대거 참여하고 새로운 후보들이 출마한 중요한 전환점이었다. 그 전에는 어떤 집회도 없었고 노동자들과 그 대표 사이에 직접적 관계도 존재하지 않았다. …… 오르가니사시온 신디칼의 방해에도 불구하고, 우리는 설문조사와 소식지, 기획 회의 등 새로운 방식의 참여 형태를 발전시켰다. …… 우리의 공식 직함을 이용해 …… 경제적 차원(모금 활동)과 정치적 차원(연대 파업, 성명서 발표, 다른 지역 파업 소식 등) 둘 다에서 일반적 연대 운동을 건설하는 데 크게 성공했다.[18]

노동자위원회 운동의 성과는 상당한 것이었다. 1968년이 되면, 프랑코 정부는 어떤 조치를 취할 때마다 항상 그것이 더 큰 노동자 투쟁을 불러일으키지는 않을까 우려하게 됐다. 그 결과, 파시스트 진영 내부의 분열이 심화돼, 폐쇄 경제와 1940~50년대 식의 대대적인 억압 체제를 열망하는 쪽과 여타 서유럽 국가들에 경제를 개방하기 위해 어느 정도 제한된 개혁을 취하기를 원하는 쪽으로 갈라졌다.

그러나 그렇다고 해서 그 때까지도 지나치게 낙관적이었던 스페인 공산당의 생각처럼 프랑코주의가 이미 끝났거나 머지않아 '국민 화합'이 이루어진 것은 아니었다. 페르난도 클라우딘이 옳게 지적했듯이,

1962년과 1966년 사이에 있었던 노동자 운동의 두드러진 상승세는 지배 체제가

약화됐다는 신호가 아니었다. 비록 그것이 프랑코주의의 합법성을 계속 위반하기는 했지만, 동시에 그것은 암묵적으로 허용된 것이기도 했다. 왜냐하면 그것은 제1차 경제개발계획이 시작된 뒤 5년 동안 계속된 산업 호황이라는 핵심 요인 덕분에 가능했기 때문이다.[19]

노동자위원회 운동은 1967년 1월과 10월 마드리드에서 10만 명의 노동자들이 참가한 대중 투쟁에서, 그리고 6월 최초의 공개적인 전국 대회에서 절정에 달했다.

그런 다음 연말에 정부의 공격을 받았다. 정부는 노동자위원회가 불법 단체라고 발표하고 임금 동결을 선언해 기업 수준에서 벌이고 있던 모든 협상을 중단시켰다. 그리하여 정부는 노동자위원회로 하여금 작업 현장에서 대중적 지지를 모을 수 있게 해 주었던 구심점을 제거해 버렸다.

세 갈래의 탄압이 이어졌다. 정부 자신은 대대적인 검거 작전을 수행해, 1968년 한 해만도 1000여 명을 '불법 집회' 혐의로 기소하고 2년형에서 6년형을 선고해 투옥했다. 기업들은 수천 명의 투사들을 해고했다. 그리고 오르가니사시온 신디칼은 2년 전 선거에서 선출된 수천 명의 하위직 간부들을 쫓아냈다.

노동자 운동은 지역과 중앙의 기존 지도자들을 거의 모두 잃어 버렸다. 예를 들어, 칸타브리카의 토렐라베가-레이노사 지역에서는 150명의 활동가 중 105명이 체포됐다. 남아 있는 중앙 지도부가 1969년 5월 1일에 "총파업으로 가는 길을 열기 위해" 대중 투쟁을 호소했지만 그 반응은 전만 못했다. 파업에 대한 국가의 대응은 더 강경해졌다. 이제는 무장 경찰이 파업 참가자들을 공격했고, 그 뒤 5년 동안 해마다 적어도 한 명의 파업 참가자가 살해당했다. 살아남은 활동가들에 대한 탄압과 고립은 이전의 단결된 운동을 파편화시켰다.

▌미국
유럽의 남부와 마찬가지로 미국 최남부도 장기 호황에 따라 극적인 변화를 겪었다. 짐 크로 체제는 남부가 압도적으로 농업에 기반하고 있고 대부분의 흑인 인구가 농업에 종사(1910년에 90퍼센트)하고 있을 때 확립된 것이었다.[20] 뿔뿔이 흩어진 소규모 농촌 지역사회에서 살고 있던 그들이 대농장 지주들과 지역 사법 제도, KKK단 같은 백인 우월주의 무장 집단의 연합 세력에 대항하기는 매우 힘들었다.

그러나 제1차세계대전 종전 이후 남부의 시골을 떠나는 흑인들이 늘어났다. 그들은 주로 북부의 공업 도시로 갔지만, 남부 도시의 번화가로 가기도 했다. 미국 경제가 1940년에서 1970년대까지 지속된 호황 국면으로 접어들면서 이러한 추세는 속도를 더했다. 북부의 자본은 점점 더 생산의 일부분을 남부로 전환시켰다.

과거에 남부연합을 형성했던 11개 주에서 이주해 나간 흑인들의 숫자가 1910~19년의 48만 명에서 그 다음 10년 동안 76만 9000명으로 증가했다. 1930년대 침체기에 38만 1000명으로 떨어졌다가 1940년대에는 126만 명, 1950년대에는 117만 명으로 치솟았다.

> 1910년에서 1960년까지 반세기 동안 흑인들은 지방의 농민에서 도시 노동계급의 핵심 부분으로 전환했다. …… 오늘날 흑인 인구의 4분의 3이 도시에 거주하고 있다.[21]

북부에서는 흑인들이 뉴욕·시카고·디트로이트·로스앤젤레스 같은 도시 인구의 주요 부분을 구성했다. 남부에서는 도시가 성장함에 따라 흑인 인구도 함께 성장해, 1940~60년에 앨라배마 주 버밍엄에서는 80퍼센트, 몽고메리에서는 40퍼센트, 루이지애나 주의 배턴루지에서는 453퍼센트, 플로리다 주의 탤러해시에서는 145퍼센트의 흑인 인구 성장률을 보였다.

도시화와 함께 낡은 인종 차별이 사라져 버린 것은 아니었다. 남부에서 흑인 남성들은 수위, 짐꾼, 요리사, 일용직 노동자 외의 직업은 얻기 어려웠으며, 고용된 흑인 여성의 절반은 하녀였다. 이것이 바로 남부에서 분리주의가 낳은 결과였다. 흑인 거주 지구는 도시에서 가장 과밀하고 가난한 지역으로 한정됐고, 백인 경찰들은 흑인들이 이 구역을 벗어나지 못하게 막았다. 또한 투표권의 박탈로 흑인들은 지역 정치에 영향을 미칠 수 있는 능력을 상실하고 있었다.

북부에서도 인종 차별은 많은 분야에서 분리주의 정책을 낳았다. 효과적인 인종 분리를 추구하는 대부분의 주택 계획에 따라 흑인들은 빈민가로 들어가지 않을 수 없었다. 이것은 인종 분리를 강화시켰고, 세월이 흘러도 이런 경향은 약화되지 않았다.[22] 흑인들은 비숙련이나 반숙련 육체 노동말고는 직업을 얻기가 힘들었고, 1950년대에 흑인 실업률은 백인 실업률보다 두 배나 높았다. 디트로이트 같은 북부 도시에서는 흑인 가구의 평균 소득이 백인 가구 평균 소득의 70퍼센트에도 미치지 못했다.[23] 학교 제도를 통해 고등교육을 받는 흑인들은 거의 없었다. 그래서 엘리트적인 '아이비리그'[하버드·예일·펜실베이니아·프린스턴 등 가장 부유하고 명망 있는 미국 북동부의 일류 사립 대학들] 대학들은 거의 대부분 백인들 차지였다.

그러나 뭔가 바뀌고 있었다. 민주당은 점증하는 흑인 지역사회의 표를 획득하지 못한다면 시카고·뉴욕·디트로이트 같은 곳에서는 도시 중심부에 대한 통제력을 유지할 수가 없었다. 그래서 남북전쟁 이후 처음으로 흑인들이 적어도 공식 정치에 대해서 최소한의 영향력을 행사할 수 있게 됐다. 북부의 자본이 남부로 확산될 때 노동자들 사이의 인종 분열에서 이득을 얻는 행운을 누리기는 했지만, 대농장주들과 마찬가지로 분리주의 조직들과 동일한 유대관계를 맺고 있었던 것은 아니었다. 마지막으로, 세계 패권을 노리고 있던 미국 정부는 '자유 세계', '자유 민주주의', 그리고 '인권'이라는 복음을 전파하고 있었으며, 백악관으로부터 6마일[약 9.6km] 떨어진 곳에서 시작된 남부의 확연한 인종 차별 때문에 창피를 당하는 것을 원하지 않았다.

여기에서 비롯한 변화들은 느리고 피상적인 것이었다. 으레 대통령·연방 대법원·의회는 북부 흑인들의 표를 얻거나 스스로 표방한 이념에 부합하기 위해 어떤 문제들에 대해서는 "위헌"이라고 규정하기도 했다. 그러나 그 후에는 이런 규정의 실행을 보장하는 어떠한 기구도 발전시키지 않았다.

그래서, 군대 내 인종 차별 철폐는 제2차세계대전이 끝나갈 즈음에 시작됐지만 한국전쟁 때까지도 완결되지 않았다. 1954년에 연방 대법원은 인종 차별적 공교육이 위헌이라고 판결했으나 그 판결의 집행 책임을 인종 차별적인 주 당국에 맡겨 놓았다. 그래서 1957년에 아칸소 주의 리틀록에서는 한 학교의 인종 격리를 금지하는 법원의 명령을 집행하기 위해 연방군이 동원되기도 했지만 그것으로 끝이었다. 얼마 후 의회는 80년 만에 처음으로 공민권 법안을 통과시켰지만, 그 집행 수단은 하나도 마련하지 않았다. 흑인들 개개인은 법원의 판결을 기다리며 여러 해를 보내야 했다. 그리고 법원의 판결은 폭도의 린치 위협에 시달리는 흑인들에게 별 도움이 안 됐다.

북부에서 이뤄진 이런 피상적인 법률 변화가 남부의 일상 생활에 영향을 미칠 수 있는 길은 오직 하나였다. 바로 남부의 흑인들이 스스로 움직이는 것이었다.

첫 움직임은 흑인 중간계급 단체인 전미유색인지위향상협회(NAACP)에서 나왔다. 이 단체는 인종 차별 금지와 남부 흑인들의 투표권 획득을 목적으로 한 일련의 법률 소송에 착수했다. 하지만 진전은 고통스럽고 더딘 것이었다. 북부의 권력자 집단은 억지로 떠밀리지 않는 한은 남부에 별로 신경을 쓰지 않았다. 한편, 남부의 인종 차별론자들은 NAACP 활동가들을 괴롭혔고 그들을 직장에서 쫓아냈으며, 그들의 집에 불을 지르고 유권자 명부에 등록하는 흑인들을 살해했다. 그리고 일곱 개 주에서는 NAACP를 '반체제 조직'으로 규정해 불법화시켰다. 남부의 많은 지역에서 흑인 활동가들은 5년 전보다 더욱 힘든 상황에 처해 있었다.

그러나 NAACP보다 훨씬 덜 합법적 방식으로 접근하는 운동들이 펼쳐지고 있었다. 1953년 6월에 루이지애나 주의 배턴루지에서는 흑인들이 스스로 조직을 결성해 3000명이 참가한 심야 집회에서 지역의 한 버스 회사에 대한 보이코트를 결의했다. 이 버스 회사는 백인에게 자리의 우선권을 부여하고 버스 뒷좌석이 남아 있어도 흑인들은 앉지 못하게 하는 좌석 격리 관행을 유지하고 있었다. 1955년 12월에는 이런 사건이 앨라배마 주 버밍엄에서 훨씬 더 큰 규모로 벌어졌다. 그 사건은 버스에서 백인 남자에게 자리를 양보하는 것을 거부한 로자 파크스 여사가 체포된 뒤에 일어났다. 흑인들로만 이루어진 침대차종업원조합의 지역 간부들과 흑인 여성들의 지역 조직인 여성정치회의는 지역의 흑인 전용 대학 학생들과 흑인 교회 성직자들과 연계하면서 보이코트를 호소하고 나섰다. 이 보이코트는 거의 1년 동안 계속된, 남부 '재건' 이래 최대의 대중 운동이었다.

1956년 봄에 플로리다 주의 탤러해시에서 비슷한 운동이 시작됐고, 같은 해 12월에 앨라배마 주 최대 도시인 버밍엄에서도 운동이 일어났다. 몽고메리에서 있었던 이와 비슷한 운동의 지도자로 등장한 스물여섯 살의 목사 마틴 루서 킹은 머지않아 남부 전역에서 지지를 받는 조정위원회인 남부기독교지도자회의(SCLC)를 이끌었다.

NAACP는 대개 중간계급 출신의 소수 개인 활동가들로 이루어져 있었고 그들은 연방 법률 체계를 이용해 개선을 얻어 내려 했다. SCLC는 남부의 흑인들 사이에서 훨씬 더 폭넓은 뿌리를 두고 있었지만 조직의 핵심은 여전히 흑인 중간계급의 한 부문이었다. 그들은 바로 흑인 교회 목사들이었다. 이 교회들은 시골에서 갓 올라온 사람들로 이루어진 지역사회에서 매우 중요한 역할을 했다. 교회는 종교적 중심일 뿐 아니라 사회적 중심이기도 했다. 게다가, 흑인 지역사회의 목사들은 생계를 위해 백인 고용주에게 의존하지 않는 몇몇 집단 가운데 하나였다. 그들은 자연스럽게 남부의 도시 흑인 운동에서 조직적 구심이 됐다.

그러나 바로 이 때문에 이 운동은 스스로 혁명적이라고 여기지 않게 됐다. 이 운동의 목적은 기존 미국 사회를 거부하는 것이 아니라 그 안으로 통합되는 것이었다. 마틴 루서 킹의 지도 아래 이 운동은 곧 적절한 이데올로기를 얻게 됐다. 그것은 바로 비폭력이었다.

이 이데올로기는 대대적인 사회적 충돌을 원하지 않는 흑인 중간계급의 이해관계에 적합한 것이었다. 그것은 또한 남부의 흑인들이 처한 상황에도 적합한 것처럼 보였다. 가난하고 무장하지 않은 소수로서 흑인들은 만약에 물리적 충돌을 하게 된다면 승산이 없다고 생각했다. '비폭력' 선동은 북부의 권력기구로 하여금 흑인들의 편에 서서 개입하도록 강요하는 자극제가 될 수 있을 듯했다. 그래서 10년 동안 남부의 흑인 활동가 대다수는 헌신적인 소수의 평화주의자가 설교한 비폭력 이데올로기를 기꺼이 받아들였고 총탄과 폭탄, 경찰의 공격 앞에서도 이 이데올로기를 굳게 지켰다. 킹 목사와 평화주의자들이 원칙의 문제라고 여긴 것을 수천 명의 다른 활동가들은 전술의 문제로 받아들였다.

1950년대 중반에 남부에서 벌어진 첫 번째 투쟁의 물결은 주로 흑인 교회를 중심으로 조직된 대중 운동이었다. 1960년대에 두 번째 투쟁의 물결이 시작됐다. 이번에는 흑인 학생들이 주도했다.

1960년 2월 1일, 노스캐롤라이나 주의 그린즈버러에 있는 울워스라는 백인 전용 간이식당에 네 명의 흑인 학생들이 앉아 있었다. 백인 손님들이 이들을 모욕하고 괴롭혔지만, 그들은 자리를 뜨지 않았고 며칠이 지나자 수백 명이 넘는 시내의 대학생들이 이들과 합류했다. 그 뒤 두 달 동안 남부의 70개 도시에서 이런 사건이 되풀이됐다. 억압이 그리 심하지 않은 해안 지대의 도시들부터 소총과 엽총, 최루가스로 무장한 경찰이 운동 참가자들을 위협했던 최남부에 이르기까지 널리 퍼진 이 운동에는 5만 명의 학생들이 동참했다. 여름이 되자 수십 개 도시의 간이식당에서 인종에 따른 격리가 사라졌다.

NAACP의 전국사무소는 그린즈버러의 '연좌 시위' 운동을 지지하지 않았다. SCLC의 목사들은 이 운동을 지지했고 그들의 교회는 흔히 이 운동의 조직적 중심이었다. 그러나 운동의 초기에 주요 동력은 북부에 기반을 둔 조직인 인종평등회의(CORE)에서 나왔다. 인종평등회의는 백인 인종 차별주의자들의 도발에 대해 절제된 비폭력으로 대응하도록 흑인들을 훈련시켰다. CORE는 이 투쟁 덕분에 크게 성장했고, 북부의 백인 평화주의자들이 주도하던 운동에서 흑인 활동가들이 주도하는 운동으로 변모했다. CORE와 나란히 1960년 4월에는 남부 학생 활동가 대회에서 학생비폭력조정위원회(SNCC)라는 조직이 결성됐다.

이 운동은 남부에 기반을 두고 있었다. 그러나 곧 북부에 있는 여러 대학에 영향을 미치면서 흑인 학생들을 끌어들여 투쟁을 주도했고 100개 대학의 백인 학생들 사이에서 지원 조직들을 건설했다.

그 뒤 4년 동안 학생에 기반을 둔 이 새로운 조직들은 남부의 인종 차별에 대항하는 도전을 거듭했다. 1961년에는 '프리덤 라이드(freedom ride)' 운동을 조직해, 지방법과 인종 차별주의 폭력배, 폭탄 위협을 무시하고 남부를 관통하는 장거리 버스 여행을 감행함으로써 인종 차별에 도전했다. 1961~62년 겨울에 그들이 주도한 대중 운동은 조지아 주의 올버니에서 총집결을 시도하다가 1000명이 체포됐다. 1963년 6월에는 메드거 에버스가 자기 집 밖에서 살해되는 사건이 있었는데도, 흑인들을 유권자로 등록하는 운동을 추진했다. 1964년에는 150명의 조직가들을 최남부에 파견해 미시시피 자유민주당을 건설함으로써 백인 지배에 도전했다.

만약에 활동가들이 계속 비폭력 전략을 고수하려 했다면 엄청난 용기와 헌신이 필요했을 것이다. 하지만 그 전략은 모순을 내포하고 있었다. 그것은 비폭력 전략을 통해서 북부의 무장한 폭력적 국가기구를 개입시켜 남부에서 인종 차별을 철폐하고 투표권을 인정하도록 강제할 수 있다는 가정을 전제하고 있었다. 그래서 '비폭력' 프리덤 라이드 운동이 무장 경호에 의존하는 경우도 있었다는 것은 유명하다.

> 버스 안에서 제임스 로슨이 비폭력에 관한 강연을 하고 있는 동안 세 대의 비행기, 두 대의 헬리콥터, 일곱 대의 순찰차가 그 버스를 호위하면서 뒤를 따랐다.[24]

그러나 북부의 국가기구를 운영하는 사람들은 마지못해 약간의 지원을 해 줄 뿐이었다. 남부의 경찰이 계속 인종 차별을 조장하고 흑인들의 투표를 금지하는 데 이용되고 있었지만 흑인들의 공민권을 보호하기 위해 연방군이 투입된 것은 단지 두 번뿐이었다. 한 번은 1957년에 아이젠하워가 리틀록에, 다른 한 번은 1961년에 케네디가 미시시피 주 옥스퍼드에 투입했다.

대통령 존 케네디와 법무 장관이었던 그의 동생 로버트 케네디는 민주당이 흑인들의 표를 얻기 바랐다. 이 흑인들의 표는 1960년에 닉슨을 상대로 한 박빙의 선거전에서 매우 중요한 요소였다. 그러나 그들은 대규모 선동을 원하지는 않았다. 케네디 형제는 반(反)인종 차별주의 단체에 어느 정도의 물리적 보호와 자금을 제공했다. 하지만 그들은 대가를 요구했다. '민권' 운동을 연구한 어떤 역사학자는 다음과 같이 말했다.

요란했던 '프리덤 라이드' 운동 이후에, 케네디 정부는 민권 운동 조직의 활동가들이 파괴적인 운동 대신 유권자 등록 운동에 집중하게 하려 했다. 실제로, 케네디 정부는 대규모 시민 불복종 운동에 대해서는 단호하게 반대했다. 케네디 대통령은 소극적인 유권자 등록 운동이 평화로운 변화를 가져올 것이고 민주당의 표를 늘려줄 것이라고 생각했다.[25]

로버트 케네디는 그의 사무실에서 CORE와 SNCC 지도자들을 불러모아 회의를 열기까지 했다. CORE 의장이었던 제임스 파머에 따르면 로버트 케네디는 다음과 같이 말했다고 한다.

당신들은 그따위 빌어먹을 프리덤 라이드나 연좌농성은 때려치우고 유권자 등록 운동에나 전념하지 그래! 만약 그렇게 한다면, 내 당신들을 비과세 대상으로 만들어 주지.[26]

그러면서도 케네디 형제는 잘 알려진 인종 차별주의자들을 남부에 판사로 계속 임명하고 있었다.

케네디 형제의 위선적인 전략은 1963년 전반기에 흑인들의 전례 없는 투쟁이 폭발하면서 그 정체가 드러났다. 앨라배마 주 버밍엄에서 비폭력 흑인 시위대에 대해 경찰이 경찰견과 최루가스를 사용했는데, 이 장면이 TV를 통해 전국의 안방에 전달되면서 투쟁이 분출했다. 흑인 운동 내에서는 대규모 시위를 조직해 새로운 민권 법안을 논의하고 있는 국회의사당을 포위하자는 목소리가 높아졌다. 케네디는 민권 운동 지도자들에게 그 행진이 "위협적인 분위기를 자아낼 것"이라면서 이것에 반대했다. 민권 운동 지도자들이 "우리가 막으려 해도 결코 막을 수 없을 것"이라고 하자 케네디는 방침을 바꿨다. 케네디 집권기에 관한 고전적인 설명이 보여 주듯이, 그는 운동이 비폭력 방식으로 조직된다면 그것을 지지하겠노라고 말했다.

> 민권 운동 지도자들이 대통령과 면담을 했지만 국회의사당을 포위해서는 안 된다는 설득은 먹혀들지 않았다. …… 그래서 1963년에 케네디는 흑인 혁명을 민주당과 제휴하는 쪽으로 끌어들이려고 애썼다.[27]

시위 현장에서 SNCC의 젊은 지도자 존 루이스는, 공민권을 보장하는 문제에 대해 기회주의적 태도를 보이는 민주당을 비난하는 연설을 할 작정이었다. 그러나 케네디의 책략은 그를 설득하는 데 성공했고 가장 비판적인 언급은 삭제됐다.[28]

이러한 책략의 마지막 성과는 케네디가 암살당한 후인 1964년 여름에 나타났다. 그 해 여름 내내 SNCC 활동가들은, 미시시피 주를 운영하는 백인들의 인종 차별적 지역 당기구에 대항해 미시시피 자유민주당을 건설하고 유권자로 등록하는 일에 목숨을 걸었다. 그러나 1964년 8월에 민주당 전당대회가 열렸을 때, 대의원 자리를 차지한 사람들은 백인 인종 차별주의자들이었다. 마틴 루서 킹처럼 잘 알려진 흑인 지도자들이 자유민주당에게 제시한 것은 두 명의 대의원에게 명목상의 참여를 허용하는 타협안이 전부였다. 더 이상을 요구하면 민주당을 분열시켜 선거에서 공화당의 강경 우익 대통령 후보인 배리 골드워터에게 패배할 위험이 있다고 주장했다. 젊은 흑인 활동가들은 이 타협안을 거부하고 밖으로 뛰쳐나왔다. 그러나 이것은 저명한 흑인 지도자들이 모든 흑인 표가 기입돼 있는 백지수표를 민주당 대통령 후보인 린든 베인즈 존슨에게 넘겨주는 것을 막지는 못했다.

체제가 폭발적인 흑인 투쟁을 흡수하는 데 성공한 것처럼 보였고, 이후 18 개월은 맨 앞에서 싸웠던 사람들에게는 힘들고 혹독한 시간이 됐다.

1964년에는 수백 명의 북부 사람들을 미시시피 주로 보내는 '미시시피 여름 작전' 이 펼쳐졌다. ...... 그러나 이 자원자들이 북부로 돌아가 버리자 과거의 차별 관행은 되살아났다.[29]

흑인 단체의 지도자들은 "조직 방식이 효과적이지 않았다."고 생각했고 대략 1년 반 동안 더 효과적인 전략을 찾아 헤맸다.

영국

남부 유럽과 미국 남부 주들은 1960년대 전반기에 심각한 사회 운동을 경험했다. 비록 이러한 운동이 결국에는 체제 내로 포섭돼 버렸지만 말이다. 북부 유럽의 상황은 훨씬 더 잠잠했다. 대기업, 국가, 노동자 계급 운동 내의 관료들이 서로 연합해 어떠한 저항 운동도 주변적인 것으로 만들 수 있는 것처럼 보였다. 정부의 형식적 소득 정책을 통해 노조 지도부를 포섭하려는 시도가 늘어나면서, 장기 호황이 가져온 완전고용과 도시화는 이러한 공조 체제를 강화했다. 이것은 개혁주의 지도자들의 정부 입각을 대기업들이 기꺼이 용인할 의사가 있음을 뜻했다. 예를 들어, 1966년에 서독에서는 기독교민주당과 사회민주당 사이에 '대연정'이 이루어졌다.

영국에서는 이런 일반적 모습과 다른, 그러나 약간만 다른 예외가 있었다. 1950년대 말과 1960년대 초에 특정 산업 부문 — 특히 금속·자동차·광업·항운 — 에서 투쟁이 증가했다. 노동부에 보고된 파업 숫자를 보면, 1957년 640 건에서 2년 후 780건으로, 그리고 1960년에는 50퍼센트가 뛴 1180건으로 증가했다. 이 숫자는 계속 증가해 1964년에는 1496건에 이른다.[30] 한 노사관계 전문가는 다음과 같이 쓰고 있다. "처음으로 체계적인 통계가 작성된 1890년대 이래로, [이 시기의] 파업 건수는 그 어느 때보다 높다."[31]

이 파업들은 고립되고 파편화된 투쟁들이었다. 해당 산업 내에서조차 어떤 일반적 투쟁으로 연결되지 않았다. 그래서 이 시기에 전국적 노조의 간부로 뽑힌 지도자들은 좌파이기보다는 우파 성향을 띤 사람들이었다. 이 파업들은 다른 주요 산업 — 철도, 우편, 통신, 인쇄, 철강, 화학, 중앙과 지방의 정부기구 — 에 거의 영향을 미치지 못했다. 이런 분야의 파업률은 여전히 낮았다.[32]

노사관계 관련 투쟁이 확산되지 않자 정치 투쟁도 확산되지 않았다. 파업의 빈도가 증가하던 시기는 노동자 운동이 갈수록 정치에서 멀어진 시기와 일치했다. 노동당 당원 수는 1951년에서 1970년 사이에 3분의 2 가량이 줄어들었다.[33] 노동당이 발행하던 두 신문, <데일리 헤럴드>와 주간지 <레이놀드 뉴스>가 판매 부수 감소 때문에 1960년대에 폐간됐다. 그리고 전통적으로 노동당에 대한 좌파적 대안이었던 소규모 공산당은 그 20년 동안 당원 수가 줄어들었고 일간지 판매 부수는 75퍼센트 감소했다.[34] 파업은 비공식적인 것이었고 주로 직장위원들, 즉 직접 선출된 현장 대표들이 주도했다. 그러나 대개 이 선출된 대표들은 그들을 선출한 노동자들에 비해 정치적으로 조금도 더 좌파적이지 않았다. 그 중 공산당 소속은 5퍼센트 미만이었다.

1950년대 말과 1960년대 초에 강력한 정치적 저항 운동 — 핵무장 해제 운동 — 이 일어났다. 수십만 명이 참가한 시위가 벌어졌고 노동당 좌파는 1960년 전당대회에서 당내 우파 지도자인 휴 게이츠켈이 시위에 강력하게 반대한 것을 비난하는 결의문을 채택할 수 있었다. 이 캠페인의 전투적 분파인 100인 위원회는 1961년과 1962년에 경찰과의 '비폭력적'이지만 격렬한 싸움을 이끌었다. 그러나 머지않아 그 운동은 노동 운동 내부의 우파 관료들을 계속 패배시키거나 체포와 투옥을 무릅쓰고 직접 행동을 지속하는 데 필요한 진정한 사회 세력을 움직일 수 없다는 사실이 드러났다. 우파는 1962년 전당대회에서 노동당의 정책을 뒤집어 놓았다. 일반적인 계급투쟁이 없는 상황에서 정치적 저항 운동은 결국 고립돼 효과 없이 끝나게 돼 있었다.

패배를 겪고 사기가 저하된 좌파들이 1963년에 새로운 노동당 당수 해럴드 윌슨을 전폭 지지하는 데는 아무 어려움이 없었다. 윌슨의 모호한 좌파적 미사여구는 우파의 정책과 구별할 수 없는 그의 정책들과 조화를 이루고 있었다.

1964년 총선거에서 윌슨이 이끄는 노동당은 가까스로 다수당이 됐다. 이 선거 결과는 노동당을 향한 열렬한 지지가 분출해서라기보다는 영국 자본주의를 혁신하는 데 필요한 정책들을 보수당이 더는 추진할 수 없을 것이라고 느낀 (일부 대기업을 포함한) 대중 정서 때문이었다. 보수당 소속 총리 더글러스 흄 경보다는 '기술 혁명'과 소득 정책을 약속한 윌슨이 기울어 가는 영국 자본주의를 손질하는데 더 유능한 것처럼 비쳤던 것이다.

윌슨은 곧 집권 노동당이 노동자 계급의 투쟁을 마비시킬 수 있음을 보여 줘야만 했다. 1964년에 '소득 증대 계획'으로 시작된 정책이, 2년 후 선거에서 두 번째로 더 큰 승리를 거둔 뒤에는 선원 노조와의 정면 대결, 임금 동결로 전환됐고, 파업 투쟁의 수준은 잠시 약간 낮아졌다.

마오쩌둥과 체 게바라

정치적 영향력이 있는 미세한 변화가 서방에서만 있었던 것은 아니다. 1950년대 초에 스탈린 치하의 소련과 마오 치하의 중국은 독일의 엘베 강에서 태평양 연안에 이르는 지역을 통치하는 위대한 '세계 공산주의 운동'에 통합돼 있으면서 서로 불가분의 관계로 묶여 있는 것처럼 보였다. 또한 이들은 서구와 제3세계에서 반체제 세력들을 통제하고 있었다. 이런 분위기는 1950년 총선거에서 좋은 결과를 얻지 못한 영국 공산당 지도자가 잘 표현했다. "우리는 론다[영국 웨일스 지역의 작은 도시]를 잃었지만 베이징을 차지했다."

1956년에 있었던 사건 — 소련 지도자 니키타 흐루시초프가 전임자 스탈린이 대학살을 자행했다고 비난하고 소련 탱크가 헝가리 혁명을 짓밟은 — 이이 획일적인 집단을 조각냈다. 수만 명의 사람들이 서구 공산당을 떠났다. 많은 공산당 활동가들은 확신을 잃었다. 그러나 공산당 운동의 핵심은 변하지 않은 채 남아 있었다. 예를 들어, 1956~57년 사이에 당원 수가 7000명이 줄어든 영국 공산당은 1963년까지 이 숫자를 만회할 수 있었다.[35]

그런데 갑자기 1960년대 초에 '세계 공산주의 운동'의 두 거인들이 싸우기 시작했다. 처음에 그들은 직접 충돌을 피했다. 공식적 분쟁은 소련과 알바니아 사이에서, 그리고 중국과 이탈리아 공산당 지도자 톨리아티 사이에서 있었다. 그러나 알바니아가 중국의 이중대라는 사실과 톨리아티가 흐루시초프보다 더 흐루시초프 같다는 사실은 누구나 다 알고 있었다. 이 불협화음은 1962년에 심각한 균열로 변했다. 소련은 중국 경제 발전에 꼭 필요한 기술자 수천 명을 철수시키고 중국과 국경 분쟁을 벌이고 있던 인도를 지지했다. 서구와 제3세계 공산당 대부분에서 분열이 일어나기 시작했다.

소련이 제국주의 국가들과 "평화 공존"에 도취돼 다른 지역의 혁명을 포기한 "수정주의자"로 변했다는 중국의 주장과, 중국은 핵전쟁을 선동하는 "모험주의자들"이라는 소련의 주장을 둘러싸고 논쟁이 벌어졌다.

그러나 그 이면에는 더 뿌리 깊은 이유가 자리 잡고 있었다. 30년 동안의 강압적인 축적은 1920년대 말에 후진적이었던 소련을 세계 2위의 경제 대국으로 바꾸어 놓았다. 소련 지배자들은 거의 대등한 입장에서 미국과 거래할 수 있었고 제3세계의 가장 반동적 정권들 가운데서도 동맹자를 매수할 수 있었다. 또한 국내에서는 스탈린의 관행 가운데 일부를 폐기할 수 있었고 더는 '세계 혁명'이라는 미사여구도 필요없었다.('세계 혁명'은 단지 미사여구였을 뿐이다. 실제로 1920년대에 스탈린이 트로츠키에 대해 승리를 거둔 후 '세계 혁명'은 중단됐다.) 이와 대조되게, 중국은 지독하게 가난한 나라였다. 중국 국민은 자국 지배자들이 꿈꾸고 있는 '서구 따라잡기'를 실현하려면 훨씬 더 많은 노력을 쏟아야만 했다. 이것은 스탈린주의 관행과 거짓된 혁명적 이데올로기의 지속을 의미했다.[36]

처음에는 소련에 대한 중국의 비난이 서구 좌파에게 미치는 호소력은 미약했다. 소수의 골수 공산당원들을 제외하면 중국의 스탈린 칭송과 핵전쟁은 큰 재앙이 아닐 것이라는 주장은 별다른 호응을 얻지 못할 것 같았다. 사실, 이 분열의 중요한 효과 가운데 하나는 서구의 주요 공산당들로 하여금 점점 더 전통적인 개혁주의 정당들처럼 행동하도록 부추긴 것이었다. 그들은 자국의 부르주아지와 동맹을 맺으려는 적극적 의향을 스탈린주의자들에게 숨겨 왔다. 그러나 이제는 '세계 공산주의 운동의 지도자'로서 소련에 대한 충성이 최우선이라는 생각이 그들의 의지를 누그러뜨리지 못했다.

그러나 마오는 아직 마지막 카드를 뽑지 않았다. 1966년에 그는 [스탈린의] 정설과 또 다른 단절을 시도했다. 중국의 경제 개발 과정의 어려움 때문에 좌절한 그는 많은 동료 지도자들에게 등을 돌리고는 중국 사회를 '문화대혁명'이라는 혼돈 속으로 몰아 넣었다.

마오는 인민해방군을 이끌고 흔히 순수 의지로 가득 찬 행위처럼 보이는 게릴라전을 통해 부패한 국민당 정권을 물리쳤다. 그는 이제 그러한 의지에 찬 노력이 국가 경제 개발의 장애물을 극복할 수 있을 것이라고 생각했다.

그의 첫 움직임은 1958~60년의 '대약진' 운동으로 시작됐다. 이것은 어떤 희생을 치르고라도 공업화를 이루려는 시도였다. 그러나 대약진 운동은 처참하게 실패했고 사실상 경제를 후퇴시켰다. 그 실패의 여파로 마오는 중국 지도부 내의 동지들에게서 비난을 받았고 그의 권력 중 많은 부분을 잃었다. 하지만 그의 성급함은 결코 잃지 않았다. 그는 동료들이 관료적 타성에 젖어 있다고 생각하기 시작했다. 그는 이것을 고치는 유일한 방법이 바로 대대적 숙청뿐이라는 결단을 내렸다.

숙청해야겠다는 생각은 새로운 것이 아니었다. 무엇보다도 스탈린이 소련에서 숙청에 숙청을 거듭해 왔다. 그러나 마오는 중국 관료 체계 내에서 자기를 위해 숙청을 실행할 수 있는 믿을 만한 수단을 가지고 있지 않았다. 정부의 관료 체계와 경찰, 그리고 군대가 모두 숙청 대상들의 영향력 아래 있었다. 그는 자신이 직접 통제할 수 있다고 생각되는 세력을 향해 국가기구 바깥으로 필사적으로 손을 뻗쳤다. 1966년 마오와 그 일당은 중국의 교육기관 거의 전부를 폐쇄해 버렸고 1100만여 명의 학생들에게 중국 사회의 문화 혁신을 수행하라고 호소했다.

여기에서 "위대한 프롤레타리아 문화혁명"[37]의 역사를 상술하는 것은 적당하지 않을 듯하다. 여기서는 이 운동이 '프롤레타리아'와는 무관한 것이었고 (마오는 "노동자, 농민 그리고 군인들이 학생들 일에 끼어들지 말아야 한다."고 구체적으로 지시했다)[38], 또한 '혁명'과도 아무 상관이 없었음을 말하는 것으로 충분할 것이다.(모든 진정한 혁명의 타도 대상인 군대는 손대지 않고 그대로 놔 두었으며, 마오의 핵심 측근 린뱌오가 국방 장관으로 있었다.) 실제로는, 1967년 1월에 상하이 노동자들이 행동을 취하자마자 군대가 개입해 "공장과 마을, 금융기관과 상업 지역, 교육기관, 당기구, 행정부와 대중 조직을" 통제했다.[39] 학생 홍위병조차 이내 방향을 상실했다. 전국 각지에서 낡은 권력 구조 내의 여러 분파들이 서로 아귀다툼을 벌이고 있는 '홍위병'과 '붉은 혁명소조' 파벌들을 각기 지원하고 나서서, 1967~68년에는 중국 전역이 거의 내전 상태로 돌입했다.

그러나 이것은 서구와 제3세계의 많은 좌파들이 알고 있는 문화혁명의 이미지가 아니었다. 마오가 젊은 세대를 동원해 낡은 구조에 대항하고 [인민들의] 자발성을 구태의연한 당기구에 대항하는 데 돌렸던 것처럼 보였다. 그가 보여 준 것은 만약에 민중이 복종과 순종의 오랜 관습을 버린다면 무엇이든 해낼 수 있다는 사실이었다. 그는 만약 각자가 노력하기만 하면 세계가 내일이라도 뒤집힐 수 있다고 주장했다. 즉, "불똥 하나가 대초원을 불사를 수도 있다."는 것이었다.

공산당이든 사회민주당이든 서구와 제3세계의 야당들을 점점 더 괴롭혀 왔던 보수주의를 제거하는 데 이보다 더 나은 것은 없는 듯했다. 당장 혁명적 변화를 갈망하는 사람들에게 이보다 더 큰 호소력도 없었다.

마오의 메시지는 다른 곳에서 지원군을 얻었다. 1960년대 초에 소련이 베이징의 동맹자를 잃어 버린 바로 그 때, 소련은 카리브해의 섬 쿠바에서 다른 동맹 세력을 얻었다. 피델 카스트로가 이끄는 일단의 중간계급 지식인들이 게릴라 반군을 이끌고, 미국을 등에 업은 독재자 바티스타를 패퇴시키고 정권을 장악했다. 그들은 이 섬을 경제적으로 발전시킬 꿈을 꾸고 있었다. 이러한 꿈이 미국의 강력한 이해관계 때문에 벽에 부딪히자 대대적인 국유화를 단행하고 소련과 동맹을 맺으면서 스스로 '공산주의'라고 선언했다.

반군 지도자 중 한 사람이었던 에르네스토 체 게바라는 소련의 성공 방식을 모방해 산업화를 시도하려는 계획의 책임자였다. 그러나 이 계획은 그가 바라던 것만큼 성공적이지 못했다. 쿠바는 미국의 이익을 위해 너무나 많은 피를 빨아먹혔기 때문에 혼자 힘으로 성장해 번영의 길로 들어설 수는 없었던 것이다. 게바라는 쿠바의 발목을 잡고 있는 이 빈곤의 수렁에서 벗어나기 위해 필사적으로 노력했다. 그는 아르헨티나에서 태어난 의사로서 라틴 아메리카 전역의 빈곤을 보고 자극을 받아 1950년대 중반에 카스트로와 운명을 함께하기로 결심했다. 그는 이 갑갑한 현실에서 탈출할 수 있는 방법은 하나뿐이라고 생각했다. 1965년에 그는 쿠바의 모든 공직에서 물러나 다른 나라에서 혁명을 일으키는 데 착수했다. 그는 라틴 아메리카 전역에서 혁명을 일으킬 계획을 발전시키기 시작했다.

게바라의 계획은 볼리비아에서 게릴라 '거점'을 확보하고 라틴 아메리카의 가장 중요한 나라들의 국경 지대에 새로운 혁명 전선을 열어젖히는 것이었다. 이 계획은 실패할 수밖에 없었다. 볼리비아의 상황은 1950년대 쿠바와는 무척 달랐다. 게릴라 부대는 볼리비아 군대가 쳐놓은 함정에 빠졌고 게바라는 체포된 후 살해됐다.

그러나 게릴라 '거점'에 기초한 혁명을 외친 그의 목소리가 이미 전 세계에 울려 퍼지고 있었다. 프랑스 상층 계급 출신의 철학과 대학원생인 레지 드브레이는 그의 책 ≪혁명 속의 혁명≫을 통해 게바라의 실천적 혁명 전략을 정교한 '이론'으로 만들었다. 이 책은 쿠바에서만 20만 부가 인쇄됐다.[40] 볼리비아에서 패배하기 직전에 아바나에서 열린 라틴 아메리카 연대기구 회의에서 카스트로는 이 책을 이용해 라틴 아메리카 공산당들의 소심함을 (그리고 넌지시 소련의 지도부를) 공격했다.

게바라의 죽음은 젊은 이상주의자들로 하여금 그의 사상에 이끌리게 만들었다. 그의 영웅적 용기는 대부분의 나라에서 노동자 운동을 좌우하고 있던 사람들과 뚜렷한 대조가 됐다. 게바라는 목숨까지 바친 반면, 그들은 어떤 쟁점에 관해서든지 거의 움직이려 하지 않았던 것이다.

"만약 당신이 혁명가라면 혁명을 일으켜라!", 그리고 "제2, 제3의 수많은 베트남을 창조하라!"와 같은 게바라의 슬로건은 직접 행동의 지침으로서는 재앙을 낳는 것이었다. 이런 이유로 마르크스·엥겔스·레닌·로자 룩셈부르크·트로츠키와 같은 위대한 마르크스주의자들 가운데 어느 누구도 이런 식의 구호는 외치지 않았다. 그들은 혁명을 일으키는 것은 혁명가들이 아니라 사회 계급이라는 사실을 알고 있었다. 그리고 후자[사회 계급]를 대리하려는 전자[혁명가들]의 시도는 실패할 수밖에 없다는 것도 잘 알고 있었다. 하지만 1967년에 체 게바라의 슬로건은 멀리서 들려오는 문화대혁명의 메아리와 뒤섞이고 있었고, 불과 몇 년 전만 해도 친소련과 공산당의 숨막히는 보수주의에 흡수되고 말았을 많은 사람들에게 대안적 방향을 제시하고 있었다. 의지력을 강조하는 것, 밖으로 뛰쳐나가서 가능성과 무관하게 투쟁하는 것에 대한 강조는 전 세계 스탈린주의의 와해 속에서 성장한 것이었다. 그러나 그것은 1968년과 그 이후의 격변에서 독자적 구실을 하게 된다.

3

학생 반란

1964년 12월 2일, 캘리포니아 대학 버클리 캠퍼스[이른바 "버클리 대학"]의 대학 본부 건물 바깥에 6000명의 학생들이 모여들었다. 21살의 학생 마리오 사비오가 그 곳에 모인 학생들에게 연설을 했다. 그는 두 달 전 시위 때 한 역할 때문에 퇴학당할 것이라는 사실을 대학 당국에게 막 통보받은 상황이었다.

만약 대학이 하나의 기업이고 대학 이사회가 회사의 이사회이며 커 총장이 사실상의 경영자라고 한다면, 교직원들은 종업원이 되며 우리 학생들은 생산 원료가 된다. 그러나 우리는 아무 생산물이나 만들 수 있는 원료가 아니다. 또한 대학의 일부 고객들에게 팔리는 것으로 끝나는 원료도 아니다. 우리는 인간이다. ……
　기계의 작동이 너무나 메스꺼워지고 여러분의 속을 뒤집어 놓아 더는 생산에 참여할 수 없고 묵묵히 참가하는 것조차 불가능할 때가 있다. 그럴 때에는 기어와 바퀴, 손잡이, 그리고 모든 장치 위에 우리의 몸을 올려놓아 기계의 작동을 중단시켜야만 할 것이다.[1]

이 외침이 퍼져 나가 본관을 점거하게 만든다. 포크송 가수인 존 바에즈는 "분노가 아닌 사랑을 가슴에 품고 점거에 들어가라."고 학생들에게 호소했다. 그 다음 그가 메가폰을 통해 '바람이 일고 있네'를 부르고 있는 동안 1000명에서 1500명 가량의 학생들이 성조기를 앞세우고 계단을 올라가 본관 건물 안으로 들어갔다.[2]

이 점거농성은 다음 날 아침 일찍 해산당한다. '자유주의적인' 민주당 소속의 캘리포니아 주지사 브라운이 권총을 차고 곤봉을 든 경찰을 출동시킨 것이다. 경찰은 건물 안의 농성자들을 끌어내고 800명을 연행했다. 건물 안으로 투입된 경찰은 시위대를 "무력 진압하라"는 명령을 받았다.[3]

하지만 유치장에 갇힌 학생들은 절망이 아니라 활기찬 분위기에 젖어 있었다. "학생들은 웃으면서 노래를 부르고 있었다."[4] 캠퍼스에서는 다시 전체 3만여 명의 학생 가운데 60~80퍼센트가 참가한 수업 거부 투쟁이 벌어지고 있었다.[5]

버클리 사건은 선진 자본주의 나라에서는 전례 없는 일이었다.[6]

그러나 이후 10년 동안은 이와 비슷한 학생 투쟁이 전국에서 불꽃이 튀듯이 전 세계 대학 캠퍼스로 번져 나갔다. 1966년 6월에는 서베를린의 자유대학으로, 1967년 3월에는 런던경제대학(LSE)으로, 6월에는 독일 내 대부분의 주요 대학으로, 그리고 1967년 가을에는 토리노와 트렌토 대학, 밀라노에 있는 가톨릭 대학으로, 이어서 1968년 1~2월에는 이탈리아의 거의 모든 대학으로, 3월에는 바르샤바 대학과 파리 외곽의 낭테르 대학으로, 4월에는 미국 최고의 명문 중 하나인 뉴욕의 컬럼비아 대학과 거의 모든 독일 대학들로, 5월에는 프랑스의 모든 고등 교육기관으로, 그리고는 영국의 레스터·에섹스·헐·서식스·버밍엄 대학과 혼세이·길퍼드·크로이던 예술대학으로, 파시스트 치하의 스페인에서는 마드리드와 산티아고로 확산됐고[7], 다시 버클리의 두 번째 투쟁으로 이어진다.

이것이 결코 반란의 끝은 아니었다. 미국에서는 대학을 상대로 한 설문조사에서 사립학교의 70퍼센트, 국립대학의 43퍼센트가 1968~69년에 "심각한 학내 소요"를 겪었다고 응답했다.[8] 학생 반란이 너무나 널리 퍼졌기 때문에 1968년을 '학생들의 해'로 여길 정도였다.(흔히 아직도 그렇게 여긴다.)

이 책의 중심적 주장은 1968년이 일련의 학생 반란을 훨씬 뛰어넘는 그 이상의 것이었다는 것이다. 그럼에도 학생 반란은 훨씬 더 광범한 사회 세력을 끌어내는 데서 매우 중요한 역할을 했다. 그 이유를 알기 위해서는 그 전 10년 동안 교육 제도에 일어난 중요한 변화들을 고찰하는 것이 필수적이다.

사회에서 학생의 위치

고등교육은 지배계급과 일부 중간계급의 전통적 교육 기반이었다. 그것은 지적·이념적으로 그들 자신의 이익에 직접 복무하는 것이었다. 가령 법률가, 고위직 공무원, 일부 성직자 들을 예로 들 수 있을 것이다. 고등교육은 국민의 극히 일부, 즉 사회에서 가장 특권적인 계층의 자녀들을 위해 모든 것을 제공했다. 그래서 영국에서 1900년에 대학에 다닐 수 있었던 총 인원은 2만 명뿐이었고, 그 밖에 5000명 정도의 사범학교 학생들이 있었을 뿐이다.

교육은 직접 생산에 종사하게 될 사람들보다는 '잉여가치'로 먹고사는 직업을 갖게 될 사람들에게 적합했다.

사회적 지위가 출생에 따라 규정되기 때문에 이들은 상냥한 괴짜들한테서 개인교습을 받고 신사의 멋과 여유를 추구하면서 어린 시절을 보낼 수 있었다. 엘리트를 위한 교육 제도의 두드러진 특징은 교육이 현실과 완전히 동떨어져 있다는 것이었다. 사실, 그들은 이런 교육을 받으면서 굉장한 자부심을 느끼기도 했다. 이러한 자부심을 강화하기 위해 그들은 고전이나 '위인전' 따위를 공부했다. 그리고 교육은 유년기와 혹독한 착취를 수행하는 성인기 사이를 채워 준 유희적 기분 전환을 위한 '대여행'[상류 계급 자녀들의 유럽 순회 여행]과 비슷한 구실을 했다.

중요한 것은 그런 과정을 거치면서 얻게 되는 정신 자세였다. 그것은 확고한 엘리트 의식, 즉 무엇이든 마음대로 할 수 있다는 권리 의식과 뭐든지 시킬 수 있다는 능력에 대한 믿음이었다.[9]

이런 제도 속에서 학생들이 혁명적이 될 수 있는 조건은 오직 한 가지뿐이었다. 바로 1840년대 중반의 프랑스와 독일에서, 그리고 1905년 이전의 제정 러시아에서 그랬던 것처럼, 대부분의 부르주아지가 통치자들에 대항할 때만 그럴 수 있었다. 노동자 계급 운동이 부르주아지에 대항해 혁명적으로 도전하게 되면, 학생들은 반동의 편에 서곤 했다. 1848년 6월에 파리에서,[10] 1917년에 러시아에서, 1919~23년과 1930~33년에 독일에서 바로 그랬다.

그러나 20세기의 자본주의 발전은 다른 종류의 대학 제도가 필요했다. 사기업들 사이의 경쟁에 기초한 자본주의는 국민 주주에 기초한 독점 자본주의에 자리를 내 주었다. 그리고 이 독점 자본주의는 국가 개입과 국유화를 통해 국가 부문과 점차 통합돼 왔다. 자본주의적 축적이 성공하기 위해서는 과학기술을 지속적이고 체계적으로 산업에 응용할 필요가 있었다. 또한 대규모 인적 자원을 관료적 통제기구에 배치해 그 이데올로기적 지배력을 유지하는 데 도움을 줄 필요도 있었다. 대학을 확장해 이러한 필요를 충족시켜야만 했다.

처음에는 대학의 팽창이 상대적으로 느리게 진행됐다. 제2차세계대전이 일어났을 때 영국의 대학생 수는 6만 9000명뿐이었다. 그러나 전후 호황과 함께 속도가 붙기 시작했다. 1954년이 되면 대학생 수는 거의 갑절이 됐다. 1964년이 되면 다시 갑절로 증가해 29만 4000명이 됐다. 다시 이 수치가 1972년에는 갑절 이상으로 뛰었다. 1900년에는 대학생이 또래 집단에서 차지하는 비율은 1퍼센트뿐이었고, 1950년에도 아직 1.5퍼센트에 머물렀으나, 1972년이 되면 15퍼센트에 이른다.

이런 규모의 팽창은 단지 양적인 것만은 아니었고 질적인 것이기도 했다. 대학과 사회의 관계도 변했다. 대학은 이제 지배자나 이데올로그뿐 아니라 미래의 공무원이나 기술자들을 엄청나게 많이 배출할 것으로 예상됐다. 1964년 소요 때 버클리 대학 총장 클라크 커의 말을 빌리면, 대학은 "복합 대학"[multiversities : 캘리포니아 대학과 같이 몇 개의 종합대학으로 구성되는 맘모스 대학교]이나 "지식 공장"이 돼야만 했다.

이런 대학은 더는 지배계급의 자녀들과 지배계급의 교사들로 이루어진 '유유상종 공동체'일 수가 없었다. 물론 대학의 고위 당국자들과 그 측근 교수들은 계속 지배계급 성원들과 사회적 교분을 맺으려고 애썼고, 지배계급의 성원들은 대학의 운영위원회를 계속 지배하고 싶어했다.[11] 그러나 대다수 강사의 상황은 이와 달랐으며, 오직 소수 학생들(영국에서는 옥스브리지[옥스퍼드와 케임브리지 대학을 함께 부르는 말]의 학생들)만이 그런 상황에 있었다.

출신 계급이나 계급 귀착점, 어떤 면에서도 학생들은 '부르주아지의 자식들'이 아니었다.

그렇다고 해서 학생들이 노동자였다는 것도 아니다. 1984년에 영국에서는 대학 신입생의 70퍼센트가 '전문직과 관리직' 집안 출신이었고 생산직 노동자 계급 출신은 20퍼센트도 안 됐다.[12] 비록 이 '전문직과 관리직' 범주에 속한 사람들의 대부분은 봉급쟁이 — 예를 들면 간호사와 교사[13] — 였지만, 상당수의 사람들이 신중간계급이라는 특권층이었다는 것도 분명한 사실이다. 그들의 소득과 노동 조건은 육체 노동자나 화이트칼라 노동자 대중보다 월등히 나은 것이었다.

학생들의 출신 성분에 대한 위의 이야기는, 그들이 도달하게 될 사회적 귀착점에도 똑같이 적용됐다. 많은 사람들은 결국 임금 노동자가 됐다. 하지만 신중간계급을 이루고 있는 10~15퍼센트의 인구에 합류한 사람들도 상당수 있었다.

학생들의 혼재된 출신 성분과 계급 귀착점을 보면 그들을 새로운 사회 '계급'이라고 부르거나 기존 계급들 가운데 어느 하나로 분류하는 것이 모두 틀렸음을 알 수 있다. 오히려 그들은 최종 계급 지위가 아직 결정되지 않은 청년들로 이루어진 일시적 집단이라고 보아야 한다.

대학에 머물러 있는 동안 학생들은 어떤 공통의 요소를 지니고 있다. 그들은 과밀 학급에 몰려 있으며 피말리는 시험과 평가 제도에 종속돼 있다. 대부분의 학생들은 비슷한 경제적 압력을 받고 있기 때문에, 정부의 교육재정 삭감은 그들 전부에게 영향을 미친다.

하지만, 이와 동시에, 일부 학생들은 사회 내에서 매우 특권적인 위치로 올라설 것이고 일부는 육체 노동자보다 나은 것 하나 없는 처지가 될 것이다. 실제로 학생들을 가장 압박하는 것 가운데 하나인 시험 제도는 누가 높은 자리로 올라서고 누가 탈락되는지를 결정하는 메커니즘이다.

12년 전에 학생들을 분석한 어떤 글은 이렇게 적고 있다.

학생들은 생산 과정과 어떤 분명한 관계를 갖고 있지는 않다. 그들이 학생으로 남아 있는 동안에는 그들의 직업은 불확정적이다. 노동시장의 상태나 시험 성적처럼 예측하기 힘든 것들이 그들의 운명을 결정한다. …… 학생들은 그들의 과도기적 상태에 의해 사회적으로 규정된다. …… 시험 제도는 학생들을 응집력 있는 집단으로 단결시키는 것이 아니라 원자화시킨다. 학생 각자의 운명은 다른 학생들과 분리된 채 개개인의 시험 성적에 따라 결정된다.

그러나 그들은 억압받는 집단이다. …… 미래에 대한 불안함은 캠퍼스의 고립된 삶 때문에 더 심화된다. 학과 과정이 중·고등학교보다는 덜 엄격하지만, 학과 내용이나 보직교수 임명, 등록금 수준, 기타 여러 가지에 대한 결정권은 그들에게서 멀리 떨어져 있다.[14]

그 결과는 일반적인 소외다. 대부분의 경우, 이런 상황은 수동성과 현실 도피적 여러 행태들—예를 들면, 음주나 마약 문화—을 낳는다. 그러나 이것이 대학과 사회 내의 권위에 도전하는 갑작스러운 저항 운동으로 분출할 수도 있다.

여기서 학생과 상이한 사회 계급들 사이의 과도기적 관계라는 요인이 매우 중요해질 수 있다. 사회 안에 존재하는 이데올로기 혼란의 요소들은 대개 학생 사회에서 증폭돼 나타난다. 학생 전체가 지배 이데올로기를 받아들이고 사회로 진출한 후 다른 사람들에게 그것을 전파할 것이다. 그런데 만약 그런 이데올로기가 그들이 경험한 현실과 확연하게 동떨어져 있다면, 그들 자신이 지적 혼란에 빠지고 도덕적 분노를 표출할 수도 있다.

대학을 운영하는 사람들은 '자유주의적' 이데올로기를 가지고 기존 사회를 정당화해 왔는데, 1960년대 후반과 1970년대 초반에 학생들은 대학 당국의 태도가 이와는 거리가 멀다는 사실을 계속 깨닫게 됐다. '자유주의적이고 민주적'이기는커녕, 대학은 지배계급의 대리인들이 확고하게 지배하고 있었다. 이들은 고등교육을 지배하는 그들의 권위에 대한 그 어떠한 도전에 대해서도 제적, 경찰 투입, 사법권 등 모든 수단을 동원해 대응했다. 대학 당국은 자신들이 '비정치적'이라고 주장했으나, 그들은 정부의 전쟁 노력에 협력했고 인종 차별을 묵인했으며 독재 정권의 수괴들과 교류했다. 그 결과, 자유주의적 쟁점을 둘러싸고 시작한 학생들의 저항이 전면적 충돌로 발전하게 됐다.

버클리 대학도 마찬가지였다. 학생 분규의 시발점이 된 문제는 학교 밖의 정치적 행위—특히 이 지역의 인종 차별에 반대하는 활동—를 위한 학내 결사의 자유였다.

베를린 자유대학에서는 1964년에 학장이 반체제 작가의 강의를 금지하자 학생들과 학교 당국이 충돌하기 시작했고, 학장이 베트남 전쟁에 반대한 항의 시위 '주동자들'에 대해 징계 조치를 취하자 그 충돌은 확대됐다.

영국의 런던경제대학에서는 로디지아[지금의 짐바브웨]의 인종 분리주의 정권에 협력했던 사람이 학장으로 임명되고 항의 시위에 참가한 학생 대표들이 징계를 받자 이에 자극받은 학생들이 투쟁에 나섰다. 컬럼비아 대학에서는 국방부의 하청 연구에 참여하고 체육 시설을 확장하기 위해 지역의 흑인들을 내쫓으려 했던 대학 당국에 대한 항의 시위에서 학생 운동이 성장했다.

1967~68년에 이탈리아에서는 학생 정원을 늘리는 문제로,[15] 프랑스 낭테르에서는 여자 기숙사에 남학생의 방문을 제한한 문제로 운동이 시작됐듯이, 학생 고유의 구체적 환경을 둘러싸고 시위가 벌어지기 시작한 곳에서조차 학생들의 저항은 급속하게 일반화되고 정치화됐다. 그리고 이것은 대학 당국과 경찰의 억압으로 더욱 강화됐다.

학생 저항의 정치

1968년에 대한 신화 중 하나는 학생들이 처음부터 정치적이었다는 것이다. 이것은 전혀 사실이 아니다.

버클리 대학에서는 약 800명 정도의 학생들이 흑인 공민권 운동에 연계된 활동에 참여하고 있었다. 그러나 케네디가 결국 워싱턴의 '공민권 운동 행진'을 받아들이고 존슨이 공민권 운동의 목표를 그의 정책에 포함시켰다고 주장했기 때문에, 그 운동은 미국의 주류 정치와 구별되지 않았다. 사실, 학생들의 저항을 조직한 것은 '민권 운동 단체, 급진·사회주의 조직, 종교·평화 단체, 민주당 청년 조직과 골드워터[미국의 보수 정치인] 청년단을 포함한 공화당의 세 조직, 그리고 다른 우익 보수주의 동아리'까지도 포함된 '통일전선'이었다.[16]

런던경제대학에서는 보수주의 협회의 전직 회장이 점거농성을 제안했다.[17] 컬럼비아 대학의 경우에는 투쟁이 있기 전 최대 학생 단체는 시민협의회였는데, 이 단체는 지역 공동체에서 '사회 봉사 활동'을 하는 단체였다.[18] 극좌 단체였던 민주학생연합(SDS)은 "온건한 학생 조직들과 손을 잡고" 활동했다.[19]

'비정치적'이었다는 바로 그 이유 때문에, 거짓말을 하고 자기들을 억압하는 권력 구조에 학생들은 그렇게도 격렬하게 반발했던 것이다. 핼 드레이퍼가 쓰고 있듯이, 학생 운동의 '비이데올로기적' 성격은

> …… 학생 반란의 폭발성을 부분적으로 설명해 준다. 이것은 계획된 반란이 서서히 끓는 것이 아니라 계산되지 않은 분노의 폭발이었고 …… 사회를 떠받치고 있던 기둥들 사이에 존재하는, 이상적인 수사학과 권력에 대한 냉소주의 사이의 괴리가 처음으로 드러난 것이었다.[20]

각각의 학생 반란의 초기 단계에서는 가장 급진적 그룹에서조차 유력한 이념은 기존 혁명적 좌파의 마르크스주의와는 매우 다른 경향이었다. 학생들은 계급투쟁보다는 '반권위주의'를 강조했고, 자신들을 기성 권력에 도전하는 투쟁에서 특권적 역할을 하는 존재로 보는 경향이 있었다.

미국의 학생 운동은 '신급진파' 또는 '신좌파'가 우세했다. 핼 드레이퍼가 묘사했듯이 "신급진파는 그들의 이념과 입장을 일반화하는 것을 거부하거나 싫어한다는 의미에서 '비이데올로기적'이다. 그들은 정치·사회적 분석을 되도록 도덕적 접근방식 —사실 독단적인 도덕적 접근방식— 으로 대체하고 싶

어했다."[21] 그런 경향은 버클리 대학의 학생 운동 지도자였던 마리오 사비오가 매우 잘 보여 주었다.

> 오늘날 미국에서 벌어지고 있는 일 중 가장 신나는 것은 미국을 변혁하는 운동이다. 미국은 점점 더 무미건조하고 자동화된 만족의 유토피아가 되고 있다. …… 이 가식적인 소비자 천국은 우리를 순종하는 아이들로 키워 낼 것이다.
>   하지만 중요한 소수의 남녀가…… 표준화되고 대체 가능하고 무의미한 존재로 사느니 차라리 죽겠다는 결의를 보여 주었다.[22]

미국에서는 SDS가 전국적으로 '신급진파' 운동의 조직적 구심이 됐다. 이 단체는 우파 사회민주주의 조직의 지부로 출발했다. 공민권 운동의 영향을 받아서 왼쪽으로 이동했음에도, 1964년 대통령 선거 때는 "LBJ[린든 존슨]와 타협하자"는 것이 슬로건이었다.

존슨이 집권 4개월 만에 북베트남에 융단 폭격을 가하자, SDS는 빠른 속도로 민주당에 대한 환상을 깨기 시작했다. 그러나 여전히 계급 정치로 눈을 돌리지는 않았다. 이 단체의 주적이었던 대니얼 벨의 말을 빌리면, SDS의 주장은 다음과 같은 것이었다.

> …… 화해할 수 없고 상충하는 계급적 이해관계라는 전통적 좌파의 예상은 도전받고 있다. …… 미국의 엘리트들은 우리 사회의 모순을 진정시키거나 완충시킬 수 있는 장기적 방법을 발견한 듯하다.[23]

엘리트의 지배를 깨뜨리는 유일한 길은

새로운 구조와 대항적 정체성을 가지고 미국의 야만주의에 반대하는 것이다. 이러한 저항을 창출할 수 있는 사람들은, 그동안 받아온 심리적 상처에도 불구하고 자신들의 사회를 이해하고 자주적 삶을 살아가려는 욕구를 완전히 상실하지는 않은 사람들이다.

이런 사람들은 "학생들", "중간계급 출신 반정부 인사들", "빈민들" 가운데서 찾을 수 있다는 것이다. 그런데 앞의 두 집단은 다음과 같은 과정을 통해 "두려움과 당혹감에서 벗어날" 수 있다고 한다.

…… 사람들이 자기 자신의 가치와 존엄을 깨달을 수 있게 해 주는 어떤 형태의 조직화. 이런 활동은 토론과 조직의 문제로서 '구체적' 쟁점 — 높은 집세, 투표권, 비포장도로 등 — 에 달려 있지만, 그것은 또한 그런 쟁점들이 개인의 삶과 관계되는 방식으로 옮아간다.[24]

빈민을 조직하는 것이 SDS에게 좋은 결과를 가져다 주지는 못했다. 한 비판가가 옳게 지적했듯이

슬프게도, 빈민을 조직하는 것이 쉬운 일은 아니었다. 그들의 이웃들은 사회적 응집력을 구축하기보다는 파괴한다. 일단 그들이 조직되면, 도로 보수나 쓰레기 수거 같은 그들의 요구들은 이루어질 수 있다. …… 그리고 결국은 그들이 고용돼 있지도 않고 사회에 주변인으로만 남아 있기 때문에, 그들이 가진 사회적 힘이라고 해봐야 학생들의 사회적 힘과 별반 다를 바가 없다.[25]

사실, 이것이 뜻하는 바는 SDS가 말로는 "기지 건설"과 "대중 스스로 결정하게 하라!" 하고 외쳤으면서도 여전히 학생들 속에서 활동하는 것을 강조하고 있었다는 것이다.

1967년에 런던경제대학에서 사회주의 협회의 마르크스주의자들은 여전히 주변적인 소수파였다. 중요한 순간에는 주도권을 잡기도 했으나 결코 활동적인 학생 대중 속에서 지도력을 인정받지는 못했다. 시위중인 학생들의 배너에는 "교육계의 노인 지배(gerontocracy : 글자 그대로 늙은 교수들의 지배)를 타도하자."는 구호가 쓰여 있었다. 거의 2년에 걸친 투쟁과 논쟁이 있은 뒤에야 그 구호는 "해방시키자, 런던경제대학을 해방시키자, 런던경제대학을 부르

주아지로부터 해방시키자."로 바뀌었다. 그 때조차도, 좌파 일부의 목표는 학생들의 힘을 이용해 학내에 "적색 기지"를 건설하는 것이었다.

독일에서는 뚜렷한 마르크스주의 조직이었던 독일사회주의학생연맹(SDS)이 학생 운동을 주도했다. 그러나 독일 SDS 내의 다수가 가지고 있던 '마르크스주의' 경향이 조금만 더 이론 지향적이었다면 미국 신급진파의 구미에는 맞지 않았을 것이다. 독일 SDS는 노동계급에게 어떤 중요성도 부여하지 않으면서 고전적 마르크스주의와 단절했다. 그들은 프랑크푸르트 학파의 이론가들인 허버트 마르쿠제와 테오도르 아도르노의 분석을 받아들였다. 이들은 자본주의 체제는 '폐쇄적'이며 '구체적 부정'의 가능성이 없는 체제라고 주장했다. 이 주장은, 자본주의 체제에 대한 유일한 도전은 주변적 사회 집단과 제3세계에서만 나올 수 있다는 것이다. 노동자들은 사회에 맞서 싸울 수 없는데, 노동자들의 의식이 대중 매체가 주입하는 '권위주의적 성격 구조'에 의해 형성됐기 때문이라는 것이다.

당대의 한 비판가는 이러한 관점이 "노동자의 해방이 더는 노동자들 자신의 임무가 아니며, 무엇보다도 이 일에 적합한 일부 지식인들이 노동자들의 눈에서 조작의 베일을 벗겨야 한다."[26]는 주장이라고 설명한다.

1967~68년 사이에 이탈리아의 토리노와 트렌토에서 있었던 학생 운동의 '급진성'은 "학생 권력"이란 구호에서 잘 드러났다.[27] 전국에 배포된 유인물은 일반적 분위기를 잘 보여 주었다. 이 유인물들은 "혁명적 좌파 조직의 전통적 교의와는 거의 상관없는 새로운 언어로 쓰여졌다."[28]

학생 전위의 이념과 전략은 근본적으로 비마르크스주의였다. 기본 요소는 학생 운동이 억압받는 다른 사회 계층을 움직이는 요인('기폭제')이 될 수 있다는 것과, 그럼으로써 단기간에 혁명적 전망을 열어젖힐 수 있다는 것이었다.[29]

1968년의 프랑스 학생 운동에서도 이러한 '반권위주의'적 "학생 권력" 경향을 찾아볼 수 있다. 파리 소르본 대학을 점거한 학생들의 구호가 인간 해방과 잠재력을 강조했다는 것은 유명하다. 그리고 그런 해방을 가져올 수 있는 세력을 전혀 이해하지 못했다는 것도 유명하다.

이 단계의 학생 운동에서 전형적인 양상은 '카리스마적인' 학생 지도자가 나타났다는 것이다. 그들은 흔히 모든 종류의 지도가 끝났다고 선언했다! 버클리의 사비오, 베를린 자유대학의 루디 두취케, 낭테르의 다니엘 콩방디 등은 유명인사로 떠올랐다. 왜냐하면 그들이 대학과 사회의 권력 구조에 처음으로 도전하는 수천 명의 학생들을 사로잡은 반권위주의 이념을 뚜렷이 표명했기 때문이다. 대중 매체는 이런 인물들에 관심을 집중하면서 이들 자체를 학생 운동으로 묘사했다. 사실, 이런 묘사는 학생들의 투쟁과 유기적으로 결합돼 있지 않았던 개인들에게도 적용할 수 있었다. 그래서 영국의 타리크 알리는 2년 전에 학교를 떠났는데도 대중 매체에서는 그를 학생 운동의 '지도자'라고 불렀다!

하지만 이 첫 번째 '비이데올로기적' 국면은 오래 가지 않았다. 학생들이 생산관계에 편입돼 있지 않다는 바로 그 이유 때문에 학생 운동은 매우 빠르게 성장할 수 있었다. 학생들은 하루에 8시간, 1년에 48주 동안 기계에 매달려 있지 않았다. 그래서 학생들은 노동자들보다 훨씬 더 쉽게 모임을 갖거나 동원될 수 있었다. 초기에 분노에 찬 소수의 학생들은 다수의 학생들이 그들에게 보이는 무관심이나 심지어 적대감에도 개의치 않고 학내에서 활동할 수 있었다. 이러한 일을 노동자들이 공장이나 사무실에서 해내기란 불가능에 가까울 것이다. 다시 말하자면, 학생들은 대학 생활이 엄격히 통제된 공장의 규율과는 다르다는 환상을 갖고 있었는데, 바로 이 때문에 대학 당국이 학생 대표들에게 징계조치를 가하자 그렇게도 격분했던 것이다.

그러나 생산관계에 편입돼 있지 않다는 바로 그 사실 때문에 학생 운동은 학생들의 참여와 열정이 절정에 달하자마자 쇠퇴하기 시작한다. 왜냐하면 학생들은 파업중인 노동자들이 가지고 있는 힘, 즉 고용주들의 이윤의 원천에 타격을 가할 수 있는 능력을 가지고 있지 않기 때문이다. 학생들은 관계 당국에 상시적 압력을 넣을 수 있는 능력에 기초한 지속적 조직을 건설할 수 없다.

학생 운동의 분출은 빠른 발전 속도에 의해 관계 당국을 수세적 위치로 몰아 넣을 수 있다. 학생들은 관계 당국으로 하여금 학생 대중에 대한 이데올로기 적 통제를 되찾기 위해 필사적으로 시도하면서 양보 조치들을 취할 수밖에 없 도록 만들 수 있다. 그러나 학생 운동은 권력에 진정한 손실을 입힐 수 있는 힘을 가지고 있지 않다. 이 때문에 학생들은 그들의 직접 행동으로는 아무것 도 이룰 수 없다는 생각으로 급속히 쏠리게 됐다.

그래서 학생들의 투쟁이 첫 번째 정점에 이르자마자 전투적 학생들은 투쟁 을 그만두려 했다. 이것이 버클리와 런던경제대학에서 벌어진 일이었다. 지금 까지 투쟁에 참여하지 않은 학생 대중을 격분시킨 학교측의 징계 조치 이후에 야 학생 운동은 다시 새로운 정점에 올라섰다.

그러나 이 새로운 정점도 오래 가지 않았다. 버클리에서 학생 운동은 1964 년 12월에 학교 당국의 실질적 양보를 얻어 냈다. 하지만 학생들이 크리스마 스 휴가를 보낸 후 학교로 돌아왔을 때는 이미 운동이 쇠퇴하고 있었다. 어느 소규모 학생 단체가 이 운동을 음란한 언어를 사용할 수 있는 자신들의 권리 를 지지하는 것으로 전환하려 하면서 학생 운동은 파편화됐고, 마침내 너무 허약해진 나머지 대학 당국이 마리오 사비오를 내쫓아도 어쩔 수 없는 지경이 됐다. 런던경제대학에서는 1주일 동안의 점거농성 후 대부분의 학생들이 이길 수 없다는 생각을 하게 됐고 투표를 통해 농성을 '중단'하는 '온건한' 조치를 채택했다. 패배했다고 체념하고 있던 '사회주의자 단체 내 마르크스주의자들' 의 전투적 학생들은 2주일 후 대학 당국이 학생들의 요구를 수용하자 놀랄 수 밖에 없었다.

이탈리아에서는 1967~68년에 엄청나게 분출했던 학생 투쟁이 1968~69년 으로 넘어가면서 잠잠해졌다. 독일의 학생 운동은 1968년 4월과 5월에 정점에 달했지만, 운동을 전국적으로 조정하던 조직인 SDS가 11월 총회에서 산산이 흩어지고 말았다.[30]

그렇다고 해서 대학이 탈정치화된 침묵 속으로 퇴보했다는 것은 아니다. 운동의 물결에 참여했던 학생들이 다시 전과 같을 수는 없었다. 그들은 앞으로 살아가게 될 사회의 전제 조건들에 의문을 던지기 시작했다. 그리고 학생들의 선동만으로 어떤 변화를 가져올 수 있다는 생각은 더는 갖지 않게 됐지만, 이런 문제제기는 계속 이어졌다.

그 결과 학내에서는 전례 없던 지적 논쟁이 꽃을 피웠다. 수많은 학생들이 교수들의 가르침과는 사뭇 다른 사상과 행동의 전통에 관해 배우기 시작했다. 몇 달 전의 '비이데올로기적' 반항아들이 이제는 광범한 이데올로기적 토론에 참가했다. 제국주의와 민족해방, 인종 차별의 원인, 이념과 사회의 관계, 권위와 계급 사회 등등에 관한 토론이 벌어졌다. 전에는 소수 주변 집단의 관심사였던 생각들이 이제는 수백·수천의 학생들의 관심사가 됐다.

이탈리아에서는 첫 번째 점거 물결 기간에조차 "학생 대중이 학생과 사회의 계급적 본질에 대해 토론하는 모임이나 스터디 그룹에" 가담했다.[31] 미국에서는 자신들을 모종의 혁명가나 사회주의자라고 생각하는 학생들의 수가 대거 늘어나, 미국 SDS는 "5만에서 7만 5000명의 학생들"[32]의 지지를 받고 있다고 주장할 정도였다.

영국에서는 베트남 민족해방 운동을 지지하는 학생 위주의 시위가 1967년 10월에 처음으로 벌어졌는데, 참가 인원은 겨우 1만 5000여 명뿐이었다. 그런데 1년 후의 시위에는 10만 명이 참가했고, 이 때는 "노동자 통제"라는 구호가 "민족해방전선[NLF : 베트남 민족해방 운동의 지도적 조직]에 승리를!"이라는 구호만큼이나 인기를 끌었다.

직접 투쟁은 개별 대학별로 부침을 거듭했지만 정치[적 급진]화의 물결은 바깥으로 퍼져 나가면서 점점 더 많은 사람들을 끌어들였다. '자생적' 봉기와 '카리스마적' 지도력이라는 국면은 향후 전망을 둘러싼 힘겹고 때로는 격렬한 논쟁 국면에 자리를 내 주었다.

정치적 급진주의와 언더그라운드 문화

학생 운동이 분화할 때, 단지 정치 논쟁만 벌어진 것은 아니었다. 사람들은 그들의 생활방식 전체를 재평가하고 대안 문화나 대안 생활양식 — 때로는 혁명적 정치도 — 을 추구하기 시작했다.

1950년대와 1960년대 초반의 합의에 대해서 단지 소수의 주변적 정치 조직들만 저항한 것은 아니었다. '문화적' 이단자들로 이루어진 소집단들의 저항도 있었다. 미국에서는 서부 연안 지역에 기반을 둔 '비트 운동가들(Beatniks)'이 사회에서 '떨어져나와' 마약, 섹스, 비밥[모던 재즈의 모체가 된 연주 스타일] 음악에 중심을 둔 대안적 생활양식을 추구했다. 이들은 실존주의와 동양 신비주의, 조야한 쾌락주의가 뒤섞인 철학을 갖고 있었다. 언론은 1950년대 말에 이런 집단을 '발견'했다.

잭 케루악이나 앨런 긴즈버그 같은 비트 작가들은 '합의' 정치를 거부하기 시작한 일부 신세대에게 우상이 됐다. 머지않아 미국 SDS의 주도적 인물 중 한 사람이 된 톰 헤이든도 잠시 이들에게 이끌려, 1960년 여름에 서부 연안을 향해 '여행을 떠났다'. 그보다는 덜 유명한 많은 사람들이 적어도 한 번은 그런 여행을 꿈꾸었다. '포크 음악, 시 낭송, 마약과 섹스'가 특징이었던 찻집들이 버클리, 시카고, 뉴욕 시립대학, 앤아버 시립대학 같은 대학들의 주변에 생겨났다.[33] 그리고 영국의 반핵 운동 주변에도 이와 비슷한 문화가 있었다.

처음에 '비트족'은 학생 대중 속에서 주변 집단이었다. 핼 드레이퍼는 다음과 같이 썼다. 버클리 대학에서는 1965년 봄에 첫 번째 언론 자유 운동이 있은 후, "대학 내의 매우 소수 주변 집단만"이 '이탈자들'에 속했다. 이들은 "자신의 나라를 변혁하고 …… 이기는 것이 아니라 거기서 이탈하는 것을 원했고" LSD[강한 환각작용을 유발하는 화합물]나 마약을 통해 "그들 자신의 개인적 혁명"을 성취하려 했다.[34]

그러나 이것은 곧 바뀌었다. 투쟁의 분출로 많은 젊은이들이 삶에 대해 믿고 있던 가정들에 도전하게 됐다. '히피'의 하위 문화가 발전해 수십만 명 사이에서 유행했다. 물론 이 숫자는 젊은 세대 전체를 놓고 보면 소수였을 뿐이지만, 정치화된 좌파 세력보다는 십중팔구 더 많았다. 드레이퍼가 인정했듯이, "한편으로 히피 문화는 비이데올로기적 급진주의 성향과 구분이 되지 않고 급진주의 성향을 지배하는 경향이 있다."[35]

히피 문화를 받아들이게 된 한 '급진파' 학생의 (과장된) 증언에 따르면, 젊은이들이 전국 각지에서 버클리 대학으로 몰려와,

세계 역사상 가장 큰 대학 주변에서 완전히 새로운 문화가 만개했다. 텔레그래프 애비뉴의 5개 블록을 따라 서점, 노상 카페, 포스터 가게, 언더그라운드 영화관들이 죽 늘어서 있었다. …… 대학은 외국 문화, 장발족, 마약 흡입자, 국립대학 시설을 놀이터로 사용하는 맨발의 괴짜들로 둘러싸인 요새가 됐다.[36]

이런 하위 문화가 학생 운동에서 나온 충격파를 타고 퍼져 나갔고, 흔히 정치적 저항 운동보다 더 빠른 속도로 확산됐다. 1950년대와 1960년 초의 문화적 순응주 바로 그것 때문에, 아무리 사소한 문제라도 사회의 여러 양상에 의문을 제기하기 시작한 학생들은 의복과 생활양식에서 상징적 반란을 표현하게 된 것이었다. 미국의 베테랑 '신좌파' 한 사람은 최근에 이렇게 말했다.

나중에 '대항문화'라고 불리게 된 불법 마약 경험과 음악은 우리 자신을 규정하는 방식에서 매우 중요한 부분이었다. …… 마약, 환각제, 히치하이킹 여행, 제니스 조플린, 롤링 스톤즈, 그리고 이 모든 것이 떠돌고 있는 '미국에서 우리는 모두 무법자'라는 외침 등등의 분위기를 모르고는 1960년대 백인 젊은이들의 정치적 …… 정신을 이해할 수 없을 것이다.[37]

1966년에 미국 SDS의 지도자 한 사람은 '80~90퍼센트'의 활동가들에 대해 다음과 같이 평가했다.

그들은 보통 대학 1, 2학년의 젊은 회원들로서 히피 문화나 밥 딜런 신드롬에 빠진 …… 확고한 반지성주의자들이었으며 지하 출판물 외에는 거의 아무것도 읽지 않았다. …… 어떤 의미에서는 전혀 정치적이지 않았다. …… 그들은 전쟁, 경찰, 인종 차별, 빈곤, 그들의 부모, 중간계급 그리고 권위 일반에 대해 도덕적으로 분

개했던 것이다.[38]

상대적으로 특권적인 학생 부문에서 청년층 전반으로 사회적 반란이 퍼져 나갔듯이 대항문화의 양상도 그러했다. 베트남 주둔 미군 부대에서는 "대부분의 병사들이 마약 흡입을 …… 초보적인 개인적 반란이라고 …… 여겼다."[39]

하지만 언더그라운드 문화와 정치적 좌파가 주변부에서 서로 영향을 주고 받기는 했지만 그 둘이 결코 동일한 것은 아니었다. 히피 문화는 기성 사회에 대항해 싸우기보다는 현실 도피적 경향을 강하게 보였다. 1966~67년에 샌프 란시스코에 몰려든 '히피족'이 골든게이트 파크에서 '집단 캠핑'을 통해 미국 사회의 순응주의에 분노를 터뜨릴 수는 있었을지언정 지배자들에게 도전했던 것은 결코 아니었다. 그들은 유희를 즐기는 중간계급 자녀들로서 돈 많이 버 는 직업을 갖기 전에 2~3년 동안 잠시 즐거운 시간을 보내기 위해 떨어져나 와 있었던 것이다. 뉴욕 주의 우드스탁 축제나 1969년 롤링 스톤즈의 하이드 파크 공연, 1970년에 밥 딜런의 와이트 섬 공연에 참석한 수천 명은 1950년대 가치관을 가진 그들의 부모들을 당황하게 할 수는 있었지만, 미국과 영국의 권력자들에 대항해 도전하는 일은 결코 하지 않았고 대부분 그런 일을 원하지 도 않았다.

문화적 저항과 정치적 저항을 통합하려는 시도들도 있었다. 예를 들면, 1967년 여름 런던에서 열린 '해방의 변증법' 대회에서는 비트족 시인 앨런 긴 즈버그, 블랙 파워의 지도자 스토클리 카마이클, 그리고 '급진적' 심리학자인 랭과 쿠퍼 같은 유명 인사들이 한자리에 모였다. 그 해 10월 펜타곤[미국 국방 부 건물] 포위 시위를 조직한 사람 중 하나가 바로 히피 급진주의자 제리 루빈 이었다. 어떤 기사에 따르면, '히피 지도자 애비 호프먼'이 조직한 수백 명의 히피들이 "펜타곤[악귀] 퇴치" 시도를 했다고 한다. 이들은 심벌즈, 트라이앵 글, 드럼과 가죽 등을 두들기면서 "악귀는 물러가라!, 물러가라!, 물러가라!"는 구호를 외쳤다.[40]

1년 후, 루빈은 시카고에서 열린 민주당 전당대회장 밖의 시위에 정치적 히피 — 이피(Yippie)라는 이름을 얻게 된 — 10만 명을 동원할 수 있다고 믿게 된 사람들 중 한 명이었고, 흑표범당의 엘드리지 클리버는 루빈이 자기와 함께 혁명적 대통령 후보로 나설 수 있는 유일한 백인 급진주의 대표자라고 주장했다. 미국 SDS 그룹 내에서는 아나키스트적 히피 경향의 '업 어게인스트 월(Up against Wall)' 그룹이 꽤 강력한 힘이 있었다.

그러나 이런 노력들이 어떤 성과를 이루어 낸 것은 아니었다. '해방의 변증법' 대회는 몇 달 후 영국에서 베트남전에 반대하는 대중 운동이 전개되면서 잊혀졌다. 이피들이 시카고에 실제로 동원한 인원은 3000명에서 1만 명 정도에 불과했으며, 클리버-루빈의 대통령 선거 운동은 취소됐다.

진실은 무엇이었는가 하면, '개인적 혁명'이라는 히피의 철학은 1960년대 말의 정치 권력이라는 엄혹한 현실에 맞설 수 없었다는 것이다. 미국이 벌이는 베트남 전쟁의 야만성에 점점 더 경악하게 된 수없이 많은 사람들이 보기에 펜타곤에 '마법'을 거는 것으로는 어떤 진전도 이룰 수 없는 듯했다. 1968년 3월에 여자와 아이를 포함해 500여 명이 살해된 미라이 학살 사건[베트남전쟁이 한창이던 1968년 3월 16일에 미군이 베트남의 손미와 딘케 마을에서 17명의 임산부와 한 살에서 취학하기 전까지의 아주 어린 아이 173명을 포함한 504명의 민간인들을 학살한 사건. 베트남에서는 손미 학살 사건으로 불린다]은 이런 야만성을 적나라하게 보여 주었다. FBI가 20명의 흑표범당 당원들을 사살했을 때 제리 루빈과의 연합은 흑표범당에게 아무런 도움도 되지 못했다. 장교들의 명령을 받고 전투에 투입되는 미군 병사들에게도 '평화와 사랑'은 아무런 도움이 되지 않았다.

미국 '신좌파'에 우호적인 한 논문은 다음과 같이 주장했다.

신좌파의 문화적·정치적 양상은 서로 다른 길을 따라 발전하기 시작했다. 정치적 활동의 양상이 아직 남아 있긴 했지만, 공동체 생활과 성관계에 대한 실험은 '비정치적' 행동양식에도 적용됐고 잘 알려진 '히피들'은 이런 경향을 가장 잘 대표한다. 공동체 생활과 개인 구원을 강조한 종교 의식, '인카운터 그룹[인간 관계의 개선을 도모하는 집단 감수성 훈련 그룹]', 다른 '감성 훈련' 기술, 그리고 '마약과 로큰롤' 문화 등 이 모든 것이 성장해 퍼져 나갔다.[41]

이런 과정이 한꺼번에 갑자기 일어난 것은 아니었다. 적어도 2~3년 동안 정치적 저항과 언더그라운드 문화 사이에 쌍방향 교류가 있었다. 운동의 일부 유명인사들이 이런 사정을 잘 보여 준다. 밥 딜런은 초기 음반에서 공민권 운동에 대한 가장 괜찮은 백인 학생들의 정치적 반응을 노래한 다음, 싱글 앨범 '조지 잭슨(George Jackson)'에서는 가끔씩 정치로 회귀했던 '마약과 로큰롤'이라는 문화적 반란의 국면을 거쳐, 일련의 종교적 정체성이라는 국면으로 옮아갔다. 롤링 스톤즈는 마약 실험과 영화 출연 중간에 앨범 '거리의 투사(Streetfighting Man)'에서 짧게나마 즉각적인 혁명의 정치를 선보인 적이 있다. 존 레논은 폴 매카트니와 함께 전형적인 히피 노래 '서전트 페퍼(Sergeant Pepper)'를 만들었고, 다른 해도 아닌 1968년에 명백히 반혁명적 음반 '혁명(Revolution)'[42]을 제작했으며, 그 후 '노동계급 영웅(Working class hero)'에서 잠시 혁명적 정치를 선보였다. 이들 중 어느 누구도 좌파를 고수한 사람은 없었다.

'언더그라운드' 문화는 그들이 한때 경계선을 흐리게 만들었던 정치 좌파와 같은 방향으로 움직이지 않았다. 그러나 1967년에 머리에 꽃을 꽂고 다녔을지도 모르는 많은 학생이 1969년에는 훨씬 더 심각한 활동을 하고 있었다.

새로운 학생 혁명가들

버클리가 새로운 학생 반란의 발생지였다면, 베를린은 새로운 학생 혁명가들을 위한 최초의 구심점이었다. 베를린은 그야말로 안성맞춤이었다. 베를린 장벽으로 분할된 그 도시는, 똑같이 억압적이고 똑같이 체제 순응적이면서 서로 경쟁하는 두 제국주의로 분열된 세계를 지난 20년 동안 상징적으로 보여 주고 있었다. 이제, 비록 짧지만, 베를린은 두 제국주의에 대한 새로운 도전의 상징이 된다.

앞서 보았듯이, 베를린의 학생 운동은 1960년대 중반에 베를린 자유대학에서 언론 자유라는 문제를 놓고 시작됐다. 학생들은 "베를린의 자유" — 서방 블록의 지지자들이 어디서나 외쳤던 구호 — 가 그들에게는 해당되지 않는다는 사실을 알게 됐다.

베를린에는 이미 전국적 사회주의 학생 조직이 존재했는데, 바로 독일 SDS였다. 원래는 독일사회민주당의 학생 조직이었던 SDS는 1961년에 사민당에서 쫓겨났다. SDS 내의 주류는 1960년대 초반에 노동 운동 내에 좌파 개혁주의 경향을 건설해야 한다고 주장했지만, 동독의 신학도 출신 루디 두취케 같은 사람들의 영향을 받아서 1965년부터 SDS의 정치는 바뀌기 시작했다. SDS는 자유대학의 투쟁에서 점점 더 중요한 역할을 하게 됐다.

베를린의 학생 운동은 1967년 봄과 여름에 갑자기 성장했는데, 이는 전례가 없는 것이었다. 미국 부통령 휴버트 험프리의 베를린 방문에 반대하는 시위에 이어서 연좌농성중인 학생들에 대한 경찰의 공격이 있었고 5명의 활동가들에 대한 학사징계 조치가 내려졌다. 이에 대한 항의 시위에 베를린 자유대학 학생의 46퍼센트가 찬성표를 던졌고 43퍼센트만 반대를 표명했다. 그리고 나서 6월 2일에는 이란 국왕의 방문을 반대하는 또 다른 시위가 조직됐다. 이번에는 광포해진 경찰이 기독교 평화주의자 학생 벤노 오네조르크를 사살했다. 이제 거의 모든 베를린 학생이 SDS의 지도 아래 거리로 뛰쳐나왔다. 1만 명의 학생들이 오네조르크의 장례식에 참가했다. 루디 두취케는 학생들의 반응을 다음과 같이 묘사했다.

> 6월은 독일의 대학들에게 역사적인 날이었다. 제2차세계대전 종전 이래 처음으로 엄청나게 많은 학생들이 권위주의적 사회 구조에 대항해 떨쳐 일어났다. 시위 도중 그들은 이 비합리적 권위주의를 몸소 경험했다.[43]

이 운동은 베를린에서 서독 전역으로 퍼져 나가기 시작했다. SDS 지도자들은 갑자기 전국적인 인물이 돼 언론의 주목을 받게 됐다. 아마 언론의 목적은 그들의 사상을 웃음거리로 만들려는 것이었겠지만, 상황은 그들의 의도와는 다르게 전개됐다. 반권위주의 메시지가 수많은 젊은이들의 마음을 움직였다.

1967년 봄의 여론조사는 다음과 같이 결론짓고 있다. "젊은이들은 이데올로기에 거의 신경을 쓰지 않는다. …… 그들이 가지고 있는 유일한 이데올로기는 '성공'이다."[44] 1968년 1월에 실시된 또 다른 여론조사에서는 응답자의 67퍼센트가 학생들의 시위에 찬성했다.[45]

SDS는 1968년 2월에 베를린에서 베트남 전쟁에 반대하는 국제 대회를 조직했다. 그 대회는 유럽 전역의 학생 활동가들을 모이게 했고 투쟁을 더한층 자극하는 촉진제가 됐다. 냉전 이데올로기의 위대한 성지를 가로지르며 붉은 깃발을 휘두르는 시위대의 광경은 기존의 체제 순응주의에 의문을 갖기 시작한 사람 누구에게나 영감을 불어넣었다.

이 대회가 SDS 지도자들—특히 루디 두취케—에 대한 독일 언론의 증오를 더욱더 고조시켰다는 것은 전혀 놀라운 일이 아니다. 서독 최대의 언론 재벌 슈프링거가 가장 야비했다. 이런 반(反)SDS 캠페인은 효과가 있었다. 4월에 한 우익 미치광이가 두취케의 머리를 쏴 중상을 입힌 것이다.

이 암살 기도는 서독 전역에서 슈프링거 신문에 항의하는 대중 시위를 불러일으켰다. 바로 이 때 학생 운동은 절정에 이르렀다. 그 다음 달에는 그리스의 군사 독재에 항의하는 시위가 있었고(4월 21일), 베를린에서는 4만 명이 참가한 메이데이 시위가 있었다. 그리고 정부의 긴급조치법에 항의해 거의 모든 대학에서 휴업이 있었고(5월 15~16일), 신나찌에 대한 항의의 날을 갖기도 했다(5월 18일).

학생들은 시위를 벌였을 뿐 아니라 이념도 변하기 시작했다. 베를린 자유대학에서는 1000명 이상의 학생들이 '비판 대학' 운동에 참여했다.

독일 학생 운동의 반권위주의 정치는 고전 마르크스주의와는 사뭇 다른 것이었지만, 그럼에도 그 운동은 중요했다. 그 운동의 존재 자체가 장기 호황의 전형적인 이데올로기에 파열구를 내는 것이었다. 두취케와 그 밖의 다른 SDS 지도자들이, 비록 모호하긴 했지만 어쨌든 혁명적 사상 쪽으로 수천 명의 학생들을 끌어당기는 데 성공한 것은 1968년이 지나는 동안 다른 곳에서 벌어질 일들을 미리 알려 주는 것이었다. 그 때까지만 하더라도 다른 곳의 혁명적 좌파는 동구와 서구의 지배적 정설에 의해 주변화된 보잘것없는 집단들이었다. 독일의 학생 운동은 혁명적 좌파가 수천 명의 새로운 지지자들을 끌어당길 수 있다는 사실을 보여 주고 있었다. 여러 해 동안 반체제 이념이 사실상 불법화돼 있었던 서독과 미국에서 이것은 매우 중요했다. 공산당과 좌파 사회주의 야당의 전통이 존재했던 프랑스 · 이탈리아 · 영국에서조차도 학생 반란은 뭔가 새로운 것을 의미했다. 그것은 바로 스탈린주의나 사회민주주의 지도자들을 위한 거래에 의해 구속되기를 거부하는 힘이었다. '혁명적' 학생들은 광범한 사회 변화를 원하는 사람들의 구심점이 됐다. 1967년 여름에 베를린에서 일어난 일들은 바로 1968년에 세계 각국에서 일어나게 될 일들이었다.

4

미국 : 전쟁의 귀환

1964년 11월에 린든 베인즈 존슨은 사상 최고의 득표를 기록하며 대통령에 당선됐다. 그는 4300만 표를 얻어 2700만 표를 얻은 공화당 대선 후보 배리 골드워터를 눌렀다. 또한, 그가 소속된 민주당은 상원과 하원 둘 다에서 압도 다수가 됐다. 존슨의 보좌관 중 한 사람의 말에 따르면, "우리는 뉴딜 정책 이래로 가장 민주당답고 가장 자유주의적인 의회를 갖게 됐다."[1]

존슨은 거의 전례 없는 화합을 이룩한 것처럼 보였다. 그는 디트로이트의 선거 유세에서, 오른쪽에는 미국 자동차노조 의장 월터 루서를, 왼쪽에는 세계에서 두 번째로 큰 자동차 회사 회장인 헨리 포드를 대동하고 나타났다. 그는 대다수 흑인들의 표와 남부 백인들 과반수의 표를 끌어 모았다. 그는 부자와 빈민, 흑인과 백인을 화합시키는 일에 열정을 보임으로써 로스벨트처럼 '위대한 대통령'이 되려는 포부를 갖고 있었고, 이러한 그의 열망을 방해할 만한 요인은 거의 없는 듯했다.

그런데 3년 3개월이 지난 뒤에 존슨의 임기는 사실상 끝나 버렸다. 1968년 3월 31일에 존슨은 전국에 방송된 담화문에서 "다음 대통령 선거에 입후보하지 않겠다."고 발표했다. 그가 아량이 넓어서 그랬던 것이 아니다. 출마 포기를 선언하지 않으면 집중포화를 맞을 것이라는 사실을 알고 있었기 때문이다. 그가 입후보 포기를 선언했을 때 여론조사 결과는 그의 지지율이 겨우 36퍼센트에 불과하다는 것을 보여 주었고, 민주당 대통령 후보 선출에서 중요한 비중을 차지하는 위스콘신 주 예비선거에서 그는 주요 적수인 유진 매카시에 훨씬 뒤져 있었다.

분열된 미국을 통합하려던 존슨의 꿈은 산산이 부서졌다. 그 스스로 방송에서 다음과 같이 말했다. "기둥들이 나뉘어져 서로 싸우고 있는 집은…… 제대로 서 있을 수 없다. 미국이라는 집은 지금 분열돼 있다."[2]

사실, 이런 분열은 1930년대 초 이래, 아마도 남북전쟁 이래로 그 어느 때보다 격심했다. 미국 전역의 대도시—뉴욕·로스앤젤레스·시카고·디트로이트·샌프란시스코·클리블랜드·워싱턴DC·애틀랜타를 비롯한 수십 개 도시—에서 대규모 반란이 일어났고 수백 명의 목숨이 희생됐다. 새로운 반체제 분위기가 최고 명문 대학들을 휩쓸면서, 전후 공조 체제 아래서 자라 온 많은 젊은이들을 반체제 세력으로 만들어 버렸다. 이런 반체제 분위기는 미국의 군대 내부까지 파고들기 시작했다.

민주당은 상충하는 이해관계를 아메리칸 드림으로 결속시켜 왔다. 한창 때의 민주당은 노예 소유주들과 도시 빈민, 일부 산업 자본, 산업별노동조합회의(CIO)가 새로 조직한 생산직 노동자 대중, 남부의 딕시크랫과 마틴 루서 킹 목사 추종자들을 모두 포괄하는 정당이었다. 자국에서 계급에 기초한 정치의 '틀을 깨고' 싶어한 유럽 정치인들과 학자들은 이런 미국 민주당에 매료됐다. 그들에게는 민주당이 현대의 정치기구 가운데서 가장 현대적인 것으로 보였다.

그러나 1968년 봄에 민주당은 갈기갈기 찢어졌다. 현직 대통령은 자신이 쫓아낼 수도 없고 화해할 수도 없는 도전자들의 공격을 받고 있었다. 그렇다고 해서 도전자들의 입지가 존슨보다 나은 것도 아니었다. 그들은 대통령을 물러나게 할 수는 있었지만 그들 자신이 당내에서 권력의 고삐를 쥘 수는 없었다. 미국 자본주의의 정치 제도 전반이 위기에 빠져 버렸다. 이 위기는 1970년대 중반까지도 완전히 해결되지 않았고 상당한 혼란을 겪은 뒤에야 겨우 해소될 수 있었다.

베트남

정치 위기의 직접적 원인은 전쟁이었다. 그것은 1963년 가을에 존 F 케네디가 암살당한 뒤 존슨이 대통령직을 물려받았을 당시에는 그렇게 눈에 띄지 않았다. 케네디의 동생이자 법무 장관이었던 로버트 케네디는 한 언론인에게 "베트남…… 우리는 서른 개의 베트남을 가지고 있다."고 말했다.[3]

베트남은 1940년대에 일본의 패망과 유럽 제국(帝國)들의 철수로 생긴 국제적 공백을 미국이 메우면서 떠맡게 된 '무거운 짐들' 가운데 하나였을 뿐이다. 프랑스는 공산당이 주도하는 베트남독립동맹(Vietminh)의 민족 운동을 억누르고 식민지를 유지하려던 시도를 1954년에 마침내 포기할 수밖에 없었다. 그러나 디엔비엔푸 전투에서 마지막으로 패배하기 직전까지도 프랑스의 전쟁 노력 중 많은 부분은 미국의 재정 지원에 의존하고 있었다. 소련과 중국의 압력 때문에 베트남독립동맹의 지도자 호치민은 베트남의 분할을 받아들일 수밖에 없었고, 남베트남은 미국이 임명한 자가 통치하게 됐다.

미국 정부에게는 남베트남 정부를 수호하는 것이 필리핀·대만·남한·이란·사우디아라비아·레바논·자이르·중앙 아메리카와 카리브 해의 여러 나라 지배자들을 수호해 주는 것과 다를 것이 없었다. 미국은 베트남에 대한 군사 개입이 정당하다고 여겼고 중앙정보국(CIA)이 세계 여러 나라에서 펼쳤던 작전만큼이나 쉬운 일이라고 생각했다. CIA는 1954년에 과테말라에서 선거로 당선된 정부를, 1960년에는 파트리스 루뭄바의 콩고 정부를 전복시켰고, 1958년에는 레바논에서 상륙 작전을 펼쳐 친미 정권을 유지시켰으며, 1965년에는 도미니카 공화국의 민중 반란을 분쇄했다.

다른 많은 나라에서 그랬던 것처럼 남베트남에도 미국의 '고문단'이 상주해 있었다. 1961~62년에 고 딘 디엠의 독재에 저항하는 자생적 봉기가 일어나자, 케네디는 고문단의 숫자를 400명에서 1만 8000명으로 늘리고 네이팜탄과 고엽제를 '제한적'으로 사용할 수 있도록 허가했으며 폭격기가 무제한으로 폭탄을 떨어뜨릴 수 있는 '자유 폭격 지대' 설정을 허용했다.[4] 미국은 남베트남 정부에 대한 지지를 철회하는 것은 "남베트남의 붕괴만을 의미하는 것이 아니라 동남아시아 전역에서 패배하는 것을 의미한다."고 주장했다.[5] 케네디 형제는 베트남의 농촌을 공포에 떨게 만들고 딘 정권을 유지하기 위해 사용한 '반란 진압' 방식을 열렬히 지지했다.[6]

그러나 고문단을 400명에서 1만 8000명으로 늘렸음에도 반란이 분쇄되지 않았다. 남베트남 정부가 자국의 농촌을 폭격하자, 더 많은 농민들이 반란군 편을 들게 됐다. 1963년 여름에는 불교 승려들이 주도한 대규모 반정부 운동이 여러 도시에서 펼쳐졌다. 상황을 진정시키기 위해 필사적으로 노력하던 케네디 행정부는 남베트남 군부 내 반정부 장군들의 쿠데타를 묵인했다. 그 쿠데타로 딘 ― 당시 미국 부통령이었던 린든 존슨이 "아시아의 윈스턴 처칠"이라고 칭찬했던 ― 은 살해됐다.

그러나 딘의 자리를 차지한 군 장성들도 대중의 지지를 받는 정권을 수립할 수 없었다. 그들의 부패는 악명이 높았을 뿐 아니라, 대중적 호소력이라는 면에서 호치민과 비교가 되지 않았다. 호치민은 1920년대 이래로 외세 지배에서 벗어나려는 베트남인들의 독립 투쟁에서 선두에 서 왔던 인물이다.

존슨은 케네디한테서 단지 전쟁만을 물려받은 것이 아니라, 미국이 물자 투입만 증가시킨다면 전쟁이 1~2년 안에 끝날 것이라는 믿음까지도 물려받았다. 1964년 여름에 존슨과 포드사 사장 출신 국방 장관 로버트 맥나마라는 군사 개입 강화를 정당화하기 위해 계획된 도발을 감행했다. 미군 구축함 한 척이 통킹만의 북베트남 해안으로 접근해 북베트남의 해안경비정과 총격전을 벌였다. 존슨과 맥나마라는 북베트남 경비정이 미군함을 이유 없이 공격했다고 주장하면서, 베트남 내에서 무엇이든 할 수 있는 자유로운 권한을 대통령에게 부여하는 내용의 결의안이 의회에서 통과되도록 만들었다. 그리고는 미군 폭격기를 보내 북베트남을 폭격했다.

이 때 미국 내에서는 존슨의 조치를 거의 만장일치로 지지했다. 하원에서는 통킹만 결의안이 만장일치로 통과됐고 상원에서는 반대표가 겨우 두 표 나왔을 뿐이다.

그러나 존슨의 전략은 먹혀들지 않았다. 남베트남에서 미군의 활동을 증강하기 위해서는 미군 기지를 건설해야 했다. 하지만 기지가 커지면 커질수록 게릴라들의 공격에 더욱 취약해졌다. 1964~65년 겨울에 소규모의 베트남 게릴라들 — 미군이 '베트콩'이라고 부른 — 이 미군 기지를 몇 차례 공격했다. 존슨은 북베트남에 대한 연속 폭격으로 대응했다. 그의 보좌관 중 한 사람이었던 맥조지 번디의 메모에 따르면,

베트남 상황은 악화하고 있고, 미국의 새로운 조치가 없다면 …… 1~2년 안에 …… 패배는 필연인 것처럼 보인다. …… 미국의 국제적 위신과 영향력이 상당 부분 베트남에서 직접적으로 위기에 처해 있다. …… 보복만이 …… 우리가 최선을 다하지 않았다는 비난을 잠재울 수 있을 것이고, 이 비난은 우리 미국을 포함한 많은 나라에서 매우 중요해질 것이다.[7]

그래서 미국 공군은 날이 가고 해가 바뀌어도 계속 폭격기를 출동시켜 남북을 가리지 않고 베트남 전역의 표적에 폭탄을 퍼부었다. 그것은 전쟁 사상 최대 규모의 폭격이었다. 그것은 미국의 지배에 저항한다면 견디지 못할 만큼 큰 대가를 치르게 될 것이라는 사실을 베트남인들이 깨닫게 하려는 미국의 필사적인 시도였다.

1965년 3월 6일에 미국 해병대가 다낭 기지에 상륙했다. 4월 말에 베트남 주둔 미군의 수는 3만 3500명이었고, 6월에는 7만 5000명, 그 해 말에는 21만 명으로 증가했다. 처음에는 "남베트남에서 베트콩이 실패했다는 것을 보여 주는 데는 아마도 1~2년밖에"[8] 걸리지 않을 것이라고 생각했다. 그 1~2년 사이에 베트남은 대규모 전쟁터가 돼 버렸다.

이런 식으로 "1~2년"은 계속 연장됐다. 남베트남에서 벌어진 싸움은 15년 전의 한국전쟁과는 매우 달랐다. 한국전쟁 때는 북한 지배자들이 원한다면 포기해 버릴 수도 있는 정규군[북한 인민군]을 상대로 한 전투였다. 그러나 남베트남의 전투는 억압적 정권에 항거하는 자생적 투쟁에서 성장해 온 것이었다.

북베트남 지도자들이 남쪽의 상황에 등을 돌렸다면 민족독립 투쟁의 선구자라는 그들의 위신에 엄청난 손상을 입었을 것이다. 그들은 미국이 북베트남에 아무리 많은 폭탄을 퍼붓는다 해도 남베트남의 싸움에서 손을 뗄 수가 없었다. 그들이 그렇게 할 만한 진정한 이유도 없었다. 왜냐하면 베트남은 상대적으로 낙후돼 있었기 때문에 미국의 폭격으로 물질적 손상을 입을 만한 것도 별로 없었기 때문이다. 북베트남은 수십만 명의 인명 손실에도 불구하고 전쟁 기간 동안 매년 6퍼센트 이상의 경제 성장률을 보였다.

더욱이, 북베트남의 통치자들은 자신들의 정규군을 국경선 너머로 침투시켜 남쪽의 투쟁을 지원함으로써 비교적 쉽게 보복할 수도 있었다.[9]

사실상, 미국 정부는 쉽게 빠져나올 길이 없는 소모전에 빠져들고 말았다. 1967년까지 미국은 베트남 주둔 병력을 47만 명으로 증가시켰지만, 4년 전이나 이 때나 승산은 거의 없었다.

어떤 소모전이든 그 비용은—인명 손실과 경제적 손실 모두—엄청나다. 전쟁의 강도가 높아지기 시작했던 1965년에 이미 미국 경제는 엄청나게 과열돼 있었다. 실업률은 그 전 여러 해보다 더 낮은 4퍼센트로 떨어졌다. 이 전쟁이 미국 경제에 인플레이션 효과를 가져오는 것을 막기 위해서 존슨은 "위대한 사회"라는 복지 계획을 축소하든지—이것은 미국의 도시들에서 사회적 긴장을 증대시킬 것이다—아니면 세수를 증대해야 했는데, 이는 선거에서 불리하게 작용할 것이 분명했다.

존슨 정부는 이 둘 중 어느 것도 택하지 않았다. 그 대신, 예상되는 전쟁 비용을 낮춰 잡으면서 기껏해야 매년 80억 달러밖에 들지 않을 것이라고 1965년에 주장했다. 그러나 1968년에 이미 270억 달러를 소모하고 있었다. 그 결과는 막대한 재정 적자였고 이 때문에 서방 경제 전체에 인플레이션 압력이 가중됐다.[10]

전쟁이 경제에 미친 간접적 영향들 때문에, 미국 사회의 각계 각층을 결속시키려던 존슨의 계획은 망가졌다. 그의 보좌관은 다음과 같이 말했다.

베트남 전쟁은 끊임없이 존슨을 괴롭히고 그를 짓눌렀다. ······ 존슨 대통령은 점점 더 전쟁 사령관으로 변했고 국내 정치 지도자라는 지위는 잊혀졌다. 중요한 빈곤 퇴치 프로그램은 심각한 난관에 봉착해 있었다.[11]

하지만 이 '빈곤 퇴치' 프로그램이 없다면, 미국 자본주의가 미국의 대도시 심장부에서 발전하고 있는 폭발적 운동을 억누르기 힘들었을 것이다. 그렇게 되면 이 운동이 대학 내에서 성장하고 있는 반체제 운동과 연계돼 1930년대 이래 처음으로 미국 자본주의에 반대하는 상당한 규모의 혁명적 반대파를 만들어낼 위험이 있었다. 군비 지출로 인한 물가 상승에 저항하는 미국 노동자들의 투쟁과 연결될지도 모르는 그런 혁명적 반대파를 말이다.

▌민권 운동에서 블랙 파워로

악단이 '성조기여 영원하라'[미국의 애국가]를 연주했다. 푹푹 찌는 멕시코의 열기 속에서, TV 카메라는 올림픽 경기장의 단상 위로 초점을 맞추었다. 육상 200미터 단거리 달리기에서 금메달과 동메달을 차지한 톰 스미스와 존 카를로스가 시상대 위로 오르자, 관중은 미국의 애국심을 표출할 수 있는 영광스러운 순간을 맞이할 만반의 준비를 하고 있었다. 바로 그 때 두 사람은 검은 장갑을 낀 오른손을 높이 올리고는 주먹을 움켜쥐었다.

그 동작은 올림픽 게임을 조직한 자칭 애국자들이 대표하는 그 어떤 것에도 정면으로 도전하겠다는 뜻이었다. 스미스와 카를로스는 미국 국기와 국가에 대해 블랙 파워의 경례로 대응했다. 그렇게 함으로써 그들은 1968년 여름에 모든 흑인 게토가 지니고 있던 정서를 분명히 보여 주었다. 12년 전 미국 남부 여러 주에서 미국의 주류 사회에 통합되기 위한 운동으로 시작됐던 것이 점점 더 미국 자본주의 자체에 대한 반대 운동으로 변해 갔다.

남부의 투쟁은 대중 저항의 형태를 띠었다. 한편으로는 마틴 루서 킹 목사나 남부기독교지도자회의(SCLC)의 저명한 흑인 중간계급 인사들이 그 투쟁을 조직했고, 다른 한편으로는 인종평등회의(CORE)나 학생비폭력조정위원회 (SNCC)의 주로 젊은 흑인 학생 활동가들이 조직했다. 1964년에 민주당에 양보하려는 킹 목사의 경향을 둘러싸고 분열이 시작됐다. 곧 젊은 활동가들은 낡은 활동 방식에 대한 환멸을 공공연히 표명했다. 그들은 흑인들이 미국의 주류 사회에 '통합'되는 것이 가능하거나 바람직한가라는 문제를 놓고 의심을 품기 시작했으며, 그 대안을 모색하기 시작했다.

북부 여러 주의 게토에 거주하는 흑인들 사이에서는 이미 오래 전부터 전투적인 분리주의 경향이 확립돼 있었다. 1920년대에는 '아프리카 귀환'을 꿈꾸는 마커스 가비에 대한 대중적 지지가 있었다. 1950년대와 1960년대 초에는 일라이자 무하마드의 '블랙 무슬림'이라는 종교 분파가 북아메리카의 심장부에 독립된 흑인 '이슬람 국가'를 건설하자는 강령을 내걸고 수많은 추종자를 모았다. 1963년에는 일라이자의 뒤를 이어 이 운동의 지도자가 된 유명한 맬컴 엑스(Malcom X)가 주류에서 벗어나 더욱 전투적인 '흑인 혁명' 운동을 펼치면서 때때로 다른 억압받는 계층과 단결할 것을 제안했다. 그의 메시지가 성공을 거두자 1965년 초에 그는 살해당했다. 그것이 흑인 무슬림 단체 회원의 소행인지 아니면 FBI의 소행인지는 아직도 모른다.

1965년과 1966년에는 분리주의 메시지가 젊은 공민권 운동가들에게 먹혀들기 시작했다. SNCC는 백인의 참여가 그들의 급진주의를 무디게 만든다고 주장하면서 흑인들만의 조직으로 변모할 것을 결의했다. 한 문건에는 이렇게 적혀 있다.

우리는 백인들과 단절해야 한다. 우리는 우리 고유의 제도, 신용조합, 협동조합, 정당을 만들어야 하고 우리 자신의 역사를 써야 한다. …… 백인들이 조직에 남아 있다면 SNCC의 그동안의 노력은 물거품이 될 수도 있다.[12]

이런 결정을 내리게 된 데는 여러 요인이 복합적으로 작용했다. 그 중 하나는 과거의 운동 방식에 대한 반발이었는데, 그동안 남부에서 공민권이 강제력을 갖도록 하기 위해 중앙 정부를 개입시키려고 하다 보니 '자유주의' 정치인들에게 의존해 왔던 것이다. 1964년 선거에서 나온 그 모든 공약에도 불구하고 남부에서는 공민권 운동가들이 계속 공격받고 살해됐다. 흑인 활동가들은 부통령 휴버트 험프리나 전 법무 장관 로버트 케네디 같은 백인 '자유주의' 지도자들뿐 아니라 백인 급진주의자들에게도 환멸감을 표출했다. 비록 이런 백인 급진주의자들이 험프리나 케네디 같은 사람들에 대한 환상을 빠르게 잃어 가고 있긴 했지만 말이다.

둘째는, 백인은 항상 선두에 서고 흑인은 항상 따라간다는 미국 사회의 인종 차별적 편견을 많은 흑인들이 무의식적으로 받아들이고 있다는 사실에 대한 반발이었다. 이런 편견은 개인의 외모에서도 드러났다. 예를 들면, 머리를 곧게 펴고 피부색을 밝게 하려는 흑인 개인들도 흔했다. 활동가들은 이제 분리주의적인 흑인의 정체성만이 흑인들에게 자신감을 부여해 그들 스스로 이런 인종 차별적 태도를 없앨 수 있을 것이라고 생각하게 됐다. 그리하여 "검은 것은 아름답다" 같은 구호들이나 아프리카 문화를 재발견하려는 시도들, 아프리카식이나 이슬람식 이름, 분리주의적 흑인 정치 등이 유행했다.

셋째는, 흑인 분리주의를 뒷받침해 줄 수 있는 거의 분명한 사회 이론이 제시됐다는 사실이다. 이 이론은 자본가뿐 아니라 노동자들도, 그러니까 모든 백인이 모든 흑인을 착취하는 데 연루돼 있다고, 또는 선진 자본주의 나라의 모든 국민이 제3세계의 모든 민중 — 미국의 흑인은 '제3세계의 민중'으로 분류됐다 — 을 착취하는 데 연루돼 있다고 주장했다.

마지막으로, 비록 이것이 처음에는 주요인이 아니었지만, 일부 활동가들은 미국 내 소수 인종들이 자신들의 정치 경력을 위한 발판이 될 수 있다는 사실을 알게 됐다는 점이다. 분리주의적 인종 조직들은 커다란 표밭이었고, 북부 도시의 민주당을 특징짓는 태머니홀[뉴욕 시정(市政)을 지배하던 보스 기구의 속칭. 부패 정치를 상징한다]의 정치 흥정에서 훌륭한 매물로 쓰일 수 있었다.

1965년과 1966년에 SNCC와 CORE 활동가들이 분리주의 쪽으로 이동하기 시작했다. 하지만 많은 사람들에게는 남부의 인종 차별 철폐와 공민권 투쟁이 계속 주된 활동으로 남아 있었다. 다른 사람들은 분리주의를 논리적 결론으로까지 밀고 나가서 그런 투쟁을 그만두고 백인 사회를 개인적으로 거부하는 데서 구원을 찾는 문화적 민족주의를 채택했다. 1966년이 돼서야 제3의 선택이 가능해졌는데, 그것은 바로 강력하고 혁명적인 정치적 분리주의였다. 미시시피 대학 최초의 흑인 학생 제임스 메러디스가 미시시피 주에서 1인 시위 행진을 하던 도중 사살되자 SNCC 지도자 스토클리 카마이클은 이런 정치적 분리주의를 목청 높여 외쳤다. 메러디스 피살에 항의하면서 그가 행진했던 것과 똑같은 길을 따라 시위 행진을 벌이기 위해 모여든 학생들을 미시시피 주방위군이 둘러싸자, 카마이클은 백인 인종 차별주의자들과 경찰의 공격에 당하고만 있지 않을 것이라고 말했다. "나는 내가 받을 만한 적당한 대우를 백인에게 구걸하지 않을 것이다. 나는 그것을 빼앗아 오겠다." 그 뒤 여러 주 동안 CORE와 SNCC 모두 "블랙 파워"를 지지한다고 선언했다.

그러나 혁명적 흑인 분리주의의 성장은 단지 남부에서 백인 인종 차별주의자들의 공격이 계속된 결과만은 아니었다. 그것은 젊은 흑인 학생들과 학생 운동 출신 활동가들이 1964년에서 1967년 사이에 북부 도시에서 일어난 여러 사건들을 스스로 통제하지 못했던 것에 대한 그들 나름의 반작용이기도 했다.

게토 봉기

1964년 7월에 뉴욕 시의 할렘에서 한 무리의 10대 흑인 소년들이 등교 길에 한 백인 빌딩 관리인과 말다툼을 하고 있었다. 비번이었던 경찰관 하나가 끼어들더니 15살 먹은 소년에게 총을 쐈다. 그 후 10대 흑인 소년들이 구름같이 몰려들었고 창문을 부수며 항의를 하다가 경찰에 의해 해산됐다.

이틀 후 CORE는 바로 그 자리에서 남부의 공민권 운동가들이 당한 린치에 항의하는 집회를 조직했다. 10대 소년의 죽음에 분노한 집회 참가자들이 경찰서를 향해 행진했다. 시위 군중이 경찰과 충돌했고 한 사람이 또 경찰의 총에 맞아 죽었다. 그 뒤 며칠 동안 흑인들은 길거리에서 경찰에 맞서 싸웠다.

분노한 폭도가 거리를 휩쓸었고 경찰의 공격을 받으면 흩어졌다가 다시 모여 반격하기를 되풀이했다. 돌, 벽돌, 쓰레기통 뚜껑이 경찰들한테 비 오듯 쏟아졌다. …… 화염병이 터지면서 불꽃이 타올랐다. 약탈자들은 주요 상가의 유리창을 모조리 깨 버렸다.[13]

이런 폭력은 일부 고립된 집단의 소행이 아니었다. 그것은 수많은 흑인들의 일반적 정서가 표출된 것이었다. 파출부 일을 하면서 다섯 아이를 키우는 한 미혼모는 구경꾼에게 이렇게 말했다.

나는 항상 백인 남자의 구정물을 닦아 낸다. 내가 일하러 다니는 집은 네 곳인데, 어떤 집은 좋고 어떤 집은 싫다. 그 날 밤에는 내가 좋아하는 집에서 일을 했다. 그런데 일을 마치고 집에 돌아왔을 때 사건이 벌어지기 시작했다. 뭔가가 내 몸을 타고 기어오르는 것 같았고 하늘이 무너지는 것 같았다. 큰 애들, 작은 애들, 아니 우리 모두 어찌할 바를 몰라 곧 죽을 것만 같았다. 나는 경찰들이 백인이라는 것을 알고 울음을 터뜨렸다. 나는 혼자말로 "하나님, 나는 울고 있어요." 하고 중얼거렸다. 그리고 나서 필름이 들어있지 않은 이 싸구려 카메라를 집어들고 경찰들에게 던진 다음 울다가 웃다가 그랬다.[14]

미국에서 가장 유명한 게토가 불타오르자 다음과 같은 사실이 명확해졌다. 남부의 공식적인 차별과 억압 구조에 대항하는 투쟁이 북부 도시에서 비공식적 차별과 억압 구조, 그러나 남부만큼 깊이 뿌리 박힌 구조에 대항하는 투쟁으로 발전하고 있었다. 그 해 여름에는 할렘만큼 큰 규모는 아니었지만, 뉴욕 주의 로체스터, 뉴저지 주의 패터슨·저지·엘리자베스·시카고·필라델피아 등지에서 흑인들과 경찰 사이에 충돌이 계속 벌어졌다. 그러다가 1965년 8월 로스앤젤레스의 와츠 구역에서 폭발했다.

할렘에서와 마찬가지로 이번에도 직접적 원인은 경찰의 행위 때문이었다. 과속을 했다고 추정되는 흑인 운전자의 차를 세운 다음 이에 항의하는 주위 사람들에게 곤봉을 휘둘렀다. 사람들은 지나가는 백인 운전자들에게 돌을 던지기 시작했고 차를 뒤집고 불을 질렀다. 36시간 뒤에, 이 사건은 1943년 이래 미국 최대의 도시 소요 사태로 발전했다.

군중이 와츠 구역의 상가로 몰려나와 약탈하기 시작했다. …… 약탈은 점점 대담 해졌고 다른 구역으로 확산됐다. 5개의 [저소득자용] 공영 주택 단지에서 수백 명의 여자들과 아이들이 몰려나와 와츠와 그 주변을 휩쓸었다. 정오 무렵 대규모 화염병 투척이 시작됐다. 백인이 개인적으로 공격당한 경우는 거의 없었다. 폭도 들의 주요 의도는 이제 게토에서 백인 '착취자들'을 쫓아내기 위해 그들의 재산 을 파괴하는 것인 듯했다.[15]

　　상점 주인이 자기도 "잘 살아 보려고 애쓰는 가난한 흑인"이라거나 "피를 나 눈 형제"라는 것을 확인시키는 곳은 폭도가 그냥 지나쳤다. 흑인들에게 외상을 주기도 했던 백인 상점 몇 군데는 무사했으며 비싼 가격과 흑인들에게 못되게 군 것으로 악명 높은 상점은 약탈과 파괴의 표적이 됐다.[16]

경찰은 사태를 해결할 수 없었고 주(州)방위군에 구원을 요청했다.

주방위군이 도착하자, 그들은 경찰과 함께 총기류를 마구 사용했다. '조준 사격' 에 대한 보고가 늘어났다. …… 거의 4000명이 체포됐다. 34명이 죽고 수백 명이 부상을 당했다. 재산 피해액은 약 3500만 달러로 추산됐다.[17]

1964년의 폭동이 느닷없는 사건처럼 보일지도 모른다. 1935년과 1943년에 도 할렘에서는 폭동이 있었다. 하지만 와츠 사건은 이런 자기 위안을 흔들어 놓았다. 3년 후, 미국 정부에 제출된 한 고급 문서는 이렇게 기록해 놓았다.

LA 폭동은…… 북부에서 인종 문제가 개선되고 있다고 자신하던 모든 사람에게 충격을 주었고 전국의 게토에 새로운 분위기를 몰고 왔다.[18]

1966년에는 열세 군데에서 폭동이 잇따라 일어났다. 시카고에서는 경찰과 주방위군이 투석, 화염병 투척, 조준 사격에 맞닥뜨려 3명을 사살하고 533명을 체포한 후에야 '질서를 회복'할 수 있었다. 오하이오 주의 클리블랜드에서는 경찰이 흑인 두 명을 살해했고 백인 인종 차별주의자가 또 다른 흑인 두 명을 살해했다. 그리고 나서 1967년 여름에 가장 큰 충돌이 두 건 있었다.

경찰이 한 택시 기사를 학대하는 장면을 목격한 흑인들은 7월 12일부터 17일까지 뉴저지의 뉴어크 거리를 장악했다. 투석, 약탈, 차량 방화가 잇따랐다. 경찰과 사실상 모두 백인으로 구성된 주방위군은 약탈자처럼 보이는 사람은 죄다 쏘았다. 23명이 살해됐는데, 백인 형사와 백인 소방대원이 한 명씩 죽었고 나머지 21명은 흑인이었다. 그 중에는 73살의 할아버지와 6명의 여자, 두 명의 아이도 있었다. 1000만 달러 상당의 재산 피해도 있었다. 이후 며칠 동안 폭동은 뉴저지 북부의 다른 지역으로 퍼져 나갔다.

닷새 후에는 세계 최대의 자동차 산업 중심지인 디트로이트에서 투쟁이 분출했다. 자생적 항의 시위는

······ 이 나라에서 다섯 번째로 큰 도시를 전쟁터로 만들어 버렸다. 도시 전역이 약탈로 유린됐고 모든 블록이 화염에 휩싸였다. 총검으로 무장한 연방군이 거리를 점령했다. 패튼 탱크와 휴이 헬리콥터가 도시를 순찰하고 있었고 탱크에 장착된 기관총은 불을 뿜었다. 약탈당한 지하실에서 연기가 피어올라 건물의 굴뚝들이 검게 그을렸다.[19]

여기서 일어난 일들을 '폭동'으로 묘사한다면 완전한 실수가 될 것이다. 자신들의 지역사회를 착취하고 있다고 생각된 경찰과 상가에 대한 도시 흑인들의 봉기이자 자생적인 대규모 공격이었다. 흑인의 11퍼센트 이상이 직접 참가했다는 사실이 나중에 인정됐고 또 다른 20~25퍼센트는 "구경꾼"이었다고 밝혀졌다.[20]

이런 '자생성' 안에는 즉흥적으로 만들어진 높은 수준의 조직이 있었다. 한 때 100여 명의 저격수 집단—주로 베트남전 참전 흑인들—이 경찰서를 포

위했다. 약탈은 '무차별'적이지 않았고 가게 주인이 미움을 산 곳만 약탈당했다. 그리고 사상 최초로 일부 백인들이 흑인들과 나란히 시위에 참가했다. 일부 약탈 집단에는 흑인과 백인이 섞여 있었고, 경찰은 [시위대의] 저격수들 중에는 "백인 테러리스트들"도 있다고 불평했다.[21]

연방군이 질서를 회복할 때까지, (거의 모두 흑인인) 40명의 사망자와 2250명의 부상자가 발생했고, 4000명이 체포됐으며 2억 5000만 달러의 재산 피해가 발생했다.[22]

"블랙 파워"는 이제 학생 활동가들만의 구호가 아니라 북부 도시에 거주하는 무수히 많은 흑인 노동자들의 구호가 됐다.

초기의 반전 운동

1965년 여름에 프랑스 철학자 장-폴 사르트르는 미국의 반전 집회에서 연설해 달라는 요청을 거절하면서 그것은 완전히 시간 낭비일 것이라고 말했다. 그는 베트남 전쟁에 반대하는 미국인들은 "정치적 비중이 전혀 없는" 사람들이라고 덧붙였다.

1961년부터 1964년까지의 시기라면 그의 말이 전적으로 옳았을 것이다. 그때는 베트남에 미국이 주둔하는 것에 공개적으로 반대하는 사람이 한줌에 불과했기 때문이다. 반핵 활동가들의 '평화 운동' 내에서조차 1963년에는 오직 소수만이 베트남 편을 들 용의가 있었다. 남베트남 독재자의 처제이자 악명 높은 경찰청장의 부인인 누(Nhu)가 미국을 여행할 때, 컬럼비아 대학과 위스콘신 대학에서 그를 반대하는 시위가 열렸다. 그러나 참가한 인원은 겨우 200여 명 정도였다. 1년 뒤에 뉴욕에서 열린 최초의 반전 시위에는 불과 600여 명만 참가했고, 전쟁이 확대된 뒤 1965년 봄에 SDS가 조직한 시위에 참가한 인원도 겨우 2만 명에 불과했다. 물론 과거를 기준으로 보면 큰 규모였지만 앞으로 전개될 규모에 비교하면 아무것도 아니었다.[23] 당시 미국 사회에서 급진주의의 징후를 찾으려고 하는 사람이라면 베트남보다는 공민권 운동이나 버클리 대학에 주목할 것이다.

전쟁의 확대가 즉각 대중의 저항을 불러일으키지는 못했지만, 베트남에서 미국의 역할에 대해 공개적으로 문제를 제기한 최초의 큰 계기가 됐음은 틀림없다. 이런 문제제기의 구심점이 됐던 것은 소위 학내 '토론회'의 물결이었다. 이것은 저항 운동의 일환으로 조직된 것은 아니었지만, 정부 정책에 반대하는 사람들뿐 아니라 찬성하는 사람들도 참가하는 장시간 토론이었다. 첫 번째 토론회가 미시간 주의 앤아버 대학에서 있었는데, 반전 시위를 계획하고 있는 강사들을 징계하겠다고 위협하던 대학 당국조차도 그 토론회 자체는 환영했고, 이것이 그 다음 해에 전국에서 열릴 수백 개 토론회의 전형이 됐다.

이 토론회 운동은 급진화 물결에 지대한 영향을 미쳤다. 수천 명의 학생들이 — 앤아버 대학에서 3000명, 컬럼비아 대학에서 2500명, 버클리 대학에서 3만 명이 토론회에 참여했고, 수십만 명이 참가한 워싱턴의 전국 규모 토론회는 122개의 대학 방송국을 통해 전국에 중계됐다 — 처음으로 정치적 논쟁에 참여했다. 아서 슐레진저 주니어나 맥조지 번디 같은 정부 대변인들은 정부의 참전 정당화 시도를 문제 삼는 질문 공세에 시달렸고 논쟁에서 계속 패배했다. 자신을 우파나 비정치적이라고 여기고 토론에 참가한 학생들이 토론이 끝날 무렵에는 전쟁에 반대하는 급진적 사람들이 옳다고 확신하게 됐다.[24]

아주 오랜만에, 혁명적 사회주의자들이 그들의 정적들과 대등한 조건에서 논쟁에 참여할 수 있는 기회를 갖게 됐다. 워싱턴에서 열린 토론회에서는 트로츠키 전기 작가인 아이작 도이처가 냉전에 관한 연설을 했고, 독립 사회주의자 핼 드레이퍼는 버클리 대학에서 정부 대변인에 맞서 즉각적인 미군 철수를 주장했다.

그렇다고 해서 학내의 혁명적 세력들이 즉시 성장하거나 학생 반란이 폭발한 것은 아니었다. 토론회들은 1965년에도 있었지만, 1964년 버클리 대학 점거 투쟁 같은 사건들은 3년이 지나서야 일어났다. 그러나 학생들 사이의 분위기는 결정적 변화를 겪기 시작했다. 전쟁에 대한 막연한 반대 — 그리고 어떻게든 징병은 피해야겠다는 각오 — 가 널리 퍼졌다. 이제 반체제 사상은 전통적으로 자유주의적인 몇몇 대학에 국한되지 않았고, 학생들의 생활이 남녀의 사교클럽 같은 순응주의적 문화에 젖어 있던 대학에서조차 수백 명의 학생들 사이에서 이런 반체제 사상을 쉽게 찾아 볼 수 있었다.

학생들이 전쟁을 정당화하는 정부와 대학 당국의 친정부 인사들이 얼마나 많은 거짓말을 했는지 알게 되자, 반체제 사상은 곧 사회에서 심각하게 이탈하는 행동으로 바뀌었다. 이내 많은 대학에서 급진적 소집단들이 성장하기 시작했다. 그들은 흔히 미국의 상황에 대한 명확한 이해가 부족했고 SDS의 모호한 "참여 민주주의" 이념을 고수했다. 그러나 당면한 전쟁은 그들에게 첨예한 논쟁거리를 제공했다. 머지않아 그들은 미국 기성 사회의 가치들을 여러 차례 공격했다. 그 과정에서 그들은 흑인 게토 지역에서 나타나고 있었던 더 강력하고 더 혁명적인 새로운 정치에서 많은 영감을 얻었다. 버클리나 컬럼비아 같은 대학에서, 글자 그대로, 돌이 날아온 것이다.

정치와 봉기

게토 봉기는 기존의 흑인 정치 단체들을 모두 위기로 몰아넣었다. NAACP와 SCLC의 전략은 북부의 국가기구, 특히 민주당에 압력을 가해 흑인, 특히 남부 흑인들이 동등한 권리를 누릴 수 있게 하는 것이었다. 게토 봉기는 이런 전략에 위협을 가했다. 직접적이고 전투적인 행동을 취한 북부 흑인들은 국가기구나 민주당 핵심 인사들과 적대적 관계가 될 수밖에 없었다.

1964년 할렘에서 발생한 최초의 주요 봉기는 바로 린든 B 존슨이 우익적인 공화당의 배리 골드워터에 맞서 대통령 선거 유세를 펼치고 있던 때 일어났다. 존슨은 전통적으로 민주당의 텃밭이었던 일부 지역에서 표를 잃게 되지 않을까 두려워하고 있었다. 특히 남부에서 그랬지만 북부의 일부 공업 지역에서도 마찬가지였다. 민주당 예비선거에서 그의 경쟁자인 남부 출신 인종 차별주의자가 이들 지역에서 표를 4분의 1이나 빼앗아 갔다. 할렘의 봉기는 이런 '반발'을 불러올 위험이 있었다.

기존 흑인 조직의 지도자들은 모임을 갖고 선거가 끝날 때까지 모든 대중 행동을 중지할 것을 호소하고 흑인들에게 거리로 나서지 말라고 촉구하자는 데 의견 일치를 보았다. SNCC의 존 루이스와 CORE의 제임스 파머만이 여기에 반대했다.

1964년에는 마틴 루서 킹 목사와 그 밖의 다른 지도자들이 이런 노선을 지킬 수 있었지만, 이미 1965년 초부터는 그렇게 하기가 훨씬 더 어려워졌다. 일단 선거가 끝나자, 이 지도자들은 대통령과 의회에 압력을 넣어 어떤 조치를 취하게끔 하기 위해 남부에서 저항 운동을 재개했다. 킹 목사는 앨라배마 주의 셀마 — 이 지역은 흑인 수가 1만 6000명으로 1만 5000명의 백인들보다 많은데도 유권자의 97퍼센트가 백인이었다 — 에서 대규모 유권자 등록 운동을 조직했다. 지역 경찰과 앨라배마 주방위군이 선거권을 요구하는 흑인들을 공격했으나 백악관은 이 사태에 개입하기를 꺼렸다. 오히려 최근 백악관에 구성된 지역사회 관계개선 위원회는 킹 목사에게 충돌을 피하라는 압력을 넣었다. 진로를 가로막은 경찰 앞에서 시위대에게 해산을 권고한 킹 목사는 이 압력에 굴복한 것처럼 보였고 이것은 SNCC 활동가들의 분노를 샀다.[25] 북부의 한 백인 목사가 인종 차별주의자에게 살해당한 후에야 존슨은 마지못해 연방군을 투입해 그 후의 시위를 보호하게 했다.

북부의 기성 정치인들에게 잘 보이려는 킹 목사와 새로운 분위기에 물든 많은 흑인 청년들 사이의 거리감은 와츠 폭동 직후에 극적으로 드러났다. LA로 달려간 킹 목사는 전투가 벌어졌던 지역을 돌아다니고 있었다. 킹의 전기에 쓰여 있듯이,

그는 거기 있는 대부분의 사람들이 자기 이름을 한 번도 들어 본 적이 없다는 사실을 알고서 매우 놀랐다. 거의 모든 사람이 중재를 하려는 그의 시도에 적대적이었다. 그가 …… 난장판이 된 곳을 지나가려고 할 때 일단의 흑인 청년들이 "우리가 이겼다."라고 자랑스럽게 말했다. 킹 목사는 "34명의 흑인이 죽고 당신들의 지역사회가 파괴됐으며, 백인들이 이 폭동을 개혁 중단의 구실로 이용하게 됐는

데, 어떻게 이겼다고 말할 수 있습니까?" 하고 되물었다. 그들은 대답하기를 "백인들이 우리를 주목하도록 만들었기 때문에 우리가 이긴 것"이라고 말했다.[26]

킹 목사는 계속 비폭력을 고수한 반면, 게토의 젊은 세대들은 경찰 폭력에 맞서 그들 자신의 폭력을 사용했다. 킹 목사는 언제나 민주당과의 장기적 관계 속에서만 사태를 바라본 반면, 그들은 즉각적인 행동을 원했다.

그러나 북부의 정치 관계자들은 흑인들의 인권을 위한 더 이상의 조치에 관심이 없었다. 1965년에 존슨은 그 전해에 통과된 공민권 법안에 투표권 관련 법안을 추가했지만, 바로 그 때부터 그는 베트남 전쟁에 더 많은 관심을 갖기 시작했다. 그 사이에 흑인 사회의 가장 적극적인 사람들은 "백인들의 전쟁"을 반대하는 것으로 선회하고 있었다. "블랙 파워"라는 구호가 "우리 승리하리라"라는 구호보다 더 대중적인 관심을 끌었다.

와츠 사태가 발생한 지 1년 후, 문제가 전면에 부상했다. 킹 목사와 스토클리 카마이클 두 사람은 메러디스 총격 사건 이후, 이에 항의하는 행진을 조직하기 위해 미시시피 주로 갔다. 킹 목사는 여전히 비폭력을 주장한 반면, 카마이클은 필요하다면 흑인들이 폭력을 사용할 것을 주장했다. 행진에 참가한 흑인들이 듣고 싶어한 것은 바로 카마이클의 주장이었다. 흑인들은 흑인들만의 행진을 요구했고 ['징글벨'을 개사한] 다음과 같은 노래를 불렀다. "총소리 울려라, 총소리 울려, 경찰들을 쏘면서 빨리 달리자"[27]

킹 목사의 주장은 더는 영향력이 없었다. 정부가 흑인 시위대를 보호하기 위해 남부에 연방군을 더는 보내려 하지 않았기 때문이다. 경찰이 미시시피 주의 캔턴 행진 대열을 최루가스로 공격한 일이 있은 후에, 존슨은 킹 목사가 보낸 전보에 대꾸조차 하지 않았다.

킹 목사는 선택의 기로에 섰다. 그는 남부 상황에 대해 더는 아무 조치도 취할 의사가 없는 정부의 얼굴마담 노릇을 하든가, 아니면 젊은 투사들의 편에 서든가 둘 중 하나를 선택해야 했다. 그는 중간의 길을 찾아보려고 애쓰면서 '비폭력' 저항의 단계를 높여서 정부와 대기업에게서 어떤 조치를 끌어내려 했다.

그래서 그는 남부뿐 아니라 북부에서도 대규모 저항 운동을 조직하려 했다. 시카고에서는 주택 문제를 놓고 대중 시위를 조직했고, '빈민들의 워싱턴 행진'을 계획했으며, 죽기 전 한 달은 테네시 주의 멤피스에서 흑인 청소부들의 파업을 지지하는 활동을 펼쳤다. 1967년에 그는 운동의 성격이 바뀌어야 한다는 것을 알고 있다고 주장했다. "지난 12년 동안 우리는 개혁 운동을 해 왔다. ······ 그러나 셀마 사태와 [1965년의 — 크리스 하먼] 선거 법안 이후에 우리는 새로운 시대로 돌입했으며, 그것은 바로 혁명의 시대임이 틀림없다."[28]

그러나 그와 그의 비폭력 운동은 바뀐 상황에 성공적으로 대처할 수 없었다. 그는 여전히 많은 흑인들의 우상이었으나, 정치적으로는 두 마리 토끼를 쫓다가 한 마리도 잡지 못하고 있었다. 그가 주최한 시위에 참가한 활동적 소수는 더는 그의 비폭력 노선을 받아들이려 하지 않았다. 다른 한편으로는, 그가 설득해 양보를 얻어 내려 했던 고위층 인사들은 그를 위험하고 성가신 존재로 여기기 시작했다. 특히, 그가 그동안은 개인적으로만 반대하던 베트남 전쟁을 1967년에 공개적으로 반대하면서 더욱 그러했다.

<워싱턴 포스트>는 1967년 4월 베트남 전쟁에 관한 킹의 연설 중 하나를 "근거도 없이 순전히 꾸며 낸 이야기"라고 보도했고, 존슨의 한 보좌관은 존슨에게 이렇게 말했다. "필사적으로 지지자들을 찾아 헤매는 킹은 빨갱이들과 운명을 함께하기로 했다."[29]

FBI 국장 에드거 후버는 킹을 오랫동안 미워했다. 3년 전 그는 킹의 호텔 방에서 도청한 통화 내용을 언론에 공개함으로써 킹의 신뢰도를 떨어뜨리려 한 적이 있었다.[30] 이제는 대통령 존슨도 킹에 적대적인 태도를 보였고, FBI는 SCLC를 '적성(敵性) 흑인 민족주의 단체' 명단에 넣도록 전국의 지부에 지시했다. 그 명단에 포함된 단체들은 "폭로하거나 와해시키고, 오도하거나 신뢰도를 떨어뜨리며, 여의치 않으면 적어도 중립화해야" 할 대상들이었다.[31] 1968년 4월 킹 목사가 멤피스의 모텔 방 밖에서 암살됐을 때, 한 FBI 요원은 SCLC 중앙의 간부로 있었고 다른 한 요원은 청소부들의 파업에 참가했던 한

전투적인 지역 조직에 몸담고 있었다.

킹 목사의 전략이 혼란에 빠졌다는 것은 그가 죽자마자 즉시 입증됐다. 하룻밤 사이에 미국 전역의 수백 개 게토에서 폭동, 약탈, 방화가 일어났고 이는 경찰과 충돌을 빚었다. 그들은 폭력이 그들의 '비폭력' 지도자 살해에 대한 가장 합당한 대응 방식이라고 생각했던 것이다. 그가 그토록 강하게 희망을 걸고 있었던 '빈민들의 행진'은 암울한 실패로 끝나고 말았다.

하지만 '비폭력' 노선의 실패가 줄곧 더 강경한 태도를 취해 왔던 학생 기반의 조직들에게 이로운 상황으로 이어진 것은 아니었다. SNCC의 스토클리 카마이클과 랩 브라운이나 CORE의 새로운 지도자 플로이드 맥키식 같은 지도자들은 블랙 파워를 받아들이면서 '비폭력' 노선을 거부했다. 그들이 내세운 전투적인 새 구호들은 게토의 청년들 대부분에게 동조를 얻었으나, 그들 스스로 이런 새로운 분위기를 조직할 수는 없었다.

이것은 봉기 진행 과정에서 분명해졌다. 학생 지도자들은 봉기에 개입하려 했다. CORE의 시위는 할렘의 봉기를 촉발하는 데 도움을 주었다. 스토클리 카마이클과 SNCC는 조지아 주의 애틀랜타에서 일어난 봉기에서 적극적 역할을 했다. 랩 브라운은 뉴어크의 봉기 기간 동안 성명서를 발표했고 SNCC는 며칠 후 회의를 그 곳에서 개최했다. 그러나 봉기의 본질적 성격 자체가 이런 개입을 비효과적인 것으로 만들어 버렸다. 이들 봉기는, 갑자기 나타난 전투성으로 국가 권력이 잠시 궁지에 몰렸기 때문에 빠르게 떠오를 수 있었던 지역 운동이었다. 그러나 며칠 후 국가 권력은 균형 감각을 되찾았고 총력을 다해 탄압했다. 수십 명이 죽고 수백, 아니 수천 명이 체포되자, 사람들은 거리로 쏟아져 나올 때만큼이나 재빠르게 후퇴했다. 운동은 급속히 쇠퇴했다.

투쟁이 최고조에 이르렀을 때, SNCC와 CORE 활동가들은 운동에 대해 해줄 말이 별로 없었다. 사람들이 원하는 것은 투쟁 방법에 대한 전술적 조언이었다. 그러나 이런 문제라면 정치 의식이 가장 낮은 베트남 참전 용사가 정치적으로 가장 뛰어난 활동가보다 더 많은 것을 알고 있었다. 사실, 활동가들의 이론적 정교함 자체가 문제를 일으킬 수 있었다. 그는 이 투쟁이 하루이틀 새에 수그러들 것이라는 사실을 과거의 경험에서 알 수 있었고, 대대적 탄압이 시작되기 전에 사태를 진정시켜야 한다는 생각에 빠져들기 쉬웠다. 실제로 전투적인 분리주의 그룹들이 사람들에게 거리로 나오지 말라고 당부하는 경우도 있었다.

하지만 운동이 정점을 지났을 때조차도 SNCC와 CORE는 별로 할 말이 없었다. 이 조직들의 자체 추진력은 좁은 의미의 활동—지역사회 내에서 직접적 충돌을 선동하는 것—이었는데, 그런 활동에는 새로운 세계관을 제시하고 그것으로 사람들을 교육해야 한다는 생각은 전혀 들어있지 않았다. 이 때문에 지역사회 내의 직접적 충돌이 한계에 봉착했을 때 그들이 해 줄 수 있는 말도 거의 없었던 것이다.

1966년과 1967년의 특징은 SNCC와 CORE 지도자들이 점점 더 급진적 언사를 표명하면서도 북부의 게토에서 조직화를 공고히 하지는 못했다는 사실이다. 성장한 것은—그리고 SNCC와 CORE 지도자들 자신이 이끌렸던 것은—문화적 민족주의였다. 이것은 그들의 관심을 미국에서 벌이는 싸움에서 아프리카에 대한 집착으로 옮아가게 하는 경향이 있었다. 베트남 전쟁으로 미국 사회가 광범한 급진화를 겪고 있을 때, 즉 1967년 말과 1968년 초가 돼서야 혁명적 조직이 뿌리를 내리게 됐다.

대중적 반전 운동

게토에서 봉기가 일어났을 때는 반전 운동에서도 변화가 있었던 때였다. 미국 정부와 베트남 해방군을 똑같이 비난하던 극소수 저항 운동이 미국의 군사 정책에 대한 대규모 반대 운동으로 성장했다.

1965년 10월 뉴욕에서 3만 명이 참가한 시위가 있었다. 주최측은 미군의 즉각 철수라는 요구를 거부하고 "지금 당장 전쟁을 중단하라!"라는 덜 직접적인 구호를 선호했다. 그런데 6개월 후 5만 명이 참가한 시위에서는 주요 구호가 "즉각 철수하라!"였다. 활동가들은 존슨이 그려진 팻말을 들고 나와 "이봐,

존슨, 오늘은 아이들을 몇 명이나 죽였나?" 하고 외쳤다. 학내 단체들은 베트남에서 사용되고 있던 네이팜탄 제조업체인 다우케미컬 사에 반대하는 일련의 시위를 벌였다.

반전 운동은 여전히 소수에게, 그리고 학내에 집중돼 있었다. 그러나 1965년과 1966년을 거치면서 전쟁의 동역학 자체가 그 소수의 규모를 상당히 키워 놓았다.

베트남 주둔 미군을 증강하기 위해서는 당연히 더 많은 젊은이들을 징병해야 했다. 1965년 12월에 징집 인원은 1950년대 초의 한국전쟁 이래로 가장 큰 규모에 이르렀다. 이것은 전에 징병을 피할 수 있었던 무수한 학생들에게 직접 영향을 미쳤다. 1966년 2월부터는 학생들이 '학업 성과'를 증명하는 특별 시험을 치르지 않고서는 징병을 피할 수가 없었다. 전쟁은 더는 도덕적 태도만을 취할 수 있는 먼 곳의 사건이 아니었다. 전쟁은 그들 자신의 삶을 직접 허물어뜨렸다. 버클리 대학처럼 모종의 자유주의 전통이 강했던 대학들에서는 이제 대다수가 전쟁에 반대했다.

공민권 운동의 선두에 섰던 흑인 활동가들도 반전 운동에 앞장서기 시작했다. 사람들은 베트남인들을 적으로 여길 수 없었다. 세계 헤비급 챔피언 무하마드 알리는 이렇게 말했다. "베트남인들은 아무도 나를 깜둥이라고 부르지 않았다." 킹 목사 같은 지도자들은 전쟁에 대한 개인적 반대와 유력 정치인들과 친하게 지내고 싶은 욕구 사이에서 갈팡질팡했지만, 1967년 이후에는 그들 또한 공공연한 반대로 돌아섰다.

전통적으로 백인 노동자 계급의 지역이었던 곳에서는 분위기가 달랐다. 부분적으로는 미국 노동총연맹-산업별노동조합회의(AFL-CIO)의 관료 대부분이 전쟁을 전폭 지지했기 때문이었다. 하지만 여기서도 반전 정서는 발전해 갔다. 1966년 디트로이트 근처의 디어본에서 실시된 지역 투표에서 40퍼센트가 즉각적인 미군 철수를 요구하는 쪽에 찬성했다.

반전 시위 규모는 날이 갈수록 커졌다. 1965년 4월에는 40만 명이 뉴욕에서 시위를 벌였고, 샌프란시스코에서는 7만 5000명이 시위를 했다. 11월에는 워싱턴에서 10만 명이 시위를 벌였고, 3만 명은 펜타곤—무장한 군인들이 지키고 있는—으로 행진을 했다. 이들이 시도한 '비폭력' 직접 행동으로 800명 이상이 체포됐다. 샌프란시스코만 인근 지역에서는 "징병 중단" 주간 동안 곤봉과 총으로 무장한 경찰들이 수천 명의 시위대를 공격했다. 뉴욕에서는 국무장관 딘 러스크에 반대하는 1만여 명의 시위대가 힐튼 호텔 주변의 거리에서 경찰과 추격전을 벌였다.

전쟁에 공공연하게 반대하지 않는 사람들도 이제는 전쟁에 의문을 제기하기 시작했다. 미국의 기성 사회 내에서도 나중에 "비둘기파"로 알려지게 된 집단이 생겨났다. 한때 전쟁을 지지했던(통킹만 결의안은 거의 모든 의원이 지지했었다) 하원의원, 상원의원, 신문 칼럼니스트, 옛 정부 자문위원들이 이제는 전쟁 비용이 이익을 능가하고 있다고 걱정하기 시작했다. 이러한 생각에서 76명의 상원의원과 20명의 하원의원은 협상을 통한 사태 해결을 위해 시간을 갖자는 취지로 1965년 크리스마스에 북베트남 폭격 일시 중지를 요구했다. 그러나 이들은 여전히 전쟁 기금에 반대하는 표결은 거부했다.

해를 거듭할수록 미국이 승리할 수 있다는 확신의 조짐은 사라졌고, 전쟁이 계속되면서 "비둘기파"의 회의적인 생각은 강화됐다. 1967년 중반에는 전쟁을 강화하자고 누구보다도 설쳐 댔던 국방 장관 로버트 맥나마라 같은 사람조차도 회의적인 생각을 하게 됐고, 그는 한때 '매파' 동료였던 로버트 케네디에게 그런 생각을 전달했다.

그러나 1967년 말까지는 반전 운동이든 기성 사회 내의 분열이든 어느 것도 존슨의 전쟁 정책을 멈추게 할 수는 없는 것처럼 보였다. 대다수 미국인들은 아직도 전쟁에서 승리할 수 있을 것이라고 생각했다. 사람들이 자라오면서 교육받은 사상 덕분에 그런 생각은 정당화될 수 있었다.

1967년만 하더라도, 사실상 모든 기성 정치인이 1968년에 있을 대통령 선거 후보로 민주당은 린든 존슨을 지명할 것이라고 생각했다. 한때 존슨의 지지자였던 하원의원 유진 매카시는 설득 끝에 결국 존슨의 경쟁자로 나서게 됐지만, 그가 후보로 지명될 가능성은 없는 것처럼 보였다. 런던의 <타임스>는 이런 기사를 썼다.

존슨 대통령은 원기 왕성한 모습으로 새해를 맞이했다. 갤럽 여론조사에 따르면 46퍼센트의 사람들이 그의 직무 수행 방식을 지지했고 해리스 여론조사에 의하면 그의 베트남 정책은 놀랄 만한 지지를 얻고 있었다.[32]

'출마의 변'이라는 매카시 자신의 성명서를 보더라도, 그가 미군 철수를 원하는 만큼 반전 운동을 길들이고 싶어한다는 것을 알 수 있다. 그는 "불법적 행동은 아닐지라도 반합법적 행동을 통해 저항을 표출하려는" 반전론자들의 '성향'에 관해 다음과 같이 말했다. "나는 내가 하려는 도전이 …… 이런 정치적 무기력증을 적어도 약간은 완화시키고 이를 통해 많은 사람들이 미국의 정치 과정과 미국 정부에 대한 신뢰를 회복할 수 있기를 바란다."[33]

구정 공세

베트남의 구정 연휴가 시작되는 1968년 1월 31일, 사이공에 있는 미국 호텔의 투숙객들은 먼 곳에서 발생한 폭발 소리를 들었다. 그들은 이것이 일상적인 불꽃놀이라고 생각했다. 그 때까지만 해도 전쟁은 시골의 밀림 속에서나 벌어지고 있는 사건이었다. 그러나, 사실, 그들이 들었던 폭발음은 지금까지 있었던 어떤 것보다도 큰 전투의 시작을 알리는 소리였다. 이 전투는 36개의 주요 도시에서 미국과 미국의 꼭두각시 정부에 반대하는 봉기를 포함하고 있었다. 해방군은 미국 대사관의 일부를 잠시 점령한 것을 포함해 사이공 전역을 며칠 동안 장악했고 베트남의 옛 수도였으며 세 번째로 큰 도시인 후에를 점령했다.

미군 사령부는 처음에는 사태의 심각성을 축소하려고 했다. 2월 2일에는 존슨 자신이 기자회견을 갖고 구정 공세는 '실패작'이라고 발표했다. 그러나 그 후 며칠 동안 베트남민족해방전선(NLF)과 북베트남 군대는 여러 도시를 성공적으로 공략했다.

　미군이 이 공격을 저지하는 데는 몇 주일이 걸렸고, 남베트남의 여러 도시에 엄청난 포격과 폭격을 퍼붓고 난 뒤에야 '방어'에 성공했다고 주장할 수 있었다. 한 미군 소령은 메콩강 삼각주의 도시 덴트레를 초토화시킨 후에 이렇게 말했다. "그 도시를 구하기 위해서는 그 도시를 파괴해야 했다."

　나중에 미국의 군사 전문가들은 구정 공세가 '실패했다'고 주장했다. 무제한의 화력 지원을 받은 50만의 미군 병력이 도시를 지키는 데 성공했다. 그러나 구정 공세가 순수 군사적 관점에서 어떤 결과를 낳았든 간에, 이 싸움은 미국의 모든 전쟁 노력이 지닌 약점을 밝히 보여 주었다. 이 공세를 통해서 남베트남 정권은 대중의 지지를 얻지 못하고 있으며 미국의 군사 지원이 없다면 자국 영토조차 지킬 수 없다는 사실이 분명히 드러났다. 1년 내의 승리, 미국 내의 전쟁 지지자들이 적어도 5년 전부터 계속 떠들어온 그 1년은 이루어질 수가 없었던 것이다.

　미국의 전쟁 개입에 대한 가장 훌륭한 설명 중 하나는 매우 옳게도 다음과 같이 말하고 있다.

　　과거에 베트콩과 북베트남군은 항상 신속히 치고 빠지면서 도시에서 멀리 떨어진 정글이나 농촌 지역에서 싸워 왔다. 그 때문에 미국인들은 그들이 얼마나 강력한 전투 부대인지 잘 알지 못했다. 이제 그들은 처음으로 도시 지역에서 전투를 벌였다. 이는 날마다 미국의 신문, 더 중요하게는 텔레비전 카메라가 그들의 전투력을 보여 줄 수 있다는 것을 의미했고 무엇보다도 미국이 짜 놓은 시간표대로 전쟁을 끝낼 수 없다는 것을 분명히 보여 주었다.[34]

　미국이 베트남에서 승리를 거둘 수 있다는 환상이라도 만들어낼 수 있는 방법은 딱 하나뿐이었다. 바로 더 많은 군대를 파견하는 것이었다. 베트남 주둔 미군 사령관 웨스트멀랜드 장군은 몇 달 동안 이렇게 주장했다. <뉴욕 타임스>는 1968년 3월 10일 20만 6000명의 추가 파병을 요구하는 그의 주장을 상세하게 보도했다.

이틀 후, 뉴햄프셔 민주당 예비선거에서 존슨은 42퍼센트의 지지를 얻은 매카시에게 참패했다.

미국인 대다수는 아직 전쟁을 그다지 단호하게 반대하지는 않았다. 승리가 가능한 것처럼 보이는 한 백악관은 아직 다수의 지지를 얻을 수 있었다. 그러나 이미 지고 있는 전쟁에 더 많은 물자와 인명을 바쳐야 한다고 생각하는 사람들은 약 20퍼센트의 소수에 불과했다.

구정 공세가 극적으로 바꾸어 놓은 것은 '여론'뿐이 아니었다. 그것은 미국 지배계급 대부분의 의견도 바꾸어 놓았다. 1966년과 1967년을 거치면서 기성 사회의 일부는 존슨의 전쟁 전략이 깔고 있는 몇 가지 가정에 회의적인 문제를 제기했다. 이제 가장 영향력 있는 지배계급 인사들이 공공연하게 전쟁에 반대하는 쪽으로 돌아섰다.

3월 초 상원 외교관계위원회에서는 국무 장관 딘 러스크가 매우 날카로운 질문 공세에 시달렸다. 뉴햄프셔 예비선거가 끝난 뒤 로버트 케네디는 민주당 대통령 후보 지명전에 출마하겠다고 선언했다. 그는 존슨에게 직접 도전하지는 않은 채 몇 달 전부터 조용히 비둘기파의 목소리를 내고 있었다. 결국 3월 말에 존슨은 '수석자문단'의 조언을 들었는데, 그들은 "존슨에게 기성 사회 — 물론 월스트리트 — 가 전쟁에 반대하기 시작했다고 넌지시 알려 주었다. …… 전쟁이 경제를 망치고 국론을 분열시키며 젊은이들로 하여금 미국 사회의 귀중한 전통에 등을 돌리게 하고 있다는 것이다."[35]

그들이 두려워했던 것은 4월에 일어난 일들이다. 바로 이 4월에 미국에서 가장 선택받은 대학 중 하나인 컬럼비아 대학에서 혁명가들이 점거농성을 주도했고 킹 목사 암살 후에 흑인 게토 내에서 공공연히 혁명적이고 마르크스주의적인 정당이 빠르게 성장했던 것이다.

흑표범당

지난 몇 달 동안 킹 목사는 그가 추진하고 있던 '빈민들의 워싱턴 행진'에 대한 지지를 얻기 위해 노력해 왔지만, 그는 이미 죽은 사람이나 마찬가지였다. 좀 더 정확히 말한다면 한물 간 사람의 상징이었다. 그는 양쪽에서 미움을 샀고 양쪽에서 비난을 받았다. 그러나 그는 계속 굽히지 않았다. 그리고 이제 그는 피를 흘리며 쓰러지고 말았다. 킹 목사의 죽음은 한 시대가 끝나고 이제 피 튀기는 투쟁의 막이 올랐다는 신호다.[36]

우리의 형제 마틴 루서 킹은 그의 생애를 마감하면서 비폭력 수단을 다 써버렸다. …… 그러나 우리가 코너에 몰린다면, 우리는 표범처럼 — 평상시에는 공격하지 않는 — 우리 자신을 방어할 것이다.[37]

검은 미국의 옛 지도자가 암살된 뒤, 새롭고 혁명적인 흑표범당 지도부는 이런 메시지를 보냈다. 이후 몇 달이 채 안 돼 이 당의 영향력은 엄청나게 성장했다. 1967년 가을에 그 당원들은 샌프란시스코 근교의 오클랜드 게토에 있는 소규모 집단에 국한돼 있었다.[38] 그런데 1968년 여름이 되자, 수십 군데의 도시에서 수천 명이 흑표범당 당원을 자처했고 그들의 신문이 10만 부 이상 팔렸다고 주장했다.

FBI의 에드거 후버는 여론조사 결과 "21세 이하 흑인의 43퍼센트를 포함해 흑인 인구의 25퍼센트가 흑표범당에 큰 기대를 걸고 있다."고 대통령 리처드 닉슨에게 보고했다.[39]

흑표범당은 1966년 10월 오클랜드에서 창설됐다. 흑표범당을 창건한 휴이 뉴턴과 바비 실은 파트 타임 학생 시절에 문화 민족주의의 영향을 받았다. 그러나 게토 봉기의 물결 때문에 그들은 무장한 흑인들의 자기 방어 조직이 필요하다는 결론에 이르게 됐다. 그들은 루이지애나 주의 라운즈 카운티에 있었던 무장한 자기 방어 단체에서 '흑표범'이라는 이름을 따 왔다. 강간 혐의로 징역 9년을 선고받고 복역 중 가석방으로 풀려난 엘드리지 클리버가 1967년 4월에 이 두 사람에게 합세했다. 옥중에서 클리버는 블랙 무슬림이 됐다. 그 뒤에 이슬람교에서 떨어져 나와 좌파 잡지인 《성벽》에 글을 기고하면서 급진주의 서클들 사이에서 유명해졌다. 나중에 그는 뉴턴과 실을 만나게 된 사연을

≪성벽≫에서 다음과 같이 묘사했다.

> 나는 첫눈에 흑표범당과 사랑에 빠지고 말았다. …… 그것은 글자 그대로 첫눈에 반한 것이었다. 어느 날 밤 지저분한 작은 상점에서 열린 모임에 갔다. 갑자기 그곳은 침묵으로 휩싸였다. …… 의자에 앉아 주위를 빙 둘러보던 나는 태어난 후 가장 멋진 광경을 목격했다. 검은색 베레모를 쓰고 담청색 셔츠에 검은색 가죽 점퍼, 그리고 검은 바지를 입고 빛나는 검은 구두를 신은 네 명의 흑인 남자들을 보았던 것이다. 그들은 저마다 총을 갖고 있었다![40]

클리버가 흑표범당 조직원들에게 반한 것과 같은 이유로, 전국의 게토에서 수천 명의 다른 사람들이 흑표범당에 이끌렸다. 총을 휴대할 수 있는 '헌법상의' 권리를 언제나 고집해 온 백인들의 공격에 100년 넘게 시달려 온 흑인들이 이제 반격할 준비가 돼 있음을 공공연히 선언한 조직이 나타난 것이다. 흑표범당의 강령은 열 개의 항으로 이루어져 있었는데, 거기에는 직업과 집에 관한 권리, 백인 사업자들의 게토 주민 착취 문제 등이 포함돼 있었다. 그러나 사람들이 가장 매력을 느낀 강령 조항은 경찰과 인종 차별주의자들에 대항하는 자기 방어를 공개적으로 주장한 것이다. 그리고 이것은 단지 공문구가 아니었다. 흑표범당 지도부는 그들이 가르친 것을 실천했다. 그들은 총을 내 보인 채로 차에 타고 이리저리 돌아다니면서, 지역의 흑인들을 괴롭히러 나온 경찰차의 뒤를 쫓고 '순찰'을 했다.

당연하게도 오클랜드의 흑표범당 그룹은 곧 지역 경찰의 탄압을 받게 됐다. 1967년 10월 휴이 뉴턴은 살인 혐의로 체포돼 기소됐다. 오클랜드 경찰과 충돌 과정에서 뉴턴은 부상을 입고 경찰관 한 명이 사망했는데, 뉴턴이 살인범으로 지목됐다. 바비 실은 비교적 가벼운 혐의로 두 번 투옥됐다. 1968년 4월에는 경찰의 공격으로 17세의 바비 허턴이 총에 맞아 숨졌고 클리버는 다리에 부상을 입었다. 뉴턴이 살인 혐의를 벗기 위해 싸우고 있는 동안 당 건설의 임무를 대부분 책임지고 있던 클리버 자신도 이제 두 달간 옥에 갇히는 신세가 됐고 그는 가석방 위반을 이유로 무기징역을 선고하겠다는 협박을 받았다.

하지만 경찰 공격의 첫째 효과는 흑표범당을 훨씬 더 유명하게 만든 것이었다. 이제 흑표범당은 '비폭력' 노선의 대안을 찾고 있던 사람들에게 관심의 초점이 됐다. 뉴턴의 살인 혐의—사형 선고도 받을 수 있었다—에 반대하는 방어 캠페인을 펼치기 위해 SNCC의 스토클리 카마이클, 제임스 포먼, 랩 브라운이 1968년 2월에 오클랜드로 가서 5000명이 모인 집회에서 연설을 했다. 그 후 그들은 SNCC를 흑표범당에 통합하는 데 동의했다.

이 '합병'은 오래 가지 않았다. 1968년 7월 SNCC는 흑표범당에서 떨어져 나왔고 1년 뒤 스토클리 카마이클도 흑표범당을 나왔다. 하지만 주요 전국 조직 지도자들이 흑표범당과 통합을 논의하는 것만으로도 전에 지역 조직이었던 흑표범당에게는 커다란 힘이 됐다. 더 커다란 힘을 얻은 것은 2주 뒤 클리버의 옥중 저작 《갇힌 영혼》이 베스트셀러 목록에서 10위권 안에 들었을 때였다.

클리버는 어떻게 "흑표범당의 인기가 1968년 말 몇 달 동안 최고조에 이르게 됐는가"를 말한 적이 있다. 클리버 자신이 "<뉴욕 타임스> 같은 곳에서 명사 대접을 받는 동안 휴이 뉴턴의 재판 때문에 언론은 들끓고 있었다."[41]

흑표범당에는 명확한 혁명적 이론 같은 것은 없었다. 그들은 그러한 이론의 필요성을 알지 못했다. 그들은 공산당과 기존 혁명 조직들을 "사소한 이데올로기 문제"에 매달리는 '적', '무임승차꾼', '쓸모 없는 기생충'이라 부르며 똑같이 경멸했다. 그들의 신문광고에는 피억압자들이 억압자들의 사상에서 벗어나려면 '혁명적 폭력'이 필요하다고 강조한, 프랑스 식민주의의 적대자 프란츠 파농의 저작이나, 19세기의 아나키스트 바쿠닌, 마오쩌둥, 맬컴 엑스, 체 게바라의 저작들이 등장했다. 뉴턴은 자본주의와 소련식 사회주의에 모두 반대한다고 말한 반면, 클리버는 나중에 "나는 개인적으로 요시프 스탈린(그의 사무실 벽에는 스탈린의 사진이 걸려 있었다)에게 매력을 느끼고 있다."고 말했다.[42]

그들은 미국 사회를 분석하면서 흑인 사회를 미국 내의 '식민지'로 묘사했다. 흑표범당은 흑인들을 민족해방으로 이끌어야 하는 정당이었다. 민족해방을 이루기 위해서는 '유엔 감시 하의 국민투표'를 실시해 흑인들이 어떤 나라에 살고 싶은지 선택해야 한다고 주장했다. 이런 해방을 위한 주력군은, 파농의 제안대로, '룸펜 프롤레타리아' 출신으로 구성될 것이라고 생각했다. 그들이 말하는 룸펜 프롤레타리아는 바로 '지역의 형제들', 즉 준범죄자로 살아가는 게토의 젊은이들을 의미했다.[43]

흑표범당은 분리주의를 표방했으며 흑인들만의 조직이었다. 그러나 그 지도자들은 자신들이 '흑인 인종 차별주의자'가 아니라고 주장했다. 실에 따르면,

인종 차별주의와 인종 차별 덕분에 권력 구조는 노동자 대중을 착취할 수 있게 된다. …… 사람들을 분열시키고 그들을 정복하는 것이 권력 구조의 목표다. …… 우리 당은 대부분의 백인 사회에 깊이 뿌리박은 인종 차별주의를 잘 알고 있고 …… 이따금 흑인 지역사회 내에서 분출한 그 작은 열기는 기본적으로 흑인 인종 차별주의 철학을 가지고 있다는 사실도 알고 있다.

하지만 1968년에 흑표범당에 이끌렸던 많은 사람들은 그런 철학을 갖고 있었다. 실의 책 ≪시간을 잡아라≫는 흑표범당에 가입한 '문화적 민족주의자들'과 '흑인 인종 차별주의자들'에 대한 비판으로 가득 차 있다. 그는 스토클리 카마이클에 대해 이렇게 쓰고 있다.

그가 말하는 것의 절반 이상이 문화적 민족주의다. 그것은 우리 상황에 맞지 않는다. 우리는 사람들을 조직하고 교육하는 것을 도와주는 동지들이 필요하다. 그런데 스토클리는 여전히 문화적 민족주의에 의존하고 있다. 이 문화적 민족주의는 사람들을 교육하려 하지 않는다. 이것은 그저 사람들을 인종 차별주의자로 만든다. 문화적 민족주의는 다시키[dashiki : 아프리카의 민속의상]를 유행시키려 한다. …… 그러나 민중을 위한 권력은 다시키의 소맷자락에서 나오지는 않는다.[44]

클리버는 이렇게 쓰고 있다.

흑표범당은 조직력을 잘 갖추고 응집력 있게 돌아가는 전국 단체가 결코 아니었다. 대도시의 조직들은 흑표범당이라는 이름을 사용하고 휴이와 바비, 그리고 내 사진을 걸어 놓았지만 그들의 활동은 대부분 모호했고 그들의 동기는 황당했다.[45]

흑표범당은 대부분 백인으로 구성된 좌익 조직들과 함께 투쟁하려는 의도에서 문화적 민족주의자들과 근본으로 결별했다. 그러나 이런 행동에 일관성은 거의 없었다. 1967년 말 흑표범당은 캘리포니아 평화자유당과 공식 동맹을 맺었다. 이 동맹은 1968년 캘리포니아 주에서 공화·민주 양당 모두 반대하는 후보를 선거에 내보내기 위한 10만인 서명 운동을 성공적으로 펼쳤다. 이 두 조직은 클리버를 당의 대통령 후보로 지명하는 데 동의했다. 그러나 클리버는 동맹할 가치가 있는 유일한 백인들은 이피(Yippies)밖에 없다는 생각을 굳히고 사실상 서명 운동을 포기했다. 전반적으로 흑표범당은 좌익 조직의 역할이 비흑인 노동자 대중 사이에서 진지한 혁명적 흐름을 발전시키는 것이 아니라 단지 흑표범당을 지지하게 만드는 것쯤으로 생각하는 경향이 있었다.

1968년 봄과 여름에 이런 이데올로기적 비일관성은 흑표범당에게 그리 중요한 문제가 아니었다. 문제는 2160만 명이라는 의미 있는 흑인 대중한테서 폭넓은 지지를 받고 있고 혁명적 사회주의를 자처하는 하나의 조직이 나타났다는 사실이다. 후버 같은 자들이 우려하게 된 것도 놀라운 일은 아니었다. 정보기관은 수억 달러를 뿌리고 수천 명을 고용해 몇 년 동안 정탐 활동을 벌였고 그들이 생각하기에 '공산주의'나 '체제 전복' 사상에 조금이라도 오염된 사람들은 탄압하고 누명을 씌우려 했다. 그런 사상을 가진 조직이 수많은 흑인 청년들에게 영향을 미치고 있었던 것처럼 보였기 때문이다.

흑표범당의 혁명적 사상이 게토에만 영향을 미친 것은 아니었다. 그 사상은 이미 급진화된 학생들 속으로 되돌아갔고 거기서 혁명적 흐름이 성장하도록 만들었다. 그래서 예를 들면, 1968년 가을에 클리버는 일련의 학내 집회를 열 수 있었다. 그는 학내 집회를 이용해 당시 캘리포니아 주지사였던 로널드 레이건을 공격했다. 레이건이 주지사로서 교육 체계를 책임지고 있었고 배후에서 흑표범당에 대한 경찰 공격을 지시했기 때문이다.

학내의 자유주의자들과 급진주의자들이 이번에는 한 가지 쟁점을 놓고 단결했고, 성스러운 척하는 레이건과 자유분방한 클리버가 TV와 신문을 장식하며 환상적인 대결을 펼치고 있었다. 클리버는 언론을 가지고 놀았다. …… 그의 행동은 1인 게릴라 극이었다. 모든 악당은 신경을 곤두세우고 있었고 아이들과 다른 착한 사람들은 그것을 좋아했다. …… 쟁점은 클리버를 반레이건 정서의 초점으로 만들어 놓았다. 그 쟁점의 근원이 신좌파 미치광이들이든, 히피든, 흑인이든, 자유주의자들이든 그것은 문제가 되지 않았다.[46]

이 캠페인의 최고 정점은 "여학생들을 수녀로 교육시키는 장소인 가톨릭 대학"에서 있었던 집회였다.

그는 정치인들의 정체를 폭로하고 있었다. 그는 시속 90마일의 속도로 그들을 폭로하고 있었다. 그는 돼지나 다름없는 끔찍한 놈들에 관해 이야기하고 있었다! 그 직후 엘드리지는 연설 도중 5000명의 젊은 아가씨들에게 다음과 같은 노래를 부르게 했다. "로널드 레이건, 엿먹어라! 로널드 레이건, 엿먹어라! 하나, 둘, 셋, 넷, 로널드 레이건, 엿먹어라! 로널드 레이건, 엿먹어라!"[47]

시카고

전쟁을 끝내는 것이 전쟁을 시작하는 것보다 훨씬 더 어려울 수 있다. 존슨이 민주당 대통령 후보 지명전에서 사퇴한 것은 미국 지배자들이 베트남에서 승리하겠다는 꿈을 버렸다는 것을 보여 준 신호탄이었다. 그러나 이것이 베트남을 포기하겠다는 체념을 의미하는 것은 아니었다. 이런 체념은 세계 패권이라는 미국의 꿈이 결정타를 맞았음을 인정하는 것이기 때문이다.

집권 말기 8개월 동안 존슨 정부는 새로운 접근방식으로 옮겨갔다. 그 목표는 베트남 해방군이 '명예로운 평화'를 받아들이게끔 만드는 것으로, 미국의 꼭두각시 수중에 권력의 일부를 남겨두는 것을 조건으로 미군이 베트남에서 철수하는 것이었다. 미국 정부는 처음으로 북베트남 정부와 민족해방군을 상대로 협상에 들어갔고 그 회담은 파리에서 5년 동안 계속됐다.

하지만 그와 동시에 미국은 나중에 '베트남화'라고 부르게 된 새로운 전략을 추구했다. 베트남에 돈을 쏟아 부어 남베트남 군대의 전력을 증강하는 동시에 미군은 북베트남 폭격에 집중하는 전략이었다. 이 전략은 전쟁 노력을 지속시키는 것에 달려 있었다. 이것은 평범한 미국인들이 점점 더 반대하고 있는 전쟁, 기성 사회의 핵심 부문들도 등을 돌린 전쟁을 계속 찬성해야 함을 의미했다.

새로운 전략은 미국의 분열을 끝내기는커녕 오히려 심화시켰다.

가장 눈에 띄는 분열의 양상은 1968년 8월 시카고에서 열린 민주당 전당대회에서 나타났다. 이 전당대회에서 대통령 후보를 결정하기로 돼 있었다. 최근에야 반전 입장으로 돌아선 많은 젊은이들은 매카시의 대통령 선거 운동에 이끌렸다. 이 때문에, 매카시조차도 전쟁에 대한 민주당의 입장을 바꾸도록 설득할 수 없다고 주장했던 활동가들은 몇 달 동안 이런 광범한 청중들 사이에서 고립돼 버렸다. 그 징조 중 하나는 전당대회 주간에 시카고에서 열린 반전 시위에 대한 지지도가 매우 낮았다는 사실이다. 이 시위는 존슨이 아직 선거전을 벌이고 있을 때 제안됐다. 대규모 시위가 벌어질 것으로 예상됐다. 존슨이 물러난 뒤에도 시위 주최측에서는 10만 명쯤 참가할 것이라고 말했다. 막상 시위가 벌어진 날, 참가 인원은 기껏해야 1만 명에 불과했다.

이렇게 참여도가 저조한 이유에 대해 일부 사람들은, 경찰과 충돌이 있을 것임을 내비쳤다거나 주최측이 광범한 학생과 노동자들의 지지를 얻으려 하기보다는 급진화한 히피들한테서 지지를 구했다는 사실을 거론하며 주최측을 비난했다. 그러나 이런 설명들만으로는 불충분하다. 같은 해 여름에 영국과 독일에서 벌어진 시위에서는 경찰과 충돌이 예상됐음에도 사람들이 겁에 질려 시위 참가를 포기하지는 않았다. 새로운 활동가들이 매카시의 선거 운동이 전쟁을 끝낼 수 있다는 환상을 가지고 있었기 때문에 시위에 참가하지 않았다. 민주당 내에서 존슨의 정책에 반대하는 세력이 예비선거에서 대승을 거뒀다.

그러나 민주당은 매카시가 아니라 존슨이 지명한 험프리를 대통령 후보로 선출했다. 하지만 이것은 펜실베이니아 대의원들이 그랬던 것처럼, 일반 당원들의 의사를 뒤집어 버린 것이었다.

시카고 시장 데일리는 당 관료의 전형이었는데, 그는 어떤 대가를 치르더라도 험프리를 후보로 확정할 수 있음을 입증하기로 결심했다. 당대회 주간에 시카고의 모든 것은 반전 운동을 최대한 무기력하게 만들기 위해 기획됐다. 반전 운동이 길거리에 있는 1만 명의 시위대에서 나오는 것이든 당대회장 안에서 매카시 지지자들한테서 나오는 것이든 그것은 상관없었다.

시위대는 시카고 중심부와 전당대회장, 양쪽 모두에서 몇 마일 떨어진 링컨 파크에 캠프를 설치했다. 그럼에도, 시의회는 그들에게 매일 밤 11시에 공원을 떠나라는 명령을 내렸다. 첫날에 시위대 일부가 명령을 거부하고 공원에 즉석 바리케이드를 설치하자 데일리의 경찰이 이들을 공격했다.

경찰차가 바리케이드를 부수면서 공격은 시작됐다. 학생들은 눈에 보이는 무기는 무엇이든 집어 던졌는데, 대부분은 돌과 병이었다. 그리고 나서는 경찰의 총공격이 있기 전에 준비를 하는 시간이 있었다.
숲 속의 야영장은 온통 비명과 울음바다로 변해 버렸다. …… 숲에서 뛰쳐나와 도망치는 사람들이 줄을 지어 잔디밭을 가로질렀다. …… 그 뒤 경찰들이 갑자기 숲에서 뛰쳐나와 사진 기자들을 골라 쫓아다녔다. 그들은 [경찰] 배지를 뗀 채 …… 폭도로 돌변해 마구 곤봉을 휘둘러 댔다.[48]

그 날 밤 미국의 유력 신문사 기자 17명이 경찰의 공격을 받았다.

다음 날 밤 400여 명의 성직자와 사회 문제에 관심 있는 시민들이 공원에 있는 몇 백 명의 시위대에 합세했다. 30분 동안 시위대와 성직자들은 폭력과 비폭력 투쟁 방법의 장점에 관해 토론했다. 그리고 나서,

순식간에 일이 벌어졌다. 어둠과 속삭임 소리로 가득 차 있던 그 날 밤에 갑자기 여기저기서 비명소리가 터져 나왔다. 거대한 최루탄 차량들이 숲의 나뭇가지를 우지끈 부러뜨리면서 들어와 군중 속으로 최루가스를 발사해 터뜨렸다. 잔디밭 위에 엎드려 기어가던 나는 성직자들이 십자가를 들고 빠져나가는 것을 볼 수 있었다. …… 일제히 최루탄을 발사하는 또 다른 소리에 나는 다리가 후들거렸다. 도처에 최루가스가 자욱했다. 사람들은 뛰어다니면서 비명을 질렀고 눈물을 흘리면서 나무숲을 뚫고 나갔다. …… 우리는 손을 앞으로 내민 채 계속 걸었다. 나무와 사람에 걸려 부딪혔고 눈에서는 눈물이 줄줄 흘러내렸다. 우리의 얼굴은 온통 눈물, 콧물로 범벅이었다.[49]

마침내 시위대가 공원을 빠져나가자

경찰이 줄지어 …… 쫓아와서는 뒤쳐지고 넘어진 사람들을 마구 때리고 짓밟았다. 보통은 거리 청소에 쓰이는 큰 트럭들이 우리 쪽을 향해 와서는 최루가스를 또 뿌려댔다. 학생들은 보도블록을 깨뜨려 만든 주먹만한 돌을 트럭 창문을 향해 던지기 시작했다. 그리고 나서는 거리로 쏟아져 나와 차량을 막아서고 사복경찰과 맞붙어 싸웠다. …… 재수 없게 시위대 옆을 지나가던 순찰차는 돌에 맞아 묵사발이 됐다.[50]

마침내 시위대가 새벽 3시에 힐튼 호텔 앞에 모이자, 군복 차림에 소총을 휴대한 주방위군 수백 명이 출동했다. 많은 민주당 대의원들이 이 호텔에 투숙하고 있었다.

그 다음 날 전당대회에서 당의 대통령 후보 선출을 위한 투표를 하기로 돼 있었다. 이틀 밤 연속으로 두들겨 맞았는데도, 시위대는 시카고 중심가를 관

통하는 행진을 했고 또다시 경찰의 공격을 받았다.

힐튼호텔 유리창 바로 밑에서 세 방향으로 경찰이 막아섰고 정지한 행진 대열을
경찰이 공격했다. 경찰들은 메이스 사가 만든 최루탄과 곤봉을 가지고…… 20~
30명씩 떼지어 공격하면서 곤봉을 사정없이 휘둘렀고 시위대는 도망다녔다. ……
경찰은 시위대 사이를 이리저리 가로지르며 분산시켰다. 그들은 공원으로 도망
가는 사람들을 쫓아가서 넘어뜨린 다음 마구 때렸다.[51]

명사들이나 체제 내의 반전 세력도 경찰의 공격에서 자유롭지 못했다. 힐
튼 호텔 바깥의 그 누구도 데일리의 경찰에게는 좋은 사냥감으로 보였다.

시위대, 기자, 매카시측 선거 운동원, 의사, 이 모든 사람이 머리와 얼굴의 상처에
서 피를 흘리면서 힐튼 호텔 로비로 비틀거리며 들어오기 시작했다. 로비에서는
최루가스 냄새가 났다. …… 몇몇 사람들이 매카시가 선거 본부로 쓰고 있던 15
층을 임시 병원으로 만들고 다친 사람들을 옮기기 시작했다.[52]

전당대회장 안에서는,

…… 대의원들이 TV에 나오는 폭력 장면을 보기 위해 계속 자리를 떴다. 매카시
는 창문을 통해 그 광경을 목격하고는 "매우 나쁘다."는 말을 했다고 한다. 맥거
번은 그 싸움을 보고 "역겨운 피의 목욕"이라고 묘사했다. 그는 "나찌 독일에 관
한 영화 이래로 이런 장면은 처음 본다."고 말했다.[53]

데일리의 방식은 전당대회장 밖에서만큼 안에서도 조잡했다.

우스꽝스러운 장면이 여기저기서 발생했다. 대회장 내의 청원 경찰이 한 대의원
에게 자리로 돌아가라고 말했는데 그가 이를 거부하자 경찰들이 그 대의원을 질

질 끌고 갔다. 뉴욕 주 상원의원 후보 폴 오뒤어가 끌려 나가는 사람을 잡자, 그
또한 홀 밖으로 끌려 나갔다. CBS 기자 마이크 월리스는 몇 가지 질문을 했다가
턱에 주먹을 맞았다. 그들은 이렇게 경찰의 소동 속에서 사라졌다.[54]

이런 배경을 뒤로 하고 당 관료들은 험프리를 지명했다. 이 과정에서 매카
시 지지파인 아이오와 주지사 하워드 휴스의 말대로 "사회의 양극화를 막고"[55]
싶어한 기성 후보들조차 무시당했다.

베트남 민족해방군에게 양보를 강요하기 위해 전쟁을 계속하려는 기성 사
회 다수의 결정은 강력한 억압책의 사용으로 이어졌다. 그들과 같은 계층의
반대파조차도 탄압의 대상이 됐다. 그 때문에 기성 사회 밖의 반대파는 훨씬
더 급진적 결론에 도달하게 됐다. 집회에서 연사들은 그 점을 지적했다. 전쟁
을 지지하는 사람들이 사용한 방법은 체코슬로바키아에 소련의 지배를 강요
하기 위해 사용된 방법과 다를 바가 없다는 것이었다. 그것은 그 전 20년 동안
유지돼 온 모든 반공 이데올로기를 찢어버렸다. 평화주의자로서 반전 시위를
하기 위해, 또는 매카시를 지지하는 전단을 돌리기 위해 시카고에 온 젊은이
들이 시카고를 떠날 때는 혁명가가 돼 있었다.

5

프랑스의 5월

역사가 항상 같은 속도로 진행되는 것은 아니다. 때로는 사소한 변화조차도 수십 년 또는 수백 년이 걸린다. 때로는 하룻밤 사이에 그 전 10년 동안 일어난 것보다 더 많은 일들이 일어나기도 한다. 1968년 5월 10~11일의 파리는 바로 이런 밤을 경험했다.

그 금요일 밤은 대학생과 고등학생들이 벌인 대규모 시위로 시작됐다. 그 시위는 그 주에만 다섯 번째로 벌어진 시위였다. 그런 일련의 시위는 낭테르 교외에 있는 대학 별관에서 열릴 학사징계 항의 집회를 막기 위해 학교 당국이 경찰력을 동원해 학교를 폐쇄하려 했기 때문에 벌어진 것이었다. 앞선 시위들에서는 무장 경찰들이 곤봉과 최루가스 등으로 학생들을 공격해 많은 학생들이 체포됐다. 학생들은 경찰을 향해 돌을 던지며 반격을 시작했고 도로 표지판과 철망을 이용해 임시로 바리케이드를 설치했다. 그러나 그 날 밤 시위는 평화적이었다.

10시 무렵 시위대는 경찰이 센 강의 다리로 연결되는 도로를 차단하는 것을 발견했다. 경찰의 목적은 시위대를 생 미셸 거리 근처에서 봉쇄하는 것이었다.

학생들은 경찰의 전략을 역이용했다. 모든 인접 도로에 바리케이드를 설치해 경찰이 없는 '해방구'를 만들어 낸 것이다. 임시로 쌓았던 도로 표지판, 철망, 자갈 더미 위에 수십 대의 차를 뒤집어 쌓았고 근처의 건설 현장에서 가져온 시멘트 포대, 압축 펌프, 철사 뭉치, 비계 등으로 바리케이드를 보강했다.

게이 뤼삭 거리와 근처에 사는 주민들이 빵과 초콜릿, 따듯한 음료 등을 가지고 나와 학생들에게 동조하고 있음을 보여 주었다. 이들과 함께 많은 젊은 노동자들이 바리케이드 구축에 동참했고, 바리케이드 위에서는 적기와 흑기가 휘날리고 있었다.

정부는 새벽 2시쯤 공화국보안경찰대의 전투 경찰(CRS) 수천 명에게 행동 개시 명령을 내렸다. 이어서 가장 지독한 가두 투쟁이 벌어졌다. 경찰은 바리케이드를 거듭거듭 공격했다. 그들은 최루가스와 최루탄을 쏘아대면서 닥치는 대로 아무나 — 학생, 노동자, 단순한 행인 가리지 않고 — 두들겨 팼다. 시위대도 보도블록을 깨뜨려 만든 돌멩이, 불발된 최루탄 등등 손에 잡히는 것은 무엇이든 경찰을 향해 던졌다. 길가의 주택에 있는 사람들은 최루가스를 가라앉히기 위해 위에서 물을 뿌려댔다. 뒤집힌 차들은 불길에 휩싸였다. 여러 차례 경찰은 공격을 중단해야 했다. 4시간이 지난 뒤에야 경찰은 이 지역을 다시 통제할 수 있었다.

그 때조차도 시위대가 완전히 진압된 것은 아니었다. 주요 노조 연맹의 지도자들은 라디오를 통해 시위 소식을 청취하면서 밤새 회의를 진행하고 있었다. 탄압과 이에 맞선 투쟁의 수위가 명확해지자, 그들은 다음 주 월요일인 5월 13일에 하루 총파업을 하기로 결정했다.

총리 퐁피두는 시위를 누그러뜨리기 위해 폐쇄된 대학을 다시 열고 체포된 사람들에 대한 고발을 '재검토'하겠다고 발표했다. 그는 나중에 이렇게 설명했다. "나는 학생들이 무력으로 소르본 대학을 되찾는 것을 지켜보기보다는 내가 그들에게 소르본 대학을 선사하는 게 낫다고 생각했다."[1] 그러나 이미 때는 늦었다. 이제 학생들은 학교가 열리자마자 학교를 점거하기로 결정했다. 더 중요한 사실은 파업이 프랑스 사상 최대의 파업이 될 것이고, 그 뒤 이틀이 채 못 돼 프랑스 전역의 노동자들이 공장을 점거하게 된다는 것이었다.

'바리케이드의 밤'에 학생들의 항의 시위로 시작된 사태는 프랑스 전체를 거대한 사회적 충돌로 몰아넣었고, 사람들이 혁명적 방식으로 정부가 전복될 수도 있지 않을까 하는 생각을 하게 된 3주 동안 정부는 사실상 마비 상태에 빠졌다.

프랑스의 학생 운동

파리의 학생 운동 그 자체로만 놓고 보면 버클리, 컬럼비아, 베를린이나 이탈리아 또는 영국 런던경제대학의 학생 운동과 그리 다르지는 않았다. 5월 초까지는 파리의 학생 운동이 다른 곳의 학생 운동보다 오히려 작은 규모였다.

1950년대 말과 1960년대 초에 알제리 전쟁에 반대하는 여러 종류의 학생 운동이 있었다. 한편으로는 징병 문제로, 다른 한편으로는 알제리 주둔 프랑스군이 자행하는 소름끼치는 탄압 때문에 학생들은 좌파 사회주의자들이 주도하는 반전 운동에 이끌렸다. 전체 학생의 약 반 정도가 반전 투쟁의 선봉에 섰던 전국학생조합(UNEF)에 동조했다. 그러나 1962년에 전쟁이 끝나자 학생들을 정치화했던 추동력도 함께 사라져 버렸다. 지도력의 위기와 뿌리깊은 재정 문제에 시달리던 UNEF는 쇠퇴했다. 1968년 초가 되자 이 조직은 프랑스 전체의 학생 55만 명 중 8만 명 이상을 대표한다고 말하기가 어렵게 됐다. 이제 UNEF는 정치적으로 의식화한 소수의 나이든 학생들과 졸업생들이 서로 논쟁을 벌이는 조직으로 전락했고, 대부분의 학생들은 수동적인 상태로 남아 있었다.[2]

좌파 사상의 영향을 받은 학생 활동가들의 숫자는 1968년 초의 넉 달 동안은 이탈리아나 서독, 심지어 영국의 좌파 학생들의 규모보다 작았다. 2월 21일에 베트남 민족해방전선을 지지하기 위해 열린 시위는 3월 17일 런던 시위보다 크지 않았으며 눈에 띄게 덜 전투적이었다. 독일 학생 운동 지도자인 루디 두취케 암살 미수 사건 뒤에 다양한 좌파 조직들이 주최한 4월 11일 시위에는 겨우 2000명만 참가했다.

새롭고 대중적인 학생 운동의 요람은 낭테르 대학이었다. 이 곳은 급속히 늘어나는 대학생 중 일부를 수용하기 위해 파리 외곽에 만든 새로운 캠퍼스였다. 상대적으로 '비정치'적인 최초의 학생 투쟁은 학생들의 주거와 학습 환경에 대한 문제에서 비롯됐다. 대학 측은 학교 시설이 수용할 수 있는 인원보다훨씬 많은 학생들을 받으려 했다. 예를 들면, 언어학과 학생의 80퍼센트는 어학 실습실을 거의 사용할 수 없었다. 도심에서 한참 떨어진 낭테르의 위치 때문에 학생들은 그들이 원하는 도시의 위락 시설과 레저 시설을 이용하는 데많은 어려움을 겪어야 했다. 결국 대학 당국은 학교 기숙사에서 생활하는 학생들에게 사소한 권위주의적 제약 조치를 부과했다. 예컨대 남학생의 여자 기숙사 방문 금지 같은 것이 그랬다.

1967년 3월 일단의 남학생들이 평화적으로 여자 기숙사에 '침입'했다. 11월에는 1만 명의 학생들이 학교의 조건을 둘러싼 수업 거부 투쟁에 참가했다. 그 투쟁의 결과 '평가위원회'가 꾸려져 문제의 본질을 조사하게 됐다. 3월과 4월에는 심리학과와 사회학과 학생들이 시험 거부 투표를 실시했다. 아나키즘·트로츠키주의·마오주의에 동조하는, 정치적으로 의식화된 학생들이 더일반적 문제들을 제기하며 이런 '대중 운동'에서 중요한 구실을 했다. 예를 들면, 1967년 3월에 "빌헬름 라이히와 성(性)"이란 제목으로 토론회가 열렸고 1년 후에는 사회학이 비판받아 마땅한 '이데올로기'라는 주장이 제기됐다.[3]

하지만 정치적인 학생들은 소수였다. 반전 시위대에 대한 경찰의 폭행에항의하는 집회가 1968년 3월 22일에 열렸는데, 여기서 투표를 통해 그 날 밤본관을 점거하기로 결정했다. 그러나 1만 2000명의 학생 중에서 142명만이 점거농성에 참가했다.[4] 어떤 사람은 그 사건을 이렇게 묘사하고 있다.

분위기가 묘했다. 즐거우면서도 심각했다. 구석에서는 수염을 기른 한 젊은이가기타를 치고 있었다. 토론이 열기를 띠자 다른 학생들이 그를 조용하게 만들었다. 때때로 어떤 사람들은 샌드위치와 맥주병이 든 상자를 들고 들어왔다. ……
토론은 비판적 대학, 반제국주의 투쟁, 오늘날의 자본주의에 관한 것이었다. 그들은 부르주아 국가의 억압 구조를 조명할 수 있는 방법에 관심이 있었다. 그래서 그런 구조를 폭로할 수 있는 상황과 '기폭제'로 작용할 수 있는 방법을 찾고

자 했다. 그들은 또한 어떻게 학생들의 투쟁이 노동자들의 투쟁과 연계를 맺을 수 있는가, 경찰 탄압에 항의하는 현재의 투쟁을 어떻게 상시적 투쟁으로 전환할 수 있을까 하는 문제를 제기하기도 했다.[5]

스스로 자신들을 '3월 22일 운동'이라고 명명한 이 소수는 다음 주 금요일인 3월 29일을 '반제국주의 토론의 날'로 선포하고, 그 날 또다시 하루 점거농성을 벌이기로 했다. 그들은 다음 주 내내 이 투쟁에 대한 지지를 모으기 위해 뛰어다녔다. 전단과 포스터, 각종 구호로 벽을 도배하고 강의실에 들어가 선전을 하기도 했다. 활동가들의 주장에 따르면, 이 때 "1만 2000명의 학생들 가운데 1000명을 끌어 모을 수 있는 약 300명의 '극단론자들'이 활동하고 있었다."[6]

이 소수의 활동가들에 대한 학교 당국의 대응이야말로 '비정치적'인 학생들한테서 폭넓은 지지를 얻을 수 있게 해 준 요인이었다. 교육부 장관 페이르피트와 언론은 이들이 다른 학생들을 "두려움에 떨게 만드는" "과격파"라고 말했고, 대학 당국은 29일과 30일에 경찰과 CRS를 동원해 강의실과 도서관을 폐쇄했다. 이런 조치는 확실히 소수의 학생들을 '격분시켰다'. 그다음 주 화요일에 1200명의 학생들이 가장 커다란 강의실 하나를 점거하고 토론을 진행했다.

부활절 휴가가 끝난 뒤에 선동이 다시 시작됐다. 또다시 투쟁의 촉매제 구실을 한 것은 대학 당국의 대응이었다. 4월 말에 '3월 22일 운동'은 5월 2일과 3일에 또 다른 반제국주의의 날을 조직하겠다고 발표했다. 그 운동의 지도자 중 한 사람인 다니엘 콩방디가 경찰에 체포돼 12시간 동안 구금됐는데, 극우조직 소속 한 학생이 그를 폭행죄로 고발했기 때문이었다. 그러자 대학 당국은 그와 다른 일곱 명의 학생들에게 전단을 돌렸다는 이유로 소환 명령을 내렸다. 그리고 낭테르 대학의 강의실과 도서관은 다시 한 번 폐쇄됐고 경찰이 문 앞을 지키고 있었다. 학교 총장은 "학내에 존재하는 이상한 분위기 …… 전쟁 중에나 나타나는 정신 이상"에 대해 불평했다.[7]

이 때까지도 학생들이 운동에 적극 참가하는 분위기는 아니었다. 400명도 안 되는 낭테르 학생들이 징계위원회에 항의하기 위해 파리 좌안의 한 가운데에 있는 [파리]대학교의 주요부, 즉 소르본 대학[파리대학교에서 가장 유명한 단과대학]으로 갔다.

바로 여기서 대학의 학장과 교육부 장관이 충돌을 결정적으로 확대하는 조치를 취했다. 그들은 파리대학교 전체를 폐쇄할 것이라고 발표했고 시위에 대처하기 위해 경찰을 투입했다. 폭동진압 장비로 완전 무장한 경찰이 소르본을 포위하고 시위대에게 학교를 떠나라고 명령했다. 오후 5시쯤 학생들이 평화적으로 시위를 해산하고 25개 그룹으로 나뉘어 나오다가 500명 이상이 체포됐다.

경찰의 강경 조치는 활동가들이 이루지 못했던 것을 이루어지게 만들었다. 다른 학생들이 시위에 합세하기 시작한 것이다. 경찰의 탄압과 학생들의 시위라는 순환이 시작됐다.

소르본 광장, 에콜 거리, 생 미셸 거리에서 자생적 집회가 열렸다. 몇몇 사람들이 구호를 외쳤고 군중이 이 구호를 따라 외쳤다.[8]

곧 2000~3000명쯤 되는 학생들이 경찰의 차단선 주위에 몰려들었다. 경찰의 대응은 거리를 '쓸어'버리는 것이었다. 누구든 학생처럼 보이는 사람이면 곤봉으로 때렸고 아무나 모여 있기만 하면 최루탄을 쐈다. 소수의 학생들이 보도블록을 깨서 돌을 던지며 반격을 시작했다. 이런 대응은 곧 널리 퍼졌다. 경찰이 다시 이 지역을 통제하기까지는 약 5시간이 걸렸다. 이 과정에서 100명의 시위대와 행인이 부상을 입었다.

강경 진압의 강도는 소수 학생 활동가에게 적대적이거나 무관심했던 사람들조차도 경악하게 할 정도였다. UNEF와 '진보적' 강사들의 노조인 SNESup는 다음 주 월요일에 파업과 시위를 벌이자고 호소했다. 전국에 있는 대학에서 수십만 명의 학생들이 이에 호응했다. 파리에서는 전단 10만 장이 뿌려졌으며 대학생, 고등학생, 강사 3만 명이 그 시위에 참가했다. 그들의 목표는 소르본을 향해 행진하는 것이었다. 당국은 이것을 금지하기로 결정했다. 시위대를 저지하기 위해 경찰과 CRS가 그 지역에 쫙 깔렸다.

최초의 시위대는 그 지역을 빙 돌면서 지지자들을 끌어 모았고 그 수가 6000명에 이르자 그들은 경찰 저지선을 뚫고 대학으로 들어가는 방법을 모색했다. 생자크 거리에서 경찰의 공격이 있었다.

이번에는 경찰이 훨씬 더 폭력적이었고 학생들도 더 대담하게 나왔다. 사태는 더욱 커졌다. 경찰이 공격할 때마다 반격이 뒤따랐고 각종 진압 수단에는 새로운 방어 수단이 뒤따랐다. 선봉에 선 남녀들은 최루가스에 대처하는 여러 가지 방법들을 고안해 냈다. 단순하게는 손수건에서 시작해 물이나 레몬을 이용했고 어떤 사람들은 스키 안경을 구입하기도 했다.[9]

한편, UNEF의 호소에 응해 수천 명의 시위대가 지하철 역 근처로 몰려들었다. 경찰과 싸우고 있던 시위대가 후퇴해 이들과 합류한 다음 소르본으로 진입하기 위해 함께 행진했다. 경찰과의 충돌은 훨씬 더 큰 규모로 다시 시작됐다. 그 날 밤 늦게까지 739명의 시위대가 병원에서 치료를 받아야 할 만큼 부상자가 속출했다.

이 때 라탱 지구의 투쟁이 뉴스를 장식하기 시작했다. 국영 라디오 방송 ORTF와 TV 방송국들은 시위를 무시하라는 지시를 받았지만, '라디오 룩상부르' 같은 민영 라디오 방송국은 매시간 시위 소식을 내보냈다. 이 운동의 '대변인'으로 등장한 세 사람—다니엘 콩방디, UNEF 의장 자크 소브고, SNESup 사무총장 알랭 게스머—은 라디오 방송에서 유명 인사가 됐다. 또, 처음으로 학생 운동이 젊은 노동자들의 지지를 얻기 시작했다.

5월 6일 시위의 중요성을 과소 평가해서는 안 된다. 두 번에 걸친 경찰과의 충돌로 345명의 부상자가 생겼다. 학생 시위의 활력과 힘은 노동자 계급과 청년층에 영향을 미치지 않을 수 없었다.

노동자들은 학생들을 별로 좋게 보지 않았었는데, 노조 관료들은 이런 감정을 부추겼다. 노동자의 눈에 비친 학생들은 그저 '응석받이들'이었고, 그들의 시위는 어차피 피착취자 대열로 들어올 자들의 어리석은 행위였다. 5월 6일 밤에 이런 선입견이 깨졌다. 투쟁 사진과 전투 설명을 접하게 된 젊은 노동자들은 감탄으로 벌어진 입을 다물지 못했다.[10]

그다음 주 화요일과 수요일에는 더 큰 대중 시위가 벌어졌다. 화요일 시위에서는 5만 명이 어깨동무를 하고 도로를 가로지르며 파리 전역에 걸쳐 20마일을 뛰어다녔다. 그들은 정권의 핵심부 외곽에서 구호를 외치고 '인터내셔널가'를 불렀다. 그 날 밤 경찰과 또 다른 충돌이 있었으나 그 전의 규모에는 미치지 못했다.

이때쯤 상당수의 젊은 노동자들이 학생 대열에 합류했다. 학생들은 프랑스 전역에서 동맹 휴업에 들어갔다. 법대나 의대처럼 전에는 우파 성향이 지배적이었던 단과대학 학생들도 여기에 참가했다. 그들이 내건 중심 요구는 파리의 학생들에 대한 탄압 중지였다. 그러나 곧 대학 환경에 대한 일반적 문제로 확대됐다.

하지만 이 단계에서조차도 운동이 중단될 수 없는 것은 결코 아니었다. 이것은 5월 8일 수요일 시위에서도 확인할 수 있었다.

오후 6시에 시위가 시작될 때 파리의 노조 지도부와 지역의 좌파 정치인들이 처음으로 나타났다. 그러나 그들의 목표는 시위를 일상적이고 의례적인 수준으로 낮추려는 것이었다. 오후 8시에 마침내 경찰이 도로를 차단했을 때, 새로운 동맹군의 눈치를 보는 데만 급급했던 노조 간부들은 평화적 해산 명령을 내렸다.

전날 밤 열심히 싸웠던 활동가들은 완전히 맥이 빠졌다.

투사들은 모든 것이 끝났다는 인상을 받았다. 그들의 눈에는 운동이 돌이킬 수

없는 패배를 겪은 것처럼 보였다. 노조 관료들이 운동을 말아먹은 것이다.[11]

전에 UNEF 지도자였던 한 활동가는 다음 날 회의에서 이렇게 말했다.

정부가 어젯밤에 물러서지 않은 것은 우리에게 행운이었다. 만약에 그랬다면 우리도 물러서야 했기 때문이다. 뛰어난 전투 역량에도 불구하고 운동이 얼마나 취약한지 잘 드러났다.

그러나 정부는 물러서지 않았다. 양보를 원하는 장관들을 드골이 직접 나서서 만류했다.[12] 정부는 강경한 태도를 계속 유지했고, 이틀 뒤에 있을 '바리케이드의 밤'을 위한 기초를 놓았다.

파리 학생 반란의 동역학

지금까지 나는 파리 학생 반란의 동역학이 다른 나라의 학생 운동과 얼마나 비슷한지를 강조했다. 비정치적 학생 대중 사이에는 소외감이 팽배해 있었고, 소수의 학생들은 혁명적 사회주의 사상에 어렴풋이 끌리고 있었다. 강경 탄압 때문에 점점 더 많은 학생들이 소수의 학생들을 따라 행동하고 그들의 생각에 귀를 기울였다. 모호한 혁명적 언사로 다수의 열망을 분명하게 표현할 수 있었던 소수가 하루 이틀 사이에 유명 인사가 됐다.

그러나 파리의 학생 운동은 다른 어떤 나라의 학생 운동보다 큰 규모로 발전했고 더 큰 영향을 미쳤다. 그 이유를 알기 위해서는 프랑스 사회 발전의 특수성을 살펴볼 필요가 있다.

프랑스는 보통 선진 자본주의 사회로 여겨진다. 하지만 드골 치하에서 프랑스는 지중해 연안의 덜 발전된 자본주의 나라나 동유럽의 관료적 국가자본주의에서 흔히 볼 수 있었던 권위주의적 특징들을 갖고 있었다. 알제리 주둔 프랑스군의 쿠데타를 막기 위해 1958년 5월 13일 권좌에 오른 드골은 지배계급 일부의 특수한 이익을 무시하면서 프랑스 자본주의의 장기적 목표를 달성하기 위한 정책을 추구했다. 1947년부터 1958년까지는 노동계급 조직의 대표자들이 정치적 영향력에서 사실상 배제됐다면, 드골 집권기에는 부르주아지와 쁘띠 부르주아지를 대표하는 전통적인 정당들이 같은 꼴을 당했다. 지배계급 전체의 이익을 위해 무엇이 필요한지를 직감적으로 알고 있다고 생각한 한 사람의 수중에 권력이 집중돼 있었다.

그것은 어떤 일탈이 아니라 프랑스 자본주의의 필요에 부합하는 것이었다. 그것은 알제리에서 벌어진 식민지 전쟁을 합리적 협상으로 해결한 것에서도 드러났다. 또, 프랑스 자본주의를 현대화시켜 국제적 경쟁이라는 도전에 대응한 것에서도 잘 드러났다. 그것이 비록 개별 자본 일부와 쁘띠 부르주아 정당들의 표밭에 손상을 입히기는 했지만 말이다. 드골은 이길 수도 없고 엄청난 재원만 낭비한 전쟁을 끝냈고 프랑스 산업의 경쟁력을 강화시켰으며 프랑스의 자본 축적률을 국민총생산(GNP)의 26퍼센트까지 3분의 1 이상 끌어올렸다. 자본가의 관점에서 보면 이것은 결코 하찮은 업적이 아니었다. 같은 시기에 영국을 통치한 맥밀런과 윌슨 정부의 실패와 대조해 보면 더욱 그랬다.[13]

그러나 이런 성장을 위해서는 이중의 대가를 치러야 했다.

한편으로, 프랑스 노동계급은 영국·독일·스칸디나비아보다 더 소외됐다. "1966년까지 프랑스의 산업 노동자들은 유럽 공동시장 내에서 두 번째로 낮은 임금을 받았고 최장시간 노동에 시달리고 있었다. 그들은 또 세금을 가장 많이 냈다."[14]

똑같은 '긴축' 정책이 대학에도 영향을 미쳤다. 다른 나라와 마찬가지로 프랑스에서도 현대 자본주의의 기술적 필요를 충족하기 위한 노력의 일환으로 대학생 수가 팽창했다. 1960년에는 대학생이 20만 명이었지만 1968년에는 55만 명이 됐다. 하지만 독일·영국·미국과는 달리 늘어나는 인원에 대처할 수 있는 물질적 조건은 전혀 향상되지 않았다. 학부는 급속히 팽창했지만 교직원은 부족했고 학급은 과밀해졌다. 이 때문에 학생 중 5분의 3이 학업을 다 마치지 못했다.

다른 한편으로는, 드골 정권의 권위주의적 성격 때문에 권력을 쥔 자들과 그렇지 못한 사람들 사이를 매개하는 구조가 거의 없었다. 임금과 고용 정책은 주요 노조의 관료들과 상의하지도 않은 채 시행됐다. 정부가 몇 달 동안 국회의원들의 발언권을 아예 무시한 채 포고령으로 통치하는 경우도 있었다. 국영 라디오와 TV 방송은 노골적으로 정부의 통제를 받았다. 고등교육 기관의 총장과 학장들은 정부의 허가만 기다리는 어릿광대나 다름없었다. 대학을 현대화하는 방법을 둘러싸고 정부 스스로 심각한 내분을 겪고 있다는 것을 누구나 알고 있었기 때문에 상황은 더 묘하게 꼬여갔다.

사람들을 설득해 투쟁을 포기하게 할 수 있는 매개 구조가 없는 상황에서 대중의 불만에 대처하는 방법은 하나뿐이었다. 그것은 바로 신속하게 폭력에 호소하는 것이다. 1960년대에 영국·서독·스칸디나비아에서는 노사 분규에 경찰을 투입하는 것이 주요 특징이 아니었던 반면, 프랑스에서는 기성 사회로부터의 소외가 성공적인 노동조합 투쟁으로 분출되는 것을 방지하는 데서, 경찰력이 중요한 구실을 했다.

학생 운동이 분출하기 1년 전에, 이런 방식의 경찰력 남용은 점점 더 일반적 현상이 됐다. 리옹의 베를리에 공장, 브장송의 로디아스타 공장, 르망 공장에서 파업 노동자들이 전투 경찰의 공격을 받았다. 가장 격렬한 충돌은 1968년 1월 캉에 있는 사비엥 트럭 공장에서 일어났다. 오전 4시에 공장 노동자들의 피켓라인 앞에 400명의 전투 경찰이 나타나자 파업 노동자들은 시위 행진을 조직했다. 행렬이 캉에 들어서자 경찰은 시위대를 공격하고 노동자들을 짓밟았다. 10명이 부상당했다. 이틀 뒤에 노동자들은 다시 거리로 나섰는데 이번에는 4개의 다른 공장의 파업 노동자들과 지역의 학생들한테서 지지를 받았다. 이번에는 젊은 노동자들이 '온건'하게 행동하라는 노조 간부들의 지침을 무시한 채 경찰의 저지선을 뚫고 돌과 병, 화염병을 던지며 경찰에게 반격을 가했다. 시내 중심가는 밤늦게까지 전쟁터나 다름없었다.[15]

프랑스 정부가 이런 식으로 경찰력을 마구 사용한 데는 단순한 전략이 숨어 있었다. 프랑스 산업의 강제적 합리화는 실업률을 높이고 있었다. 그래서 고용주들은 노동자들의 요구에 대해 경찰 탄압과 더불어 비타협적 태도를 취하면 노동자 계급의 저항을 매우 빠르게 분쇄할 수 있을 것이라고 생각했다.

이런 그들의 생각이 1968년 5월 초에는 옳은 것처럼 보였다. 1967년과 1968년 초 몇 달 동안 계급투쟁의 수준이 높아지기는 했지만 몇 차례 파업과 공장 폐쇄는 거의 전부 고용주들의 승리로 끝났다.

프랑스 정부가 반격을 시도하는 노동자들에게 지금까지 매우 성공적으로 써먹었던 방식을 학생들에게도 써먹으려 했던 것은 당연하다.

난폭한 경력을 가진 경찰 탄압에 직면한 학생들은 자기 방어 수단을 찾아야 했고, 그 과정에서 똑같은 것을 원하고 있던 노동자들이 학생들에게 관심을 갖게 된 것도 당연했다. 자본가의 관점에서 드골 정권에게 커다란 성공을 안겨 주었던 바로 그 구조 때문에 프랑스의 학생 시위는 다른 나라의 학생 시위보다 더 큰 영향을 미치게 됐다.

그런데 왜 노동자들은 실패하고 학생들은 성공할 수 있었을까?

세 가지 요인이 중요했다. 첫째, 프랑스 사회의 거대한 중앙집중화가 대학 체계의 중앙집중화를 통해 표현됐다. 20만 명 이상의 학생이 파리 지역에 있었는데, 대부분의 학교가 파리 좌안의 비교적 좁은 지역에 몰려 있었다. 당시 다니엘 콩방디가 주장했듯이, 비록 3만 명 정도의 소수의 학생들만이 실제로 시위에 참가했지만, 이들은 모두 몇 날 밤을 경찰과 싸울 각오가 돼 있는 젊은 이들로서 꽤나 많은 숫자였다.

둘째는, 상대적으로 특권층의 배경을 가진 학생들 — 육체 노동자 가정 출신은 10퍼센트뿐이었다 — 을 탄압한다는 것은 중간계급의 중요한 부분을 경악하게 만들었다는 것을 의미했다. 두들겨 맞은 학생들은 바로 그들의 자녀들이었기 때문이다. 노동계급과 중간계급의 반대에 동시에 직면한 정부는 전면 탄압 방침을 고수하기가 매우 어렵다는 사실을 알게 됐다.

셋째, 1963년 광원 파업에서 그랬듯이 과거에 드골 정부를 분쇄할 수도 있을 만큼 노동 운동이 발전하면 항상 노조와 공산당 관료들의 복지부동이 그들의 싸움을 막았다. 학생 신분의 과도기적 성격 때문에 학생 운동은 이런 뿌리

깊은 관료주의 조직에 짓눌리지 않았다. 학생회 조직, 특히 UNEF는 노동조합보다 덜 경직됐고 아래로부터의 압력에 더 민감했다. 반면에 20~30년 동안 노조에 몸담고 있는 관료들은 그들의 사회적 지위가 교란되지 않을까 전전긍긍하고 있었다.

노동자들의 5월

1968년 5월 13일에 파리 전역에서 벌어진 시위는 1944년 나찌 점령에서 파리가 해방된 이래 최대 규모였다. 소속 공장과 노조의 깃발을 앞세운 수십만의 노동조합원들이 적기와 흑기를 휘날리며 행진하는 수만 명의 대학생과 고등학생들의 대열에 합류했다. 이 학생들은 그전 이틀 밤을 바리케이드에서 싸운 학생들이었다. 대열 맨 앞에 있는 배너에는 "학생·교사·노동자 연대"라고 쓰여 있었다. 그 뒤에는 학생 운동 지도자인 콩방디, 게스머, 소브고가 주요 노조의 사무총장인 세기(Seguy)나 장송(Jeanson)과 어깨를 나란히 한 채 행진하고 있었다. 구호들이 계속 터져 나왔다. "우리 동지들을 석방하라", "승리는 거리에 있다", "잘 가라, 드골." 그리고 이상한 우연의 일치지만, 드골이 집권한 지 10년째 되는 바로 이 날 "10년이면 충분하다"는 구호도 있었다.

정부는 그 시위가 학생 소요의 마지막이 될 것이라고 생각했다. 그래서 바리케이드 주변에서 더 이상의 충돌을 피하기 위해 조심스럽게 경찰을 시위 행렬에서 떨어지게 했다. 하지만 그런 조치에도 불구하고 그 날 밤 학생들은 소르본 대학을 점거하고 건물 위에 적기를 내걸었다.

노조 관료들 역시 이 시위가 마지막이 될 것이라고 여겼다. 최대 노조인 노조총연맹(CGT)과 이를 지배하는 공산당은 낭테르에서 시작된 학생 반란에 반대했다. 공산당의 2인자 조르쥬 마르셰는 파리에서 있었던 최초의 충돌을 "독일인 아나키스트 콩방디"가 이끄는 "소규모 초좌파 집단"의 작품이라고 비난했다.

이 거짓 혁명가들의 가면을 완전히 벗겨야 한다. 왜냐하면 이들은 객관적으로 거대 독점자본과 드골 정권을 이롭게 하고 있기 때문이다. …… 그들은 대부분 부유한 부르주아의 자식들이다. …… 그들은 곧 혁명적 열정을 던져버리고 아버지 회사의 경영을 맡기 위해 가버릴 것이다.[16]

처음에 이런 태도는 학생들을 제외하고는 CGT와 공산당에서 아무 문제도 일으키지 않았다. 대학과 라탱 지구 바깥의 사람들은 무슨 일이 벌어지고 있는지 거의 알지 못했다.

최초의 충돌이 있은 다음 날 학생들은 고립돼 있었다. 여론은 학생들의 행동에 반대했고 폭력 사태가 발생한 이유를 알지 못했다.[17]

그러나 5월 5일, 두 번째 투쟁이 있은 다음 날 태도가 바뀌기 시작했다. 전기 공장의 젊은 노조대의원은 말하기를,

2~3일째가 되자 사람들이 학생들에게 호감을 갖기 시작했다. 그렇지만 그들이 왜 시위를 하고 있는지 그 이유는 잘 몰랐다.[18]

파리 남부 지역의 공산당 청년 조직의 한 지도자는 나중에 이렇게 말했다.

청년 당원들을 통제하기가 어려웠다. 당에서 한마디만 하면 그들은 모두 라탱 지구로 달려갈 태세였다. 그러나 지도부는 이를 허락하지 않았다. 그럼에도 일부 동지들은 헬멧을 쓰고 나가 시위를 벌였다.[19]

또 다른 공산당 활동가도 비슷한 설명을 했다.

대규모 시위가 있는 날은 투사들 사이에서 결근 전술이 도마에 올랐다. 그들은 회사뿐 아니라 당 지도부에도 아프다는 핑계를 대고 시위에 참가하려 했다.[20]

아래로부터 이런 압력 때문에 당과 노조 지도부는 노선을 바꾸지 않을 수 없었다. 5월 6일이 되자 공산당 일간지 <뤼마니테>는 학생 운동에 대한 탄압을 비난하고 나섰다. 하지만 "초좌파와 파시스트들이 정부를 위해 일하고 있다."는 토를 달았다.[21] 이틀 후 CGT는 다른 주요 노조인 프랑스민주노동연맹(CFDT)과 함께 학생들과 연대할 것이라고 선언했다.

하지만 이 '연대'의 목적은 학생들의 투쟁을 프랑스 사회의 다른 영역으로 확대하는 것이 아니었다. 이런 선언은 흥분해 있는 현장조합원들과 평당원들을 달래고 정부에게 CGT의 위세를 과시해 나중에 협상 때 유리한 위치를 점하기 위한 것이었다.

5월 13일 CGT 지도자 앙드레 바르조네는 시위에 대해 이렇게 말했다. "CGT는 모든 것은 오늘로 끝날 것이고, 오늘은 파업과 시위가 있는 좋은 하루가 될 것이라고 생각했다."[22] 그리고 1968년 5월에 CGT가 취한 전술을 지지하는 프랑스 공산당 계열의 한 역사가는 이렇게 쓰고 있다. "CGT는 자기들이 결정적 구실을 하게 될 더 큰 규모의 행동 속에 학생들의 반란이 묻히기를 바랐다."[23]

두 번째로 큰 노조인 CFDT의 태도도 크게 다르지 않았다. 이들은 CGT보다 일찍 학생들을 지지하긴 했지만, 의장이었던 앙드레 장송은 다음의 사실을 인정했다. "시위를 조직한 많은 사람들은 이 날이 사태의 마지막을 장식할 것이라고 생각했다."[24]

시위대는 평화롭게 해산했다. 학생들은 점거중인 라탱 지구의 대학들로 돌아갔으며, 그 곳에서 경찰은 더는 보이지 않았다. 노동자들은 버스와 승용차를 타고 교외의 노동계급 주거 지역으로 돌아갔고, 다음 날은 평범한 일상 생활이 다시 시작됐다. 사태는 그렇게 진정되는 것처럼 보였다.

하지만 프랑스 서부의 낭트에 있는 쉬드 아비아시옹의 노동자들은 매주 화요일 15분씩 파업을 하고 있었다. 이들의 요구 사항은 주문량 감소로 인한 노동시간 단축이 임금 삭감으로 이어져서는 안 된다는 것이었다. 그 투쟁은 수세적이고 보통은 실패한 그 전의 투쟁들과 결코 다르지 않았다. 그래서 이 15

분 파업도 결국은 쓰라린 심정에 사기가 저하된 노동자들이 경영진에 완전히 무릎을 꿇으면서 수그러들고 말 것이라고 예상됐다.

그러나 이번 화요일에는 15분 파업이 끝났을 때 젊은 노동자들이 작업 복귀를 거부하고 나섰다. 오히려 그들은 공장을 돌면서 다른 노동자들의 지지를 끌어냈고, 관리자의 사무실을 봉쇄해 버렸다. 그 날 밤 2000명의 노동자들이 공장에 바리케이드를 쌓았다.

전국적 노조의 지도부에게 이런 낭트의 사건은 지역적 일탈일 뿐이었다. 낭트는 노동조합 운동의 전통과 규율이 확립된 지역이 아니었고, 쉬드 아비아시옹 공장에서는 트로츠키주의자들과 아나키스트들이 활동하고 있다고 알려져 있었다. 그 점거 투쟁을 다룬 <뤼마니테>의 기사는 단 7줄뿐이었다.[25]

자동차 변속장치를 생산하는, 루앙 근처 클레옹의 르노 공장은 비교적 최근에 지어진 곳이었다. 그 공장에는 시골 출신의 젊은 신참 노동자들이 대부분이었고 투쟁 전통도 거의 없었다. 5월 13일 총파업에 참가한 노동자는 전체의 3분의 1뿐이었다. 그러나 이 노동자들은 1년 전의 많은 방어적 파업들 중 하나에 참가한 경험이 있었다. 한 젊은 노동자가 말했듯이, "다음 날 신문에서 [시위 관련] 기사를 읽은 우리는 약간 창피한 생각이 들었다. 우리 빼고는 모두 다 행동하고 있었다. 우리는 기회가 다시 오면 바로 행동에 돌입하기로 작정했다."[26]

수요일에 그 기회가 찾아왔다. 이 날 CGT와 CFDT는 사회복지법 개정에 관한 문제로 전국 시위를 벌이기 위해 모든 일을 제쳐놓았다. 그러나 프랑스 전역에서 시위에 대한 지지는 저조했다. 노동자들은 월요일의 상징적 파업만으로도 이 1주일은 충분하다고 생각했다.[27] 그러나 클레옹의 노동자들은 많은 노동자들을 단기 계약으로 고용하는 방식에 항의하기 위해 예정된 1시간 파업을 30분 연장하기로 결정했다. 공장 전체가 멈춰 섰다.

정오에 노동자들은 낭트의 쉬드 아비아시옹이 점거됐다는 것을 알게 됐다. 다시 작업이 시작되자 그들은 공장에서 점거 투쟁에 대해 이야기했다. 그 후 젊은 노동자들의 주도 아래 시위대가 조직됐다. 200명의 젊은 노동자들이 선두에서 구호를 외치며 대열을 이끌고 관리실 창문 밑으로 갔다. 그들은 공장장과 노동자 대표의 면담을 요구했다. 공장장은 이를 거부했다. 그러자 노동자들은 사무실 입구를 봉쇄해 관리자들이 못 나오게 만들었다. 클레옹의 점거 투쟁은 이렇게 시작됐다. 파업에 참가한 신참 노동자들은 매우 즐거워했다. 사장도, 협박도 더는 없고 완전한 자유만이 있었다. 노조 간부들은 상황을 통제하느라 애를 먹으면서 지휘 체계를 확보하고, 기계를 보호했으며, 조합원들의 요구 사항을 작성했다.[28]

다음 날 보베와 오를레앙의 록히드 공장, 플랭과 르망의 르노 공장을 포함한 10여 개의 공장이 점거 투쟁에 들어갔다.

1967~68년의 경기 침체에 가장 많은 영향을 받은 산업과 유럽과 국제 무대에서 경쟁에 민감한 산업 분야가 [투쟁의] 주요 표적이었다. 보통은 지역의 오래된 미해결 쟁점을 둘러싸고 투쟁이 시작됐는데, 이런 쟁점들은 노조에서 그동안 제기해 온 것이었다. 젊은 노동자들, 흔히 비조합원 노동자들이 운동을 촉발시키고 확산시켰다. 일단 투쟁이 시작되면 고용주들의 비타협적 대응에 부딪혔는데 이는 최근의 특징이었다. 그러나 5월의 바뀐 상황에서 이런 대응은 노동자들을 겁먹게 하기보다는 투쟁에 불을 지피는 것이었다. 그 결과 2~3일 동안 노동자 투쟁이 폭발했고, 이런 투쟁은 노동조합조차 놀라게 만들었다.[29]

오후 5시에는 파리 지역에서 전통적으로 가장 영향력 있는 공장인 빌랑쿠르의 르노 공장이 점거됐다. 이제 약 8만 명의 노동자들이 함께 투쟁하고 있었고, 모든 라디오 뉴스에서는 노동자들이 더 많은 공장들을 점거하고 있다는 소식이 나왔다. 금요일에 이르기까지 모든 르노 공장과 거의 모든 항공 산업, 로디아스타의 전 사업장을 노동자들이 점거했고, 파리와 노르망디의 금속 산업이나 서부의 조선소들로 확산됐다. 바리케이드의 밤이 지나고 1주일째 되던 날 밤에 철도 노동자들이 기차역을 점거하기 시작했고, 이로써 투쟁은 주말을 지나서도 계속 이어질 수 있었다. 월요일이 되자 파업은 보험사, 대형 상가, 은행, 인쇄업 쪽으로 번졌다. 인쇄 노조는 일간 신문은 인쇄했지만 기타 정기 간행물은 거부했다. 2~3일 내에 900만~1000만 명의 노동자들이 파업에 돌입했다.

학생 운동에서 노동자 파업 투쟁으로 전환하는 과정은 지켜보는 사람들을 모두 놀라게 만들었다. CFDT의 한 지도자는 나중에 이렇게 말했다.

나는 학생들의 선동을 '노동자'가 마무리짓는다는 것을 믿지 않았다. 그러나 그것은 논리적이었다. 우리 애들의 입장에서 생각해 보라. 며칠 만에 그들은 많은 것을 배웠다.

먼저 그 투쟁은 성과가 있었다. 전에는 아무도 대학의 문제들에 관해서 말하지 않았지만, 지금은 모든 사람이 이야기한다. …… [전에는] 아무도 그 '늙은이' [드골—크리스 하먼]가 길거리에서 혼이 날 것이라고 생각하지 않았다. 그러나 그 늙은이는 아무 말도 못했고 퐁피두는 항복했으며 학생들은 소르본을 점거했다. 그 정점에는 5월 13일 시위의 힘이 있었다. 해방 이래로 이런 적이 없었다. …… 사람들 스스로 그토록 강하다고 느낀 적은 한 번도 없었다.

파업에 대항하기 위해 정부가 세운 모든 장벽이 무너졌다. 공무원들은 파업 전 5일 동안 경고 기간을 갖는 것이 필수적이었다. 그런데 이 기간을 무시하고 파업에 들어간 교사들이 해직되지 않았다. 우편 노동자들도 마찬가지였다. …… 정부는 국민이 법을 준수하도록 만들 수 없었다.

일부 사기업 사장들은 다음과 같이 말했다. "5월 13일 파업은 정치 파업이다. 참가하는 사람은 해고하겠다." 그래도 사람들은 파업에 돌입했다. 직장 폐쇄는 없었다. 고용주들은 그 결과를 두려워하고 있었던 것이다. ……

그 결과 노동자들이 알게 된 사실은 그들이 싸울 수 있고, 잘 싸우면 승리할 가능성도 있으며 위험 부담도 매우 작다는 것이었다. …… 해묵은 과제를 해결하기 위한 투쟁으로 나아가기 위해서는 여기서 한 걸음만 내딛으면 됐다.[30]

마비된 정부

프랑스가 멈춰 섰다. 기차도 버스도 안 다녔고 은행은 문을 닫았으며 우편 업무도 중단됐다. 곧 심각한 유류 부족 사태가 일어났다. 어디서나 공장은 점 거됐고 피켓라인이 문 앞을 막고 있었다. 파업은 전통적인 산업에 국한되지 않았다. 병원, 박물관, 영화 촬영소, 극장, 심지어 폴리베르제르[파리의 뮤직홀 겸 버라이어티쇼 극장]조차도 영향을 받았다. 5월 25일이 되자 볼 만한 TV 프로그램도 없었다. 파업 투쟁 뉴스에 대한 정부의 검열에 항의해 기자와 제작진들이 동맹 파업을 벌였던 것이다.

노동자와 학생의 연대 투쟁은 전문직 중간계급 사이에 뿌리를 둔 다른 사회 계층의 '콩테스타시옹'(Contestation) — 기성 권위에 대한 도전 — 에 중요한 흡인력으로 작용했다. 체제에 불만을 갖고 있던 건축가들은 그들의 활동을 규제했던 건축협회 사무실을 점거했다. 정부의 기획 업무와 통계 업무를 담당하는 전문가들이 모임을 열고 "이윤을 추구하는 자본"이 그들의 기술을 이용하는 것에 대해 비난하는 성명서를 발표했다.[31] (전에는 우파 학생들의 보루였던) 의대생과 인턴, 레지던트 들이 운동에 참가해 병원의 고질적인 위계 질서의 종식을 선언했다. 미대생과 화가는 미대 건물을 장악하고 그 곳을 포스터 제작 본부로 바꾸어 운동을 지지하는 포스터 수천 장을 집단 창작했다. 영화 제작자들은 '경쟁적인' 칸영화제에서 철수하고 영화 산업을 이윤 동기와 독점에서 구제할 수 있는 방법을 논의했다. 프로축구 선수들은 축구연맹 본부를 점거했다.

'온건한' 농민 조직 FNSEA는 5월 마지막 주에 [유럽] 공동시장의 농산물 가격에 대한 시위를 계획하고 있었는데, 정부의 약화된 지위를 이용해 투쟁 수위를 높이려 했다. 정부는 아직 농민 지도자들의 정치적 지원에 의존할 수는 있었으나, 공산당 영향력 아래 있는 MODEF 세력이 농민 시위에서 점점 커지고 있었다. 특히 서부에서는 젊은 농민들의 조직이 노동자·학생과 연대할 것이라고 선언했다. 5월 24일 낭트와 렌에서 벌어진 시위에 참가한 농민들은 파업중인 노동자들과 하나가 됐다.

그렇다고 해서 정부를 지지하는 프랑스 사람이 한 명도 없었다는 말은 아니다. 여러 가지 지표들은 다수의 소상인과 기업가가 정부 편에 섰다는 것을 말해 준다. 나이가 많거나 상대적으로 부유한 농민들도 대부분 마찬가지였다. 파업에 참가한 사람들 중에도 우파 사상이나 드골주의 사상을 떨치지 못한 채 임금 인상만을 바라며 수동적으로 파업에 끌려가는 사람들도 있었다.

매우 부유한 사람들과 함께 이들 집단이 인구의 대다수였을 수도 있다. 그러나 5월 15일부터 29일까지 이런 사람들은 문제가 되지 않았다. 정부는 점점 고립됐고, 스스로 막다른 골목에 부딪혔음을 깨달았지만 빠져나올 탈출구를 찾지 못했다.

정부가 군대와 경찰을 보유하고 있었다는 것은 물론 사실이다. 그러나 노동자 대중과 부딪히는 전면전이 벌어진다면 정부는 얼마만큼 군대와 경찰에 의지할 수 있었을까? 16만 8000명의 군인 중 12만 명이 징집병이었고, 그 중 일부는 노골적으로 파업에 동조했다. 좌파 주간지 〈누벨 옵세르바퇴르〉의 보도에 따르면, 파업을 파괴하기 위해서 5군(Fifth Army)에 경계령이 내려지자 "위원회들이 꾸려져서 상관의 명령에 반대하고 수송과 장갑차의 출동을 거부할 조짐이 나타났다."[32]

경찰, 즉 최소한 1만 3500명의 최정예 CRS와 6만 1000명의 경관들은 좀 더 믿을 만한 것처럼 보였다. 1940년대와 1950년대에 모종의 좌파 사상을 가진 사람들이 죄다 쫓겨난 경찰에는 인종 차별주의와 반공 사상이 가득 차 있었다. 그렇다고 해도, 노동계급과 일부 중간계급의 이웃에 살고 있는 경찰로서는 이웃들에게 눈총을 받는 상황으로 내몰리는 것이 썩 내키는 일은 아니었다. 경찰 개개인은 근무를 마친 뒤 불필요한 언쟁에 휩싸이는 것을 피하기 위해 모자와 뺏지를 숨겨야 하는 현실에 불만이 있었다. 더욱이 경찰은 자신들의 노조가 있었으며, 비록 우파 사상을 갖고 있긴 했지만 스스로 '훌륭한 노조원'이라고 생각하는 경찰들도 많았다.

마지막으로, 정부의 행동 자체가 경찰들 사이에 엄청난 분노를 불러일으켰다. 정부는 경찰에게 학생들을 공격하라고 명령해 놓고서는 총리 퐁피두가 학생들의 요구에 굴복한 뒤에는 강경 진압의 책임을 경찰에만 떠넘기는 듯한 발언을 했다. 5월 13일에 한 경찰 노조원은 정부가 경찰을 이용해 학생들을 탄압한 뒤 갑자기 태도를 바꿔서 정부는 대화를 원한다고 말한 것에 대해 불만을 토로하면서, "왜 진작 그렇게 말하지 않았는가?" 하고 물었다.[33] 이틀 후 전국 경찰 노조 사무총장은 라디오 방송에서 이렇게 경고했다. "나는 노조 총회에 서 대정부 파업을 요구하는 위임을 받을 뻔했다."[34]

그런 말이 다분히 엄포용이라는 사실은 의심의 여지가 없다. 경찰 노조는 정부에게 으름장을 놓아 근무 환경과 보수 문제에서 정부의 양보를 얻어 내고 싶어했다. 물론 이런 엄포성 발언의 일부는 정부에 불만을 갖고 있고 우파적 이며 파시스트에 가까운 사람들의 압력을 받은 결과라는 점도 의심의 여지가 없다. 이들은 드골이 알제리를 포기한 것을 절대로 용서할 수가 없었고, 그래 서 이제는 '반체제' 학생들을 '자유주의적'으로 대하는 정부를 비난했다. 마지 막으로, 드골의 시대가 끝났다고 생각하면서 그의 뒤를 이을지도 모르는 사람 들을 탄압함으로써 자기의 출세 가도를 막는 일은 하고 싶지 않다고 생각한 사람들도 십중팔구 있었을 것이다. 그러나 그 이유가 무엇이든 간에 "2주 동 안 정부는 경찰이 통제를 벗어나고 있다고 생각했다."[35]

그렇다고 해서 경찰이 완전히 무용지물이었다는 말은 아니다. 5월 24일 밤 에 드러났듯이, CRS는 아직도 학생들을 짓밟을 수 있었다. 그러나 조직 노동 자 대중에 대한 공격은 좀 달랐다. 만약 조금이라도 경찰이 명령을 거부할 가 능성이 보이면 정부는 굳이 그런 위험을 무릅쓰지 않았다. 경찰의 반란은 최 후의 패배를 의미하기 때문이었다.

그래서 정부는 2주 동안 물러나 있어야 했고, 스스로 '통치'하고 있는 나라 에서 거의 어떤 조치도 취하지 못하는 무기력증을 드러냈다. 총파업 첫 주의 마지막 날, 그러니까 5월 24일에 드골은 전국에 중계된 방송에서 '국민투표'를 실시하겠다고 발표함으로써 이 사태를 종결지으려 했다. 그는 만약 국민투표 에서 패배하면 사임하겠다고 말했다. 그의 연설은 사기 저하된 우파 세력에게 는 아무런 영감도 주지 못했고 좌파에게는 조롱만 받았다. '중도'파 정치가들 은 사태를 수습할 수 있는, 좀 더 현실 감각이 있는 대안적 지도자를 찾기 시 작했다.

정부의 신뢰를 회복하기 위해서는, 적어도 공공 서비스와 분배 계통의 분야만이라도 파업을 종결시키는 것이 필수적이었다. 그래서 드골의 연설이 있은 다음 날, 총리 퐁피두는 노조 지도부와 고용주측을 모두 불러모아 협상을 하게 했다. 일요일 밤 늦게 협상이 타결된 것처럼 보였다. 이 '그르넬 협정'에는 최저임금을 35퍼센트 인상하고 기타 임금은 7퍼센트 인상한다는 내용이 들어 있었다. 그러나 노조 지도부는 공장의 대중 집회에서 이것을 찬반 투표에 붙여야 했다.

빌랑쿠르의 르노 공장에서 1만 5000명의 노동자가 모인 가운데 첫 번째 대중 집회가 열렸다. 이 곳은 CGT의 요새 같은 곳이었다. 그러나 두 명의 연맹 지도자 프랑송과 세기가 협상안에 찬성하는 발언을 하자 썰렁한 침묵이 있었고 일부는 야유를 보내기도 했다. 반대로 소수파인 CFDT의 지도자 장송이 협상안에 따르면 각 공장은 지역 자체의 요구 사항을 내걸고 파업을 계속할 수 있다는 점을 강조하자 뜨거운 박수 갈채가 터져 나왔다.

르노 공장의 결정에 이어서 시트로엥, 베를리에, 쉬드 아비아시옹, 로디아스타에서 파업 지속에 찬성하는 투표가 있었다. 대규모 작업장의 노동자 운동이 앞서자 소규모의 노동자 부대가 뒤를 따르는 형국이었다. CGT 지도자들이 지역 차원의 투쟁을 호소하고 있던 바로 그 날 오후에, "각 지부는 저마다 그르넬 협정안보다 훨씬 나은 성과를 따냈다."[36]

퐁피두의 책략은 드골의 연설만큼이나 실패작이었다. 총파업은 지속됐다. 그 후 4일 동안 좌파와 우파 정치인들에게 드골은 끝장난 것처럼 보였다.

2년 전 대통령 선거에서 드골과 대결했던 프랑수아 미테랑은 전직 총리였던 피에르 맹데스-프랑스를 중심으로 임시정부를 구성하자고 제안했다. 이 제안은 정치권 내에서 광범한 지지를 얻었다. UNEF와 좌파 사회주의자들인 PSU 지도부는 이 제안을 열렬히 지지했다. 한편으로는 학생들과 노동자들에게 영향을 미칠 수 있고, 다른 한편으로는 프랑스 자본주의를 수호할 수 있는 인물을 원하던 '중도'파 정치인들도 마찬가지였다.[37] 좌파에서는 유일하게 (소규모의 혁명적 그룹들을 제외하고) 공산당만이 이 안에 찬성하지 않았다. 그러나 많은 사람들은 공산당이 영향력 있는 지위를 약속받을 때까지 시간을 벌고 있을 뿐이라고 생각했다. 공산당은 "공산당이 참여하는 민중민주 정부"를 요구한 5월 29일 시위에서 CGT와 함께 그들의 힘을 과시했다.[38] 그 시위에는 50만 명이 참가했다.

이 때는 드골도 자기가 패배했다고 생각했을지 모른다. 5월 29일 수요일에 그는 아무에게도 행선지를 알리지 않고 파리를 떠나버렸다. 그가 사임했다는 소문이 퍼졌고 그의 지지자들은 그 어느 때보다 낙심해 있었다. 사실, 그는 독일에 있는 프랑스 육군 참모총장 마쉬 장군을 만나러 갔다. 다음 날 다시 드골이 나타나자, 사람들은 그가 단순히 교활한 책략을 썼다고 생각했다. 그러나 나중에 퐁피두가 주장한 바에 따르면 드골이 진짜로 사임을 결심했는데, 마쉬가 계속 싸우라고 그를 설득했다고 한다. "사실, 드골 장군은 낙담하고 있었다. 게임이 끝났다고 생각하고 사임하기로 작정했다. 바덴바덴에 도착한 뒤, 그는 장기 체류 준비를 했다."고 퐁피두는 기록하고 있다.[39] 어쨌든, 드골은 상황이 절망적이라는 것을 알고 있었다. 커다란 정치적 위기에 직면해서 어디론가 사라져 버리는 것은 매우 심각한 도박 행위였다. 이런 행위는 지지자들을 고무하지도 않고 적들을 위협할 것 같지도 않았다.

그러나 드골 정권은 살아났다. 그리고 그것이 전부는 아니었다. 그가 독일에서 돌아온 지 나흘 뒤, 파업이 끝나가고 우파들이 동원되고 경찰이 노동자들과 학생들을 공격하기 시작하면서 상황은 좌파에게 불리하게 돌아갔다. 어떻게 이런 급작스런 반전이 가능했을까?

대중 파업의 정치학

5월 셋째 주에 전 세계 언론들은 마치 하나의 단일한 혁명 운동이 일어나고 있는 것처럼 프랑스 '혁명'에 대해 이야기를 하고 있었다. 그러나 사실은 하나의 운동이 아니라 학생들의 운동과 노동자들의 운동이라는 두 가지 운동이 일어나고 있었다. 이 둘은 서로 영향을 주고받았지만, 그 운동이 전개되는 속도와 동역학은 서로 달랐다. 그리고 이 두 운동 안에서는 혁명적 사상만 작동하고 있었던 것이 아니다. 운동의 목표는 기존 프랑스 사회의 타도가 아니라 개혁이라고 생각한 정치적 경향 또한 강력했다.

지금까지 보았듯이, 학생 운동은 5월 3일 소르본 대학 한 구석에서 있었던 최초의 작은 시위에서부터 5월 13일 저녁에 파리대학교 전체를 점거하기까지 무서운 속도로 발전해 왔다. 이 운동의 선두에 섰던 사람들은 혁명적 사회주의자들이었다. 대학 당국에 대한 도전과 경찰과의 충돌에서 그들이 보여 준 주도력과 용기는 수만 명의 다른 학생들을 투쟁으로 이끌었다.

이 때문에 혁명가들은 엄청난 명성을 얻게 됐다. 그들은 경찰의 강경 진압과 당국의 거짓말에 분개한 학생들에게 자본주의가 어떻게 사람들의 삶을 망치는지, 그리고 그것에 맞서 어떻게 싸울 것인지 설명할 수 있는 더할 나위 없이 좋은 기회를 얻었다. 유명한 지도자들—콩방디, 게스머, 소브고—은 대중 집회, 라디오와 신문 인터뷰에서 바로 이런 일을 해냈다. 혁명적공산주의청년조직(JCR)과 혁명적학생연맹(FRS)—둘 다 트로츠키주의 조직—이나 청년공산주의연맹(마르크스-레닌주의)과 프랑스 공산당(마르크스-레닌주의)—둘 다 마오주의 조직—과 같은 운동 내 소규모 혁명 조직들이 각종 집회에서 바로 그런 일을 해냈다. 새롭게 정치화된 수많은 학생들이 점거한 대학에서, 카페와 바에서, 그리고 라탱 지구 전역의 길모퉁이에서 벌어진 수천의 토론회에서 바로 이런 역할을 했다.

초기에 학생 운동은 운동에 갓 입문한 사람들을 변모시켜 새로운 지역에 그 메시지를 전달하는 사도로 만들기 위해 새로운 조직기구를 급히 건설했다. 각종 실행위원회가 꾸려졌다. 각 위원회의 구성 인원은 처음에는 매일 만나서 함께 행동할 수 있는 20명에서 25명으로 제한됐다. 며칠 사이에 그 인원은 수백 명으로 늘어났다. 바로 그들이 수천 장의 전단을 만들어 파리 전역에 뿌리고 다녔고, 라탱 지구 주변과 노동계급 거주 지역에서 즉석 집회를 열었으며, 새로운 사람들을 끌어들여 자신들의 생활영역을 어떻게 변혁할 것인지를 함께 토론했다.

선동대가 꾸려져서 깃발과 현수막으로 뒤덮인 트럭을 타고 여러 지구와 교외를 돌아다녔다. 그들은 UNEF의 신문인 <행동>을 팔았고 전단을 배포했으며 작은 집회를 '촉발'했고 길거리에서 사람들을 불러모아 작은 토론 그룹들을 만들었다. ......[40]

5월 13일의 소르본 점거농성으로 조직화의 중심이 창출됐다. 대학 건물들은 실행위원회 사무실로 쓰였고, 강의실은 각 실행위원회에서 파견된 대의원들이 날마다 모이는 회의 장소가 됐다. 계단식 강당은 어떻게 사회를 변혁할 것인가 하는 문제를 끊임없이 토론하는 장소가 됐다. 작가 겸 철학자인 장-폴 사르트르가 그 곳에서 연설을 했을 때, 2500명을 수용할 수 있는 강당에 1만 명쯤 되는 청중이 밀려들었다.

5월 15일에 '문화' 실행위원회가 프랑스의 국립극장인 오데옹 극장을 점거하자 주로 지적인 쁘띠 부르주아지를 겨냥한 또 다른 혁명적 선동의 중심이 창출됐다. 한 현수막에는 이렇게 써 있었다. "국회가 부르주아 극장이 되는 날, 부르주아 극장은 국회가 될 것이다." 약 7000명이 매일 그 곳에 모여 토론을 벌였다.

총파업이 벌어지자, 소르본과 오데옹에서 열리는 토론회에 참석하는 사람들이 더는 학생에 국한되지 않았다. 라탱 지구는 마치 자석처럼 파리 전역의 사람들을 끌어들여 혁명적 물결로 모아냈다. 전에 흥행에 성공한 연극이나 최신 영화를 보러 다녔듯이, 노동자들은 운동에 참가하기 위해서 나갔고 중간계급 성원들은 살아 움직이는 '혁명'의 장관을 구경하러 나갔다.

5월 사태의 혁명적 상징은 대부분 라탱 지구에서 나왔다. 적기와 흑기가 내걸린 채 끊임없이 집회가 열리는 대학 건물들은 경찰이 감히 얼씬도 못하는 '해방구'처럼 보였다. 소르본 대학의 담벼락에 휘갈겨 쓴 구호들—"상상이 권력을 장악한다", "꿈을 현실로, 현실은 꿈으로 만들자"—은 언론 매체를 통해 전 세계로 퍼져 나갔다.

그러나 학생 운동 전체가 혁명적이었다는 것은 결코 사실이 아니다. 일단 학생들이 소르본 대학을 점거하자 뚜렷이 다른 세 가지 경향이 나타났다.

트로츠키주의든 마오주의든 아나키즘이든, 사회에 대한 진정한 도전은 이제 대학 밖의 노동자 계급에 달려있다고 보는 혁명가들이 있었다. 이들에게 문제는, 소르본 대학 점거농성을—기껏해야—발판으로 사용해 공장과 노동계급 거주 지역으로 달려가는 것이었다.

다른 한 경향은 스스로 혁명가를 자처했지만 대학이 혁명의 중심이어야 한다고 생각한 사람들이었다. 그들은 "학생 권력"을 주장하는 경향이 있었다. 그들은, 대학이 학생과 노동자가 어떠한 제한이나 시험 없이 들어올 수 있는 자치·자율 기관이라고 선포함으로써 학생 권력을 성취할 수 있다고 생각했다. 그들은 공장에서 "노동자 권력"이 필요한 것과 마찬가지로 학생들에게는 "학생 권력"이 필요하다고 주장했다.

"학생 권력"을 주장한 혁명가들이 학생 대중 사이에서 엄청난 지지를 얻었다는 사실은 의심의 여지가 없다. 그들은 시험이라는 쳇바퀴와 관련된 소외, 목적 상실감, 무기력증과 직접 대결했다. 그러나 그들은 극복할 수 없는 딜레마에 빠졌다. 학생 대중은 시험을 증오하면서도 아직까지는 학교를 계속 다니거나 학업을 마친 뒤 직장을 얻기 위해서는 시험을 통과해야 한다는 것도 알고 있었다. 그들은 학생 투쟁만으로는 어떤 대안을 제시할 수 있을 만큼 폭넓은 사회 변화를 이룰 수 없다는 사실을 깨닫고 있었다.

이런 생각 때문에 많은 학생들이 학업을 계속하기 위해 농성장에서 빠져나왔다. 이것은 농성장에 남아 있는 사람들 사이에서 셋째 경향, 즉 개혁주의가 성장하는 발판이 됐다. 이 개혁주의는 수석 교수들과 지배계급 내 '자유주의' 분파들이 받아들일 수 있는 시험 제도 개선 방안이나 대학 내 권위주의 구조의 개선책을 모색했다. 5월 13일에 소르본을 점거하고 나서 1주일이 지나기 전에 실행위원회 총회는 학생들이 점점 개혁을 받아들이고 있어서 운동이 쇠퇴할 수도 있다는 우려의 소리를 들었다.[41] "학생 권력"을 지지한 사람들은 이 슬로건의 내재적 한계—학생들이 정말로 무기력하다는 사실—에 직면하고 있었다.

이 문제 때문에 운동이 패배하는 것을 막은 것은 바로 노동자 투쟁의 분출이었다. 그 주 후반에 대중 파업이 확산되자 운동은 곧바로 학생 개혁주의에 빠져버리는 상황을 모면할 수 있었다. 노동자 투쟁의 분출이 학생 운동에서 상당한 영감을 얻고 어느 정도 영향을 받은 것은 사실이지만, 노동 운동에는 그 자체의 동역학이 있었다.

학생 운동이 분출하기 시작했을 때, 대학 내에는 학생 조직이 발전하는 데 장애가 될 요인이 거의 없었다. 이것은 혁명가들이 학생 운동을 주도할 수 있었던 이유 중 하나였다. 드골 정권에 대한 노동자들의 좌절감은 학생들보다 훨씬 더 오랫동안 증대하고 있었다. 그러나 노동자들 사이에는 유기적으로 뿌리내린 조직들이 있었다. 비록 대부분의 작업장에 직접 연루된 조직원들이 소수에 불과했을지라도 말이다.

많은 노동자들은 공산당과 공산당 계열 노조 연맹인 CGT가 자신들의 계급 조직이라고 생각했다. 이것은 단지 수십만 명의 공산당원이나 150만 명의 CGT 조합원에게만 해당되는 이야기가 아니었다. 공산당과 CGT 어디에도 가입하지 않았지만, 그 조직들이 계급의 전투적이고 적극적인 부문이며 다른 노동자들의 이익을 대변하는 부문이라고 여긴 사람들도 많았다. 공장의 대의원 선거에서, 육체 노동자의 절반은 CGT 후보들에게 투표했다. 공산당은 국회나 지방자치 선거에서도 약 500만 표를 획득했다.

게다가 많은 노동자들, 특히 제2차세계대전 당시 레지스탕스 운동이나 전쟁 전의 격렬했던 투쟁들을 기억하는 나이 많은 노동자들은 단순한 이데올로기 이상의 뭔가에 의해 공산당과 끈을 맺고 있다고 느꼈다. 노동계급의 투쟁에 대해 그들이 알고 있는 모든 것은 다 공산당에서 배운 것이었다. 그들은 전시에 공산당에 대한 신념 때문에 목숨을 잃은 사람들을 알고 있었다. 그 때문에, 공산당은 많은 당원이나 동조 세력을 거느리지 않았음에도 당 지도부가 결정한 것은 무엇이든 해내는 지지자들을 동원할 수 있는 대단한 능력이 있었다. 예를 들어, 공산당은 CGT로 하여금 5월 13일 시위에 2만 명의 간부들을 동원하도록 만들 수 있었다. 거의 군사적 규율을 몸에 익힌 이 2만 명은 공산당 소속 노조 지도부의 명령을 따를 각오가 돼 있는 사람들이었다.

공산당과 CGT는 초기에 학생들의 소요를 달갑지 않게 여겼고, 이런 불안한 상황이 노동자들에게 확산되는 것을 결코 바라지 않았다. (나중에 공산당 역사상 최악의 사무총장으로 기록되는) 조르쥬 마르셰 같은 당의 주요 지도자들은 CGT가 요구한 5월 13일의 하루 총파업에 심지어 반대하기도 했고,[42] 주말에 자생적으로 일어난 파업 운동에 대한 지지를 거부하기도 했다.[43]

그러나 공산당과 CGT 지도자 대부분은 그들이 주도력을 보여 주기 위해 아무것도 하지 않은 이 운동을 더는 외면할 수 없다고 생각했다. 자신들이 거느린 조직원들이 반발할 기미가 보였다. 더욱이 그들이 이 운동을 통제하고 노동자들의 전투성을 그들이 정해 놓은 테두리 안에 가둬둘 수만 있다면, 모종의 행동을 지지함으로써 지도부는 많은 것을 얻을 수 있을 터였다.

정치는 권력을 행사하는 것이다. 결국, 공산당과 CGT가 이용할 수 있는 진짜 힘 — 부르주아 사회의 협상 테이블 위에 올려진 협상물인 — 은 오직 노동계급의 일부를 통제할 수 있는 그들의 능력에서 나왔다.

공산당은 국회에서 영향력을 행사하고 싶어했다. 공산당의 목표는 사회당이나 급진당의 잔여 세력과 함께 선거 연합 전선을 구성하는 것이었다. 공산당은 이 길로 서서히 나아가고 있었다. 1965년에 공산당은 전직 내무 장관 프랑수아 미테랑(몇 년 동안은 아직 '사회주의자'를 자처하지 않았다)을 설득해 그가 출마하는 선거 운동에 합류하도록 허락을 받았다. 1967년에는 좌파연합과 선거 협정을 맺었는데, 이는 사회당 우파 그리고 중간계급 급진당과 연계한 것이었다. 그러나 공산당은 공동 선거 강령을 작성하고 협정을 체결함으로써 동맹을 강화하고자 했다. 이 협정에 따르면 선거에서 승리할 경우 공산당은 몇 개의 장관 자리를 얻게 된다.

그런데 공산당이 노동계급의 실질적 지지를 통제할 수 있음을 미래의 동맹세력에게 보여 주지 못한다면 이런 공조는 불가능했다. 이들 동맹 세력은 노동계급의 지지를 결코 감당할 수 없었던 것이다. 대부분의 당 지도부는 파업운동을 지배하고 강력하게 통제하는 것이 이런 목적을 달성하는 길이라고 생각했다.

CGT 지도부 역시 자신들이 정당한 협상 파트너로 인정받기를 바라고 있었다. 좌파 국회의원이 아니라 정부와 고용주한테 인정받고 싶었던 것이다. 특히 그들은 몇몇 고용주들한테서 오랫동안 받아 온 차별 대우를 끝장내고 싶어했다. 그들 또한 노동계급의 투쟁을 조절할 수 있는 능력을 보여 주지 못한다면 그런 목적을 달성할 수 없을 것이다.

5월 13일의 하루 파업은 그들의 목적에 딱 맞아떨어진 것처럼 보였다. 이 파업은 그들이 승승장구하는 학생 운동과 보조를 같이하고 있다는 것을 보임으로써 노동계급 내의 불만을 해소할 수 있게 해 주고 모든 이들에게 CGT의 힘을 과시할 수 있게 해 주었다. 그리고 노동자 운동이 그들의 통제를 벗어날 위험도 없는 것처럼 보였다.

그런데 그 주 후반에 자생적으로 번져 나간 파업과 점거 투쟁이 문제를 일으켰다. 운동이 그들의 통제를 벗어날 수도 있었던 것이다. 이 때문에, 그들은 쉬드 아비아시옹이나 클레옹에서 벌어진 첫 번째 파업을 독려하거나 선전하지 않았다. 하지만, 일단 운동이 본궤도에 오르자 운동을 그냥 방관하는 것은, 자기들이 통제하는 대로 이끌기 위해 "전선에 뛰어드는" 것보다 더 위험하다고 느끼게 됐다. 목요일 저녁부터 그들은 전선에 뛰어들었다.

노조와 당의 활동가들은, 자생적으로 시작되고 있는 파업을 단순히 지지하는 것으로 그치지 않고 새로운 파업을 이끌어 내고 피켓라인을 구성하며 스스로 파업위원회라고 선언함으로써 점거농성을 책임지고 있다는 것을 명확히 하라는 명령을 받았다. 이중의 과제가 주어졌다. 하나는 파업 운동을 확산시키는 동시에 통제하는 것이고, 다른 하나는 운동을 안전한 노동조합 투쟁의 틀 안에 국한시켜 혁명적 그룹이나 학생들의 영향력을 차단하는 것이었다.

이것이 의미하는 바는 빌랑쿠르의 르노 공장에서 벌어진 파업 초기에 잘 드러났다. 학생들이 소르본 대학에서 출발해 파리 전역을 가로지르는 '대장정'을 통해 지지와 연대를 보여 주었다. 그러나 그들을 맞이한 것은 공장 안에 있는 노동자들에게 접근하지 못하도록 줄지어 막아선 CGT 현장 간부들이었다.

이와 비슷한 일들이 각 공장마다 더 작은 규모로 되풀이됐다. 학생 운동이 노동자들의 투쟁을 고무했을 수도 있다. 그러나 CGT와 공산당은 혁명적 학생들이 '그들의' 노동자에게 영향력을 미치지 못하게 하기로 결심했다.

파업을 계속 통제하기 위해 노조와 당의 활동가들은 다른 노동자들이 점거 농성에 합류하거나 운동이 고조되면서 불거진 문제들을 토론하지 못하게 했다. 공산당과 CGT를 연구한 어떤 역사가가 쓰고 있듯이,

> 5월 17일 이후 연맹의 최고 관심사는 CGT의 활동가들이 지역에서 선출된 파업 위원회를 되도록 많이 장악하도록 하는 것이었다.
> [그 결과 — 크리스 하먼] 몇몇 경우에 …… 연좌농성은 대중적 현상이었고 수많은 토론과 논쟁이 벌어졌다. 그러나 대부분 경우에는 노조 간부들만의 행동이었고, 공장 전체를 점거한 것은 핵심 피케팅 대열과 유지보수 노동자들이었다. …… 이런 경우 파업 노동자 대부분은 십중팔구 집에서 TV나 라디오를 통해 사태 진행을 지켜보며 공감을 표시할 뿐이었다.[44]

이것은 필연적으로 전체 운동에 매우 중요한 영향을 미쳤다. 학생들 사이에서 발생해 소수의 노동자들에게 영향을 미쳤던 정치화가 노동자 대중에게는 확산되지 않았다. 왜냐하면 노동자 대중은 투쟁에 직접 참여하거나 그 교훈을 토론할 수 없었기 때문이다.

CGT와 공산당이 했던 역할은 그르넬 협상에서 잘 드러났다. 정부는 노조 지도부의 핵심 요구 사항 가운데 많은 것들을 충족시키지 못했다. 최저임금 인상은 노동자 5명당 1명에게 혜택이 돌아갔을 뿐 파업의 선두에 섰던 주요 세력들에게는 아무것도 주지 못했다. 파업 기간 중의 임금 지급에 대한 보장도 없었고 노동시간 단축도 없었으며, 그 전달의 생계비 인상에 따른 임금 가치의 자동적인 보전도 약속받지 않았다. 그러나 노조 지도자들은 회담장에서 나오면서 이렇게 말했다. "그르넬 협정은 노조와 정부의 관계에서 전환점을 의미한다."[45] 왜? 참으로 오랜만에 정부가 노조에게 정부 대신 노동자들을 통

제하도록 허용했기 때문이다!

그러나 공산당과 CGT는 여전히 그들의 왼쪽 측면을 보호해야 했다. 바로 이 때문에 빌랑쿠르의 르노 공장 노동자들이 그르넬 협정에 적대적 반응을 보이자 CGT는 그 활동가들에게 지역의 문제들을 가지고 파업을 지속하라고 허용했다.

제2의 주요 노조인 CFDT는 몇 년 동안 CGT와는 다른 전략을 추구해 왔다. 이 조직은 어떤 정당에도 묶여있지 않았으며, 조직원을 늘리고 영향력을 증대하는 데만 주된 관심을 쏟았다. CFDT의 간부 대다수는 CGT가 하는 것처럼 하루 파업이나 한나절 파업으로 힘을 과시하는 것보다는 투쟁을 통해 현장의 교섭권을 강화하는 것이 이런 목적을 달성할 수 있는 방법이라고 생각했다. 재빠른 성장을 원하는 소규모 노조가 흔히 그렇듯이 CFDT의 중앙 간부들은 지역의 전투적 활동가들이 조합원 수를 늘리기만 하면 그들이 독자 행동을 해도 이를 문제삼지 않았다. 그래서 전통적으로 CGT(얼마 전까지도 프랑스의 기독교민주당인 민중공화제운동(MRP)과 비공식 연계를 맺고 있었다)보다 우파적이었던 노조 연맹이 좌파적 언사를 늘어놓고 그 간부들은 소규모 좌파 사회주의 정당인 프랑스 통일사회당(PSU)과 연계를 맺고 있었다.

처음에 CFDT는 학생 운동에 반대했지만, CGT보다 먼저 학생 운동에 결합했고 UNEF와 연계를 확립했다. 파업 운동이 활발해지자, CFDT 지도자들은 CGT와 달리 순전히 경제적 요구에 자신들을 국한시키지 않았다. 오히려 그들은 공산당이나 CGT의 행동에 환멸을 느낀 활동가들에게는 거의 혁명적으로 들릴 만한 언어로 이야기했다. 그들은 "오토제스티옹(autogestion)"(노동자 통제)를 외치기까지 했다. 하지만 이것이 기존 경영권 구조에 참여하자는 것인지 아니면 그 자체를 전복하자는 것인지는 분명히 밝히지 않았다.

하지만 결정적 시기가 오자 CFDT도 CGT와 마찬가지로 더러운 뒷거래를 하려 했다. CGT 반대파를 끌어당기기 위해 나중에는 전투적 협상에 참가할 준비가 돼 있었지만, CFDT도 그르넬 협정 자체를 거부하지는 않았다.

우리가 보았듯이, 파업에 종지부를 찍기 위해 고안한 그르넬 협상이 실패로 돌아가자 많은 주류 자본주의 정치가들은 드골 정권이 끝났다고 생각했다. 그러나 이 실패 때문에 정부가 곤경에 처한 것과 마찬가지로 공산당과 CGT, CFDT의 지도자들도 커다란 문제를 안게 됐다. 그들이 내내 목표로 삼고 있었던 것은 투쟁을 협상 카드로 이용해 기존 구조 내에서 자신의 힘을 키우는 것이었다. 그러나 이제 그 구조 자체를 누구나 이용할 수 있게 됐다. CFDT 지도부 중 한 사람이 말했듯이, 이제 그들이 협상할 '상대방'이 사실상 존재하지 않게 된 것이다.[46]

노조와 공산당 지도부 모두 당혹스러움을 감추지 못했다. 그들은 정부를 전복할 의도가 없었다. 그러나 만약 정부가 붕괴한다면 자신들과 가까운 자들이 정권을 잡게 해야 했다. CFDT 지도부는 샤를르티 체육관에서 4만 명이 참가한 집회를 개최한 UNEF 행진을 지지했다. CFDT 지도부는 이 집회에서 혁명적 어조로 연설했지만 그 뒤에는 미테랑이 제창한 맹데스-프랑스 중심의 정부 구성을 지지했다. 공산당과 CGT 지도부는 이제 진짜로 두려움을 느끼게 됐다. 그들은 한편으로는 학생 운동이라는 거대한 부문과 다른 한편으로는 사회당이나 급진당 정치인들이 그들의 왼쪽과 오른쪽으로 사람들을 끌어 모으고 있는 운동 때문에 자신들이 뒤처지고 있다는 두려움에 사로잡혔다. 자기 지지자들이 떨어져 나가는 것을 막는 유일한 길은 그들 자신만의 정치적 시위를 조직하는 것이었다. (르노 집회 이틀 뒤인) 수요일에 그들은 '민중민주 정부'를 위한 대규모 행진을 조직했다.

이것은 허장성세로 가득 찬 게임 같은 것이었다. CGT, 공산당, CFDT, 미테랑, 맹데스-프랑스 그 어느 누구도 드골을 쫓아내는 심각한 투쟁에 내재한 위험을 무릅쓰려 하지 않았다. 그렇게 할 준비가 돼 있는 유일한 사람들은 일부 혁명적 학생들뿐이었다. 그러나 이들은 공장에서 멀리 떨어진 곳에 진을 치고 있었기 때문에 그들에게는 진정한 힘이 없었다. 그 게임의 목표는 드골이 스스로 물러설 경우 각 분파가 저마다 자기 몫을 챙기려는 것이었다. 정권이 해야 하는 일이라고는 그저 엄포를 놓는 것뿐이었다. 5월 30일 목요일에 바로 그런 일이 일어났다.

대단원

우리는 드골이 5월 29일 독일에서 정확히 무엇을 했는지는 모르지만, 다음 날 프랑스로 돌아와서 그와 퐁피두가 무엇을 했는지는 잘 안다.

먼저 그들은 드골주의 정당기구를 정비해 파리 한복판에서 친정부 시위를 조직했다. 그 다음, 군대를 시 외곽에 집중 배치하고 있다는 사실을 유포했다. 마지막으로, [친정부] 시위대가 모이기 시작하자 드골은 라디오와 TV를 통해 연설을 했다.

그의 메시지는 간결했으며 요점을 찌르는 것이었다. 그는 집권을 계속할 것이며 누구든지 그에게 도전하는 사람은 "전체주의적 공산주의"의 사주를 받아 "협박, 악선동, 폭압"을 자행하는 것이라고 선언했다. 이런 자들은 필요하다면 강제로라도 제지해야 하며, 애초에 성공할 수 없었던 국민투표 대신 국회 해산과 총선거를 실시할 것이라고 발표했다.

"전체주의적 공산주의"란 말은 드골 지지자들이 듣고 싶어하던 바로 그 말이었다. 그들은 좌파가 거리를 장악한 거의 한 달 동안 무기력하게 뒤로 물러나 있었다. 이제 그들은 파리의 부유층 거주 지역에서 콩코드 광장으로 떼지어 몰려나와 드골을 수호하자고 외치면서 노동자와 학생들에 대한 경멸감을 표출하기 시작했다.

50만 명에서 60만 명이 참가한 이 시위가 드골의 운명을 바꿔 놓았다는 주장이 가끔 제기된다. 이런 판단은 잘못된 것이다. 어느 날 밤 부유층이 파리 중심가를 걸어지나간 것과 그들이 프랑스 산업 전체를 다시 가동시키는 것은 완전히 다른 일이다. 실제로, 그 날 밤 그들은 여전히 강 건너편에서 좌안을 통제하고 있는 학생들에게 도전할 엄두를 내지 못했다.

그들의 수중에 있는 무력이라는 관점에서 보면, 정권의 진정한 약점은 그 다음 날 밤에 바로 드러났다. 경찰은 몇몇 역에서 피켓라인을 쫓아내 철도 파업을 깨뜨리려 했다. 그러나 그들은 철도 노동자들을 작업에 복귀시킬 수 없었고, 철도망은 계속 마비됐다.

드골의 마지막 카드는 노조 지도자들과 좌파 정치인들에게 엄포를 놓는 것이었다. 바로 이들을 겨냥해 드골은 내전과 총선거, 둘 중 하나를 선택하라고 연설했던 것이다.

드골의 연설을 들은 좌파 의회주의자들은 당장 이를 비난했다. 미테랑은 "드골이 내전을 선포했다. 이것은 독재자의 발언이다."[47]라고 말했다. 공산당의 판단도 비슷했다. 그러나 좌파 정당이나 노조 중 어느 누구도 드골의 발언에 대해 정권에 대한 전쟁 선언으로 대응하지 않았다. 오히려 그들은 총선거를 환영하고 나섰다. 다음 날 세기는 "선거 국면에서 변화를 바라는 노동자들의 욕구를 표출하는 것은 노동자들의 이익에도 부합하는 것이다."라고 말했다.[48]

그리고 CGT와 공산당으로서는 선거전에 뛰어들 준비를 하기 위해 파업 운동을 되도록 빨리 끝내야 했다. 사흘이 채 안 돼, 협상이 타결돼 전기·가스·우편·철도를 포함한 주요 공공 부문에서 작업을 재개하기로 했다. 토요일 저녁에 경찰이 할 수 없었던 일을 화요일에 CGT가 해낸 것이었다.

그 주 토요일은 은행이 쉬는 날이었다. 금요일 저녁에 연휴가 시작됐을 때, 정부는 여전히 매우 취약한 상태였다. 비록 전날 밤에 [친위] 시위가 있긴 했지만 말이다. 화요일에 연휴가 끝났을 때는 전국의 교통 시설이 거의 대부분 회복됐고 석유 공급도 원활해졌으며 파업 운동의 추진력은 사라졌다. 부유층과 권력층은 마침내 안도의 한숨을 내쉴 수 있었다.

█ 혁명가들

█ 공산당과 CGT가 내린 결정 — 선거를 위해 파업을 끝낸다는 — 이 도전을 받지 않은 것은 아니었다. 드골의 연설이 있은 지 이틀 후, 약 3만 명이 "선거는 반역 행위다", "이제 시작이다 — 투쟁은 계속된다" 등의 구호를 외치면서 파리 곳곳에서 시위를 벌였다. '정상적' 시기라면 3만 명은 매우 많은 수였겠지만 당시 프랑스 사회가 겪고 있었던 커다란 정치적 위기에 중요한 영향을

끼칠 만큼 충분하지는 않았다. 그들은 거리에서 시끄러운 소리를 낼 수는 있었다. 그러나 주요 공공 부문에서 파업을 끝내기로 한 타협안을 막을 수는 없었다.

이것은 공공 부문 노동자들이 작업장 복귀를 간절히 원했기 때문은 아니었다. 비록 전기·가스·철도·지하철 노동자들이 상당한 경제적 양보를 얻은 것은 사실이지만, 그들은 그런 양보를 즉시 받아들이지는 않았다. 나중에 한 노조 간부는 이렇게 말했다.

돈 문제나 다른 어려움이 있긴 했지만…… 파업은 마치 축제 같았다. 2~3주 동안 파업 참가자들은 완전히 자유로운 정신 속에서 살았다. 고용주도, 직장 상사도, 위계질서도 사라져 버렸다. 그래서 파업을 철회하기 전에 사람들은 망설이고 있었다.[49]

일단 물러난 뒤에도, 종종 그들은 다시 거리로 나가려 했다.

일부 RATP 역에서 그랬듯이, 오직 필요한 것은 CGT가 '초좌파'라고 부르는 단호한 투사들이었다. 그런 투사들이 없었기 때문에 우체국에서 나온 노동시간 단축 같은 요구 사항은 받아들여지지 않았다.[50]

그러나 그런 투사들은 매우 드물었고 희귀하기까지 했다. 5월 사태가 시작됐을 때 혁명적 좌파는 매우 미약했다. 트로츠키주의 조직과 마오주의 조직은 각각 400명 정도의 조직원을 거느리고 있었고 그조차도 노동계급 안에는 전혀 없었다. 학생 활동을 거부한 트로츠키주의 조직 '노동자의 목소리'(Voix Ouvrière : 나중에 '뤼트 우브리에르'[Lutte Ouvrière : 노동자의 투쟁이라는 뜻]로 이름을 바꾼)조차도 그 조직원의 상당수는 학생과 학생 출신들이었고 이들은 주로 공장 외부에서 공장 안으로 전단을 돌렸다.

5월이 지나면서 '혁명가'를 자처하는 사람들이 부쩍 늘어나 수만 명을 헤아릴 정도였다. 그러나 그들 대부분은 학생이었다. 이것은 공산당과 CGT가 노동자들의 파업을 계속 수동적으로 만들고 혁명적 학생들을 공장에서 배제한 결과였다.

혁명적 학생들의 약점은 벌써 5월 24일에 적나라하게 드러났다. 이 날 UNEF는 독일을 방문하고 돌아오는 다니엘 콩방디에게 입국 금지 조치를 내린 정부에 항의하는 시위를 벌이려 했다. 공산당과 CGT는 같은 날 저녁 다른 집회를 조직하면서 UNEF의 시위를 사보타지했다. 경찰은 의도적으로 CGT를 무시하면서 학생 3만 명이 참가한 시위를 공격했다. 학생 한 명이 죽고 많은 사람들이 다치거나 체포됐다.

그 날 밤 다니엘 콩방디 같은 학생 운동 지도자들은 가두 시위만으로는 운동이 전진할 수 없다는 사실을 깨달았다. 학생들이 파업중인 노동자들에게 다가가야만 했다.[51]

새롭게 떠오르는 혁명적 학생들이 젊은 노동자들 사이에서 청중을 획득하는 데 성공했을 때조차도 문제는 여전히 남아 있었다. 르노 자동차의 어떤 젊은 노동자는 빌랑쿠르로 행진해 온 학생들과 벌인 토론에 대해 이렇게 이야기했다.

> 우리와 그들의 관계는 매우 우호적이었지만 그들의 주장은 명료하지 않았다. 우리가 그런 사람들을 만난 것이 처음이었다는 사실을 고려해야 한다. 우리는 그들이 말하는 방식에 익숙하지 않았고 우리가 보기에 그들은 낯선 세계에서 온 이상한 동물 같았다.[52]

학생들이 가지고 있는 '혁명적' 사상의 본질이 문제의 일부였다. 학생들 중에는 아나키즘이나 '제3세계주의'의 영향을 받은 사람들이 많았다. 그들은 노동자 계급이 체제에 '매수'됐다고 여겼고, 자본주의가 아니라 물질적 향상을 추구하는 '소비' 사회가 바로 적이라고 보았다. 이것은 체제와 타협한 사람들이 누리게 될 안락한 중간계급의 삶을 거부한 학생들에게는 일정한 도덕적 호소력이 있을지도 모르지만, 자동차·세탁기·냉장고·TV를 구입하는 것이 지루한 일상에서 탈출하는 방법이라고 생각하는 노동자들한테서는 거의 호응을 얻을 수 없었다.

그런 태도가 의미하는 바는, CGT가 노동자들은 폭넓은 사회적·정치적 문제에는 관심이 없다고 주장하면서 파업을 순전히 경제적 요구에 국한시키려 했던 반면, 많은 학생들은 경제적 요구를 부적절한 것으로 치부하고 무시하면서 단순히 '콩테스타시옹', '계몽', '권위와의 싸움', '혁명'을 이야기할 뿐이었다는 것이다.

그러나 혁명적공산주의청년조직(JCR) 같은 그룹의 영향을 받아서, 많은 노동자들이 국가에 도전하는 데서 물질적 요구를 위한 투쟁이 매우 중요하다는 점을 깨달은 학생들에게도 여전히 문제는 남아 있었다. 학생들은 대체로 중간계급 가정 출신이었고, 대학 내에서 추상적 토론을 통해 정치적 성향을 갖게 됐다. 그 때문에 그들은 사뭇 다른 경험을 가지고 있는 노동자들에게 자신들의 생각을 제대로 설명할 수 있는 방법을 알지 못했고 대부분의 노동자에게는 낯설기만 한 '지식인'의 언어로 말하는 경향이 있었다.

이런 문제들은 혁명적 좌파가 투쟁 속에서만 해결할 수 있는 것들이었다. 학생 개인들이 가장 전투적인 노동자들과 나란히 싸우면서 노동계급의 삶의 현실을 배우고 그와 동시에 노동자들이 자신들의 직접적인 경험을 일반화할 수 있도록 도와주면서 말이다.

실행위원회는 학생과 노동자가 함께 행동하고 배울 수 있는 수단을 제공했다. 5월 이전에 활동적이었던 소수의 혁명적 사회주의자들은 이런 실행위원회 안에서 자신들의 사상을 펼치면서 여러 사건에 지대한 영향을 미칠 수 있었고 이를 통해 이번에는 실행위원회가 더 광범한 청중에게 다가갈 수 있었다.

이런 식으로, 실행위원회는 혁명적 사회주의 정당의 대체물 구실을 해 나갔다. 그러나 그것은 썩 좋은 것은 아니었다. 혁명 정당은 대중 투쟁이 분출하기 훨씬 전에 지속적인 토론을 통해 사태에 대한 명확한 분석, 다양한 부문의 노동자들에게 자기의 견해를 주장하는 방법에 대한 이해, 자발적인 내부 규율을 발전시킨다. 혁명 정당은 급변하는 상황에 매우 신속하고 일사불란하게 대응할 수 있다. 실행위원회는 이런 장점을 하나도 갖추지 못했다. 매우 중요한 순간에, 실행위원회 총회는 끝없는 논쟁에 빠져 옴짝도 못했다. 그래서 정권과 공산당, CGT나 좌파 정치가들의 책략에 제대로 대응할 수 없었다.

5월 30일 드골의 연설 이후, 이런 문제점이 적나라하게 드러났다. 여기저기서 사람들은 드골의 내전 위협이나 CGT의 작업 복귀 요구와 다른 대안을 찾고 있었다. 하지만 학생 운동은 어떤 대안도 내놓을 수가 없었다. 6월 1일에 '혁명적 운동'을 확립하기 위한 회의가 있었으나 아무런 결론도 내지 못했다. 그 다음 날 열린 실행위원회 총회도 마찬가지로 아무 성과가 없었다. 토론이 질질 늘어지자 마침내 많은 대의원들이 자리를 떠나거나 지쳐서 드러누웠다.[53]

더욱이 실행위원회의 영향력에 대한 가장 우호적인 평가조차도 파업 현장의 4분의 1에만 실행위원회가 존재했다는 한계를 지적한다.[54] 그조차도 학생들과 젊은 노동자들로 이루어진 압력 단체에 불과한 경우가 많았다. 그들은 압력을 행사할 수는 있었지만 작업장에서 기존에 확립된 CGT의 지도력에 도전하기는 훨씬 더 힘들었다.

그 때문에, 혁명적 좌파가 공산당과 CGT의 파업 철회 방침에 따르기를 원하지 않는 노동자들을 끌어들이는 구심점이 될 수는 있었지만, 그런 방침 자체를 막기에는 역부족이었다. 따라서 5월 운동의 청산도 막을 수 없었다.

▌쓰라린 종말

수많은 사람들이 참여한 거대한 사회 운동은 그냥 갑자기 멈추지 않는다. 그 운동을 전진시켰던 추진력이 사라져 버리면, 운동은 뒤로 되돌아가기 시작한다. 운동이 보여 준 확신과 힘에 이끌려 어중간한 확신을 갖게 된 그 모든 사람이, 그들의 삶을 마비시켰던 억압과 사소한 좌절감에 대처하는 방법을 운동 속에서 찾지 않게 되면서 그냥 사라져 간다. 운동을 출세 수단으로 여기는 모든 기회주의적 정치인은 이제 다른 시류에 편승하기 시작한다. 운동을 적대시했던 모든 세력은 운동과 자기들 사이에서 동요하는 사람들에 미치는 운동의 영향력이 감소하는 것을 보면서 자신들의 힘이 강화되는 것을 느낀다.

1968년 6월 초에 공산당과 CGT가 공공 부문의 작업 복귀를 결정함으로써 5월 운동은 불가피하게 소멸하고 말았다. 공공 수송과 연료 분배 부문의 정상화는 정부를 지지하는 중간계급의 일부가 문자 그대로 더는 마비되지 않는다는 것을 의미했다. 드골의 정치기구가 다시 작동하면서 전단을 돌리고 포스터를 붙였으며 중앙과 지방의 시위를 조직했다. 1주일 전만 해도 질서 회복을 위한 유일한 방법은 모종의 좌파 정부가 들어서는 것이라고 생각했던 사람들이 이제는 다시 드골을 신뢰하게 됐다. 학생 시위가 시작된 이래 처음으로, 경찰이 강경 노선을 취한다 해도 일부 '여론'은 경찰을 지지할 것이라고 예상되자 경찰의 항명 가능성은 사라져 버렸다.

바로 그 주에 경찰이 처음으로 파업 노동자들을 공격했다. 6월 5일에 경찰은 파업 노동자들이 장악한 라디오와 TV 방송국을 탈환하고 통제력을 되찾았다. 그 다음 날 CRS가 플랭의 르노 공장으로 들어가서 피케팅하는 노동자들을 내쫓았다. 그들은 그 다음 날 공장을 재점거하려는 [노동자들의] 시도를 폭력 진압하면서 고교생 한 명을 살해했다. 6월 10일에는 5월 13일 이래 처음으로 라탱 지구에 CRS가 나타났다. 6월 11일에는 소쇼의 푸조 공장에 쳐들어가 점거농성을 하고 있던 노동자들을 두들겨 팼고 이를 피해 달아나는 노동자들을 공장 주변까지 쫓아가 공격하는 와중에 두 명을 살해했다. 같은 날 생나제르, 툴루즈, 리옹에서 경찰은 노동자들과 학생들을 공격했다. 며칠 후, 정부는 트로츠키주의 그룹과 마오주의 그룹, 그리고 '3월 22일 운동'을 공식 금지하는 한편, 1960년대 초의 우익 테러 단체인 비밀군사조직(OAS)의 지도자 살랑 장군을 석방했다.

하지만 경찰의 공격에도 불구하고 파업은 분쇄되지 않았다. 플랭과 소쇼에서 노동자들은 공장을 다시 점거했고 경찰은 결국 철수했다. 라디오와 TV의 파업은 4주 더 계속됐다.

그러나 파업의 분위기는 극적으로 변했다. 5월 31일까지는 노동자들이 어디서나 공세적이었다. 그 주 주말에 공공 부문의 조업 정상화가 이루어진 후, 고용주들은 자신들이 공세적으로 나갈 수 있다는 확신을 가지게 됐다.

정부가 그르넬 협상에서 제시한 양보는 노동자 운동을 파편화시키려는 의도에서 나온 것이었다. 정부는 소수의 저임금 노동자들에게는 [임금] 인상을 대폭 허용한 반면 대중 파업을 선도하고 있던 대규모 금속·섬유 공장 노동자들에게는 훨씬 소폭의 인상만을 허용했다. 이들 산업의 노동자들이 사실상 얻은 것 하나 없이 공장으로 돌아가게 하려는 의도였다. 핵심 공공 부문이 계속 파업을 하고 있는 동안에는 이런 전술은 거의 효과가 없었다. 그러나 이제 CGT가 작업 복귀를 결정하자 사정은 달라졌다. '지역적 요구'를 내세운 각 공장별 투쟁 때문에 고용주들은 5월의 운동을 주도한 공장들을 각개 격파할 수 있었다.

한 금속 노조 지도자는 나중에 이렇게 말했다.

정부와 고용주 모두 그들을 두려움에 떨게 만든 세력들을 용서하려 하지 않았다. 그들은 학생들 앞에서 무기력했고 전국을 마비시킨 공공 부문 노동자들 앞에서도 속수무책이었다. 그러나 금속과 자동차 부문이 앞으로 2주 동안 지쳐 나가떨어지면, 전투적인 노동자들을 굴복시키는 것은 짜증나긴 하지만 꼭 필요한 일이었다. 그렇게 되면 정부와 고용주들은 노동자들에게 보복함으로써 정부의 항복 선언과 고용주들의 치욕으로 얼룩진 전 달의 기억을 다 지워버릴 수 있을 것이다.[55]

새로운 분위기에 편승한 고용주들은 노조 파괴의 낡은 방법을 모두 동원했다. 즉, '다수'의 노동자들이 작업 복귀에 찬성한 것처럼 비밀투표를 조작했고, 어용 노조와 현장 주임들을 이용해 피켓라인을 분쇄했으며, 경찰력을 동원해 파업 노동자를 폭행했고, 그런 조치에 반발하는 사람은 누구나 "위험한 반체제 세력"으로 몰아붙였다.

처음에 정부와 고용주들의 공격은 이미 작업에 복귀한 노동자들 사이에서 다시 연대를 위해 거리로 나가야 한다는 압력을 만들어 냈다. 이런 정서가 꽤나 강력했기 때문에 CFDT는 파업중인 사람들을 지지하는 하루 투쟁을 제안해야 했다. 그러나 CGT는 "연대가 플랭 사건 같은 사고를 유발해서는 안 된다."고 말하면서 "CFDT의 일방적 결정"을 비난했다. CGT는 플랭의 사고가 '초좌파 모험주의자들' 때문이었다고 비난했던 것이다. "총파업을 다시 시작하자는 말은 모두 위험한 도발로 여겨야 한다." 파업중인 노동자들을 위해서 할 수 있는 일은 '파업기금 모금'뿐이라는 것이다.[56]

주요 자동차 공장들 — 르노, 시트로앵, 푸조 — 은 6월 중순에도 여전히 파업중이었다. 나중에 CGT는 10~14퍼센트의 임금 인상, 주당 노동시간 1시간 반 단축, 파업 기간 임금 반액 지급을 대가로 르노 [노동자들이] 작업에 복귀하도록 간신히 설득할 수 있었다. 그러나 노동자의 5분의 1은 이런 협상안도 거부했으며, 경찰과 물리적 충돌이 벌어진 플랭 공장에서는 40퍼센트의 노동자가 협상안에 반대했다. 푸조가 작업에 복귀하고 나서 며칠 뒤에, 그러니까 6월 24일에 시트로앵도 작업에 복귀했다. 각 공장의 노동자들은 모두 승리감을 맛본 채 공장으로 돌아갔다.

고용주들은 그들이 원하는 대로 노동자들을 '처벌'할 수는 없었지만, 그래도 그들은 여전히 자축할 만한 이유가 있었다. 5월 운동에서 중요한 성과를 얻기 위해 가장 오래 파업을 지속해야 했던 노동자들은 전통적으로 조직력이 가장 취약했던 부문이었다. 그들은 한동안 다시 파업을 벌일 가망이 별로 없었고, 그 덕분에 고용주들은 강력한 현장 조직의 발전을 방해하고 어용 노조를 재건할 수 있는 기회를 얻게 됐다. 시트로앵과 푸조 같은 회사들은 마지못해 파업 노동자들에게 경제적 양보를 할 수밖에 없었겠지만, 그들은 5월 이후에도 그 전처럼 '무노조주의'의 요새로 여전히 남아 있을 수 있었다.

5월 말 이후 지역별 작업 복귀가 운동을 파편화하고 이것이 처참한 패배로 이어진 한 가지 중요한 사례가 바로 국영 라디오와 TV 방송국인 ORTF였다.

방송기자와 기술자들은 5월 운동이 끝나갈 때까지도 완전히 동참하지는 않았다. 그들이 행동에 나선 이유는 방송국 임원들이 5월 운동의 규모에 관한 사실 보도나 정부 정책에 반대하는 사람들과 한 인터뷰 방송을 거듭거듭 금지 했기 때문이었다. 심지어 가장 저명한 부르주아 정치인과 한 인터뷰조차도 방송에 내보낼 수 없었다. 처음에는 CGT의 격려를 받으면서 전면 파업은 자제했다. 그러나 결국은 좌절감이 쌓인 끝에 스튜디오를 점거하고 전면 파업에 돌입했다. 정부는 중무장한 경찰력이 지키고 있는 에펠탑의 스튜디오에서 앙상한 프로그램만을 방송하지 않으면 안 됐다.

6월 초에 사태가 정상을 되찾자 정부는 보복할 수 있게 됐다. 6월 5일 정부는 새 방송 책임자를 임명했는데, 그는 13명의 기자와 6명의 프로듀서를 해고하고 경찰력을 이용해 스튜디오를 탈환했으며 파업에 참가하지 않은 노동자와 새로 뽑은 비조합원들을 이용해 '정규' 방송을 내보내기 시작했다. 그런 다음 정부는 프로그램 내용을 완전히 장악하는 것을 대가로 임금과 노동 조건을 향상시켜 주었다. CGT의 압력을 받은 기술자들은 이런 조건 아래 6월 19일 업무에 복귀했다. 기자들은 이후 3주 동안 투쟁을 계속하다가 7월 12일에야 완전한 패배를 인정했다.

정부가 방송국 파업을 고립시키고 패배시킨 사건의 중요성을 과소 평가해서는 안 된다. 5월 마지막 주에 방송 채널이 침묵한 것은 정부의 무기력함의 상징이었다. 6월 5일 이후 정부가 다시 방송국을 통제할 수 있게 된 것은 정부의 힘이 되살아났다는 것과 선거에서 정부를 선전할 수 있는 강력한 지원 세력을 확보했음을 의미했다. 오로지 현 정부만이 프랑스를 혼란에서 구할 수 있다고 주장하면서 말이다.

혁명적 기회

실패한 혁명은 매우 빠르게 기억에서 사라진다. 지배계급은 서둘러 낡은 생활방식을 재건하려 하면서, 한편으로는 다른 대안은 없다는 낡은 사고방식도 재구축하려고 애쓴다. 압도 다수의 사람들에게 혁명적 시기는 섬뜩한 정신 착란처럼 보이게 된다. 꿈이나 악몽이 개인의 현실 생활과는 완전히 별개인 것처럼 혁명적 시기는 현실적 사회생활 과정에서 완전히 벗어난 그 무엇처럼 보이게 되는 것이다. 구제 불가능한 낭만주의자들만이 그런 순간들을 기억하려고 애쓸 것이다. 기억에 대한 이런 억압은 매우 효과적일 수 있기 때문에 심지어 역사가들조차도 진실을 파헤치고 그 진실과 환상을 구별하기가 힘들 수도 있다. 보통은 새로운 혁명적 상황의 고조만이 과거 혁명적 상황에 참여했던 수천 명의 개인적 기억에서 당시의 실제 상황을 확증할 수 있는 기억을 끄집어 낼 수 있다.

프랑스의 68년은 실패한 혁명도 아니었다. 그 당시에 '혁명'에 관한 많은 말이 나왔는데, 특히 파리의 라탱 지구와 외국의 언론에서 그랬다. 하지만 국가 권력을 장악하려는 어떠한 시도도 없었다. 그래서 이 시기의 역사를 일종의 해프닝으로 치부하거나 역사책의 각주에나 나올 법한 하찮은 일로 제쳐놓는 과정이 보통 때보다 훨씬 더 빠르게 진행됐다. 이제 20년이 지난 지금 사람들은 대개 1968년이 '학생들의 해'였다고 말하면서, 마치 사상 최대의 총파업이 일어나지 않았던 것처럼, 그리고 서방 세계에서 가장 강력한 정부 중 하나가 자체 붕괴의 기로에서 1주일 동안 갈팡질팡하지 않았던 것처럼 말하고 있다.

이런 집단적 기억상실증의 근원 중 하나는 바로 프랑스 공산당이었다. 이들은 혁명적이기는커녕 5월 내내 운동이 정치화하는 것을 막으려고 최선을 다하다가 고작 5월 마지막 주에 가서야 잠시 입장을 바꿨을 뿐이다. 그것도 만약 그들이 계속 손을 놓고 있으면 다른 누군가가 권력을 장악할 수도 있다는 두려움 때문에 어쩔 수 없이 그렇게 했을 뿐이다. 그래서 그 뒤로 공산당은 혁명이 언제나 불가능했다는 주장을 펴는 데 전력을 다해야 했다. 그들은 6월 말의 선거 결과—좌파 정당은 몰락한 반면 우파 정당이 표를 얻고 의석을 차지한—가 그 사실을 입증해 주었다고 주장했다. 공산당의 말에 따르면 당시 혁명을 시도하는 어떤 행위도 지지를 얻지 못했다는 것이다. 만약 그런 시도가 있었다면 그것은 완전히 모험에 불과했을 것이라고 한다.

이런 주장은 이중으로 틀렸고 지금도 틀린 주장이다.

첫째, 6월은 5월이 아니었다. 5월에는 거대한 노동자 계급 대중과 상당수의 중간계급이, 학생들이 바리케이드를 쌓고 1000만 명의 노동자가 파업을 벌인 사태의 책임이 드골 정권에 있다고 생각했다. 당시 벌어지고 있던 일에 적대적인 사람들은 무기력감을 느끼고 있었으며 이 거대한 사회적 격변을 막을 수 없었다. 그러므로 그들은 이 상황을 어느 정도 통제하고 있는 사람들과 가능한 한 최상의 조건으로 합의를 볼 준비가 돼 있었다. 이런 태도는, '정상적 시기'에 좋아하지 않는 일을 받아들이고 아무런 기쁨도 얻지 못하는 가정 생활을 참고 견디는 노동자들의 체념과 비슷한 것이었다.

6월이 지나면서 이런 태도는 결정적으로 바뀌었다. 정권은 낡은 질서의 핵심들을 복구하고 있었다. 공공 부문과 대공업 부문의 '콩테스타시옹'은 끝나 버렸다. 학생들은 다시 고립됐고 무기력한 소수가 됐다. 이제 선택은 허우적거리는 정부와 거침없는 대중 운동 사이에 있는 것이 아니라, 사태를 통제할 수 있음을 보여 준 여권 정치인들과 단지 말로만 대안 세력을 자처하는 야당 정치인들 사이에 놓여지게 됐다.

이런 분위기 반전은 운동에 열렬히 참여한 일부 사람들에게도 영향을 미쳤다. 1000만 명이 함께 움직였던 5월에는, 상당히 보수적 생각을 가진 온갖 부류의 사람들조차 그들의 개인적 문제의 해결책을 대중적이고 집단적인 행동 속에서 찾을 수 있었다. 그러나 6월 말에 이들은 개인의 출세만이 자기 삶을 향상시켜 줄 수 있다고 생각했던 과거의 세계로 다시 돌아갔다. 마지막까지 남아서 몸부림치는 학생들과 노동자들의 투쟁은 이제 사회질서를 재구성하는 열쇠가 아니라 위험한 무질서의 근원처럼 보였다.

그러나 6월 첫째 주에 그랬던 것처럼 운동이 산산이 부서져야 할 객관적 필연성은 없었다. 사태가 그렇게 바뀐 것은 프랑스 노동계급 내에서 가장 강력한 정치 조직과 노조가 [운동의] 핵심인 공공 부문으로 하여금 작업에 복귀하도록 총력을 기울여 노력했기 때문이었다. 이렇게 하는 과정에서 그들은 사람들의 태도를 변화시켰고, 그 덕분에 드골은 선거에서 이길 수 있었으며, 어떠한 혁명적 변화도 불가능하다는 주장은 신빙성을 얻게 됐다.

둘째, 5월이 혁명의 잠재력을 가지고 있었다고 말하는 것은 드골이 5월 29일에 제시한 것처럼 선거와 내전 중 하나를 선택해야 한다고 말하는 것과는 다르다. 제3의 선택이 있었다. 그것은 바로 운동을 확대하고 심화시켜 정부가 국가의 무장력을 사용하는 것을 계속 주저하게 하는 것이다.

이것은 노동자들이 자기 자신의 운명을 개척하는 과정에서 가장 선진적인 노동자들뿐 아니라 가장 후진적인 노동자들도 포함한 모든 노동자들을 아우르는 다양한 형태의 파업 조직들을 발전시키는 것을 의미한다. 파업위원회, 점거중인 공장에서 열리는 규칙적인 대중 집회, 최대한 많은 사람들을 끌어들일 수 있는 피케팅과 점거농성, 투쟁하고 있는 다른 공장과 사회 부문으로 대표단 파견 등을 통해서 말이다. 이렇게 했다면 직접 투쟁에 참가하거나 정치적 교훈을 토론할 수 있는 기회를 누구나 가질 수 있었을 것이다. 그것은 또한 투쟁의 요구를 일반화해, 어떤 부문의 노동자들도 다른 부문을 괴롭히는 필수적인 문제가 해결되기 전에는 작업장으로 복귀하지 않도록 했을 것이다. 고용 안정, 젊은 노동자들을 위한 직업 보장, 파업 기간 임금 전액 지급, 푸조나 시트로앵처럼 노조에 적대적인 회사에서 완전한 노동조합 권리 쟁취, 기자와 기술진이 선출한 대표들이 라디오와 TV 방송을 민주적으로 통제할 것 등이 바로 그런 필수적인 문제였다.

이런 기초 위에 세워진 운동이었다면 정부가 권력을 재확립하는 것은 불가능했을 것이다. 만약 정부가 운동의 요구에 양보했다면, 정부는 레임덕 현상을 보이며 대중적인 노동자 운동의 볼모가 됐을 것이다. 만약 정부가 양보하지 않았다면, 국가의 마비 상태를 극복할 수 없었을 것이고 그렇게 시간이 흐르면 정부를 지지했던 세력이 정부를 몰아내고 '책임 있는' 대안을 찾으려 했을 것이다. 그리 되면 이번에는 그 대안이 또 대중 운동의 볼모가 됐을 것이다. 어떤 경우에도 정부가 6월 말의 총선거에서 승리할 수는 없었을 것이다. 5년 반 후에 영국에서 그랬듯이, 공장과 거리의 운동이 선거 결과를 미리 결정할 수도 있었을 것이다. 1974년의 영국 광원 파업은 규모는 더 작았지만 총선 직전까지 계속됐고 그 때문에 당시 집권 여당은 선거에서 패배했다.

물론 공산당과 CGT가 이렇게 활동했다 하더라도 그 모든 것을 얻었으리라는 보장은 없다. 그러나 확실히 말할 수 있는 것은 그들이 이런 활동을 거부함으로써 5월 운동의 종식과 드골의 선거 승리를 보장해 주었다는 사실이다. 그들은 또한 프랑스의 노조 조직률이 유럽의 선진 공업국 중 낮은 수준에 머물러 있게 만들었다. 그 어느 나라, 어느 때보다도 많은 노동자들이 파업에 참가한 나라에서 말이다.

그 대안이 즉시 사회주의 혁명으로 이어지지는 않았을 것이다. 그러나 그것은 극도의 정치적 불안정 상태로 이어졌을 것이고, 그 속에서 승리를 거둔 노동계급은 자신의 이해관계나 사회를 운영할 수 있는 자신의 능력을 점점 더 깨달을 수 있었을 것이다. 이렇게 무제한적인 상황이 눈에 보였기 때문에 공산당과 CGT가 위기 타개책으로 더 안전한 선거를 택했다는 것은 의심의 여지가 없다. 비록 그것이 드골의 손에서 놀아나는 일이었을지라도 말이다.

6

프라하의 봄

허버트 마르쿠제의 암울한 생각 속에서는 현대의 대중 매체들이 항상 억압의 도구로 등장했다. 하지만 1968년에는 지배계급이 그 억압의 도구를 증오했다. 5월에 프랑스 지배계급의 주요 골칫거리는 어떻게 '트랜지스터[라디오]'를 꺼버릴 수 있을까 하는 문제였다. 바리케이드의 학생들이 라디오를 통해 파리 전역에서 벌어지는 일들을 죄다 알게 됐기 때문이다. 미국의 존슨 대통령은 TV 뉴스가 베트남 전쟁의 참상을 수많은 가정으로 생생하게 전달하자 혼비백산할 수밖에 없었다. 8월에는 소련 지배자들이 불평할 차례가 됐다. 체코슬로바키아를 무력으로 점령한 후 통신기구를 즉시 통제하지 못했기 때문에 탱크가 프라하로 진입하는 장면이 전 세계로 전달됐던 것이다.

동구에서 일어나고 있는 일과 서구에서 일어나고 있는 일이 그 일에 참여하고 있는 사람들의 마음 속에서 그토록 빨리 교감을 일으킨 경우는 전례 없는 것이었다.

이 때문에, 동유럽에서 일어난 사건을 간략하게나마 살펴보지 않으면 — 충분한 설명을 원하는 독자들은 다른 책을 참고해야 할 것이다[1] — 서유럽과 미국에서 일어난 일을 완전히 설명하기란 불가능하다.

1960년대 중반 동유럽의 역사는 판에 박힌 듯했다. 그 전 10년 동안은 이러저러한 사건들이 불꽃놀이 하듯 터져 나왔다. 1953년에 스탈린이 사망했다. 그 두 달 전에 동독에서는 봉기가 있었다. 그 해 여름에는 스탈린의 비밀 경찰 총

수 베리아가 숙청돼 처형됐다. 겨우 3~4년 전에 '파시스트 스파이'라고 투옥됐던 공산당 지도자들이 서서히 복권됐다. 1956년 2월에 흐루시초프는 비밀연설에서 스탈린을 비난했다. 6월에 포즈난에서 폴란드 노동자들이 봉기했다. 10월에는 '파시스트 스파이'로 몰렸던 사람 중 한 명인 고무카가 파업과 가두시위 와중에 바르샤바의 당권을 장악했다. 며칠 후 헝가리 혁명이 일어났다. 1961년에는 스탈린에 대한 비난이 더욱 심화되고 공공연해졌다. 같은 해에 소련과 중국은 분열했다.

그러나 그 때 이후, 특히 결코 효과가 없는 것처럼 보였던 흐루시초프의 개혁 실험에 신물이 난 관료들이 흐루시초프를 권좌에서 쫓아낸 1964년 이래로 사태는 진정됐다. 소련은 보수적인 브레즈네프의 장기 집권 시대로 접어들었으며 이 보수주의는 다른 사람들에게 영향을 미쳤다. 그래서 예컨대 열광적인 개혁의 물결을 타고 권좌에 올랐던 고무카는 1968년에 이르면 가장 기회주의적인 관료가 됐다.

그러나 지배층의 보수주의가 아래로부터 반란이 터져 나오는 것을 완전히 틀어막을 수는 없었다. 또, 경기 침체가 정권의 토대를 잠식하기 시작하자, 보수적인 지배층은 이에 제대로 대처할 수도 없었다.

경제는 모든 동유럽 정권 중에서 십중팔구 가장 보수적이었던 체코슬로바키아 대통령이자 당 지도자였던 노보트니의 약점이었다. 체코슬로바키아는 1950년대 내내 호황을 누렸다. 노보트니 정권은 상대적으로 선진적인 공업을 이용해 다른 동구권 나라들에 기계설비를 수출했고 이웃한 폴란드와 헝가리의 소요에 거의 영향을 받지 않았다. 그러나 1960년대에 들어서자 사정이 달라지기 시작했다. 체코슬로바키아는 1963년에 짧은 경기 후퇴를 겪었다.

전에는 단합돼 있었던 지도부 내에서 경기 침체에 대처하는 방안을 둘러싸고 분열이 심해졌고, 마침내 1968년 초에는 연합 세력들이 당 중앙위원회에서 노보트니의 서기장직을 박탈했다. 비록 대통령직은 그대로 유지하게 했지만 말이다.

지배자들이 불리해진 상황에서 되살아날 가망이 없다는 사실을 깨닫고 순순히 떠난다면, 사회 변화는 비교적 평화롭게 이루어질 것이다. 그러나 그들이 그렇게 하는 법은 거의 없다. 왜냐하면 지배자들은 자신들의 특권이 바로 최고의 사회적 가치라고 생각하기 때문이다. 노보트니도 예외는 아니었다. 그는 자기를 쫓아낸 자들을 쫓아내려 했다. 그는 측근 장성들에게 쿠데타를 일으키라고 요청하는 한편, 노동자들의 지지를 얻으려고 심복들을 공장 주변으로 파견했다. 이런 그의 행보는 새로운 지도부에게 별다른 선택의 여지를 남기지 않았다. 새 지도부는 평생을 당 간부로 지내온 온건파였고, 인민 대중을 그들의 연설에 동원하는 박수부대 이상으로 생각해 본 적이 없었다. 하지만 인민들의 머릿수는 중요하다고 생각했고 그래서 곧 반격을 가했다. 노보트니가 고위 관료층의 바깥에서 세력을 규합하려 했던 것처럼 그들도 같은 길을 따랐다. 그들은 인민 대중 속에서 선동하는 법을 알고 있는 자기 사람들을 보내서 노보트니 지지자들에 반대하는 지식인들과 학생들을 분기시켰다.

동원하는 데 그리 많은 시간이 들지도 않았다. 그 전 해에 작가회의와 20년 만에 처음 벌어진 학생 시위에서 드러났듯이, 그들은 노보트니의 보수주의 아래서 달아오르고 있었다. 이제 기자들은 몇 년 전에 있었던 스캔들을 폭로하기 시작했고 TV 인터뷰는 각료나 당 간부들에 대한 조사로 변해 버렸으며 작가들은 '사회주의' 체코슬로바키아의 실상이 담긴 저작들을 출판하기 시작했다. 사람들은 신문을 사 보려고 전례 없이 줄을 섰으며 학생들은 대규모 모임을 갖고 밤 늦게까지 모든 사회·정치 문제를 토론했다. 노동자들은 노보트니의 애원을 무시했고, 느리지만 분명하게 소위 '개혁 과정'을 지지하면서 어용 노조 간부들을 내쫓고 그들 자신의 요구를 내걸기 시작했다.

노보트니는 3월에 패배를 인정했다. 그러나 그 무렵 새 지도부는 두 달 전에 시작했던 선동을 서서히 끝내려는 시도를 이미 하고 있었다. 당 서기장인 알렉산데르 두브체크는 '무정부 상태'를 거듭거듭 경고했다. 그는 "모든 사람이 모든 일에 끼어들고 자기가 원하는 것은 무엇이든 할 수 있는 상황이 민주주의라고 생각하는 것은 아나키즘이다."라고 불평했다.[2] 지식인과 학생 들이 할 일은 끝났고 이제는 질서를 회복할 때라는 것이었다.

하지만 일단 병에서 나온 지니(genie)는 다시 병 속으로 들어가려 하지 않았다. 소요는 그 다음 달에 사회 각 분야로 확산됐고, 이것이 크레믈린 사람들에게는 관료적 지배의 토대 자체에 도전하는 것처럼 보였다.

소련 지배자들에게는 걱정거리가 하나 더 있었다. 3월에 있었던 체코슬로바키아의 소요가 이웃한 폴란드에 강력한 파급 효과를 미친 것이다.

소수의 혁명가들이 바르샤바 대학에서 몇 년째 '문제'를 일으키고 있었다. 두 명의 1956년 세대, 야섹 쿠론과 카롤 모젤레프스키는 1965년에 혁명적 마르크스주의 입장에서 폴란드 사회를 비판하는 글을 썼고 이 때문에 3년 동안 옥살이를 했다. 그들의 구속에 항의하던 사람들 일부는 구속됐고 다른 사람들은 대학에서 쫓겨났다. 처음에는 반대파를 분쇄하는 데 이 정도 탄압으로 충분했다. 그런데 1968년 초에 갑자기 체코슬로바키아의 개방화 소식이 들려온 것이었다. 이번에는 대학 당국이 시위 학생 두 명을 퇴학시키자 이에 항의하는 4000명의 학생들이 시위를 벌였다.

그 다음 주에 폴란드 전역의 대학가에서 격렬한 충돌이 일어났다. 강철 헬멧을 쓴 경찰들이 곤봉을 휘두르고 최루탄을 쏘아대며 계속되는 학생 시위를 진압했다. 이에 반격을 가한 사람들이 단지 학생뿐이 아니라는 사실은 명백했다. 정권은 혼란을 가중시키는 '난동꾼들'이 있다고 불평을 해댔으며 실제로 체포된 1200명 대부분은 젊은 노동자들이었다.

고무카 정부는 가까스로 살아남았다. 물론 당분간만 그랬다. 소요가 거리에서 공장으로 확산되지 않았고, 정부는 시위대를 겨냥해 반유대주의 캠페인을 펼치면서(예를 들어 시위 주동자들을 유대식 이름으로 불렀다) 억압을 강화했다. 그러나 시위는 정부와 그 정부를 후원하는 소련 사람들을 소스라치게 놀라게 만들었다.(폴란드가 진정한 격변에 얼마나 근접하고 있었는지는 겨우 18개월 뒤에 드러났다. 식료품 가격 인상은 경찰과 노동자들 사이의 유혈 충돌로 이어졌고 파업과 점거농성의 물결은 고무카를 조기 사임하게 만들었다.) 그 사건들은 서구의 젊은 시위대에게 교훈을 주기도 했다. 그것은, 사회주의자들은 철의 장막 양쪽에서 투옥되거나 인종 차별 학대에 시달리고 있다는 사실이었다.

　다시 체코슬로바키아로 돌아가자. 두브체크 지도부는 변화를 원하는 아래로부터 압력과 '정상'을 회복하라는 크레믈린의 압력 사이에 끼어버렸다. 그들은 어느 쪽도 만족시킬 수 없었다. 8월 20일 밤, 소련과 그의 믿음직한 바르샤바조약기구 동맹국 네 나라(폴란드, 헝가리, 동독, 불가리아)의 군대가 체코슬로바키아를 침공했다. 몇 시간 내에, 수천 대의 소련 탱크와 수십만의 군대가 주요 공항, 국경 검문소, 도시와 마을 들을 모두 점령했다. 두브체크, 총리 체르니크, 그리고 다른 장관들은 체포돼 모스크바로 압송됐다.

　소련 군대에 대한 무장 저항은 거의 없었다. 학생들과 젊은 노동자들은 시위를 조직하고 거리를 막았다. 그들은 소련 병사들에게 프라하에 왜 왔느냐고 물으면서 열변을 토했다. 탱크 몇 대를 불사르기도 했는데, 그 와중에 시위대 50~100명이 죽었다. 그러나 2만 명이 죽었던 1956년의 [헝가리] 부다페스트와 비교할 만한 일은 일어나지 않았다. 점령군은 평화롭고 '비협조적인' 대중에 직면했고, 체코슬로바키아 국가기구는 이런 비협조적 분위기를 조종하고 있었다.

　소련 당국은 침공을 위한 정치적 준비를 하지 않았다. 체코 내의 협력자들과 미리 연계망을 확립하지 않았던 것이다. 그래서 두브체크 지지자들은 의회를 소집할 수 있었고 공산당 특별 당대회를 열어 침공을 비난했다. 라디오와 TV 방송국은 침공을 비난하고 이에 저항하는 뉴스를 방송했다. 인쇄 매체들은 침공을 비난하는 책자를 대량으로 찍어냈다.

　저항은 수십만 명의 영웅적인 노력을 수반했다. 하지만 여전히 저항 운동의 주도권은 지난 20여 년 동안 체코를 운영하는 데 참여해 온 관료들이 쥐고 있었다. 그들은 민중의 저항을 혁명적 저항의 시작이 아니라 그들이 크레믈린과 거래하는 데 사용할 수 있는 협상물로 여기고 있었다. 협상은 침공 6일 후에 타결됐다. 두브체크는 프라하로 돌아와 자유인이 됐지만 아직까지는 당 지도자였다. 그는 체코슬로바키아의 상황을 '정상화'하기로 소련측과 합의했다고 발표했다.

'정상화'가 의미하는 바는 점진적으로 언론 검열을 재도입하는 것, 침공 기간 동안에 방송을 계속 내보낸 방송 관계자들을 숙청하는 것, 노보트니의 옛 질서에 가장 적극적으로 반대했던 당 지도자들을 내쫓는 것, 군대와 경찰 내에 소련이 통제하는 명령 체계를 재확립하는 것 등이었다. 두브체크는 이 모든 과정을 감독했다. 그는 소련의 지원을 받는 세력들이 두브체크를 쫓아내도 괜찮겠다는 판단이 들 때까지 계속 서기장직을 유지할 수 있었고 '민주화'는 이듬해 4월 마침내 끝을 맺었다.

상황이 항상 소련에 유리하게 돌아가지는 않았다. 지도부가 개혁 약속을 어기고 과거로 돌아가는 것에 대한 사람들의 분노는 커져갔다. 어떤 학생 지도자가 말하듯이, 11월이 되자

…… 전국이 병을 앓고 있었다. 침공 뒤 석 달이 지났다. 과거의 대중적 지도자들은 여전했다. 그러나 그들에 대한 확고부동한 신뢰는 사그라지기 시작했다. 외국 군대의 '일시' 주둔에 동의한 모스크바 협약이 첫 번째 의구심을 불러일으켰다. 그리고 나서는 언론의 자유에 더 많은 제약이 가해졌다. 가장 인기 있던 주간지 <리포터>와 <폴리티카>가 11월에 정간당했다. 해외 여행은 더 어려워졌다. …… 지도부는 이런저런 타협을 계속했고, 그들이 강제로 그렇게 하는지 아니면 자발적으로 그렇게 하는지는 분간이 잘 안 됐다.[3]

프라하의 학생들 중에 '급진파'[4] — 1월의 변화 훨씬 전부터 반정부 선동을 해 왔고 여러 모로 서구의 '신좌파'에 동질감을 느꼈던 개인들 — 는 이런 상황에 대처할 방도를 모색하기 시작했다. 학생 시위나 점거농성에 대한 소문이 돌았다. 학생 지도부는 소환돼 두브체크, 체르니크, 대통령인 스보보다를 만난 자리에서 어리석은 행동을 하지 말라는 경고를 받았다. 그런데 11월 5일 올로모츠 대학의 학생들이 점거농성에 들어갔고, 그 다음 날에는 학생들이 프라하 농업대학을 점거했다. 어디서나 사태가 진행되고 있었다. 소도시들은 프라하가 전면적인 점거 투쟁에 돌입하기를 기다리고 있었다.[5] 전국의 대학은 3일 동

안의 점거농성에 들어갔다.

학생들의 행동은 수많은 노동자들한테서 뜻밖에도 우호적인 반응을 얻었다. 여러 공장에서 집회가 열려 학생들을 지지한다고 결의했다. 일부 노동자들은 5분 또는 30분씩 상징적 조업 중단을 감행했고, 연대의 표시로 사이렌을 울린 노동자들도 있었다. "학생들은 공장으로 갔고 노동자들은 점거된 대학으로 갔다. 끝없는 토론이 이어졌다."[6] 철도 노동자들은 만약 정부가 학생들을 탄압한다면 "프라하 역에서는 단 한 대의 기차도 움직이지 않을 것이다."라고 경고했다.

점거가 지속된 기간은 겨우 사흘뿐이었다. 학생들은 나라 전체를 중요한 정치적 위기의 언저리까지 몰고 갔다. 투쟁을 더 밀고 나가는 것은 국가 권력과 정면 충돌하는 것을 의미했고 나아가 그 배후의 소련 군대와 정면으로 부딪히는 것을 의미했다. 그것은 개혁을 향한 압력에서 혁명으로 나아가는 것이었다. 학생 대중은 이런 충돌을 감행할 준비가 돼 있지 않았고, 소수의 급진주의자들은 "어떤 방향으로 가고자 하는지 자신들도 잘 몰랐다. 일부는 프랑스의 경험을 여러 차례 환기시키며 파업을 하루 더 연장해야 한다고 주장했다."[7] 그러나 결국 행동은 취소됐다.

그 뒤 몇 주 동안 노동자와 학생의 연계는 강화됐다. 새로 개혁된 금속 노조는 투표를 통해 학생들과 공식 동맹을 맺기로 결정했다. 한 학생 지도자는 어떻게 "우리가 매일 공장에 가서 연설을 해 1000명이나 되는 노동자를 모았는지"[8] 이야기했다.

> 많은 경우 학생들은 여러 공장에서 온 노동자 대표들의 회의를 준비하는 데 도움을 주었다. …… 현장조합원 사이에서는 의식적인 노동자들의 비공식적이지만 자발적인 연계망이 생겨났다. 이 연계망은 노조 관료주의를 포위할 수 있었고 그 관료들에게 압력을 넣었다.[9]

'정상화'에 대한 저항은 그 뒤 몇 달 동안 거리에서 세 번이나 폭발했다.

1969년 1월 프라하에서는 개혁 포기에 항의해 분신 자살한 학생 얀 팔라치를 기념하기 위한 시위에 80만 명이 참가했다. 3월에는 아이스하키 경기에서 체코슬로바키아가 소련을 이기자 전국의 주요 도시에서 커다란 폭동이 일어났다. 8월에는 소련 침공 1주기를 맞아 또 한차례 폭동이 일어났다.

시위가 획일적이고 관료주의적인 통치 체제의 재확립을 막지는 못했다. 오직 혁명적 투쟁만이 그것을 막을 수 있었을 것이다. 그러나 시위는 '사회주의 세계'의 사회주의가 '자유 세계'의 자유만큼이나 엉터리였다는 사실을 전 세계 사람들에게 뚜렷이 보여 주었다. 1968년 8월의 역사적 의미는 다음과 같이 기록할 수 있다. 소련 공산당 지도부는 '인간의 얼굴을 한 공산주의'라는 실험을 결코 좌시하지 않을 것임을 보여 주었고, 미국의 민주당 지도부는 민주주의라는 실험을 그냥 보고만 있지는 않을 것임을 보여 주었다.

서구의 공산당도 이런 교훈을 완전히 무시할 수는 없었다. 1956년에 소련 탱크가 부다페스트로 진격해 들어갈 때는 박수를 보냈던 지도자들이 체코슬로바키아 침공에 대해서는 항의 성명을 냈다. 그들의 동기는 흔히 의심스러웠다. 그들은 '세계 공산주의 운동'이라는 침몰하는 배에서 탈출해 존경받는 의회 정치의 세계에서 즐거운 미래를 보내고 싶어했다. 그러나 그들의 행동은 낡은 스탈린주의의 확신이 그 지배력을 상실하고 있다는 것을 보여 주었다. 이 점은 중요했다. 1968년의 격변을 겪으며 정치적으로 의식화한 전 세계의 신세대 활동가들이 혁명의 영감을 다른 곳에서 찾는 데 도움이 됐기 때문이다.

7

바람이 일고 있네

미국은 25년 동안 지구의 3분의 2나 되는 지역에서 헤게모니를 행사해 왔다. 체코슬로바키아는 소련이 동구권 내에서, 그리고 다른 곳의 좌익 반체제 운동 내에서 미국에 대항하는 헤게모니를 유지하는 데서 핵심 요소였다. 프랑스는 전통적으로 유럽의 문화 중심지였다. 이 세 나라에서 정치적 · 사회적 위기가 동시에 터져 나왔다는 사실은 다른 나라의 반체제 운동을 고무할 수밖에 없었다.

유고슬라비아

동유럽과 서유럽 양쪽의 '온건한' 사회주의자들에 따르면, 유고슬라비아는 1968년 반란의 영향을 받아서는 안 됐다. 유고 지배자들은 이미 '시장 사회주의'라고 부르는 개혁을 시행하고 있었다. '시장 사회주의'는 이론적으로는 노동자들에게 공장 통제권을 부여하면서, 한편으로는 시장의 원리에 따라 개별 기업들을 연결시킨 것이었다. 그것은 바로 체코슬로바키아에서 두브체크를 비롯한 개혁 공산주의자들 중 좀 더 급진적인 분파와 프랑스 CFDT 이론가들이 선호한 모델이었다.

하지만 유고 수도 베오그라드의 학생들은 1968년 6월 초에 대학을 점거했고, 정치적 위기가 시작됐다. 그 위기는 유고 정권의 책임자 티토가 허둥지둥 개입함으로써 간신히 끝낼 수 있었다.

위기의 직접적 원인은 극장 출입 금지에 항의하는 학생들을 경찰이 공격한 것이었다.

잠시 머뭇거리던 1000여 명의 학생들이 극장을 공격해 창문을 깨고 문을 부수면서 이미 안에 들어가 있던 사람들과 합세해 싸우기 시작했다. 경찰 증원 병력이 소방차를 타고 왔다. 그러나 그들이 소방 호스를 사용하기도 전에 학생들이 그것을 빼앗아 불질러 버렸다. 이 때 경찰이 공격을 감행했다. 학생들이 뒤집힌 차와 돌을 이용해 바리케이드를 쌓아 경찰의 공격에 대응했다. 몇 번의 폭력적 충돌 후에 학생들은 기숙사로 후퇴해 이후의 행동을 논의했다.[1]

다음 날 학생들이 도심에서 시위를 벌이려는 것을 경찰이 제지하자 충돌이 벌어져 60여 명이 부상당했다. 이후 학생들은 학교를 점거해 버렸다.

그러나 점거 투쟁에서 나온 요구 사항은 불충분한 학교 시설과 경찰 폭력이라는 직접적 문제들을 넘어선 것이었다. 그들은 실업, 불평등, 국가 관료 지배층의 특권 등 핵심 문제들을 제기했다.[2] 학생들은 그들 자신의 대안을 내놓았다. '민주주의와 자주관리'에 기초한 '진정한 사회주의'가 바로 그들의 대안이었다.

이런 도전은 광범한 노동자층이 그런 소식들을 듣기만 했다면 그들에게 쉽게 영향을 미칠 수 있는 것이었다. 왜냐하면 '시장 사회주의'는, 소위 선출된 노동자위원회의 통제를 받는다는 기업들이 국유은행에 이자를 물어야 했고 시장 경쟁 때문에 임금과 노동력을 최소한으로 유지해야 하는 상황을 낳았기 때문이다. 현실에서는 집권당인 공산주의자동맹의 인맥이나 국가기구와 연계를 맺고 있는 경영자들이 공장을 운영하고 있었다. 반면, 노동자들은 계속 상승하는 물가와 10퍼센트 이상의 실업에 시달리고 있었고―또 다른 20퍼센트의 주민들은 일자리를 찾아 외국으로 나가야 했다―기업과 국가의 관리직들은 피고용인보다 최고 40배나 많은 소득을 올리고 있었다.

대학교의 철학과·사회학과 일부 강사들은 시장 논리가 "노동자 통제"를 허울뿐인 것으로 만들어버리고 그 배후에서 관료 집단이 계급 지배를 행사하고 있음을 보여 주는 분석을 이미 내놓았다. 학생 지도자들은 이 분석을 토대로 "적색 부르주아지"를 공격하고 "더 많은 학교와 더 적은 자동차"를 요구했으며 "모든 유고슬라비아인의 우애와 평등"을 외쳤다.[3]

학생들의 점거농성은 곧바로 공격을 받았다. 이는 노동자들과 학생들을 분리시키려는 의도에서 나온 것이었다. 신문은 학생들을 비난했고 강철 헬멧을 쓴 폭력 진압 경찰들은 도심을 통제했으며 점거된 대학 건물들을 포위하고 그 안에 있던 많은 사람들을 폭행했다. 학생 대표들이 공장에 접근하는 것을 막기 위해 경찰이 동원됐고 당 간부들은 학생들을 비난하는 결의안을 통과시켰다. 그런 다음 교수들이 이 결의안을 점거농성중인 학생들에게 전달했다. 이 교수들은 흔히 "고위 당 간부, 정부 각료, 경제·기술·과학 자문위원들"이었다.[4] 그들은 이 결의안이 바로 학생들이 '고립'됐음을 보여 주는 증거라며 학생들에게 점거농성을 풀라고 말했다.

그러나 학생들에게 동조를 보내는 많은 징후들이 있었다. 한 노동자가 말했듯이,

모든 사람이 학생들의 시위에 동감했다. 우리는 파업에 관해 이야기해 왔으나 우리 대부분은 봉급을 받지 못하면 1주일도 버틸 수 없었다. 내가 듣기로는 시위 기간 동안 세 군데의 공장에서 파업에 돌입했다고 한다.

다른 한 노동자는 그가 어떻게 점거 현장에 갔는지를 설명했다.

우리는 학생들에게 말하기를 그들 스스로 노동자 계급의 일부임을 입증했으며 우리 노동자는 모두 그 사실을 잘 알고 있다고 했다. 또, 우리는 우리 지도부 일당을 개혁하는 것은 불가능하다고 말했다.[5]

파트타임 학생이기도 했던 한 노동자는 그의 공장에서 있었던 회의에서 경

영진이 학생들을 비난하는 결의안을 통과시키려고 했던 것에 대해 이렇게 기록하고 있다.

나는 먼저 학생들이 제기한 요구와 문제점들을 잘 알아봐야 한다고 주장했다. …… 회의를 주재하던 사람들은 내 발언을 중단시키려 했다. 하지만 노동자들은 우레와 같은 박수로 나를 지지해 주었고 나는 연단 위로 올라가 학생들이 노동자들에게 보내는 '호소문'을 낭독했다. …… 학생들의 요구 사항을 듣고 난 노동자들이 보인 열광적인 반응은 이루 말로 표현하기 힘들 정도였다.[6]

정권의 전술은 노동자 대중으로부터 학생들을 고립시키는 것이었다. 그러나 정권은 무력 진압이 학생들에 대한 지지를 유발할 수도 있다는 점을 두려워했다. 그래서 6월 10일 티토는 대국민 연설에서 학생들의 행동 강령을 지지한다고 선언함으로써 모든 사람을 놀라게 만들었다.

티토가 학생들을 지지한다고 선언하자 곧바로 대중 운동은 활력을 잃어 버렸다. 이제 학생들은 제 역할을 충분히 해냈으니 학내 문제에 집중해야 한다는 말을 들었다. 대부분의 학교가 이런 지침을 따랐다.[7]

티토의 연설은 교활한 책략이었다. 1주일이 채 못 돼 소요 사태의 중심이었던 철학·사회학 대학은 폐쇄됐고 그 주동자들은 학사징계를 받았다.

1968년의 다른 많은 학생 운동과 마찬가지로 베오그라드의 학생 운동은 특정 쟁점을 둘러싸고 소수 급진주의자들의 능력이 성장해 그들 주위에 훨씬 더 많은 학생들을 끌어들였다. 베오그라드의 급진주의자들은 1966년 12월에 함께 모이기 시작했다. 베트남 전쟁에 반대하는 시위 때문에 그들은 공산주의자 동맹에서 쫓겨났다. 머지않아 그들은 관료적 지배와 '시장 사회주의'를 모두 비난하는 철학 대학 출신의 교수들을 지지하게 됐다. 관료적 지배와 시장 사회주의를 모두 비난하는 이런 태도 때문에 학생들은 독일에서 일어난 의회 외부의 저항 운동과 베트남의 NLF, 그리고 1968년 3월의 바르샤바 학생 운동을 지지했다.

경찰의 공격 때문에 오히려 더 많은 학생들이 순식간에 급진주의자들의 지도를 받아들이게 됐다. 만약 티토가 드골이 프랑스에서 했던 것처럼 단순하게 경찰을 투입했다면 의심할 여지없이 대규모 급진화가 일어났을 것이다. 티토는 학생들의 요구를 지지하는 척함으로써 이런 사태를 막았다. 그는 많은 학생들이 가지고 있던 환상을 이용했다. 학생들은, 제2차세계대전 당시 독일에 대항한 레지스탕스 운동을 이끌다가 그 뒤 권력을 차지한 정권의 원로 지도자들은 심하게 부패한 차세대 지도자들과 전혀 다르다는 환상을 가지고 있었던 것이다. 이런 식으로 티토는 자기를 "적색 부르주아지"의 최상위 대표라고 여기는 소수의 그룹을 고립시켰다.

1년 후 정권은 완전히 자신감을 회복해 학생 좌파의 일부 지도자들에게 범죄 혐의를 뒤집어씌우고 그 중 한 사람인 블라도 미얄로비치에게 징역 20개월을 선고했다.[8]

멕시코

멕시코시티는 1968년 10월 2일의 학생 시위를 통해 세계 언론의 초점이 됐다. 이 사건은 거의 우연한 사고였다. 열흘 뒤에는 올림픽 게임이 시작될 예정이었다.

멕시코 지배자들에게 올림픽 개최는 그들의 힘과 안정을 상징하는 것이었다. 멕시코는 그 전 수십 년 동안 압도적 농업 사회에서 도시화한 사회로 변모해 왔다. 수백 만의 도시 인구가 사회 주변부에서 극심한 가난 속에 살고 있었지만, 멕시코 경제는 연평균 7퍼센트씩 성장하고 있었다. 이 나라의 유일 정당인 제도혁명당은 다양한 사회 세력을 하나의 국가로 통합시키는 희귀한 능력을 보여 주었다. 그래서 어떤 불만의 표출도 노동자나 빈농과 연계되지 못하게 만들었고 대다수 라틴 아메리카 국가의 특징이었던 주기적인 군사 독재를 피할 수 있었다.

고도의 경제 성장이 낳은 산물 가운데 하나는 급속히 팽창하는 학생 숫자였다. 1970년의 학생 수는 1964년의 학생 수에 비해 49퍼센트 증가했다.[9] 1968년 여름에 학생들과 국가 권력은 충돌했다. 학생들의 요구 사항은 정치수 석방, 대학에서 경찰 철수, 폭력 경찰 해체, 억압적 법률 철폐 등 '민주주의적'인 것이었다.[10]

7월 22일 시위 이후, 투쟁은 극도로 격렬해졌다. 7월 30일에는 지프차와 탱크, 바주카포로 무장한 군대가 시위대를 막기 위해 동원됐다.[11] 8월 중순이 되자 학생들과의 연대는 전국에서 일반적인 현상이 됐다.[12]

운동의 목적을 널리 알리는 선동대가 멕시코시티에서 지방으로 퍼져 나갔다. 노동자나 도시 빈민과의 첫 접촉이 이루어졌다. 수도 인근의 소도시 토필레호를 학생과 주민 들이 통제한 것은 이런 연계를 상징적으로 보여 주었다.[13]

이제 시위대는 50만 명으로 늘어났고 학생들은 엄청난 전투성을 보여 주고 있었다. 멕시코 주재 <런던 타임스> 통신원은 9월 말에 학생들이 경찰을 저격하고 버스 20대를 불태웠다고 보도했다.[14]

멕시코 지배자들은 그들의 힘과 '안정'을 과시해 줄 올림픽을 방해하는 것은 모조리 제거하기로 결심했다. 그들은 또 학생 운동이 노동자들과 지속적으로 연계를 맺기 전에 그 운동을 분쇄하기로 작정했다. 그래서 그들은 10월 2일에 있을 학생 시위에 대비해 조심스럽게 준비했다.

시위는 세 문화 광장(트라텔롤코 광장)에서 벌어질 예정이었는데 이 곳은 출구가 단 하나뿐이었다. 시위가 시작되기 몇 시간 전, 5000여 명의 군대가 광장 주변에 포진했다. 시위는 오후 5시 30분에 시작됐다. 오후 6시 10분에 헬기들이 신호를 보내자 군대가 발포했다. 그들의 첫째 표적은 연사들이 있던 건물이었지만, 곧 경탱크의 엄호를 받는 군인들이 사방으로 총을 쏘아댔다. 100명 이상이 사망했고(영국의 <가디언>은 325명이라고 보도했다) 수백 명이 체포됐다.

6개월 전에 바르샤바에서 그랬던 것처럼 탄압은 효과적이었다. 왜냐하면 학생들이 고립됐기 때문이다. 학생들은 노동자들과의 연계를 초보적 수준 이상으로 발전시키는 데 실패했다. TV 카메라가 멕시코의 상황을 전 세계에 방송하고 있었음에도 멕시코의 운동은 분쇄됐다.

북아일랜드

1968년 10월 런던에서 있었던 대규모 베트남전 반대 시위의 말미에 연설했던 사람들 중에는 그다지 유명하지 않은 사람이 있었는데, 그가 바로 북아일랜드 데리에서 온 어몬 맥캔이었다. 하지만 3주 전에 그 곳에서 일어난 사건들은 이후 20년 동안 영국과 아일랜드 사회 전역에 충격을 던져 주었다.

1968년 봄의 북아일랜드는 사회주의 정치가 뿌리내리기 가장 힘든 곳 중 하나처럼 보였다. 주민 대다수와 노동자 계급 대부분은 개신교 우월주의 사상과 제도에 물들어 있었다. 이런 분위기가 국가 자체에 깊숙이 자리잡고 있었다. 1921년에 아일랜드의 대부분은 독립을 획득했지만 북아일랜드만은 분리해 나왔다. 북아일랜드에서는 다수인 개신교가 소수의 가톨릭을 지배했다. 개신교 주민들은 보수적인 통일당 정치인들에게 투표하는 대가로 가톨릭 주민들보다 조금 나은 생활을 보장받았다. 그리고 그들은 영국 왕실에 충성을 선언하고 영국 본토보다 낮은 임금과 열악한 주거 환경을 참고 있었다.

북아일랜드 주민의 3분의 1을 차지하는 가톨릭 사이에서도 사회주의 선동의 전망은 별로 나을 것이 없었다. 그들은 남아일랜드의 우파 정부와 동일한 노선을 가진 정치인들과 북아일랜드 국가에 반대하는 것을 오래 전에 포기한 정치인들을 지지해 왔다. 전통적으로 아일랜드의 통일을 위해 아일랜드공화국군(IRA)의 군사 투쟁을 재개하고자 했던 공화주의 그룹만이 북아일랜드 국가에 철저하게 반대해 왔다. 그러나 1950년대 말에 있었던 그들의 마지막 시도는 쉽게 패배하고 말았다. 이제 그들은 대부분의 무기를 팔아 버렸다.[15]

1968년 5월에 한 사회주의 그룹이 작성한 문서는 비관적 전망을 요약해 보여 준다.

우리가 직면한 상황은 그리 밝지 않다. 인민 대중은 역사적 이유들 때문에 계급이 아니라 종교가 우리 사회를 나누는 기본 요소라고 보고 있다. 보수적인 지역 신문 때문에 이 분리주의적 사고는 나날이 강화되고 있다. 가톨릭과 개신교 보수주의자들의 음모는…… 현 상태를 유지하기 위해 주도면밀하게 계산된 것이다. 그 최종 결과는 노동자 계급이 사회주의 사상에 별다른 반응을 보이지 않게 됐다는 것이다.[16]

하지만 사회주의 조직들은 1968년의 일반적 분위기에 고무돼 상황을 변화시키려고 시도했다. 데리에서는 그 도시의 노동당이나 공화주의 클럽 출신 사회주의자 십여 명이 주택 부족 문제를 놓고 선동하기 시작했다. 그들은 시의회의 회의를 방해하고 도로를 막았으며 빈집을 무단 점거했다. 압도적으로 가톨릭이 많은 도시에서 게리맨더링을 통해 통일당이 다수를 차지하고 있었기 때문에 이런 선동은 어느 정도 대중의 지지를 받을 수 있었다.

한편, 마틴 루서 킹의 활동에서 영감을 얻은 더 '온건한' 정치 세력은 평화적 변화를 위한 운동을 건설하는 데 착수하고 있었다. 민권연합이 바로 그런 세력이었다. 그들은 통일당 소속의 북아일랜드 총리 테렌스 오닐이 '자유주의자'라고 생각했다. 그는 이미 남아일랜드의 총리에게 '국경을 초월한 협력' 방안을 논의하기 위한 회담을 제안하는 전례 없는 조치를 취한 바 있었다. 민권연합은 오닐이 아래로부터 압력을 받는다면 '개혁'을 허용할 것이고 그리 되면 가톨릭 정치인들과 가톨릭 중간계급이 국가기구 안에서 일정한 역할을 할 수 있을 것이라고 생각했다. 그래서 민권연합은 차별적인 주택 배분에 항의하기 위해서 [1968년] 8월에 코울아일랜드부터 던개넌까지 4000명이 참가하는 행진을 조직했다. 행진 대열이 도심으로 진입하는 것을 경찰이 막아서자, 주최측은 조심스럽게 경찰과 충돌하는 것을 피했다.

이에 고무된 데리의 활동가들은 던개넌의 사례를 데리에서도 따르려 했다. 그러나 한 가지 중요한 차이점이 있었다. 그들은 다이아몬드 구역을 뚫고 행진하겠다고 주장했다. 그 곳은 50년 동안 벽으로 둘러싸인 채 통일당에 반대하는 어떤 시위도 허용되지 않은 도심 지역이었다.

예상대로 관계 당국은 시위를 금지했다. 마찬가지로 민권연합 지도부가 그 행진을 취소하려 했던 것도 예상할 수 있는 일이었다. 그러나 활동가들은 그러기에는 너무 늦었다는 것을 알게 됐다. 어쨌든 사람들이 모이고 있었고 '온건한' 지도자들 — 영국 본토에서 온 3명의 노동당 하원의원까지 — 도 어쩔 수 없이 참가해야 했다.

10월 5일 행진에 참가한 사람들은 400명뿐이었다. 그러나 작은 규모에 상관없이 왕립얼스터경찰대는 이 행진이 '교황 절대주의자들'의 도전으로서 처벌받아 마땅한 것이라고 생각했다. 그들은 행진을 가로막았다. 행렬이 경찰 차단선에 도달하자 경찰은 곤봉을 사용했다.(첫 희생자는 하원의원 게리 피트 — 나중에 피트 경이 되는 — 였다.) 행진 참가자들은 퇴로도 다른 차단선에 막혀있음을 알게 됐다. 행진 지도부 몇 사람이 연설을 시작했다. 그 내용은 경찰의 행동은 '개혁'의 필요성이 절실함을 보여 주는 것이지만, 지금은 경찰에 굴복하는 것말고는 대안이 없다는 것이었다. 데리의 사회주의 활동가들을 대표해서 연설한 어몬 맥캔은 경찰에 굴복하지 말라고 촉구했다.

하지만 이런 연설은 거의 차이가 없게 됐다. 경찰은 양쪽 차단선을 압박해 들어오면서 남녀노소 가리지 않고 마구 때리기 시작했다.[17]

남자들은 주로 국부를 얻어맞았다. 물대포가 시위대를 경찰저지선으로 몰고 갔다. …… 한 18살의 기자는 기자 신분증을 보여 주었으나 소용없었다. 그는 계속 두들겨 맞고 피범벅이 된 채 땅바닥에 쓰러졌다. …… 어떤 중년 남자는 두 명의 경찰에게 붙잡혀 담벼락 너머로 내동댕이쳐졌다. …… 그는 다리가 부러졌다.[18]

영국 본토의 노동당 소속 하원의원들이 있었기 때문에 이 시위대에 대한 공격은 TV 방송을 타게 됐고 국제적 관심사가 됐다. 가톨릭이 많은 데리의 보그사이드 지역으로 갑자기 기자들이 몰려와 각종 차별과 종파주의 등 50년 동안 무시돼 온 사실들을 발견했다. 전에는 수동적 방관자였던 사람들이 이제는 통일주의[Unionism: 대영제국의 모든 속령을 단일 중앙 정부 아래 연합 통일하려는 정책]에 성공적으로 저항할 수 있는 가능성을 보게 됐다. 다음 날 밤에 경찰이 보그사이드로 진입하려 하자 그들을 향해서 돌이 날아왔고 그 중에는 화염병도 몇 개 있었다.

데리 사건에 자극받은 북아일랜드 정부는 개혁을 약속했다. 11월에 데리와 아마에서 벌어진 평화적 대중 시위 뒤에, 강경론자인 북아일랜드 내무 장관 윌리엄 크레이그는 해임됐다. 가톨릭 중간계급은 국가의 승인이라는 그들의 목표를 달성했다고 믿었으며, 가톨릭 노동자 계급 대중은 싸움이 끝났다고 생각했다. 민권연합이 시위 종식을 선언했을 때 이에 항의하는 사람은 거의 없었다.

그러나 젊은 활동가들 사이에서 1968년 정신은 쉽게 가라앉지 않았다. 데리 사건 직후에 벨파스트에서는 소규모 사회주의 조직이 퀸즈 대학 학생 수천 명을 일깨우는 데 성공했다. 10월 9일에 그 학생들은 도심을 가로질러 행진하고 시청 청사 밖에서 연좌농성을 했다. 그들의 구호는 "1인 1표"였다.

'민중민주주의'라고 자칭하는 200여 명 정도의 느슨한 조직이 형성됐다. 이 그룹은 명확한 이념을 가지고 있지는 않았다. 그 그룹의 지도적 인물 두 사람은 데리의 어몬 맥캔과 함께 지금은 없어진 트로츠키주의 조직의 회원이었지만, 대부분의 활동가들은 민권이라는 전투적 개념에서 동기를 부여받은 사람들이었다.(미국의 초기 SNCC나 CORE와 비슷했다.) 거기다가 프랑스의 학생 반란에서 비롯한 대중의 자생성에 대한 신념이 결합돼 있었다. 이 단계에서 민중민주주의 그룹은 개신교와 가톨릭, 양쪽 출신을 모두 포함하고 있었고 종파적 분열을 초월할 필요성을 엄청나게 강조했다.

벨파스트의 학생들은 정부의 개혁 조치들을 시험해 보기로 결정했다. 약 80명의 학생들이 1969년 1월 1일 벨파스트에서 데리까지 80마일의 행진을 시작했다. 마지막날 행진 대열이 데리에 도착하기 직전에 수백 명의 골수 왕당파가 대열을 공격했다. 여기에는 파트타임 경찰인 'B 특수부대' 소속 경찰들도 포함돼 있었다. 다른 경찰관 100명은 그저 서서 보고만 있었다. 행진 참가자들은 못이 박힌 곤봉과 돌, 자전거 체인으로 사정없이 두들겨 맞았다. 부상을 입지 않은 채 데리에 도착한 사람들은 80명 중에 30명도 안 됐다. 이 날 밤, 경찰 떼거리가 보그사이드를 누비고 다니면서 유리창을 부수고 대문을 걷어차고 "나와서 싸워보자, 이 페니언단[아일랜드의 민족주의 비밀결사] 개자식들아." 하고 외치면서 날뛰었다.

'휴전'은 이것으로 족했고 진짜로 끝났다. 다음 날, 보그사이드 주민들은 자경단을 조직하고 바리케이드를 쌓고 경찰의 출입을 금지한다고 선언했다. 보그사이드 입구 근처의 벽에는 페인트로 "당신은 이제 자유 데리에 들어오고 있습니다."라고 쓴 문구가 나타났고, 자칭 '자유 데리 라디오'라는 라디오 방송이 시작됐다.

총리 오닐은 선거를 실시해 그의 힘을 강화하려 했다. 하지만 그는 약점만 노출했을 뿐이다. 어떤 개혁도 거부하는 통일당 내 반대파의 의석 수는 줄어들지 않았고 민중민주주의 쪽의 지원을 받은 후보들은 전통적인 민족주의 기성 정당의 표를 빼앗아갔다. 몇 주 후에는 베너데트 데블린이라는 한 벨파스트 학생이 얼스터 중부의 영국 의회 보궐선거에서 승리했다.

그 뒤 한 달 동안 경찰이 보그사이드로 진입을 시도하면서 데리에서는 몇 차례 전투가 벌어졌다. 마침내 1969년 8월 이 지역에 대한 전면 공격이 있었다. 주민들은 바리케이드를 쌓고 수백 개의 화염병을 던지며 반격을 가해 계속 경찰을 물리쳤다.

통일당에 반대하는 데리의 저항은 북아일랜드 전역의 개신교 종파주의 세력을 격분시켰다. B 특수부대 대원들이 이끄는 종파주의 패거리들은 벨파스트의 가톨릭 지역들을 공격했다. 가톨릭교도의 집 수백 채를 불태우고 기관총을 난사했다. 주민들은 바리케이드를 쌓고 소수의 IRA 잔존 세력에게 방어를 요청하며 필사적으로 반격했다.

위기가 북아일랜드에 국한될 수는 없었다. 남부에서는 포위된 북부의 소수를 위한 지원의 물결이 일었고 아일랜드 정부도 고향에서 쫓겨난 사람들을 위해 피난민 수용소를 열었다. 아일랜드 정부는 자국 군대를 국경 지역으로 이동하는 상징적 조치를 취하기도 했다. 북쪽의 저항을 지도하고 있는 사람들 — 한 줌의 혁명적 사회주의자들을 포함해 — 은 이제 전국적인 유명인사가 됐다.

영국 정부는 양쪽 아일랜드의 기존 사회 구조가 불안정해지는 것을 그저 보고만 있을 수 없었다. 영국 정부는 자국 군대를 파견해 가톨릭 지역에 대한 종파주의적 공격을 저지하고 사태를 진정시키도록 했다. 그러나 그와 동시에 북아일랜드 국가를 수호하는 임무도 수행하라고 지시했다.

이탈리아

1968년 여름에 좌파들 사이에서는 프랑스에서 혁명적 투쟁이 몇 달 이내에 다시 일어날 것이라는 믿음이 팽배해 있었다. 공장이 다시 문을 여는 9월에 '뜨거운 가을'이 있을 것이라는 소문이 오갔다.[19] 그러나 대학의 투쟁과 공장의 노동 세력이 다시 연대하게 된 것은 프랑스가 아니라 알프스 너머 북부 이탈리아에서였다.

이탈리아의 학생 운동은 프랑스보다 먼저 시작해 더 오래 지속됐다. 첫 번째 투쟁은 1966~67년에 피사·트렌토·베네치아 대학에서 일어났다. 하지만 이 운동이 활발해진 것은 1967년 가을이었다. 트렌토 대학에서 일련의 연좌농성과 시위, 토론회가 있었다. 2주 후 밀라노의 가톨릭 대학에서 등록금 인상을 놓고 점거농성이 있었다. 총장은 경찰력 투입을 요청했고 32명의 학생들이 제적당했다. 11월 27일에 토리노 대학의 인문학부 학생들이 교과 내용, 수업 방식, 시험 제도의 개혁을 요구하면서 점거농성에 들어갔다. 이 운동이 제노바로, 그 다음에는 파비아로 확산됐는데 여기서는 경찰의 공격으로 일부 학생들이 부상당했다.

"1월과 2월에 이런 소요는 사실상 이탈리아 전역의 대학으로 번졌다."[20] 그런 저항은 대학에서 시작해 중학교까지 번져 나갔고 경찰과 충돌하는 일도 점점 늘어났다. "처음에 학생들은 그들을 학교 밖으로 몰아내는 경찰에게 비폭력으로 대응했다." 그러나 "국가의 강경한 공세가 학생들을 똑같이 강경하게 대응하도록 만들었다."[21]

2월 말에는 로마가 운동의 초점이 됐다. 경찰이 학생들을 구타하자 이에 항의하는 시위가 국회 앞에서 벌어졌는데 또다시 가혹하게 진압당했다. 그 다음 날 빌라 줄리아에서 수천 명의 학생들과 경찰 사이에 격렬한 싸움이 일어났다. 이 장면을 찍은 사진들이 언론의 1면을 장식했다.[22] 그러자 전국의 다른 대학에서도 이 투쟁을 지지하는 행동이 일어나 경찰과 충돌했다.

이 운동은 물질적 요구를 둘러싸고 발전했다. 노동자 계급 가정 출신의 학생들은 거의 없었지만[23] 그들이 직면한 상황은 끔찍했다. 더 발전한 북부 유럽의 자본주의를 따라잡으려는 이탈리아 자본주의의 축적 드라이브는 충분한 시설 확충도 없이 학생 수만 엄청나게 늘려놓았다. 1923년에는 4만 명의 학생에 2000명의 교수진이 있었던 반면, 1967년에는 45만 명의 학생에 교수진은 3000명뿐이었다. 기업체나 정부에 다른 직업을 가진 채 1년에 50시간만 강의하는 교수들이 많았다. 이 때문에 대부분의 강의는 보조 강사가 맡았는데, 이들은 대학의 권력 구조에서 배제된 사람들이었다. 이렇게 형편없는 교육의 질은 책이나 도서관 부족 문제와도 맞물려 있었다. 25~30퍼센트의 학생들만 학업을 끝까지 마칠 수 있었던 것도 전혀 놀라운 일이 아니다.[24]

한편, 교수들은 대학을 그들이 특권을 누릴 수 있는 개인적 왕국으로 여겼다. 그들은 기독교민주당의 권력 구조와 연결된 끈을 이용해 개혁을 가로막았고 경찰을 끌어들여 학생 시위를 분쇄했다.

다른 나라와 마찬가지로, 경찰과의 격렬한 충돌은 급속한 급진화를 낳았다. 운동의 첫째 국면에서 특징은 "학생 권력" 같은 구호들이었다.[25] 그리고 그들의 생각은 마르쿠제, 레지 드브레이가 각색한 체 게바라, 스토클리 카마이클판 블랙 파워, 중국의 문화혁명에서 따온 잡동사니 사상에다가 '반권위주의'

이론들을 뒤섞은 것에 기초하고 있었다.[26]

그렇지만 이미 학생들의 요구는 이탈리아의 두 개혁주의 정당과 충돌할 수밖에 없었다. 사회당은 기독교민주당과 연립정부를 구성하고 있었다. 명망을 추구하는 공산당은 학생 운동을 "반공주의 앞잡이"로 묘사했다.[27]

이러한 학생 운동의 초기 국면에서는 "혁명적 좌파가 이 폭발의 추진력은 아니었다. 그들은 이런 일을 예견하지 못했고 이해하지도 못했으며 어떻게 개입해야 할지도 몰랐다."[28]

1968년 늦은 봄에 상황이 급속히 변했다. 프랑스 5월 사태가 많은 학생들로 하여금 "학생 권력" 사상과 단절하고 노동자 계급으로 눈을 돌리게 만들었던 것이다.

1968년 초에 이미 외부에서 노동자 투쟁에 영향을 미치려는 시도들이 있었다. 많은 대학에서 '공장 활동'을 펼치기 위한 위원회들이 꾸려졌다. 그들은 피케팅에 참여하고 학생 운동의 '반권위주의' 사상을 노동자들에게 전파했다. 대체로 이런 활동은 긍정적 결과를 얻지는 못했다.[29] 학생 운동은 숨이 끊어져가고 있는 것처럼 보였다.

그러나 그 과정은 대학 바깥의 상황이 발전함에 따라 중단됐다.

1968년 초에 이탈리아의 대공장들에는 사실상 노조가 없었다. 피렐리가 전형적인 경우였다. "1950년대부터 1967년 말까지 보코차의 피렐리 공장에서는 협상이라고 할 만한 것이 사실상 존재하지 않았다."[30] 1966년에 파업 투쟁을 벌이자는 호소는 "별다른 효과가 없었다."[31]

그러나 1968년이 되자 공장의 분위기가 달라지기 시작했다. 1월에 60퍼센트의 노동자들이 세 노조 연맹이 제시한 요구 사항을 쟁취하기 위한 파업을 지지했는데, 이런 지지율은 "매우 예외적인" 것이었다.[32] 노조 지도자들은 2월 초에 파업을 끝냈다. 그런데 많은 노동자들이 지도부의 결정에 분개했고, 3월부터 10월까지 일련의 자생적이며 부분적인 파업이 계속됐다. 8월 초에는 1000명 이상의 노동자들이 노조 지도부를 거슬러 파업에 돌입해 회합과 토론, 집회 등을 열었다. 9월에는 "거의 매일 파업이 있었고 하루에 3000명의 노동자가 참가하기도 했다. 공장은 거의 멈춰 섰다."[33]

이런 파업들에서는 세 가지 점이 주목할 만하다.

첫째, 이들 파업은 경쟁 관계에 있는 노조 연맹들이 거의 관심을 두지 않은 문제들—작업 속도와 노동 조건—을 둘러싸고 일어났다.

둘째, 이들 파업은 전통적으로 노동조합에 관심이 없는 듯했던 노동자들 사이에서 일어났다. 그들은 젊은 반숙련 노동자들로서 흔히 투쟁 전통이 거의 없다는 이유로 경영진이 특별히 골라 뽑은 노동자들이었다.

셋째, 공장 내 노조위원회가 아니라 자칭 현장위원회(보통 CUB라는 이니셜로 알려진)라는 좌파 투사들이 점차 파업을 주도했다. 이들은 노조 지도부에 비판적인 공장에 정기적으로 소식지를 투입했다. CUB의 핵심은 경험 많은 혁명가들이었다.

이 세 가지는 서로 연결돼 있었다. 대량 생산의 성장은 노동자 계급의 새로운 부문을 창출했다. 전국적·기업별 임금 협상을 위해 고용주에게 압력을 넣는 하루 또는 반나절 조업중단 같은 낡은 방식의 노동조합주의는 적절하지 않았다. 반숙련 노동자 대중에게 중요한 문제는 생산 속도를 높이고 성과급을 낮추며 자의적인 등급 체계를 부과하려는 경영진의 시도에 저항할 수 있는 능력이었다. 그런 저항은 각 부문의 현장조합원에 기초한 지속적인 일상 투쟁에서만 나올 수 있었다. 이것은 이탈리아 자본주의가 최선을 다해 막아야 하는 것이었다. 그리고 그것은 이탈리아 자본주의의 합리화와 현대화에 협력하려는 개혁주의 정당들의 계획에도 어긋나는 것이었다.

노동자들의 분위기 변화는 단지 피렐리 공장에 국한되지 않았다. 12월에 경찰이 시칠리아의 아볼라에서 임금 인상을 요구하며 파업하고 있던 농업 노동자 두 명을 사살했다. 이탈리아 전역에서 항의 시위와 파업이 잇따랐고, "매우 효과적인 총파업"이 로마를 "혼란"으로 몰아넣었다.[34] 처음으로 혁명적인 학생들이 노동자들과 연계할 수 있는 기회를 맞이했다. 가장 중요한 연계는 프랑스 5월 항쟁 1주년 기념일에 이루어졌다.

이탈리아 최대의 공장이었던 토리노의 피아트 미라피오리 공장에도 피렐리와 마찬가지로 15년 동안 현장 조직이 없었다. 1969년 5월 1일 부품 공장의 노동자들이 파업에 돌입했다. 이들은 대부분 토리노 지역 출신의 노조원들이 었다. 그 파업에서 나온 요구 조건은 임금 인상과 상이한 등급에 대한 동일 임금 지급이었다. 그것은 "내부 파업"이었고,[35] 노동자들은 일손을 멈추었으나 공장을 떠나지 않았으며, 파업은 직선 대의원들이 조직했다. 5월 10일 파업은 프레스 공장과 조립라인으로 퍼져 나갔다. 그 곳에는 반숙련 노동자 대중이 있었다. 5월과 6월의 대부분은 잇따른 파업으로 공장이 타격을 입었다. 노동자 그룹들은 서로 협력해 각 부문이 차례로 작업을 멈추게 하고 조립 라인을 봉쇄했다.

학생 좌파 출신 활동가들은 처음부터 파업을 지지했다.

몇 달 동안 소수의 의대생들이 미라피오리 문 앞에 나타났다. 파업이 시작된 뒤 5월 중순에 라 클라제(소그룹 중 하나) 소속 투사들이 …… 여기에 합세했고 개입의 성격을 결정했다. 그 전 해에 토리노 학생 운동을 주도했던 간부들 대부분이 5월 말에는 공장 문 앞에 결집했다.[36]

토리노의 학생들은 1년 전 프랑스의 동지들이 꿈만 꿀 수 있었던 영향력을 성취할 수 있었다.

사실, 노동자들과 '외부인들'이 만나는 것은 쉬웠다. 공장 문 앞에서 노동자들은 토론을 하고 벽보를 읽고 제안을 했다. '외부인들'은 금방 '학생'임을 알 수 있었고, 이런 확인은 긍정적 의미가 있었다.[37]

가장 전투적인 노동자들과 만나는 모임이 술집에서 열렸다.

그들은 소식지에 대해 토론하고 준비했다. 소식지는 투쟁 과정에 대한 짤막한 소식과 노동자 그룹들이 자발적으로 제기한 요구 사항을 실은 일간지였다. '노동자들과 학생들'의 서명이 들어있는 첫 번째 소식지는 프레스 공장에서 파업이 이미 진행되고 있을 때 배포됐다. 5월 27일부터는 "로타 콘티누아"[Lotta Continua: 투쟁은 계속된다]라는 제목으로 발간됐는데, 이것은 투쟁의 상징이 됐고 노동자들 사이에서 굉장한 인기를 끌었다.[38]

노조들은 6월 14일에 파업을 끝내려 했지만, 페인트 공장 노동자들이 파업에 돌입하자 8시간 동안 생산라인이 멈춰 섰다.

6월 16일부터 20일까지 그 주 내내 지속된 투쟁은 의과대 건물에서 매일 두 번씩 회합을 가진 노동자들과 학생들의 회의를 통해 준비됐다. …… 이 모임은 투쟁 강령을 알리고 조정했을 뿐 아니라 투쟁을 지도하는 데도 성공했다. 상이한 부문의 진정한 전위들이 이렇게 해냈다. 이들은 무슨 조치를 취할 것인지 결정하는 데 '학생들의' 회합을 이용했다.[39]

운동을 조정할 필요성 때문에 6월 21일에는 매주 토요일에 모이는 시 차원의 노동자·학생 회의들이 생겨났다. 혁명적 학생과 새로운 노동자 투사들 모두 이런 회의들을 "전위의 맹아적인 정치 조직"으로 여겼다.[40] 어떤 노동자는 노동자·학생 회의의 일반적 분위기를 다음과 같이 표현했다.

노동자들은 투쟁을 위해 스스로 조직해야 한다는 사실을 알아야 한다. 노조들은 더는 노동자 계급의 특성을 갖고 있지 않다. 그들은 형식적 조직이고, 다른 공공 기관과 다르지 않다. 우리는 대리인이 필요없다. 우리에게는 우리 자신의 힘만 필요하다. 이탈리아 노동자는 이제 성장했으며 더는 노조가 필요없다.[41]

노조가 투쟁을 통제하려 하자, 다음과 같은 아우성이 빗발쳤다. "우리는 모두 대표다."

7월 3일 노조가 지역적인 하루 총파업을 호소했을 때 투사들은 신중했다. 노동자·학생 회의는 이를 지지하기로 결정했지만, 곧 더 전투적인 쪽으로 방항을 바꿔 피아트 공장부터 자체 시위를 조직하기로 결정했다.

토리노의 여러 공장에서 몰려나온 수천 명의 노동자 대열이 갑자기 경찰의 공격을 받았다. 노동자들은 잠시 흩어졌다가 다시 모였다. 그들은 저항을 조직했고, 바리케이드를 설치했다. 쫓고 쫓기는 추격전이 하루 종일 계속됐고 미라피오리 주변의 노동자 지구에서 나온 청년들이 동참하면서 늦은 밤까지 이어졌다.[42]

혁명가들이 보기에 이 "거리 행진 전투"는, 이탈리아 최대의 공업 단지를 마비시킨 40일 간의 투쟁 뒤에, 피아트 노동자들을 "공공 질서라는 관점에서 전위"로 만들어버린 것이었다.[43]

피아트 내에서 혁명적 사회주의자들의 영향력은 일시적 에피소드가 아니었다. 그 해 가을에 단체협약 갱신을 둘러싸고 금속 공업 분야에서 벌어진 대중 투쟁은 이탈리아의 모든 공업 분야에서 폭발한 전투성으로 이어졌다. 피아트에서 청중을 획득한 혁명가들은 수십 개의 다른 공장에서 젊은 노동자들을 획득하는 데 성공했다. 11월에 그들은 피아트에서 또다시 1주일 동안 계속된 파업을 지도했다. 그리고 1970년 7월에 사실상 생산을 중단시킨 15일 동안의 투쟁을 지도하게 됐다.

거대한 노동자 대열이 공장 여기저기를 돌아다니며 조립 공정과 차체 생산 공정을 나누는 문들을 부숴 버렸다.

혁명가들의 설명에 따르면, "외부의 투사들"이 참가한 시위에서 "1만 명의 노동자들이 손에 스패너를 들고 이렇게 외쳤다. '아넬리[피아트사 설립자], 인도차이나는 네 공장 안에 있다.'[공장의 투쟁을 베트남 전쟁에 비유한 말]"[44]

8

폭풍우가 일으킨 잔물결

극좌 신문 <블랙 드워프>는 1968년 가을에 "영국"은 대규모 학생 운동이 일어나지 않은 "유일한 선진 자본주의 국가"라고 개탄했다.[1]

이런 판단은 약간 과장된 것이었다. 런던경제대학은 국제적인 점거농성의 물결에서 선두에 서 있었고, 1968년 5월 이전에는 베트남 전쟁 반대 시위가 프랑스보다 영국에서 더 큰 규모로 일어났다. 그 해 늦여름에 [영국] 언론은 프랑스나 독일과 같은 형태의 학생 운동이 일어날 가능성을 두려워하고 있었다. <타임스>는 1면 기사에서 "소수의 전투적인 극단주의자들"이 꾸미고 있는 "깜짝 놀랄 만한 음모"에 대해 다루면서, 이들이 10월 27일에 있을 베트남 전쟁 반대 시위를 이용해 "통신을 교란하고 법과 질서를 파괴"하려 하며 "무기와 몰로토프 칵테일(화염병)"을 사용해 "런던에 있는 매우 중요한 기간 시설과 건물들을 장악하려" 한다고 주장했다.[2]

그럼에도 1968년에 영국의 정치적 분위기는 결코 혁명적이지 않았다. 그보다 2년 전에, 해럴드 윌슨의 노동당 정부는 선거에서 46퍼센트를 득표함으로써 5석 차이로 다수당이었던 것을 97석 차이로 늘렸다. 아직 윌슨을 매우 신뢰하고 있었던 노동당 내 좌파는 그들의 신문 <트리뷴>에 "사회주의가 다시 정치적 과제로 떠올랐다."고 선언했다.[3]

이런 환상에서 깨어나는 데는 오래 걸리지 않았다. 몇 주가 채 안 돼 정부는 주 40시간 노동을 요구하는 선원 파업에 반대하며 거대 선박회사측을 지지하고 나섰다. 윌슨은 정보기관인 MI5와 경찰 특수부대를 동원해 파업 지도부를 감시하고, 파업으로 런던 항에 정박해 있던 선박들을 이동시키는 데 해군을 동원했으며, 국가 비상사태를 선포하고, TV를 통해 파업이 "반국가적·반공동체적" 행위라고 비난했다. 그는 하원에서 말하기를, 파업의 배후에는 "정치적 동기를 가지고 긴밀하게 연결된 집단"이 있으며 그들은 "산업 평화를 해치고 국가의 경제적 번영을 저해하고" 있다고 했다.[4] 이런 '색깔론' 전술에 겁먹은 노조 지도부는 허둥지둥 작업 복귀를 호소했다.

선원들에 대한 이런 공격은 하나의 전형이 됐다. 윌슨 정부는 지지자들에게 "기술 혁명의 열기 속에서 새 영국을 건설하겠다."고 약속했다. 그러나 이 말은 영국 자본주의가 외국과 벌이는 격심한 경쟁에 적응하도록 도와주겠다는 뜻이었다. 장기 호황이 시작될 무렵 영국은 서방 세계에서 두 번째로 큰 공업 강국이었고, 당시 파운드화의 가치는 2.80달러로 고정돼 있었다. 이제 서독이 영국을 추월했고, 일본과 심지어 프랑스도 빠르게 쫓아오고 있었다. 계속되는 국제수지 적자를 막을 만큼 수출은 충분히 성장하지 못하고 있었고 외환시장에서는 파운드화 투매가 이어졌다. 파운드화의 가치는 대기업을 달래기 위한 긴급조치를 통해서만 겨우 유지될 수 있었다. 이것이 바로 선원들을 공격한 이유였다.

그러나 이것으로는 불충분했다. 노동당 정부를 지지했던 사람들에 대한 추가 공격이 필요했다. 파업 2주 뒤, 윌슨은 급격한 간접세 인상과 공공지출 대폭 삭감, 6개월 간 법정 임금 동결 조치를 발표했다. 이는 법률로 임금 인상을 강력하게 통제하겠다는 것을 의미했다.[5]

어떤 이유로든 파업에 돌입한 노동자들은 비난받았다. 10월에 런던과 리버풀의 항만 노동자들이 데블린의 합리화 계획 1단계에 반대해 파업을 벌이자, 윌슨은 혼란을 노리는 공산주의자들의 음모라고 말했다. 또다시 노조 지도자들의 도움으로 정부는 노동자들을 패퇴시킬 수 있었다.[6] 하지만 이번에는 윌슨이 3년 동안 피하려고 애썼던 수단을 사용할 수밖에 없었다. 그것은 바로 파운드화의 평가절하였다.

윌슨이 신임 재무 장관으로 임명한 로이 젱킨스는 새로운 디플레이션 정책들을 추진했다. 그 중에는 중등학교의 무료 우유 급식 폐지, 의약품 처방전 유료화, 주택 정책에 대한 예산 삭감, 의무교육 기간 연장 조치 연기 등이 들어 있었다. 그런 조치의 분명한 목표는 대중의 생활수준을 후퇴시키는 것이었다. 이것은 1951년부터 1964년까지 보수당 정부도 감히 시행하지 못한 조치들이었다.

노동 운동 활동가들은 이런 조치들 때문에 사기 저하와 혼란에 빠져들었다. 보수당 집권기에 그들은 노동당이 집권하면 사회가 바뀔 것이라고 기대했다. 그런데 지금 노동당 정부가 보수당의 정책들을 철저하게 시행하고 있었다.

결국 저명한 좌파 인사들이 윌슨의 정책에 반대하는 목소리를 내기 시작했다. 여기에는 <트리뷴> 쪽의 하원의원들이 내놓은 항의 선언문도 있었다.[7] 그러나 노동당 좌파는 윌슨을 대체할 응집력 있는 대안이 될 수 없었다. 선원 파업이 패배한 후 운송 노조 사무총장 프랭크 커즌스가 내각에서 사퇴했지만(앤서니 웨지우드 벤으로 교체됐다), 다른 '좌파' 장관 어느 누구도 그의 뒤를 따르지는 않았다.

그러는 동안 노동당은 이 지역 저 지역에서 사실상 산산조각 나고 있었다. 노동당 지역구에서 일하는 한 활동가와의 인터뷰에 기초한 <타임스> 기사는 노동당이 붕괴 직전이라는 사실을 보여 주었다. 사람들은 노동당을 떠나는 것으로 반대 의사를 표현했다.

노동계급 활동가들 사이에서 노동당에 대한 대안은 전통적으로 공산당이었다. 하지만 공산당 지도부는 오래 전에 혁명을 포기했다. 이제 그들은 "노동당 좌파와 공산당이 하원에서 다수"를 확보하는 것을 통해 변화를 추구하고 있었다. 이러한 논리는 노동당 좌파에 대한 비판을 무뎌지게 만들었다. 그리고 노조 내에서는 기존 우파 지도부에 도전할 준비가 돼 있는 노조 관료 누구와도 동맹을 맺을 수 있다는 것이 강조됐다.

이런 목표를 위해 그들은 독자적인 공산당 조직을 의식적으로 약화시켰다. [공산당이] 공공연한 계급 정치에서 멀어져 간 것은 당 기관지의 이름을 <데

일리 워커>에서 유행을 따르는 듯한 <모닝 스타>로 바꾼 데서 잘 드러났다.

이 때문에, 공산당은 노동당에 환멸을 느끼고 나온 사람들을 끌어당길 수 있는 분명한 구심점을 제공하지 못했다. 특정 산업에서 공산당은 투사들의 연계망을 가지고 있었다. 이들은 흔히 중요한 파업에서 핵심 역할을 했으며, 임금 통제에 반대하는 가장 온건한 항의 시위를 함께 조직했다. 금속 노조나 설계사 노조 같은 데에서는 [공산당] 투사들이 더 광범한 좌파 그룹의 중심이었고, 이들은 노조 간부직을 획득할 수 있었다. 하지만 당 전체로 보았을 때는, 당원들이 떨어져 나갔고 내부 규율이 대부분 사라지고 있었다.

노동계급 내의 전통적인 개혁주의 조직은 항상 두 가지 방식으로 행동했다. 그들은 노동계급의 자생적인 아래로부터의 운동을 전부 억누르는 방벽 역할을 했다. 그러나 극우 사상이 계급 대중에게 침투하는 것을 막는 역할도 했다. 활동가들이 노동당을 사회주의적 대안이라고 확신하는 한, 편협하고 인종 차별적인 주장에 다소 효과적으로 대처할 수 있었다. 따라서 1962년에 야당이었던 노동당이 인종 차별주의자들의 이민 통제 요구에 반대하는 일은 그리 어렵지 않았다.

따라서 윌슨에 대한 환멸은 즉시 활동가들의 확신을 파괴하고 우익 사상의 확산을 허용하는 효과를 낳았다. 보수당은 1968년 선거에서 약진했다. 노동당은 더들리처럼 전에 그들의 텃밭이었던 지역에서 실시된 중요한 보궐선거에서 패배했다. 더들리에서 노동당은 1만 1000표나 잃어 버렸다. 올덤과 셰필드의 브라이트사이드 같은 지역에서 이기기는 했지만 한 곳에서는 1만 2000표, 다른 곳에서는 9000표를 잃었다. 지방선거에서는 노동계급 대중의 기권 때문에 노동당은 글래스고, 셰필드, 그리고 런던의 14개 구를 잃었다. 전에 노동당의 아성이었던 이즐링턴 시의회에서는 보수당이 60석 중 50석을 차지했고 셰필드에서는 40년 만에 처음으로 보수당이 승리했다.

하지만 더욱 불길한 것은 모든 부문의 노동자들이 인종 차별주의 사상에 굴복한 방식이었다. 1968년 초에 보수당 소속 전직 장관인 던컨 샌디스가 영국 여권을 소지한 채 케냐에서 쫓겨난 아시아인의 영국 입국에 반대하는 협박성 캠페인을 펼쳤다. 불과 6년 전만 해도 모든 이민 규제에 반대했던 노동당 지도부는 소위 이민자들의 '쇄도'(사실은 한 달에 1000명도 안 됐다)를 막기 위해 새로운 법률을 서둘러 도입했다. 상·하 양원에서 이 법안을 통과시키는 데는 이틀밖에 안 걸렸다.

샌디스는 그 문제를 이용해 정치적 이득을 쉽게 챙길 수 있음을 보여 주었다. 4월 20일 보수당의 예비내각 핵심 각료 중 한 명인 에녹 파월이 인종적 증오감을 의도적으로 부추기기 시작했다. 그는 버밍엄 연설에서 이민자들이 "영국을 파괴하고 있다."고 주장했다. "내 눈에는 피가 흘러 넘치는 테베레 강[로마를 흐르는 강]이 보인다. …… 이것은 마치 자기 장례식에 쓸 장작을 쌓아 올리는 일에 전념하는 나라를 보는 듯하다."

이런 발언은 주요 영연방 국가들을 자극하지 않기 위해 조심하던 보수당의 주류 지도부에게는 너무 과한 것이었다. 보수당 지도자 에드워드 히스는 파월을 예비내각에서 쫓아냈다.

파월은 나중에 '통화주의'라고 부르게 될 일련의 정책들을 대변했다. 그것은 바로 정부 지출 대폭 삭감, 의도적인 실업 증가, 노조의 수중에서 "노동시장에 대한 독점적 통제"를 빼앗는 조치 등이었다. 보수당은 핵심 지지층 이외의 사람들에게 호소력을 가질 만한 정책들을 갖고 있지 않았다. 그러나 파월은 인종 차별주의 카드를 꺼냄으로써 그런 호소력을 가질 수 있었다. 파월이 보수당의 예비내각에서 쫓겨난 다음 날, 빌스턴에서 50명의 건설 노동자들이 그를 지지하며 작업을 중단했다. 그 다음 날, 수백 명의 항만 노동자들이 웨스트민스터까지 행진하며 그를 재기용하라고 요구했다. 이들에 이어 600명의 정육업 노동자들이 따라 나섰고 4월 26일에는 약 4400명의 런던 항만 노동자들이 파업을 벌였다.

하지만 가장 중요한 것은, 최근에 패배하고 사기 저하된 노동자들이 — 런던의 항만 노동자들처럼 — 인종 차별주의 물결에 영향을 받을 수 있다는 게 아니었다. 문제는 전통 좌파가 그에 대응할 수 있는 능력이 없었다는 것이다.

공산당과 노동당 좌파 주변에 형성된 투사들의 연계망은 사실상 맥을 못추고 있었다. 그들은 인기를 잃고 노조 내의 지위를 상실할지도 모른다는 두려움 때문에 인종 차별주의자들과 논쟁을 벌이는 것을 회피했다. 저항을 시도한 몇몇 경우에도, 그들은 인종 차별주의에 반대하는 주장을 펼치는 방법을 모른다는 것이 드러났다. 로열 독스의 공산당원 대니 라이언스는 개신교나 가톨릭 성직자들과 함께 수문 앞에서 집회를 개최하려 했다!

그래서 미약한 혁명적 좌파 세력이 '좌파의 공백'(국제사회주의자들은 [당시 상황을] 이렇게 일컬었다)을 메우고 인종 차별주의에 반대하는 흐름을 만들려는 시도를 해야 했다. 예를 들어, <타임스>는 틸베리의 항만 노동자 수천 명 중 단 한 사람만 전체 흐름에 반대했다고 보도했다.

틸베리의 집회에서, T 배렛이라는 노동자가 국제사회주의자들이 만든 전단을 나누어 주었는데, 거기에는 파월을 공격하는 내용이 담겨 있었다. …… 그는 오늘[4월 26일 파월 지지 파업에 참가하지 않고] 일을 할 것이라고 분명히 밝혔다.[8]

메이 데이에 파월 반대 시위에 참가한 수백 명의 학생들은 인종 차별주의에 물든 항만 노동자들한테 거의 맞을 뻔했다. 학생 혁명가들이 보일 수 있는 가장 쉬운 반응이 <블랙 드워프>가 보인 반응이었다는 것은 전혀 놀라운 일이 아니다.

영국에서는 매우 많은 노동조합원들이 학생 시위대보다는 경찰이나 인종 차별주의에 더 많이 공감하고 있다. 정치적 의도 아래 진행된 최근의 유일한 조업 중단은 에녹 파월을 지지하는 항만 노동자들과 정육업 노동자들이 벌인 인종 차별주의 시위뿐이었다. …… 영국에서 가장 뛰어난 전투적 노동자들이 강력한 보수당보다 오른쪽에 있다는 것이 말이나 되는가?[9]

그러나 사실 영국에서 가장 전투적인 노동자 그룹들, 예컨대 대규모 자동차나 금속 공장의 노동자들은 파월을 방어하는 파업에 참가하지 않았다.

1965년과 1966년에 이미 학생들 사이에는 혁명적 사회주의자 그룹들이 형성돼 있었다. 보통 그들은 노동당의 청년 조직인 청년사회주의자들의 경험이나 1960년대 초 영국의 핵무기 반대 운동이라는 비폭력 직접 행동 경험을 통해 정치에 입문했다. 그러나 그들은 늘 소수였고(1965년 여름에 런던경제대학에서 노동당 정책에 반대해 조직된 사회주의자연합 창립 회의에 참석한 학생들은 12명뿐이었다), 사실상 학생 대중에게 어떤 영향도 미치지 못했다. 겉으로 봐서는 급진학생동맹보다 훨씬 덜 중요해 보였다. 급진학생동맹은 공산당·노동당·자유주의 학생들이 전국학생회연합의 '비정치적'인 우파 지도부와 다른 선거 대안으로 1966년 말에 만든 조직이었다.

그러나 혁명적 사회주의자들은 다음과 같이 상호 연결된 네 가지 쟁점을 둘러싸고 더 많은 학생들을 행동으로 이끌 수 있다는 사실을 깨닫기 시작했다.

• 로디지아(오늘날의 짐바브웨)의 소수 백인 인종 차별주의 정권과 타협하려는 노동당 정부의 계속되는 시도에 반대하는 것. 1965년에 런던경제대학에서는 이 문제를 둘러싸고 학생들이 처음으로 정치 시위를 벌이면서, 경찰의 잔악함(오늘날 기준으로 보면 약한 것이었지만)을 처음으로 경험하게 됐다.

• 베트남 전쟁 반대와 미국을 지지하는 노동당 정부 반대. 거리에서 벌어진 반전 시위 참가자의 75퍼센트는 학생이었다.[10]

• 모든 기성 정당이 굴복하고 있는 일련의 인종 차별주의 물결 반대. 1967년에는 해외 유학생들을 차별하는 등록금제 도입에 반대하는 첫 번째 전국 하루 동맹 휴업이 있었다. 런던경제대학에서는 로디지아의 인종 차별주의와 타협한 사람이 총장으로 임명되자 1966~67년에 소요가 있었다.

• 학생들의 권리를 요구하는 것. 보통은 약간 혼란스럽게 '대의제'라고 표현했다.

이런 쟁점들 중 어떤 것도 그 자체로는 학생들이 소규모 혁명적 사회주의 그룹들의 주장을 받아들이도록 만들지 않았다. 그러나 1966~69년의 영국 상황에서는 그런 쟁점들이 서로 뒤섞여 그런 결과를 낳았다. 좌우의 개혁주의자들이 권력을 잡고 있었다. 그들이 바로 로디지아 정권과 타협하면서 인종 차별주의적인 이민 통제와 차별적인 대학 등록금 제도를 시행하고 있었고 미국이 베트남에서 저지르는 온갖 만행을 옹호하면서 대학 당국의 억압과 경찰의 폭력을 지지한 사람들이었다. 더욱이 대학 당국은 영국 자본주의의 권력 구조와 매우 긴밀하게 엮여 있었다. 베트남에서 미국을 지지하고 남부 아프리카에서 거대한 이윤을 뽑아내는 바로 그 자들이, 시험 제도를 통해 자신들의 사상을 강요하고 학생들의 개인 생활을 감독할 권리를 갖고 있다(남자와 침대에 같이 있었다는 이유로 옥스퍼드의 한 여학생은 퇴학당했다)고 주장하는 자들과 동일한 인물들이라는 사실을 입증하기는 어렵지 않았다.

일부 대학에서는 그런 쟁점에 대한 선동이 장시간 토론으로 이어지기도 했다. 수백 명이 모인 학생회의 모임은 흔히 일고여덟 시간 동안 계속되면서 밤 늦게까지 이어졌다.

하지만 정치화가 순식간에 이루어진 것은 아니었다. 첫 농성은 1967년 3월에 런던경제대학에서 있었다. 그것은 애스턴 대학에서 벌어진 상징적 농성과 레스터 대학에서 있었던 전면적인 점거농성 같은 투쟁들이 일어나기 거의 1년 전의 일이었다. 그 둘 다 학생 대의제를 둘러싸고 벌어진 투쟁이었다. 한편, 런던경제대학의 투쟁은 일부 지도적인 사회주의 활동가들에게조차도 하나의 일탈처럼 보였다.

그러나 그동안 급진화는 멈추지 않았다. 학생들은 직접적 충돌은 그만두고 더 장기적으로 그들의 사상을 재평가하기 시작했다. 런던경제대학에서는 1967년에 전투적인 자유주의 사상을 받아들였던 많은 학생들이 그 이듬해에는 사회주의자연합의 혁명적 주장을 받아들이기 시작했고, 사회주의자연합 자체는 점점 더 국제사회주의의 정치에 동화되고 있었다.(1967년 2월 런던경제대학에는 약 6명의 적극적인 IS 회원들이 있었는데, 1968년 5월에는 약 30명으로 늘어났다.)

베트남 전쟁 반대 투쟁은 다른 수십 개 대학의 소수 학생들에게 이런 급진화 과정을 확산시켰다.

1967년 여름까지 베트남 전쟁 문제를 제기한 주요 전국 조직은 공산당과 노동당 좌파의 영향력 아래에 있었던 베트남평화위원회였다. 이들은 "평화"라는 단일한 구호를 제기하면서, 전쟁에서 어느 편에 설 것인가 하는 문제를 회피하고 있었다. 이 단체 안에는 베트남연대운동(VSC)도 있었는데, VSC는 베트남민족해방군과의 연대를 건설하려고 애쓰고 있었다. IS 지지자들은 이 VSC 안에서 1967년 10월에 "NLF에게 승리를"이라는 구호를 내걸고 시위를 벌이자고 주장해 이를 성사시켰다.[11]

시위에 참가한 사람들의 규모는 주최측도 놀라게 만들었다. 약 2만 명이 트라팔가 광장에 모여들었다. 경찰도 놀랐다. 시위대는 도로를 완전히 점거한 채 그로스베너 광장에 있는 미국 대사관을 향해 행진했다.

이런 경험은 시위대에게 아주 새로운 것이었다. 전통적인 런던의 시위는 하원의원이나 성직자가 앞장서고 그 뒤에 네 명씩 나란히 줄지어 온순하게 따라가는 것이었다. 기억에 남는 가장 전투적인 시위 — 1961년 9월 트라팔가 광장에서 벌어진 핵무기 반대 시위 — 도 적어도 이론적으로는 '비폭력' 원칙을 고수했다. 그런데 이번 시위 규모는 그 시위의 두세 배였고 도로를 가로지른 폭은 15배에서 20배였다. 그리고 미국이 베트남에서 벌이고 있는 전쟁에 대한 분노를 최대한 전투적 방식으로 표출하고 있었다.

경찰이 시위 참가자를 대열에서 끌어내려 하면 시위대는 소리를 지르고 팔짱을 끼면서 서로 방어해 주었다. 경찰이 미국 대사관으로 가는 길을 봉쇄하자 시위대는 그대로 돌진해 경찰의 저지선을 공격했다. 적어도 한 번은 거의 대사관까지 뚫고 나갈 뻔했다. 그 시위에 참가한 수천 명의 사람들 사이에는 새로운 연대와 전투적 분위기가 형성됐다. 그들은 베트남 전쟁과 그 전쟁을 지지하는 노동당 정부에 대한 반대 선동을 배가하기로 결의하고 해산했다.

그 후 몇 개월 동안 베트남 전쟁과 관련해 노동당 지도부에 반대하고 이민 통제 문제와 관련해 인종 차별주의적인 하원의원들에 반대하는 일련의 시위가 각 지역과 대학에서 계속됐다. 총리 해럴드 윌슨이 1월 26일 셰필드를 방문했을 때 시청 청사에서는 "윌슨은 물러가라"는 3000명의 외침이 울려 퍼졌다.

<타임스>의 보도에 따르면 "난투극이 벌어져 경찰이 한동안 토마토와 달걀 세례를 받았다."[12] 그것은 결코 화염병이나 돌이 아니었지만 그렇다고 반핵 운동의 '평화주의'도 아니었다.

2월에는 서식스 대학 학생들이 학교를 방문한 미국 대사관 관리에게 페인트를 투척했다. 3월 1일에는 노동당 장관인 패트릭 고든 워커가 맨체스터 대학에서 강연을 하려다 학생들의 야유로 연설을 중단해야 했다. 3월 6일에는 수백 명의 런던경제대학 학생들이 런던에 있는 로디지아 하우스까지 행진하면서 "1인당 총 한 자루"라는 구호를 외쳤다. 3월 8일 국방 장관 데니스 힐리가 케임브리지 대학을 방문했다가 학생들에게 포위돼 자동차 안에 갇히기도 했다. 심지어 보수주의자연합 회장조차도 나중에 경찰의 폭력에 불평을 터뜨릴 정도였다.[13]

힐리 자신은 3일 후에 "학생들 사이에 존재하는 히스테리칼한 아나키즘"을 비난했다.

2월은 바로 '구정 공세'가 있었던 달이다. 3월에는 미국 존슨 정부의 위기가 극도로 악화됐다. 베트남 전쟁의 경제적 결과들이 눈에 보이기 시작했다. 3월 16일 금요일치 <타임스> 1면 머리기사는 "통화 위기, 세계 자본주의를 뒤흔든다"였다.[14] 국제 금 시장이 2주 동안 문을 닫았고, 22년 전 브레튼우즈 회의에서 확립된 고정환율제를 고수하기 위한 필사적인 시도가 있었다.

3월 17일 일요일에는 VSC가 두 번째로 주최한 대규모 시위가 있었다. 이 시위는 지난 10월 시위보다 더 크고 더 전투적이었다.

이번에는 경찰도 만반의 준비를 하고 있었다. 그러나 전투성은 가라앉지 않았다. 시위대는 거리를 점령하고 서로 팔짱을 낀 채 그들이 외치는 구호(대개는 "호, 호, 호치민"[15]과 "NLF에게 승리를")의 박자에 맞춰 제자리에서 뛰기 시작했다. 그런 다음 전진했다. 그들은 길가의 차들(특히 롤스로이스)을 뻥뻥 차며 지나갔다. 도처에서 베트남민족해방전선의 깃발과 붉은 배너가 넘쳐 났다. 미국 대사관 앞에서는 "이봐, LBJ[린든 베인즈 존슨], 오늘은 아이들을 몇 명이나 죽였나?"라는 격렬한 구호를 외치면서 경찰 저지선을 뚫기 위해 심한 몸싸움을 했다.

그렇지만 베트남이 학생들에게 동기를 부여한 유일한 문제는 아니었다. 베트남 전쟁은 끔찍한 체제의 가장 끔찍한 표현일 뿐이라는 정서가 있었다. 미국 방송인 제리 랜디는 시위대가 "모든 것"을 반대하는 듯하다고 불평했다. "그들은 윌슨 정부, 평가절하, 고물가, 실업, 임금 동결 등 한 마디로, 영국의 모든 문제를 비난하고 있다."[16]

맨체스터 대학의 대표단을 이끌고 있는 한 학생이 그라나다 TV와 한 인터뷰에서 일반적 정서를 요약해 보여 주었다.

우리는 지금 전 세계에서 반복되고 있는 위기를 겪고 있다. 그 위기가 금본위제든 베트남 전쟁이든 상관없이 이런 위기를 강하게 느끼는 사람들이 나서서 세상을 바꾸는 것은 의무일 뿐이다.

우리 중 많은 사람이 1964년과 1966년 선거에서 노동당을 지지했다. 그 때 우리는 노동당이 모종의 급진 정당이라고 생각했다. 사실은 그렇지 않았다. 노동당은 급진주의의 외관조차 모조리 벗어 던졌다.

이 시위는 내가 바라는 사회를 위해 싸울 수 있는 힘을 강화시켜 준다. 이제 나 같은 생각을 가진 사람들이 단결해 급진적 사회 변화를 추구해야 할 때가 됐다. 만약 폭력이 그 과정의 일부라면 그것도 좋다. 국가는 누구든지 마음대로 위협할 수 있다. 이제 사람들은 반격하기 시작했고 이것은 매우 좋은 징조다.[17]

이미 소수의 헌신적 혁명가들에게 이 시위 경험은 놀랄 만한 것이었다. 전에는 시위대의 주변에서나 찾아볼 수 있었던 적기와 구호들을 이제는 수백 명의 대표단이 받아들이고 있었던 것이다. 수십 년 만에 처음으로 수천 명이 길거리에서 '인터내셔널가'를 불렀다.

또, 대규모 시위 경험은 참가한 사람들의 전투성을 일깨웠다. 그 해 봄과 여름에 일련의 전국적·지역적 시위가 계속됐다. 해럴드 윌슨은 3월 22일 옥스퍼드를 방문했을 때 경찰의 보호를 받아야할 정도였다.

4월 중순 루디 두취케 암살 미수 사건에 자극받은 혁명적 사회주의자들은 해마다 열리는 CND의 부활절 집회에서 2000명의 대열을 빼내 그들을 이끌고 행진을 벌였다. 그들은 독일 대사관 앞과 슈프링거 사무실 — 홀본 거리의 <데일리 미러> 빌딩 안에 있는 — 밖에서 경찰과 충돌했다.

<블랙 드워프>의 보도에 따르면, 에식스 대학은 2월부터 6월까지 "부분적으로 또는 완전히 무질서 상태"였다.[18] 이러한 사태는 포튼 다운의 생화학전 연구 센터에 근무했던 과학자의 강의에 학생들이 항의한 뒤 발생했다. 학교 당국은 경찰력 투입을 요청하고 주동자를 정학시키는 것으로 보복했다.

혁명적 좌파와 좌경화한 소수의 학생들이 3월에는 도취감에 젖어 있었던 반면, 에녹 파웰의 연설이 있은 뒤인 4월 말에는 쓰라린 방어적 활동을 해야 했다. 여름 학기의 첫째 주는 인종 차별주의에 반대하는 활동 — 전단 배포, 포스터 부착, 파웰을 지지하는 일부 노동자들과 논쟁 벌이기, 시위 — 에 필사적으로 매달렸다. 파웰 자신도 "무질서에 대한 공포"[19] 때문에 대학 방문 계획을 철회해야 했다. 남아프리카 공화국을 지지하는 하원의원 패트릭 월은 리즈에서 학생들한테 "습격"당했다. 노동당의 내무 장관 제임스 캘러핸은 학생들의 그런 행위를 "개탄했다."[20] 월은 워릭 대학에서 연설하려던 계획을 포기해야 했다.

이런 상황에서 프랑스 5월 사태에 관한 소식을 듣게 됐다. 극좌파는 열광의 도가니에 빠졌다. 영국의 상황이 암울하기 그지없는 것처럼 보이던 바로 그 때, 바다 건너 프랑스에서 날아온 소식이 크나큰 희망을 안겨준 것이다. '바리케이드 주간'은 정말 훌륭했다. 파업이 확산되고 있다는 첫 번째 소식들은 혁명가들의 오랜 주장을 확인해 주는 듯했다. 노동자 계급이 혁명적 변화의 행위 주체이며, 혁명적 투쟁이 서방 선진국들에서 일정에 오르게 됐다는 주장 말이다.

프랑스의 거대한 반란은 …… 선진 공업국의 노동자 계급은 정치적으로 끝장났고 매수되거나 감언이설에 속아 넘어가 영원히 무관심해졌다고 믿었던 모든 사람에게 답을 주었다. …… 서구 자본주의의 취약성은 매우 분명하게, 그리고 매우 빠르게 입증됐다. 아울러 프랑스 노동자 계급의 힘과 창의성이 그대로 드러났다.[21]

1968년은 1793년, 1830년, 1848년, 1917년, 그리고 1936년에 버금가는 국제적인 혁명의 해다. 우리는 지난 30년 동안의 패배와 동면 상태를 지나 이제 국제 마르크스주의의 부활을 경험하고 있다.[22]

전에 비정치적이었던 학생 대중과 논쟁하기가 갑자기 쉬워졌다. 그렇다고 해서 모든 학생이 즉각 혁명적으로 변했다는 말은 아니다. 전투적인 몇몇 학교에서조차도 혁명가들은 더 광범한 지지를 얻기 위해 매우 열심히 뛰어다녀야 했다. 런던경제대학에서는 프랑스 학생들과 노동자들에게 연대를 표시하기 위한 하루 점거농성이 있었는데 고작 300~400명의 학생들이 참가했다. 맨체스터에서 연대를 위한 행진에 참가한 학생들은 200명뿐이었다.[23] 그러나 이 소수는 전에 없이 확신에 차 있었고 단호했다. 파리에서 새로운 소식들이 계속 들어오자, 몇 주 전만 해도 개혁주의적이거나 비정치적이었던 학생들 사이에서 그 소식에 귀를 기울이는 사람들이 늘어났다.

이제 시위는 항상 어떤 형태로든 경찰과의 충돌로 끝났다. 비록 그것이 그냥 밀고 당기는 몸싸움이었을지라도 말이다. 예를 들어, 공산당이 7월에 베트남 전쟁 반대 집회를 주최했을 때, 혁명가들은 이를 지지하기로 결정하고 새로 급진화된 수천 명의 젊은이들과 함께 그 집회로 몰려갔다. 그것을 본 공산당 지도부는 겁에 질려 버렸다.[24] 그로스베너 광장에서 경찰과 충돌이 벌어졌다. 그러자 시위대는 힐튼 호텔로 몰려가 "부르주아지를 분쇄하자."고 외치면서 그 호텔에 돌을 던졌다. 경찰의 공격을 피해 파크 레인을 지나 도망치던 시위대는 하이드 파크에 바리케이드를 쌓으려 했다.(가두 투쟁의 전술을 알고 있어서가 아니라 넘치는 열정을 보여 준 것이다.) 몇 명은 주유소에 불을 지르려 하기도 했다.[25]

극좌파가 주최한 소련의 체코 침공 규탄 시위에서도 비슷한 광경이 벌어졌다. 시위대가 켄싱턴에 있는 소련 대사관으로 진입하려 하자 또다시 경찰들과 공방전이 벌어졌다.

이런 행동에 참가하는 소수의 학생들이 점점 늘어났다. 몇몇 경우에는 자기 학교에서 다수의 지지를 받을 수 있는 쟁점들을 찾아내기도 했다. 헐에서 이런 일이 일어났다. 톰 포스로프라는 학생이 파리에서 며칠을 보내는 동안 시험 제도의 부당함을 확신하게 됐다. 다시 학교에 돌아온 그는 시험지를 찢어버리며 공개적으로 저항했다. 헐에서 그렇게까지 할 수 있는 학생은 별로 없었지만, 그들은 학생 대의제 문제를 둘러싸고 대규모 점거농성을 벌이는 데는 적극적으로 지지를 보냈다. 에식스 대학에서는 파리에서 돌아온 학생 대표단이, 포튼 다운 사건과 관련해 세 학생을 정학시킨 학교측에 반대하는 투쟁에 새로운 활력을 불어넣었다. 혼세이·크로이던·길퍼드 예술대학에서는 예술 교육 체계가 막 합리화되고 있던 차에 파리에서 새로운 자극이 몰려왔다. 거기서는 수준이 낮긴 하지만 어쨌든 정치화된 장기간의 투쟁에 기꺼이 참여하려는 자발적인 의지가 점거농성에서 드러났다.[26]

혁명가들

1968년 5월에 영국의 혁명적 좌파는 소수였다. 그 뿌리가 1930대 말까지 거슬러 올라가는 소규모 트로츠키주의 조직 일부와 그보다 더 작고 최근에 공산당에서 갈라져 나온 마오주의 조직들이 혁명적 좌파를 이루고 있었다. 주요 트로츠키주의 조직으로는 사회주의노동동맹(노동자혁명당의 전신)과 국제사회주의(사회주의노동자당의 전신)가 있었는데 각각 400여 명의 회원들을 거느리고 있었다. 그리고 국제마르크스주의그룹과 밀리턴트(Militant)라는 조직들이 있었는데 각각 80명 정도 됐다. 마오주의 그룹은 상대적으로 덜 중요했지만, 그 조직원 중에는 과거에 산업 현장에서 이름을 날렸던 공산당 투사들이 몇 명 포함돼 있었다. 특히 런던 금속 노조의 지도적 간부였던 렉 버치와 기술자 노조인 TASS의 의장이 될 마이크 쿨리 같은 사람이 바로 그들이었다.

1950년대와 1960년대 초에 영국에서 혁명적 좌파의 영향력은 당연히 매우 미미했다. 자본주의의 팽창 때문에 노동자들은 일반적 사회주의 정치의 필요성이나 심지어 대규모 산업 투쟁 없이도 지속적인 생활수준 향상을 기대할 수 있었다. 주요 제조업 부문에 존재했던 직장위원회 조직들은, 소수가 참가하는 단기간 파업을 통해 지역적인 승리를 얻을 수 있는 노동자들의 능력에 의존했다. 노동당이 아닌 대안을 찾는 사람들에게는 소규모 트로츠키주의 조직들보다는 '세계 공산주의 운동'이라는 신화가 더 매력이 있었다.

그런데 1968년 5월에 이 소규모 조직들은 광범한 청중이, 비록 주로 학생이긴 했지만, 갑자기 자신들의 혁명적 사상에 귀기울이고 있다는 사실을 알게됐다. 그들은 어떻게 대응했을까?

첫 번째 종류의 대응은, 1968년 4월 말에 일단의 좌파 지식인들이 창간한 격주 신문 <블랙 드워프>에서 찾아볼 수 있다. 이 신문은 '새로운 전위'로서 학생들과 급진적 지식인들에 초점을 모았다. 이 신문의 첫 번째 헤드라인이 "노동자, 학생, 지식인"에게 호소한 것은 그 전형이었다.[27] 그 뒤에 나온 호들의 표제는 "학생들, 새로운 혁명 전위"[28]라거나 "노동자들이여, 학생들이여, 요구만 하지말고 점거하라. 모든 권력을 대학 소비에트로" 같은 것들이었다.[29]

이 신문은 재능 있는 지식인들을 많이 끌어들였다. 극작가 데이빗 머서와 로저 스미스, 역사가 에릭 홉스봄, 시인 에이드리언 미첼과 크리스토퍼 로그, 예술 비평가이며 소설가인 존 버거, 만화가 랠프 스테드먼과 포시 시몬즈, 언론인 리처드 고트, 저작권 대리인 클리브 굿윈 등이 포함됐다. 이 신문의 편집인은 베트남연대운동의 유명 인사이자 언론이 혁명적 학생 운동의 지도자로 묘사한 타리크 알리였다.[30]

그 신문에는 체 게바라(켄 코츠), 맬컴 엑스와 마오쩌둥(맬컴 코드웰), 중국의 문화혁명(알베르토 모라비아), 소련의 체코 침공을 지지하는 카스트로의 연설(타리크 알리, 클리브 굿윈, 데이빗 머서가 '피델'을 비판하는 공개 편지와 함께) 등을 찬양하는 긴 글이 실렸다.[31]

그 신문의 정치 사상은 영국에서 가장 유명한 좌파 이론 잡지 ≪뉴 레프트 리뷰≫와 근본으로 동일했다. 즉, 체 게바라주의, 마오주의, 에르네스트 만델의 정설 트로츠키주의가 뒤섞인 것이었다.[32] 그러나 <블랙 드워프>는 많은 기고자들에게 개방적 태도를 취했다. 헐의 톰 포스로프, 폴 게하트, 레스터의 피트 기번, 에식스의 데이빗 트라이즈먼, 버밍엄의 피터 고완 등 학생 운동의 주도적 인물들이 그 신문에 기고했다. 또, 제3세계 스탈린주의자들에 대한 그 신문의 온건한 태도를 공유하지 않았던 국제사회주의 계열의 이안 버첼, 레이 챌리너, 데이빗 위저리, 하니 로젠버그도 그 신문에 기고했다.

<블랙 드워프>는 발행 부수가 좌파 조직들의 기대치를 넘어섰다고 주장했다. 그들은 3만 부를 발행했다. 학생들에 기초한 혁명이 임박했다고 암시하는 그 신문의 1면 논조는 1968년의 분위기에 딱 맞아떨어지는 듯했다. 그러나 여러 가지를 절충하고 혼합한 그 정치 때문에 <블랙 드워프>의 독자들은 아직 소규모에 불과한 혁명 세력을 보존하고 그저 소수의 학생들뿐 아니라 노동자들 사이에서도 지지를 획득하기 위해 앞으로 해야 할 지루하고 힘든 일을 준비할 수 없었다. 더욱이 그 신문은 마오, 카스트로, 호치민, 폴 포트 같은 제3세계 지도자들의 '사회주의적' 신뢰에 도전하지 않았기 때문에 소위 공산주의 사회의 실상이 분명하게 드러나자 그 독자들은 쉽게 환멸에 빠져들었다.

<블랙 드워프> 주변 인사들의 정반대 편에는 국제사회주의자들(IS)이 있었다. 1950년대에 약 30명이었던 IS는 1967년에 400명으로 늘어났다. 그것은 주로 1960년대 초에 노동당의 청년사회주의자들 속에서 성공적으로 활동한 덕분이었다. 젊은 IS 활동가들은 1967~69년의 여러 학생 투쟁에서 중요한 역할을 했다. 이들은 점거농성의 절반 정도를 주도했고 가장 전투적인 학생들 다수를 그들 주위로 끌어들였다. 그러나 이들의 정치적 초점은 학생들에게 국한되지 않고 노동계급 내부에서 일어나는 일에 맞추어져 있었다. 그리고 이 사실은 끊임없이 강조됐다.

이런 IS의 분석은 노동 현장의 힘 — 특히 직장위원회 조직 — 과 영국 자본주의의 필요 사이에 존재하는 모순을 간파한 것이었다. 바로 이런 모순 때문에 국가는 입법 조치를 통해 현장 노조 조직에 대한 공격을 강화하고 있었고 노조 내에서는 관료적 통제를 강화하려는 시도가 늘어났다. 하지만 이런 공격

때문에 전에는 비정치적이었던 사람들이나 개혁주의 또는 스탈린주의 활동가들이 혁명적 사회주의 사상에 관심을 갖게 되면서 반발이 일어날 수 있었다. 그리고 직장위원에 기초한 현장조합원 운동의 건설은 노동조합 운동의 힘을 전국적으로 아래로부터 단결시킬 수 있었다.

직장위원들이 직면한 위협의 일반적 성격 때문에 그들은 더 폭넓은 기반을 가진 운동으로 발전할 수 있는 기회를 얻었다. 그리고 노동당 정부가 그들을 공격하고 있다는 바로 그 사실 때문에 공장과 항만, 기타 지역의 현장조합원 운동에서 산업 현장의 투쟁뿐 아니라 정치적 대응도 필요했던 것이다.[33]

그러나 이런 운동은 자동으로 발전하지 않는다. 노동계급 운동 내의 전통적인 정치 조직들, 즉 노동당과 공산당이 그것을 가로막았다. 이 때문에 혁명적 좌파가 메워야 하는 '정치적 공백'이 생겨났다.

단기적으로 이런 활동을 수행하기에는 조직이 너무 작았다. 이런 약점은 1966~67년에 적나라하게 드러났다. 노동당 정부가 임금 통제 안을 통과시키는 데 성공했을 때, IS는 이에 맞선 항의를 주도할 수 있었다. 그러나 청중이 자신들의 말을 경청하는 것을 깨달았지만, 그들에게 미칠 수 있는 영향력의 한계도 알게 됐다.

런던 북서부에서 아마도 가장 잘 조직된 공장인 ENV에서 몇 년 동안 주도적 직장위원이었던 IS 회원이 있었다. 그는 노동당 정부의 소득 정책이 초래한 결과 때문에 몇몇 직장위원들을 IS쪽으로 끌어들일 수 있었고, 런던 산업 직장위원 방어위원회를 구성하는 데서 직장위원들의 지지를 받을 수 있었다. 그 조직은 현장조합원 조직을 위한 운동에 헌신적이었다. 그 조직은 임금 정책과 직장위원 문제를 다룬 토니 클리프의 책을 출판했다. IS 회원들은 노조 활동가들에게 약 1만 부를 팔 수 있었다. 400명 짜리 조직에게 이것은 상당한 성과였다. 이 위원회는 또 공산당의 영향력 아래에 있는 다른 직장위원회 대표자들을 설득해 공동 집회의 연단에 서게 했다.

그러나 이 위원회가 조율하려 했던 투쟁은 1966~67년에는 발전하지 못했다. ENV 경영진들은 공장을 폐쇄해 투쟁의 중심을 분쇄하기로 결정했다.[34] 한편, 공산당의 영향을 받고 있던 직장위원회들은 그들 스스로 직장위원 방어 연락위원회를 구성할 수 있었다.

그럼에도, 금속·건설·런던 항만 분야의 몇몇 투사들은 개인적으로 IS의 입장을 받아들였다. 또, 일부 IS 회원들은 런던에서 전국교원노조 내의 전투적 반대파를 구성하는 데 첫걸음을 내딛었다. 아마 더 중요한 점은 그 덕분에 IS 회원들이 다른 혁명적 좌파보다 노동계급 운동을 훨씬 더 현실적으로 평가할 수 있었다는 것이다.

1967~68년에 IS는 학생 운동과 반전 운동의 선두에 서 있었기 때문에 성장할 수 있었다. 그러나 IS는 이런 운동의 한계를 꾸준히 지적했다. 학생들은 계급이 아니다. 그러므로 학생 운동의 영향력은 제한적이다.

> 학생들만으로는 사회를 바꿀 수 없다. 그들은 현 상황에 대한 자극제로서 의미가 있을 뿐이다. …… 학생들은 그들의 의식을 확장해야 한다. 세계관의 확장(이것은 학생들에게는 상대적으로 쉽다)뿐 아니라 사회 전반까지 의식을 확장해야 한다. …… 학생들은 평범한 사람들의 구체적 경험을 파악해야 한다. 그래야 노동자들과 단결하는 과정에서 학생들은 노동계급의 혁명적 힘을 창출하는 데 촉진제 구실을 할 수 있다.[35]

마찬가지로, 베트남 전쟁에 반대하는 단일 쟁점 캠페인은 영국 자본주의를 전복할 수 있는 힘을 만들어 낼 수 없었다. 실제로, 영국 내에서 베트남 전쟁이 미친 영향력은 매우 제한된 것이었고 반전 운동은 더는 넘어설 수 없는 어떤 지점에 도달하게 됐다. 그것은 핵무기 반대 운동이 그랬던 것과 꼭 마찬가지였다. 그래서 반전 운동 안에서 IS는 노동계급 쟁점들로 결정적으로 전환해야 한다고 주장했다. 3월 시위 때 IS가 돌린 전단은 "사장들에 대한 타격이 베트남 전쟁에 대한 타격"이라는 문장으로 끝을 맺었다.

그러나 학생 운동과 반전 운동이 무한정 성장할 수 없다는 것만이 문제는 아니었다. 노동계급 내에서 좌파의 공백을 필사적으로 메워야 했다. 이것은 에녹 파웰을 지지한 파업에서 배운 교훈이었다. 그 파업은 다음과 같은 사실을 보여 주었다.

사람들은 기성 사회에 넌더리를 내고 있었다. 그들은 기성 정치와······ 그들의 믿음을 저버린 지도자들에 환멸을 느끼고 있었다. 하지만 진정한 적을 비난하고 그들에게 좌절감을 안겨 준 진짜 원인을 찾지 않고 이주민들에게 비난의 화살을 돌리고 있다. 전통적인 좌파 조직들은 자본주의의 진정한 대안을 제시하고 인종 차별주의가 분출하는 것과 맞서 싸우는 데 완전히 실패했다. ······ 이 새롭고 급박한 싸움에 임하기 위해서는 단일한 사회주의 조직이 필요하다.

프랑스 5월 사건에 관한 소식이 전해지면서 이 주장은 힘을 얻었다. 프랑스의 5월 사건은 다음과 같은 사실을 보여 주었다.

과거처럼 노동계급의 자발적이고 대중적인 저항이 부족한 것이 아니라, 그들의 저항을 서로 연결시키면서 그러한 저항을 분명하게 혁명으로 모아 나갈 수 있는 헌신적인 혁명적 지도부가 없다는 것이 문제다. 그런 지도부는 현 정권에게서 최대한 양보를 얻어 내는 데 주안점을 두지 않는다. ······ 영국에서는 현재 파편화되고 분열된 저항 세력 사이에서 새로운 좌파를 창출해야 한다. ······ 궁극적으로 이런 세력은 새로운 노동계급 정당이 돼야 하며, 그런 정당은 다양한 전선에서 많은 전투를 조정할 수 있어야 한다. 이런 정당이 없다면 저항 세력은 계속 파편화돼 있을 것이고 고립돼 패배할 것이다.

IS는 적어도 네 가지 사항에 동의하는 좌파 조직들의 연대를 제안했다. 임금 동결과 반노조 법안 반대, 노동자들의 [자주적] 통제, 제국주의 반대와 모든 진정한 민족해방 운동 지지, 인종 차별주의와 모든 이민 통제 반대.[36]

이런 연대의 제안은 다른 좌파 조직한테서 아무런 호응도 얻지 못했다.[37]

하지만 이런 제안은 IS가 노동계급 내에서 새로운 정당을 건설해야 한다는 점을 강조하면서도 다른 좌파 조직들과 함께 공동 활동을 할 의향이 있는 혁명적 좌파라는 사실을 분명히 보여 주었다.

1968년 내내 다른 트로츠키주의 그룹의 영향력은 매우 제한적이었다. 사회주의노동동맹은 1968년에 영국에서 일어난 모든 운동을 "쁘띠 부르주아적"이라고 비난했으며 이런 운동과 연계 맺는 것도 모두 거부했다. 최대의 반전 시위에서 이 조직의 회원들이 돌린 전단의 제목은 "왜 사회주의노동동맹은 행진에 참가하지 않는가"였다.[38] 그러므로 이 조직은 <블랙 드워프> 주변의 극작가나 배우 집단을 제외하고는 새로운 회원들을 거의 끌어들이지 못했다. 분명히, <블랙 드워프>에게는 학생들도 아닌 배우들이 역사의 주인공이었다![39]

밀리턴트 그룹도 투쟁에서 빠져 있기는 마찬가지였다. 그들에게 중요한 문제는 노동계급이 불가피하게 다시 돌아갈 수밖에 없는 '전통적 정당'인 노동당 내부의 활동이었다.

마오주의자들은 베트남연대운동(VSC)의 초기 활동에 최소한으로 참여했고, 최초의 학생 투쟁이 벌어졌을 때 거의 참여하지 않았다.[40] 1968년 늦은 봄과 여름에 혁명적 사상이 폭발적으로 성장하자 사정이 변했다.

<블랙 드워프>나 ≪뉴 레프트 리뷰≫ 주변의 지식인들과 언론은 마오를 혁명의 예언자처럼 묘사했다. 그의 게릴라 전쟁 모델은 체 게바라와 호치민에게 영감을 준 것처럼 보였고, 중국의 문화혁명은 도처의 학생 운동에게 모델처럼 보였다. 필명을 쓰는 어떤 저술가가 ≪뉴 레프트 리뷰≫에서 발전시키려 했던 '학생 혁명' 이론은 중국 혁명 모델에 기초한 것이었다. 중국의 연안에 있었던 홍군 기지가 "지리적으로 도달할 수 없는 곳"에 있었듯이 대학은 "지배계급의 억압적 힘이 사회학적으로 도달할 수 없는 붉은 기지"로 전환될 수 있다는 것이다.[41]

조직된 마오주의자들이 처음으로 베트남연대운동의 공개 회의에 참석하기 시작했을 때, 그들은 마치 귀찮은 놀림감 취급을 당했다. 그들은 시위 슬로건의 하찮은 사항들을 둘러싸고 장황한 주장을 늘어놓다가, 자신들이 소수임을

깨닫게 되면 모두 일어나서 마오의 '붉은 소책자'를 흔들며 구호를 외쳤다.

그러나 여름이 깊어지면서 이들은 어느 정도 영향력을 얻기 시작했다. 왜냐하면 1968년 운동이 내적 한계에 부딪히기 시작했기 때문이다. 그 운동이 주로 학생들 주위에 국한돼 있었다는 바로 그 이유 때문에 즉각적인 혁명적 변화를 가져올 수 없었다. 최근에 혁명적 전망을 갖게 된 많은 사람들은 이 점을 이해하지 못하고 있었다. 그들은 당연히 참을성이 없었다. 우리는 혁명의 필요성을 느끼고 있는데 왜 다른 많은 사람들은 그렇지 않을까?

이들 중 일부는 마오주의자들과 그들의 구호가 아주 쉬운 대안을 제시한다고 보았다.

대단원

1968년 3월에 베트남 전쟁 반대 시위가 대단한 성공을 거두자 그것을 조직한 혁명가들은 딜레마에 빠졌다. 또 다른 시위를 10월에 벌일 계획이었다. 그러나 그 시위는 어떤 형태를 띠어야 할까?

여름이 지나면서 전에 그로스베너 광장에서 벌인 것과 같은 시위는 당국이 잘 막아낼 수 있음이 분명해졌다. 7월에 공산당이 조직한 시위가 벌어졌을 때 경찰은 광장 전체를 요새로 만들어 버렸다. 그래서 아무리 전투적인 시위대라도 결코 뚫을 수가 없었다.

학생들의 반전 운동이 고립됐다는 사실은 전면 충돌을 통해 운동의 분쇄를 저지할 수 있는 광범한 사회 세력에 의지할 수 없게 됐다는 것을 의미했다. 10월 시위는 결코 국가에 대한 반란에 가까운 도전은 될 수 없었다. 그 시위는 상징적 행위일 수밖에 없었다. 그런데 이 때문에 좌파가 값비싼 대가를 치르게 될 것인가? 아니면 그들의 고립을 극복할 수 있는 계기를 마련할 것인가?

확신이 없었기 때문에, 베트남연대운동 내부의 주요 세력들은 하이드 파크 쪽으로 행진함으로써 광장에서 충돌은 피하기로 결정했다.[42]

마오주의자들이나 일부 새롭게 급진화한 운동가들은 이런 생각을 받아들일 수 없었다. 그들은 모든 시위대가 그로스베너 광장으로 가야 하는 것은 원칙의 문제라고 강력하게 주장했다. 그런 결정 때문에 좌파가 치러야 할 대가를 말하는 것은 베트남 혁명을 배반하는 것이라고 주장했다.

시위는 주최측에서 계획한 대로 진행됐고 엄청난 연대와 전투성을 보여 주었다. 최소한 10만 명이 모였다. 주요 대학에서는 수천 명의 학생들이 나왔으며 수백 개의 지역 조직과 노조의 깃발이 나부꼈다. IS가 이끄는 사회주의자연합이 주도해 런던경제대학을 점거하고 사람들에게 숙소를 제공했다. 이 학교의 식당은 수천 장의 실크스크린 포스터를 찍어내는 작업장으로 변했고, 그지하실은 (학생들이 운영하는 구급차 본부가 들어서자 구색을 갖춘) 응급센터로 바뀌었다.

거대한 시위 행렬이 런던 거리를 뒤덮었다. 도로를 가로질러 삼사십 명씩 나란히 서서 행진하면서 구호를 외쳤는데, 이 구호들은 베트남에 관련된 것뿐 아니라 자본주의에 관한 것도 있었다. 시위에서 가장 흔한 포스터에는 "노동자 통제"라는 구호가 쓰여 있었고 스패너가 그려져 있었다.

마오주의자들이 따로 이탈해 만든 행진 대열은 1000명뿐이었다. 그들이 그로스베너 광장에 도착했을 때 엄청나게 많은 경찰의 기세에 눌린 마오주의 지도부는 지지자들에게 '평화적' 해산을 호소할 수밖에 없었다. 그들은 의례적인 몸싸움을 몇 번 한 뒤 "경찰과 함께 올드랭사인[Auld Lang Syne : 스코틀랜드 시인 로버트 번스의 가곡]을 제창했다."[43]

본대의 시위는 대단한 성공을 거두었다. 사람들은 그 규모와 연대를 보고 매우 기뻐하며 집으로 돌아갔다. 하지만 조금 실망스러운 부분도 있었다. 운동은 더는 반복적인 시위나 베트남 전쟁에 대한 강조만으로 건설될 수는 없었다. 시위는 다른 어떤 것을 위한 발판이어야 했다. 그렇지 않으면 운동은 쇠퇴하고 말 것이었다.

학생 운동의 마비

베트남 전쟁 반대 운동이 절정에 달했다가 더 상승할 수 있는 힘이 없어

하강 국면을 맞이한 것과 꼭 마찬가지로 학생 운동도 같은 운명에 처하게 됐다.

6월 중순 런던경제대학의 사회주의자연합은 혁명적사회주의학생연합(RSSF)을 구성하기 위한 전국 좌파 학생 회의를 소집하는 데 주도적으로 나섰다. 한편으로 그들은 전국학생회연합이 1968년 운동 전체를 완고하게 반대했던 방식에 반발하고 있었다. 또 한편으로는 런던경제대학에서 주도적이었던 IS 그룹이 일반적인 IS 관점을 학생 부문에 적용하려 하고 있었다.

BBC가 TV 토론을 위해 런던에 불러모은 전 세계의 다양한 학생 운동 지도자들은 런던경제대학에서 열린 RSSF 대회 전야제 연설에서 RSSF를 공개적으로 지지했다. 대회 자체도 서로 다른 대학에서 선동 활동을 펼치고 있던 사람들에게 하나의 구심점을 제공하는 데 성공했다. 그러나 대학 밖에 지도적인 혁명 조직이 없는 상황에서 통일된 학생 조직을 건설하려는 시도는 여러 가지 문제에 부딪혔다. 이런 문제점들은 11월에 런던 라운드하우스에서 열린 RSSF 2차 대회에서 매우 잘 드러났다.

즉각적인 혁명에만 관심이 있는 사람들과 마오주의자들은 조직화의 동역학에 관한 토론에는 참가하지 않겠다는 것을 일찌감치 분명하게 밝혔다. 모종의 합리적 토론이 아니라 구호를 외치거나 함성을 지르고 야유를 보내는 일이 다반사로 벌어졌다. 데이브 위저리는 이렇게 말한다.

학생 문제에 관한 토론은 산만했고, 참견하기 좋아하는 음모가들은 지역에서 올라온 보고를 무시했다. 마오주의자들은 따분해 죽겠다는 청중을 아랑곳하지 않고 계속 일어나서 노동계급과 즉각 연합해야 한다고 떠들어댔다. 서식스의 노동당 클럽에서 온 한 연사는 노동계급을 신뢰하는 것이 필요하다고 설명했다. 그는 마치 생각이 짧은 아이들에게 알파벳을 가르치는 친절한 선생님 같았다. ≪뉴 레프트 리뷰≫에서 나온 연사는 다소 거만하게 부르주아 이데올로기를 초월할 필요성에 관해 말했다. 옥스퍼드의 학생들은 그들의 선언문이랍시고 백지를 나누어 주었다. 마오쩌둥의 이름을 남용하는 한 단체가 배포한 규약 초안에 따르면 조직이 너무 가분수꼴이어서 십중팔구 홍위병조차도 이를 거부했을 것이다. 대회는 베이징을 흠모하는 팬들이 무대 위로 뛰어나오고, 동물극과 상황극이 펼쳐지면서 막을 내렸다. 의장석은 뒤집혔고 '자유' 등등의 고함 소리가 난무했다. CIA에서 돈을 받지는 않았겠지만 그랬을 법한 사람들도 몇몇 있었다.[44]

물론, 이것이 이 대회의 전부는 아니었다. RSSF는 정치를 주장하고 싶어 하는 수백 명의 활동가들을 끌어들였다. 대표단의 다수는 결국 ≪뉴 레프트 리뷰≫ 지지자들과 IS가 타협한 강령에 찬성표를 던졌다. 이로써 RSSF는 이후 몇 달 동안 더 지속될 수 있었다.[45]

그러나 학생 운동은 내부의 이데올로기적 차이보다 더 큰 위협에 직면했다. 레스터, 에식스, 서식스, 혼세이, 그리고 다른 곳에서 벌어진 학생 투쟁은 기성 대학 사회 내에 돌연한 공포를 일으켰다. 교수들은 자신들의 특권이 위협받고 있다는 것을 알게 됐다. 심지어 좌파 강사들도 학생 활동가들이 자신들에게 "무엇을 가르치라고 지시하는 것이 듣기 싫다."고 불평할 정도였다.

이 해 여름 전국 대학 부총장 회의에서는 학생 운동 대처 방안을 둘러싸고 장시간 토론이 벌어졌다.[46] 이 자리에서 나온 즉각적인 결과 중 하나가 전국학생회연합의 '비정치적인' 우파 지도부와 전례 없는 모임을 갖고 전국적인 '대학 개혁' 지침을 작성하는 것이었다.[47] 다른 하나는 서로 공조해 학생 활동가들에게 강경한 태도를 취하는 것이었다. 이 새로운 강경 노선의 시험대로 런던경제대학이 선택됐다.

1968년에 런던경제대학에서는 전면적인 점거농성이 일어나지는 않았다. 프랑스의 5월 항쟁에 연대하고 반전 시위를 지지하는 점거농성은 하루 투쟁의 성격을 띠고 있었다. 이런 점거 투쟁은 대학의 일상 활동을 가로막지는 않았다. 그렇다고 해서 대학의 권력 구조 내에서 고위직을 맡고 있는 사람들의 신경을 거스르지 않은 것도 아니었다.

주도적인 교수들은 대학 내에서 이데올로기를 선도하는 것은 더는 그들이 아니라 사회주의자연합이라고 느꼈다. 학생들이 데이라는 교수의 경제학이 부적절하다면서 강의실에 양배추를 들고 들어오고, 과학철학부에서는 포퍼 교수의 반마르크스주의 정설에 공공연히 도전하고 사회학 전체를 사기나 다름없는 사이비 과학이라고 비난하고 나서자, 주도적인 교수들은 "이데올로기적 테러리즘"에 대해 불평했다. 마지막 모욕은 12월에 있었다. 학생들은 사실상 대학을 점령하고는, 그리스의 군사 독재를 지지하는 연설을 하고 나오는 역사가 휴 트레버-로퍼의 강연회장 밖에서 피케팅을 하며 야유를 퍼부었다.

전국 대학 총장 협의회 의장이자 <파이낸셜 타임스> 회장인 로빈스 경이 이끄는 런던경제대학 당국은 학생들을 자극하기 시작해 그들이 행동에 나서면 그 주동자들을 처벌하고 운동을 파괴하려 했다.[48]

1월에 교도소 쇠창살 비슷한 철망이 부착된 철문이 대학 건물의 요소 요소에 설치됐다. 그것은 앞으로 벌어질 투쟁에서 점거당할지도 모르는 곳에 학생들이 출입하지 못하도록 하기 위한 것이었다. 이에 격분한 학생들이 학생회 회의에서 철문을 제거하기로 결의하고 약 300명의 학생들이 곡괭이와 쇠지레를 들고 가서 문을 철거했다. 그 날 밤에 경찰이 그 건물을 포위하고 수석교수들의 지시 아래 이 철거 투쟁에 가담했다고 지적받은 학생들을 구속했다. 그리고 나서 대학은 폐쇄됐고 기마 경찰이 학교를 계속 봉쇄했다. 징계위원회가 열려 수많은 학생들이 처벌받았고 철문 제거를 지지했던 강사 두 명, 즉 로빈 블랙번과 닉 베이트슨은 학교에서 쫓겨났다. 블랙번은 철문을 철거하는 데 직접 연루되지는 않았지만, 1마일[약 1.6km]도 더 멀리 떨어진 곳에서 <블랙 드워프>와 좌파 노동당 의원이 벌인 논쟁에서 학생들의 행동을 옹호했다는 이유로 해고됐다.

런던경제대학의 활동가들은 운동을 완전히 분쇄하려는 로빈슨의 의도를 가까스로 막아냈다. 그들은 1500명이 참석한 학생 총회에서 지지를 얻어 냈다. 비록 이 총회를 조직한 우파 학생들이 학교 당국이나 경찰 끄나풀들과 협력해 "불순한 외부 세력"을 배제하려 했지만 말이다. 대학 당국은 교직원의 과반수에게 지지를 얻지 못하게 되자 계획보다 몇 주 빨리 학교 문을 다시 열 수밖에 없었다.

학교에 복귀한 학생들은 움츠러들기는커녕 열정에 찬 행진을 벌였다. 하지만 이 싸움은 그들의 약점을 드러냈다. 철문을 부수기 위해 투표를 실시했던 학생 총회는 비교적 소규모였다. 한 IS회원이 학교 폐쇄를 방해하기 위해 제기한 즉각적인 점거농성은 아무런 호응을 얻지 못했다. 학교 폐쇄 기간 동안 런던대학교에서 열린 런던경제대학 학생들의 모임은 분명히 전투성을 결여하고 있었고, 학교 문이 다시 열리며 학교를 점거하자는 호소는 투표에서 패배했다. 학생들 대부분은 학교 폐쇄와 주동자 처벌에 반대하는 쪽의 손을 들 준비가 돼 있었지만, 그들 자신이 전투적 행동에 가담할 준비는 돼 있지 않았다.

이런 상황에서 대응 방안을 둘러싸고 분열이 일어났다. 사회주의자연합의 기존 지도부였던 IS 지지자들은 학생 대중을 우리 쪽으로 끌어 모을 수 있는 적절한 기회를 얻지 못한다면 무리하게 앞서 나갈 것이 아니라 신중하게 행동해야 한다고 주장했다. 오로지 대중적 투쟁만이 희생자가 생기는 것을 막을 수 있다는 주장이었다. ≪뉴 레프트 리뷰≫와 미국 SDS 지지자들의 영향을 받은 학생들은 반대파를 형성하고 대학 내의 혁명적 소수가 계속 대학 당국을 자극해야 한다고 주장했다. 이에 뒤따르는 탄압은 대학의 진정한 본질을 폭로할 것이고 학생 대중을 혁명가들 편으로 끌어당길 것이라고 주장했다.

처음에는 "행동을 위한 행동"의 압력이 IS 회원들을 혼란시켰다. 그들은 학생 단체 중 가장 전투적인 부분이라는 생각에 익숙해져 있었는데, 그런 그들이 갑자기 보수적이라고 욕을 먹고 있었다! 런던경제대학이 혁명적 학생들의 구심이었기 때문에 거기서 일어난 어떤 투쟁도 다른 대학의 많은 학생들의 관심을 끌게 된다는 바로 그 사실이 사태를 더욱 복잡하게 만들었다. 그들은 런던경제대학의 비혁명적 학생 다수의 지지를 얻어 내는 방식으로 행동해야 한다는 말을 쉽사리 이해할 수 없었던 것이다.

안타까운 것은 주동자 처벌에 맞선 투쟁에서 외부의 학생들은 단지 동정 이상의 것을 보여 줄 수 없는 현실이었다. 각각 4000여 명이 참가한 시위가 두 번 있었고, 소규모의 상징적인 동조 점거농성이 산발적으로 벌어졌다. 이 운동은 몇 달 동안 질질 끌면서 계속됐다. 데이브 위저리는 이렇게 말한다.

원래 사람들이 너무 지친 나머지 더는 반대할 수가 없었기 때문에 시작된 점거 농성에서 좌파는 낭패를 봤다. 그들은 당연히 패배했고 이 패배는 또 당연히 역습을 초래했다. 실제로는 수업 거부에 불과했던 파업이 실패하자 그들은 이를 방해했던 교수들에게 야유를 퍼부었고 더한층 지지를 잃게 됐다.[49]

대학 당국이 원하던 대로 된 것도 아니었다. 법원의 금지 명령을 어겼다는 이유로 학생들을 감옥에 넣으려던 시도는 실패했고 주도적인 학생 활동가들은 처벌을 피할 수 있었다. 진정한 피해자는 여전히 해고 상태였던 두 명의 강사였다.

그러나 사실상 전국의 학생 운동은 패배했다. 런던경제대학 학생들은 아무리 싸워도 승리할 수 없다는 생각을 갖고 다음 학기를 시작했다. 대학 내에서 1967~69년의 투쟁에 비길 만한 투쟁이 다시 일어난 것은 7년 뒤였다. 1969년에 다른 대학에서는 이렇다할 점거 투쟁이 없었다. RSSF는 해체됐고 <블랙 드워프>는 1970년 초에 발행을 중단했다.

1968년 운동 자체가 고갈됐다. 하지만 《국제 사회주의》에 실린 글에는 다음과 같은 주장이 있었다. "혁명가들은 학생 게토에서 빠져 나올 수 있다. 현재 학생들이 보여 주는 전투성의 물결은 새로운 혁명 운동을 창출하는 데 중요한 역할을 할 수 있다."[50]

고립에서 벗어나

사실 일부 좌파는 학생 게토에서 빠져나오기 위해 1년 넘게 노력하고 있었다. IS는 가장 의식적으로 이런 일을 수행했다. 그들은 이미 1968년 3월에 베트남 전쟁 반대 2차 시위 때 공장 지역에 전단을 돌리는 일에 동참하라고 사람들에게 호소했다. IS의 학생 회원들은 런던에서 있었던 바비칸과 호스페리 로드 파업 때 IS 조직원인 소수의 건설 노동자들과 함께 피케팅을 하면서 적극적으로 활동했고, 스톡포트에서는 로버츠-애런들의 피켓라인에서도 IS 조직원인 소수의 금속 노동자들과 함께 활동했다. 1968년 여름에 런던 공공주택 세입자들의 집세가 두 배로 뛰었을 때, IS는 이 세입자들 사이에서 대규모 선동에 착수했다. IS는 20만 장의 전단을 배포했고 런던광역시 세입자투쟁위원회를 구성하는 데 주도적인 역할을 했다. 비록 세입자들의 전면 파업이라는 목표를 달성하지는 못했지만 대략 수천 명의 세입자들이 참가하는 시위를 조직하는 데는 성공했다.

무엇보다도 1968년 9월에 IS는 <블랙 드워프>와는 상당히 다른 논조의 주간지를 발행하기 시작했다. <블랙 드워프>는 학생들과 반전 시위대를 독자층으로 했던 반면, <사회주의 노동자>는 의식적으로 노동자 독자층을 제한적이나마 혁명적 사회주의 사상 쪽으로 끌어당기는 것을 목적으로 삼았다.

<사회주의 노동자> 제1호의 머리기사는 전국적인 임금 협상과 금속공업 분야의 하루 파업을 다룬 것이었다. 다른 기사들은 노동당 정부에 도전하는 의미로 여성 노동자들에게 동일임금을 지급하는 문제를 놓고 벌어진 영국노총(TUC)의 투표와 철도 노조와 영국철도의 협상, 그리고 옥스퍼드와 코번트리에 있는 자동차 공장에서 작업 속도를 놓고 벌어진 투쟁을 다루었다. 그렇다고 해서 정치 쟁점들을 회피했던 것은 아니다. 교황의 피임 금지령, 체코슬로바키아 상황, 시카고에서 열린 미국 민주당 전당대회를 다룬 다른 기사들도 있었다.

이 신문이 제공한 수단 덕분에 학생 운동과 반전 운동을 통해 최근에 혁명적 사상 쪽으로 이끌린 사람들은 비록 소수이긴 하지만 중요한 노동자들을 확신시킬 수 있는 주장을 펼치기 시작했다.

IS가 1968년 운동을 통해 획득한 사람 수가 다른 좌파 조직 전체가 획득한 사람 수를 합친 것보다 십중팔구 더 많았을 것이다. 1968년 초에 IS는 한 개의 월간지를 발행하는 느슨한 소수의 지역 그룹에 불과했지만, 그 해 말에는 1000여 명의 응집력 있는 전국 조직으로 발전했다. IS의 주간지는 7000부쯤 팔렸고 그 대부분은 산업 노동자들에게 판매됐다.

이런 전환이 항상 부드럽게 진행된 것은 아니다. 가장 열정적인 신입 회원들 중 많은 사람들은 혁명적 마르크스주의의 기본 사상을 제대로 이해하지 못했다. 가을에 열린 협의회에서 토론이 매우 격렬했기 때문에 두 달 뒤에 다시 협의회를 열어야 할 정도였다. 그러나 이것은 충분히 그럴 만한 가치가 있었다. 1969년 봄과 여름에 영국의 계급투쟁은 결정적 변화를 겪었고, IS는 1년 전보다 훨씬 더 유리한 위치에서 이런 투쟁에 개입할 수 있었다.

2부

THE FIRE LAST TIME : 1968 AND AFTER

1968

들어가는 말

1968년 말에 잡지 ≪국제 사회주의≫의 편집부는 피터 세지윅이라는 한 회원한테서 1968년의 사건들에 관한 사설 초안을 받았다. 이 글은 예이츠의 시에서 인용한 구절로 시작하고 있었다. "중간은 유지될 수 없다. ……" 매우 잘 쓴 글이었지만, 우리 대부분의 논지 전개 방식과는 현격한 차이가 있었다. 다만 …….

다만, (피터를 포함해) 우리는 모두 중간이 유지됐다는 사실에 동의했다. 중간은 포위되고 동요했고 두들겨 맞았지만, 결국 고스란히 살아남았다. 독일의 대연정, 프랑스의 드골, 영국의 윌슨, 이탈리아의 기독교민주당, 미국에서는 '교활한' 리처드 닉슨이 존슨을 대체하면서 유지됐다.

그래서 "중간은 유지될 수 없다."는 말은 훨씬 덜 우아한 표현인 "얼음에 금이 갔다."로 바뀌었다.

이 사설은 "혁명적 좌파가 행복에 도취한 것은 당연했다."고 지적했다. 겉보기에 안정적이었던 국제 자본주의의 근본적 문제점이 갑자기 표면으로 떠올랐다. 우리는 지난 40년 동안의 그 어떤 것과도 비교가 되지 않는 혁명적 잠재력이 분출하는 것을 목격했다.[1] 프랑스에서는 역사상 최대의 총파업이 일어났다. 변변치 않게 무장한 베트남 민족해방전선이 세계 최강의 군사 대국에게 거듭 패배에 패배를 안겨 주었다.

현상 유지에 대한 믿음은 근거를 상실했다. 일련의 경제 위기가 체제를 좌초시켰다. 한편에서는 소련과 중국, 두 국가자본주의 정권이 국경선을 둘러싸고 벌인 추잡한 전쟁 행위 때문에, 다른 한편에서는 시카고에서 열린 전당대회의 폭력 행위 때문에, 동구 '사회주의'와 서구 '민주주의'의 자부심은 조롱과 모순 덩어리로 전락해 버렸다.

그러나 체제에 생긴 이 균열이 곧바로 사회주의 혁명을 예고한 것은 아니었다. 체제의 침식이 자동으로 체제 전환으로 이어지지는 않았다. 이런 전환은 인간의 적극적이고 의식적인 행위를 통해 이루어져야 한다. "이 의식적 요소가 없다면, 일관되고 통일된 행동을 위한 조직이 없다면, 가장 혁명적인 상황이 그 정반대의 경우로 바뀔 수 있다."[2]

어디에나 혁명적 조직의 맹아조차 존재하지 않았다. 소수 혁명가들의 조직은 여전히 '소집단' 신세를 면하지 못했다. 사회민주주의와 스탈린주의가 손상을 입자 좌파의 정치적 공백이 생겼지만, 혁명적 대안이 그 공백을 메울 수는 없었다. 이렇게 혁명적 대안이 없는 상황에서는 낡은 사상들이 그것에 도전하는 자생적 운동을 여전히 질식시킬 수 있었다.

1968년의 첫째 교훈은 5월에 프랑스 노동자들이 그 지도부를 거슬러 혁명적 방식으로 행동했다는 것이다. 둘째 교훈은 6월에 이 지도부가 노동자들을 공장으로 되돌려 보냈고 낡은 지배계급의 사상이 다시 확립됐다는 것이다.

노동계급 — 1968년의 운동이 요구한 변혁을 이룰 수 있는 사회 세력 — 은 다시 정치 무대에 등장할 것이다. 하지만 그것은 세계 경제와 정치 체제의 객관적 발전에 조응할 때에만 가능할 것이다.

실제로 1968년 운동 자체도 이런 객관적 발전의 산물이었다. 그것은 세계 차원의 자본 축적 양상이 미국의 헤게모니에 위기를 가져오고, 스탈린주의 블록이 파편화하고, 전에는 순종적이었던 농촌 인구가 새로이 강력한 노동자 집단으로 융해되는 그런 과정의 산물이었다. 마찬가지로, 객관적인 경제적 변화 때문에 엄청난 규모의 새로운 학생층이 형성됐다. 이 학생들은 여기저기 금이 가고 있는 것처럼 보였던 세계를 이해하는 데 더는 쓸모 없는 사상을 배워야 한다는 강요를 받았다.

이런 여러 요소들의 상호작용 때문에 1968년에 낡은 사상과 단절하는 일이 벌어졌다. 이런 상호작용이 없었다면, 학생 운동 자체만으로는 학생 운동이 시작될 때 그랬던 것처럼 대학 개혁 문제에 국한해서 압력 집단 역할을 하는 것으로 끝났을 것이다. 미국의 반전 운동은 평화주의 정치와 도덕적 분개라는 함정에 빠졌을 것이다. 소련의 체코 침공에 대한 격분은 동유럽에서 단지 자유주의 사상을 강화하는 데 그쳤을 것이며 서유럽에서는 유로코뮤니즘적인 개혁주의를 만들어 내는 데 그쳤을 것이다. 심지어 프랑스의 파업조차도 별다른 이데올로기적 중요성이 없는 경제적 저항을 경험하는 것으로 끝났을 것이다.

그러나 위기를 초래한 여러 이질적 요소들이 복합적으로 맞물려 특히 학생들 사이에서 강력한 일반화 과정을 낳았다. 그리하여 비교적 소규모의 주변적인 투쟁 — 영국의 대학들에서 있었던 투쟁처럼 — 에 참가한 사람들조차도 그들이 세계적 운동의 일부라고 느꼈다.

위기를 초래한 요소 중에 1970년대 초까지 해결된 것은 하나도 없었다. 실제로 이 요소들은 1980년대 말까지 세계 체제에 만연해 있었다. 하지만 이런 요소들은 더는 1968년처럼 폭발적 방식으로 서로 상호작용을 일으키지는 않았다. 여러 나라에서 벌어지고 있는 사회 투쟁들은 1968년의 운동과 달리, 더는 서로 연결돼 있는 것처럼 보이지 않았다. 운동이 전개된 방식 — 그와 함께 1968년에 급진화한 사람들 — 은 세계 체제의 다양한 국민적 부문들의 상이한 역학에 달려 있었다.

9

상처 입은 야수

리처드 닉슨은 1968년 말의 미국 대통령 선거에서 아주 근소한 표 차이로 이겼다. 그는 가까스로 43퍼센트를 득표했는데, 이는 경쟁 상대였던 휴버트 험프리보다 겨우 50만 표가 많은 것이었다. 그러나 후보자들 사이에 차이는 거의 없었다.

험프리는 린든 존슨이 지명한 후계자였다. 그는 더 많은 표를 얻기 위해 선거 막바지 몇 주 동안 애매한 종전(終戰) 성명을 발표했다. 그렇게 함으로써 그는 민주당 대통령 후보 지명 대회에 '반전' 후보로 나섰던 유진 매카시한테 인정을 받았다.[1] 닉슨은 '자유주의적'인 넬슨 록펠러와 '보수적'인 로널드 레이건을 물리치고 공화당 대통령 후보로 지명됐다. 그리고 나서는 "아무것도 하지 않고 아무 말도 않는다는 선거 운동을 펼쳤다. …… 그는 청중에게 그저 전쟁을 끝낼 계획을 가지고 있다고 말하는 것으로 만족했다. 하지만 사실 그에게는 아무런 계획이 없었다. 전쟁으로 온 나라가 극심한 발작을 앓고 있었는데도 닉슨은 전쟁을 계속했다."[2]

정권을 잡은 닉슨과 그의 보좌관 헨리 키신저는 존슨을 곤경에 빠뜨렸던 것과 똑같은 딜레마에 직면했다. 그들은 월가를 소외시키고 경제를 좌초시킬 수 있다는 두려움 때문에 전쟁 비용을 증가시킬 수도 없었고, 전쟁과 징병에 대한 강력한 적대감이 학생과 흑인 급진주의자들부터 젊은 노동자 계급 대중에 이르기까지 광범하게 확산될 수도 있다는 두려움 때문에 파병 인원을 증가시킬 수도 없었다. 그렇다고 해서 갑작스런 패배가 가져올 미국의 체면 손상을 받아들일 수도 없는 노릇이었다.

그들은 3중 전략으로 이 딜레마를 해결하려 했다.

첫째, '베트남화'—미 지상군을 천천히 철수하는 한편 남베트남 군대를 이용해 민족해방군과 싸우게 한다.

둘째, 남베트남 해방구와 북베트남에 대한 폭격 강화—실제로 1년 동안 투하한 폭탄의 양이 제2차세계대전 전 기간 동안 사용된 것보다 더 많았다.

마지막으로, 소련이나 중국과 새로운 외교 환경을 조성—1948년에 마오의 군대가 베이징을 장악한 이래로 미국의 정책을 지배해 온 금기를 깨고—하고 그들이 북베트남에 압력을 행사해 협상에 나오게 만든다. 그래서 닉슨의 폭격기들이 "북베트남을 석기 시대로 돌려놓을 만큼 폭격"을 퍼붓는 동안, 닉슨은 모스크바에서 악수를 하고 베이징에서 찬사를 얻고 있었다.

만약 이 전략의 목표가 남베트남을 '구제하는' 것이었다면, 그것은 제대로 작동할 수 없었을 것이다. 그게 아니라면, 전쟁을 확대하든지 패배를 인정하든지 둘 중 하나를 선택하는 수밖에 없었다.

1969년에는 베트남 주둔 미군의 숫자가 거의 감소하지 않았고, 사상자 비율은 그 전 2년보다 높았다.[3] 필사적 궁리 끝에 닉슨과 키신저는 전쟁을 확대하기로 결정했다. 1970년 4월 30일 목요일에 닉슨은 미군과 남베트남 군대가 캄보디아를 침공했다고 TV 담화에서 발표했다.

미국 내의 반전 운동은 '베트남화'라는 미사여구에 눌려서 맥이 빠져 있었다. 그런데 갑자기 운동이 되살아났고, 그것도 전보다 더 큰 규모로 벌어졌다. 수백 개의 대학에서 대중 집회가 열렸고, 월요일이 되자 사실상 그들 전체가 동맹 휴업에 들어갔다.[4]

오하이오 주 켄트 주립대학 학생들의 반응은 수백 개의 다른 대학에서 일어난 일의 전형이었다. 전형적인 미국 중산층이 사는 소도시 근처 녹지에 자리잡은 켄트 주립대학은 최신식 건물로 이루어져 있었고 겉으로 봐서는 전투적 급진주의의 중심지라는 생각이 전혀 들지 않았다. 토요일에 1000명의 학생들이 시내에서 시위를 벌였는데, 그 과정에서 창문이 몇 장 깨지기도 했다. 일요일에는 2000명의 학생들이 교직원 연수원 앞까지 행진을 했고 일부 학생들은 그 건물에 불을 지르려 하기도 했다. 월요일에는 학교 건물에서 수백 야드 떨어진 야외에서 1000명의 학생들이 참가한 가운데 세 번째 시위가 벌어졌다. 이렇게 되자 주지사는 주방위군을 소집했다. 그들은 학생들에게 시위가 불법이라고 통지한 다음 최루탄을 쏘아댔다. 학생들은 땅에 떨어진 최루탄을 주워서 되던지기도 했다. 주방위군에게 발포 명령이 떨어졌다. 이 때문에 학생 네 명이 죽고 한 명은 평생 불구가 됐다.

전례 없는 분노의 물결이 전국을 휩쓸었다. 며칠이 안 돼 350개의 대학이 전쟁과 켄트 주립대학의 만행을 규탄하는 동맹 휴업에 돌입했다. 뉴욕에서는 항의 시위가 고등학교와 중학교까지 확산됐다. 5월 9∼10일의 주말에 열린 대규모 시위들은 주요 도시에만 국한되지 않고 전국에서 벌어졌다. 미니애폴리스에서 5만, 시카고에서 6만, 샌디에이고에서 1만 2천, 덴버에서 2만, 오스틴에서 2만, 새크라멘토에서 1만, 보스턴에서 5만, 프로비던스에서 1만 명이 각각 참가했다. 약 400만 명의 학생들 — 전체 학생의 60퍼센트 — 이 참가한 것으로 추정됐다.[5]

존슨 집권기에 전쟁에 회의적인 미국 기성 사회 일부는 캄보디아 침공 사태와 켄트 주립대학에서 일어난 살인 사건을 매우 심각하게 걱정했다. 그들은 닉슨 정부가 더는 합리적 행동을 하지 못하고 맹목적으로 사방을 들쑤시고 다니는 것은 아닌지 두려워했다. "주요 언론들은 사실상 켄트 주립대학에서 벌어진 만행에 항의하는 캠페인을 벌였다."[6] 그러나 언론은 자신들의 통제를 벗어날지도 모르는 운동을 부추기고 싶어하지 않았다. 1주일이 지나자, 그들은 이 캠페인을 서서히 끝내려 했다. 기성 사회의 두려움은 <뉴욕 타임스> 논설위원인 제임스 레스턴이 잘 요약했다.

닉슨의 보좌관들은 그들이 권좌에 올랐을 때 외국에서 벌어지는 전쟁에만 대처하면 된다고 생각했다. 그러나 이제 그들은 이 전쟁을 반대하는 반란에 직면했

고, 아마도 국내의 혁명에 대처해야 할지도 모른다는 사실을 깨닫게 됐다.[7]

닉슨은 전쟁을 비판하는 사람들에게 강경하게 대했다. 하지만 그 또한 기성 사회 내의 비판가들에게 미군의 캄보디아 주둔이 무한정 지속되지는 않을 것임을 내비쳤다. 그 해 말 베트남 주둔 미 지상군은 35만 명으로 감소했다. 그 대가로 비둘기파는 그들의 반대를 안전한 범위 안에 제한했다. 상원에서 "비둘기파"의 결의안이 근소한 표차로 부결됐을 때, 네 명의 상원의원을 제외한 전원이 군비를 계속 지원하는 쪽에 표를 던졌다.

그러나 이것이 문제의 끝은 아니었다. 1970년 11월에 북베트남의 인구 밀집 지역에 대한 폭격이 재개됐다. 3개월 후에 미국과 남베트남의 군대는 또다시 베트남 외부로 전쟁을 확대했다. 이번에는 라오스를 침공했다.

닉슨에 대한 기성 사회의 불신이 되살아났고 대학과 거리에서는 반전 운동이 다시 벌어졌다. 4월에는 워싱턴에서 50만 명이 참가한 시위가 벌어졌고 샌프란시스코에서는 30만 명이 참가했다. 5월 초 워싱턴에서 벌어진 '반정부' 시위는 곤봉과 최루탄을 사용하는 경찰의 공격을 받았다. 이 과정에서 1200명이 체포됐다.[8]

바로 이 때, 국방부의 전쟁 기획자 중 한 명이었던 대니얼 엘스버그가 전쟁에 등을 돌리고, 미군이 베트남에 개입하게 된 기원에 관한 충격적인 비밀 보고서를 <뉴욕 타임스>에 넘겨주었다. 이 보고서는 몇 년 동안 전쟁을 비판해 온 사람들의 주장을 확인해 주었다. 닉슨에 대한 기성 사회 일부의 반대가 격렬해졌기 때문에 <뉴욕 타임스>는 그 보고서를 출판하기 시작했다. 그리고 정부가 출판 금지 명령을 내리자, 하원의 야당 의원들은 그 보고서 내용을 낭독해 하원 속기록에 남기는 방식으로 이를 피해갔다.

군대 내의 반대파

이제 닉슨이 직면하게 된 가장 큰 문제는 국내에서 인기 없는 전쟁이 그 전쟁을 벌이고 있는 군대 자체에 미치게 될 영향이었다.

1968년에 이미 군 내부에서 공공연한 전쟁 반대 조짐이 처음으로 나타났다. 40여 명의 사병이 샌프란시스코 시위에 참가한 것이다. 텍사스 주의 포트후드에서는 43명의 흑인 사병이 민주당 전당대회장 밖의 반전 시위 진압에 동원되는 것을 거부했다는 이유로 군법회의에 회부됐다. 샌프란시스코의 프레지디오에서는 27명의 군인 재소자들이 동료 재소자 한 명이 살해되자, '우리 승리하리라'라는 노래를 부르며 연좌농성을 벌였다.

이제 급진주의 그룹들이 군사 기지 근처에 찻집을 열기 시작했다. 병사들을 위한 최초의 반전 신문이 나오기 시작했다. <베트남 사병> 같은 몇몇 전국 신문은 베트남에 있는 수천 명의 병사들에게 직접 우송되기도 했다.[9] 다른 신문들—모두 합쳐 200여 개의 신문이 있었다—은 켄터키 주의 포트녹스에 있었던 <퍼티그 프레스>(Fatigue Press)처럼 특정 기지의 병사 그룹들이 만든 것이었다.

1970년과 1971년이 되면, 반전 분위기는 베트남 주둔 병사들 사이에도 널리 퍼져 있었다. 서부 해안에서 반전 신문 제작에 참여했던 한 급진주의자는 이렇게 말한다.

> 융통성도 없고 거칠기 짝이 없어 보이는 공수부대원이, 검은 베레모에 전투 리본 장식을 달고 전투화 속으로 전투복 끝을 말아 넣은 복장 차림으로 와서는 종종 우리 신문을 집어 들었다. 그리고는 주먹을 꼭 쥐고 경례를 하거나 평화 사인을 보여 주었다.[10]

베트남에서는 "빌어먹을 그린머신(Green Machine)"이 모자와 점퍼에 붙이는 흔한 슬로건이 되기 시작했고, 전쟁 반대가 공공연한 반항으로 나아간 경우도 있었다. 일단의 병사들이 캄보디아 침공에 가담하기를 거부하거나, '유에스에스 코럴 씨(USS Coral Sea)' 호의 승무원 4분의 1이 베트남 파병에 반대하는 탄원서에 서명한 사건이 바로 그런 경우였다. 그러나 베트남 주둔이나 전투에 투입되는 것에 대한 격렬하고 비정치적인 분노가 더 널리 퍼져 있었다. 이런 소외의 한 형태가 마약에 의지하는 것이었다. 1970년에 실시된 군대 내 조사에 따르면, 사병의 35퍼센트가 상습적으로 마리화나를 피우고 있었다. 1년 후에는 베트남 주둔군의 10퍼센트가 헤로인에 중독돼 있었다.[11] <뉴욕 타임스>는 이렇게 보도했다.

> 1971년 1월이 되면 베트남 전역의 야전 변소에는 은밀하고 침울한 반란을 표현하는 문구들이 나타났다. "빌어먹을 군대, 목 깊숙이 연기나 들이마셔라." 그 중 10만 명이 2년이 채 안 돼 헤로인에 손을 댔다.[12]

또 다른 습관이 많은 부대로 번졌다. 그것은 바로 "상관을 겨냥한 수류탄 투척"이었다. 병사들을 전쟁터로 몰아넣는 데 여념이 없는 장교들은 그들의 벙커로 날아드는 수류탄 파편이나 자기 등을 겨냥해 날아오는 '오발탄'을 맞아야 했다. 1969년에는 이런 사고가 126건이었고 1971년에는 425건으로 늘어났다.[13] 1971년 초에 아메리칸 사단만 보더라도 "매주 한 건씩 상관에 대한 수류탄 투척 사건이 있었다." 그리고 "군대 영화나 야영지에서 장교들의 사망에 관한 말이 나오면 사병들은 환호성을 질렀다."[14] 자기 목숨을 소중히 여긴 장교들은 "명령에 복종할 것인지 말 것인지 논의하는 사병들의 토론회"를 허용했다.

베트남의 기지들을 둘러본 한 예비역 대령은 이렇게 불평했다.

> ······ 미국 군대의 사기, 기강, 전투 준비 태세는 20세기의 어느 때보다 더 낮고 더 악화했다. ······ 이제 이 전쟁에서는 '수색하고 탈출하기'가 사실상의 원칙이 됐다.[15]

미군이 베트남에 파병된 이유는 남베트남 군대가 제대로 싸울 능력이 없었기 때문이었다. 미국 지배계급이 위험하다고 느낀 것은 전쟁이 장기화되면 미군도 역시 전투력을 제대로 발휘할 수 없을 것이라는 점이었다. 닉슨과 키신저의 소망이 무엇이었든 간에 철군 압력은 점점 커져만 갔다.

1972년에 미국 정부는 베트남 민족해방전선, 그리고 북베트남과 협정을 맺으려고 노력하기 시작했다. 그러면서도, 그 어느 때보다 강도 높게 하노이를 폭격하고 하이퐁 항구에 지뢰를 퍼붓기도 했다.

전쟁과 경제

닉슨이 가까스로 달성할 수 있었던 것이 하나 있었다. 그는 군비 지출이라는 거대한 부담을 축소하는 데 성공했다. 1968년 말과 1971년 초 사이에 베트남 전쟁에 대한 지출은 약 절반으로 떨어졌다.[16] 1971년에 소련과 맺은 제1차 전략무기제한협상(SALT)도 도움이 됐다. 경제 산출에서 '국방비'로 들어가는 비율이 1967년의 9.1퍼센트에서 1972년에는 7퍼센트로 떨어졌다.

이 덕분에 닉슨 정부는 1968년에 월가를 전전긍긍하게 만들어 전쟁에 등을 돌리게 했던 경기 '과열'에 대처할 수 있었다. 그 즉각적인 결과는 1969~71년의 경기 후퇴였는데, 이 때문에 미국의 실업률은 높아지고 소득이 줄어들어 그 충격파가 주요 서유럽 나라 대부분에 영향을 미쳤다.

이 경기 후퇴가 닉슨의 경제 문제를 모두 해결해 준 것은 아니었다. 그는 1971년 8월에 달러의 실질적인 평가절하를 피할 수 없었다. 동시에, 선거에 대한 고려와 미국의 주요 기업인 펜센트럴 운송회사의 파산으로 그는 다시 경기 부양의 압력을 받게 됐다.

그러나 경기 후퇴는 한 가지 중요한 결과를 가져왔다. 1960년대 말의 완전 고용과 물가 상승은 파업 횟수의 증가를 동반한 것이었다. 1968년에는 3년 전보다 파업이 3분의 1 이상 증가했고 갑절 이상 많은 노동자들이 파업에 참가했다.[17] 노조 관료들은 아래로부터 엄청난 압력을 받았고, 그들의 방침을 늘 유지할 수는 없었다. 자동차·구리·전기·교통·항공 분야 노동자들과 동부 연안 항만 노동자들의 대규모 파업이 있었고, 지역적 파업과 비공인 파업이 늘어났다.

파업 물결은 1969년과 1970년으로 이어져, GM에서는 10주 동안 공식 파업이 벌어졌고 트럭 운전사들과 우편 노동자들은 비공식 파업을 벌였다. 그러나 그 뒤에는 경기 후퇴의 효과가 나타났다. 특히, 물가가 낮아지면서 임금 인상투쟁 압력이 줄어들었다. 닉슨 정부는 1971년 늦여름에 '임금-물가 통제' 시스템을 도입할 수 있었고, 파업 참가 노동자 수는 1971년의 328만 명에서 1972년에 171만 4000명으로 감소했다.

투쟁 수위가 낮아지자 노조 관료들에 대한 압력도 줄어들었다. 이것은 또다른 중요한 결과를 가져왔다. 시카고에서 동부 연안에 이르는 전통적인 핵심공업 지역에서 노동자 계급의 조직화 수준은 북유럽만큼이나 높았다. 그러나1960년대와 1970년대 내내 미국 자본주의는 구조조정을 겪었다. 서비스직과화이트칼라 노동자들의 수가 육체 노동자 수보다 훨씬 빠르게 증가했고, 공업은 '선벨트' 지역[Sunbelt : 미국 남동부의 버지니아·플로리다 주에서 남서부에 있는 네바다 주를 거쳐 캘리포니아 남부까지 15개 주에 걸쳐 있는 지역]으로 이동했다. 산업 투쟁이 활발했을 때라면 이 새로운 노동자들이 투쟁에 동참해 경영진과 주 정부의 반노조적 태도를 분쇄했을 것이다. 그러나 이런 투쟁이 없었기 때문에, 미국 노동자들의 노조 참여 비율은 계속 떨어졌다.

투쟁 경험이 없는 노동자들은 대개 고용주의 사상을 받아들인다. 1970년대초의 미국 노동자들도 예외는 아니었다. 지배계급이 전쟁을 열렬히 지지하는세력과 온건하게 반대하는 세력으로 분열돼 있었던 것과 마찬가지로 노동자계급도 그랬다. 미국의 캄보디아 침공과 켄트 주립대학 학살 사건이 있은 다음 주에, 뉴욕 건설 노조의 우파 지도자들은 수천 명의 '건설 노동자들'[hard hats : 극단적 보수주의자라는 뜻도 있음]을 동원해 전쟁 지지 시위를 벌일 수있었다. 1972년에 미국노동총연맹-산업별노동조합회의(AFL-CIO) 의장 조지미니는 별 어려움 없이 민주당의 반전 후보 조지 맥거번에 대한 지지를 거부할 수 있었다.

점점 더 증가하는 베트남 주둔 징집병들은 거의 대부분 노동자 계급 출신이었다. AFL-CIO 조합원 중 전쟁에 반대하는 사람들이 점점 더 늘어났고, 노동자 계급 도시인 디트로이트에서 실시된 1970년 11월 국민투표에서는 63퍼센트가 전쟁에 반대했다.[18] 그러나 한편으로는 경기 후퇴, 다른 한편으로는 베트남 주둔군의 점진적 감축 때문에 전쟁에 대한 격렬한 반대가 노동자 계급의 더 넓은 부문으로 확산돼 경제 문제를 둘러싼 파업 투쟁과 결합되지는 못했다. "특히 중간계급과 노동자 계급이 사는 교외 지역에서 그 전에는 결코 존재하지 않았던 반전 정서와 지역적 조직화는 계속 확산됐지만"[19] 운동 전체로 보면 1968년보다 1972년에 덜 활발했다.[20]

워터게이트 사건의 뿌리

1972년이 되자 닉슨의 정책이 미국에 다시 '평화'를 가져다 주는 것처럼 보였다. 하지만 그는 대가를 치르고 있었다. 그는 거듭거듭 체제 내의 비판 세력에게 양보할 수밖에 없었고 베트남에서는 지상전의 수준을 낮춰야 했다. 그것은 결국 미국의 패배로 이어지게 될 길이었다.

그는 이 길을 가야만 하는 것에 분개했고 전임자 존슨처럼 전쟁을 비판하는 사람들에게 분노를 터뜨렸다. 그는 점점 더 반전 운동을 반드시 분쇄해야 하는 모종의 거대한 음모로 여기게 됐다.

그가 숨기고 싶어하는 이야기를 <뉴욕 타임스> 같은 기성 언론이 발표하자 닉슨의 강박관념은 더욱 심해졌다. 그래서 그는 에드거 후버가 이끌고 있는 FBI에 압력을 넣어 언론인들과 정부 관리, 그리고 기성 사회 내의 "비둘기파"를 감시하게 만들었다. 이것은 후버에게도 너무 부담스런 일이었다. 그는 닉슨과 마찬가지로 평화 운동을 싫어했고, 수천 명의 기관원들을 동원해 흑인 조직과 사회주의 조직을 교란시킬 용의도 충분히 있었다. 하지만 그는 닉슨의 계획이 너무 위험하다고 판단했다. 만약 이런 일이 발각되면, 머지 않은 미래에 집권하게 될지도 모르는 야당의 저명 인사들과 관계가 소원해질 수도 있었기 때문이다. 더욱이 닉슨이 감시하고 싶어하는 사람들 중에는 대니얼 엘스버

그의 장인이자 후버의 개인적 친구인 장난감 제조업체 사장 루이스 마르크스 같은 사람도 있었다.[21]

후버의 반응은 닉슨의 편집증을 오히려 심각하게 만들었을 뿐이다. 닉슨은 "후버가 거부한 일을 처리하기 위해"[22] 직접 사설 공작팀 — 이들은 '누설'되는 곳을 찾아야 했기 때문이 '배관공'이라고 불렸다 — 을 가동시키며 독자 행동을 하기 시작했다.

이 공작원들은 '음모가들'에 맞선 싸움을 기성 사회의 심장부로 끌고 들어오는 것에 대해 아무 거리낌이 없었다. 그들은 1972년 6월에 워싱턴의 워터게이트 빌딩 안에 있는 민주당 본부에 무단으로 침입했다가 체포됐다. 1972년 11월에 대통령 선거가 실시됐을 때 워터게이트 사건에 대한 조사는 서서히 진행되고 있었다.

닉슨은 쉽게 선거에서 승리했다. 민주당 내의 전쟁 찬성파가 비둘기파 후보인 맥거번에 대한 지지를 거부했고, 닉슨은 50개 주 가운데 49개 주의 — 유권자의 거의 절반이 기권했기 때문에 투표율은 매우 낮았지만 — 선거인단을 확보했다. 6개월 후, 미국은 마침내 북베트남 그리고 민족해방전선과 평화 협정을 체결했다. 이로써 남베트남 정권은 혼자 힘으로 살아남아야 하게 됐다. 물론 그것은 불가능한 일이었다. 2년 후 사이공이 민족해방군에게 함락됐다.

닉슨의 정치적 운명은 얼마 남지 않았다. 이길 수 없는 전쟁을 지속하려고 애쓰던 그는 용서받지 못할 죄를 저지르고 말았다. 그것은 바로 미국 지배계급의 거대한 기구 중 하나인 민주당을 상대로 국가 권력의 일부를 사용했다는 것이다. 워터게이트 스캔들은 서서히, 그러나 고통스럽게 밝혀지고 있었다. 2년 뒤 닉슨은 사임할 수밖에 없었다. 운 좋게도 부하들과는 달리 철창 신세는 면했다.

학생 좌파의 몰락

1968년은 미국 신좌파의 태도를 바꾸어 놓았다. 그 해 초에, 그들은 여전히 지도력이라는 개념에 반대하는 뜻으로 '참여 민주주의'를 말하고 있었고, '비폭력주의' 쪽으로 반은 기울어져 있었으며 '낡은' 스탈린주의·트로츠키주의·마오주의 좌파들이 이데올로기에 집착하고 있다는 이유로 그들을 경멸하고 있었다. 킹 목사의 암살, 흑표범당에 대한 경찰 탄압, 컬럼비아와 버클리 대학에서 벌어진 싸움, 최루가스와 곤봉으로 얼룩진 시카고 사태 등이 모든 태도를 바꾸어 놓았다. 주로 중간계급 출신 학생 좌파는 자신들이 맞서 싸우고 있는 적이 그 휘하의 경찰과 무기를 자신들에게 사용할 태세가 돼 있다는 사실을 깨닫기 시작했다. 사랑과 평화를 이야기하며 펜타곤이나 시카고 시위에 참가한 사람들이 집으로 돌아갈 때는 폭력 혁명이 필요하다고 말했다.

1969년에 쓰인 어떤 글은 이런 변화를 잘 요약하고 있다.

세상을 구원하려는 초이상적인 소년십자군과 여러 모로 비슷한 운동으로 시작된 것이 점점 더 심각하게 변하고 있었고……판돈이 커지고 있었다. 지배계급의 언론과 여러 기구들이 SDS를 겨냥한 중상과 비방을 일삼고 전국에서 억압적인 분위기가 강화되자, 급진적 운동은 진지하게 반성하지 않을 수 없었고……SDS 조직원들은 정치적 명료함을 추구하기 시작했다.[23]

한 활동가는 이렇게 회상한다.

1968년쯤 되자 소수의 주로 중간계급 운동은 미국에서 사회주의 혁명이 필수적이라는―그리고 의무라는―결론에 도달했다.[24]

1968년 늦은 봄에 열린 SDS 총회는 이런 변화의 기점이 됐다. 우파 사회민주주의에서 성장해 나온 이 조직은 이제 프랑스 5월 사건에 고무돼 스스로 혁명적 사회주의라고 선언했다. 갑자기 '구좌파'의 사상이 새로운 타당성을 가지게 됐다.

1968년과 1969년은 구좌파 논쟁으로 복귀한 시기였다. 우리는 노동자들을 조직해야 한다! 우리는 '새로운 노동자 계급'을 조직해야 한다! 우리는 젊은이들을 조직해야 한다. 우리는 전위당을 창건해야 한다. 우리는 공동전선을 창출해야 한다.[25]

가장 널리 퍼진 사회주의 버전은 마오주의였다.

중간계급 출신의 학생 활동가들은 비교적 낮은 투쟁 수준에 여전히 머물러 있는 미국의 노동자 계급과 분리돼 있었다. 활동가들은 여전히 라이트 밀스와 마르쿠제의 판단을 받아들이고 있었다. 그것은 바로 노동자 계급이 체제 내로 완전히 흡수돼 버렸다는 분석이었다. 이러한 관점에서 보면, 미국 자본주의와 싸울 수 있는 유일한 세력은 미국 외부의 제3세계, '제3세계' 운동으로 규정된 흑인 운동, 제3세계 혁명의 구현체인 중국이었다.

마오주의자들은 SDS 내에서 소수였지만 1968년의 변화된 분위기는 이를 바꾸어 놓았다. 1968년 12월에 열린 SDS 전국위원회 모임에는 1000명이 참가했는데, 여기에서 마오주의 그룹인 진보노동당은 약 절반의 표를 끌어 모았다. 그 반대파는 SDS 지도부와 아나키즘에 가까운 '업어게인스트월'(Up against the Wall) 분파로 분열했다. 그러자 SDS 지도부는 진지한 대안을 제시할 수 있는 유일한 길은 그들 스스로 마오주의-스탈린주의 사상으로 선회하는 것이라고 결정했다.

트로츠키주의 조직들이 실패한 것도 마오주의가 확산되는 데 일조했다. 미국의 트로츠키주의는 1940년에 두 주요 경향—미국 사회주의노동자당을 만든 제임스 P 캐넌 지지자들과 막스 샤흐트만 지지자들—으로 분열했다. 그 어느 쪽도 1960년대 후반의 급진화 물결과 어떻게 연계를 맺어야 할지 모르고 있었다.

캐넌파는 베트남 전쟁 반대 운동에서 훌륭한 활동을 펼쳤다. 그러나 그들은 이 운동을 그저 단일 쟁점 캠페인으로만 생각했다. 또, 새로 급진화한 젊은이들이 더 전투적 태도를 취하려 하거나 운동을 확대해 혁명적 전망을 제시하고 싶어할 때마다 항상 관료주의적으로 이를 억눌렀다. 그들은 하나의 대규모 반전 시위에서 다음 시위로 옮겨가는 것만이 중요하다고 여겼다.[26] 그래서 그들은 광범한 급진화의 물결에서 고립을 자초했다.

샤흐트만파의 상황은 훨씬 더 나빴다. 그들은 소련·중국·베트남·쿠바 등등이 서구 자본주의 국가보다 더 나쁜 '관료적 집산주의 국가'이며 서구의 공산당은 관료적 집산주의 지배계급의 맹아일 뿐이라고 보았다. 결국 샤흐트만은 이 관점을 논리적 결론으로까지 밀고 나가, 자기 조직을 해체하고 우파 사회민주주의에 합류했으며, 베트남 전쟁을 지지했다.

버클리 대학에서 '독립 사회주의 클럽'을 만든 헬 드레이퍼와 사회주의 토론 잡지 ≪새 정치≫를 편집한 줄리언 제이콥슨 같은 샤흐트만의 옛 동료들은 아직도 미 제국주의에 원칙적으로 반대했다. 하지만 여전히 그들은 스탈린주의가 서구 자본주의만큼 나쁜 것이 아니라 그보다 더 나쁘다는 샤흐트만의 신념을 공유하고 있었다. 그래서 그들과 그 지지자들은 미국에 대항하는 베트남 민족해방 운동을 분명히 지지하는 것은 회피했다. 독립 사회주의자들은 버클리 투쟁의 초기에 주도적 역할을 했지만 대개는 무기력한 소수로 남아 있었다.

그 때문에 마오주의만이 유일하게 진지한 대안처럼 보였다.

SDS의 붕괴

SDS 지도부에 반대하는 마오주의자들의 진보노동당은 SDS 활동가 압도 다수의 지지를 얻을 수 있는 위치에 있지 못했다. 종파주의에 찌든 그들은 흑표범당을 비난했고 새로 부상한 많은 급진주의자들과 자기 자신들을 분리시켰다. 하지만 그들은 '진지한' 정치 모델 하나를 제시했고, SDS 지도부는 자신들이야말로 그 모델의 진정한 추종자들이라고 주장했다.

1968년 총회 때는 아나키즘과 '비이데올로기적' 경향들이 강력했다. 그런데 1969년 총회 때는 이런 경향들은 거의 모두 사라져 버렸다. 모든 사람이 마르크스주의자를 자처했다. 그 중 대부분은 마오주의자들이었다. 그리고 일부 지도부는 받아들이려 하지 않았지만, 지도부 대부분은······ 공공연하게 스탈린주의에 공감하고 있었다.[27]

1969년 총회에서는 심각한 토론은 거의 없었다. 양대 분파가 서로 욕할 뿐이었다.

처음 이틀 동안은······ 어떤 주제 — 여성 해방, 인종 차별주의, 제국주의, 홍위병 등등 — 에 대한 토론이든지 분파 투쟁으로 이어졌다. ······ 온갖 구실을 이용해 상대방을 공격하고 반격하며 서로 고함을 질렀다.

지도부는 흑표범당의 연사에게 연설 기회를 주려면 사람들의 지지가 있어야 한다고 주장했다. 그 연사는 반대파가 흑인 분리주의에 동의하지 않기 때문에 그들은 '반혁명 배신자들'이며 인종 차별주의자들이라고 주장했다.

볼썽 사나운 광경이었다. ······ 흑표범당은 정치에 기초해서 호소한 것이 아니라 오히려 백인 운동의 가장 허약한 속성에 호소한 것이었다. 그것은 몇 년 전에는 훨씬 더 흔했던 광경에 대한 회상이었고, 백인 자유주의자들의 가슴을 파고들었던 흑인들의 전투성에 대한 회고였다. 바로, 자유주의자들이 처음에는 어색해 했지만 결국 좋아하게 된 기억이었다.[28]

하지만 이것은 기존 지도부가 다수를 획득하는 데는 불충분했다. 결국 그들은 연단에 올라가 반대파를 축출한다는 성명서를 낭독하고 나서 자기 지지자들을 다른 강당으로 데려간 뒤 거기에서 이것이 진짜 총회라고 발표했다!
SDS가 하나의 조직으로서 개최한 이 총회는 사실상 마지막 총회였으며 일종의 소극(笑劇)이었다. 그러나 이것이 우연한 사고는 아니었다.

거기서 벌어진 '누가 더 마오주의적인가' 하는 게임은 대부분의 운동권 출판물이나 대학 내 급진 세력들 사이에서 다소 약화된 형태로 계속 나타났다. SDS 총회에서 그렇게 과장돼 나타난 이유는 거기에 참석한 사람들이 운동에 가장 적극적으로 열심히 참여했기 때문이었고, 따라서 정치적 발전에 가장 민감하게 반응했기 때문이었다.[29]

엄격한 조직과 '인민 전쟁'에 관한 논의를 강조했던 마오주의적 '마르크스-레닌주의'는 1968년의 첨예한 상황에서 규율이 부족한 학생 좌파를 괴롭혔던 여러 가지 문제에 대한 해답처럼 보였다. 구정 공세가 미 제국주의를 흔들어 놓을 수 있었고 5월 사태가 프랑스 자본주의를 좌초시킬 수 있었다면, 가까운 미래에 미국에서 혁명이 가능하지 않을 이유가 어디에 있겠는가? 사람들이 올바른 방식으로 싸우기만 한다면 말이다.

한 활동가는 이렇게 회상한다.

1969~70년에 운동에 참여한 거의 모든 사람은 혁명이 눈앞에 있다는 기대감 때문에 약간은 제 정신이 아니었고 당장 혁명을 일으킬 만큼 충분히 활동하지 못하는 것에 대한 죄책감을 느끼고 있었다.[30]

그러나 "올바른 방식으로 싸우는 것"이 미국의 노동자 계급과 연계하는 것을 의미한다고 생각한 사람은 거의 없었다. <독립 사회주의>의 논평가들은 이렇게 지적했다.

문제는, 세계에서 정치적으로 가장 후진적인 노동자 계급 중 하나인 미국 노동자들에게 익숙해져 있는 미국의 혁명가들이 최근 노동자 계급에게 다가가는 문제를 논의하고는 있지만, 현장조합원들에 의한 사회 내부의 변화에 초점을 맞춘 어떤 전망도 놓치는 경향이 있다는 점이다.[31]

이런 경향 때문에 많은 SDS 지지자들이 1967년과 1968년에 제리 루빈 식의 이피 전망을 채택했다. 이제 그들은 스탈린주의적 방식에 의존해, 인민 대중 속에 뿌리를 내리지 못한 개인들의 집단들을 '전위당'으로 묶으려 했다.

그러나 이것은 혁명을 달성할 수 있는 프로그램을 그들에게 제시해 주지 못했다. 이 문제를 둘러싸고 새로운 'SDS'는 만들어지기도 전에 분열했다.

그 전 해 여름에 베르너딘 돈, 마이크 클론스키, 프레드 고든으로 이루어진 현 지도부는 5년 전의 SDS의 원칙과 별반 다르지 않은 견해를 주장했다. 미국에서 혁명적 변화의 주체는 노동자 계급이 아니라 "무당파(無黨派) 대학생과 고등학생, 노동자, 히피, 빈민, 대학을 나온 전문가들과 병사들"이라는 것이다.[32] 이제 그들은 이런 주장과 스탈린주의를 접목시켰다. 그러나 그 밖에 많은 것은 바뀌지 않았다. 그들은 여전히 미국의 노동자 대중이 선천적으로 반동적이며 "백인 특권 의식"을 통해 체제에 묶여 있는 계급이라고 생각했다.

이들의 결론은 미국의 혁명가들이 제3세계 혁명의 지지자 그룹으로서 행동해야 한다는 것이었다. "풍향을 알기 위해 일기예보원이 될 필요는 없다."[33]는 제목이 붙은 한 문서에서(이 제목 때문에 그 그룹은 '웨더 맨'이라는 이름을 얻었다) 그들은 다음과 같이 주장했다.

혁명 투쟁의 일차 과제는 세계 민중의 편에서 주요 모순을 해결하는 것이다. 이 제국의 부를 창조한 사람들은 바로 전 세계 피억압 민중이며 이 부는 그들에게 귀속돼야 한다. …… 당신들의 TV·자동차·장롱이 이미 상당 부분 다른 나라 민중의 것이다.[34]

그 논리적 귀결은 생활수준이나 노동 조건 향상을 위한 미국 백인 노동자들의 어떠한 투쟁도 제3세계에서 더 많은 것을 강탈하려는 투쟁에 불과하다는 것이다. 노동자 통제는 '반(反)국제주의'적 개념이며 "노동자 계급 내에서 민족적 쇼비니즘과 사회민주주의 이데올로기"를 대변한다는 것이다.[35]

처음에 웨더 맨은 백인 학생들과 노동자들 사이에서 '제3세계'의 투쟁과 흑표범당을 지지하는 선동 정책을 주장했다. 그러나 기존 체제에 물질적 이해관계를 가진 사람들 사이에서 하는 선동의 요지는 무엇인가? 결국 그룹 전체가 지하로 들어갔고, 미국 기업들의 건물에 폭탄을 설치함으로써 제3세계를 지지하는 그들 자신만의 게릴라 전쟁을 수행하려 했다.

어떤 의미에서 웨더 맨은 SDS 초기부터 유행하던 정치 — 노동자 대중의 참여 없이 미국 사회의 변혁 주체를 발전시키려는 정치 — 가 극단적으로 발전한 것이었다. 초기에 SDS 배후에서 대부분의 활동을 주도했던 톰 헤이든이 1972년 — 이 때 그 자신은 대통령 선거에서 민주당 선거 운동을 하고 있었다 — 에 인정했듯이, 웨더 맨은 "SDS의 자연스러운 마지막 세대로서 …… 1960년 이후 벌어진 모든 일의 진정한 후계자였다."[36]

많은 비마르크스주의 급진 세력의 눈에는 웨더 맨이 어떤 낭만적 신비감을 가지고 있는 것처럼 보였다. 그들은 미 제국주의에 대항하는 투쟁을 진심으로 철저하게 수행하는 것처럼 보였다. 그러나 사실 그들이 한 일은 한 종류의 자유주의적 도덕주의를 다른 것으로 대체한 것뿐이었다. 왜냐하면 그들을 자극한 것은 체제에 맞선 무장 저항의 도덕적 필요성이었지 승리할 수 있는 투쟁 방법에 대한 유물론적 분석이 아니었기 때문이었다. 이 과정에서 그들은 훨씬 심각한 — 그리고 재앙적인 — 결과를 초래할 비마르크스주의 급진파와 만나게 됐다. 독일에서 결성된 바더-마인호프 그룹과 이탈리아의 붉은여단이 바로 그들이었다.

흑인 혁명가들

1968년의 경험은 백인 학생 운동을 변화시킨 것만큼 흑인 혁명 운동도 엄청나게 변화시켰다. 1967년에는 한편에서는 킹 목사가, 다른 한편에서는 SNCC 지도자인 스토클리 카마이클과 랩 브라운이 유력한 목소리를 내고 있었다. 1년 후에는 흑표범당이 급성장해 분위기를 주도했다.

학생 좌파를 괴롭혔던 핵심 문제는 흑표범당에게도 영향을 미쳤다. 그것은 바로 민중과 어떻게 연계할 것인가 하는 문제였다. 그러나 그것은 흑표범당에게 훨씬 더 심각한 문제였다. 그들은 점점 더 살인적인 국가 권력의 공격을 받았던 것이다.

J 에드거 후버는 FBI를 이용해 학생 신좌파를 감시하고 교란시켰는데, 흑표범당에 대한 그의 전술은 훨씬 더 추잡했다. 그는 자기의 임무가 "흑인 민족주의 운동을 통일하고 활성화시킬 수 있는 흑인 메시아가 성장해 진정한 흑인 혁명을 지도하지 못하도록 무슨 수를 써서라도 막는 것"이라고 생각했다.[37] 1970년대 중반에 열린 어떤 상원 위원회는 "FBI가 법적 근거가 없는 전술을 구사해 폭력과 불안을 조장했다."[38]는 결론을 내렸다. 실제로 FBI는 수단과 방법을 가리지 않고 최대한 많은 흑표범당 지도자들을 살해하기 시작했다.

FBI는 "지역 경찰들을 부추겨서 흑표범당에 대한 작전을 펼치게 했는데"[39] 1969년 12월에 프레드 햄프턴과 마크 클라크가 자고 있던 시카고의 한 집을 경찰이 급습해 그들을 깨우지도 않은 채 사살해 버린 사건이 가장 두드러진 것이었다. 햄프턴의 경호원은 FBI의 밀정이었고 그가 이 집의 구조를 그림으로 그려서 경찰에게 넘겨줘 습격 때 사용하게 했다.[40]

그러나 후버는 이 정도로 만족할 수 없었다. 그는 FBI 요원들을 시켜 다른 흑인 민족주의 그룹을 자극해 그들로 하여금 흑표범당과 총격전을 벌이도록 만들기도 했다. 로스앤젤레스에 기반을 둔 'US'라는 그룹은 FBI가 건네 준 흑표범당 관련 정보를 이용해 네 명의 흑표범당 당원을 살해했다.[41]

후버가 노력한 결과, 18개월 동안 20명의 흑표범당 당원이 죽었고, 경찰이 짜놓은 함정에 빠져 법정 투쟁을 벌이느라 더 많은 힘이 소모됐다. 휴이 뉴턴과 바비 실 모두 살인죄를 뒤집어썼다가, 결국 석방됐다. 실은 시카고 전당대회 시위에서 제기된 '불법 공모' 혐의로 기소돼 몇 달 동안 투옥돼 있기도 했다. 엘드리지 클리버는 가석방을 박탈당하고 몇 년 더 감옥에 갇혀 있는 것보다는 미국을 떠나는 편이 좋을 것이라고 생각했다.

처음에는 1967년과 1968년의 이런 탄압 때문에 오히려 흑표범당에 대한 관심이 높아져 자금과 회원 가입이 늘어났다. 그러나 시간이 지나면서 이 효과는 미약해졌다. 그 이유는 미국의 국가 권력이 너무 강력했기 때문이 아니었다. 휴이 뉴턴이 정치적인 방어를 조심스럽게 펼칠 때, 그는 살인죄에서 벗어나기 위해 주로 백인 배심원을 설득했고, 결국 항소심에서는 시카고의 불법 공모 사건에 관한 소송이 기각됐다. 그러나 흑표범당이 국가의 공격을 무력화하기 위해서는 대중적 기반이 필요했다.

그들은 흑인 게토 안에 여러 종류의 기반을 가지고 있었다. 수많은, 필시 수백만 명의 흑인 청년들이 그들에게 호감을 갖고 있었다. 그러나 이런 지지는 수동적인 것이었지 적극적인 것은 아니었다. 어떤 추산에 따르면, 유명무실한 사람들을 명단에서 제외하면 1969년에 흑표범당의 실제 당원 수는 1000명에서 2000명 사이였다고 한다.[42] 대부분의 지역 조직들은 기껏해야 수십 명이었던 듯한데, 그들은 총을 들고 지역 본부 주변을 어슬렁거리는 사람들이었다.[43]

뉴턴과 실이 생각했던 원래의 당 개념은 '거리의 형제들', 즉 '룸펜 프롤레타리아'를 끌어들이는 것에 기초하고 있었다. 이들은 고용된 노동자들이 거의 없는 당의 전투적 모습에 이끌릴 만했다. 사실 고용된 흑인의 대다수를 차지하는 육체 노동자들은 격렬한 군사 훈련을 받을 수 있을 만큼 기운이 남아 있지 않았다. 그러나 '룸펜 프롤레타리아'를 하나의 응집된 세력으로 변모시키는 것은 훨씬 더 어려운 일이었다. 그들은 자본주의가 노동자들에게 강요하는 규율의 전통을 가지고 있지 않았고, 하찮은 범죄를 통해 그럭저럭 살아가던 과거의 생활방식으로 되돌아가고 싶은 유혹에서 벗어나지 못하는 사람들도 많았다. 그 때문에, 일부 그룹들은

…… 흑표범당처럼 변장하고 강도질을 했다. …… 규율은 항상 장애로 다가왔고 당을 운영하는 사람들로서는 규율을 세우는 것이야말로 진정한 과제였다. 여러 분파와 계속되는 분열은 조직의 안정을 끊임없이 위협했다.[44]

바비 실은 그가 "원숭이들"이라고 부른 사람들에 대해 몹시 불평했다. 그들은 과거의 좀도둑질 버릇을 끊지 못하고 흑표범당이 뿌리내리려 하는 지역

사회의 다수를 적대적으로 만드는 행동을 하는 당원들이었다.

> 그는 자기 주변에만 물건을 끌어 모은다. 그는 여전히 이기적이다. 그는 자기 주
> 전자와 포도주를 당보다 우선시한다. 그는 물건을 갈취하기 위해 마음대로 사용
> 할 수 있는 것이 바로 총이라고 생각한다.[45]

이런 요소들이 당내의 "흑인 인종 차별주의 분파들" 주변에 몰려들었고, 이들은 매우 쉽게 "FBI와 CIA의 앞잡이들"의 꼬임에 넘어가 의미 없는 총격전을 벌였다.[46]

1968년에는 당 지도부가 이런 문제를 무시할 수도 있었다. 당은 오클랜드에서 소규모 활동가 그룹으로 시작해 1년도 채 안 돼 전국적 정치 세력으로 발전했다. 그것은 임시 조직과 임의적이고 즉흥적인 전술의 기초 위에서 이루어진 당이었다. 하지만 그 해 말이 되자 더는 그런 방식으로 당을 유지할 수 없었다.

지도부는 여러모로 SDS 정치와 비슷한, '진지'하고 이데올로기에 기초한 정치로 전환했다. 흑표범당의 신문은 자기 당을 '마르크스-레닌주의' 당으로 묘사했다. 이제 그들은 1967년과 달리 흑인 지역사회에 대한 '백인'의 착취보다는 '자본가'의 착취라는 말을 더 많이 했다.[47] 그리고 그들의 신문에서는 "마오주의 구호가 넘쳐나고" 있었다.[48]

이런 정치적 변화에 이어서 당 조직을 강화하려는 시도가 뒤따랐다. 실과 힐리어드는 '경찰의 앞잡이'와 '흑인 인종 차별주의자'라고 생각되는 사람 1000명을 쫓아내고 당원 명단을 정리했다.

새롭고 강경한 정치에 이어서 '지역사회'에 더 깊게 뿌리내리려는 강력한 시도가 뒤따랐다. 여기에는 급진적 방향 전환도 포함돼 있었다. 흑표범당은 '무장한 자기 방어'를 주장했기 때문에 그토록 급속하게 성장할 수 있었다. 그런데 이제 강조점이 마오주의 구호인 "민중에게 봉사하라"로 이동했다. 그 중심에는 '아이들을 위한 아침식사' 프로그램이 있었는데, 이는 일종의 직접적

사회 사업으로서 흑표범당의 19개 지역 조직이 1969년 말까지 보통은 교회 구내에서 1만 명—그들의 주장에 따르면—의 어린이들에게 아침 식사를 제공했다.

결국 흑표범당은 백인 동맹 세력을 찾기 시작했다.

1968년에 그들은 처음으로 캘리포니아 평화자유당과 함께 활동했다. 전쟁에 반대하고 흑인 해방을 지지하는 당 강령에 동의하는 사람 10만 명이 그 당의 지지자로 등록돼 있었다. 이후, 그들은 외관상 더 급진적인 제리 루빈과 이피의 입장으로 전환했고, 평화자유당의 대통령 후보였던 클리버는 선거일을 '봉기의 날'로 선언했다.

이제 FBI와 경찰의 살인적 탄압에 대한 저항의 필요성 때문에 흑표범당 지도부는 그들의 오른쪽에서 필사적으로 동맹 세력을 찾았다. 그들은 '반파시즘 공동전선을 위한 전국 대회'를 조직했고 모든 '반파시즘' 세력—민주당, 공화당, 급진주의 세력을 모두 망라한—의 참가를 촉구했다. 민주당의 흑인 정치인 윌리 브라운과 공산당 이론가 허버트 앱세커가 기조 연설을 했다. 그리하여 흑인 지역사회 내에서 가장 온건한 개혁 정치로 방향 전환을 한 데 이어서 또 하나의 방향 전환이 뒤따랐다. 그것은 백인 급진주의자들에게 미국 자본주의의 두 번째 정당인 민주당 안에 파묻히라고 촉구하는 사람들과 동맹을 추구하는 것이었다.

새 전술은 제대로 작동할 수 없었다. 사회 사업 프로그램을 통해 게토 내에서 지지를 얻으려 했을 때조차 흑표범당은 기성 정치 세력이 관리하는 후원 시스템, 특히 민주당과 관련된 후원 제도의 연계망과는 상대가 되지 못했다. 그리고 백인 급진주의자들이 아무리 민주당의 평당원들 사이로 침투한다고 해도 민주당을 변화시켜 국가 탄압을 중단시킬 수 있는 세력으로 만들 수는 없었다.

한편에서는 무장 조직, 다른 한편에서는 기성 정치 세력과 동맹해 '민중에게 봉사'하는 전술, 이 둘을 결합하는 마오주의 방식은 실패할 수밖에 없었다. 그리고 이런 실패는 당의 조직적·정치적 문제를 악화시킬 수밖에 없었다. 만약 무장 투쟁을 강조한다면, 탄압을 피해 지하로 들어가서 생존에 필요한 자원을 얻는 수단으로만 백인 좌파와 동맹을 추구하는 것이 논리적일 것이다. 만약 '민중에 대한 봉사'를 강조한다면, 운명을 기성 정치기구에 맡기고 총을 포기하는 것이 논리적 결론일 것이다.

2년 동안 흑표범당은 이 두 대안 사이에서 동요했다. 당내에서는 불안감이 증폭됐다. 1970년 마침내 뉴턴이 감옥에서 석방됐을 때

모든 사람이 당을 전환하는 것에 대해 이야기하고 있었다. 당내에서 벌어지고 있는 많은 일들이 전국의 많은 사람들에게 불만을 안겨 주고 있었다. 마약을 복용하는 사람들도 있었고 당 상층부에도 문제가 많았다. …… 우리는 뉴턴이 이런 상황을 해결해 주길 바랐다. 그러나 그가 돌아왔을 때, 우리는 그에게 그런 의지도 능력도 없다는 것을 알게 됐다.[49]

1971년에 당은 허리가 부러지고 말았다. 알제리에 망명중이던 클리버는 웨더 맨과 동맹하고 게릴라전 전략을 채택하라고 오래 전부터 촉구해 왔다. 그는 또 "산 속에서 무장 투쟁"을 수행할 "북미해방전선"의 창설을 주장하고 "정치적 암살"의 "장점"에 대해서도 이야기했다.[50]

뉴턴, 실, 힐리어드는 이런 말에 대해서 점점 더 신중해졌다. 특히, 힐리어드가 어떤 연설에서 닉슨의 "생명을 위협"했다는 혐의로 투옥된 뒤에는 더욱 그랬다. 1971년 1월에 그들은 무장 활동에 가담했다는 이유로 엘머 프랫 ─ '제로니모'로 알려진 ─ 을 처음으로 당에서 쫓아냈다. 그 다음에는 지하 활동뿐 아니라 공개 활동도 필수적이라고 시인한 어떤 웨더 맨 조직원을 비판했다는 이유로 동부 연안의 당원 11명을 쫓아냈다.

클리버가 달려들어 제로니모를 방어하자, 이번에는 그도 쫓겨났다. 양측 [클리버와 지도부]이 서로 상대방에게 가장 흉악한 범죄를 뒤집어씌우며 이전투구를 벌이자 당의 활동가들은 더한층 사기가 떨어졌다. 지도부는 클리버가 자기 아내를 욕보이고 알제리에서 다른 흑표범당 당원을 살해했다고 비난했

고, 클리버는 뉴턴이 "지하의 관료기구"를 만들었다고 비난했으며, 뉴욕의 흑표범당 당원들은 뉴턴이 뉴욕 사무실에서 당원 한 명을 살해했다고 비난했다.

흑인 공산주의자 안젤라 데이비스에 대한 허위 조작 사건, 샌퀸틴 감옥에서 일어난 조지 잭슨에 대한 총격 사건, 뉴욕 주의 아티카 감옥에서 반란을 일으킨 흑인 죄수들에 대한 학살 사건이 잇따랐던 1971년 내내 흑표범당의 정치는 대중적 인기를 계속 유지했고 게토에서 지지를 받았다. 그러나 분열은 사실상 흑표범당의 종말을 가져왔다. 뉴턴과 실은 민주당 정치판으로 흘러 들어갔다. 클리버는 "옛 친구들"이 "하원의원과 시장"[51]이 되는 동안 망명 생활을 몇 년 더 하다가 운 좋게도 "종교적 계시"를 받아 고향에 돌아올 수 있었고 감옥에서 가석방된 뒤 "거듭나서" 목사의 길을 걸었다.[52]

DRUM

흑표범당이 가장 유명한 흑인 혁명 조직이었지만 유일한 것은 아니었다. 디트로이트에서는 1968년에 또 다른 조직이 발전하기 시작했는데, 이들은 흑표범당과 달리 지역사회와 룸펜 프롤레타리아에 집중하지 않고 피고용 노동자들의 역할을 강조했다.

> 한 공장에는 똑같이 야만적 조건에 처한 1만 명이 있다. …… 지역사회에 들어 가 보면 …… 사람들의 이해관계가 …… 훨씬 더 다양하다는 것을 알게 될 것이다. …… 편의주의라는 점에서만 보더라도 공장의 조직화 가능성이 더 크다. …… [지역사회에서] 할 수 있는 활동은 공장에서 할 수 있는 것만큼 지배계급에게 실질적 손상을 입히지 못한다. …… 햄터맥 조립 공장을 하루만 닫아버리면 …… 크라이슬러 회사에 자동차 1000대 상당의 손실을 입힐 수 있고 …… 자동으로 거리에서 5000~1만 명을 단 한 번에 조직할 수도 있다. 반면에 집집마다 찾아다니며 사람을 모은다면 …… 그만큼 모으기가 훨씬 더 어려울 것이다.
>
> 우리는 혁명적 투쟁에서 노동자 계급이 주도 세력의 전위이며 원래 룸펜 프롤레타리아는 일반적으로 분열돼 있는 계급이라는 사실을 강조할 것이다. 룸펜 프

롤레타리아의 모든 부문은 반대편으로 넘어가고 그들 전체는 규율이 전혀 없으며 규율이 있을 수도 없다. 그들은 또 정치 상황과 무관하게 '멋대로' 행동할 것이다. …… 흑표범당의 수많은 경험은 바로 이런 분석, 즉 안정적 계급이 아닌 룸펜 프롤레타리아가 혁명의 전위라는 바로 이런 분석에서 비롯했다. 이것이 바로 흑표범당이 그토록 많은 모험적 행동으로 이끌려 간 이유이고, …… 목적을 상실한 채 의미 없는 총격전에 그렇게도 자주 연루됐던 이유였다. 그것은 또 흑표범당이 경찰 끄나풀의 침투를 막지 못한 이유이기도 하다.[53]

디트로이트에 있었던 이 조직의 핵심은 여섯 명의 흑인 혁명가였다. 이들은 몇 년 동안 다양한 흑인 급진주의 활동에 참여하면서 서로 알게 됐고, 한때 흑인 민족주의 조직인 우후루[Uhuru : '자유'라는 뜻의 스와힐리어]에 몸담았으며, 다양한 사회주의 그룹의 모임에도 참석하고, 스탈린주의에 반대하는 자생적 마르크스주의자 마틴 글레이버맨이 주도하는 마르크스의 ≪자본론≫ 강습에도 참여했다. 1967년 디트로이트 봉기 직후, 그들은 흑인들에게 인기가 많았던 혁명적 신문 <이너 시티 보이스>(Inner City Voice)를 발간하기 시작했다. 1968년 5월 이 조직의 일원인 제너럴 베이커는 크라이슬러의 도지 메인 공장에서 일어난 비공식 파업에 참가했다. 이 조직은 도지의 생산직 노동자 아홉 명을 끌어들일 수 있었고 주간 소식지 <도지 혁명적 노조 운동>(DRUM)을 발행했다.

그 소식지는 두 가지 문제에 초점을 맞췄다. 하나는 공장 안의 전반적 작업 속도 증가였고 다른 하나는 흑인 노동자들에 대한 체계적 차별(노동자의 60퍼센트가 흑인이었는데도 작업반장의 95퍼센트, 숙련공의 90퍼센트, 견습공의 90퍼센트가 백인이었다)이었다.[54] 이런 문제들과 관련해 그동안 노조가 한 일은 형편없는 것이었다고 소식지는 지적했다.

이 소식지는 즉각 효과를 냈다. 베이커와 다른 흑인 활동가가 파업 때문에 해고됐지만 DRUM은 흑인을 고용하기를 거부한 공장 근처 술집 두 곳에 대한 보이코트를 조직하는 데 성공했고 공장 맞은편 도로변에서 열린 집회에서 살쾡이 파업을 호소했다. 이 파업으로 사흘 동안 70퍼센트의 흑인 노동자가 공장에서 이탈했고 크라이슬러는 자동차 1900대 분의 손실을 입었다. 회사측의 징계를 두려워한 크라이슬러 노동자들이 직접 피케팅을 하지는 못하고 학생들과 지역 사람들에 의존했지만 말이다.

DRUM의 성공 사례는 비슷한 조직들로 확산됐다. 크라이슬러의 기어박스와 차축을 전량 생산하는 엘던 가에서는 ELRUM이 주도한 살쾡이 파업으로 1969년 1월에 대부분의 공장이 문을 닫아야 했다. 회사측은 26명의 투사를 해고했지만, 그 중 24명은 오랫동안 질질 끌다가 결국 복직시키지 않을 수 없었다. 하지만 이 조직은 계속 지지를 받았다.

이런 조직들은 함께 모여 '혁명적 흑인 노동자 연맹'[이하 연맹]이라는 조직을 결성했다. 일부 공장에서 이 조직은 꽤나 강력해졌고, 자동차노련의 두 지부 선거에서는 거의 승리할 뻔하기도 했다. 그래서 자동차노련의 전국 지도부는 걱정하지 않을 수 없었다. 왜냐하면 미국의 자동차 노동자 절반이 디트로이트 지역에 고용돼 있었기 때문이다.

여러 공장 안에 있는 연맹의 기반은 도시 전역의 젊은 흑인 활동가들에게 강력한 영향을 미쳤다. 그 조직은 그 후 2년 동안 그들에게 관심의 초점이 됐다. <이너 시티 보이스> 조직은 활동가층을 더 넓힐 수 있었고, 그 도시에 있는 웨인 주립대학에서 발행되는 일간지의 주도권을 장악해 학생들뿐 아니라 노동자와 흑인 지역사회를 겨냥한 혁명적 신문으로 이용했다. 그들은 흑표범당의 시 지부를 결성하고, 다른 곳에서 만연한 '모험주의'가 디트로이트에 들어오는 것을 막았다. 그 지부는 상근 조직자를 두고 활동한 결과 지부 회원 수가 60명에 달했다. "흑인들의 경제적 발전"이라는 주제로 전국 활동가 대회를 개최하고 그 대회를 연맹의 사상에 관한 토론장으로 이용하면서 옛 SNCC 지도자로 전국에 널리 알려진 제임스 포먼을 가입시켰다. 그들은 주정부가 총으로 탄압하거나 투옥시킬 수 있는 어떠한 구실도 주지 않고 이 모든 활동을 펼칠 수 있었다. 이 정도로 그들은 흑표범당보다 훌륭히 잘 해 나갔다. 진정한 의미에서, 그들은 1970년대 초에 미국 노동자들 사이에서 혁명적 사상의 영향력을 가장 잘 표현하고 있었다.

그러나 연맹의 강점은 공장 안의 기반에 달려 있었다. 여기서 그들은 한 가지 커다란 약점이 있었다. 흑인 노동자들은 노동자들의 절반 정도밖에 안 됐다. 그런데 그들의 이론은 흑인 노동자들을 백인 노동자들과 분리시켜 조직해야 한다고 주장했다.

미국의 인종 차별주의는 백인들의 정신 속에 너무 깊숙이 배어 있기 때문에 오로지 매우 잘 훈련되고 무장한 흑인의 통제를 받는 정부만이 이 나라에서 인종 차별주의를 몰아낼 수 있다.[55]

한 전투적인 백인 노동자가 말했듯이, 이런 분석은 즉시 실천에 영향을 미쳤다.

그들은 …… 백인 노동자들에게 전단 나눠 주기를 거부했다. 1970년 3월쯤에야 그들은 나의 활동을 제대로 평가하고 전단을 나눠 주기 시작했다. …… 그 때 [그들 중 한 명이] 몰래 나에게 전단을 건네주었는데, 이것은 다른 흑인 노동자들이 그 장면을 보지 못하게 하려는 것이었다.[56]

그 때문에 파업 투쟁에 대한 연맹의 호소력도 약해졌다. 그것은 백인 노동자들뿐 아니라 흑인 노동자들 사이에서조차도 그랬다.

1969년 1월에 ELRUM이 살쾡이 파업을 벌였을 때 그들의 요구를 둘러싸고 백인 노동자들과 연계를 맺으려는 시도는 전혀 없었다. 결과적으로 많은 백인 노동자는 파업에서 빠져나갔고 백인들과 친하게 지내던 많은 흑인 노동자들도 똑같은 입장을 취했다.[57]

연맹의 한 지도자는 나중에 다음과 같이 말했다.

우리는 결국 많은 노동자들을 소외시키고 말았다. 우리는 젊은 노동자들 사이에서 폭넓은 지지를 획득했는데, 이것이 의미하는 바는 우리가 몇몇 공장에서는 거의 대다수 노동자들한테서 지지를 받았다는 사실이다. 그러나 우리의 태도 때문에, 온건하다고 볼 수 있는 노동자와 분명히 후진적인 노동자, 그리고 백인 노동자들은 분명히 우리에게 등을 돌렸다.[58]

그러나, 백인 노동자들이 두 주요 파업에 참가했다는 것도 사실이다. 하나는 DRUM 설립으로 이어졌던 도지 메인 공장 파업이고 다른 하나는 1970년에 엘던 가에서 일어난 파업이다. 일부 백인 노동자들은 인종 차별주의에도 불구하고 쟁점에 대한 설명을 충분히 들은 뒤에 전투적 행동에 참가했다.

백인 노동자들과 '온건한' 흑인 노동자들에게 파업의 쟁점을 설명하지 않은 결과로 1968년 5월과 1969년 1월의 성공적인 파업이 끝나고 나서도 흑인 활동가들은 회사측의 보복을 막아낼 수 없었다. 당시는 자동차 산업이 호황이었기 때문에 경영진은 어떠한 파업에도 버틸 수 있는 여유가 거의 없었다. 1969~70년의 경기 후퇴로 회사측의 힘은 엄청나게 강화됐다. 연맹 활동가들에 대한 일련의 보복이 뒤따랐고 노조는 흔히 회사측과 공모했다.[59] 1970년 봄에 일련의 살쾡이 파업 이후 크라이슬러사는 연맹 활동가 세 명과 다른 투사두 명을 해고해 가장 중요한 엘던 가 공장의 연맹 조직을 분쇄했다. "1970년 여름이 되자 ELRUM은 공개 조직으로서는 사실상 생명을 다했고, 다른 공장에서는 DRUM 지부들이 반공개 조직으로 남아 명맥을 유지했다."[60]

회사측의 보복은 연맹의 중요한 특징을 겨냥한 것이었다. 그들 자신의 말대로 연맹은 단지 본능적인 전투성에 기초해 조직원을 받아들이는 '혁명적 노조'였지 사회를 하나의 전체로 폭넓게 이해하는 것에 기초한 혁명 정당은 아니었다. 연맹에 관한 한 연구서는 다음과 같이 말하고 있다.

베이커의 RUM[혁명적 노조] 전략은 흔히 기존 조직의 활동보다는 자발적인 대중 행동에 더 많이 의존하는 것처럼 보였다. 다른 때는 그의 조직들은 무자비한 공격으로 전면 봉기를 촉발할 산업 게릴라들처럼 보였다. 일부 디트로이트 사람들은 연맹의 거리낌없는 스타일을 세계산업노동자연맹, 즉 '와블리스'의 스타일과 비교하기도 했다. 세계산업노동자연맹은 20세기 초 10년 동안 대중적 인기를 누렸던 아나코–생디칼리스트 조직이었다.[61]

1968~69년의 정치적·경제적 분위기에서는 본능적 전투성만으로도 상황을 돌파할 수 있었다. 따라서 꽤 조야한 민족주의를 넘어서는 정치 사상이 없었던 연맹의 흑인 현장조합원들이 성공을 거둘 수 있었다. 일부 지도자들이 나중에 말했듯이,

연맹의 상당수 노동자들은……급진주의 노선을 따라 의식을 발전시킨 흑인들이었다. 그 때문에 연맹의 전술은 백인 경영진과 노조 간부들을 흑인으로 대체하는 것을 벗어나지 못했다. 우리 조직의 우선적이고 필수적인 요소는 우리 등에서 흰둥이들을 떼어내는 것이었다.[62]

또 다른 지도자는 연맹을 창설한 중핵들의 생각과 흑인 분리주의적 태도가 어떻게 새로운 조직원들의 발전을 저해했는지를 이야기하고 있다.

우리에게는 의미 있는 교육 프로그램이 없었다. 우리는 여러 번 시도를 하긴 했지만 그 때마다 반동적인 민족주의자들의 태도에 부딪혀 좌절했다. 그들은 마르크스주의에 대한 탐구를 원하지 않았기 때문에 여러 가지 방법을 사용해 그런 교육 프로그램을 중단시켰다. 그렇다고 해서 우리의 일부 강사진이 노동자들에게 지루하지 않았다는 말은 아니다. 하지만 그것은 또 다른 문제였다. 민족주의자들은 마르크스와 레닌이 백인이기 때문에 적절하지 않다고 말했다.[63]

일단 고용주들이 노동자들을 개별적으로 상대하기 시작하자, 여러 쟁점들을 더 폭넓게 이해하는 소수의 조직원들이 중요해졌다. 많은 사람들은 전술이니 전략이니 하는 개념을 갖고 있지 않았고, 언제 작업반장의 도발에 대응해

야 하고 언제 분노를 삭이고 상황이 호전될 때까지 기다려야 하는지를 알지 못했다.

1968~69년에 연맹은 대중 선동을 훌륭하게 해냈다. 그들이 실패한 곳은 정당 형태의 소규모 조직이 아직 발달하지 않은 곳이었고, 그런 조직은 싸울 뿐 아니라 배울 준비도 돼 있고 더 어려운 시기에 이런 선동을 유지할 수 있는 사람들로 이루어져 있어야 했다.

연맹의 폭넓은 명성과 공장 안에서 커지고 있던 약점 사이의 모순이 1971년 여름에 심각한 분열로 이어졌다. 일부 지도부가 전국 조직인 흑인노동자의회를 세우려는 계획을 추구하고 있었다. 다른 일부는 그들이 전국 무대에 서서 "'부르주아들'과 함께 있는 것을 선호하고 흑인 노동자들보다는 백인들과 함께 있는 것을 더 좋아하는" 반면 공장 주변의 활동은 외면하는 사람들이라고 비난했다.[64]

결국 세 명의 지도자들이 이탈해 전국 조직을 창설했지만, 그 조직은 첫 대회를 치르고 나서 붕괴하고 말았다. 남은 사람들도 디트로이트에 있는 연맹의 기반이 침식당하는 것을 막을 수 없었고 연맹 자체는 붕괴하고 말았다. 하지만 두 그룹 모두 그것으로 끝나지 않았다. 둘 다 자기 반성 과정을 거친 뒤 서로 다른 마오주의 다인종 조직에 합류했다. 그 중 일부는 거기서 더 나아가 민주당의 주류 정치 쪽으로 이동했다.

그 사이에, 흑인 대중의 전투성은 가라앉았다. 닉슨 정부는 흑인 중간계급을 창출하는 데 착수했다.(누구보다도 CORE의 옛 지도자 제임스 파머를 고용해 흑인 자본가들에게 자금을 지원했다.) 주요 기업들은 흑인들의 특정 관리직 승진을 가로막는 인종 차별주의의 벽을 파괴함으로써 이런 과정에 협조했다. 주요 노조들은 드문드문 흑인 간부들을 선출해 이런 과정을 확실히 했다. 흑인 정치인들은 북부에서 민주당이 운영하는 시의 간부직을 차지하기 위해 경쟁하기 시작했고, SNCC의 옛 지도자였던 줄리언 본드가 관직을 얻었던 애틀랜타처럼 심지어 남부의 일부 지역에서도 이런 일이 일어났다.

게토에서는 변화가 거의 없었다. 흑인 중간계급의 발전이 흑인 노동자 계급을 위한 일자리를 창출하지는 않았다. 사실, 닉슨의 경기 후퇴 정책은 흑인 실업률을 약 50퍼센트나 급등시켰고, 1970년대 중반의 경기 후퇴로 또다시 50퍼센트나 올라갔다. 하지만 인종 차별주의와 FBI의 총탄에도 살아남은 1960년대 흑인 저항 운동 지도자들을 위해서는 중간계급 일자리가 만들어졌다.

이 때문에 1950년대의 낡은 정치 패턴으로 복귀하는 것이 가능했다. 게토의 정치는 다시 민주당이 지배하게 됐다. 비록 전보다는 조금 더 검은 색을 띠긴 했지만 말이다. 그와 다른 주요 대안은 무슬림 집단 같은 분리주의적이며 비정치적인 문화적 민족주의였다. 한쪽에는 흑인 시장과 제시 잭슨처럼 떠오르는 흑인 정치인들이 있었고, 다른 한쪽에는 혁명적 정치를 혐오한 나머지 맬컴 엑스에게 살해 협박까지 했던 무슬림 루이스 패러컨 같은 사람이 있었다.

투쟁의 대차대조표

흑인 조직이든 백인 조직이든 미국의 좌파는 완전히 패배하지는 않았다. 1970년 이후 많은 청중을 잃은 것은 사실이다. 그 이유는 그들이 베트남 전쟁과 흑인 문제를 둘러싸고 미국 사회가 겪은 이중적 위기의 산물이었기 때문이다. 닉슨은 패배를 인정함으로써 첫 번째 문제를 해결했다. 그리고 그 과정에서 미국의 사회 구조를 재구성해 흑인 대중을 미국 사회에 다시 묶어놓았다.

소요의 여파는 그 소요를 만들어 낸 위기가 끝난 뒤에도 지속됐다. 거대한 사회적 격변기는 온갖 종류의 사회 집단을 휘저어 놓고, 사람들로 하여금 전에는 당연시했던 모든 억압에 의문을 품게 만든다. 급진적 운동에 관계했던 여성들은 그들이 취급당하는 방식과 그들에게 기대되는 역할에 도전하기 시작했다. 아메리카 원주민들은 용기를 내어 그들 자신의 조직을 만들었다. 1971년에 뉴욕의 게이들은 경찰이 스톤월 클럽을 습격하자 거리로 뛰쳐나왔다. 그리고 최초의 공개적인 게이 조직 게이해방전선을 창설했다. 과거에 학생 급진파였던 수만 명이 대안적 생활양식을 추구하며 사회에서 '떨어져 나왔다.' 그리고 수천 명은 사회주의 조직에 가입했는데, 이들이 1968년의 사건에서 배운 것은 수많은 미국 노동자들의 투쟁과 연계 맺을 필요가 있다는 사실이었다. 왜냐하면 체제를 지속시키는 것은 바로 이들 노동자들에 대한 착취였기 때문이다.

1968년의 경험이 불러일으킨 기대감 중 그 어떤 것도 단기간에 이루어지지 않았다. 이런 기대가 실현되는 것은 미국의 노동자들이 행동에 나서고 체제를 뒤흔드는 것에 달려 있었다. 1970년대 중반에 벌어진 운동에는 일련의 대규모 파업과 노조 관료들에 대한 현장조합원들의 반란이 있었다. 하지만 이 때쯤에는 미국의 지배계급이 베트남 전쟁에서 비롯한 주요 위기를 이미 해결하고 노조 관료들과 협력해 사태를 진정시킬 수 있었다. 비록 미국 자본주의가 일본과 서독이라는 경쟁 상대의 점증하는 압력에 직면해 있었지만, 아직까지는 자국 노동자들과 벌일 전면전을 우회해 나갈 수 있는 충분한 여유가 있었다.

1968년의 사건으로 일어난 운동들은 반란의 물결이 퇴조하자 해변에서 좌초하고 말았다. 많은 운동이 시들어 말라 죽었다. 남은 것들은 사회의 주류에서 차단된 채 작은 수영장에서만 살아남았다.

그러나 모든 것을 다 잃은 것은 아니었다. 미국의 지배계급은 여전히 1960년대 말의 기억에 시달리고 있다. 그들은 아직도 세계 지배를 꿈꾸지만 이런 욕구를 실행에 옮기는 것은 두려워한다. 그 때문에 또 다른 지상전이 벌어지고 또 다른 반란의 물결이 자국 내에서 일지 않을까 걱정하기 때문이다. 그래서 그들은 허장성세를 부리거나 얼버무리기도 하고 직선 대통령들이 자신의 야망을 실행에 옮기면 그들을 불신하기조차 한다. 그리고 항상 장기적인 경제 위기는 미국의 노동자들을 체제의 열렬한 지지자들로 만들곤 했던 경제적 이득을 갉아먹는다.

10

이탈리아 : 길고 뜨거운 가을

　1960년대의 정치적 폭풍은 이탈리아 사회를 난파시켰고 그 사회적 긴장은 1976년까지도 완전히 해소되지 않았다. 이 나라를 통제하던 낡은 방식들은 혼란의 소용돌이에 빠졌고, 이를 재확립할 수 있는 방법은 아직 분명하지 않았다.

　1968년의 학생 반란은 이런 문제를 상징적으로 표현했다. 대학은 기독교민주당의 구조와 밀접하게 연결된 일련의 이해관계에 따라 운영됐고, 기독교민주당의 통치는 20년 넘게 지속돼 왔다.

　이것은 비단 대학에만 해당되는 이야기가 아니라 이탈리아의 많은 사회 생활에도 해당됐다. 대규모 국영기업들은 마치 기독교민주당의 봉토처럼 운영됐다. 기독교민주당은 그 지지자들에게 선심을 베풀어야 할 필요성 때문에 국영기업의 경영을 마구 확대했다. 심지어 당기구의 힘을 강화하기 위해 발전소 같은 주요 사기업 부문을 인수하기도 했다.[1] 지방의 행정 관료기구는 지지자들을 위해 일자리를 만들어 준 결과 비대해졌다. 결국, 그들은 엄청난 빚더미에 앉게 됐지만 급속히 팽창하는 도시 인구를 위한 기본 서비스도 제공하지 못했다. 이탈리아 남부의 낙후되고 빈곤한 농업 지역에 많은 돈을 투자했지만, 남부와 북부의 임금 격차를 해소하지는 못했다.

　이런 식으로 상이한 이해관계를 기독교민주당에 묶어놓은 것은 역설적인 결과를 낳았다. 당 내의 여러 분파들이 당 밖의 상이한 이해관계에 의존하게 된 것이다. 당은 사실상 서로 다른 이익집단의 식민지나 다름없었고, 끊임없이 정쟁을 일삼는 분파들을 화해시켜야만 국가를 통치할 수 있었다. 거의 모든 이탈리아 정부가 단명에 그친 것은 바로 이런 이유 때문이었다.

1950년대와 1960년대 초에 이런 구도는 이탈리아 자본주의의 모든 부문에 한 가지 유리한 점이 있었다. 이런 구도 때문에 공산당과 사회당은 높은 득표율을 대 정부 압력 수단으로 사용할 수 없었고, 노조는 약화됐으며, 높은 수준의 이윤과 자본 축적이 가능했다.

그러나 1960년대 중반이 되자 자본의 주요 부문들이 부패와 비효율성에 대한 모종의 조치를 요구하고 나섰다. 이런 부패와 비효율성 때문에 수익성이 낮아지고 사회적 불만도 생겨날 우려가 있었던 것이다. 그들은 노동자에 기반을 둔 두 정당 가운데 더 약한 사회당에 압력을 넣어 정부에 참여시켰다. 가장 선진적인 자본 부문의 필요에 따라 국가기구를 재편하려는 계획을 추진할 때 사회당이 안전판 노릇을 할 수 있을 것이라고 예상했던 것이다.

개혁에 대한 말은 많았지만 실제로 이루어진 것은 거의 없었다. 개혁 프로그램은 기독교민주당 내의 분파적 공작에 부딪혀 유명무실해졌다. 새 정부에 참여해 적정 지분을 요구한 사회당도 여러 이익집단에 종속되고 부패했다. 이런 상황에서 처음에는 1968년의 학생 반란이 터졌고, 그 다음에는 훨씬 더 심각한 1969년의 노동자 반란이 폭발했다.

1968년과 1969년 사이에 파업이 네 배 증가했다.[2] 밀라노의 피렐리 공장과 토리노의 피아트 공장 같은 주요 작업장에서 최초의 파업들이 벌어졌다. 앞서 말했듯이, 이런 파업들은 흔히 노조의 통제를 벗어난 비공식적·자생적 파업이었고, 투쟁 경험이 없는 전투적 노동자 조직들이 파업을 이끌었다. 1969년 가을에 금속산업 부문에서는 단체협상이 진행될 예정이었다.

노조가 매우 취약했다. …… 노조는 좀 더 깊이 뿌리내리기 위해 …… 봄에 일련의 투쟁을 벌이고 …… 대의원들의 연계망을 건설해 독자적으로 노조 승인을 획득할 계획이었다. 그런데 투쟁의 물결이 이런 계획을 앞질러 버렸다.[3]

가을의 투쟁은 경영진이나 노조가 예상한 것보다 훨씬 더 격렬했다. 피렐리와 피아트에서 일어난 일이 이 공장 저 공장으로 번져 나갔다. 어떤 학술 보고서에 나온 것처럼 "낡은 노사관계 시스템이 붕괴했다."[4] 다른 보고서는 이렇게 묘사했다. "질풍 같은 5월"은 1968년에 북부의 주요 공장에서 처음 시작해 "천천히 발전"하더니 "1969년의 뜨거운 가을로 이어졌다. …… 상당수의 이런 투쟁들은 노조가 시작하거나 완전히 주도하지 않은" 것이었고, 생산 중단이나 공장 점거 등 "급진적 투쟁 형태"를 포함하고 있었다. 투쟁에서 나온 요구들은 "평등주의적" — 등급제나 차별에 반대하는 — 이고 "매우 이데올로기적"인 것이었다.

신세대 활동가들이 흔히 비공식 위원회들을 결성해 노조를 지원하거나 노조를 대체하면서 파업을 주도했다.[5]

영국 주간지 <사회주의 노동자>의 특파원은 12월 초에 이런 기사를 썼다.

이탈리아 노동자 계급의 파업과 선동 물결이 3개월째로 접어들고 있다. 그 투쟁은 전국을 정치적·행정적·경제적·사회적 혼란으로 몰아넣었다. …… 그들은 월급의 반 이상을 못 받고 있지만, 공장 내에 새로 만들어진 민주적 조직과 지역적 협상권을 인정하고 노동시간을 주40시간으로 단축하며 보험·연금·사회복지 혜택을 화이트칼라 노동자 수준으로 재조정하라는 기본적 요구에서 한 발도 물러서지 않고 있다.
 이 운동을 지도해 온 공식 노조기구는 현장조합원들의 진정한 요구를 받아들여 추진해야 했다. 이런 압력은 (기독교민주당·사회당·공산당 계열의) 모든 노조가 전례 없이 단결한 데서 가장 잘 드러난다. 이런 단결은 처음에 현장조합원 수준에서 이루어졌고, 이것이 상층에 반영됐다. 투쟁의 진정한 지도부는 공장의 기초 위원회와 지역 회의였다.[6]

예를 들면, 밀라노의 피렐리 공장에서는 현장조합원 조직인 CUB가 공장 안에서 주도권을 쥐고 있었다. 일부 부서에서는 대의원들과 노조 내부 위원회 사람들 사이에 거의 매일 충돌이 일어났다.[7]

전투성은 다른 공장으로만 퍼져 나간 것이 아니라, 육체 노동자들에게서 화이트칼라 노동자들에게도 번져 나갔다. "1968년에 화이트칼라 노동자 다수가 처음으로 파업을 벌이기 시작했다. …… 파업 지도부는 학생 운동이나 공산당보다 왼쪽에 있는 다양한 집단의 영향을 받는 경향이 있었다."[8] 으레, 파업은 '화려'했고 '상설 회의'가 이끌었다. 밀라노의 SIT 지멘스 공장에서는 파업에 참가한 화이트칼라 노동자의 비율이 1967년 10퍼센트에서 3년 뒤 76퍼센트로 늘어났다.[9]

공장에서 현장조합원들의 투쟁은 다른 투쟁의 구심점이 되기도 했다. 12월에 토리노에서 중학생들이 시위를 벌이며 미라피오리의 피아트 공장 문 앞까지 행진한 사건은 이를 상징적으로 보여 주었다.

그렇다고, 공장 안의 투쟁 수준이 한결같이 높은 것은 아니었다. 피아트의 브레시아 공장에서는 노조 연맹을 지지하는 경험 많은 사람들이 주도권을 쥐고 있었는데, 여기서는 CUB 결성 시도가 실패했고 "운동의 주도권이 상부의 동의나 선택에 종속돼 있는 것처럼 보였다."[10] 심지어 미라피오리의 피아트 공장에서도 노동자들이 계속 공세적이지는 않았다. 10월의 공장 점거 시도는 실패했다. 물론, 한 달 뒤 차체 생산 공장 노동자들이 "단체협상을 파기하라"는 구호를 내걸고 전투적 파업을 벌이긴 했지만 말이다.[11]

단체협상 체결이 투쟁을 끝내지는 못했다. 1970년에도 4000개의 개별 공장에서 파업이 있었고, 공장의 각기 다른 부분이 차례로 파업을 벌이는 '체스판' 파업처럼 새로운 투쟁 방식이 나타났다. 1971년 봄에 파업을 지켜본 한 사람은 다음과 같이 썼다.

노동자 계급은 1969~70년 투쟁을 거치며 많이 지쳤으나, 기본적으로 아직도 불만에 차 있었다. 그 때문에, 자생적 투쟁이 계속 이어지며 산업을 반쯤 마비시켰다.[12]

정치적 영향

계급투쟁의 갑작스런 고조는 지배계급 내에서 기독교민주당 일부 세력과 개혁을 선호한 좌파 정당들의 계획을 망쳐놓았다. 그들이 원한 것은 기독교민주당과 국가기구 내에서 반개혁 세력들을 억누르기 위해 노조 관료들의 힘을 약간 키워주려는 것이었는데, 오히려 노조가 통제할 수 없는 대폭발이 일어난 것이다. 1969~70년에 이 운동을 막으려고 시도했다면, 아마도 모든 작업장에서 노조는 그 영향력을 상실했을 것이다. 노조 지도부와 가까운 한 논평가는 이렇게 말했다.

> 노동자 계급의 자생성을 적당한 조직적 수단 없이 통제한다는 것은 생각할 수조차 없었다. …… 그러므로 노조는 새로운 상황을 이용해 공장으로 돌아갈 수밖에 없었고 투쟁 과정에서 나타난 새로운 전위를 극복할 수밖에 없었다. 이것이 가장 시급한 임무였다. 통제하려는 생각은 …… 사실상 불가능했고, 노조 조직을 강화한다는 논리와도 양립할 수 없었다.[13]

노조 지도부는 전투성을 억누르지 않고 오히려 자신들에게 유리한 방향으로 돌리려고 애썼다. 이런 움직임의 선두에는 공산당 계열의 CGIL이 있었고, 바로 뒤에 가톨릭계 CISL이 있었으며, 우파 사회민주주의적인 UIL조차도 명목상으로는 투쟁을 지지해야 했다. 노조 지도자들은 3단계 전략을 추구했다.

그들은 대의원들 위주로 공장평의회를 구성해 공장 내 노동 조건을 둘러싼 분쟁을 주도하거나 경영진과 지역적 협상을 떠맡도록 권장했다. 1968년과 1971년 사이에 개별 공장 차원의 협상 타결은 두 배로 증가했다. 1972년이 되자 8101개의 새로운 공장평의회가 만들어졌고 8만 2923명의 대의원이 있었다. 1975년에 공장평의회는 3만 2000개로 늘어났고 거의 25만 명의 대의원이 있었다.[14]

이 새 평의회들은 1969년의 자생적인 노동자 민주주의를 기존 노조 체계 안에 구축하는 방식처럼 보였다. 처음에 투쟁이 고양돼 있는 동안은 어느 정도 그런 역할을 했다. 그러나 평의회에서 대부분의 실질적 결정권은 상근 노조 간부들이 행사하게끔 돼 있었다.

> 총회, 현장 대의원들, 공장평의회는 대개 다른 곳에서 만들어진 조항들을 그저 형식적으로 인가하는 권한만 있다. 공장평의회 집행부 가운데 소수만이 교섭 과정에 참여한다. 대부분의 기간에는 집행부가 단독으로 어떤 결정을 내릴 수 있는 권한이 없고 …… 다른 노조기구들이 결합할 가능성이 크다. …… 의사 결정 구조가 공장 밖으로 이동했다.[15]

동시에, 세 노조 연맹은 강력한 전국적 단일 노총 결성을 둘러싸고 진지한 협상을 시작했다.

끝으로, 그들은 '개혁'을 위한 일련의 하루 파업을 통해 노동자들의 자생적 전투성을 가장 선진적 자본 부문과 협력하려는 자신들의 전략에 알맞게 전환시키려 했다.

이런 조치들 덕분에 노조는 매우 급속히 성장할 수 있었다. 그래서 두 주요 노조 연맹의 조직률은 1967년의 31퍼센트에서 1975년에는 46.2퍼센트로 올라갔다.[16] 그러나 대기업의 '개혁'파를 만족시킬 만큼 노동자들의 투쟁을 잠재우지는 못했다. 모든 자본—'개혁적'이든 '반동적'이든—의 수익성이 노동 운동의 새로운 힘 때문에 타격을 받았다.

1970년에는 중도 좌파 정부가 닉슨이 미국에서 사용했던 방법—의도적으로 약간의 경기 후퇴를 허용하는 것—을 채택해 운동의 고양을 저지하려 했다. 그러나 지난 18개월 동안 너무 강력해진 현장 조직은 이런 식의 위협에 굴복하지 않았다. 그리 높은 수준은 아니었지만 파업은 계속됐고, 사회적 긴장은 고조됐다.

'중도 좌파'의 실패는 우파—어떤 개혁도 두려워하는 후진적 자본 부문과 기독교민주당의 부패한 일파—에게 새 희망을 안겨 주었다. 그들은 독자적 공격을 개시해 전국을 더 깊은 정치적 위기로 몰아넣었다.

무솔리니 시대의 '질서'로 돌아가고 싶어 안달이 난 군부·경찰·비밀 경찰의 일부 세력에게 행동 개시 신호가 떨어졌다. 그것은 개혁으로 나아가는 길을 봉쇄하기 위해 기선을 제압하려는 것이었다. 실패한 쿠데타에 관한 소문이 여기저기 나돌았다. 우익 테러 집단이 폭탄을 설치하면 그들과 한패인 경찰이 폭탄을 빌미로 좌파를 검거했다. 그 중에서 가장 유명한 사건은 밀라노 은행 폭파 사건이었다. 그 사건과 관련해 체포된 사람 중 한 명인 아나키스트 피넬리가 밀라노 경찰서 창문에서 떨어져 죽었고, 발프레다는 무려 4년 동안 구금돼 있다가 겨우 재판을 받고 무죄 방면됐다.

새로운 분위기에서 파시스트 조직인 이탈리아국민연합(MSI)에 대한 지지가 높아졌다. 특히, 계속되는 가난과 실업률 증가를 북부의 '빨갱이들' 탓으로 돌릴 수 있었던 남부에서 더욱 지지가 높았다. 로마 같은 일부 남부 도시에서는 파시스트 폭력배가 거의 매일 좌파를 공격했다.

이탈리아 자본주의의 주요 부문들은 파시즘을 지향할 생각은 없었다. 그러나 이런 소문과 분노를 유용하게 쓸 수는 있다고 생각했다. 즉 좌파의 성장에 대항하는 강력한 무기로 사용할 수 있었다. 이런 '긴장 [조성] 전략'은 공산당을 설득해 노조를 더 강력하게 통제하고 신중하게 통제된 개혁이라는 원래의 길로 되돌아오게 하려는 것이었다.

공산당 지도부는 이에 호응했다. 1970년 노조가 호소한 총파업에 항의해 루모르 정부가 사퇴하자, 노조는 파업을 철회했고 공산당 지도자 엔리코 베를링구에르가 발표한 성명서의 내용은 공장의 주요 문제는 어떻게 생산성을 높일 것인지에 대한 것이었다.[17]

그러나 기독교민주당의 주요 분파는 이 '긴장 전략'을 이용해 개혁 정책을 완전히 끝내고 싶어했다. 1971년 12월에 그들은 우파 대통령을 선출할 수 있었고, 1972년 여름에는 10년 만에 처음으로 사회당을 배제한 채 우파 기독교민주당 정부를 권좌에 앉힐 수 있었다.

그 해 여름에는 좌파에 대한 파시스트와 경찰의 공격이 급증했다.

공장에서, 학교에서, 특히 …… 혁명적 좌파의 투사들을 겨냥한 …… 탄압의 회오리가 몰아쳤다. …… 경찰 특공대가 동원되고, 체포·고발·유죄 판결·온갖 종류의 해고와 협박이 잇따랐으며, 파시스트 대원들을 이용해 억압적이고 무시무시한 분위기를 조성했다.[18]

그러나 좌파는 이에 대항하는 일련의 시위를 통해 반격에 나섰다. 1969~70년에 공장에서 분출한 전투성은 이제 주요 도시의 거리로 확산됐다.

중도 우파 정부는 공장의 투쟁 정신을 꺾을 수 없었다. 1972년 6월에 화학 노동자들이 주도한 투쟁의 물결이 일었다. 그 해 가을의 "노동자 공세"[19]는 칼라브리아의 금속 노조가 벌인 대규모 전국 시위에서 절정에 달했다. 그들은 남부 노동자 운동의 힘을 보여 주었다.

1973년까지 투쟁이 계속되자 중도 우파 정부가 사태를 진정시킬 수 없다는 사실이 명백해졌다. 1950년대 내내 그들의 지배력을 뒷받침해 주었던 구조가 1968년 이후 대부분 산산조각 났던 것이다. 기독교계 노조 CISL이 결정적으로 좌선회했고, 기독교민주당이 공산당계 노조 CGIL과 CISL의 완전 통합을 저지하기는 했지만, 더는 CISL을 그들 체계 내의 조직으로 여길 수는 없었다. 기독교민주당은 개혁주의자들이나 심지어 혁명적 정치를 지지하는 사람들의 도움을 받아가며 CISL 안에서 영향력을 유지하기 위해 싸워야 했다. 하지만 중요한 금속 노조들의 통합을 막을 수는 없었다. 가톨릭신도운동(Catholic Action)은 1950년대에 300만 명의 회원을 거느리고 있었는데, 이제는 겨우 60만 명에 불과했다. 이탈리아기독노동자협회도 회원 수가 100만 명에서 30만 명으로 뚝 떨어졌다. 그 지도자들 중 일부는 기독교민주당에 반대해 좌파 가톨릭 정당을 만들려는 시도를 하기도 했다.

개혁을 밀어붙일 수도 없고 탄압에 성공할 수도 없었던 이탈리아 자본주의의 전망은 1973년 가을에 전반적으로 암울해졌다. 바로 그 때 이스라엘과 아랍 국가들 간의 전쟁으로 국제 유가가 폭등하고 서구 사회는 1930년대 이래 최악의 경기 후퇴를 겪게 됐다.

기독교민주당의 노련한 사무총장 판파니 — 거대 국영기업체와 긴밀한 연계를 맺고 있었지만 중도 우파적 태도로 악명 높았던 — 는 이제 최후의 책략을 시도했다. 그는 이혼 법안에 대한 국민투표를 강행하면서, 교회가 가톨릭 표를 모아주고 좌파 정당들을 분쇄할 것이라고 기대했다. 그 전술은 완전한 자충수였다. 투표 결과는 이혼 찬성이 압도적으로 우세했던 것이다. 전통적으로 성직자들이 좌우했던 남부에서조차도 교회의 뜻에 따라 투표한 사람들은 50퍼센트뿐이었다.

한편으로는 도시화, 다른 한편으로는 1968년 이후의 투쟁 물결이 수백만 명의 태도를 바꾸어 놓은 것이다. 단순히 주교들에 의존해 이데올로기적 지지를 유지하는 체제로 복귀하는 것은 더는 불가능했다.

하지만 스스로 휘청거리는 어떤 세력이 이탈리아 자본주의의 구세주 역할을 하고 있었다. 바로 공산당이었다. 오랫동안 공산당은 개혁 전략을 비판적으로 지지했고, 1970년대 초의 정치적 혼란 때문에 점점 비판의 강도를 낮추면서 훨씬 더 쉽게 이탈리아 자본주의에 봉사할 수 있었다.

공산당 지도자 베를링구에르는 1973년 가을 칠레에서 발생한 군사 쿠데타를 이용해 기독교민주당에게 권력을 나누어 갖자고 요구했다. 기독교민주당 혼자 힘으로는 점점 더 상황을 통제할 수 없었던 것이다. 칠레는 좌우로 양극화된 나라가 내전이나 군사 쿠데타의 위험에 빠진다는 사실을 잘 보여 주었다고 베를링구에르는 주장했다. 이런 문제를 피하기 위해서는, 자본의 선진적 부문이 원하는 개혁을 추진하는 한편 안정도 보장할 수 있는 두 정당이 '역사적 타협'을 이뤄야 한다는 것이다.

그러나 이탈리아 지배자들은 이런 조건을 선뜻 받아들이려 하지 않았다. 가장 개혁적인 성향의 지배자들조차도 정부에 들어와 있는 공산당이 자기들보다는 공산당을 지지하는 노동자들의 이익에 부합하는 쪽으로 개혁을 시행하라는 압력에 종속될지도 모른다고 두려워했다. 그리고 개혁 성향이 가장 미미한 지배자들은 미국 정부의 지원을 받고 있었는데, 미국은 공산당원이 입각한 정부가 NATO를 약화시킬 우려가 있다고 경계했다.

그래서 1974년의 이혼 법안에 관한 국민투표에서 1976년의 총선거에 이르기까지 '제도의 위기'는 계속됐다. 잇따른 정부가 너무 취약한 나머지 1975년에는 노조에게 물가·임금 연동제를 양보함으로써 산업 평화를 이룰 수 있었다. 물가·임금 연동제은 인플레이션의 효과를 노동자들에게 자동으로 보상해 주는 제도였다. 계속되는 긴장이 너무 심각했기 때문에 많은 논평가들은 이탈리아 자본주의의 미래가 회의적이라고 생각하게 됐다.

혁명가들

1968년 전에는 이탈리아에 혁명적 좌파가 거의 존재하지 않았다. 혁명을 지지하는 사람은 극소수였고 서구 최대의 공산당이었던 이탈리아 공산당의 150만 당원에게 완전히 눌려 있었다. 제4인터내셔널 계열의 트로츠키주의자들은 공산당 내부에 너무 깊이 파묻힌 나머지 전혀 눈에 띄지 않았다. 자기가 창건한 이탈리아 공산당에서 30년 전에 축출된 아마데오 보르디가의 추종자들은 수십 년 동안 고립되고 움츠러든 나머지 하찮은 분파로 전락했다. 그들은 의례적으로 매달 발행하는 신문에서 똑같은 주제를 되풀이하고 있었고, 언젠가는 노동자들이 자신들의 존재를 발견하고 자신들에게 돌아올 것이라고 큰소리치고 있었다. 마오주의 분파들은 자신들이야말로 진정한 당이라고 선언하고 있었지만, 대부분의 노동자 활동가들은 그들의 존재 자체도 모르고 있었다.

학생들과 그 뒤 노동자들이 일으킨 반란의 물결 때문에 상황은 변했다. 1973년에 이탈리아의 혁명적 좌파는 다른 어떤 선진 자본주의 나라의 혁명적 좌파보다 훨씬 더 크고 영향력 있는 집단이 돼 있었다. 그들은 수십만 명의 추종자들과 세 개의 일간 신문을 거느리고 있었다. 1968년 전부터 학생 운동에 영향을 미치고 있던 극좌 조직들의 일부는 그 뒤 반항적인 젊은 노동자들에게도 영향을 미쳤다. 그러나 과거의 조직들이 단순히 더 커진 것만은 아니었다. 갑자기 수백 명, 심지어 수천 명의 사상과 행동에 영향을 미칠 수 있게 되자 과거의 혁명가들은 방향 감각을 상실했다. 과거의 조직들은 쪼개지기 시작했고 새 조직들이 우후죽순처럼 나타났으며, 흔히 그들은 성장하는 속도만큼 빠르게 해체됐다.

그 중에서 가장 큰 조직인 '로타 콘티누아'는 1969년 초여름에 토리노에 있는 미라피오리의 피아트 공장 투쟁을 주도한 노동자·학생 회의들에서 생겨났다.

> 그 뜨거운 가을 내내 로타 콘티누아는 열심히 활동한 덕분에 북부에서 크게 성장했고, 많은 공장에서 일부 노동자들을 고무해 '단체협약의 기본틀을 깨뜨리기' 위한 투쟁에 나서도록 할 수 있었다.[20]
>
> 로타 콘티누아는 여러 공장에서 많은 노동자들을 자기 주변으로 끌어들이는 데 성공했다. 그들은 주로 정치적 경험은 거의 없었지만 공장 안에서 선동을 할 수 있는 젊은 노동자들이었다.

1969년 11월에 발행하기 시작한 선동적 주간지(그 제목 역시 <로타 콘티누아>였다)는 6만 5000부나 찍었다.

초기의 로타 콘티누아는 체계적 조직이 전혀 아니었으며 그저 개별 투쟁에서 '내부의 전위들'—가장 전투적인 투사들—로 이루어진 모임에 불과했다.[21] 주간지 발행은 토리노의 노동자·학생 회의가 내린 결정이었다. 조직이 새로운 지역으로 확장되자 노동자·학생 회의가 발행하는 신문은 매주 토요일에 여러 도시에서 열린 모임에 참가한 1000명의 투사들에게 영향을 미쳤다. 대규모 산업 중심지의 노동자들은 매주 기차를 예약해 상당히 많은 노동자들이 모임에 참가할 수 있게 했다.

몇 달 후, 여러 종류의 대의원 체계가 채택됐다. "그러나 이것은 …… 무질서하게 운영됐다. …… 전국 차원의 단일한 정치적 지도는 강력하지 않았다."[22] 지역이나 공장 수준의 문제는 매주 모든 사람에게 공개된 회의들에서 결정했다. 학생들이 공장으로 가서 전단을 돌리고 신문을 팔면서 노동자들과 결합하려고 무척 애를 썼지만, 발언권은 거의 노동자들에게만 국한됐다.

참석한 대부분의 노동자 대중은 지난해 5월 이전에는 정치적 경험을 해 본 적이 거의 없었기 때문에, 그들은 분노와 전투성을 잘 표현하긴 했지만 사회 전체의 발전 속에 그것을 자리매김하지는 못했다. 어떤 전국 회의를 지켜본 사람은 그 대회가 투쟁 사례 보고와 이데올로기적 진술 사이를 오락가락했다고 묘사했다. 실질적 토론으로 발전하지는 못했다는 것이다. 전략과 전술을 개발하려는 모든 시도는 처음부터 '배반'으로 몰려 사실상 배제됐다.

그래서 노조가 공장평의회 구성을 추진하기 시작하자 로타 콘티누아 투사들은 즉시 그 안을 거부했다. 그들은 노조 관료들이 투쟁을 말아먹은 것을 경험했기 때문에 모든 것을 그런 관점에서만 이해하고 있었다. 그 문제를 집중적으로 다룬 <로타 콘티누아> 특별호의 머리기사는 "노조 대의원들을 반대한다"는 제목 아래 그들을 "대중을 통제하려는 반혁명의 도구"로 묘사했다.[23]

(단지 개혁주의적 지도부에 대한 공격만이 아니라) 노조 자체에 대한 계속되는 공격은 이 새로운 투사들의 분위기를 직접적으로 반영하고 있었다. 그들은 단체협약에 서명하는 것이 (그 조건이 어떻든지 간에) 가장 전투적인 투쟁을 체제 내에 가두어 버리려는 수작이라며 공격했고, 기독교민주당 정부를 무너뜨리기 위해 싸운다는 생각도 공격했다. "우리는 기독교민주당 정부를 무너뜨리는 데 관심이 없다. 우리는 자본주의 체제의 파괴를 원한다."[24]

이것은 또한 패배의 충격을 과소 평가하는 것이었고 노조가 노동자들에 대한 영향력을 증대시키고 있다는 사실을 받아들이지 않으려는 것이었다. "정치노선은 '파탄의 주요 계기들'에 대한 추론이 돼 버렸고, 그 결과가 무엇인지는 묻지도 않았다."[25]

그러나 로타 콘티누아는 단지 새로 떠오른 전투적 노동자들의 자생적 표현만은 아니었다. 어떤 조직이든지 체계를 갖추고 있지 않으면, 기층이 상부를 통제하지 못하게 되고 가장 명확하고 강력하며 열정적인 사람들이 조직을 지배할 수 있게 된다. 무엇을 신문에 실을 것인지, 집회에서 발언할 주제와 연사의 순서는 어떻게 배치해야 하는지, 어떤 사상을 강조해야 하는지 등을 결정할 누군가가 있어야 했다. 실제로 로타 콘티누아 조직은 점점 더 "카리스마적인 지도자 주위에 응집된 덩어리"로 변해 갔고, 노동자들이 아니라 1968년 이전의 정치를 가진 지식인들이 주요 지도자가 됐다.[26]

1960년대 중반에 '노동자주의자들'로 알려진 지식인들이 ≪쿠아데르니 로시≫라는 잡지 주위로 모여들었다. 그 중에서 가장 유명한 사람은 안토니오 네그리와 마리오 트론티였다.[27] 이 조직은 혁명적 투쟁과 자본주의 위기 둘 다 생산 현장의 노동자들과 자본가의 투쟁에서 자동으로 생겨난다고 주장했다. 다른 한편으로, 개혁주의는 노조나 선거 정치 같은 공장 바깥의 구조에서 생겨난다. 그러나 산업 규모가 성장하고 숙련 노동자가 (비숙련 또는 반숙련) 노동자 '대중'으로 교체되면서 자생적 반란을 위한 새로운 조건이 창출되고 있다. 이 자생적 반란은 자동으로 노동자들의 의식을 변화시키고 노조와 개혁주의 정당들―그리고 자본주의도―을 쓸어버릴 것이다.

이런 생각은 흔히 매우 모호한 언어로 표현되기는 했지만 사실 조야한 것이었다. 그러나 1967~68년에는 학생들에게 상당한 호소력이 있었다. 학생들은 자본주의 사회에 대한 도덕적 거부감을 실천에 옮기는 방법을 찾고 있었다. 또한 그들은 일부 진정한 문제들―특히 끊임 없는 작업 속도 강화와 한층 세분화된 등급 체계―에 초점을 맞추었는데, 이런 문제들은 노동자들을 절망에 빠뜨렸지만 노조는 이를 무시해 왔다.[28]

이 조직은 1967년에 정기 신문을 발행하면서 피사 지역에서 영향력을 획득했다. 이들은 단지 노동자주의적이거나 자생적이기만 한 것은 아니었다. 이들에게는 강력한 마오주의적 요소도 있었다. 자본주의에 대한 도덕적 반기를 든 학생들은 중국의 문화혁명을 그들의 귀감으로 여겼다. 그들은 문화혁명이 외부로부터 대중의 부패에 대항하는 자생적 반란이라고 생각했다. 초기의 어떤 기사는 이렇게 강조했다. "문화혁명은…… 부르주아적 정신과 관습에 대한 투쟁이다. …… 사장들의 사상이 …… 스포츠·영화·휴일 등을 통해 …… 공장 바깥에서 노동자들에게 침투하고 있다."[29]

그들은 정치를 강조한 마오쩌둥의 '주의주의'야말로 생산력 발전을 거슬러

'전통적 레닌주의'를 진일보시킨 것이라고 생각했다. 이는 그들 자신이 즉각적인 계급투쟁을 강조하면서 객관적 요인에 반대한 것과 비슷한 맥락이었다.

마지막으로, 그들은 제3세계의 투쟁을 다음과 같이 생각했다.

> 지금은 국제적 계급투쟁에서 매우 결정적인 시기다. …… 게릴라전이 국제적으로 확산되고 있다. …… 매순간 대중은 폭력에 폭력으로 맞서면서 적들이 가하는 여러 형태의 공격에 맞설 만반의 준비가 돼 있어야 한다.[30]

일부 조직원들이 분명히 규정된 지도력을 갖춘 전국 조직이 필요하다고 주장하자, 지도부 중 한 명인 아드리아노 소프리는 이에 강력히 반대했다. 그는 매우 영향력 있는 문건에서, 중요한 것은 지부와 선출된 지도부를 가진 전국적 체계를 구성하는 것이 아니라 "투쟁에서 떠오른, 무엇보다도 학생들이 부각시킨 새로운 전위들과 관계를 맺는 것"이라고 썼다.[31]

이론적 명확성은 중요하지 않았다. "혁명적 지도부의 정당성은 부단한 역사적 연속성에 뿌리내리는 것에 있지 않다. 그것은 오히려 대중과의 관계에, 피억압 대중의 혁명적 욕구를 일반적으로 표현하고 의식하는 것에 있다."

토리노의 미라피오리 피아트 공장에서 5월 파업이 분출했을 때, 소프리와 그 지지자들은 현장으로 달려가 곧바로 노동자·학생 회의를 장악하고 로타 콘티누아를 건설했다.

소프리와 그의 조직이 보기에 "그 목적은 '수정주의자들'이나 '개혁주의자들'의 조직 기반을 획득하는 것이 아니라, 정치적 매개나 이데올로기적 가정이 없는 상태에서 표출되는 사회적 반란을 처음부터 노동자 계급과 결합시키는 것이었다."[32] 피아트 공장에 개입한 덕분에 그들은 혁명적 '대중 노동자'라는 새로운 세력을 창출하려는 희망을 실현할 수 있었다.

로타 콘티누아는 탄생 초기부터 피아트 공장의 현장조합원들 속에서 일정한 노동자 계급 기반을 조직하는 데 성공했다. 비록 그 조직 방식은 오락가락했고 불

연속적이긴 했지만 말이다.[33]

처음에는 노동자들이 정치적으로 정교하지 못했지만, 많은 사람들이 로타 콘티누아와 일시적 연관 이상의 관계를 맺었다. 지도부는 그들 주위에 적극적이고 굳건한 노동자 투사들의 밀집 대형을 포진시키고 있었다.

로타 콘티누아 안에는 특별한 언어와 행동양식 등의 상징적 표현(로타 콘티누아 노래, 주먹이 그려진 로타 콘티누아 깃발)을 통해 통일돼 있는 일종의 보편적인 하위 문화가 형성돼 있었다. 이런 상징적 표현은 로타 콘티누아를 다른 모든 조직과 구별해 주었다.

그러나 그들은 하나의 종파로 전락하지는 않았다.

로타 콘티누아의 전투성은 계속 유지됐고, 동지들은 사회적 투쟁 속에서 각자 자리를 잡았다.[34]

두 번째로 중요한 조직은 이탈리아 공산당(PCI) 내부의 지식인 조직에서 생겨났다. 개혁주의 정치로 이동하려는 당의 움직임은 일부 당원들의 제한적인 저항에 부딪혔다. 분명한 '좌파' 경향이 당 지도자 중 하나였던 인그라오 주변에서 발전했다. 로산나 로산다와 루치오 마그리로 대표되는 한 지식인 조직이 학생 운동의 충격파, 그리고 소련의 체코 침공, 중국의 소련 비판에 영향을 받아서 더한층 왼쪽으로 이동했다. 1969년에 그들은 잡지 ≪일 마니페스토≫ [Il Manifesto : 선언이라는 뜻]를 발간했고 당에서 공식적으로 축출됐다. 이 조직은 다섯 명의 국회의원과 세 명의 공산당 중앙위원을 포함하고 있었으며, 그 잡지는 곧 다른 많은 사람들의 관심을 끌게 됐다. 어떤 주요 인사가 말했듯이,

원래 우리는 그 잡지를 토론의 활력을 유지하는 방편으로 생각했고, …… 우리

자신을 하나의 독자적 조직으로 보기 시작한 것은 차후의 발전이 낳은 결과였다. 우리는 결코 공산당원들에게 우리와 함께 당을 떠나자고 요구한 적이 없다. 실제로 일 마니페스토에 합류한 사람들의 대다수는 공산당에 가입한 적이 없었던 '68세대'였다. 그들은 여러 도시에서 이 잡지 주변에 몰려들었고 그 뒤 몇 년 동안 자기들이 마니페스토 그룹을 '결성했다'고 우리에게 글을 써 보내기 시작했다. 이 때문에 우리는 그들과 접촉하지 않을 수 없었고 그 과정에서 처음으로 조직적 운동이 시작됐다.[35]

일 마니페스토의 정치는 한 가지 점에서 로타 콘티누아와 사뭇 달랐다. 일 마니페스토는 공산당과 노동조합의 기존 활동가들이 좌경화하는 것이 이탈리아의 혁명적 발전에서 관건이라고 생각한 반면에, 로타 콘티누아는 새 세대의 '대중 노동자' 투사들에게만 관심이 있었다.

하지만 일정한 공통점도 있었다. 중국의 문화혁명에 대한 예찬, '자생성'을 조직과 대립시키는 것, '고전적 레닌주의'를 거부한 것이 바로 그렇다.[36] 로타 콘티누아와 일 마니페스토 둘 다 노동자 계급의 자생적 투쟁이 미래 사회의 '모습'을 지금 당장 부각시킬 수 있다고 생각했다. 물론 그것이 자본주의를 대체하려면 장기간의 투쟁(마오주의 용어를 빌리면 '대장정')을 거쳐야 하겠지만 말이다.

일 마니페스토 조직은 로타 콘티누아보다 상당히 작은 규모였고 작업장에 미친 영향력도 훨씬 약했다. 그러나 그들은 몇 가지 점에서 중요했다. 그들은 자신들이 '기존' 정당의 좌파와 '새로운' 자생적 좌파를 이어주는 다리라고 생각했다. 그리고 1971년 이후에는 로타 콘티누아와 함께 공동 활동을 펼쳐 나갔다. 그들은 일간 신문을 발행하는 최초의 혁명적 좌파였다. 그 신문은 신문 배급소를 통해 이탈리아 전역에 배포됐고 좌파 전체의 의사 소통 기구 역할을 했다. 일 마니페스토는 1974년에 그보다는 크지만 분산된 조직인 PDUP와 통합했다. PDUP는 사회당에서 떨어져 나온 좌파가 여러 갈래로 찢어졌을 때 만들어진 조직이었다. PDUP에는 상당수의 소극적 당원들(그들은 당원이 1만

5000~2만 명이라고 주장했다)이 있었고 일부는 금속 노조 같은 노조에 영향을 미치고 있었다. 마지막으로, 일 마니페스토의 지식인들은 이탈리아 좌파의 '상식'이 돼버린 사상을 자주 개발했다.

세 번째 조직인 아방구아르디아 오페라이아[Avanguarida Operaia : 노동자 전위라는 뜻]는 '레닌주의자'를 자처하며, 로타 콘티누아를 '자생주의'로, 일 마니페스토는 '중도주의'로 비난했다.[37] 아방구아르디아 오페라이아는 처음에 피렐리의 현장조합원 조직인 CUB와 밀라노의 학생 운동에서 활동하던 혁명가 조직에서 출발해 매우 서서히 체계를 갖춰 나갔다. 로타 콘티누아는 그냥 투쟁에 뛰어들어 거의 순전히 선동 활동을 펼친 반면, 아방구아르디아 오페라이아는 훨씬 더 이데올로기적이었고 대중신문을 발행하지는 않았지만 두 달에 한 번씩 매우 분석적인 평론지를 발행했다. 로타 콘티누아는 개혁주의 정당들이 공장의 '외부에 있고' 투쟁이 분출하면 밀려날 것이라며 거부했지만, 아방구아르디아 오페라이아는 개혁주의 정당에도 전술적 여지는 남아 있다고 주장했다.[38]

하지만 아방구아르디아도 1968~69년에 유행한 많은 자생주의적 사상과 자신들의 '레닌주의'를 섞어 버렸다. 지도부 중 몇 명은 정설 트로츠키주의자였다.[39] 그들은 이제 중국과 문화혁명을 수용했다.[40] 이 조직은 처음에 밀라노에서 활동가들을 불러모으며 성장했지만, 그 뒤에는 여러 도시에서 다양한 레닌주의 조직이나 '마르크스-레닌주의' 조직과 결합하며 매우 빠르게 팽창했다.[41] 지도부는 경험 많은 혁명적 사회주의자들이었으나, 1969~70년에 그들은 현장조합원 조직인 CUB를 노조의 대안으로 내세우며 로타 콘티누아와 마찬가지로 새로 형성된 공장평의회라는 틀 속에서 활동하기를 거부했다.

혁명적 좌파의 성장

세 조직 모두 1969~72년 사이에 성장하며, 1968년 당시 비조직적 자생주의자였거나 정설 마오주의자였던 사람들을 흡수했다. 그들은 노동자 계급의 가장 활동적인 부문에서 중요한 세력이 됐다.

1971년의 경기 후퇴와 1972년의 중도 우파 안드레오티 정부의 수립으로 공장 투쟁이 더욱 힘들어졌고, 사회 전체적으로 고통이 증대했다. 1968~69년의 격변에 고무된 수십만 명이 고통과 억압 증대에 맞서 반격했다. 밀라노의 이주 노동자들이 빈집을 점거하고 나폴리의 실업자들이 항의 시위를 벌이는 과정에서 경찰과 폭력 충돌이 일어났다. 감옥에서는 폭동이 일어났고 중학교에서는 새로운 투쟁의 물결이 몰아쳤다. 로타 콘티누아는 이 모든 투쟁에 뛰어들어 그들의 사상에 귀 기울이는 새로운 사람들을 찾아냈다.

투쟁을 통해 혁명적 의식이 자생적으로 창출된다는 것은 이제 "도시를 정복"해 "적색 기지"를 확보하는 것을 의미하기 시작했고, 이런 적색 기지에서는 경찰을 몰아내야 했다.[42] '프롤레타리아'라는 개념은 모든 '피억압 집단'을 포함하는 것으로 확대됐다. '혁명적 폭력'이 강조되기 시작했고 그런 투쟁들은 다음과 같은 상황을 낳았다.

무장 투쟁은 소수의 세입자들을 방어하는 데서 시작해 제국주의에 대항하는 민중의 투쟁으로 끝난다.[43]

1971년 5월에 로타 콘티누아는 탄압에 반대하는 저항의 날을 선포하고 많은 도시에서 시위를 벌였다. 토리노에서 시위대는 경찰의 공격을 받았고 56명이 체포됐으며 그 중 13명은 1년 이상의 실형을 살았다.

그러나 곧 거리 시위만으로는 혁명적 좌파가 고용주와 우파의 새로운 공세를 막을 수 없다는 것이 명백해졌다. 1971년에 피아트의 경영자들이 수많은 투사들을 해고하자 로타 콘티누아는 상당히 당혹스러울 수밖에 없었다.[44] 대량 구속과 해고를 피하기 위해서는 혁명적 좌파에게 새로운 전략이 필요했다.

일 마니페스토의 지식인들이 처음으로 반응을 보였다. 그들은 공산당과 노조에 대한 그들의 태도가 옳았음을 우파의 공세가 입증시켜 주었다고 주장했다. 그들은 파시즘을 지향하는 운동이 주요 위협이라고 말하며 기독교민주당 지도자 판파니가 파시즘의 대표자라고 주장했다. 그들은 대통령이 되려는 판파니의 시도를 좌절시키는 것이 급선무라고 생각했기 때문에, 1971년 말에 거대 좌파 정당과 노조의 지지를 얻기 위한 운동을 전개하자고 혁명적 좌파에게 호소했다.

로타 콘티누아는 이러한 요청을 받아들였다. 그리고 "판파니즘을 분쇄하자"는 구호 아래 일 마니페스토와 함께 공동 시위를 조직했다. 대통령이 되려는 판파니의 야망은 실현되지 못했지만 이후 중도 우파 안드레오티 정부가 들어서자 로타 콘티누아는 "안드레오티를 몰아내자"는 구호를 내세웠다. 많은 공장과 시위에서 이 구호가 등장했다.

1972년 4월에 나온 〈로타 콘티누아〉의 머리기사는 "지금은 파시스트들과 폭력 투쟁을 벌일 때다."라는 제목 아래 기독교민주당과 사장들이 "노동자 계급에 맞서 내전을 준비하고 있다."고 주장했다.[45] 이것은 당시 이탈리아 자본주의의 주요 부문의 진정한 의도는 아니었을 것이다. 그러나 정치적 훈련이라고는 그저 지난 3년 동안의 파업과 시위 경험이 고작인 소수 활동가들이 이런 것을 정확히 간파할 수는 없었다.

이 시기에 로타 콘티누아에 오는 젊은 사람들의 주요 관심사는 파시즘에 대항해 전투적 투쟁을 벌이는 것이었다. …… 1968년 이후 등장한 세대의 역사와 정치적 구성이 그것을 강력하게 결정했다.[46]

1971년과 1972년에 전투적 반파시즘 활동과 반기독교민주당 활동으로 전환한 것은 1970년 선거 당시의 기권주의와는 완전히 대조적이었다. 하지만 이 두 경향을 이어주는 요소가 있었다. 로타 콘티누아 지도부의 자생주의, 즉 혁명적 정치가 투쟁에서 곧바로 솟아 나온다는 그들의 믿음은 1969년에는 개혁주의 정당과 노조기구에 대한 파업 활동가들의 분노를 명확히 표현하는 것이었다. 그런데 1971년과 1972년의 경향은, 공산당원이나 노조 활동가들이 자신들과 마찬가지로 극우의 성장을 우려하고 있음을 알게 된 사람들의 정서를 명확히 표현하고 있었다. 로타 콘티누아는 1972년 9월에 "투쟁의 선두에는 공산당과 노조가 조직한 노동자들도 있다."는 사실을 인정했다.[47] 머지않아 그들은 공장평의회에 대립되는 새 조직을 건설하려 했던 과거의 '종파주의적' 행동을 시인했다.

이런 전환은, 공산당 평당원들과 공동 활동을 전개하며 그들을 공산당 지도부의 견해와는 다른 견해 쪽으로 끌어당기기 위한 것은 아니었다. 자생주의는 누구든 함께 활동하는 사람들에게 적응하면서 그들의 사상을 대부분 받아들인다. 그래서 이 시기의 로타 콘티누아는 공산당의 '전투적 과거'를 무비판적으로 찬양했다.

1973년에 칠레에서 살바도르 아옌데의 좌파 민중연합 정부를 전복시킨 쿠데타가 일어난 뒤에 이런 새로운 지향은 완전하게 드러났다. 이 쿠데타는 소위 사회주의로 가는 의회적 길이 재앙으로 가는 길이라는 것을 궁극적으로 입증한 것이었다.[48] 그런데 일 마니페스토의 지식인들은 이와 다른 결론을 내렸다.

미 제국주의가 후원하는 칠레의 지배계급이 민중연합 정부를 반드시 전복해야 한다고 깨달았다는 사실이야말로 그 정부의 가치를 입증한 것이라고 그들은 주장했다. 민중연합에 참여한 정당들과 노동자 계급 사이에는 "변증법적 상호작용"이 있었다는 것이다.[49] 이탈리아 좌파는 칠레의 사례를 교훈 삼아 이탈리아판 민중연합을 건설함으로써 비슷한 사회적 '파열'을 창출해야 한다.

로타 콘티누아는 이런 분석을 받아들였다. '제국주의의 위기'는 파시즘과 혁명 사이에서 선택을 강요한다. 칠레가 주는 교훈은 "프롤레타리아의 무장 기지에 기초한 혁명적 지도부가 필요하다."는 것이다. 그리고 이탈리아 자본주의를 분쇄하는 길은 더는 "대중적 노동자 전위"를 통해서가 아니라 개혁주의 정부를 세워서 "혁명적 투쟁과 혁명적 조직을 강화하는 데 필요한 최대한의 공간"을 확보하는 것이다.[50]

이런 분석에 따라 "공산당을 정부로!"가 로타 콘티누아의 주요 구호가 됐다. 1975년의 선거에서 로타 콘티누아는 그 지지자들에게 일 마니페스토·

PDUP와 아방구아르디아 오페라이아가 공동으로 추천한 후보들이 아니라 공산당 후보에게 투표하라고 촉구했다. 아방구아르디아 오페라이아측에서는 처음에 이탈리아가 혁명이냐 파시즘이냐의 선택의 기로에 있다는 주장을 거부했다. 그들은 이런 식으로 문제를 제기하는 일 마니페스토와 로타 콘티누아를 비판했다. 일 마니페스토와 로타 콘티누아가 파시즘의 전망을 과대 평가함으로써 진정한 위험—가장 전투적인 노동자들을 희생양으로 만드는 개혁주의자들과 기독교민주당 사이의 뒷거래—을 감추고 환상을 만들어 낸다는 것이다.[51]

하지만 그 지도부는 이런 입장을 견지할 능력이 없다는 것이 드러났다. 그들은 1968~69년의 사건을 통해 정치에 입문한 사람들의 사상에 맞추어 조직을 건설했고, 1970년대의 새로운 분위기에 적응하지 않은 채 조직을 유지할 수 있는 방법을 알지 못했다.

그들에게는 자본주의 위기의 내적 발전을 설명할 수 있는 이론이 없었다. 1960년대 말과 1970년대 초에 그들은 이탈리아 상황의 특수성을 강조하며 대기업의 개혁 필요성에 초점을 맞출 뿐 위기로 빠져드는 국제 자본주의의 경향을 무시했다.[52] 그 후 1973~74년에 세계 경기 침체가 닥치자, 그들은 이탈리아 자본주의가 "헤어날 수 없는 위기"에 빠졌다고 주장했다.[53]

이런 전환은 조직의 실천에도 그대로 반영됐다. 초기에 그들은 CUB를 이용해 노조를 우회할 수 있다고 생각했다. 이것이 실패하자 좌절에 빠진 그들은 노조 관료 체계에 영향을 미치려 했다.[54]

실제로 아방구아르디아는 파시즘이 당면 현안이라는 독자적 이론을 주장하기에 이르렀다. 그들은 이탈리아 자본주의가 "강력한 국가"를 지향하며 억압에 의존해 모든 노동자 투쟁을 분쇄하고 혁명적 좌파를 탄압하려 한다고 주장했다. 이런 분석에서 쉽게 도출되는 결론은 자본주의가 이런 "강력한 국가"를 건설하는 데 개혁주의 지도자들이 협력하지 못하게 막기 위해 그들과 동맹하는 것이 혁명가들의 가장 중요한 과제라는 것이다. 그들은 또 개혁주의 지도자들을 그런 동맹으로 끌어들이면, 이탈리아 자본주의가 위기에서 탈출할 수 있는 길을 봉쇄함으로써 사회를 혁명적 충돌 상태로 몰고 갈 수 있다고 생각했던 듯하다.

아방구아르디아는 1973년의 칠레 쿠데타 뒤 스스로 거부했던 것을 1976년에는 받아들였다. 당시 그들은 일 마니페스토나 로타 콘티누아와 함께 공동으로 선거 후보 명단을 작성해 '좌파 정부' — 공산당과 사회당, 그리고 혁명적 좌파들로 이루어진 — 가 수립되면 이탈리아에서 사회주의로 가는 길을 개척할 수 있다고 주장했다.[55] 만약 혁명적 투쟁이 임박했다면 대규모 정당이 필수적일 것이다. 1976년이 되자 아방구아르디아는 전에 '중도주의자들' — 일 마니페스토·PDUP의 지식인과 노조 간부들 — 이라고 비난했던 사람들과 통합함으로써 자신들의 영향력을 증대시키려 했다.

로타 콘티누아와 아방구아르디아 오페라이아 양쪽 모두 마오주의에서 주의주의와 문화혁명의 자생성뿐 아니라 스탈린주의 정당 모델도 취하기 시작했다. 1974년 12월에 열린 로타 콘티누아 대회에서 그들은 "실제로 중국 공산당의 규약을 그대로 본따" 공식 규약을 채택했다.[56] 같은 해에 열린 아방구아르디아 오페라이아 대회는 "중국 공산당한테 배워야 할 필요성"이란 어구들로 가득 찼다.[57]

이것은 '전국적 정치'로 전환하며 나타난 또 다른 측면이었다. 전략과 전술을 재빨리 전환할 수 있는 중앙집중적 지도부가 없는 그 어떤 조직도 파시스트와 거리에서 전투를 벌이거나 다른 정치 세력과 동맹을 맺을 수 없다. 만약 칠레와 비슷한 급속한 사태 전개를 예상했다면 잘 훈련된 정당이 절대적으로 필요했다. 공개적이고 솔직한 토론에 기초한 진정한 민주집중제의 경험이 없었기 때문에, 스탈린주의의 온갖 특징을 지닌 관료적 집중제로 나아가는 것을 피할 수 없었다.

전환점

혁명적 좌파는 거대한 사건들을 기대하며 1976년을 맞이했다. 8년 동안의 열정적 활동이 그 어느 때보다 규모가 큰 투쟁의 시기에 절정에 달할 것이라고 그들은 믿고 있었다.

1974년의 이혼 법안 국민투표는 혹을 떼려던 판파니에게 혹을 하나 더 붙여주었다. 1975년에 실시된 지방선거에서 공산당은 사상 최고의 지지를 얻었고 아방구아르디아 오페라이아와 일 마니페스토·PDUP의 후보들도 북부 도시 지역에서 40만 표를 획득했다. 기독교민주당과 그 연정 파트너들은 대규모 뇌물 스캔들에 휘말렸다. 그들이 강요한 물가 상승 때문에 공장에서는 자생적 파업과 시위의 새로운 물결이 일었고, 이는 하루 총파업에서 그 절정에 이르렀다. 그들은 결국 1976년에 총선거를 치를 수밖에 없었다. 거의 모든 좌파는 '칠레'식 전망이 이제 시험대에 오르게 됐다고 믿었다.

그러나 6월 20일 선거는 기독교민주당의 지배를 끝내지 못했다. 기독교민주당의 득표율은 1975년보다 조금 높아진 반면, 공산당은 조금 내려갔다. 물론, 공산당도 1972년보다는 상당히 좋은 결과를 얻었다. 혁명적 후보들은 이제 세 조직의 지지를 모두 받았지만 결과는 더 나빠졌다. 선거의 법칙은 '좌파 정부'보다는 '역사적 타협'에 의한 정부—특히 기독교민주당이 주도하는 정부—의 등장 가능성을 높여 주었다.

만약 혁명적 좌파에게 5년이나 10년 정도 더 긴 투쟁의 전망이 있었다면 그 선거 결과가 그렇게 문제가 되지는 않았을 것이다.

공산당이 혁명적 좌파보다 노동자 대중 사이에서 더 많은 지지를 얻었다는 사실은 그리 놀라운 일이 아니었다. 공산당은 거의 30년 동안 중앙 정부 수준에서는 집권하지 못했다. 그들은 1969년 이후에는 공장에서 새로운 노조기구를 세우는 등 충분한 유연성을 보여 주었다. 그 기구에는 현장 활동과 노조를 연결시켜 주는 20만 명 이상의 대의원 층이 있었다. 1969~70년에 투쟁이 상승하고 있을 때는 많은 전투적 노동자들이 이런 기구를 무시해 버리면 그만이었지만, 그 이후 침체기에 들어서자 이런 새로운 기구는 인플레이션에 대항해 임금을 보호하는 데 도움이 됐고 사측의 보복 공격에 대항해 투사들을 어느 정도 보호해 주었다.

공산당과 노조의 주장은 전에 그들을 무시했던 일부 노동자들에게 호소력을 가질 수밖에 없었다. 그래서 1972년에 이미 피아트 공장의 많은 노동자들이 로타 콘티누아를 떠나 공산당에 가입했다. 공산당과 노조의 주장은 공산당이 정부에 참여하자 유명무실해졌지만, 그러기까지는 많은 시간이 걸렸다. 혁명적 좌파는 그 기간 동안 인내심을 갖고 기다려야 했다.

인내심은 1976년의 이탈리아 혁명적 좌파에게 매우 희귀한 상품과도 같았다. 3년 동안 좌파 지도자들은 선거가 자신들의 세력을 엄청나게 증대시켜 줄 것이라고 말해 왔다. 그런데 그런 일이 일어나지 않자 커다란 사기 저하가 뒤따랐다.

로타 콘티누아가 첫 번째 희생자였다. 1972~76년에 로타 콘티누아가 진지한 정치로 전환하자, 많은 조직원들이 떨어져나가 지역 공동체를 통해 '자율적' 투쟁을 발전시킨다는 기존 활동 방식을 고수했다. 그들은 지역에서 주택 문제, 세입자 투쟁, 반파시즘 투쟁 등을 펼쳤으며, 이혼 법안 국민투표 뒤에는 낙태 문제 같은 쟁점을 둘러싸고 여성 단체들을 통해 싸워 나갔다.

1976년까지는 '자율주의'가 그리 중요하지 않았다. 혁명 조직들의 지도부는 지역 공동체가 혁명 전략과 사람들을 멀어지게 하고 있다고 확실히 주장할 수 있었다.

1976년 6월 20일의 선거 결과는 이 모든 것을 바꾸어 놓았다. 로타 콘티누아의 사무총장 소프리는 전국위원회에서 "정치적 패배"를 겪었으며 "조직 역사상 최악의 오류를 범했다."고 말했다. 그는 11월 초 리미니에서 열린 로타 콘티누아 대회에서 개막 연설을 했다.

그러나 머지않아 그의 연설 내용이 부적절했다는 사실이 분명해졌다. 그가 연설을 마친 뒤에 여성 회원 몇 명이 연단을 점령했다. 그들은 대회가 다시 시작되기 전에 여성 대의원들끼리 따로 모여야 한다고 주장했다. 그러자 노동자 대의원들도 따로 모이겠다고 발표했다.[58]

당내의 여성들은 지난해 12월의 낙태 시위에서 행사 진행 요원들, 즉 '질서 유지대'와 충돌한 뒤 따로 모임을 갖기 시작했다. 그것은 여성들만의 시위였다. 그런데 남성들만으로 구성된 '질서 유지대'가 남성들을 배제하는 '초(超)계급 개념'에 반대하는 주장을 하기 위해 그 시위를 뚫고 들어가겠다고 고집을 피웠던 것이다. 그 여파로 여성 회원 수백 명이 로타 콘티누아 본부를 점거했고 로타 콘티누아의 여성위원회는 신문 지상에서 "로타 콘티누아 내의 남성 권력"을 비난했다.[59]

여성 회원들과 '질서 유지대'의 충돌은 그 밑에 깔려 있는 문제의 표면적 증상일 뿐이었다. '질서 유지대'는 거의 당 안의 당이었고, 남성 활동가들로 이루어진 엘리트 그룹이었다. 그들은 마오주의·스탈린주의 당 개념을 지향하며 군사주의 경향을 표방하는 사람들이었다. 여성 회원들은 대공장의 '대중 노동자' 투쟁이나 거리 투쟁에서 배제돼 왔다고 느끼고 있었다. 반면에, 낙태 운동에서는 여성 회원들이 모든 계급 출신의 여성 수천 명을 지도하며 '내부의 전위' 역할을 자처할 수 있었다. '질서 유지대'의 남성들은 이를 저지하려 하면서 그들의 '자율성'을 침해하고 있었다.

6월 20일에 이 조직의 전망이 붕괴되자, 갑자기 기존의 우선순위가 모두 잘못된 것처럼 보였다. 여성들의 '자율적' 모임과 다른 '자율적 투쟁들'이 이제 불신당한 지도부의 정치를 대체할 대안으로 떠올랐다. 사람들이 지난 8년 동안 쏟아 부은 엄청난 노력에 의문을 제기하기 시작하자 전반적인 '전투성의 위기'가 나타났다. 어떤 활동가는 다음과 같이 말했다.

> 6월 20일은 68세대가 처음으로 확실히 패배한 날이었다. 어쨌든 '투사들'의 사회적 조건을 정당화시켰던 모든 희망이 바로 그 날 무너져 내린 것이다.[60]

그 대회는 당내의 모든 분파가 자신들의 감정을 토로하는 포럼이 돼버렸다. "외부 세계, 대중, 정치적 상황은 완전히 사라져 버렸다. 논쟁은 완전히 내향적이었다."[61]

대회의 본회의가 속개되자 여성과 노동자 들은 번갈아 가며 연단에 올랐다. '토론'은 결국 서로 불만을 토로하거나 당에 대한 불만을 쏟아내는 장이 돼 버렸다. 전국 지도부가 대부분 비판의 표적이 됐다. 이에 대해 지도부는 반박하지 않은 채 '자기 비판'에 몰두했다. 소프리는 조직에서 떠날 것인가 말 것인가, 조직을 해산할 것인가 말 것인가를 "결정하는 것은 이 대회의 경과를 끝까지 지켜보고 이 대회를 이해한 사람들에게 달려 있다."고 선언하기까지 했다.[62] 동지 각자에게 중요한 것은 그들 자신의 "개인적 자율성"이라는 것이었다.

소프리와 그 주변 사람들은 일련의 투쟁에 참가한 사람들의 직접적 정서를 표현함으로써 로타 콘티누아를 건설하는 과정에서 어떤 정교한 이념적 틀에 그들을 맞추려고 하지 않았다. 그런데 이제 그들은 자신들끼리 쓰라린 감정을 표출하는 식으로 반응하고 있었다. 다른 해결 방식이 있었다면, 그것은 바로 자생적인 마오주의 전통 전체와 완전히 결별하는 것이었다.

몇 달이 채 못 돼 이탈리아에서 1968년의 정신을 가장 잘 구현했던 조직이 붕괴하고 말았다.

만약 다른 혁명적 사회주의 조직이 살아남아 로타 콘티누아의 파편 일부라도 흡수했다면 이것은 별 문제가 안 될 수도 있었다. 하지만 아방구아르디아 오페라이아, 일 마니페스토, PDUP 모두 위기에 빠져 있었다.

아방구아르디아의 지도부는 선거의 여파로 분열했다. 사무총장과 전국위원회 위원의 4분의 1 이상이 공산당을 "민주적이지도 진보적이지도 않은 정당"이라고 주장한 다수파를 공격했다.[63] 그리고 나서 이 조직은 분열돼 일 마니페스토와 통합했다.

한편, 일 마니페스토는 옛 PDUP의 다수에서 떨어져 나오고 있었고, 그 지식인 대부분은 다시 공산당에 가입했다.

아방구아르디아와 PDUP 잔존 세력은 통합했다. 그러나 그 결과는 그들이 1년 전에 꿈꾸었던 대규모 정당이 아니라 소수의 지리멸렬한 잔당에 불과했다. 6월 선거 전에 아방구아르디아는 밀라노에서 3000명의 활동적 투사들을 거느리고 있었으나 새 조직에는 겨우 1000명의 수동적 지지자만 남아 있었다.

그동안 고용주들은 이탈리아의 산업 구조를 합리화할 계획을 추진하고 있었다. 기독교민주당이 지배하는 정부에 대한 공산당의 지지를 이용해 지난 7년 동안 지속된 불안정한 노사관계를 끝낼 수 있는 방안에 관한 토론이 벌어졌고, 새로 자신감을 회복한 경찰은 시위대를 매우 잔인하게 다루었다. 그리고 사람들이 자생적 봉기로 내몰리고 있었는데도 응집력 있는 혁명적 사회주의 지도부는 점점 더 작아졌다.

1977년의 운동

1967~68년 이탈리아의 학생 반란 직후에는 노동자 투쟁이 분출했다. 그러나 1977년에 다시 폭발한 대규모 학생 반란은 이번에는 고립돼 버렸다. 혁명적 좌파는 성장하기는커녕 사멸하고 말았다.

2월에 일단의 파시스트들이 로마 대학에 침입하자 새로운 학생 운동이 시작됐다. 학생들은 항의 표시로 문과대학을 점거했다. 다음 날 수천 명의 학생들이 네오파시스트 조직인 MSI의 사무실까지 행진했다. 그들과 맞닥뜨린 경찰은 그들에게 총을 쏘았다.

항의 시위가 로마에서 다른 주요 도시로 확산됐다. 이 단계에서는 경찰과 파시스트들에 대한 적대감은 강력했지만, 시위 분위기는 1967~68년의 국제적인 학생 점거농성 당시 분위기와 비슷했다. 새로운 '생활양식'에 대한 강조와 함께 흥분과 독창성도 존재했다.

> 토론은 끝없이 계속됐다. …… (흔히 격렬한 토론이 벌어진) 총회에서 운동 노선이 결정됐다. 주장을 펼치고 싶은 사람은 누구든지 중국식 대자보를 써서 벽에 붙였다. 벽은 온통 대자보로 뒤덮였다. 그 내용은 진지한 것도 있고 논쟁적인 것도 있었는데 대부분은 어리석은 이야기가 많았다.[64]

그런데 갑자기 분위기가 바뀌었다. 이탈리아 자본주의는 학생 운동이 노동자들에게 영향을 미쳐 대규모 산업 합리화 계획을 망치지 못하도록 하기 위해 학생 운동을 고립시키기로 결정했다. 드디어 집권 가능성이 보인다고 생각하던 공산당은 기꺼이 이를 도왔다.

2월 17일 로마 대학에서 벌어진 일이 이후 몇 달 동안 벌어질 사태의 양상을 보여 주었다. 공산당은 고위 노조 간부인 루치아노 라마를 학생들에게 보내 '대화 감각'을 키우라고 설득했다. 그와 함께 수백 명의 노조 활동가들로 구성된 당 상근자들도 파견했는데, 그들은 "파시스트들의 대학 점거를 옹호하고 있다."는 말을 들어야 했다. 라마의 장황한 연설은 학생들의 야유로 여러 차례 중단됐다. 그러다가 싸움이 일어났고 마침내 라마와 그 수행원들은 철수했다.

그 날 오후, 폭동 진압 경찰이 캠퍼스 안으로 진입했고 1000여 명의 공산당원이 이 광경을 지켜보며 경찰에게 박수를 보냈다.[65] 학생 수십 명이 경찰의 곤봉과 최루탄에 부상당했다.

이후 3주 동안 로마의 시위 규모는 더욱 커졌고 곤봉과 최루탄을 이용한 경찰 탄압은 강화됐으며 파시스트 집단의 총기 사용이 더욱 빈번해졌다. 마지막으로 10만 명이 참가한 대규모 시위가 로마에서 벌어졌다. 시위대를 공격하던 경찰이 발포해 열아홉 살 학생이 살해됐다. 히피 복장의 경찰관이 경찰 차단선 뒤에서 권총을 꺼내 총을 쏘는 장면이 사진에 찍혔다.

한편, 볼로냐에서는 경찰이 로타 콘티누아 소속 학생 한 명에게 총을 쏜 다음 8000명의 시위대를 공격했다. 폭동 진압 경찰 3000명이 대학을 점령했고 좌파 라디오 방송국을 폐쇄했다. 공산당은 "민주주의 제도를 공공연히 공격하는 행위"에 맞서 "당연히 공권력이 개입해야 한다."고 말하며 경찰의 행동을 지지했다.[66]

그것은 단지 학생들만의 운동은 아니었다. 로마 같은 도시에서는 학생 출신 파트타임 노동자와 실업자 수천 명이 참여했고, 그들은 대부분 전에 혁명적 좌파 조직의 주변에 있던 사람들이었다. 그 운동은 또 페미니스트 운동—전에 로타 콘티누아의 여성 회원들이 주로 조직한—과 긴밀한 연계를 맺고 있었고, 그들은 경찰이 강간 피해자를 다루는 방식에 항의하는 대규모 시위를 로마에서 벌였다.

그러나 그 운동은 학생들의 영역 밖으로 확산될 수 없었고 주요 노동자기구에 비해서는 '주변적'(*marginali*)이었다. 1969년 이래로 노조 지도자들은 공장평의회를 건설해 자신들과 현장을 연결하는 강력한 체계를 구축했는데, 이것은 혁명적 좌파의 기권주의 덕분에 훨씬 더 수월했다. 수만 명의 공산당 지지자들과 노조 대의원들은 이제 동료 노동자들에게 '역사적 타협'이야말로 전진할 수 있는 유일한 길이요, 경제 위기·30퍼센트의 인플레이션·'민주적 제도의 와해'나 '혼란'에 대한 유일한 대안이라고 주장했다.

이것은 조직 노동자들의 다수가 그런 분위기를 — 당분간은 — 받아들일 준비가 돼 있다는 신호였다. 아직 대공장에서는 '산업 구조조정'이 대규모 해고를 낳지는 않았다. 물가·임금 연동제가 아직은 생활수준을 보호해 주고 있었다. 그 제도를 폐지하려는 첫 번째 조치는 1977년 3월 말에야 시행됐다. 공산당이 정부에 참여하면 사태를 호전시킬 수 있다는 희망이 아직은 남아 있었다.

<로타 콘티누아>는 3월에 피아트의 활동가들과 한 인터뷰 기사를 실었다. 한 노동자는 대체로 노동자들이 학생들의 투쟁을 긍정적으로 생각하고 있지만 학생들의 요구가 무엇인지 분명히 알지는 못한다고 말했다. 사람들은 정부 조치들에 대해 잘못 알고 있었다. "십중팔구 범죄 추방 운동이 노동자들에게 가장 큰 영향을 미치고 있을 것이다. 누군가가 우리에게는 질서와 안정이 필요하다고 말한다면, 누구든지 그 말에 귀를 기울일 것이다."[67]

1977년의 운동이 대공장 노동자들과 떨어져 고립된 것은 두 가지 효과를 가져왔다. 경찰은 더 거리낌없이 점거농성이나 시위를 공격할 수 있게 됐다. 그리고 운동 내부에서는 더는 산업 노동자들의 지지가 필요없다는 주장을 펼치는 경향이 부각됐다. 각각의 운동이 나름대로 '자율적' 투쟁을 통해 승리할 수 있다는 생각이 각광받게 된 것이다.

경찰 탄압이 강화되자 "조직된 자율주의자들"이라고 알려진 사람들이 힘을 얻게 됐다. 그들의 이념은 사회학 교수 안토니오 네그리를 중심으로 한 조직이 발전시킨 것이었다. 그들은 1969년에 로타 콘티누아가 결성될 때 갈라져 나온 사람들이었다. 그들은 과거의 이론을 수정해 이제는 사회 전체를 하나의 '공장'으로 보고 '프롤레타리아'는 더는 공장의 '대중 노동자'가 아니라 '사회적 자본'에 의해 억압받는 모든 사람이라고 주장했다. 공장 노동자만큼 중요한 학생·실업자·히피 — 진정한 사회적 노동자 — 가 바로 이런 '사회적 노동자' 였다. 그들은 사회적 자본이 존재한다는 것이야말로 사회가 자본주의에서 사회주의로 전환해야 할 시점에 도달해 있음을 증명하는 것이라고 주장했다. 이 전환은 자생적 봉기의 결과로 일어날 것이고, 그 봉기에서 과거의 필수 성분은 이제 '주변적 요소들'이 될 것이다. 다른 프롤레타리아 봉기와 마찬가지로 이 봉기는 '대중적 폭력'을 사용해야 할 것이고, 거리의 모든 충돌은 이런 '대중적 폭력'을 지향하는 데 도움이 될 것이다.[68]

이런 생각은 거리 투쟁이 활발했을 때 로타 콘티누아 주변 사람들의 정서에 딱 맞아 떨어졌다. 로타 콘티누아는 항상 폭력을 위한 폭력을 찬양하는 경향이 있었다. 전에 그들은 개인적 테러리즘에 반대하기는 했지만, 붉은 여단이 초기에 SIT 지멘스의 사장 마키아비니를 잠시 납치한 것을 지지했고 경찰 서장 칼라브레시를 암살한 것에 대해서는 "피착취자들이 그들 자신의 정의를 세우기 위해 취한 행동"이라고 말했다.[69] 이제 "조직된 자율주의자들"은 이런 전통을 계승했다.

복면을 한 그들이 대중 시위에서 무기를 들고 경찰과 싸우자, 그들에 대한 대중의 지지가 높아졌다. 9월에 볼로냐에서 열린 전국적 집회에서 "조직된 자율주의자들"은 "헤게모니"를 장악했다.[70]

하지만 사회적으로 고립된 운동이, 자율주의자들이 했던 것처럼, 대중 시위에서 총을 들고 경찰과 싸우는 것은 재앙이 될 수밖에 없었다. 그것은 공산당의 손에서 놀아날 수밖에 없었고 공산당은 학생들을 "민주주의에 반대하는 미치광이들"로 묘사했다. 그래서 이번에는 경찰이 전보다 훨씬 더 폭력적으로 진압할 수 있었다. 자율주의자들은 경찰과 싸울 수도 있었고 다른 혁명 조직들을 비난하며 운동의 주도권을 잡을 수 있었다. 하지만 그들에게는 운동을 진전시킬 수 있는 어떤 전략도 없었다.

전략을 가진 조직이 하나 있기는 했다. 재앙을 초래할 조직, 바로 '붉은 여단'이었다.

이 조직은 여러 해 전에 낮은 수준의 테러 활동—회사 중역의 자동차를 불지르거나 은행을 털고 경영자들을 납치해 며칠 동안 심문하거나 인사 관리자와 노조 간부들의 다리에 총을 쏘는 것—에 가담했던 사람들이 모여 만든 소규모 지하 조직이었다.

붉은 여단은 그 지도자가 1977년에 붙잡혀 재판을 받게 되자, 법률가와 경찰 서장 들을 암살하는 등 테러 활동의 강도를 높였다. 그것은 시위 도중 경찰에게 총을 쏘며 반격한 자율주의자들의 행동과 마찬가지였다. 1년 뒤 그들은 기독교민주당 지도자 알도 모로—공산당이 지지하는 새 정부 구성 협상에서 중요한 역할을 한 인물—를 납치해 살해함으로써 정치적 사건의 한복판에 뛰어들었다.

이제 붉은 여단은, 혁명적 좌파의 붕괴 때문에 실망에 빠지고 경찰과 공산당이 1977년의 운동을 공격하는 것을 보며 급진화되고 자율주의자들의 주장에 영향을 받은 많은 사람들을 끌어당기고 있었다. 그들은 자신들의 조직화된 개인적 테러리즘이 자율주의자들의 주장을 단순히 실천하는 것에 불과하다고 주장할 정도였다. 한 자율주의 이론가는 나중에 다음과 같이 말했다. "우리가 저지른 실수는 무장 단체가 자율주의자들이 포괄하는 사회적 영역에 끼어들어올 수 있게 해 주고 자율주의자들 사이에서 그들의 전사를 뽑아가도록 허용한 것이다."[71]

테러리즘의 성장은 정치인이나 기업인, 경찰 책임자 개인에게는 위협적이었다. 그러나 지배계급 전체에게는 뜻밖의 횡재였다. 1970년대 초에 지배계급은 노동자 계급 정당과 노조 지도자들을 주무르기 위해 '긴장 전략'에 따라 공작을 꾸며야 했다. 이제는 혁명적 좌파의 일부를 자처하는 사람들이 그 전략에 맞춰 활동을 하고 있는 셈이었다.

공산당과 사회당은 경찰이 테러리즘이라고 의심하는 그 어떤 것도 경찰 마음대로 처리할 수 있는 권한을 부여한 법안을 서둘러 통과시켰다. 몇 년 동안 경찰은 사실상 혁명 운동과 관련된 모든 사람을 체포해 무기한 감금할 수 있었다. 어떤 계산에 따르면, 1980년에 3500여 명의 '정치수'가 있었다고 한다.[72]

한편, 노동자들은 사장과 함께 '폭력' 규탄 집회에 참가하게 됐고, 공산당 지도자들은 연정 참여에 비판적인 사람은 모두 '붉은 여단 동조자'로 몰아세워 고립시킬 수 있었다. 1979년에 피아트에서는 경영진이 이런 '동조' 혐의를 구실로 61명의 주도적 투사들을 해고했다.

물론 공장 안에는 진짜 붉은 여단 동조자도 있었다. 그러나 붉은 여단의 정치 논리는 지하로 숨어들어 그들의 견해를 비밀에 붙이는 것이었다. 그들은 혁명적 사회주의 세계관을 가진 사람들에 대한 마녀사냥에 맞서 "그들의 가면을 벗어 던질" 사람들이 결코 아니었다.

강력한 탄압 때문에 1977년부터 1978년까지 더 많은 활동가들이 테러 조직에 가담했고 무장 행동의 빈도가 증가했다. 하지만 이런 행동들은 점점 더 제멋대로 이루어졌다. 그것은 마치 코너에 몰린 사람이 어둠 속에서 마구 주먹을 휘두르는 것이나 다름없었고, 붉은 여단을 설립한 사람들의 전략에도 더는 맞지 않았다. 붉은 여단의 옛 지도자들은 '군사적 주관주의'를 비판하는 성명서를 발표했고,[73] 다른 붉은 여단 대원들에 반대하는 증언을 할 용의가 있는 '참회자들'이 점점 더 늘어났다. 1980년이 되자 국가는 붉은 여단을 분쇄할 만반의 준비가 돼 있었다.

그러나 붉은 여단은 제 갈 길을 갔다. 그들은 그나마 남아 있는 진정한 혁명적 좌파를 매장하는 데 도움을 주었다. <로타 콘티누아>는 한동안 계속 발행됐다. 그러나 테러에 대한 두려움 때문에 —그리고 중국 마오주의의 실체와 캄보디아 마오주의의 잔학상이 밝히 드러나자— 그 신문을 만든 사람들은 혁명적 사회주의 정치에서 멀어지게 됐다.

아방구아르디아 오페라이아와 PDUP의 통합 잔류파인 프롤레타리아 민주주의는 계속 살아남았지만 그 정치적 경향은 점점 더 모호해졌고 노조기구 안의 좌파에 의존하거나 지방자치 단체나 국회의 의석 몇 개를 획득할 수 있는 능력에 의존하게 됐다. 1979년에 나온 프롤레타리아 민주주의의 선거 포스터는 "51퍼센트의 표를 좌파에게" 던지면 사회주의로 가는 길이 열릴 것이라고 선언했다.

1977년에 매우 강력한 듯했던 '운동들'은 채 2년도 안 돼 수동적 압력 단체로 전락했고, 그 정치적 전망은 혁명이 아니라 매우 자유주의적인 급진당과 기회주의적인 사회당에서 찾게 됐다. 1977년의 '자율적' 투쟁에 열광했던 사람들조차 1980년에는 다음과 같은 결론을 내려야 했다. "오늘날 이탈리아에 좌파는 존재하지 않는다. 강령을 가진, 마르크스주의 강령을 가진 좌파는 존재하지 않는다."

공산당은 이탈리아 자본주의를 위해 충실히 봉사하면서 노동자들의 거대한 투쟁의 물결을 가라앉히는 것을 도와주었다. 그들은 결국 공동 정부에서 쫓겨났고 1979년 선거에서는 더 많은 표를 잃었다. 공산당을 지지하는 활동가들에게 둘러댈 핑계가 다 떨어졌던 것이다.

1980년에 피아트가 수천 명 대량 해고를 발표하자 공산당은 반기를 들 수밖에 없었고 공장을 점거했다. 하지만 공산당과 노조의 저항은 그저 명목상의 행동에 불과했다. 피아트에 대항하는 진정한 투쟁을 위해서는 공산당과 노조의 주도권을 빼앗아 올 수 있는 투사들의 조직이 필요했다. 혁명적 좌파의 붕괴로 그런 조직은 출현할 수 없었다.

피아트 경영진은 이탈리아 전역의 공장에서 작업반장들과 '충성스런' 노동자들을 버스에 태우고 다니며 파업 반대 시위를 벌이게 했고 결국 노조 지도자들은 투쟁을 철회했다.

이제 상황은 출발점이었던 1968년으로 거의 돌아갔다.

하지만 이런 결과가 불가피한 것은 결코 아니었다. 이탈리아의 경험은 선진 산업 국가에서 어떻게 수만 명의 노동자들이 혁명적 정치 쪽으로 움직일 수 있는지를 잘 보여 주었다. 불행히도 그들이 어떻게 삼천포로 빠질 수 있는지도 보여 주었다.

11

꺼져 가는 불꽃

1968년에 독일과 프랑스는 세계적인 학생 운동의 중심지였다. 하지만 그 해에 혁명적 정치에 도달하게 된 독일과 프랑스의 학생들은 그 이후의 사태에 영향을 미칠 수 없었다. 이것은 이탈리아의 운동과는 대조적이었다.

프랑스 지배자들은 이탈리아 지배자들이 '뜨거운 가을'을 극복한 것보다 훨씬 빠르게 1968년 5월에서 벗어날 수 있었다. 드골 자신의 문제는 아직 끝나지 않았다. 그는 1968년 가을에 프랑화를 평가절하할 수밖에 없었고 이듬해 봄 국민투표에서 패배한 뒤 사임할 수밖에 없었다. 그러나 그가 사임했다고 해서 그의 계급이 다시 불안정기에 접어든 것은 아니었다. 그 뒤 12년 동안 또 다시 우파 정당들이 별 어려움 없이 정권을 잡았다.

경제는 연 평균 6퍼센트의 성장률을[1] 기록하며 1974년까지 급속히 성장했고 커다란 노사 분규도 없었다.

1968년 5월과 6월의 파업은 1960년대 중반 이후 고조되고 있던 프랑스의 노동쟁의가 정점에 도달한 것이었다. 비록 그런 쟁의가 1973~74년까지는 어느 정도 지속됐지만 말이다. …… 이탈리아의 뜨거운 가을은 노조의 힘이 현장에서 강화되는 국면으로 이어졌지만 프랑스의 5월은 그렇지 않았다.[2]

이러한 차이는, 부분적으로는, 드골 집권 당시 프랑스의 자본 축적 수준이 대부분의 경제학자들이 예상했던 것보다 훨씬 더 경쟁력 있는 경제를 만들어 냈다는 사실에서 비롯한 것이었다. 세계 자본주의가 계속 호황을 누리고 있는 동안에는 프랑스의 자본이 노동자들의 생활수준을 상당히 개선해 주는 양보를 하면서도 높은 이윤을 유지할 수 있었다. 1968년 5월의 결과로 임금은 평균 15퍼센트가 오른 반면, 물가는 6.4퍼센트만 상승했다.

이런 결과가 나타난 이유는 5월 사태처럼 불만이 누적돼 있다가 폭발하는 것을 피하기 위해 프랑스 지배자들이 어느 정도 변화를 꾀했기 때문이다. 드골의 뒤를 이은 정부는 훨씬 덜 권위주의적인 방식으로 통치하며 국가의 핵심부와 국민 대중을 매개할 수 있는 구조를 다시 출현시켰다. 국회의원이나 지방자치 단체의 역할을 강화했고, 국영방송은 전처럼 노골적으로 여론을 조작하지도 않았다. 경찰도 피켓라인이나 거리 시위를 벌이는 젊은이들을 그렇게 강압적으로 대하지 않았다(물론 근본적 폭력성은 여전히 남아 있었지만). 이 모든 개혁 조치가 어느 정도 불만을 흡수할 수 있었다.

그러나 이런 것들과 꼭 마찬가지로 중요했던 것은 5월 당시 노동조합들의 행동 방식이었다. 그들은 별로 잘 조직되지 않은 다른 부문 — 특히, 자동차·금속·화학 — 의 노동자들이 들고 일어나기 전에 공공 부문의 핵심 작업장에서 파업을 끝냄으로써, 단기적 전투성이 장기적인 현장의 힘으로 바뀌기 어렵게 만들었다. 노동자들은 약간 지친 상태에서 1968년 가을을 맞이했다. 그들은 5월과 6월에 받지 못한 임금을 어떤 식으로든 다시 받고 싶어했고, 5~6주 동안 파업을 감행할 생각이 전혀 없었다. 이탈리아와 달리 프랑스의 5월 파업은 노조 지도부의 통제를 거의 벗어나지 못했기 때문에, 프랑스의 노조는 이탈리아와 달리 조합원 수의 증가나 현장 조직의 강화 같은 경험을 해 보지 못했다.

그 때문에 5월 사건으로 등장한 혁명가들은 엄청난 문제에 직면하게 됐다. 5월 투쟁을 통해 드러난 사실은, 어쨌든 결정적 힘은 파리 좌안이 아니라 공장에 있다는 점이었다. 여전히 공산당 계열의 CGT가 공장에서 가장 중요한 노동자 조직을 장악하고 있었다. 이탈리아에서 그랬던 것처럼 현장의 반란이 계속됐다면 이 관료주의적 기구[CGT]는 살아남을 수 없었을 것이다. 그러나 살아남았다.

5월 이후 CGT는 영향력을 약간 상실했다. 하지만 여전히 가장 영향력 있는 노조 연맹이었고 육체 노동자들의 대표 선출에서 70퍼센트의 표를 획득했다. CGT는 다음과 같은 방식으로 운영됐다. 노조 회의에 참석하려면 정부가 주관하는 작업장 선거에서 '대의원'으로 선출돼야 했고, 대의원은 회의에 참석하기 위해 한 달에 20시간씩 작업에서 면제됐으며, 모든 노조 회의는 근무 시간에 열렸다. 그러나 CGT가 지명하지 않으면 대의원으로 선출되기는 힘들었다. 결정적인 "자기 모순"은 CGT 지명자 리스트에 반대하면 CGT에서 쫓겨나게 되고 그래서 노조 회의에 참가할 수 없게 된다는 것이었다.[3]

하지만 CGT는 전통적으로 '가장 전투적인' 노조로 여겨졌고, 노조의 힘을 강화하고 싶어하는 노동자들은 CGT에 기대를 걸었다.

새로운 혁명가들이 노동자 계급에 약간 영향을 미치기는 했다. 5월 사태 때문에 대부분의 프랑스 노동자들은 이제 혁명적 좌파가 무엇을 주장하는지 조금은 이해할 수 있었다. 공산당과 CGT는 공장 밖에서 신문을 파는 혁명적 좌파를 더는 '파시스트'라고 매도하며 두들겨 팰 수 없었다. 많은 젊은 노동자들이 5월에 라탱 지구로 몰려들어 혁명적 학생들의 시위에 합류했다. CGT조차도 그들 중 일부가 공장에서 영향력을 획득하는 것을 막을 수 없었다.

또 다른 주요 노조인 CFDT는 CGT의 희생 위에서 조직을 강화하고 싶어했다. 그 덕분에 CFDT 활동가들은 몇 년 동안 전투성을 발휘할 수 있었고, 특히, 그들이 취약한 부문에서 더욱 그랬다. 또 좌파처럼 들리는 "오토제스티옹"(autogestion : 대략 "노동자 통제"라고 번역할 수 있다)을 입에 달고 다니기도 했다. 그러나 1969년 대통령 선거에서 드골에 반대하는 중도 우파 후보 포에에게 투표하라고 호소했을 때 그들의 근본적 온건성이 드러났다.

'3월 22일 운동' 같은 학생 조직들이 해체되고 그 조직원들이 노동자 계급 내의 조직 건설에 열의가 있는 듯한 사람들에 의존하게 되자 처음에 혁명적 조직들은 빠르게 성장했다. 하지만 어떤 조직도 공장에서 영향력을 확보하는 비법을 찾을 수는 없었다.

알랭 게스머 같은 일부 학생 활동가들은 즉각적이고 폭력적인 충돌이 노동자 대중의 지지를 얻어 낼 것이라고 주장한 모종의 마오주의로 전환했다. 그들은 경찰과 싸움을 벌이고 공장을 '습격'했으며 특별히 악명 높은 경영자를 상징적으로 납치하기도 했다. 정부는 그들의 신문을 금지시켰고 지도부 몇 명을 투옥했다. 그들은 명성이 자자해졌고 프랑스에서 가장 유명한 철학자이자 작가인 사르트르의 동조를 얻었는데, 그는 공개적으로 그들의 신문을 판매하고 젊은 노동자들 사이에서 약간 지지를 얻어 내며 정부의 불법화 조치에 도전했다. 그러나 그들의 방식은 실패할 수밖에 없었다. 1970년대 말이 되자 그들의 조직은 거의 자취를 감추었고 그들 중 앙드레 글룩스만처럼 유명한 지식인은 극도로 반마르크스주의적인 '신(新)철학자'가 됐고, 그들이 사르트르와 함께 창간한 신문 <리베라시옹>은 사회당 우파의 선전 도구가 됐다.

트로츠키주의 조직들은 그나마 조금 나았다. JCR의 후신인 공산주의자동맹은 3000~4000명의 학생들을 가입시켰고, CFDT 안에서 소규모 분파를 발전시킬 수 있었으며, 일간 신문을 발행하며 1970년대 중반까지는 가장 두드러진 혁명적 조직으로 남아 있었다. 하지만 노동자 계급 운동 안에서 지속적으로 영향을 미치지는 못했다. CFDT 지도부는 결국 이 분파를 축출했고 그들의 일간지는 거의 학생들과 학생 출신들에게만 팔렸다. 1970년 중반에 이르러 그 투사들 가운데 다수는 이탈리아 좌파가 겪었던 '전투성의 위기'를 경험하게 됐다.

공산주의자동맹의 지도부는 1974년에 잠시 거리 투쟁 쪽으로 기울면서 전국적 정치에 개입하려 했다. 그들은 파시스트들이 전혀 중요하지 않은 시기에 파시스트들의 회의장 밖에서 경찰과 격렬하게 싸웠다. 이런 싸움이 국가 탄압만 자초하자(그 조직은 불법화돼 이름을 바꿔야 했다), 동맹은 선거 정치 쪽으로 우경화해 사회주의자들과 공산주의자들이 선거에서 다수를 확보해야 할 필요성을 강조했다. 1960년대 초에 공산당이 미테랑을 지지하자 이를 비난하며 공산당에서 떨어져 나왔던 알랭 크리빈 같은 지도자들은 1979~80년에는 미테랑 정부가 혁명적 변화의 문을 열어젖힐 것이라고 주장했다.

노동자의 투쟁(LO)도 성장했으나, 그 방식은 달랐다. LO에 가입한 학생들은 학내에서 정치적 활동을 하지 말고 격주간 소식지를 공장 지역에 배포하는 데 총력을 기울이라는 지시를 받았다. 동시에 LO는 점점 더 국회의원 선거나 대통령 선거에 입후보하는 활동의 선전적 가치를 강조했다. 이런 식으로 그들은 서서히 조직을 건설해 나갔고 1980년대까지 조직을 유지할 수 있었다. 하지만 그들은 공장이나 대학에서 더 폭넓은 청중과 연계 맺는 능력을 보여 주지는 못했다. 대중은 갑자기 산업 쟁점이 아닌 정치적 문제—1980년대 초에 파시스트 르펭에 대한 지지가 갑자기 상승한 것 같은—에 끌리기도 했던 것이다. 심지어 산업 투쟁에서도 LO는 자기네 회원과 직접 관련이 없으면 다른 노동자들 사이에서 광범한 지지를 획득하기 위한 캠페인을 벌이려 하지 않았다.

독일의 새로운 혁명가들은 훨씬 더 큰 문제에 부딪혔다. 1968년에 그들이 일으킨 반란은 많은 젊은 노동자 계급의 지지를 받았다. 1968년 여름 그들은 노조가 주최한 시위에 참가했다. 그 시위는 정부가 원할 때면 언제든지—거대한 파업에 직면할 때 같은—긴급조치를 취할 수 있게 법을 개정하려는 데 항의하는 것이었다. 그러나 그런 움직임은 조직 노동자들과 연관을 맺거나, 또는 노동자 투쟁에 영향을 미치는 것을 의미하지는 않았다.

독일의 노조 운동이 나름대로 프랑스의 CGT만큼이나 관료적이라는 데 문제가 있었다. 정부가 주관하는 선거에 각 공장의 모든 노동자가 참가해 선출한 대의원기구만이 유일한 현장 대의기구였다. 노조가 임명한 위원들(Vertraensleute, 문자 그대로 '수탁인')의 지지를 얻지 못하면 어떤 사람이라도 선출되기가 매우 힘들었다. 노동자들이 스스로 대표를 선출하고 그들을 통제할 수 있는 구조가 존재하지 않았다.[4] 단체협약이 만료된 경우를 제외하고는 대의원이 파업을 주도하는 것은 불법이었다.

이런 구조는 1969년 가을에 잠시 흔들렸다. 임금 인상을 위한 비공식 파업이 도르트문트에 있는 회쉬 철강공장에서 시작해 광산·운송·양조장 노동자들에게 확산됐다.[5] 14만 명 이상의 노동자들이 파업에 참가했다. 고용주들과 노조는 운동이 통제 불능 상태로 빠지기 전에 서둘러 협상에 들어갔고 임금 인상을 허용할 수밖에 없었다.

하지만 이전의 관료적 체계가 곧 재확립됐다. 어떤 학술적 설명에 따르면, "1969~70년의 노사관계 위기는 독일 기준에서 보면 심각한 것이었지만, 기존 게임의 룰을 불신하게 만들지는 못했다."[6] 독일 사회민주당, 즉 SPD는 1969년 선거 뒤 정권을 잡았다. 그들은 직간접적 방법 — 디플레 조치, 당과 노조 상급 단체를 통한 개별 노조 압박 — 을 사용해 반란을 진압했다.

독일 경제는 서유럽에서 가장 튼튼했다. 정부는 1970년대 전반기 내내 충분한 자신감을 가지고 인플레이션을 억제했다. 비록, 그 때문에 성장률이 약간 낮아지기는 했지만 말이다. 그 덕분에 독일 노조 지도자들은 다른 어느 유럽 나라보다 노조원들을 더 잘 통제할 수 있었다. 이것은 노동자 100명당 파업 일수를 살펴보면 아주 잘 알 수 있다. 심지어 1967~71년에도 독일에서는 그 수치가 8일뿐이었던 반면, 영국은 60일, 이탈리아는 161일이었고, (1968년 5월 때문에 폭증한) 프랑스는 350일이었다. 1972~76에 독일의 수치는 훨씬 더 적었다. 독일은 3일, 이탈리아는 200일, 영국은 97일, 프랑스는 34일이었다.[7]

독일 SDS는 1968년 12월에 열린 총회 이후 사실상 붕괴했고 고립됐다. 고등학생 운동을 통해 사회의 세력 균형을 바꾸겠다는 그들의 계획은 환상일 뿐이었다.[8] 그러나 그렇다고 해서 혁명적 좌파가 끝장난 것은 결코 아니었다. 프랑스와 이탈리아의 사건에 영향을 받은 학생 활동가들은 대거 '공장 활동'에 들어갔다. 특히 1969년 가을의 파업 투쟁 뒤에 그랬다. 이런 전환과 함께 '레닌주의' 조직 형태의 가치가 갑자기 부각됐다.[9]

그러나 새로운 '레닌주의자들'의 사상은 노동자 계급투쟁에서 고립된 그들의 처지를 반영한 것이었다. 반권위주의적 학생 운동을 벌였던 사람들은 레닌주의와 스탈린주의를 동일시하며 레닌주의에 반대했다. 그들은 여전히 이 둘을 동일시했지만 부정적으로 그런 것이 아니라 긍정적으로 그랬다. 그들은 마오주의와 스탈린주의 정치를 채택하고 이를 이용해 스스로 혁명적 투쟁의 '지도부'를 자처했다. 물론, 노동자 계급은 이를 인정하지 않았지만 말이다.

한동안 경쟁적인 마오주의-스탈린주의 조직들이 학생들과 학생 운동 출신 활동가들을 다수 끌어들였고 일부 젊은 노동자들도 끌어들일 수 있었다. 어떤 조직은 1974년 4월에 1208명의 조직원이 4만 부의 신문을 팔고 있다고 주장했다.[10] 많은 사람들이 노동자들과 연계를 맺기 위해 공장에 취직했다.

그러나 이런 헌신적 활동은 아무 결실도 없었다. 이런 활동들은 독일 자본주의의 발전과 독일 노동자들의 투쟁에 대한 구체적 평가에 기초하지 못한 채 1903년의 레닌과 1929년의 마오가 갖고 있던 계획을 독일에 그대로 적용한 것이었다. 그 때문에 전투적이지 않은 노동자 계급 운동과 연계를 맺으려는 어려운 과제가 아예 불가능해졌다. 더욱이 중국에 집착하다 보니, 중국의 지도부 내에서 분쟁이 일어날 때마다, 조직이 분열되고 정치가 왜곡되는 일이 되풀이됐다. 그래서 그 중 일부는 소련의 '사회 제국주의'야말로 주적이라고 주장하며 독일의 군비 지출 증대를 지지하기까지 했다.

마오주의 정치만이 유행한 것은 아니었다. 혁명적 좌파가 진정한 사회 세력과 연계맺는 데 실패하자, 그 지지자들 중 일부는 개인적 테러로 사회를 뒤흔들려 했다. 적군파, 즉 바더-마인호프 그룹 같은 조직들이 나타났고, 그 활약상 덕분에 그들은 언론 매체를 통해 널리 알려졌으며 1968년에 급진화한 많은 사람들은 그들을 혁명적 대담성의 전형처럼 여겼다.

독일 정부는 이탈리아 정부가 붉은 여단을 처리한 것보다 훨씬 더 쉽게 적군파를 처리할 수 있었다. 1970년대 말 적군파 지도부는 모두 투옥됐고, 독일 정부는 그 중 일부가 감옥에서 동시에 자살했다고 발표했다. 다른 한편, 정부는 '테러리스트의 위협'을 들먹이며 극좌파 탄압을 정당화했다.

거의 모든 마오주의와 자생주의 조직들이 결국은 붕괴해 새로운 형태의 선거주의로 변절했다. 독일 노동자들 안으로 파고들 수 없었던 그들은 학생, 학생 출신 활동가, 중간계급, 일부 농민 들과 동맹하는 정치를 추구했고, 그 결과가 바로 녹색당이었다. 이어서, 그들은 자신들의 원칙을 희생시키고 사민당이 헤센 주를 통치하도록 도와주었다. 한때 자생적 마오주의자였던 요슈카 피셔는 핵발전소 정책을 고수하는 정부에서 녹색당 최초의 장관이 됐다.

12

상승기의 영국

프랑스의 계급투쟁은 1968년 5월에 절정에 달했다. 이탈리아에서는 1969년 '뜨거운' 가을에 계급투쟁이 고양돼 몇 달 동안 그 상태를 유지했다. 영국에서는 1968년부터 1974년 봄까지 투쟁의 물결이 꾸준히 상승했다.

이 상승 기류는 1969년 임금 통제 반대 투쟁에서 시작돼 1971년 초 우편 노동자들의 파업 패배 뒤 소강 상태에 머물러 있었다. 그러다가 그 해 여름 클라이드 조선소 노동자들이 사측의 대량 해고와 조선소 폐쇄 계획에 반대해 '일자리 지키기 투쟁'에 돌입하며 노동자들의 반격이 다시 시작됐다. 1972년에는 공장 점거 투쟁의 물결이 일었고 46년 만에 처음으로 전국적인 광원 파업이 벌어졌으며, 건설 노동자들과 항만 노동자들의 전국적 파업도 있었다. 또, 1973년에는 공무원들과 병원 노동자들이 사상 최초로 쟁의행위에 들어갔다.

이 투쟁의 물결은 1973년에서 1974년으로 넘어가는 겨울에 절정에 이르렀다. 광원들이 잔업 거부에 들어가자 정부는 주3일 근무를 실시했다. 이것은 광원들을 고립시키기 위한 것이었지만 오히려 두 번째 전국적인 광원 파업을 촉발시켰다. 정부 요인들은 당황해서 어쩔 줄을 몰랐고 총리는 신경쇠약에 걸릴 지경이었다. 보수당 정부는 "누가 이 나라를 통치하는가?"라는 질문을 던지면서 광원 파업을 총선 쟁점으로 부각시켰다. 그러나 광원 파업 분쇄 시도는 실패했고 보수당은 선거에서 지고 말았다.

연간 파업 참가자 수가 1968년에는 500만 명도 채 안 됐지만 1971년에는

1350만 명으로 늘어났고 1972년에는 2390만 명으로 증가했다. 이 수치는 1973년에 700만 명으로 떨어졌다가 1974년에는 1475만 명으로 다시 뛰어 올랐다.

고용주들의 공세

1920년대 이후 영국 최대의 산업 투쟁 물결은 고용주들과 정부가 노동자들의 생활수준, 노동 조건, 현장 노조 조직을 잇따라 공격한 데서 비롯했다. 이런 공세는 영국계 산업자본이 국제 경쟁에서 패배하고 있다는 사실을 점차 깨닫게 된 결과였다.

독일의 전후 피해 복구 과정에서 이득을 얻었던 영국은 1950년대 초반까지도 여전히 세계 최대의 공산품 수출국이었다. 고용주들은 자기 공장의 거의 모든 제품에서 나오는 거액의 이윤에 익숙해지고 있었다. 많은 고용주들이 공장과 설비,[1] 판매망을 현대화하지 않았다. 그들 대부분은 판매와 이윤이 줄어들까 봐 노사 분규가 장기화하는 것을 피했다.

그 결과, 노동계급은 대규모 계급투쟁을 거의 경험하지 못했다. 그래서 혁명적 사회주의 전통을 고수한다고 자처한 사람들이 아니라 노동계급 내의 보수적 진영이 우파 사회민주주의 사상에 도전하는 경우가 훨씬 더 많았다. 그리고 노동계급 내의 주요 부문에서 발전해 온 강력한 현장 조직은 전국적인 노조기구에 단지 느슨하게 묶여 있을 뿐이었다. 특히, 금속과 자동차 산업에서 그랬다. 이 부문에서는 '성과급'이 널리 퍼져 있었고, 지역 현장 조직의 교섭 능력이 개별 노동자들의 임금과 노동 조건을 결정하는 주요 요인이었다. 탄광업도 마찬가지였다. 특히, 막장의 채탄 노동자들은 작업률을 둘러싸고 지역별로 비공식 파업을 벌인 오랜 전통이 있었다. 항만에서는 투사들의 네트워크가 수문 앞에서 대중 집회를 열고 파업을 조직했다.

1960년대가 되자 영국 자본주의는 팽창하는 세계 시장을 차지하기 위한 쟁탈전에서 서독과 일본에 밀리고 있다는 것이 분명해졌다. 계속되는 국제수지 악화가 이 사실을 잘 보여 주고 있었다. 고용주, 정부, 정치평론가, 우파 노조들은 현장조합원들을 길들이고 직장위원 조직을 약화시키며 생산성을 증가시키는 데 영국 자본주의의 성공이 달려있다고 보았다. 언론은 규칙적으로 특정 자동차 공장의 직장위원들이 저지른 '불법 행위'를 1면 기사로 내보냈다. 직장위원들을 적대적으로 묘사한 영화 두 편('The Angry Silence'와 'I'm all right Jack')이 제작됐다. 금속 노조의 우파 위원장 빌 캐런은 직장위원들을 가리켜 '늑대인간'이라고 말했다. 1965년에 노동당 정부는 도노번 경을 책임자로 하는 왕립위원회를 설치해 '이 문제'에 대한 특별 조사에 들어갔다.

1964년 이후에는 총리 해럴드 윌슨이 이끄는 노동당 정부가 노조 지도부와 협력해 노동계급의 생활수준을 억제하기 시작했다. 정부는 '소득 증대 계획'을 약속한 '의향서'에 영국노총(TUC)과 공동 서명을 한 뒤, 노조 지도부의 도움을 받아 1966년의 선원 파업과 1967년에 일어난 리버풀과 런던의 항만 노동자 파업을 처리했다.

1968년에 발행된 도노번 보고서는 법 체계를 이용하기보다는 노조 지도부와 협력하는 정책을 통해 직장위원 조직과 비공식 파업을 정면으로 공격해야 한다는 내용을 담고 있었다. 이 보고서는 직장위원들을 공식 노조기구의 통제 아래 두고 협상 과정에서 노조 전임자들의 역할을 증대시키기 위해서는 장기간의 노력이 필요하다고 주장했다.

이미 지배계급 내의 주요 부문은 이러한 전략을 실행하고 있었다. 자동차 산업에서는 포드가 새로운 임금 체계를 도입해, 직장위원들과 경영진이 작업 시간을 놓고 벌이던 현장 단위의 단체교섭을 폐지했다. 1968년 이후에는 처음에 루츠(Rootes, 곧 크라이슬러에 인수됨)가, 그 후 브리티시레일랜드[영국의 자동차 회사]가 이 선례를 따랐다. 광산업 분야에서는 1966년 에너지합리화조치가 시행되면서 성과급 제도가 철폐됐다. 조선소에 관한 1965년의 데블린 보고서는 노동자들이 임의로 만드는 일상 조직을 폐지해서 파업을 줄여야 한다고 권고했다.

노조의 약속에 의존하는 '자발적' 시스템은 노동자들의 생활수준을 억제하는 문제에 부딪히자 제대로 작동하지 않았고 1966년 7월에 노동당 정부는 임금을 통제할 수 있는 법적 권한을 물가・임금위원회에 부여했다. 그렇다고 해서 현장조합원들을 통제하기 위해 노조 지도부에 의존해야 할 필요성이 사라진 것은 아니었다. TUC는 새로운 법률적 억제 조치에 반대하지 않았다.

임금 통제 자체는 직장위원들의 권한을 빼앗아 노조 상근 간부들에게 이전하기 위해 고안된 것이었다. 노동자들은 고용주들과 '생산성 협정'을 체결함으로써 임금 규제를 피할 수 있었다.[2] 이런 계획의 대부분은 부문별 직장위원들이 갖고 있던 작업장 단위의 협상권을 폐지하고 노조 관료들이 더 많은 역할을 할 수 있는 공장 전체 수준의 협상을 도입하는 것이었다.

그 장기적 목표는 새로운 노동 조건과 작업 속도를 강제하기 위해 경영진의 권한을 강화하는 분위기를 조성하는 것이었다. 그러나 단기적으로 우파 노조 지도부는 정부의 임금 '규범'을 지지하는 노선을 고수하기가 점점 힘들다는 사실을 깨닫고 있었다.

파업 횟수가 계속 늘어나고 있었다. 1967년의 리버풀 항만 노동자 파업에 뒤이어 버스 기사, 환경미화원, 시장의 짐꾼, 건설 노동자 등의 파업이 벌어지면서 도시에서는 새로운 투쟁 분위기가 형성됐다.[3] 동일 임금을 요구하는 383명의 여성 노동자들이 7년 만에 처음으로 포드 자동차 공장의 일부를 마비시켰다. 브롬보로에 있는 걸링 자동차 부품 공장의 금속 노동자 22명이 작업 거부에 들어가자, 나머지 자동차 회사 대부분이 문을 닫아야 했다.

임금 통제에 대한 현장조합원들의 불만이 커지자 노조의 위계 질서에 영향을 끼쳤다. 임금 규범에 대해 입발림말로라도 저항한 운수일반노조(TGWU) 같은 조직들은 새로운 조합원들을 끌어들인 데 반해, 아무 대응도 하지 않은 지방자치단체노조(GMWU) 같은 곳은 정체를 겪었다. TGWU에서는 '좌파'가 점점 더 지도력을 장악하게 됐고 그 중 한 명인 잭 존스가 1968년 말에 사무총장이 됐다. 금속노조(AUEW) 위원장 선거에서는 우파 후보 존 보이드가 노동당 정부와 너무 비슷한 정책을 추구하다 범좌파 후보 휴 스캔런에게 패배했다. DATA(TASS의 전신)와 ASTMS 같은 사무직 노조의 지도부는 조직이 성장할 것이라고 전망하면서 좌파 출신의 젊은 조직가들을 채용했다. 이 조직가들은 새로운 조합원들을 획득하기 위해 전투적으로 활동할 각오가 돼 있는 사람들이었다. 1968년의 TUC 총회에서는 임금 통제에 대해 7대 1로 반대표가 더 많이 나오는 등 바뀐 분위기를 잘 보여 주었다.

지배계급 중에는 '유연' 전략에 대해 회의적인 부문이 늘 있었다. 이제 그들은 자신들의 입지가 강화됐음을 느낄 수 있었다. 1968년 9월 말 루츠·포드·브리티시레일랜드·복스홀의 사장들은 영국 전경련의 지지를 받아 비공식 파업을 규제하는 법안을 통과시키기 위해 로비를 벌였다.

고용·생산성 위원회의 새 위원장인 노동당 '좌파' 바바라 캐슬은 사장들의 주장을 지지했다. 그는 1969년 1월 ≪투쟁을 대신해≫라는 백서를 발간해 파업 찬반 투표를 비밀투표로 하고 '냉각기' 동안 쟁의행위를 금지하는 정부 지침을 위반하는 노동자들에게 벌금을 부과해야 한다고 제안했다. 정부가 이런 조치를 강행해야 한다는 고용주들의 결심은 1969년 초에 더욱 굳어졌다. 그 때 우파 노조가 지배하던 협상위원회가 포드 사측과 체결한 협정을 직장위원들이 반대하며 파업을 요구하자, 존스와 스캔런이 이 파업을 공식적으로 지지하고 나섰던 것이다.

처음에는 캐슬이 제안한 법안이 쉽게 통과될 수 있을 것처럼 보였다. TUC 위원장 조지 우드콕은 그에게 이렇게 말했다. "바바라, 노동조합 운동을 아주 쉽게 처리해 버렸군요."[4]

하지만 수십만의 현장조합원 활동가들은 이 법안을 매우 적대시하고 있었다. 일부 소수 활동가들은 공산당과 연계돼 있거나 그 전 해에 있었던 프랑스의 사건들에 고무돼 있었다. 그들은 이 쟁점 때문에 비정치적인 노동자들이나 노동당 우파를 지지하는 노동자들한테서도 지지를 얻을 수 있다는 사실을 갑자기 깨달았다. 1969년 2월 27일에 1926년 총파업 이후 최초의 공공연한 정치 파업이 일어났다. 클라이드사이드의 노동자 4만 5000명과 머지사이드의 노동자 5만 명이 이 백서에 항의하는 파업에 돌입했다. 5월 1일에는 공산당계 조직 '노동조합 방어를 위한 연락위원회'가 주도한 작업 거부 투쟁에 50만 명이 참가했고 런던에서는 2만 5000명이 시위에 참가했다. 전국적인 신문들의 발행이 완전히 중단되자 모든 국민은 사태의 심각성을 느낄 수 있었다.

몇몇 핵심 노조 지도자들도 정부가 내놓은 안에 불만이 있었다. 그들은 정부가 자신들을 따돌리는 게 아닌지 우려했다. 휴 스캔런은 나중에 다음과 같이 말했다.

> 잭 존스와 나 자신은 …… 우리의 운명이 대립이 아닌 협력에 있다고 보았다. 그리고 누구든지 노조 지도부의 동의 없이 그런 법률의 제정을 제안할 수 있다는 그 어떤 생각도, 우리가 노동당 정부의 정권 재창출을 위해 싸울 때 믿고 있었던 모든 것을 배반하는 것이었다.[5]

그들은 백서에 반대하는 직접 행동을 조직하려 하지 않았다. 휴 스캔런은 메이 데이 파업 요구를 비판했다. 그 파업 요구를 진심으로 지지한 '공식' 노조는 런던 지역의 인쇄 노조인 SOGAT뿐이었다. 하지만 좌파 노조 지도부는 노동당 의원들에게 압력을 넣었다.

윌슨과 캐슬은 내각이 두 동강 났다는 사실을 갑자기 깨달았다. 우파 기회주의자인 내무 장관 짐 캘러핸이 윌슨과 캐슬에 반대하고 나섰던 것이다. 그 법안은 철회됐고, 그 대가로 TUC는 노조 간 연대 파업이나 비공식 파업을 통제하기로 약속했다.

저임금 노동자들의 반란

이제 노동당의 임금 통제 정책에 반대하는 움직임은 전통적으로 전투적이었던 부문에서 시작해 산업 투쟁 경험이 거의 없는 노동자들에게까지 퍼져 나갔다. 이런 노동자 집단들은 그 전에는 '임금 방임 정책'—개별 부문이나 공장에서 현장의 힘을 이용해 그 산업 전체에 책정된 임금보다 훨씬 높은 임금을 받을 수 있게 압력을 행사하는 것—을 통해 임금 통제의 결과를 피하는 것이 어려웠던 것이다. 이제 그들은 다른 전투적 노동자들의 행동을 따라하기 시작했다.

1969년 5월 랭커셔에 있는 브리티시레일랜드의 트럭 공장에서 40년 만에 처음으로 전면 파업이 벌어졌다.[6] 6월에는 애버딘에서 트롤어업 노동자들이 파업에 돌입해 6주 동안 투쟁을 벌였다. 7월에는 포트톨벗에서 제철소 노동자들이 7주 동안의 파업을 시작했다. 9월에는 해크니와 런던의 아홉 개 구청 소속 환경미화원들이 비공식 파업을 시작했다. 그 파업은 TGWU의 지지를 받았고 런던 전체와 그 밖의 많은 지역으로 확산됐다. 환경미화원들이 승리를 거두고 작업에 복귀하자, 이번에는 요크셔의 광원들이 임금 인상을 요구하며 파업을 시작했다. 그들은 '피케팅 선봉대'를 보내 150개의 탄갱에서 15만 명을 끌어냈다. 광원들은 전국 지도부의 압력을 받아 다시 작업에 복귀할 수밖에 없었지만, 머지않아 반란은 교사들에게 확산됐다. 아래로부터 압력을 받은 전국교원노조(NUT) 지도부는 사상 최초로 쟁의행위에 돌입해야만 했다.

1970년 1월에는 임금 문제 때문에 폭발한 반란이 리즈의 의류 노동자들에게 확산됐다. 존 콜리어라는 회사에서 주로 여성 노동자들이 파업에 들어가자 다른 회사 노동자들이 뒤를 따랐고 드디어 2만 5000명이 파업에 돌입했다. 이 광경을 목격했던 사람은 파업의 기세에 대해 다음과 같이 말했다.

정오 직전에 약 1000명의 파업 참가자들이 최근의 작업 거부 소식을 듣기 위해 우드하우스 무어에 모여들었다. 아직 작업을 계속하고 있는 곳의 명단이 발표됐다. 그러자 노동자들은 세 그룹으로 나누어 그 명단에 나온 작업장들을 맡기로 했다.

나는 300명의 동료들과 함께 리즈의 우드하우스 지역으로 행진했다. '우리는 승리하리라'라는 노래를 부르며 행진했는데, 이 노래는 존 콜리어의 노동자들이 4주 전에 파업을 시작한 이래로 우리의 주제가였다. 주로 여성들로 이루어진 시위대는 H 스펜서 주식회사의 작은 공장을 떼지어 에워싼 다음 "나와라! 나와라!" 하고 외쳤다. 시위대는 창문을 두드리고 문을 열어 제쳤다. 중년의 여성 노동자들은 "우리를 지지하라", "파업 방해자가 되지 말라", "파업 파괴를 중단하라"고 외치면서 안으로 밀고 들어갔다. 일을 하고 있던 노동자 몇 명이 다가오더니, 시위대가 움직이면 바로 따라 나가겠다고 말했다. 일부가 남아서 그들이 실제로 10분 안에 공장을 닫는 것을 확인했다.

시위대는 이동해 차량을 막고 거리 전체를 장악했다. 경찰은 초조하게 지켜보고 있었다.[7]

2월 말에도 스완지에서 포드 노동자들이 파업을 벌였다. 그들은 미들랜즈 자동차 노동자들과 동등한 임금을 요구했다. 이것은 매우 중요했다. 왜냐하면 미들랜즈 노동자들은 성과급 덕분에 임금 규범에 규정된 것보다 훨씬 많은 임금을 받고 있었던 반면, 표준노동일의 적용을 받는 포드 노동자들은 그보다 소득이 적었기 때문이다. 이 파업은 머지사이드에 있는 헤일우드 포드 공장에서 약간 지지를 받았다.[8] 이 기간 동안 잉글랜드 남서부에서도 파업이 빈발했다. 센트락스에서 1000명의 노동자가 21주 동안 파업을 벌였고 오터리 세인트 메리에서도 15주 동안 파업이 계속됐다. 이 둘 다 데번 지역에서 발생한 파업이었다.

마지막으로, 4월에는 세인트 헬렌스에 있는 필킹턴 공장에서 유리 제조공들이 반란을 일으켰다.

필킹턴의 파업은 리즈 의류 노동자들의 파업과 여러모로 비슷했다. 이 파업도 한 공장에서 갑자기 시작된 자생적 파업이었는데, 그 쟁점은 임금 액수의 차이였다. 소수의 전투적 노동자들은 놀라움에 사로잡혔다. 그들이 일단 공장 문 밖으로 나오자 노동자들이 임금에 관한 요구 사항—주당 10파운드의 임금 인상—을 제시했던 것이다. 그리고 나서, 그 노동자들은 그 회사의 다른 공장 주위를 행진하면서 안에 있는 노동자들을 밖으로 나오게 만들었다. 1920년대 이래로 유리 제조공들의 파업은 한 건도 없었다. 그런데 이들이 파업 기간 동안 대규모 피케팅을 하고 기마 경찰과 격렬하게 충돌하면서, 자동차 산업처럼 전투적인 부문에서도 좀처럼 보기 힘든 광경을 보여 주었다.

파업으로 타격을 받은 것은 필킹턴 공장뿐이 아니었다. 그 노동자들의 노조인 GMWU도 뿌리째 흔들렸다.

오랫동안 GMWU는 영국에서 가장 관료주의적인 우파 노조였다. 이 노조는 사실상 모든 파업을 반대했고, 노조원을 새로 받아들일 때면 다른 노조에 영향을 미칠까 봐 우려하는 고용주들과 '밀실 거래'를 한 다음에 받아들였다. 그 지도부는 계속 연임할 수 있는 — 흔히 세습되는 — 과두지배 체제였다. 관료들은 평생 단 한 번만 선거를 치르면 됐고, 그 뒤에는 2년 간의 '임시직'에 임명되면 그만이었다. 선거는 지부별 블록투표[대의원에게 그가 대표하는 인원 수에 비례하는 표를 주는 투표 방법] 방식이었다. 그리고 규모가 큰 지부들은 상부에서 임명한 관료들이 운영했다.

그 노조가 이런 식으로 운영될 수 있었던 것은 소속 노동자 대부분이 1940년대, 50년대, 60년대 동안 매우 수동적인 산업 분야와 작업장의 노동자들이었기 때문이다. 그런데 지난 18개월 동안 상황이 바뀌기 시작했다. 2~3월에 있었던 포드의 파업에 참여한 헤일우드 노동자들 중 일부가 GMWU 소속이었다. 그 뒤 그들은 파업을 지지하지 않는 노조에 넌더리가 나서 GMWU를 나와 TGWU에 가입했다. TGWU는 이 파업을 공식 파업으로 만들었던 것이다. GMWU의 노동자들 상당수가 환경미화원의 파업에도 가담했다. 그러나 필킹턴은 이 노조의 두 번째로 큰 지부였고 위원장인 쿠퍼 경의 본거지였다. 또한 노조 간부들이 경영진과 매우 친하게 지내면서 활동하는 수백 군데 중에서 가장 전형적인 곳이었다. 만약 노조 지도부가 필킹턴에서 통제력을 확립하지 못한다면, 다른 어떤 곳에서도 통제력은 유지될 수 없었다.

처음 2주 동안 노조는 파업에 대해 노골적인 적대감을 드러내기보다는 서투르고 무능하게 대처했다. 2주 뒤에 노조는 데이빗 베이스넷이라는 한 젊은 (상대적으로 젊다는 말이다. 그는 이미 40대 후반이었다) 노조 전임자를 내려보냈다. 베이스넷의 아버지와 할아버지 모두 노조 간부였다. 노동자들을 작업에 복귀시키려고 애쓰던 그는 처음 참석한 대중 집회에서 노동자들에게 이렇게 외쳤다. "여러분은 정말 어처구니없는 짓을 하고 있습니다."[9] 이 발언 때문에 노동자 대중은 즉시 그에게 등을 돌렸다.

이제 대중 집회에서 선출된 현장조합원 파업위원회가 파업 지도부를 장악했다. 그들은 노조에서 나오는 파업수당도 받지 못한 채 그 뒤로도 6주 동안 파업을 계속하면서 세인트 헬렌스 노동자들의 공인된 지도부가 됐다. 이 사실은 TUC 사무총장 빅 페더가 작업 복귀 조건을 논의하기 위해 이들을 만났을 때 인정한 바였다. 하지만,

> …… 현장조합원 위원회는 결코 기존 투사들의 기구가 아니었다. 그 구성원 대부분은 노조 경험이나 정치적 경험이 전혀 없었다. 지역에서 노동당의 정치를 접해본 사람은 몇 명 있었다. 혁명적 좌파와 모종의 연계를 맺고 있는 사람은 딱 한 명뿐이었다.[10]

GMWU는 이 위원회에 복수를 했다. GMWU는 노동자들이 현장 대표를 독자적으로 선출할 수 있게 하겠다던 약속을 파기했다. 한 공장에서 기존 노조에 넌더리가 난 상당수의 노동자들이 파업에 돌입하면서 TGWU에 가입하거나 독자적 노조 결성권을 요구하자, GMWU는 경영자측과 협의해 자신들이 내세운 작업 복귀 조건을 거부하는 모든 노동자를 해고하도록 만들었다. 사실상 원래의 파업 지도부를 희생시킨 것이다.[11]

하지만 GMWU조차도 조합원들 사이에 형성된 새로운 전투성의 영향력에서 완전히 벗어날 수는 없었다. 마지못해 그들은 바뀐 분위기에 호응하는 듯한 신호를 보내기 시작했다. 그들은 필킹턴에서는 파업수당을 지급하지 않았지만, 1971년에는 1969년보다 7배가 많고 1967년보다는 40배나 많은 파업수당을 지급했다.

셀즈던 맨

가장 지루한 선거 중 하나로 기억되는 1970년 6월 총선에서 에드워드 히스가 이끄는 보수당이 승리했다. 그 선거에 대한 어떤 학술적 평가에 따르면,

"노동당이 보수당의 정책을 너무 많이 채용했기 때문에 히스가 여론을 오른쪽으로 움직이려 하지 않았다면 그에게는 운신의 여지가 거의 없었을 것이다."[12]

보수당이 이긴 것은 대중이 그들의 정책을 열렬하게 지지했기 때문이 아니라, 노동당이 집권 6년 동안의 실적으로 비싼 대가를 치렀기 때문이다. 선거 결과 노동당 지지율은 1966년보다 5퍼센트 낮아졌고 투표율은 1935년 이래로 가장 낮았다.

히스는 윌슨이 실패한 지점에서 시작하기로 작정했다. 즉, 산업 성장을 끌어올리고 비효율적인 기업들을 도태시키며 노조를 강력하게 공격함으로써, 쇠퇴하고 있는 영국의 산업자본을 소생시키려 했다. ≪투쟁을 대신해≫에서 제안된 임금 통제 정책은 실패했지만, 지배계급은 노동계급의 조직을 약화시키기 위해 법을 이용하려는 시도를 포기하지 않았다.

보수당의 선거 강령은 1945년 이래로 그 어느 때보다 우파적이었다. 이 정책 속에는 10년 뒤에 '통화주의'라고 부르게 된 강력한 요소들이 들어 있었다. 즉, 모든 것을 시장에 맡기고, 정부의 개입을 줄이고, 소득세를 삭감해 '인센티브'를 증대하고, 노조의 '특권'을 제한해야 한다고 강조했다. 노동당 지도부는 히스를 가리켜 '셀즈던 맨'(Selsdon Man)이라고 부르면서(그 정책이 결정된 장소인 셀즈던 파크에서 따온 별명이었다), 그가 네안데르탈 시대로 후퇴하고 있다고 주장했다.

집권 첫해에 히스는 셀즈던의 메시지를 거듭거듭 천명했다. 그는 보수당 전당대회에서 다음과 같이 말했다. "······ 우리는 매우 빠른 변화, 매우 조용한 혁명, 하지만 전면적인 변화를 일으켜야 한다. 이것은 우리가 공약으로 내걸었던 ······ 선거 강령을 훨씬 뛰어넘을 것이다."[13] 히스는 자신이 내뱉은 말을 진심으로 믿었을 수도 있고 아닐 수도 있다. 그러나 그의 각료 다수는 분명히 그 말을 믿었고 정부는 1930년대 이래로 가장 우파적인 정책들을 밀고 나갔다.

재무 장관 앤서니 바버는 소득세와 법인세를 모두 삭감했고 초등학교 우유 무료 급식을 포함한 복지 예산 감축을 강행했다. 주택부 장관은 공공 임대주택의 임대료를 대폭 올리겠다고 발표했다. 고용부 비서관 로버트 카는 노사관계법을 추진했는데, 그 법안은 노조가 1906년에 획득한 자유를 대거 없애려 했던 노동당의 시도보다 훨씬 더 나아간 것이었다. 전에 CBI[영국 전경련]의 회장을 지낸 적 있는 산업부 장관 존 데이비스는 산업 구조조정을 시장의 힘에 맡겨야 한다고 주장했다. '뒤뚱거리는 오리들' ─ 수익성이 없는 기업들 ─ 은 '지원하지' 않겠다는 말이었다.

임금 반란을 잠재우지 않는 한 보수당의 어떤 정책도 성공할 수 없었다. 보수당이 선거에서 승리한 뒤에도 몇 달 동안 임금 반란은 계속됐다. GKN 스네이키의 파업은 자동차 산업에서 대량 해고 사태를 낳았고 항만 노동자들은 조업을 중단했으며 지방 정부의 육체 노동자들도 작업을 거부했다.

국제적 요인들 ─ 주로 미국의 베트남 전쟁에 대한 과도한 지출 ─ 때문에 인플레이션은 10퍼센트나 치솟았고 영국 기업들의 이윤에 문제가 생기기 시작했다. 보수당의 불개입 원칙은 노동당의 소득 정책과 완전히 단절하는 것을 의미했다. 그러나 이 정책은 사실상 파산한 상태였다. 노조 지도부는 조합원들을 계속 통제하기 위해 제한적인 공식 파업 투쟁을 점점 더 많이 조직해야 했다. 만약 정부가 노조 지도부와 협력하지 않으려 한다면 ─ 아마 그렇게 할 수 없었을 것이다 ─ 충돌을 선택할 수밖에 없었고 1945년 이래로 거의 없었던 전국적 공식 파업의 위험을 감수해야 했다.

정부는 첫 번째 시험을 회피했다. 항만 노동자들이 전국적인 비공식 파업을 시작했고 TGWU의 항만 노동자 대의원대회는 잭 존스의 연기 요청에도 불구하고 이 파업을 지지했다. 그러자 지방자치 정부의 육체 노동자 수십만 명이 선별적인 공식 파업에 돌입했다. 정부는 이 두 파업에 대해 회유 정책을 선택해 조사위원회를 꾸리고 상당한 임금 인상을 제시했다. 광산업에서는 정부가 운이 더 좋았다. 전국 투표에서 분명히 다수가 쟁의행위에 찬성했지만 노조 규정에 따라 필요한 75퍼센트에는 미치지 못했다. 그래서 우파 간부들이 116개 탄광의 비공식 파업을 간신히 종결시킬 수 있었다.

보수당은 이 시점에서 강경 노선을 추구하지 않는다면 모든 신뢰를 잃어

버릴 수도 있다고 생각했다. 그들은 3단계 전략을 실행에 옮겼다.

첫째, 베트남 전쟁에 대한 지출 삭감 때문에 심화되고 있었던 미국의 경기 후퇴가 영국에 영향을 미치는 것을 의도적으로 허용했다. 1970년대 중반부터 상승한 실업률은 1971년 가을에는 절정에 이르러 실업자가 100만 명이나 됐다. 그 목표는 실업에 대한 두려움을 이용해 사기업 노동자들의 임금 반란을 끝내려는 것이었다. 이것은 어느 정도 성공을 거두었다. 1971년에 작업 거부는 1970년보다 40퍼센트 이상 줄어들었고 작업 거부에 참여한 노동자 수도 3분의 1 이상 줄어들었다.

둘째, 보수당은 공공 부문에 '임금 규범'을 부과하기로 결정했다. 이 규범의 적용을 받은 노동자들의 임금 상승분은 그 전보다 1퍼센트 낮았다.

셋째는 노사관계법이었다. 이 법안에는 노사관계법원의 결정을 위반하는 파업에 대해 벌금을 부과한다는 내용이 들어 있었다. 만약 노조가 그 법에 따라 등록을 하면 벌금은 줄어들었지만, 그렇게 하기 위해서는 노조 규약을 정부 사무관이 요구하는 대로 수정해야 했다. 이 법안의 목표는 직장위원이 파업을 요구하지 못하게 하는 것이었다.

공세에 대한 반격

노조 지도부 대다수는 노사관계에 대한 정부의 새로운 접근방식을 좋아하지 않았다. 그들은 최근의 노동당 정부나 전후 보수당 정부 시절 자신들이 수행했던 역할 즉, 고용주와 노동자 대중을 중개하는 역할에서 밀려나고 있다고 생각했다. 그들은 그동안 확립한 고용주들과의 관계나 현장조합원들과의 관계가 노사관계법 때문에 모두 교란될 것이라고 우려했다. 그러나 동시에 정부와 전면 충돌을 감수할 준비가 된 전임 노조 간부는 거의 없었다.

그 뒤 3년 동안 노조 지도부는 이중적인 게임을 했다. 한편으로, 그들은 정부에 맞서 제한적인 동원을 지지하거나 심지어 직접 조직하기도 했다. 다른 한편으로, 그것을 협소한 틀 안에 가두려 했다. 그래서 만약 정부의 양보 기미가 보이기만 하면 동력을 소진시켜 버렸다.

예를 들어, TUC는 엄청난 물량의 선전 공세를 통해 노사관계법의 독소 조항들을 설명했고, 항의 집회를 준비하기도 했다. 그러나 이 법안에 반대하는 파업 투쟁은 배제했다. TUC 지도자들은 적극적인 저항 운동을 펼치는 것이 아니라 정부에 협력하지 않음으로써 법안을 무력화하는 것이 목표라고 강조했다. 1971년의 TUC 총회에서 나온 말처럼, 노조가 새 법에 따라 등록하기를 거부하고 노사관계법원에 출두하지 않으면 된다는 것이었다.

이 전략은 모순투성이였다. 새 법안에 대한 소극적인 저항은 결국 결정적인 문제를 제기할 수밖에 없었다. 만약 법원이 노조 기금을 압류해 버리면 어떻게 할 것인가? 바로 이 때문에 일부 노조 지도자들은 운동에서 이탈해 법원에 등록할 수밖에 없었다. 왜냐하면 이미 TUC가 유일한 대안을 배제해 버렸기 때문이다. 그 대안은 바로 새 법안에 반대하는 대중 파업이었다.

더욱이 서로 다른 노조 관료 분파들은 TUC의 전략을 제각기 해석하고 있었다. 한쪽 끝에는, 처음부터 법에 따라 등록하는 것을 선호했던 GMWU의 쿠퍼 같은 사람들이 있었다. 다른 한쪽 끝에는, 그 법안에 반대하는 하루 파업을 조직했던 금속 노조나 인쇄 노조 SOGAT가 있었다.

노조 지도부의 계산에 영향을 미친 중요한 요소는 이 법안에 대한 현장조합원 활동가들의 반응이었는데, 그것은 완전한 적대감이었다.

대다수 활동가들의 정치 사상은 노동자 대중의 정치 사상과 마찬가지였다. 그것은 바로 다양한 종류의 노동당 노선이었다. 그러나 거의 모든 활동가는 그 법안이 현장 노동자들에게서 파업권을 빼앗아 가는 위험한 것임을 알고 있었다. 여러 해 동안 금속·항만·신문사·건설과 같은 주요 산업 부문의 노동조합주의는 위협적인 비공식 파업에 기초하고 있었다. 그 법안의 목적은 바로 이런 파업을 끝장내는 것이었다. 다른 부문에서는 그토록 오래된 현장 투쟁의 전통이 없긴 했지만, 1969~70년의 전투적인 비공식 파업에 대한 기억은 남아 있었다.

활동가들 사이에는 정도의 차이는 있지만 전통적인 노동당 노선과 다른,

그보다 더 급진적 사상을 가진 소그룹이 세 개 있었다.

수천 명의 조직원을 거느린 첫 번째 그룹은 노사 문제에서 공산당의 지도력에 의존하고 있었다. 몇 년 전부터 공산당은 더는 견고하고 활동적인 조직이 아니었다. 하지만 공산당이 그런 조직일 때 가입했거나 공산당과 일체감을 느끼고 있었던 현장 투사들은 여전히 그 영향을 받고 있었다. 그들은 당 모임에는 거의 나가지 않았다. 그러나 자기가 속한 산업 부문에서 투쟁이 벌어지면 다시 생기를 되찾았고 공산당의 노선을 기꺼이 받아들였다. 그들은 노동당 좌파의 정치를 가진 다른 투사들이 산업 투쟁을 벌일 때 구심점 역할을 할 수 있었다.

1970~71년에 셰필드와 맨체스터의 금속공업, 클라이드의 조선업, 스코틀랜드와 웨일스의 탄전에서는 공산당이 여전히 주요 활동가 세력이었다. 또한 버밍엄의 브리티시레일랜드 롱브리지 공장과 다겐햄의 포드 공장, 런던 전역의 금속 노조, 런던과 버밍엄의 건설업에 영향을 미치고 있었다.

이런 영향력 덕분에 공산당 계열의 조직인 '노동조합 방어를 위한 연락위원회'는 노사관계법 반대 투쟁 초기에 비공식 운동의 주도권을 장악할 수 있었고, 1970년 11월 중순에는 135개의 직장위원회와 300개의 노조 지부에서 1750명의 대의원들이 참석한 총회를 소집할 수 있었다. 이 총회에서는 12월 초에 하루 파업을 벌이자는 요구가 나왔고, 이 파업에는 50만 명의 노동자들이 참가했다.

그러나 노조 지도부의 동요와 배신에 반대해 전국적으로 현장조합원들의 행동을 조율하는 구심점으로서 연락위원회를 바로 세우는 것이 공산당의 전략은 아니었다. 오히려 연락위원회가 공산당과 친한 노조 간부들이 있는 노조에서 압력 단체 역할을 하게 만드는 것이었다. 그런 노조 간부들은 금속 노조의 스캔런과 운송 노조의 존스를 지지하면서 전통적인 우파에 맞서 싸우고 있었다. 연락위원회는 너무 전투적인 모습을 보이면 그런 간부들을 당황하게 하지 않을까 항상 걱정했다. 일단 노사관계법 반대 투쟁이 노조 간부들의 뜻을 거슬러 산업 투쟁으로 확산되자 연락위원회는 기권하고 말았다.

이 단계에서 혁명적 좌파는 공산당보다 훨씬 더 소수였다. 가장 큰 혁명 조직은 국제사회주의자 단체(IS)였는데, 그 조직원은 약 1000명이었다. 1969년과 1970년의 투쟁 과정에서 우리는 대부분의 주요 도시와 산업 부문에서 활동하던 극소수의 훌륭한 투사들을 끌어들였다. 하지만 그들은 한줌에 불과했다. 그 명성 덕분에 그들은 자기가 속한 작업장이나 다른 사람들이 이끌던 캠페인에서 강력한 주장을 펼칠 수는 있었지만, 그들 자신이 활동을 주도할 수는 없었다. 1971년 12월에 IS가 조직한 산업 협의회에서는 혁명적 좌파가 산업 현장에 미치는 영향력이 어느 정도인지 잘 드러났다. 전체 참여 인원은 약 250명이었다. 여기에는 공장 안에 있는 조직원과 지지자들뿐 아니라 공장 밖의 적극적인 조직원들도 포함됐다.

하지만 IS에는 두 가지 긍정적인 특징이 있었다. 그들은 현재 벌어지고 있는 투쟁의 성격에 대해서 공산당이나 노동당 좌파보다 훨씬 더 명확한 생각을 갖고 있었다. 성과급에서 표준노동일로 전환하려는 고용주들의 공세나 생산성 협상이 현장의 힘을 잠식하는 데서 얼마나 중요한지를 강조한 사람들은 IS 뿐이었다. 그래서 IS는 토니 클리프가 쓴 ≪고용주들의 공세≫라는 책을 출판했다. 그 책은 2만 부가 팔렸는데, 거의 대부분은 직장위원들에게 팔렸다. IS만이 노사관계법의 목표가 현장조합원 활동가들에 대한 노조 관료들의 통제 강화이므로 이에 반대하는 투쟁에서 노조 관료들에게 의존할 수 없다는 사실을 강조했다. 마지막으로, IS만이 노조 관료로부터 독립적인 활동가들을 단결시키기 위한 현장조합원 운동을 주장했다.

더욱이 IS는 1968년의 투쟁과 1970년의 대학 점거라는 거대한 물결이 배출한 최고의 학생 활동가들을 흡수했다. 바로 이들 가운데 일부 열정적인 젊은 이들이 시위 현장과 공장 정문 앞에서 <사회주의 노동자>를 열심히 판매하고, 대규모 작업장에서 한두 명의 IS 동조자들과 함께 규칙적인 공장 소식지를 만들었으며, 파업에 참가한 노동자들을 지지했다. 그리하여 1969~70년에 <사회주의 노동자>는 모든 대규모 파업과 많은 사소한 파업 관련 기사를 실을 수 있었고, 이런 기사들은 흔히 주도적인 활동가들과 함께 쓴 것들이었다.

하지만 노동조합 활동가들 중에 가장 큰 소수는 공식적으로 전혀 조직돼 있지 않았다. 그들은 기본적으로 사회주의 계급 정치를 지향하는 수천 명의 노동자들이었지만 어떤 특정 정치 경향을 띠고 있지는 않았다. 전통적으로 전투적인 산업 부문―자동차·금속·건설·항만―에는 그런 노동자층이 항상 있었다. 그들은 보통 공산당원들의 지도를 받아들이고 있었다. 그런데 이제 지난 2년 동안 투쟁이 벌어진 모든 작업장에서 그런 노동자들을 발견할 수 있었다. 그리고 흔히 그런 작업장에는 공산당원이 거의 존재하지 않았다. 공산당이 있는 곳에서도 과거의 규율이 쇠퇴하면서, 현장의 공산당원들은 떨어져 나가거나 특별히 소속된 곳이 없는 활동가들과 거의 다를 바 없는 정치를 가진 명목상의 당원으로 전락했다.

만약 그런 사람들을 한 마디로 표현해야 한다면 그것은 바로 '생디칼리스트'일 것이다. 그렇다고 해서 그들이 어떤 완결된 이데올로기적 입장에 도달했다는 것은 아니다. 결코 그렇지 않았다.

사실, 관료기구 안에서 지위를 차지하려 했던 공산당과 혁명적 좌파가 모두 주목해야 했던 대상이 바로 이 유동적인 활동가들이었다. 왜냐하면, 그들은 덜 헌신적인 많은 직장위원들과 지부 실무자들, 그리고 이들을 통해 노동자 대중을 동원하는 데서 꼭 필요한 존재였기 때문이다. 그 뒤 3년 동안 이런 활동가들은 노조 지도부에서 독립해 선제 행동을 취함으로써 보수당의 계획을 번번이 망쳐놓았다. 불행히도, 그런 독립성은 지속되지 않았다. 혁명적 정치 조직의 취약성 때문에 노조 관료들은 그 때마다 통제력을 되찾았고 반란의 불꽃에 찬물을 끼얹었다.

첫 번째 패배

노동당의 ≪투쟁을 대신해≫에 반대하며 벌어졌던 투쟁이 보수당의 노사관계법 때문에 더 큰 규모로 다시 벌어졌다. 1970년 11월 11일 스코틀랜드 서부에서는 노사관계법에 반대하는 최초의 하루 파업이 있었는데, "부분적"인

호응만 있었을 뿐이다."[14] 연락위원회가 호소한 12월 8일의 쟁의행위는 그것보다 훨씬 더 성공적이었고 약 50만 명의 노동자들이 참가했다. 여기에는 인쇄노조인 SOGAT의 조합원들도 참가했는데, 그 노조 지도부는 신문소유주협회의 요청을 받아들인 법원의 명령을 집행하려는 법원 직원들을 피해 숨어 버렸다.

TUC 총평의회는 이런 항의 파업에 반대하고 나섰다. TUC가 직접 조직한 항의 시위가 1월 12일 '쟁의의 날'에 열릴 예정이었다. TUC는 점심 시간에 공장에서 집회를 열고 저녁에는 신중하게 선발된 지부 간부 6000명이 런던의 앨버트 홀에서 열리는 집회에 참석하는 것으로 투쟁을 제한하려 했다. 그러나 TUC의 이런 노력에도 불구하고 그 날은 세 번째 하루 파업이 벌어진 날이 됐다. 코번트리에서는 4만 명이 파업에 참가했고 1만 5000명이 시위를 벌였다. 옥스퍼드에서는 모든 자동차 공장이 문을 닫았고 머지사이드에서는 5만 명이 파업에 참가했다.[15]

앨버트 홀에서 열린 집회는 TUC의 태도에 반대하는 대규모 항의 집회로 바뀌어 버렸다. 실내 여기저기서 격렬한 야유가 터져 나왔고 "총파업, 총파업"을 연호하는 소리가 전 노동당 총리 윌슨의 연설을 막아 버렸다. TUC 사무총장 빅 페더는 연설을 예정보다 짧게 끝맺을 수밖에 없었다.

TUC는 일요일에 전국적인 대규모 시위를 조직함으로써 다시 운동을 통제하려고 시도했다. 그것은 또 다른 파업을 피하기 위한 것이었다. 그러나 TUC는 또 한 번 충격을 받았다. 그 시위에 참가한 20만 명은 총평의회를 지지하는 연사들이 고심 끝에 만든 구호보다 "총파업"이란 구호에 더 크게 호응했던 것이다. 이런 분위기 때문에 조직된 우파와 조직된 범좌파가 균형을 이루고 있었던 금속 노조에서는 범좌파가 그 법에 반대하는 공식 하루 파업을 두 차례나 감행할 수 있었다.

이런 파업과 시위는 중요했다. 수천 명의 직장위원들과 노조 활동가들이 그런 투쟁을 지지했다. 그들은 여러 해 동안 일어났던 소규모 경제 투쟁들을 통해 만들어진 현장 조직들을 정치적 목표를 향해 이끌어왔다. 그러나 상징적 투쟁들만으로는 법안을 저지할 수도 없고 정부를 크게 패배시킬 수도 없었다. 그러기 위해서는 장기적 투쟁에서 승리하는 것이 필수적이었다. 그리고 당분간 이런 승리는 찾아오지 않을 것이었다.

노사관계법 반대의 목소리가 높아지는 가운데, 세 건의 대규모 노사분규가 발생했다. 정부는 두 건은 승리했고 한 건은 비겼다고 주장할 수 있었다.

1970년 12월에 발전 산업 부문의 전기기사 노조는 임금 인상을 위한 준법 투쟁을 선언했다. 거의 즉시 전기가 끊겼다. 그러자 정부는 언론 매체의 친정부 인사들과 짜고 발전소 노동자들에 대한 악의적 마녀사냥을 자행했다. 노동자들은 병원에서 사망한 사람들에 대한 사실상의 책임이 있다는 비난을 받았고, 이 노동자들을 거리에서 공격하고 그들의 집 창문에 돌을 던진 사람들은 국민적 영웅 대접을 받았다. 이런 압력은 노조의 우파 지도부가 1주일 만에 파업을 철회하기에 충분한 것이었다. 연락위원회가 조직한 노사관계법 반대 하루 파업이 있었던 바로 그 주에 이런 일이 벌어졌는데도 그들은 마녀사냥을 반격하는 연대 투쟁을 전혀 조직하지 않았다. 오직 인쇄공들만이 런던 <이브닝 스탠더드>의 잭이 그린 역겨운 만화를 시커멓게 만들어 버렸다.

한 달 뒤에 두 번째 대규모 충돌이 일어났다. 우편 노조는 영국에서 가장 전투적이지 않은 노조 중 하나로서, 산업 투쟁의 경험이 사실상 전혀 없었다. 그러나 소득 정책이 시행되면서 조합원들의 임금은 하락했고, 최근에 선출된 전국 지도부는 실질임금 상승을 쟁취해야 한다는 상당한 압력을 받고 있었다. 파업수당도 없었지만 우편 노조원들은 강고한 파업에 돌입했고, 우편 업무는 완전히 중단됐다. 그러나 당시 우체국이 운영하던 전화 업무는 탈없이 잘 돌아가고 있었다. 우편 노조 소속의 전화 교환원들은 이 파업을 강력하게 지지하지는 않았으며 다른 노조 소속의 전화 기술자들은 전화 시스템을 계속 가동하고 있었다.

그러나 6주가 지난 후에도 이 파업은 여전히 강고하게 유지됐고 파업중인 노동자들은 2월 21일에 열린 TUC의 노사관계법 반대 시위에 참가한 것을 자랑스럽게 생각했다. 하지만 그 주 말에 TUC 총평의회는 바닥난 파업기금을 지원해 달라는 우편 노조의 요청을 거부했다. 그 기금은 파업 노동자 4만 명의 유일한 소득원이었는데도 말이다. 1주일 뒤에 노조 지도부는 정부의 조건을 받아들이고 작업 복귀 명령을 내렸다.

우편 노동자들이 파업을 시작한 직후에 5만 명 이상의 포드 노동자들도 파업에 돌입해 우편 노조가 패배한 뒤에도 파업을 계속했다. 파업은 9주 동안 지속됐고, 최근 재구성된 전국 공동협상위원회의 직장위원들은 파업을 연장하고 싶어했다. 그러나 이 시점에서 두 명의 '좌파' 노조 지도자인 잭 존스와 휴 스캔런은 회사측과 협상을 벌여 향후 2년 동안 임금을 둘러싼 더 이상의 파업을 금지하기로 합의했다. 그리고는 직장위원들의 희망을 무시한 채 그 협정에 서명하겠다고 주장했다.[16]

협상에서 타결된 임금은 정부가 원했던 것보다 약간 높은 수준이었지만, 포드의 경영진은 만족스러워했다. 그들은 협상 타결 전에 노동자들을 녹초로 만들었고 갓 출범한 신임 노조 집행부와 협력할 수 있게 됐던 것이다. 몇 주 안에 경영진은 현장 조직을 탄압하면서 헤일우드의 핵심적인 직장위원 존 딜런을 해고해 버렸다.[17]

1971년 초여름에 정부는 만족감을 느끼고 있었다. 우편 노동자들의 패배는 임금 인상 투쟁을 고려하고 있던 다른 공공 부문 노동자들에게 억제력으로 작용했고, 경기 후퇴는 사기업 부문의 많은 투쟁을 봉쇄했다. 작업 거부 건수는 1970년보다 40퍼센트나 떨어졌다.

더욱이 노조 지도부가 노사관계법에 대한 수동적 저항을 넘어서는 투쟁을 조직할 의도가 없음이 분명해졌다. 크로이던에서 열린 TUC 특별 대회의 투표 결과는 산하 노조에게 이 법에 협력하지 말라고 '지시'하는 것이 아니라 '권고'한다는 것이었다. 그나마 수동적 저항조차 무너지고 있다는 조짐이 여기저기서 나타났다. 은행 노조, 보건 노조인 COHSE, 지방자치정부 노조인 NALGO 같은 곳의 우파 지도부는 노사관계법에 따라 등록하자고 주장하면서 GMWU의 쿠퍼 경 편에 가세했다.[18] 관리직 노조인 ASTMS의 좌파 지도자로 알려진 클라이브 젱킨스는 노조 대회에 참석한 대의원들에게 결정을 내리기 전에 "기다려 보자"고 설득하려 했다.[19] 인쇄 노조 중 하나였던 NGA의 지도부는 노조 규약 때문에 어쩔 수 없이 등록해야 한다고 주장했다. 또 다른 [인쇄] 노조인 NATSOPA의 사무총장은 비밀리에 '유령 노조'를 만든 다음 이 노조를 등록했다.

흐름의 변화

1971년 4월에 <타임스>는 "실업에 의지하는 것은 경제 정책의 주요 무기"라고 썼다.[20] 단기적으로 실업 정책은 사기업 부문의 현장 조직과 임금 인상 투쟁을 겨냥하고 있었다. 장기적으로는 '시장'이 비효율적 산업 부문들을 솎아 내면서 그렇지 않은 부문에 더 많은 이윤의 여지를 제공할 것이었다.

6월에는 글래스고의 조선소 5개 중 4개를 소유한 컨소시엄 UCS가 파산했다. 산업부 장관 존 데이비스는 "이런 상태의 기업에 공적자금을 투입하는 것은 그 누구에게도 도움이 되지 않을 것"이라고 주장했다.[21] 그는 조선소 2개는 문을 닫아야 하며 노동자 8500명 중 6000명은 해고될 것이라고 말했다. 부품 업체에 미치는 간접 영향까지 고려하면 모두 4만 개의 일자리가 없어질 것이라는 계산이 나왔다.

정부는 UCS 노동자들의 분노와 전투성에 충분히 대비하고 있지는 않았다. 노동자들은 조선소를 점거하자는 공동직장위원회의 제안을 압도적으로 찬성했다. 스코틀랜드 서부 전역에서 10만 명의 노동자들이 두 번의 하루 파업에 참가했고 글래스고에서는 대규모 시위가 벌어졌다. 경찰국장 데이빗 맥니는 북아일랜드와 비슷한 대규모 폭력 사태가 벌어질 수 있다고 내각에 경고했다.[22]

사실 그 투쟁은 앞서 말한 최초의 조짐들이 보여 준 것처럼 전투적이지는 않았다. 조선소의 주도적인 직장위원인 지미 리드, 지미 에어리, 새미 바는 모두 활동적인 공산당원이었고 당의 점진주의 전략을 수용했다. 그들은 "여론의 지지를 얻기" 위해 전투적 분위기를 가라앉혔으며 TUC의 빅 페더와 노동당의 해럴드 윌슨을 초청해 연단에 세웠다. 해고된 노동자들이 청산인의 명령을 완수할 책임이 있는 작업반장이나 감독관과 함께 작업을 계속하자, 점거농성은 결국 '생산 관리 쟁의'가 되고 말았다. 결국, 노동자들은 기존 노동력의 절반 정도가 남아 조선소를 계속 가동한다는 제안에 동의했다.[23]

그럼에도, 앉아서 그냥 해고당하지는 않겠다는 클라이드 노동자들의 투쟁은 정부를 뒤흔들었다. 이 투쟁 때문에, 경기 후퇴를 정부 개입에 기초한 새로운 팽창 국면 전의 단기적 전술이라고 생각한 사람들(나중에 '온건파'로 알려진)과, 모든 문제를 시장에 맡기고 뒤로 물러앉아 관망하기를 바라는 사람들 사이의 틈이 벌어졌다. 시장에 의존하려는 생각은 이미 항공기 엔진 제조업체인 롤스로이스가 연말에 파산하면서 그 한계가 드러났다. 정부의 이데올로기적 자부심은 상처를 입었고 영국 자본주의의 상징인 이 유명한 회사를 계속 가동하기 위해서는 국유화하지 않으면 안 됐다. 이제 정부 개입을 지지하는 사람들은 정부가 정책을 180도 선회하도록 만들었다. 재무 장관 바버는 경기 부양을 위한 가을 예산을 편성했다. 키스 조셉이 이끄는 보건복지부와 마거릿 대처가 이끄는 교육부는 전례 없이 많은 예산을 지출하기 시작했고, 기록적인 액수의 돈이 사기업 부문으로 투입됐다.

UCS는 다른 노동자들을 깜짝 놀라게 만들었다. '생산 관리 쟁의'를 벌이는 노동자들을 위해 잉글랜드·스코틀랜드·웨일스 전역에서 대규모 모금 활동이 벌어졌다. 실업에 직면한 노동자들은 머지않아 여기저기서 공장 점거나 생산 관리 쟁의에 돌입했다. 알렉산드리아의 플레시 공장,[24] 커크비의 피셔-벤딕스 공장,[25] 셰필드의 리버돈 공장, 코번트리 인근의 메리던 오토바이 공장,[26] 몰드의 앨리스 찰머스 공장,[27] 페이큰햄의 세인트 헬렌스 플라스틱과[28] 섹스턴 신발 공장 등에서 이런 투쟁이 일어났다. 리버풀에서는 UCS의 직장위원들보다 정치적으로 더 각성된 2만 명의 노동자가 실업 반대 시위를 벌이며 빅 페더의 퇴진을 외쳤다.[29]

뉴캐슬의 파슨스에서는 제도공들이 해고를 받아들이기는커녕 오히려 주4일 근무제를 주장했다. 해고자 명단이 통보되자, 제도공 사무실은 아수라장이 됐다. TASS 소속의 제도공 250명이 자리를 떠나 수석 제도사의 사무실까지 구호를 외치며 행진을 했다. …… 대중 집회에서 모두 이사실로 달려가기로 결정했다. TASS 조합원들은 박수를 치면서 다음과 같이 외쳤다. "크라우스는 물러가라[크라우스는 전무이사였다 — 크리스 하먼]." 그는 집무실 안에서 다른 두 이사와 함께 얼굴이 사색이 된 채 앉아 있었다. …… 노동자들이 초청한 라디오 뉴캐슬이 이 광경을 중계방송했다.[30]

이 점거농성은 현장조합원 활동가들 사이에 새로운 분위기를 만들기 시작했다. 그들은 실업에 맞서 싸우는 것이 적어도 가능하다는 것을 느꼈다. 그러나 다른 한쪽에서는 우편 노동자들의 패배가 아직 영향을 미치고 있었다. 지금까지 벌어진 투쟁들은 방어적인 것이었고 대부분 패배했다. 미들랜즈에서는 거의 30년 동안 숙련 노동자 수천 명의 임금을 보장해 온 코번트리 공구실 협정을 이제는 끝낼 수 있다고 느낄 만큼 고용주들은 강력해졌다. 런던과 맨체스터에서는 NGA 소속 신문 인쇄 노동자들이 차등 임금에 항의하며 투쟁을 벌이자 회사측이 공장을 폐쇄해 버렸다. 런던의 히드로 공항에서는 사설 용역 회사에 반대하는 피케팅을 벌이고 있던 수하물 운반 노동자들에게 경찰견이 달려들었다. 브리스틀의 롤스로이스 공장에서는 7000명의 노동자들이 9주 동안 파업을 벌였으나 끝내 패배하고 말았다. 동커스터의 ICI 노동자들이 승리하긴 했지만 그러기까지는 6주나 걸렸다.

광원들이 임금 문제를 놓고 쟁의 돌입 여부를 결정하는 전국 투표를 진행할 때 정부가 자신에 차 있었던 것은 놀라운 일이 아니었다. 노조 지도부는 우파가 확실히 장악하고 있었다. 중앙 조직뿐 아니라 요크셔 지역의 핵심 노조도 그랬다. 1926년 이래로 전국적인 파업은 한 건도 없었다. 새로운 규약에 따르면 쟁의행위에 들어가기 위해서는 55퍼센트의 찬성이 있어야 했는데, 가까스로 이 요건을 충족시킬 수 있었다. <이코노미스트>는 정부가 전투를 벌여야 한다고 촉구하면서 "파업을 극복할 수 있을 만큼 충분히 많은 석탄 재고가 쌓여 있다."고 주장했다.[31] <데일리 익스프레스>는 광원들에게 유감을 표하면서 정부 지지자들의 정서를 다음과 같이 요약했다.

탄광 폐쇄는 전국의 비경제적인 탄광에 대한 사형집행 영장이 될 것이다. 광원 파업의 주요 희생자는 바로 광원들 자신이 될 것이다.

그러나 1969년과 1970년의 비공식 투쟁 과정에서 전투적인 광원들, 특히 요크셔의 광원들이 지역 관료들로부터 독립적인 조직을 건설하는 방법을 배웠다는 사실을 정부는 모르고 있었다. 1969년에 반즐리의 지부 간부였던 아서 스카길은 당시 파업에 대해 나중에 다음과 같이 말했다.

우리는 비공식 파업위원회를 결성했다. …… 우리가 우리 자신에게 제기한 첫 번째 질문은 …… 요크셔에 있는 모든 탄갱에서 나왔는가 하는 것이었다. 그 대답은 '그렇다'였다. 모든 것이 완벽하게 준비가 됐다. 다음에 필요한 조치는 가능하다면 영국의 모든 탄광을 끌어들이는 것이었다. 우리는 스코틀랜드와 웨일스에 밀사를 보냈다. …… 그 다음에는 노팅엄셔와 더비셔에 피케팅 선봉대를 보냈다. …… 한 번에 육칠백 명의 노동자들이 자동차, 미니버스, 버스에 나눠 타고 미리 정해둔 목적지를 향해 이 곳 석탄 지대에서 떠나갔다.[32]

이제 1972년에 이런 전술은 공식 파업에 매우 효과적으로 적용됐다. 요크셔에서는 지부 대의원들로 구성된 조정위원회가 노조 관료들에게서 파업의 주도권을 빼앗았다. 반즐리 파업위원회를 이끌었던 스카길은 어떻게 해서 한 때 모든 탄광의 작업이 중단됐는지를 다음과 같이 말하고 있다.

우리는 공격 방향을 바꿔서 그 지역의 모든 주요 석탄 창고와 발전소를 공략했다. …… 우리는 1000여 개의 피켓을 들고 이스트앵글리아 전역으로 파고들었다.[33]

이런 전술을 사용한 지역은 단지 요크셔뿐이 아니었다. 당시 켄트에 있는 베테스행어 콜리어리의 회장이었던 밥 모리슨은 그 곳에서 시작된 피케팅의 물결이 잉글랜드 남동부 전역을 뒤덮었고 파업 첫 주에 200만 톤의 석탄을 운반할 수 없게 만들었다고 말했다. 코번트리에서 온 광원들은 웨스트 드레이턴과 웨스트 런던에 있는 대규모 석탄 창고 밖에서 하루 24시간 내내 피케팅을 벌였다. 파이프의 광원들은 대규모 발전소 세 곳에 대한 석탄 공급을 완전히 차단해 버렸다.

사방에서 광원들은 지지를 받았다. 그 전 3년 동안 벌어진 대규모 투쟁 덕분에 다양한 부문의 노동자들 사이에서 연대감이 형성됐고, 심지어 투쟁이 패배했을 때조차도 그랬다. 여기에 히스 정부에 대한 수십만 활동가들의 강렬한 증오가 결합됐다. 사우스 웨일스에서는 항만 노동자들이 석탄 하역을 거부했고 기관사들은 석탄 운반을 거부했다. 스태퍼드셔에서는 50명의 트럭 운전사들이 피케라인을 통과하지 않았다는 이유로 해고 위협에 시달렸다. 노스웨스트에 있는 38개의 발전소 중에 어느 한 곳도 석탄 공급을 받지 못했다. 파이프에서는 견인차 하청업체가 200명의 운전사들을 해고할 수밖에 없었다. 미들랜즈에서는 운전사의 90퍼센트가 피케라인에 대해 긍정적으로 생각했다.[34] 스태퍼드셔의 셸턴 철강 공장과 사우스 웨일스의 포트톨벗 제강소는 석탄과 코크스를 공급받을 수 없었다. 머지않아 발전소에는 석탄뿐 아니라 석유와 수소 공급도 중단됐다.[35]

지지를 얻기가 그리 쉽지 않았던 곳에서는 광원들이 피케팅 선봉대와 함께 대규모 피케라인을 형성했다. 스카길은 입스위치 부두를 통해 석탄이 운반되고 있다는 소식을 듣고 파업위원회가 어떻게 대응했는지에 대해서 다음과 같이 이야기하고 있다.

나는 이스트앵글리아 본부에 전화를 걸어 이렇게 말했다. "모든 것을 입스위치 부두로 이동시켜라. 우리가 동원할 수 있는 모든 것을 움직여라." 1시간 30분 뒤에 1000명의 피켓 대열이 입스위치 부두에 나타났으며 1시간 만에 부두를 정지시켰다. 우리는 부두에 상징적인 피케라인을 남겨두고 이동해 발전소를 하나씩

문닫게 만들었다. 이틀이 채 못 돼 이스트앵글리아의 모든 발전소가 문을 닫았다.[36]

정부는 버밍엄에 있는 솔트리 코크스 창고를 골라서 피케팅에 본때를 보여 주기로 작정했다. 수백 명의 경찰이 동원돼 광원들의 피켓라인을 해산시켰다. 스카길은 추가로 수백 명의 광원들을 창고 문 앞에 모이게 했다. 그러나 경찰도 추가 병력을 파견해 광원들을 짓뭉갰다. 열흘 만에 반즐리에서 온 광원들이 경찰에게 패배했고 그들 중 일부는 부상을 입었다. 2월 10일이 되자, 스카길은 "우리 젊은이들 중 일부는 약간 사기가 떨어졌다."고 말했다.[37]

그러나 그 전날 밤에 금속 노조의 지역위원회는 스카길을 초대해 연설을 들었다. 모임이 끝나자 노조 간부들과 직장위원들은 조합원들에게 공장에서 파업을 벌이고 시위 행진을 하자고 호소하러 다녔다. 금속 노조의 젊은 대의원은 그 다음 날 일어난 일을 다음과 같이 말하고 있다.

시위 행렬은 끝이 없는 것처럼 보였고, 정문 앞은 곧 요크셔, 사우스 웨일스, 스태퍼드, 심지어 더럼과 스코틀랜드에서 온 금속 노동자들과 광원들로 가득 찼다. 우리는 곧 4만 명의 금속 노동자들이 파업 호소에 응했고 1만 명이 행진과 피케팅에 참가했음을 알게 됐다. 노동자들의 연대가 어떤 것인지 보여 주는 시위에 참가한 것은 난생 처음이었다. 우리는 모두 매우 강력한 힘을 느꼈고 우리가 세계를 지배할 수 있다는 느낌을 받았다.[38]

버밍엄의 경찰서장은 그가 할 수 있는 것은 단 하나뿐이라고 생각했다. 그것은 창고를 폐쇄하는 것이었다.

상황은 즉시 정부에 보고됐다.

각료 회의 도중에 레기 모들링에게 쪽지가 전달됐고 그가 그것을 읽었다. 그것은 경찰서장이 보낸 메모였다. 그 내용은 약 1만 5000명의 노동자들이 공장 정문에 나타났는데 경찰을 완전히 압도할 것 같아 두려워서 문을 폐쇄했다는 것이었다. …… 이것은 우리가 노동자들의 위세와 힘에 완전히 눌렸다는 것을 의미했다.[39]

내무 장관 모들링은 나중에 자신의 회고록에 다음과 같이 썼다.

경찰서장은 그들[파업 지지 대열]은 자기의 시체를 넘어야만 성공할 것이라며 나를 안심시켰다. …… 그 사건 다음 날 나는 그에게 전화를 걸어 안부를 물어야만 했다. …… 나중에 내 동료 몇 명이 왜 경찰을 지원하기 위해 군대를 보내지 않았느냐고 나에게 물었다. 내가 그들에게 한 가지 반문을 했던 기억이 난다. "만약 군대를 파견했다면 총을 장전하고 나갔어야 하나 아니면 장전을 하지 않고 나갔어야 하나?" 어떤 경우라도 그 결과는 재앙이었을 것이다.[40]

정부는 계획에 없던 단전 조치를 취하지 않을 수 없었다. 예고도 없이 전기가 나가자 자본가들은 공장이 완전히 혼란에 빠지고 말았다는 것을 깨달았다. 그들은 정부가 광원들에게 양보해야 한다고 서둘러 간청했다. 나중에 재무부 특별 고문은 다음과 같이 말했다.

전기는 끊겼고, 모든 사람이 이대로 1주일만 지나면 온 나라가 무너지고 말 것이라고 말하고 있었다. 모든 공무원이 삼삼오오 모여서 다음과 같은 이야기를 했다. "아마 우리는 핵공격 대비용 지하 대피소와 지방 정부의 주요 기관을 가동시켜야 할거야. 안 그러면 전기도 들어오지 않을 것이고 거리에서는 폭동이 일어나게 될 테니까." 그래서 결국 정부는 광원들에게 항복하고 임금을 올려주지 않을 수 없었다.[41]

나중에 보수당의 내무 장관이 된 더글러스 허드는 일기에 이렇게 썼다.

정부는 지금 투항할 대상을 찾아서 쓸데없이 전쟁터를 배회하다가 계속 학살당하고 있다.[42]

정부는 즉시 윌버포스 경을 단장으로 하는 광산 문제 조사단을 구성했다. 겨우 사흘 만에 조사단은 광원들의 임금을 16개월 동안 단계적으로 20퍼센트 인상하는 안을 제시했다. 이조차도 파업을 끝내기에는 불충분했다. 정부가 훨씬 더 많은 양보 조치를 내놓은 다음에야 노조는 그 양보 안을 찬반 투표에 붙였다.

1972년 여름

광원들의 승리는 정부의 자신감을 흔들어 놓았다. 하지만 정부는 여전히 전쟁터에 남아서 또 다른 싸움을 준비하고 있었다. 왜냐하면 노조 지도부가 정부를 완전히 쓰러뜨리기보다는 압력을 넣어 협상 테이블로 끌어내는 것을 원했기 때문이다. 이런 태도는 심지어 광산에서도 나타났다. 노조 지도부는 정부에 거의 모든 것을 요구할 수 있는 위치에 있었는데도 저임금 광원들의 요구를 무시한 채 임금 인상 협약을 체결했다. 설상가상으로, 협약의 발효 시점을 봄으로 늦춰 잡았다. 봄이 되면 석탄 수요는 감소하게 된다. TUC 총평의회는 존스와 스캔런을 포함한 대표단을 파견해 히스와 면담하게 함으로써 그들의 의도를 내비쳤다.

그 전 해와 마찬가지로, 물러터진 노조 지도부 때문에 노동자들은 승리와 패배가 뒤섞인 결과를 맛보게 됐다. 하지만 이번에는 현장조합원 활동가들 덕분에 승리가 패배를 능가할 수 있었다.

광원들에 이어서 전쟁터로 나갈 집단은 금속 노동자들이었다. 그들이 전국적인 협약을 갱신할 차례였던 것이다. 1968년에 있었던 지난 번 협상 때는, 스캔런과 노조 집행부가 전국적인 쟁의행위를 벌이겠다고 위협했었다. 그들은 이제 더 우호적인 분위기에서 그런 쟁의행위를 배제한 채 지역적 투쟁만으로도 충분할 것이라고 장담했다. 셰필드에서 나온 지구 전체의 작업 거부 요구조차 노조의 투쟁 지침에서 배제됐다.[43]

진정한 투쟁은 맨체스터에서 벌어졌다. 이 도시에서 그토록 자발적인 투쟁은 사실 전례가 없는 일이었다. 개수 임금[생산 개수에 따라 지불하는 임금]을 거부하는 노동자들을 경영진이 공장에서 내쫓으려 하자 점거농성의 물결이 일었다. 마침내 25개 공장의 노동자 3만 명이 점거농성에 참가했다. 그러자 전국의 금속 산업 고용주들이 이 공장에 자금을 지원하며 노동자 투쟁과 정면으로 맞섰다. 노동자들이 전국적인 투쟁을 조직하지 않는다면 결코 이길 수 없는 싸움이 됐다. 하지만 노조는 이런 전국적인 투쟁을 시작하려 하지 않았다.

상황이 이렇게 되자 노조의 지역 지도부는 재앙적 전술을 채택했다. 그들은 공장별로 진행되는 개별 협상에 동의했다. 일부 공장에서는 5∼6주 정도의 협상 끝에 합리적 협약을 체결하며 그리 나쁘지 않은 결과를 얻기도 했다. 하지만 도시 전체의 운동이 무너지기 시작하자 자신감을 얻은 다른 경영자들은 노동자들이 지쳐 나가떨어질 때까지 버텼다. 맨체스터의 메탈박스 노동자들은 10주 동안 협상을 벌였고 워링턴 근처의 러스턴 팍스맨 노동자들은 12주 동안이나 끌어야 했다. 금속 노조가 가장 전투적인 지역 중 하나가 타격을 입고 불필요한 패배를 겪었다.

철도 노조의 지도부도 패배할 수밖에 없는 방식으로 행동했다. 철도 노조가 합법적 임금 인상 투쟁을 벌이자 정부는 새로 만든 노사관계법을 적용해 비밀투표가 진행되는 동안에는 쟁의행위를 중단하도록 명령했다. 저항에 관한 모든 논의가 갑자기 사라졌다. 노조는 정부의 명령에 굴복했다.[44] 그럼에도 광원들의 승리로 조성된 분위기 덕분에 철도 노조는 살아날 수 있었다. 철도 노조원의 압도 다수 ─ 다수의 비노조원을 포함해 ─ 가 쟁의행위에 찬성표를 던졌다. 정부는 상당한 임금 인상을 양보해야 했다.

이제 실제로 시행되고 있는 노사관계법 앞에서 뒷걸음질친 것은 철도 노조뿐이 아니었다. 항만에서는 새 컨테이너 보관소와 냉동 저장고에서 일자리를 위협하는 것에 맞서 싸우기 위해 전국 직장위원회가 결성됐다. 새 컨테이너 보관소와 냉동 저장고에서 일하는 노동자들의 임금은 항만보다 훨씬 낮았고 노조 조직은 거의 없는 것이나 마찬가지였다.(어떤 경우에는 신생 노조가 경영진과 밀실 협정을 통해 노조를 인정받으려 했다.) 항만 노조 직장위원들의 투쟁 방법은 창고 앞에서 피케팅을 하는 것과 항만에 들어온 트럭 회사의 물품 하역을 거부하는 것이었다. 트럭 회사나 컨테이너 보관소측의 대응은 노사관계법원에서 쟁의행위 금지 명령을 받아내는 것이었다.

법원의 첫 번째 명령은 세인트 헬렌스의 히튼스가 TGWU를 상대로 제기한 리버풀 항만의 쟁의행위 금지 신청을 받아들여 TGWU에 벌금 5만 파운드를 부과한 것이었다. 그래도 법원은 TGWU가 벌금을 내도록 숨통을 틔워주는 데 동의했다. 노조 지도자 잭 존스는 항만 노동자들에게 법원의 명령을 받아들이라고 요청했다. 그리고 TUC 총평의회는 투표를 통해, TUC 정책을 준수하고 법을 위반하는 노조를 무조건 지지하지는 **않겠**다고 결정했다. 이 모든 일은 정부가 철도 노조에 비밀투표를 강요한 4월의 같은 주에 일어났다.[45]

5월 중순에 <사회주의 노동자>는 노조 지도부가 이 경솔한 후퇴에서 논리적 결론을 이끌어내고 있다고 지적했다. "전에는 노조 지도자들이 보수당의 노사관계법에 따라 등록하기 위해 떼지어 몰려갔다면 이제는 미친 듯이 달려들고 있다."[46]

그 다음 주에는 공산당이 통제하는 대규모 노조 하나조차도 그 원칙들을 포기하는 데 반대하지 않는다는 것이 명확해졌다. 뉴캐슬의 파슨스에서는 회사측이 '어용' 노조인 UKAPE를 이용하는 것에 맞서서 해고 반대 투쟁과 클로즈드 숍[노동조합원만 고용하게 하는 제도] 방어 투쟁이 긴밀하게 결합됐다. TASS의 협의회는 투표를 통해, UKAPE를 받아들이라는 노사관계법원의 명령에 불복하기로 결정했다.[47] [그러나] 2주 뒤에, TASS의 전국 지도부는 파슨스의 조합원들에게 타협을 촉구하면서 자발적 해고와 어용 노조를 받아들이라고 말했다. 공장 내 사무직위원회 위원장이었던 IS 조직원 테리 로저스는 그런 협상을 거부하라고 촉구했지만 사무직 회의의 투표에서 지고 말았다.[48]

노사관계법 반대 투쟁을 잠재우는 것은 정부—그리고 적어도 일부 노조 지도부—가 원했던 것만큼 쉽지는 않았다. 잭 존스가 날마다 법원에 복종하라고 지시하고 물품 하역을 거부당한 트럭 운전사 일부가 피케팅을 방해했지만, 항만 노동자들의 하역 거부와 피케팅은 계속됐다. 6월에는 런던의 항만 노동자 세 명이 초범 팜(Chobham Farm) 컨테이너 기지에서 피케팅을 했다는 이유로 투옥될 처지에 놓였다. 전국의 모든 항만에서 작업이 중단되자 항소 법원은 그 판결을 파기했다. 나중에 데닝 경은 다음과 같이 설명했다.

나라 전체를 마비시킬 총파업이 벌어질 수도 있다는 사실에 …… 우리는 아마 영향을 받았을 것이다.[49]

이 승리는 항만 노동자들을 고무했다. 런던의 주도적인 직장위원은 나중에 다음과 같이 말했다.

우리는 더 많은 컨테이너 하역 부두로 피케팅을 확산시키기 시작했다. 우리는 피켓라인을 넘으려고 하는 모든 트럭에게 전국의 모든 컨테이너 부두에서 하역 작업을 거부할 것이라고 말했다. 그리고는 트럭을 따라 움직이기 시작했다. 어떤 때는 200마일[약 320km]을 따라간 적도 있다. 트럭이 가는 곳마다 우리는 늘 따라 들어갔다.[50]

2주 뒤에 이 문제가 다시 불거졌다. 미들랜드 콜드 스토리지라는 작은 회사가 이스트런던에 있는 그 회사의 경내에서 피케팅을 했다는 이유로 다섯 명의 항만 노동자들을 고소했다. 이번에도 물러선다면 노사관계법은 웃음거리가 될 것이므로 법원은 더는 물러설 수 없었다. 법원은 피케팅을 그만두라고 명령했다. 다섯 명의 노동자들은 이를 거부했다. 그들은 '법정 모독죄'로 펜턴 빌 교도소에 수감됐다.

그들 중 세 명, 즉 토니 메릭, 코니 클래니, 데렉 윗킨스는 체포되기 직전에 "우리는 노사관계법원을 인정할 수 없다."고 말했다. 메릭은 다음과 같이 덧붙였다. "나는 항만 노동자들의 권리와 노동계급의 노동권을 옹호한 이유로 감옥에 간다. 나는 기꺼이 가겠다. 왜냐하면, 이런 상황은 결코 옳지 않기 때문이다."[51]

런던의 항만 노동자 직장위원들은 펜턴빌 교도소에 지속적인 피켓라인을 구성했다. 이 피켓라인은 항의 시위의 구심점이 됐고, 이 곳을 중심으로 대의원들과 피케팅 선봉대가 활동을 펼쳤다. 이들은 처음에는 전국의 항구로, 다음에는 다른 산업 부문으로 파견됐다. 항만에서는 즉시 반응이 나왔다. 전국의 항만에서 거의 100퍼센트의 지지로 비공식 파업이 벌어진 것이다. 다른 곳에서는 처음에 어려움을 겪었다.

다섯 명의 항만 노동자들이 투옥된 것은 7월의 어느 금요일이었는데, 주요 금속 공장과 자동차 공장이 모두 쉬는 날이었다. 첫날 밤에 항만 노조 직장위원들은 플리트 가[런던의 신문사가 밀집해 있는 거리]에 관심을 집중했다. 그들이 만약 신문사의 파업을 이끌어낼 수 있다면 즉시 커다란 영향을 미칠 것이라는 점을 알고 있었기 때문이다. 그러나 처음에 나온 반응은 냉랭했다. 다음 날 발행된 신문들은 투옥의 의미를 축소하려 했고 항만 노동자들의 투쟁을 조용히 잠재우려 했다. 다음 날 항만 노조 직장위원들은 주도적인 인쇄 노조 활동가들의 도움을 받아 플리트 가에 있는 거의 모든 인쇄 노조 원로들(직장위원들)을 방문했다. 마침내 그들은 어느 정도 성과를 거뒀다. 이틀이 채 안 돼 플리트 가는 완전히 문을 닫았다.

전에는 항만 노동자의 하역 거부 투쟁을 적대시했던 트럭 운전사들도 이제는 무기한 파업에 들어갔다. 런던의 도매상가에서도 마찬가지였다. 수천 명의 셰필드 금속 노동자들, 영국 각지의 수많은 건설 노동자들, 히드로 공항의 노동자들, 런던의 버스 노동자들과 같은 다른 부문의 노동자들도 하루 파업에 돌입했다. 화요일에는 항만 노동자 지지 시위에 1만 5000~3만 명이 참가했다.

잭 존스는 TUC 총평의회에서 말하기를 만약 어떤 조치를 취하지 않는다면 비공식적 요소들이 총평의회를 대신할 것이라고 경고했다. 항만 노동자들이 투옥된 지 5일 뒤에 TUC 총평의회는 하루 총파업을 호소하는 성명을 냈다.[52]

사실, 하루 파업은 필요없었다. 정부는 절망적이었다. 파운드화에 대한 평가절하 압력은 심각했고 지배계급 안에서는 정부가 TUC와 새로운 소득 정책에 합의해야 한다는 정서가 팽배해 있었다. 이미 히스는 이런 합의를 도출하기 위해 존스와 스캔런을 포함한 TUC 대표들과 계속 회동하고 있었다. 그런데 아래로부터 더욱 커지고 있는 분노가 이 모든 것을 위협하고 있었다.

TUC가 파업을 호소한 바로 그 수요일에 상원법사위원회의 이례적인 아침 회동이 있었다. 그들은 법원의 명령에 도전하는 쟁의행위는 개별 직장위원들의 책임이 아니라 전국적인 노조의 책임이라고 결정했다. 그 날 오후, 다섯 명의 노동자들은 법정 모독죄 혐의를 벗지는 않았지만 어쨌든 석방됐다. 비공식 투쟁이 노사관계법을 무력화한 것이다.

항만 노동자들의 승리는 상승하는 투쟁의 물결에서 흘러나와 다시 그 속으로 파고들었다. 이제 항만에서는 일자리를 지키기 위한 3주 동안의 전국적인 공식 파업이 벌어졌는데, 잭 존스가 히스의 친구인 올딩턴 경과 협상한 끝에 파업을 종결지었다. 하지만 큰 항구의 직장위원들은 이에 격렬하게 반대했다.

건축 산업에서는 비공식 활동가들이, 임금 인상을 둘러싼 선별적 파업이라는 기존의 비효과적 투쟁 방식을 30만 명이 참가한 전국적 파업으로 바꿔놓았다. 피케팅 선봉대는 각지를 돌아다니며 하나하나 파업 대열로 끌어들였고 노조가 있는 지역은 물론 노조가 없는 곳에서도 그렇게 했다. 피케팅 선봉대를 태운 버스가 리버풀이나 브리스틀 같은 도시에서 출발해 멀리 떨어진 곳까지 누비고 다녔다. UCATT 노조가 형편없는 타협에 근거해 투쟁을 끝내려고 시도하자 대중 집회에 참가한 수천 명은 투표를 통해 타협안을 부결시키고 투쟁을 더욱 확산시켰다. 파업수당도 없었고, 독신 건축 노동자 수천 명은 변변한 소득도 없었으며, 공원에서 대충 잠자리를 해결하는 일도 흔했지만, 노조 지도부가 조합원들을 작업에 복귀시키는 데는 11주나 걸렸다.

정부와 고용주들은 노조 지도부와 협상하는 데 필사적으로 매달렸다. CBI[영국 전경련]는 심지어 TUC와 공동으로 화해중재국이라는 기구를 설치했다. 그리고 9월에는 소득 정책에 관한 3자 토론이 공식적으로 시작됐다. TUC 지도자들은 열과 성을 다했다. 잭 존스는 나중에 다음과 같이 말했다. "우리는 상호 이해를 증진시키는 작업을 하고 있다고 생각했다."[53] 이에 대해 히스는

존스를 "매우 점잖은 사람"이라고 평가했다.[54]

하지만 이런 상호간의 우정에도 불구하고 TUC 지도부는 현장조합원 활동가들 사이에서 분출한 투쟁의 물결을 잊을 수는 없었다. 조합원들이 임금 통제 정책을 받아들이도록 하기 위해서는 물가를 동결해야 했고, 정부의 '공정 임대료' 정책에 따라 임대료 상승을 막아야 했으며, 노사관계법을 '보류해야' 했다. 결국 11월 2일에 협상은 결렬됐다.

나흘 뒤에 정부는 법적으로 구속력 있는 임금 동결을 발표했다. 8개월 전에 광원들이 승리한 이래로 계속 흔들리고 있었던 정부는 이제 노조가 이런 동결 조치를 받아들이도록 강요할 수 있느냐에 정부의 모든 미래를 거는 도박을 감행하고 있었다.

영국과 아일랜드

1972년에 보수당 정부가 직면한 일련의 정치 위기는 영국 내에만 국한된 것이 아니었다. 보수당의 정책은 북아일랜드에서도 허우적거렸다.

노동당 정부가 1969년에 북아일랜드에 군대를 파견한 것은 통일당 정권을 안정시키는 동시에 개혁하려는 이중의 목적 때문이었다. 통일당 정권을 안정시키는 것이 필요했던 이유는, 노동당 정부가 그 지역을 직접 통치하는 부담을 떠맡기 싫어하면서도 아일랜드의 분리를 즉시 종식시키는 것도 원하지 않았기 때문이다. 개혁이 필요했던 이유는 차별에 반대하는 가톨릭계의 투쟁이 격화하면서 아일랜드 남부로 확산될 조짐을 보였고, 유럽·미국·일본의 투자가들에게 점점 더 중요해진 그 지역을 불안정하게 만들 소지가 있었기 때문이다.

안정화가 의미하는 바는 개신교도의 '패권' 유지라는 공약을 내걸고 당선된 얼스터 통일당 정부가 통치하는 것이었다. 개혁이 의미하는 바는 이런 '패권'의 가장 극단적인 표현 — 멋대로 그어놓은 지역 정부의 경계선, 가톨릭교도들을 차별하는 주택 배정, 무엇보다도 골수 개신교도의 자원 무장 단체인 B

특공대 — 을 해체하는 것이었다.

그런 정책은 반대파의 반감을 불러일으켰다. 왕당파는 개혁에 격렬하게 저항했다. 영국 군대가 도착한 초기에 군인들과 무장한 왕당파 사이에 총격전이 있었다. 가톨릭교도들을 마음대로 공격하고 싶어한 왕당파는 "군대는 물러가라."고 외쳤다.

왕당파가 영국군과 직접 전투를 벌일 가능성은 없었다. 하지만 그들은 더 효과적으로 자신들의 목적을 수행할 수 있는 다른 방법을 택했다. 정치적 동원을 통해서 북아일랜드 국가기구를 굴복시킨 것이다. 그들은 이미 1969년 초에 [북아일랜드] 총리 테렌스 오닐이 온건 개혁을 지지했다는 이유로 그를 물러나게 만들었다. 이제 그들은 후임 총리 제임스 치치스터-클라크에게 점점 더 압력을 넣고 있었다. 이안 페이슬리 목사 주변의 더 극단적인 왕당파가 지지 세력을 확대함에 따라 클라크 내각의 각료들도 클라크를 제거할 음모를 꾸미기 시작했다. 결국은 1971년 초에 클라크가 사임했고, 강경파 기업인 브라이언 포크너가 총리에 취임했다.

한편, 가톨릭 주민의 대다수는 영국 주둔군들에게서 점점 더 멀어지고 있었다. 영국군이 처음 데리와 벨파스트에 들어왔을 때는 많은 가톨릭 주민들이 그들을 환영했다. 오래 전부터 영국의 통치에 반대해 온 인사들조차도 영국군이 주둔하면 미래의 투쟁을 준비할 수 있는 전술적 여지가 생길 것이라는 점을 인정해야 했다. 일부 영국군 장교들은 가톨릭 주민들이 왕당파의 공격에 저항할 수 있도록 도와주는 것이 바로 '개혁'이라고 생각하기도 했다.[55]

그러나 그런 상황은 오래 지속될 수 없었다.

가톨릭 지역의 더 젊고 전투적인 인자들은 1968~69년의 사태에서 하나의 중요한 교훈을 배웠다. 자기 방어를 위해서는 무장이 필요하다는 것이었다. 그들은 싸울 준비가 돼 있는 아일랜드공화국군(IRA) 주변에 몰려들었다. 바로 이렇게 해서 1970년에 아일랜드공화국군 과격파(Provisional IRA : Provos)가 형성됐다. 그와 동시에, '안정'을 강조하던 영국 당국은 왕당파의 우경화 움직임을 저지하기 위해 그들에게 양보 조치를 취했다. B특공대를 개편해 얼스터 방위대를 창설하고 규율을 강화했으며, 영국군으로 하여금 가톨릭 지역의 가정집을 급습해 자기 방어용 무기를 압수하게 했다.

이런 정책은 1970년 총선 전에 이미 효과가 있었고, 새로운 보수당 정부는 이런 정책을 정력적으로 추진해 나갔다. 총선 뒤 한 달이 채 못 돼 영국 군대는 가톨릭 구역인 폴스 로드 지역에 병력을 증강하고, 야간 통행금지령을 내리고, 가택을 급습해 무기를 압수했다. 그 와중에 시민 네 명이 사살됐다. 시민자유국민회의는 "그들에게 죄가 있다면, 단지 군인들의 눈에 띄었다는 것뿐"이라고 말했다. 통일당 하원의원 두 명이 영국군의 안내를 받으며 이 지역을 시찰했다.

3주 뒤에 또 다른 가톨릭 시민이 사살됐다.

이후 거의 매주 벨파스트에서는 총성이 울렸다. 이 과정에서 군대는 항상 가톨릭 교도들을 공격하는 편을 든다는 사실이 분명하게 드러났다.[56]

이런 총격전은 나중에 "테러리스트를 공격"하고 "IRA를 단속해야 한다"는 명분으로 정당화됐다. 그러나 프로보스(Provos)가 영국군과 총격전을 시작한 것은 6주 뒤였다. 가톨릭 지역을 공격한 진짜 목적은 왕당파를 달래기 위한 것이었다.

포크너 정부는 가톨릭교도 탄압을 한 단계 더 강화했다. 1971년 8월의 어느 새벽, 수천 명의 군대와 얼스터왕립경찰(RUC)이 가톨릭교도 수백 명을 체포해 수용소로 끌고 갔다. 그러자 사람들이 거리로 쏟아져 나왔다. 오전 8시에는 이미 벨파스트의 모든 가톨릭 구역에 바리케이드가 설치됐다. 바깥에서는 왕당파의 준군사조직이 영국군의 작전을 이용해 '혼성' 지역의 가톨릭 주민들을 집에서 강제로 몰아내고 가톨릭 지역을 향해 총을 쏴댔다. 영국군도 한 명의 성직자를 포함해 하루 동안 9명의 가톨릭교도를 사살했다. 수용소에 구속된 사람들의 다수는 고문을 당했다.

구속된 사람들 중에 통일당에 정치적으로 반대하는 진짜 IRA 대원은 거의 없었고, 총격전이 일방적이었던 것도 아니었다. 프로보스와 공식 IRA(Official IRA : 프로보스는 이 조직에서 분리해 나왔다) 둘 다 곧 영국군에게 반격을 가했다.[57]

[대량] 구속은 가톨릭 지역의 저항을 분쇄하기는커녕 더욱 격렬하게 만들었다. 대규모 항의 시위가 이어졌다. 수만 명의 가톨릭 주민들이 집세 거부 파업에 들어갔고 많은 젊은이들이 프로보스에 가담했다.

프로보스는 날마다 상점이나 공장에 폭탄 공격을 가했고, 영국군과 총격전 끝에 사망한 사람들이 늘어났다. 왕당파의 준군사 조직들이 단지 종교가 다르다는 이유로 가톨릭을 한 사람씩 살해하면서 사태는 더욱 악화됐다. 때때로 공화파도 똑같은 보복을 하기는 했지만, 북아일랜드의 가톨릭교도가 개신교도의 절반에 불과했음에도 개신교도보다 두 배나 많은 가톨릭교도가 종파적 살인의 희생자가 됐다.[58] 전체 사망자 수가 1970년의 20명에서 1971년에 172명, 1972년에 467명으로 증가했다.

페이슬리와 더 극단적인 왕당파가 북아일랜드 정부에 가하는 정치적 압력은 줄어들지 않았다. 그들을 달래기 위해, 정부는 모든 시위를 금지했다. 사회주의자들과 공화주의자들은 이를 무시한 채 [대량] 구속에 항의하는 일련의 시위를 벌였다. 압력을 느낀 온건한 민권연합도 그 뒤를 따랐다. 1972년 1월에 아홉 차례의 불법 시위가 있었는데, 흔히 군대에 대항하는 폭동으로 이어졌다.

1972년 1월 30일에 데리에서 그러한 시위가 벌어졌다. 2만 명의 시위대가 가톨릭 지역을 지나 영국군 철조망으로 둘러싸인 도심까지 행진했다. 대부분의 사람들은 주택가 인근의 주차장 쪽으로 우회했으나 몇몇 젊은이들은 뒤에 남아 군인들과 투석전을 벌였다. 당시 북아일랜드에서는 이런 일이 매우 일상적이었고, 보통 몇 분 뒤에는 해산했다. 그런데, 이 날은 공수부대가 사격을 개시했고 사람들은 주차장에서 달아나기 시작했다. 몇 분 만에 13명이 총에 맞아 죽었다.

'피의 일요일'로 알려진 이 날의 총격은 결코 우발적 사고가 아니었다. 규율이 무너진 군인들이 겁에 질려 어쩔 수 없이 총을 쏜 것이 아니었다. 그들은 고의로 사격을 했다. 사살 명령은 상부—군대 지휘 체계의 상층이든 런던의 정부 각료들이든—에서 내려왔다. 그것은 왕당파들의 불만을 달래고 1920년대, 30년대, 40년대, 50년대에 그랬던 것처럼 가톨릭의 저항을 분쇄하기 위해 계획된 정치적 조치였다.

그러나 저항은 분쇄되지 않았다. 그 뒤 며칠 만에 북아일랜드의 가톨릭교도 대다수가 참가한 시위와 파업이 일어났다. 또한 프로보스에 대한 대중적 지지가 엄청나게 높아졌다.

대규모 저항은 전례 없이 국경을 넘어 남아일랜드로 확산됐다. 수십만 명의 노동자들이 파업을 벌였고 대규모 시위대가 더블린을 휩쓸면서 영국 대사관에 이르렀다. 경찰은 대사관이 불에 타 무너져 내리는 것을 보면서도 속수무책이었다. 왕당파를 달래서 북아일랜드를 안정시키려고 했던 시도는 남부를 불안정하게 만들고 있었다.

3월에 히스는 180도 선회했다. 그는 1969년에 노동당 정부가 피하려 했던 것을 강행해, 북아일랜드 정부를 해산하고 웨스트민스터[영국 정부]의 직접 통치를 확립했다. 신임 북아일랜드 장관인 윌리 와이트로는 데리에서 가톨릭교도가 많이 거주하는 크레건 지역을 방문해 구속자들에게 '정치수' 지위를 부여했다. 1972년 6월에는 프로보스의 지도부—데이빗 오코넬, 시머스 투미, 숀 맥스티어판, 게리 애덤스—를 런던의 안가에서 몰래 만났다. 몇 주 동안, 프로보스와 영국군은 잠시나마 공식적으로 휴전했다.

그러나 북아일랜드를 계속 지배하고 싶어한 영국 정부에게는 넘을 수 없는 한계가 있었다. 영국의 지배를 유지하기 위한 유일한 안전판은 개신교 통일당밖에 없었다. 그래서 가톨릭에 대한 모든 양보는 적어도 개신교도 핵심부의 충성을 유지할 수 있는 테두리를 벗어나서는 안 됐다. 와이트로는 프로보스와 협상을 벌이는 한편, 가톨릭교도 살해자들을 조직하고 있었던 왕립 얼스터방위연합(UDA) 지도부와 만나기도 했다. 영국군은 UDA와 함께 개신교 지역과 혼성 지역을 순찰했다.

1972년 7월 초에는 UDA의 압력을 받은 군대가 벨파스트 레너둔 지역의 가톨릭교도에게 할당된 집으로 입주하려는 사람들을 방해하며 고무총탄, 최루탄, 곤봉을 사용했다. 그래서 싸움이 벌어지자 프로보스는 총을 사용했다.[59] 영국 정부는 그 선배들이 북아일랜드에 만들어 놓은 왕당파라는 프랑켄슈타인과 결별할 수 없었기 때문에 휴전은 결국 깨질 수밖에 없었다.

보수당 정부가 북아일랜드를 다루는 데 위기가 발생한 시점은 영국 내에서 노동계급을 다루는 데 위기가 발생한 시점과 일치했다. [북아일랜드에서] 폴스 로드 통금 조치로 표현된 새 강경 노선은 [영국 본토에서] 세제 변화, 집세 인상, 반노조 법안 등 '셀즈던 맨' 정책 발표와 동시에 나타나면서, [보수당 정부의] '레임덕'을 재촉했다. 글래스고 노동자들이 UCS 파산에 맞서 투쟁할 수밖에 없었던 바로 그 때 [북아일랜드에서는] 대량 구속 사태가 발생했다. 광원 투쟁을 분쇄하려는 정부의 시도가 절정에 달했을 때 '피의 일요일' 학살 사건이 터졌다. 광원들의 승리 이후 한풀 꺾인 히스가 노조 지도자들을 회유하려 했을 때 [북아일랜드] 직접 통치 선언이 나왔다. 정부가 항만 노동자들과 다시 충돌하게 됐을 때 프로보스와 휴전은 붕괴했다.

그렇다고 해서 북아일랜드의 투쟁과 영국의 투쟁이 기계적으로 연결돼 있다는 말은 아니다.

대부분의 영국 노동자들은 북아일랜드에서 벌어지는 투쟁에 무관심하거나 심지어 적대적이었다. 그들은 북아일랜드 노동자들의 다수인 개신교도의 태도 때문에 혼란을 겪었고, 다른 쟁점들에 관한 사회주의적 입장을 받아들이게 된 뒤에야 영국의 지배에 대항하는 소수 가톨릭 노동자들의 투쟁을 지지하기 시작했다. 그 시기에 아일랜드 문제와 관련해 영국에서 벌어진 시위는 그 어느 때보다도 규모가 컸다. 1971년 11월에는 2만 명이 구속 반대 시위에 참가했고[60] 피의 일요일 사건 뒤에는 1만 5000명이 화이트홀에서 경찰과 충돌했다. 하지만 이것은 헌신적인 사회주의자들 — 예컨대, 구속 반대 시위에서는 4000명이 IS의 깃발 아래 행진했다 — 과 아일랜드 출신 이주 노동자들이 벌인 시위였다.

오히려 당시 영국에서는 혁명적 사회주의자들이 성장했지만, 북아일랜드에서는 1968~69년에 그토록 중요한 역할을 했던 사회주의자들의 활동이 그다지 빛을 발하지 못했다. 당시에, 아일랜드의 사회주의자들은 그 섬의 두 국가에 모두 반대하는 투쟁을 통해 가톨릭과 개신교 노동자들을 단결시킬 생각이었다. 그러나 그 지역의 전통적인 산업들이 쇠퇴하면서 개신교 노동자들의 전투성이 약화됐고 이에 따라 그들의 투쟁도 퇴조하고 있었던 터라 개신교 노동자들은 좀처럼 대기업이나 국가에 대항하는 투쟁에 이끌리지 않았고, 오래된 종파적 왕당파의 충성심에 대해서도 의문을 제기하지 않았다. 그래서 소수의 가톨릭 노동자들만이 투쟁을 하면서 왕당파 노동자들을 적으로 여겼다. 이제 공화주의 사상, 특히 프로보스의 사상이 전투적인 젊은 층 — 한때 민중민주주의, 베너데트 데블린, 데리 사회주의자들의 지도를 따랐던 — 을 점차 지배했다.

만약 1968~69년에 혁명적 사회주의자들이 상황을 이론적으로 좀 더 명확하게 이해하고 엄격한 조직 체계를 갖추고 있었다면 그런 흐름에 어느 정도 저항할 수 있었을 것이다. 그런 성장의 시기에 그들은 유럽 전역에서 나타난 좌파의 약점을 모두 보여 주었다. 모호한 게바라주의와 자생주의의 혼합, 노동자 대중의 삶에 대한 이해 부족, 전통적 조직에 충실한 노동자들을 대할 때 드러난 경험 부족 등이 그러한 것이었다. 하지만 이탈리아나 프랑스, 영국, 스페인에서는 학생 혁명가들이 노동자 투쟁에 참여해 배우면서 그런 약점들을 많이 극복할 수 있었던 반면, 북아일랜드에서는 노동자 계급 자체가 종파적 노선에 따라 점점 더 분열하면서 그런 약점이 더욱 두드러졌다. 학생 좌파도 분열했다. 일부는 정치를 포기했고, 일부는 '두 민족'을 이야기하는 마오주의자들이 퍼뜨리는 친왕당파 정치로 전환했으며,[61] 억압에 가장 강력하게 반대했던 많은 사람들이 한때 '파시스트'와 다름없다고 비난했던 프로보스의 주장을 그저 되풀이할 뿐이었다. 오로지 극소수의 고립된 개인들만이 영국 지배에 반대하는 투쟁을 지지함과 동시에 노동자들의 단결 투쟁이라는 장기적 전망을 신뢰하는 사회주의 정치를 고수했다.

이런 문제들에도 불구하고 북아일랜드에서 일어나는 일과 영국 내에서 일어나는 일은 매우 중요한 상호 연관이 있었다.

히스 정부는 북아일랜드 문제의 해결책을 찾는 데 어려움을 겪었고, 이것이 영국 내의 문제 해결을 더욱 어렵게 만들었다는 사실에는 의심의 여지가 없었다. 정부는 영국 자본주의가 직면한 근본 문제들을 해결하는 데 쏟아야 할 많은 에너지를 북아일랜드 사태 수습에 투여할 수밖에 없었다. 북아일랜드의 민족주의적 주민들을 철저히 탄압하려던 시도가 실패하자 영국 내에서 강경 탄압에 의존해야 한다는 주장은 힘을 잃었다. 글래스고 경찰서장이 정부에게 경고한 것에서 드러나듯이, 1971년 여름에는 클라이드사이드[스코틀랜드의 공업 도시]가 제2의 보그사이드가 될지도 모른다는 두려움이 퍼져 있었다.

영국의 노동자 대중은 북아일랜드에서 벌어지고 있는 사태의 본질을 제대로 이해하지 못한 반면, 혁명적 사회주의 정치로 이끌린 소수는 잘 이해하고 있었다. 그들은 북아일랜드 문제를 보면서 국가가 중립적 기구라는 환상, 즉 의회 사회주의와 영국 노동 운동에 깊이 스며들어 있던 환상에서 깨어날 수 있었다. 그들은 영국 정부가 재판 없이 사람들을 투옥하거나 반정부 인사들을 고문하고 잔혹하게 사람들을 쏴 죽이는 것을 목격했다. 그래서 피의 일요일 직후에 베너데트 데블린 ― 북아일랜드에서 민족주의가 강한 지역 출신의 혁명적 사회주의자 국회의원 ― 이 영국 하원 회의장에서 내무 장관 레지널드 모들링을 후려쳤을 때, 수백만 명의 영국 노동자들은 이런 행동의 의미를 이해하지 못했지만 수천 명의 핵심 활동가들은 잘 알고 있었다.

임금 동결과 좌파

1972년 11월에 히스 정부가 시행한 임금 동결은 그리 무모한 도박은 아니었다. 이 조치는 노조 지도부가 정부에 대항해 격렬하게 싸우지 않을 것이라는 신중한 계산 끝에 나온 것이었다. 그들은 정부가 추진하는 정책들을 거의 자발적으로 받아들이고 있었다. 관계 장관들과 한 인터뷰에 기초한 설명에 따르면,

3자 토론이 쓸데없는 짓은 아니었던 것처럼 보였다. 제안된 일괄 정책 중 많은 부분은 나중에 제정된 법령에서 다시 나타났고 노조는 이런 법령들을 거부할 수 없었다.[62]

보수당이 완전히 틀린 것은 아니었다. 이것은 1973년 3월에 포드의 교섭위원회 직장위원들이 파업 투쟁을 권고했을 때 잘 나타났다. TGWU의 모스 에반스와 금속 노조 집행부원으로 점차 우파 마오주의로 기운 렉 버치는 파업을 분쇄하기 위해 함께 일했다.[63]

TUC가 5월 1일 반(反)히스 투쟁의 날을 공식적으로 호소했을 때조차도, TGWU의 잭 존스와 금속 노조의 휴 스캔런은 비밀리에 히스를 만났다. 9월에 이 두 사람은 심지어 크라이슬러 노동자들이 모든 연대의 전통과 단절하고 크라이슬러 전기공들의 파업을 파괴하고 있는 계약 노동자들과 함께 일하기 위해 피켓라인을 떠나야 한다고 촉구하기에 이르렀다.[64]

히스는 다른 계산도 하고 있었다. 임금 동결의 시점이 절묘했다. 전통적으로 강력한 부문의 노동자들이 연봉 협상을 마친 뒤에 임금 동결 조치를 취한 것이다. 이 조치의 피해자들은 주로 교사, 공무원, 가스·병원 노동자 등 파업 경험이 거의 없는 노동자들이었다.

하지만 히스의 계산이 틀어질 가능성은 여전히 남아 있었다. 현장조합원들의 분노가 점점 커지고 있었고, 임금 통제로 직접 타격을 입지 않는 노동자들조차 분노하고 있었다. 이런 사실은 1972년 12월에 노사관계법원이 금속 노조에 5만 파운드의 벌금을 부과했을 때 잘 드러났다. 벌금 사유는 서퍽에 있는 서드베리 지부가 몇 년 전 그 지역의 CAV 공장에서 파업 파괴 행위 때문에 축출된 제임스 고드라는 사람을 노조원으로 받아들이기를 거부했다는 것이다. 수십만 명의 금속 노동자들이 직장위원들과 지구위원들의 호소에 응해 항의 파업을 벌였다.

임금 통제에 반대해 TUC가 벌인 5월 1일 투쟁의 날 파업이 여전히 최대의 정치적 파업이었다. 200만 명의 노동자들이 파업에 참가했고, 런던에서는 10

만 명 이상, 버밍엄에서 2만 명, 리버풀에서 1만 2000명, 글래스고에서 1만 명이 각각 시위를 벌였다.[65]

전에는 비전투적이었던 부문에서도 분노는 빠르게 퍼져 나갔다. 런던의 병원들에서는 약 80명의 직장위원들로 이루어진 비공식 그룹이 커져 가는 분노의 물결을 타고 노조 지도부에 압력을 넣어 파업 찬반 투표를 실시하게 만들었다. 공공 부문 노조 NUPE 소속의 보건 노동자들과 TGWU도 전면 파업에 찬성했다.[66] 그럼에도, 노조 지도자들이 선택적 투쟁만을 호소했을 때, 1000여 개의 병원이 이에 동조했다.[67]

공무원 쪽에서도 규모는 달랐지만 양상은 비슷했다. 1973년 1월에는 최초의 산업 투쟁이 벌어졌고 공무원 노조 지부들은 임금 동결에 항의하는 대규모 집회를 열었다. 런던에서 열린 집회에서는 4000명의 CPSA 조합원들이 모든 투쟁의 집행 권한을 규정한 결의안을 만장일치로 통과시킨 다음 다우닝가로 몰려가 "히스 퇴진!"을 외쳤다.[68]

가스 산업의 노사 분규는 공식 잔업 거부와 선별 파업들로 시작됐다. 1월 중순에 GMWU가 이 투쟁을 철회했을 때, 비공식 활동가들은 투쟁을 계속했으며 피케팅 선봉대를 이용해 투쟁을 확산했다. 노조 지도부가 산업을 정상화시키는 데는 10주가 걸렸다.[69]

2월 말에 <사회주의 노동자>는 다음과 같이 보도했다. "지금 거의 100만 명의 노동자들이 보수당의 임금 동결 조치에 대항해 반란을 일으키고 있다."[70]

분노는 임금 동결이나 노사관계법에 국한되지 않았다. 1972년 가을에는 소위 공정임대차법이 전면 시행됐다. 잉글랜드와 웨일스에서는 노동당이 통제하는 많은 지방 의회들이 투표를 통해 그 법에 반대한 적이 있었다. 그런데 이제는 더비셔의 클레이 크로스를 제외하고는 전부 다 그 법에 굴복했다. 그럼에도 공공주택에 거주하는 수천 명의 세입자들은 그 법에 반대하는 집세 파업에 참가했으며, 스코틀랜드의 일부 지역에서는 투쟁이 연말까지 계속됐다.

동시에, 선더랜드의 콜 크레인스, 리버풀의 CAV 파자컬리, 사우스런던의 브라이언트 컬러 프린팅 같은 곳에서는 해고 반대 점거농성이 여전히 계속되고 있었다.

하지만 5월 1일 TUC 투쟁의 날 즈음에는 이런 투쟁의 물결이 잠잠해졌다. 보수당은 새로운 공세의 1라운드에서 승리했다. 당시 IS의 토니 클리프가 설명했듯이, 그 원인은 "운동을 효과적으로 지속시킬 수 있는 조직 형태들"이 노동자들의 "투쟁 의지"를 따라가지 못했기 때문이다.

교사, 의료 노동자, 공무원 들이 입증했듯이 노동자들은 상대적 후진성에서 고도의 전투성으로 매우 빠르게 이동할 수 있다. 하지만 이런 전투성을 유지하고 그것을 승리로 이끌기 위해 필요한 조직을 만드는 데는 시간이 걸린다. …… 조직 형태가 운동이 요구하는 수준으로 높아지든지 아니면 투쟁이 기존의 조직적 틀에 맞는 수준으로 떨어질 것이다. 그것이 바로 지금 투쟁하고 있는 새로운 노동자들의 극단적인 휘발성의 근본 원인이다.[71]

게다가, 더 강력하고 전통적으로 더 전투적인 부문들이 일반적 관점에서 투쟁을 이해할 가능성은 새로 투쟁을 시작한 노동자들보다 더 낮았다.

포드 노동자들처럼 상당한 경제적 힘을 가진 노동자들은 단결된 총반격의 필요성을 …… 좀처럼 받아들이려 하지 않는다. …… 오랜 투쟁 전통이 있는 부문에서는 직장위원회 같은 기구들을 만들어 고용주들한테서 많은 양보를 얻어 낼 수 있었다. 그러나 흔히 이런 양보는 자본주의가 급속히 팽창하는 시기에 고용주들이 자그마한 압력에도 쉽게 양보할 태세가 돼 있을 때 소수의 투쟁으로도 얻을 수 있는 것이었다. 그런데 이제는 투쟁이 더 결정적 성격을 띠고 있고, …… 직장위원들이 현장조합원들을 끌어들이거나 서로 긴밀한 연계를 맺는 데 익숙하지 못하다는 사실이 커다란 약점으로 드러나고 있다.[72]

보수당에 반대하는 투쟁의 첫째 국면에서 공산당과 연계된 투사들의 네트워크 덕분에 비공식 활동가들은 고립을 어느 정도 극복할 수 있었다. 특히 전통적으로 전투적인 부문에서 그랬다. 그들은 1970~71년의 노사관계법에 반대하는 하루 파업에 참가하고 UCS의 생산 관리 쟁의에 대한 지지를 확보하는 데서 결정적 요소였다. 그러나 투쟁이 더 심각해지면서 그들은 점점 더 전국적 구심을 제공할 수 없게 됐다. 왜냐하면 그들의 전망은 '좌파' 노조 지도자인 존스와 스캔런에게 압력을 가하는 것이었는데, 바로 이 지도자들이 점차 히스와 친해졌기 때문이다.

그래서 '노동조합 방어를 위한 연락위원회'는 그 법에 반대하는 항만 노동자들의 투쟁이 벌어지는 동안 — 투옥된 노동자 중 한 명인 베르니 스티어가 공산당원이었는데도 — 전혀 투쟁을 주도하지 못했다. 연락위원회 지도부가 그런 문제들에 대한 토론을 허용하지 않았기 때문에 1973년 4월에 열린 협의회 도중에 런던 항만 직장위원 대표단은 치를 떨며 퇴장했다.[73]

건설 부문에서도 이와 비슷한 태도가 널리 퍼졌다. 버밍엄의 피트 카터나 런던의 루 루이스 같은 공산당원은 1972년에 파업을 확산하는 데서 핵심적 구실을 했지만, 공산당 기관지는 파업을 일찍 끝내려는 건설 노조(UCATT) 전국 지도부를 지지하고 나섰다. 공산당은 노동당이 통제하는 지방 의회들이 보수당의 '공정임대차법'을 시행하는 것에 공식적으로는 반대했지만, 가장 유명한 당원이었던 UCS의 직장위원 지미 리드가 클라이드뱅크 지방 의회에서 그법에 찬성표를 던지는 것을 막을 수는 없었다.

금속 산업 부문의 상황은 좀 더 복잡했다. 노조 위원장인 휴 스캔런은 정부나 고용주들과 협력하는 데 열을 올리면서도, 노사관계법에 반대하고 노사관계법원 승인과 관련해서도 일체의 타협을 거부했다. 그래서 노조 내의 많은 공산당 지지자들은 그가 다른 쟁점들에서 후퇴한 것이 부각되지 않도록 그 법에 반대한 그의 언행을 높이 평가했다. 그러나 공산당이 지지한 범좌파의 전반적 태도는 TGWU에서 그랬던 것과 꼭 마찬가지로 재앙적이었다. 그래서 공산당/연락위원회 내부에서는 1972년에 맨체스터에서 노조의 임금 인상 투쟁이 패배한 것이나 고용주들이 표준노동일을 이용해 현장 조직을 약화한 것에 관한 토론이 전혀 이루어지지 않았다.

그런 혼란은 1972년에 투쟁이 엄청나게 고양됐을 때조차 주요 제조업 부문에서 현장 조직의 힘이 잠식되고 있다는 신호였다.

글래스고에서는 절충적인 UCS의 타협안을 지키려는 희망 때문에 가장 유명한 조선 부문의 직장위원들이 스스로 전투성을 훼손했다. 펜턴빌과 고드 사건이 일어났을 때 연대 파업을 전혀 조직하지 못한 것이 그런 사례다. 버밍엄에서는 브리티시레일랜드의 롱브리지 공장 직장위원회 ─ 데렉 로빈슨과 잭 애덤스 같은 공산당원들이 이끄는 ─ 가 히스의 임금 동결 조치가 발효되기 전에 재빨리 임금 인상을 얻어 내기 위해 서둘러 표준노동일을 받아들였다.

당시까지 자동차 산업에서 최고 임금을 받는 지역이었던 코번트리에서는 3년 간의 표준노동일 때문에 손해를 보게 됐다. 크라이슬러의 스토크 공장에서는 공동 직장위원회의 '고위 협상단'이 부위원장 존 워스의 직장위원 임명을 경영진이 거부하자 이를 받아들였다.[74] 그들이 1973년 전기 노동자 파업 때 대체 인력 투입을 지지하자 이에 격분한 한 전투적인 노동자는 "우리가 아는 노동조합주의는 끝났다."며 분통을 터뜨렸다.[75]

건설 산업에서는 1972년 파업 전에 이미 전투적이었던 몇 군데를 제외하고는 파업 당시의 대중적 전투성이 상설 조직으로 굳어지지 않았다. 노스웨일스 출신의 건설 노동자 40명은 파업 중에 피케팅 선봉대에 참여하려는 '음모'를 꾸몄다는 혐의로 기소됐다. 그 중 여섯 명은 슈루즈버리에서 재판을 받고 투옥됐다.

1972년이 노동자들이 승리한 해만은 아니었다는 것은 파업 기간에서 잘 드러난다. 11월의 임금 동결 전에도 노동자 1인당 파업일수는 17.1일이었다. 이는 1969~70년 임금 반란 때의 3배 이상이었다. 7주, 8주, 9주, 심지어 10주 넘게 계속된 파업도 많았다. 노동자들은 대개 승리했고 연대 투쟁의 장점을 깨달았다. 하지만 그들은 흔히 지치기도 했고 곧바로 다른 투쟁에 돌입하기를 원하지 않았다.

투쟁의 수준과 그 투쟁을 이끄는 활동가들의 정치 사이에 차이가 있었다. 히스는 이를 이용할 수 있었다. 그러나 혁명적 좌파는 이 차이를 무엇으로 채우고 있었는가?

IS의 성장

국제사회주의자들(IS)은 1968년의 혁명적 좌파의 일부로서 1969~70년의 임금 반란 당시 상당수 노동자들과 연계를 맺었다. 그럼에도, 전체 조직원 수는 1971년 초까지 1000명을 맴돌았다. 일부 노동자들이 가입했고 1970년 점거 투쟁 과정에서 학생들도 들어왔지만, 지나친 혁명적 기대가 시들해지자 1968년 이후 가입한 사람들이 떨어져 나갔다.

1971년에 IS는 다시 한 번 빠르게 성장했다. 그 해 봄 우편 노동자들의 패배와 함께 노동자 운동이 벽에 부딪히자 상당수 활동가들은 정치적 해명을 찾게 됐다. 그들은 공장 문 앞에서 전단을 돌리는 IS 학생들과 학생 출신 IS 조직원들을 더 진지하게 대하기 시작했고, 수백 명이 IS 조직에 가입했다. 4월에 열린 IS 협의회에서는 조직이 3분의 2 이상 성장했고 주로 그 전 6개월 동안 성장했다는 말이 나왔다.

IS가 투쟁을 지도할 수 있었기 때문에 그렇게 성장한 것은 아니었다. IS가 현장에 미치는 힘은 이미 진행중인 투쟁들을 지원하고 그런 투쟁에서 일반적인 정치적 결론을 끌어내는 정도에 불과했다. 그래서 UCS 투쟁이 일어났을 때 현장 안에는 IS의 영향력이 전혀 미치지 않았지만, 그 해 여름에 IS는 학생과 교사 약 40명을 글래스고에 파견해 <사회주의 노동자>를 팔고 전단을 돌리며 다른 산업의 일부 투사들과 UCS 투쟁에 관한 논쟁을 벌였다. 그렇게 해서 UCS 내부는 아니었지만 글래스고에 IS 지부를 건설했다.

IS가 산업 투쟁 개입만으로 성장한 것은 아니었다. 정치 쟁점들, 특히 아일랜드 문제도 중요했다. IS는 베너데트 데블린과 함께 순회 연설을 하면서 성과를 거뒀다. 데블린은 수백 명의 청중에게 아일랜드 문제에 대해 연설했고 함께 참가한 IS 연사들은 영국 내에서 보수당에 반대하는 투쟁의 교훈을 끌어냈다. UCS 점거 투쟁이 정점에 달했을 때, <사회주의 노동자>는 [북아일랜드의] 대량 구속 문제를 핵심적으로 부각했고 1972년의 대규모 광원 파업 때 발행한 제4호에서는 파업보다 '피의 일요일'에 더 많은 지면을 할애했다.[76]

그 기간 내내 주된 관심사는 인종 차별 반대 투쟁이었다. 경찰의 가혹행위에 반대하는 투쟁들을 다룬 기사가 <사회주의 노동자>의 많은 지면을 차지했고,[77] 1972년 늦여름에는 우간다 출신 아시아 이주민들을 혐오하는 히스테리 물결에 반대하는 운동도 폭넓게 다루었다.[78]

이탈리아의 <로타 콘티누아> 같은 신문과 달리, <사회주의 노동자>는 투쟁에 대해 단지 말만 하지 않았다. 마르크스주의 사상을 다룬 정기 칼럼, 영국 제국주의와 아일랜드 억압의 간략한 역사, 서평 등 다른 세계관을 제시하는 기사들을 통해 이데올로기적 주장들을 매우 강조하기도 했다.

또 <로타 콘티누아>와는 대조적으로 <사회주의 노동자>는 잘못된 혁명적 전술을 사정없이 비판했다. 혁명적 학생 출신 그룹 '분노의 여단'이 노사관계법에 항의해 어떤 보수당 장관 집 밖에 폭탄을 설치했을 때, <사회주의 노동자>는 그들의 개인적 테러리즘은 투쟁의 방향을 흐리는 것이라고 비판했다. 1년 뒤에, 공식 IRA가 앨더샷에서 군 장교 식당에 폭탄을 터뜨려 청소하던 여자가 죽었을 때도 이런 비판을 반복했다. 국제사회주의자들이 다른 혁명가들이나 아일랜드의 공화주의자들을 지지한다고 해서, 그리고 국가에 대항해 그들을 방어한다고 해서, 국제적인 혁명적 좌파의 일부가 그랬듯이 완전히 재앙적인 투쟁 방식을 비판하지 않았던 것은 아니다.

IS의 성장은 1972년 1월 광원 파업이 최고조에 이르렀을 때(우연의 일치로 피의 일요일과 같은 날이었다) 맨체스터에서 열린 제2차 산업 협의회에 반영됐다. 1970년의 제1차 협의회보다 두 배나 많은 700명 이상의 대의원들이 참석한 것이다. 이 기간 동안 <사회주의 노동자>의 발행 부수는 1971년 10월에 2만 500부로, 그 뒤 1972년 2월에는 2만 7000부로 늘어났다.

혁명적 좌파에 가입하는 사람들의 수가 1972년 봄이 지난 뒤에는 잠시 주춤해졌다. <사회주의 노동자>의 발행 부수가 거의 3만 부를 유지하기는 했지만, 그 해 여름의 승리를 이용해 '가을~겨울'의 가입 캠페인으로 이어가려던 IS의 시도는 아무 효과도 없었다. 돌이켜 보면 그 이유는 매우 자명했다. 노동자들이 승승장구하고 있는 동안에는 활동가들이 소규모 혁명 조직에 가담할 이유를 발견하지 못했기 때문이다. 만약 IS가 투쟁을 지도하고 있었다면 상황은 달라졌을지도 모른다. 하지만 IS 노동자 조직원의 99퍼센트는 기존 공장 지도부를 비판하는 사람들이었고, 그 지도부도 아니었으며, 대부분의 IS 조직원들은 산업 노동자가 아니었다.

IS 지도부는 IS의 조직적 약점과 투쟁의 필요 사이의 간극을 이어줄 수 있는 전략을 발전시켰다. 산업 부문의 IS 조직원들은, 명확한 정치 사상을 가진 것은 아니지만 전투적이고 활동적이며 전 계급적 투쟁의 필요성을 인식하고 있는 수천 명의 활동가들을 연결시킬 수 있는 조직을 건설하는 데 주도적으로 나서야 했다. 토니 클리프가 말했듯이, 한 편에는 1100만 명의 조합원을 거느린 노동조합 운동이라는 거대한 톱니바퀴가 있었고 다른 한 편에는 그보다 훨씬 작은 톱니바퀴, 즉 혁명 조직이 있었다. 이 작은 톱니바퀴가 바로 거대한 톱니바퀴를 돌리려고 한다면 그 자신이 부서지고 말 것이다. 그 둘을 매개하는 중간 톱니바퀴가 필요했다.

> 이것은 특정 쟁점들을 둘러싸고 서로 다른 노조와 산업에서 함께 활동하는 투사들의 조직이다. 이런 쟁점들은, 특정 작업장에서 소규모의 노동자들에게 영향을 미치는 것보다는 더 폭넓은 문제들이고 자본주의 체제를 전복함으로써 노동계급의 완전한 해방을 목표로 하는 데까지는 나아가지 않는 문제들이다.[79]

몇몇 산업 부문의 IS 조직원들은 이런 종류의 현장조합원 조직을 건설하려고 시도했다. 그들은 대부분 투쟁 경험이 없는 산업들에서 성공을 거뒀다. 이미 1969년에 조직된 '평교사협의회'에는 수백 명의 활동가들이 있었으며 잡지를 수천 부씩 판매했고, 이들은 비공식 투쟁을 지도하고, 파업을 꺼리는 노조 지도부에게 압력을 넣어 파업을 호소하게 할 만큼 영향력을 행사했다. 사무직 공무원 노조에서는 1972년 말에 '레더 테이프'(Redder Tape)가 결성돼 더 젊고 전투적인 노조원들이 우파 지도부에 반대하는 데 앞장섰다. 지방 정부의 화이트칼라 노조에서는 '공무원 노조 행동'이 노조 지도부에 대항하는 반대파로 잠시 등장해 주로 관리직의 통제를 받으며 경영진의 비위나 맞추던 조직을 투쟁적인 조직으로 바꾸려고 애썼다.

전통적으로 더 강력했던 육체 노동 부문의 노조에서는 독자 생존이 가능한 조직을 만들기가 더 힘들었다. 펜턴빌 투쟁 뒤에 IS에 가입한 런던의 소수 주도적인 항만 노동자들은 <항만 노동자>라는 신문을 발행해 주요 항구에서 수천 부를 팔기도 했지만, 전국 항만 직장위원회에 영향을 미치는 투사들의 비공식 조직만을 만들 수 있었다. 광산에서는 IS 지지자들이 <광원>이라는 신문을 만들어 상당한 진전을 보였지만, 스코틀랜드와 웨일스의 광산 지역을 장악한 공산당 기구에 도전할 수 있을 만큼 강력하지는 않았으며, 요크셔에서는 아서 스카길(1973년에 지역 위원장으로 선출된) 주변의 탄갱·지역 간부 조직의 영향력보다 훨씬 더 미약했다. 자동차 산업에서는 <자동차 노동자>라는 신문이 표준노동일 반대 투쟁 현황 같은, 전투적 노동자들이 다른 곳에서는 찾아볼 수 없는 주장들을 실었다. 그 신문은 중요한 직장위원들을 IS 쪽으로 끌어들였지만, 진정한 의미의 현장조합원 조직을 창출하지는 못했다.

지역 차원에서 무엇을 달성할 수 있는지는 코번트리에 있는 크라이슬러의 라이톤 공장에서 잘 드러났다. 1973년 봄에 경영진이 '작업 불량'을 이유로 노동자들을 해고하면서 현장 조직에 대한 탄압을 개시했다. 국제사회주의자들은 약 30여 명의 노동자를 '크라이슬러 행동 그룹'으로 조직할 수 있었고, 이들은 자동차 산업에서 노사 분규가 시작되기 전에는 좀처럼 보기 힘든 공격적인 운동을 전개하면서 철도역과 다른 공장으로 피케팅을 나가 부품 이동을 중단시키고 영국 내의 크라이슬러 공장을 모두 마비시켰다. 하지만 몇 달 뒤에 노조 지도자들이 전기 노동자들의 대체 인력을 투입해 파업을 분쇄하자, 크라이슬러 행동 그룹은 더는 유지될 수 없었다.

산업 부문에 미치는 IS의 영향력은 1972~73년에 상당히 성장했다. 그 해 봄에 열린 IS 연례 협의회에서는 10개의 공장 지부를 설립해야 한다는 요구가 나왔다. 그래서 약 40여 개의 공장 지부 또는 산업 지부를 건설했는데, 흔히 핵심 공장에 이런 지부를 설립했고 1973년 9월의 공장 지부 협의회에는 120명의 대의원이 참석했다.[80] 대개 IS 조직원은 매우 소수였지만, 그들은 상당한 영향력을 발휘할 수 있었다. <사회주의 노동자>에 크라이슬러 코번트리 지부의 조직원이 30명이라는 기사가 실리자, 그 지부의 한 주요 조직원은 "지금까지 경영진은 우리가 300명 규모라고 알고 있었는데 [기사가 나가는 바람에] 들통나고 말았다."며 [웃음 섞인] 불평을 했다.

토니 클리프는 1973년 협의회 뒤 1개월 만에 211명이 새로 가입했고 그 다음 달에는 281명이 더 들어왔다고 보고했다. "전국교원노조(NUT)보다 TGWU와 AUEW에서 더 많은 사람들이 가입한 것은 처음이다."[81] 1973년 11월에 맨체스터에서 열린 <사회주의 노동자> 산업 대회에는 2800명이 참가했다. 이는 20개월 전에 그 곳에서 열린 산업 협의회 참석 인원보다 3배가 많은 것이었다.

이런 성장에 문제가 없는 것은 아니었다. 1968~70년의 학생 투쟁을 거쳐 가입한 사람들 중 일부는 노동계급 안에 [조직을] 건설하려는 활동의 상이한 속도에 적응할 수 없었다. 지름길을 제시하는 것처럼 보이는 정치적 입장에 이끌린 사람들 사이에 이런저런 사소한 분열이 일어났다. 그런 지름길은 보통 몇 년 전에 작성된 공식 요구 강령에 마술적인 힘을 부여하는 것이었다. 이런 분열을 둘러싸고 벌어진 논쟁들은 지루한 것이었지만, IS의 급속한 성장을 막을 수는 없었다.

1972~73년에 나타난 더 심각한 문제는, 노동계급 안에 조직을 건설하려고 추진하는 과정에서 IS가 1968년에 제시했던 분석을 망각한 것이었다. 그 분석은 많은 학생들을 혁명적 정치로 끌어당길 수 있음을 보여 주었지만, 이제 IS의 학생들은 완전히 방치됐다. 많은 학생들이 교내 활동을 완전히 중단했다. 어떤 사람들은 기층에서 활동하기보다는 학생회나 전국학생회연합에서 자리를 차지하기 위한 선거 연합에 의존하는 경향이 있었다. 그 결과, 제4인터내셔널을 지지하는 국제마르크스주의그룹이 1973년에 3개의 주요 대학에서 점거 농성을 주도하고 최상의 학생[투사]들을 가입시키면서 그 영향력을 상당히 증대시킬 수 있었다.

하지만 이것은 진일보 — 몇 년 뒤에 IS의 [정치적] 태도를 결정할 진일보

— 에 비하면 사소한 후퇴였다.

히스 정부의 종말

1973년 10월 초에 히스는 스스로 만족을 느낄 만한 충분한 이유가 있었다. 그는 국가의 임금 통제를 강행했고 TUC 총평의회가 그 정책의 '세 번째 단계'에 별로 저항하지 않을 것이라는 확신이 있었다.

그는 7월에 다우닝가 현관에서 포르투갈의 파시스트 독재자 카에타누를 접견하다 말고(그 앞에서 항의 시위를 벌이던 사람들의 배너에는 '식료품 장수와 도살자의 만남'이라고 쓰여 있었다) 뒤뜰로 뛰어가 광원 노조의 우파 위원장 조 곰리를 몰래 만났을 때, 그동안 우려했던 장애물 하나가 깨끗이 제거됐다고 믿었다. 그들은 소득 정책을 훼손하지 않으면서도 광원들의 다음 번임금 인상 요구를 만족시킬 수 있는 방안에 동의했다. 이 방식이 먹혀들지 않을 경우에 대비해, 다음 해 여름까지 석탄이 떨어지지 않을 만큼 재고를 충분히 비축해 두었다.

히스의 자신감은 다른 요인들 덕분에 더욱 강화됐다. 경제가 이제 호황기에 접어들었고 성장률은 높았으며 실업률이 전년도의 절반에 불과했다. 이런 경기 호황에 불행한 부작용이 뒤따른 것도 사실이다. 특히 은행가들과 온갖 투기꾼들의 이윤이 놀랄 만큼 눈에 띄게 증가했다. 하지만 여기에서 노동당이 얻은 것은 하나도 없었다. 보수당은 두 곳의 보궐선거에서 자유당에게 극적으로 패배했지만, 이것은 집권 중반기의 이상 현상이라고 치부할 수 있었고 파시스트인 국민전선이 5월에 웨스트브러미지에서 4500표를 얻은 것도 마찬가지 현상이라고 할 수 있었다.

히스 내각의 각료였던 피터 워커는 정부의 분위기를 요약하며 영국이 "전례 없는 번영의 시기로 접어들고 있다."고 선언했다.

[그러나] 5개월 뒤에 보수당 정부는 더는 존재하지 않았다.

임금 통제 정책의 세 번째 단계를 개괄하는 백서가 막 발행되려고 할 때 히스에 대한 첫 번째 타격이 날아들었다. 이스라엘과 아랍 국가들의 전쟁 때문에 유가가 네 배로 뛰어올랐다. 그 전에 이미 세계 공업 생산량이 폭증한 결과 원자재 가격이 상승하고 있었고, 히스 시절의 호황은 이런 현상의 국내적 표현에 불과했다. 이제 원자재 가격이 엄청나게 치솟으며 제2차세계대전 이후 결코 볼 수 없었던 인플레가 나타날 조짐이 보였다.

유가 상승은 또 정부와 광원들의 세력 균형을 완전히 바꾸어 놓기도 했다. 정부는 발전소에서 석탄 대용으로 쓸 수 있는 석유를 보유하고는 있었지만 더는 해외에서 수입할 수 없었다. 정부는 석유 대신 석탄을 사용해야 했고 그동안 비축한 석탄을 소모했다. 광원들은 이 사실을 알고 있었다. 그들은 이제 곰리가 제어할 수 없는 방식으로 요구를 제기하기 시작했다. 1973년 11월에 광원들은 잔업 거부에 돌입했다.

히스의 대응은 광원들을 위협해 그가 제시한 조건을 받아들이게 하는 것이었다. 그는 비상 사태를 선포했다. 머지않아 그는 TV에 나와 크리스마스 전후로 10일 간의 강제 휴무를 시행한 뒤 주3일 근무를 실시하겠다고 발표했다. TV 광고는 전기 절약을 위해 필요한 조치라고 국민을 설득했다. 부총리 패트릭 젠킨은 국민에게 불을 켜지 말고 이를 닦으라고 촉구했다. 하지만 불이 환히 켜진 그의 집 사진이 신문에 실리면서 그의 말은 설득력을 잃어 버렸다. 보수당은 광원들을 적으로 묘사하기 위해 국가 비상 사태 분위기를 조성하려 했다.

좌파는 극적인 사건들을 예상했다. 이미 글래스고에서는 파업중인 소방수들을 대체해 군인들이 투입됐다. 특수 훈련을 받은 경찰들이 연달아 노동자들을 공격했다. 1972년 항만 노동자의 파업 기간에 헐 인근의 닙 워프에서, 런던의 브라이언트 컬러 외곽에서, 플리머스의 파인 튜브에서 피케팅 대열에, 머지사이드에서 집세에 항의하는 시위대에 대한 경찰의 공격이 있었다. 슈루즈버리에서는 건설 노동자들이 피케팅을 했다는 이유로 최고 3년의 징역형을 선고받았다. 요크셔 무어스에서는 경찰들이 'V자 대형'으로 피켓라인을 해산하는 훈련을 받고 있다는 보도가 있었고, 군대를 투입할 준비를 하고 있다는 보도도 있었다. 정부가 좌파 투사들을 수감할 수용소 설치를 고려중이라는 소문이 나돌기도 했다.

확실히, 정부 내에는 적어도 50년 동안 영국에서 보지 못한 대규모 충돌을 생각한 사람들도 있었다. <타임스>는 독자들이 "무력으로 건전한 통화 정책을 강요할"[82] 필요가 있다고 언급했다. 히스 정부에서 산업부 장관을 지낸 바 있는 존 데이비스는 자식들에게 이번 크리스마스가 그들이 즐길 수 있는 마지막 성탄절이 될 수도 있다고 말했다. 히스 자신도 고위 공무원 윌리엄 암스트롱 경에게 "심각한 조언을 구했다."[83] 1974년 1월 말에 암스트롱은 쿠데타나 연립정부에 대해 많은 이야기를 했다. CBI[영국 전경련]의 회장은 다음과 같이 말했다. "우리는 공산주의자들이 도처에 침투하고 있다는 내용의 강연을 들었다. 연사는 공산주의자들이 심지어 자기 방 안에 들어와 있는지도 모른다고 말했다."[84]

정부는 기존 전략이 붕괴해 버리자 완전히 혼란에 빠져 버렸고, 개인들은 우파의 권위주의적 결론[쿠데타나 연정]에 끌렸다. 하지만 정부는 대안이 있다고 생각하는 동안에는 이런 결론을 심각하게 받아들이지 않았다. 부르주아 민주주의 방식은 노동계급의 지위를 50년 넘게 유지해 주었고 노동계급이 기존 체제에 이해관계를 갖고 있다고 믿게 만들었다. 히스는 과감한 공세를 취함으로써 그런 자산을 날려버리는 위험을 무릅쓰고 싶지 않았다. 그는 겨우 15개월 전에 펜턴빌의 항만 노동자들을 석방시켰던 노동계급 운동은 너무 강력해서 힘만으로는 제압할 수 없다는 사실을 잘 알고 있었다. 그는 정신병 치료나 하라며 암스트롱을 내쳤고, 다시는 부르지 않았다.

히스가 대결을 들먹인 데는 공포와 허세가 뒤섞여 있었다. 그 의도는 노조 지도부를 협상장으로 끌어낼 수 있는 이데올로기적 분위기를 조성하려는 것이었다.

그 목적은 거의 달성될 뻔했다. 국가경제개발위원회 회의에 참석한 TUC 대표들은 정부가 광원들을 특별한 경우로 인정해 주면 조합원들이 '3단계' 정책을 받아들이도록 하겠다고 제안했다. 정부는 노조 지도부가 약속을 지킬 수 없을 것이라고 판단해 이를 거부하면서, 그들이 진정으로 타협하려 한다면 광원들과 그토록 강력하게 연대하지는 않았을 것이라고 의심했다. 그러자 우파 노조 지도자들은 물론 좌파 지도자들도 자세를 더 낮추었다. 나중에 히스를 만난 자리에서 휴 스캔런은 다음과 같이 빌었다. "우리가 당신을 만족시킬 수 있는 행동이나 말이 있다면 제발 가르쳐 주십시오." 히스는 묵묵부답이었다.[85]

광원들이 잔업 거부를 파업으로 전환시키지 않고 결국은 타협을 받아들이도록 만들기 위해 판을 키우는 것이 히스의 목표였던 듯하다. 그는 광원들의 자신감과 반정부 정서를 얕잡아봤다.

히스는 몇 주 동안의 고민 끝에 마지막 카드를 꺼냈다. 그는 총선의 주제는 "누가 이 나라를 통치하는가?"가 될 것이라고 발표했다.

선거 운동 기간 동안 광원들이 쟁의행위를 취소했다면 거의 틀림없이 히스가 선거에서 이겼을 것이다. 조 곰리는 쟁의행위 중단을 요구하며 그래야만 노동당이 부동층의 표를 얻을 수 있는 분위기가 조성될 것이라고 주장했다. 곰리의 말대로 됐다면 히스는 1968년 6월에 드골이 그랬던 것과 꼭 마찬가지로 선거에서 이겼다고 뻐길 수 있었을 것이다.

그러나 광원들은 곰리가 주장한 선거 '현실주의'를 거부했다. 갱도 입구에서 실시된 투표에서 노동자의 81퍼센트가 파업에 찬성했고 모든 갱도를 폐쇄했다. 이 때문에 선거일이 가까워지자 지배계급은 점점 더 심각하게 분열했다. 선견지명이 있는 일부 고용주들은 이제 광원들과 타협한 뒤 다른 노조 지도자들에게 의존해 버티는 수밖에 없다는 것을 깨달았다. 총선 직전에 CBI의 캠벨 애덤슨은 새 정부가 노사관계법을 폐지해야 할 것이라는 견해를 슬며시 흘렸다.

동시에, 주3일 근무—사실상 1주일에 이틀은 작업장에서 쫓겨나는 것—는 노동자들을 위협하지 못했고 다른 노동자들과 광원들을 분열시키지도 못했다. 대부분은 보통보다 조금 낮은 수준의 임금 협약을 체결하는 것으로 끝났고 여가 시간은 더 늘어났다. 이 때문에 '직장 폐쇄'에 대한 반격이 있을 것이라고 기대했던 투사들이 힘들어지기는 했지만,[86] 정부의 계산이 더 큰 타격을 입었다. 다른 작업장의 노동자들은 거의 자동으로 광원들을 지지했다. 그런 연대의 전형은 석탄을 실은 기차가 피케팅 신호만 있으면 피케팅을 하는 노동자가 눈에 보이지 않아도 그냥 멈춰선 것이었다. 피케팅 분쇄 훈련을 받은 경찰과 군대도 정부에 아무런 도움이 되지 못했다.

선거 결과는 아무도 정부를 신뢰하지 않는다는 사실을 보여 주었다. 보수당의 득표는 감소했다. 노동당 득표율도 43퍼센트에서 37.2퍼센트로 떨어졌다. 보수당은 참패했다. 왜냐하면 정부의 위기 관리 능력을 불신하게 된 많은 보수당 지지자들이 자유당에 — 스코틀랜드에서는 민족주의자들에게 — 표를 던졌기 때문이다. 히스는 그 뒤 4일 동안 권력을 유지하려 애썼다. 그러나 주요 대기업 부문을 분노하게 했을 뿐이다. 히스가 노조를 설득해 노동자들의 생활 수준 저하를 받아들이게 할 수 없다면, 그렇게 할 수 있는 세력에게 양보해야 했다. 그것은 바로 노동당 정부였다.

투쟁기의 종료

히스 정부의 마지막 몇 달은 영국의 최근 정치사에서 가장 흥미진진한 기간이었다. 혁명적 좌파에게 이 시기는 1968년 이래로 자신들의 주간지에서 표방했던 사상이 진정으로 노동계급 다수의 생각과 일치하기 시작한 순간이었다. 노동당에 표를 던진 사람들은 줄어들었지만, 노동당 좌파보다 더 나은 모종의 대안을 추구하는 소수의 사람들이 엄청나게 늘어났다. 십중팔구 수십만 명이 그런 대안을 찾고 있었으며, 임금 문제에 관해서 이들 수십만 명은 자신들을 따르는 더 많은 사람들을 움직일 수 있었다.

극좌파는 황홀한 기분마저 느꼈다. 사회주의자들은 그 어느 때보다도 많은 신문을 팔 수 있었다. <사회주의 노동자>의 발행 부수는 3만 부에서 4만 부로 증가했고 5만 2000부에 이른 적도 있었다. IS는 슈루즈버리의 피고인들과 IS 조직원들이 함께 연설하는 집회들을 조직할 수 있었는데, 여기에는 수백 명이 참가해 이들의 연설을 경청했다. 이것은 노동당의 수동적인 선거 운동과는 대

조직이었다. 그런 선거 운동으로는 노동당이 지난 번 재앙적인 집권기에 잃어 버린 활동가들을 되돌아오게 할 수 없었다. 주요 선거구들에서는 흔히 "광원 을 지지하자, 보수당을 몰아내자, 노동당에 투표하자."는 구호가 적힌 IS의 포 스터만 눈에 띄었다.

이런 황홀감은 어느 정도까지는 정당한 것이었다. 법을 이용해 노조의 힘 을 분쇄하려 했던 지배계급 핵심부의 전략은 붕괴했다. 차티스트 운동 시절부 터 영국 정치의 주변부에 존재했고 한 세대 동안 스탈린주의와 노동당 노선 사이에서 찌그러져 있던 혁명적 좌파가 주요 공장에 뿌리를 내리고 중요한 화 이트칼라 노조들에서 주요 반대파로 등장했다.

그렇다고 해서 그들이 노동당 정부가 일관되게 추구한 다른 전략에 대항할 만한 영향력을 갖고 있었다는 말은 아니다. 노동당 정부의 전략은 히스가 마 지못해 추구하기 시작했던 바로 그 전략, 즉 노조 지도부와 긴밀한 협력 관계 를 구축하는 것이었다.

1972년에 쓴 중요한 글에서 토니 클리프는 당원이 5만 명인 혁명적 사회주 의 정당은 특정 쟁점에서는 30만 명의 직장위원들을 당 주변으로 조직할 수 있으며 이들을 통해 1100만 명의 노동조합원들을 움직일 수 있다고 주장했 다.[87] 히스가 물러났을 때 안타깝게도 혁명가들은 5만 명이 아니라 4000명에 불과했고, 이들보다 존스와 스캔런이 직장위원들에게 더 강력한 영향을 미치 고 있었다. 자본주의 팽창기의 유물인 노동조합 개혁주의는 위기가 심화되는 새로운 시기에도 끈질기게 살아남았다.

하지만 새로운 노동당 정부가 영국의 정치적 혼란기를 곧바로 끝낸 것은 아니었다.

총리 해럴드 윌슨은 조심스럽게 마이클 풋, 토니 벤, 에릭 헤퍼 같이 유명 한 좌파 인사들을 내각에 끌어들임으로써 노조 좌파들한테서 지지를 받기 시 작했다. 광원들의 투쟁은 임금이 크게 오르면서 곧바로 끝났고, 다른 부문 노 동자들의 요구에 정부가 겉으로는 저항하는 듯했지만 그들도 대개는 높은 임 금 인상을 획득했다. 1974년 2월과 10월 사이의 물가 인상률은 8퍼센트였던

반면, 임금은 평균 16퍼센트 상승했다.[88]

새로운 고용부 장관 마이클 풋은 노사관계법 조항을 대부분 폐지했다. 법원이 금속 노조의 자산을 압류한 데 항의해 전 조합원이 파업에 들어가자 조금도 주저하지 않고 문제 조항들을 폐지했다.[89]

노동당의 우파 재무 장관 데니스 힐리는 세계 경기 침체에 대처하려는 노력의 일환으로 정부 지출을 증대한 예산안을 편성했다. 노동자들이 공장 폐쇄와 실업에 항의하는 점거 투쟁을 계속하자 산업부 장관 토니 벤은 트라이엄프 메리든, 커크비의 KME(옛 피셔-벤딕스), 스코티시데일리뉴스의 노동자 협동조합에 정부 보조를 약속했다. 산업부 관료들이 이 회사들도 시장에서 경쟁해야 하고 대출 원금과 함께 이자도 갚아야 한다고 재빨리 주장하긴 했지만 말이다.

1973년 히스의 임금 동결 정책에 대항해 싸움을 시작했던, 전에는 비전투적이었던 노동자들이 몇 달 사이에 다시 투쟁에 나섰다. 런던의 교사들, 지방 정부의 화이트칼라 노동자들, 의료 노동자들의 투쟁이 물결쳤다. 허약한 정부를 상대로 승리할 수 있었기 때문에 이런 부문에서는 처음으로 현장의 노동조합주의가 정말로 공고해졌다.

그러나 윌슨은 무한정 시간을 허비할 수 없다는 사실을 알고 있었다. 영국 자본주의는 세계적인 위기의 영향에서 오랫동안 벗어나 있을 수도 없었고, 만약 정부가 노동자들을 분쇄하지 않으면 고용주들이 정부를 분쇄하려고 달려들 것이었다. 지배계급 내의 강경 우파들은 이미 1974년 여름에 자기들끼리 뭉치기 시작했다. 고참 보수당원들은 몇 달 뒤에 당권을 마거릿 대처에게 넘겨주게 될 행보를 시작했다. 상층 기업인들은 CBI가 너무 물러터졌다며 CBI 직위를 사임했다. 예비역 장교들은 파업 분쇄용 '사설 군대'를 창건하겠다고 떠들어대며 언론의 주목을 끌었다. MI5는 '더러운 책략'을 이용해, 이제는 '온건파'라고 불리게 된 보수당 내 히스 추종자들과 노동당 정부를 모두 불신의 대상으로 만들기 위해 애를 썼다.

나중에 CBI의 회장은 국가 개입을 통해 사기업의 힘을 약화시켜야 한다고 주장한 토니 벤의 백서 초안을 보고 어떻게 대응했는지 다음과 같이 말했다. "우리는 확실히 투자 파업 …… [즉] 산업 투자를 보류할 가능성을 논의하면서 …… 그 자체로는 합법적이지 않았을 행동 목록을 뽑아 보았다."[90]

1974년 10월 두 번째 총선에서 더 많은 의석을 확보한 윌슨은 1966년처럼 대기업을 달래는 일에 발벗고 나섰다. 이를 상징하는 사건이 수감중인 데스 워렌과 리키 톰린슨, 이 두 명의 슈루즈버리 건설 노동자에게 일어난 일이었다. 항소심 계류중이었던 이들은 총선 전에 보석으로 풀려났다가 선거가 끝난 뒤에 다시 투옥됐다.

윌슨은 유럽공동시장 가입 문제를 놓고 1975년 6월에 실시된 국민투표에서 자기 내각의 좌파 각료들을 패배시키기 위해 보수당·자유당·대기업과 공동 캠페인을 펼침으로써 좌파 각료들에게 모욕을 안겨 주었다. 그런 다음에는 토니 벤을 산업부 장관보다 훨씬 덜 중요한 에너지부 장관으로 좌천시켰다. 어떤 고위 관리는 다음과 같이 논평했다. "윌슨이 벤의 사임을 원하지 않았다는 것은 확실하다. 그는 벤이 정부에 남아 있기를 바랐다."[91] 벤의 존재는 히스를 물리치는 데 그토록 중요한 구실을 했던 많은 활동가들을 정부에 묶어 두는 데 도움이 됐다. 벤은 윌슨에 대한 좌파의 대규모 반대 운동의 구심이 될 수도 있었다. 그러나 그는 윌슨 정부에 그냥 남아 있었다.

재무 장관 힐리는 1975년 4월 예산안에서 최초로 복지비 지출의 대규모 삭감을 강행했다. 환경부 장관 앤서니 크로스랜드는 19년 전에는 경제 위기를 벗어나려면 정부 지출을 늘려야 한다고 주창했던 바로 그 사람인데, 이제는 지방 정부가 예산을 삭감해야 한다고 주장하고 있었다. 그는 "잔치는 끝났다." 고 선언했다.

임금 전선에서는 노동자들이 1975년 상반기에 6개월 전보다 훨씬 더 힘들다고 느끼고 있었다. 1974년 가을에 글래스고 노동자 수천 명이 벌인 파업 물결은 대체로 성공적이었다. 하지만 1975년 봄에 윌슨은 글래스고 시의 쓰레기차 운전사들의 파업에 군대를 동원해 그들을 패배시키고 작업에 복귀시켰다.

1975년 여름에 파운드화 매도 사태가 벌어졌을 때 재무부와 영국은행의 고위 인사들은 수수방관했다. 그들은 이런 사태가 새로운 임금 통제 정책을 도입하도록 정부를 압박할 수 있는 좋은 기회라고 보았다.

윌슨뿐 아니라 '좌파' 노조 지도자들도 곧 그들이 얼마나 우파적인지 보여 주었다. 잭 존스는 나중에 다음과 같이 말했다. "노조가 임금 인상 요구를 합리적 한계 내에서 자제하도록 설득하기 위해서는 뭔가 더 진전된 조치가 필요하다고 느꼈다."[92] 스캔런은 국가경제개발위원회 회의에서 노동당 우파인 데니스 힐리와 좌파인 마이클 풋이 함께 금융 위기의 규모를 자세히 설명하자 흔들렸다. 또 다른 TUC 지도자는 다음과 같이 말했다. "존스와 스캔런이 돌아왔고, 스캔런은 '암울한 심연을 보고 왔다'며 그 심연을 들여다 본 순간 놀라 죽을 지경이었다고 말했다."[93]

며칠이 지나지 않아 보수당 정부 당시 임금 통제에 반대했던 — 적어도 공개적으로는 — 바로 그 좌파 노조 지도자들이 임금 인상을 주당 6파운드로 제한하는 '사회 협약'을 지지하고 나섰다.

그들이 그것을 지지하는 데는 전혀 거리낌이 없었다. 전당대회 기간에 노동당 좌파 신문 <트리뷴>이 조직한 집회에서 노련한 좌파 하원의원 이안 미카도가 임금 통제를 비난하자, 잭 존스는 연단 앞으로 달려가 마이크를 빼앗고 연설을 중단시키면서 이렇게 고함쳤다. "이런 식으로 노동조합 운동을 공격하는 것은 정말 싫다."[94]

존스, 스캔런, 벤이 노동당 정부에 계속 남아 있기로 결정한 것은 '사회 협약'에 대한 좌파의 저항에 결정적으로 중요한 영향을 끼쳤다.

18개월 전에 히스가 하지 못했던 임금 통제를 1975년 여름에 윌슨이 실시할 수 있었던 것은 그에게 객관적으로 유리한 점이 몇 가지 있었기 때문이다. 전년도에 비해 임금이 물가보다 훨씬 더 많이 올라서 고용 노동자들의 생활수준이 사상 최고에 이를 정도였다. 동시에 인플레이션율 — 이제 20퍼센트를 맴돌게 된 — 과 상승하는 실업률 덕분에 언론은 상당수의 노동자들 사이에서 진정한 경제적 재앙이 닥칠 것이라는 공포 분위기를 조성할 수 있었다.

그러나 파운드화 투매 사태가 장관들을 궁지로 몰아넣은 마지막 순간까지도 그들은 임금 통제가 광범한 저항에 부딪힐까 봐 두려워했다는 사실을 기억할 필요가 있다. 그 때문에 그들은 임금 통제에 의존하는 것을 썩 내켜하지 않았다.

결정적 순간에 그들이 달라진 것은 노조 지도자들, 즉 1969~70년에 상황을 통제할 수 없는 것으로 판명된 우파 노조 지도자들이 아니라 좌파 노조 지도자들의 태도 때문이었다. 바로 이들이 많은 전투적인 현장조합원 활동가들을 설득해—적어도 당분간은—정부 정책을 받아들이게 할 수 있었다.

존스, 스캔런, 벤에게 의존하고 있던 사람들이 정부 정책을 이런저런 방식으로 옹호하고 나서자, 1970~74년에 ≪투쟁을 대신해≫와 보수당의 공격에 저항했던 활동가들의 연계망은 산산이 흩어져 버렸다. 국제사회주의자들은 두 차례의 현장조합원 협의회를 소집해 새 연계망을 구축하려고 시도했다. 각 노조 지부와 직장위원회에서 수백 명의 대표들이 참석했지만, 그들에게는 전에 보수당에 맞서 싸웠던 그 많은 사람들이 퍼뜨리는 메시지를 물리칠 만한 힘이 없었다.

1975~76년에 세계 경기 침체가 영국을 강타했다. 실업률이 두 배로 뛰었다. 조직된 현장조합원들의 저항이 가장 필요한 바로 그 때, 노조와 노동당 좌파들의 행동은 그런 저항을 할 수 없게 만들었다. 투쟁 수준은 급격하게 떨어졌다. 노동당이 임금 통제 정책을 발표하기 전 12개월 동안 거의 3000건의 파업에 125만 명 이상의 노동자들이 참가했다. 그런데 그 후 21개월 동안에는 60만 명도 안 되는 노동자들이 겨우 1800건의 파업에 참가했다.

곧 악순환이 시작됐다. 한 부문의 노동자들이 반격에 실패할 때마다 다른 부문도 자신감을 상실했다. 1969~74년에 성장하고 있던 소수 노동자들의 정서, 즉 노동계급이 사회를 운영할 수 있는 능력과 힘을 가지고 있다는 자신감이 사라지기 시작했다. 사회 전체가 일반으로 우경화했다. 그래서 1977년에 제한적이나마 투쟁이 부활하고 1978~79년에 다시 '불만의 겨울'이 찾아왔을 때조차도, 전과는 달리 모종의 정치적 일반화로 연결되지 않았다.

이 새로운 상황은 혁명적 사회주의자들에게는 녹록하지 않았다. 1968년 세대가 많이 떨어져 나갔다. 그들은 급속히 우경화하는 영국의 유로코뮤니즘 세력에 가담하거나, 노동당과 운명을 같이 하거나, 단일 쟁점 캠페인에 투신하거나, 10년 동안 반대해 온 사상들을 퍼뜨리는 출판 사업에 뛰어들거나, 때로 최악의 경우에는 과거의 적을 위해 활동했다. 혁명적 좌파로 남은 사람들은 거대한 승리의 시기 뒤에 찾아온 퇴조기에 적응해야 하는 힘든 과제를 떠맡았다. 여러 해 동안 함께 활동했던 사람들 사이에서 이 시기의 성격과 과제를 둘러싸고 격렬한 논쟁이 벌어졌다. 이 논쟁은 때로는 분열로 이어졌다.

하지만 영국의 혁명적 좌파는 이탈리아와는 달리 와해되지 않았다. 사회주의노동자당(국제사회주의자들의 후신)은 살아남아 나찌 국민전선의 성장에 대항하는 투쟁을 이끌었고, 1980년 철강 노동자들의 파업과 1982년 의료 노동자들의 파업에서 제 구실을 했으며, 1984~85년의 역사적인 광원 파업에 뛰어들었다.

당이 살아남을 수 있었던 것은 그 정치 덕분이었다. 1968년과 그 이후, 국제사회주의자들의 영향력 덕분에 영국의 새로운 혁명적 사회주의자들은 다른 많은 나라에서 그토록 강력했던 마오주의와 게바라주의 사상에 사로잡히지 않았다. 그 덕분에 중국과 캄보디아에 대한 정치적 환멸을 피할 수 있었다. 다른 사람들은 이런 정치적 환멸과 일시적 패배로 인한 사기 저하 때문에 정치에서 떨어져 나갔다. 전통적으로 의회주의가 지배적인, "부르주아 국가 중에 가장 부르주아적인 이 나라"[95]에서 혁명적 좌파는 노동계급 운동의 언저리에서나마 계속 존재할 수 있었다.

13

포르투갈: 시들어버린 혁명

1974년 4월 25일 아침에 눈을 뜬 리스본 사람들은 탱크와 군대가 주요 시가지를 모두 장악하고 있는 것을 보았다. 처음에는 군대 동원 명령을 내린 사람이 누구인지 아무도 몰랐다. 그 나라는 44년 동안 파시스트 정권의 지배를 받고 있었다. 비밀 경찰인 PIDE가 모든 반대파를 색출했다. 파시스트 조직인 포르투갈 재향군인회는 제복 입은 대원 10만 명을 거느리고 있었다. 독립 노조는 금지됐고, 경찰은 파업 노동자들에게 발포하곤 했다.

정권이 자기 방어 차원에서 군대를 동원했을까? 어쨌든, 그 몇 주 전에 군대의 수상한 음모가 적발된 적이 있었다.

머지않아 진실이 드러났다. 유명한 좌파 가수 제카 아퐁수의 금지곡 '그란돌라 빌라 모레나'(Grandola Vila Morena)가 라디오에서 흘러나온 것이 쿠데타의 신호였다. 시민들은 곧 군인들을 껴안으면서 붉은 카네이션을 총구에 꽂아 주고 탱크 위로 올라가 즉석 시위를 벌이고 비밀 경찰 끄나풀의 은신처로 군인들을 안내했다. 세계의 언론들은 이 사건을 평화적인 '꽃의 혁명'이라고 이름 붙였다.

하지만 그 뒤 18개월은 결코 평화적이지 않았다. 왜냐하면, 쿠데타를 일으킨 사람들의 동기는 사회적 화합이나 '정치적 봄'이라는 말에서 풍기는 것과는 달랐기 때문이다.

포르투갈은 마지막까지 식민지를 보유한 유럽의 주요 열강이었지만 가장 가난한 나라이기도 했다. 앙골라나 모잠비크, 더 작은 기니비사우 같은 광대한 아프리카 식민지를 유지하려고 애쓰다 보니 감당할 수도 없고 이길 수도 없는 전쟁으로 끌려들어 갔다.

포르투갈의 산업 대부분을 지배했던 양대 독점 기업 샴팔리마우드와 CUF는 점점 심해지는 국제 경쟁에 직면해 포르투갈 산업을 구조조정하려면 종전 협상이 필요하다는 결론에 이르렀다. 이 두 회사의 수뇌부와 군대의 주요 지도자들은 긴밀한 관계를 맺고 있었다. 그들이 안토니오 데 스피놀라 장군을 설득하는 것은 그리 어려운 일이 아니었다. 그는 스페인 내전에서 프랑코 편에 자원 입대해 싸웠던 늙은 파시스트였는데, 불만에 찬 다른 장교들이 쿠데타를 감행하는 것을 허락했다. 독재자 카에타누가 군대의 정중한 환송을 받으며 망명길에 오른 뒤 대통령이 된 스피놀라는 다른 장군들과 함께 군사 정권을 구성하고 그 지도자가 됐다.

노동자 운동

스피놀라는 스스로 자신이 드골 같은 인물이라고 생각했다. 그의 의도는 권위주의 통치를 유지하고, 모든 정당을 자기 명령에 굴복하게 만들고, 아프리카 식민지의 민족해방 운동이 '명예로운 타협'—포르투갈 독점 기업들의 이익을 보존하면서 백인 정착민들의 특권을 그대로 유지하는 것—에 동의할 때까지 전쟁을 계속하려는 것이었다.

하지만 그는 파시스트 권력 구조의 갑작스런 붕괴가 포르투갈 노동자들에게 미칠 여파를 고려하지 않았다. 몇 년 동안 노동자 투쟁은 천천히 성장하고 있었다. 포르투갈의 항공사인 TAP 같은 몇몇 곳에서는 이웃 스페인만큼 큰 규모는 아니었지만 경찰과 격렬한 충돌이 일어나기도 했다. 더 흔하게는, 노동자들이 자기들끼리 의논해 기계 가동을 중단시키거나, 대의원이 보복을 당할까 봐 대의원 선출을 하지 않거나, 경영진이 임금을 올려줄 때까지 그냥 기다리는 경우가 많았다.

몇몇 산업에서는 전투적인 노동자들이 지역 파시스트 노조를 장악하고 자기들끼리 반(半)합법적 조정기구인 인테르신디칼(Intersindical)을 조직하기도 했다. 하지만 공장 깊숙이 파고든 밀고자들의 연계망과 파시스트 경영진 때문에 모든 조직화 시도는 파시스트 국가기구와 부딪히게 돼 있었다. 플레시의 한 노동자는 이렇게 말했다.

영국 노동자들은 파시즘을 이해하기 힘들 것이다. 파시즘은, 우리가 다른 공장이나 더 넓게는 다른 나라의 상황을 전혀 알 수 없다는 것을 의미한다. 우리는 자유롭게 말을 할 수도 없다. 집회를 열 수 있는 권리도 없다. 노조 같은 것은 있지도 않다. 도처에 첩자들이 깔려있다. 끔찍한 상황이다. 이 때문에 우리는 완전히 고립돼 다른 노동자들에게 마음대로 말을 걸 수도 없다.[1]

쿠데타 1주일 뒤에, 노동자들은 난생 처음 메이 데이를 자유롭게 축하했다. 붉은 깃발을 든 10만 명의 노동자들이 리스본 거리를 가득 메웠고 이제 금방 망명에서 돌아온 좌파 지도자들의 연설을 들었다. 그러나 노동자들은 집으로 돌아가 이 지도자들이 개혁을 수행하는 것을 그저 기다리고 있지만은 않았다. 오랫동안 누적된 불만이 사회 각계 각층에 쌓여 있었다. 이제 그들은 파업에 돌입하면서 불만을 해소해 달라고 요구했다. 그리고 단지 경제적 문제만 제기한 것이 아니라, '사네아멘투(saneamento)', 말 그대로 파시스트 경영진과 스파이들을 '청소'할 것을 요구했다. 어떤 노조 활동가의 말에 따르면, "그래서 몇 군데에서는 그들이 모두 해고되기도 했다."

파업의 동력이 서서히 축적됐다. 그러다가 5월 15일에 리스본의 강 건너편에 있는 리스나베 조선소에서 8000명의 노동자들이 점거 투쟁에 돌입했다. 이 나라의 새로운 지배자들은 노동계급의 대규모 투쟁에 직면하게 됐다. 5월 한 달에만 158개 사업장에서 20만 명의 노동자들이 파업을 벌였다. 노동자들을 달래기 위해 정권은 최저 임금을 30퍼센트 인상하고 파시스트와 연계된 회사 중역 1000명을 축출했다.

그래도 파업 투쟁은 멈추지 않았다. 6월에는 우편 노동자들과 리스본의 제과점 노동자들이 대규모 파업을 벌였다. 파시스트들이 제거되고 이런저런 형태의 노동자위원회들이 등장하자 누가 대중 매체를 통제하는지를 둘러싼 논쟁이 되풀이됐다.

좌파 정당들과 노조

스피놀라는 군사 정권만으로는 대중의 분출을 통제할 수 없다는 사실을 곧 깨달았다. 5월 15일, 그는 반파시즘 투쟁 전력이 있는 개인들과 정당들로 임시 정부를 구성했다.

그의 의도는 단지 '온건' 야당 세력 — 파시스트 국회에서 가끔 특정 쟁점에 반대했던 의원들 — 에다 사회당을 덧붙이려는 것이었다. 변호사 마리우 소아레스 주도로 최근에 결성된 사회당은 4월 25일 전에는 당원 수가 겨우 200명에 불과해, 군부의 통제를 벗어날 수 있는 대중적 세력이 결코 아니었다. 하지만 이 그룹들만이 [정부가] 노동자들의 분출을 통제할 수 없다는 사실을 알고 있었다. 그들은 스피놀라를 설득해 완고한 반공주의 경향을 포기하고 두 명의 공산당원을 정부에 참여시키도록 했다.

공산당은 지난 40년 동안 파시즘에 반대하는 모든 진지한 투쟁에서 중추 구실을 해 왔다. 공산당 지도부 대부분은 오랜 감옥 생활을 해야 했지만, 당은 계속 지하 조직으로 버티면서 그럭저럭 당 기관지 <아반떼>를 만들어 배포하고 있었다. 공산당은 때때로 부정선거에 항의하는 자유주의자들의 필수불가결한 동맹 세력이 되기도 했고 파시스트 노조 지부를 장악하기 위한 투쟁을 주도하기도 했다.

공산당은 쿠데타 이후 며칠 동안 급속히 성장했다. 지하 조직일 때 당원이 5000명이었는데, 이제는 이들 각자가 열 명에서 스무 명의 신입 당원들을 가입시키는 데 아무 어려움이 없었다. 그 때는 장차 주요 부르주아 정당이 될 민중민주당[PPD : 현재 사회민주당(PSD)의 전신]이 결성되기 전이었다! 한 신문기사는 이렇게 말하고 있다.

> 나는 리스본의 투우 경기장에서 열린 공산당 대중 집회에 참석한 적이 있다. 집회는 엄청난 폭풍우 속에서 열렸다. 경기장 안에는 4만 명이 운집해 있었는데 아직 수천 명이 밖에서 들어오지 못하고 있었다. …… [공산당의] 정치는 잘못된 사회주의였지만, 그 집회의 순수한 열정과 결의는 내 생애 처음으로 경험하는 것이었다. 4만 명의 노동자들이 인터내셔널가를 부르는 것은 그 어떤 말로도 표현할 수 없는 감동적인 경험이었다.[2]

공산당 투사들은 노조를 확대하는 일에 앞장섰다. 인테르신디칼의 노조 지부는 몇 주 만에 20개에서 200개로 늘어났다. 그들은 건설 노동자들이 현장에서 노동자위원회를 건설하는 것을 지도했고 전에 임명된 파시스트들에 대항해 언론 매체의 통제권을 빼앗는 투쟁도 지도했다. 그래서 리스본의 일간지 <오세쿨루>는 사실상 공산당 기관지가 됐고 당의 영향력은 많은 라디오 방송국에서 눈에 띄게 커졌다.

포르투갈 공산당은 여전히 스탈린주의적이었고, 이탈리아나 스페인 공산당에서 유행하던 '유로코뮤니즘'을 반박했다. 그렇다고 해서 포르투갈 공산당의 전략이 혁명적이었다는 말은 아니다. 낡은 억압 기제가 거의 붕괴하면서 생겨난 기회를 이용해 민주적인 노동자 조직의 힘을 강화하고 권력을 장악하는 데까지 나아가는 전략을 가지고 있지도 않았다. 그 몇 달 전까지 그들의 모델은 제2차세계대전 이후 동유럽에서 건설된 것과 같은 체제였다. 즉, 공산당이 기존 국가기구에서 지위를 차지하는 대가로 노동자들의 투쟁을 억누르면서 자신들의 힘을 강화시킨 다음, 그 지위를 이용해 옛 부르주아지를 몰아내고 국가자본주의를 확립하는 것이었다.[3]

그래서 포르투갈 공산당은 정부 내 지위를 이용해 공식 노조기구에 대한 통제력을 강화하고 언론에 대한 영향력을 증대시키고 공산당에 동조하는 군 장교들을 승진시키고 노동자 운동이 취약한 지역에서 공산당의 권력 기반을 확보하는 일에 착수했다. 그리하여 포르투갈 북부에서는 공산당의 지시를 따를 준비가 돼 있는 사람들(보통은 변호사들)이 파시스트가 쫓겨나서 비어 있는 공무원 자리를 차지했다.

이런 전략의 이면은 공산당이 노동계급을 통제할 수 있다는 사실을 스피놀라와 대기업에게 입증한 것이었고, 이것은 공산당이 파업 물결을 끝장내는 활동을 벌였다는 것을 의미했다. 6월 초에 인테르신디칼은 파업 반대 시위를 호소했다. 공산당과 노조 지도자들은 제과점 노동자 파업의 배후에 '파시스트들'이 숨어 있다고 주장했다. 그들은 포르투갈에서 가장 큰 신문인 <디아리우 다 노티시아스>의 노동자들이 파시스트 경영진 축출을 요구하며 벌이고 있던 파업 투쟁을 비난했다. 그들은 우편 노동자 파업위원회의 다수가 공산당원이거나 공산당 지지자였음에도, 군대가 투입돼 그 파업을 분쇄하자 박수를 보냈다.[4]

정부에 참여한 공산당은 파업을 반대하는 것에 그치지 않았다. 정부 내 우익 세력이 주도한 여러 가지 억압 조치들을 지지하기도 했다. 예컨대, 아프리카 파병에 반대했다는 이유로 마오주의자 편집장 살다냐 산체스를 투옥하고, 군부 내 좌우익의 갈등을 자세히 보도했다는 이유로 신문 <헤푸블리카>·<카피탈>·<헤볼루카우>와 라디오 방송 '헤나센카' 등에 벌금을 부과하고,[5] 우편 노동자들의 파업 진압을 거부한 군 장교 두 명을 투옥하고, 포르투갈 항공사 TAP의 파업에 군대를 투입한 정부 조치가 바로 그런 사례였다. 공산당 소속 장관들은 동조 파업과 정치 파업을 금지하는 법안의 작성을 도와주기도 했다.

처음에는 그 전략이 성공한 것처럼 보였다. 7월 초의 정부 개각에서 공산당의 영향력은 강화됐고 공산당에 우호적이라고 생각되는 군 장교인 바스코 곤살베스가 총리로 임명됐다. 그 뒤에 열린 집회에서 공산당은 그들의 힘을 과시했다. 그 집회의 주요 연사가 스피놀라이기는 했지만 전반적 분위기는 분명히 공산당이 주도했다. 그 집회는 TV로 방영됐고 그 구호들은 전국 곳곳으로 퍼져 나갔다.

그러나 공산당의 전략이 직면한 문제는 1945년 이후 동유럽의 스탈린주의자들은 겪지 않았던 문제였다. 계급투쟁의 속도가 느려지지 않고 오히려 빨라지고 있었던 것이다.

공산당의 공격으로 노동자 투쟁이 약화되긴 했지만 완전히 가라앉은 것은 아니었다. 공산당의 영향을 받고 있었던 투사들은 혼란에 빠졌고 흔히 무엇을 해야 하는지 알 수가 없었다. 그러나 다른 투사들은 공산당에 등을 돌리고 더 혁명적 방향을 모색하기 시작했다. 어떤 활동가는 다음과 같이 말했다.

파업에 관한 토론 덕분에 노동자들은 더 많은 것을 깨닫게 됐다. 예를 들어, 포르투갈 노동자들이 모두 임금 인상을 요구한다면 국민소득 전체를 탕진하게 될 것이라고 노조 지도부가 주장하기 시작하자 노동자들은 이렇게 되물었다. 아무 일도 하지 않는 국가경비대(폭동 진압 경찰)에게 왜 돈을 주는가? 사회를 혼란에 빠뜨리는 경찰을 왜 유지하는가? 국가 예산의 절반을 왜 식민지 전쟁에 소모하는가? 많은 운송 노동자들과 제과점 노동자들은 공산당 소속 장관인 쿠냘을 산 채로 태워 죽이고 싶다고 말했다.[6]

공산당보다 좌파적인 혁명 그룹들이 리스나베나 다른 대규모 조선소인 세트나베에서, 섬유 노조와 티메츠 노조에서, 우편 노조와 TAP 노조에서 영향력을 획득하기 시작했다. 8월 29일에 파업금지법이 도입되자 5000명의 리스나베 노동자들이 리스본 시내 한복판에서 항의 시위를 벌였다.

파업 물결이 지나간 뒤에도 노동자 운동은 수그러들지 않았다. 공장을 폐쇄하거나 폐쇄하겠다고 협박하는 식으로 전투적 노동자들에게 위협을 가하려는 공장 소유주들이 점점 더 많아졌다. 이에 대해 노동자들은 공장 점거로 대응했다. 그렇게 함으로써 그들 스스로 공장을 운영하거나 경영진을 통제했다. 이듬해 봄에는 수백 개의 공장이 이런 식으로 운영됐다. 1975년 2월에는 38개의 공장에서 온 1000명 이상의 노동자 대표들이 리스본 시내 한복판에서 실업 증가와 NATO 함대 정박에 항의하는 시위를 벌였다. 공산당과 인테르신디칼은 그 시위를 비난했지만, 리스본 지역의 주요 공장들에서 4만 명의 노동자들이 깃발과 배너를 들고 몰려들었다.

반동의 조직화

포르투갈 대기업들은 파시즘이 전복되자 이를 환영했다. 그들은 아프리카 전쟁의 종전 협상과 포르투갈 산업의 현대화를 원했기 때문이다. 그러나 그들은 뜻밖의 것을 얻었다. 혁명적 소요 때문에 아프리카에서 전쟁을 수행하는 것 자체가 불가능하게 됐고, 공장의 노동자 조직이 갑자기 성장해 '합리화' 전략에 의문을 제기했다. 친소 포르투갈 공산당의 정치적 영향력이 증대하고 식민지에서 민족해방 운동이 완전히 승리할 가능성이 커지자 미국 정부도 전전긍긍했다.

1974년 7월에 '중도파' 정치인들은 상황이 통제 불능으로 빠지는 것을 막으려고 애를 썼다. 총리 팔마 카를로스는 "거리의 무질서, 사회적 혼란, 언론의 선동, 공공 건물 난입"에 대해 불평하면서 사임했다. 정당 대표들과 소장파 장교들이 함께 구성한 새 정부가 일시적으로 위기를 해결했다. 새 정부는 기니비사우의 독립을 인정하고 모잠비크에서는 프렐리모(FRELIMO : 모잠비크해방전선)가 주도하는 정부 수립을 허용함으로써, 두 개의 식민지 전쟁을 처리해 버렸다.

하지만 이런 조치로 포르투갈 내의 소요 사태를 끝낼 수는 없었다. 그것은 골치 아픈 앙골라 문제도 해결할 수 없었다. 앙골라에서는 전쟁을 지속하고 싶어한 포르투갈·남아공·미국이 앙골라민족해방운동(MPLA)의 승리를 거부한 채 자기들의 꼭두각시에 불과한 앙골라민족해방전선(FNLA)과 앙골라완전독립민족연합(UNITA)이 정부를 구성하도록 만들었다.

9월에 정치적 위기는 더 심각한 형태로 재발했다. 스피놀라는 국민에게 "암약하는 극단적 전체주의자들에 맞서 궐기하라."[7]고 촉구했다. 이미 그와 세 명의 다른 군사 정권 각료들은 몇몇 주요 회사 대표들이나 몰락한 카에타누 정권 지지자들을 만나고 있었다. 그들은 이른바 '침묵하는 다수' 우익의 스피놀라 지지 시위를 조직하기로 결정하는 한편, 과거 파시스트 세력들에게 총을 보급했다.

그 목표는 파시스트 정권을 복구하려는 것이 아니라 좌파에게 대중적인 반대파가 있다는 인상을 심어주려는 것이었다. 그 시위에 30만 명을 동원할 작정이었다. 무장한 파시스트 집단이 출현하면 군 장성들이 사태에 개입해 마음대로 '질서를 회복'시킬 수 있는 구실이 될 것이었다.

시위 당일인 9월 28일 토요일, 파시즘을 전복하는 데서 결정적 구실을 했던 군 장교들이 대통령궁에 찾아가 스피놀라에게 시위를 취소해 달라고 청원했다. 그러나 그들이 오히려 감금당하다시피 했다. 한편, 스피놀라를 지지하는 군대는 모든 신문의 발간을 중단시켰고 라디오 방송국을 포위했다.

그러나 장성들이 고려하지 못한 것이 하나 있었다. 그것은 바로 노동자 대중의 반응이었다. 40여 년 만에 처음으로 조직하고 행동할 권리를 쟁취한 사람들은 싸워 보지도 않고 자신들의 권리를 그냥 포기하려고 하지 않았다. 지난 4개월 동안 공장의 파업 투쟁을 비난했던 정당들과 노조 지도자들조차 이제는 스피놀라에 반대해야 한다고 생각했다. 그들 자신의 미래가 위험해졌기 때문이었다.

집회 전날 밤, 수많은 노조가 그 집회에 반대하면서 거리로 뛰어나왔다. 인테르신디칼은 사람들에게 '철야' 시위를 호소했다. 철도 노조는 리스본으로 올라오려는 우익 시위대를 수송하기 위한 특별 열차의 운행을 거부하라고 조합원들에게 지시했다. 버스 운전사 노조도 같은 조치를 취했다. 공산당이 주도하는 조직인 민중민주전선은 전국의 도로에 장애물을 설치하기 시작했다. 리스본에서는 가장 전투적인 작업장—TAP, 리스나베, 우편, 스탠더드 전기, <조르날 도 코메르시우>—의 대표들과 혁명적 좌파 조직들이 우익의 집회에 맞불을 놓기 위해 공동 시위를 조직했다. 4만 명의 노동자들이 거리를 점령했다.

노동자들의 대규모 동원은 병영에까지 영향을 미쳤다. 쿠데타 시도를 지지했던 장교들은 자신들이 고립됐다는 것을 깨닫기 시작했다. 병사들은 도로를 점령한 시민들에 합류하기 시작했다. 군 지도부 내의 세력 균형이 스피놀라에게 불리해졌고, 반대파들이 라디오 방송국 통제권을 우파한테서 빼앗았다. 스피놀라는 시위를 취소할 수밖에 없었고, 다음 날 사임했다.

우파의 패배는 주로 노동계급 조직들의 작품이었다. 그러나 이 사건은 군 장교 집단 내의 심각한 분열을 드러내기도 했다.

스피놀라와 군사 정권이 4월 25일의 쿠데타로 힘을 얻긴 했지만, 그들이 직접 쿠데타를 조직한 것은 아니었다. 쿠데타를 감행한 것은 400명의 소장파 장교 집단이었고 그들은 자신들을 군대운동(AFM)이라고 불렀다. 그들의 출신 배경은 대개 보수적이었다. 핵심 조직가 오텔루 데 카르발루는 5년 전에 파시스트 독재자 살라자르의 장례식에서 눈물을 흘린 자였다. 그러나 그들은 장성들과 달리 대기업 인사들과 친하지 않았고 한 가지는 확신하고 있었다. 식민지에서 진정한 해방 운동 세력에게 권력을 양도하고 될수록 빨리 전쟁을 끝내야 한다는 것이었다. 그들 다수는 체험을 통해 옛 파시스트 체제를 혐오하게 됐고, 식민지 전쟁과 포르투갈 사회의 후진성이 파시스트 체제 때문이라고 비난했다.

그렇다고 해서 1974년 봄과 여름의 노동자 투쟁 물결에 그들이 호응했다는 것은 아니다. 그들도 장군들의 정부와 마찬가지로 파업을 비난했고 파업금지법 같은 정책들도 지지했다. 그렇지만, 그들은 경찰과 국가경비대가 파업을 분쇄하는 것을 용납함으로써 우파의 힘을 강화시켜 주는 일은 받아들일 수 없었다. 오히려 그들은 자신들 중 몇 명이 노동자와 옛 파시스트 경영진 사이의 '중재자'로 임명되기를 바랐다. 이것은 사실상 노동자들이 스스로 공장을 운영하도록 허용하는 것을 의미하는 경우가 흔했다. 1974년 7월에 처음으로 정치 위기가 심화하자 AFM의 장교들은 자신들이 통제하는 군부대, 즉 COPCON을 설립해 '질서 유지'를 맡게 했다. 이 덕분에 불신의 대상인 경찰을 끌어들이지 않아도 됐다.

COPCON의 첫 번째 주요 개입 사례는 우편 노동자들의 파업을 분쇄한 것이었다. COPCON의 일반 사병들은 이 일에 대해 불만스럽게 생각했고, 심지어 그 지휘관이었던 카르발루조차도 심기가 매우 불편했던 듯하다. 이런 식의 행동은 자신들에게 적대적인 세력을 지원하는 것이 아닐까? COPCON이 9월에 리스나베에서 열린 파업금지법 반대 시위를 해산하라는 명령을 받고 출동했을 때, 일반 사병들은 시위 진압 작전을 거부했고 현장 지휘관도 이 문제를 더는 거론하지 않고 철수 명령을 내렸다.[8]

9월 28일의 사건 때문에 AFM의 장교 400명은 포르투갈 자본주의의 대표자들을 더욱 미워하게 됐다. 많은 장교들은 스피놀라가 승리한다면 자기들은 카스카이스 감옥에서 썩지는 않더라도 앙골라[의 전쟁터]로 보내져 전사할 것이라고 생각했다. 그 뒤 몇 달 동안 그들은 노동자들이 직장 폐쇄 위협에 맞서 공장을 점거하거나, 농업 노동자들이 남부의 대토지를 분할하거나, 빈민가 거주자들이 리스본에 있는 많은 빈집을 점거하는 것을 허용해 주었다.

1975년 2월 실업과 나토(NATO)에 반대하는 시위가 벌어졌을 때, COPCON은 이를 허용했다. 공산당 지지자인 리스본 주지사는 이 시위를 금지했지만 말이다. 시위가 끝날 무렵, 일반 병사들은 꽉 쥔 주먹을 치켜들고 시위대와 함께 구호를 외쳤다.

전반적 좌경화 물결을 우려하는 고위 장교들이 점점 더 많아졌다. 그리고 이제 상당수의 중간 장교들도 고위 장교들과 같은 생각을 갖게 됐다. AFM 내부 선거에서 우경화 경향이 드러났다.

1975년 3월 11일 스피놀라와 그 동료들은 훨씬 더 심각한 쿠데타를 또 한번 시도했다. 우파 장교들이 탄코스 공군 기지를 점령하고 두 대의 전투기와 두 대의 헬기를 보내 리스본 북부 진입로를 지키고 있던 경포병부대를 폭격했다. 그 뒤 공수부대가 이 포병부대를 포위했다. 이것은 전국에서 우파 장교들이 벌일 작전의 신호탄이었다. 그러나, 이 공세는 반격을 당한다.

반격의 조직

노동자들은 쿠데타 시도에 겁먹기는커녕 전국의 핵심 요지들을 장악했다.

포르투갈 신문기사에 근거한 한 보고서는 이렇게 말한다.

열흘 전 점령당한 뒤로 계속 침묵하던 '하지우 헤나센사'의 노동자들이 뉴스를 내보냈다. 리스본의 노동자들은 은행을 닫아버리고 아무도 들어오지 못하게 막았다. 상점과 관공서는 점심 시간 이후 문을 닫았고, 노동자들이 시위와 인간 바리케이드에 참가하러 뛰쳐나가는 바람에 전화는 불통이 됐다. 리스본 남쪽의 산업 중심지인 바레이루에서는 공장과 소방서의 사이렌이 계속 울렸고, 노동자들은 모든 차량을 검문 검색하는 바리케이드 주변에 피케팅을 하고 있었다. 폭격당한 병영 근처에 있는 자바셈에서는 노동자들이 주요 도로를 차단하는 바리케이드를 빼곡이 쌓고 4대의 불도저와 수톤짜리 시멘트로 보강했다. 지역 건설 회사 노동자위원회의 대표가 병영으로 가서 노동자들이 투쟁에 동참할 수 있도록 노동자들을 무장시켜 달라고 부탁했다. 카르타수에서는 SDC 양조장을 점거한 노동자들이 트럭을 끌고 나와 바리케이드를 쌓자 다른 공장 노동자 수백 명이 곤봉, 삽, 그 밖에 손에 잡히는 것은 모두 들고 나와 이에 신속히 합류했다. 리스나베 조선소에서는 노동자들이 일손을 멈추고 바리케이드에 동참했고 피켓단을 파견해 지역 학교 아이들을 보호했다. 스페인으로 나가는 국경 도로들은 차단됐고, 사람들은 집단을 이뤄 전국의 도로들을 지키고 있었다. 코임브라에서는 비행기가 도시 상공을 저공 비행하는 것을 목격한 사람들이 자동차를 몰고 나가 공항 활주로를 막아버렸다.

거대한 시위의 물결이 리스본, 포르투, 그리고 다른 도시들의 거리를 가득 메웠다. 모든 신문이 완전 매진됐다. 리스본의 거대 일간지 <오 세쿨루>의 노동자위원회가 재판(再版)이나 특별 증보판 등을 발행하자 많은 신문사들이 이를 따라했다.[9]

혁명적 좌파는 9월 사건 때보다 더 중요한 구실을 했다. 그들은 공산당이나 인테르신디칼의 투사들과 나란히 바리케이드를 쌓았고 리스본의 타구스 강을 가로지르는 유일한 다리를 장악한 채 배들을 통제했다. 그들은 적어도 세 도시에서 경찰과 국가경비대 건물에서 무기를 탈취했다.

우파에 동조적인 장교들은 노동자 대중의 행동 때문에 쿠데타를 지지한다고 선언할 수 없었다. 몇몇 부대에서는 사병들이 공공연하게 노동자들과 함께 바리케이드를 지켰다. 다른 부대에서도 장교들은 감히 사병들의 충성심을 시험할 수 없었다.

경포병부대 병영 밖에서 고립된 공수부대원들은 무엇을 해야 할지 몰라 당황했다. 두 시간 동안 사병들과 공장 노동자들이 공수부대원들과 논쟁을 벌였다. 그 뒤 공수부대원들은 총을 내려놓고, 공격 대상과 하나가 됐다.

포르투갈의 '질서'를 바로잡기 위한 쿠데타 시도가 또다시 거대한 좌경화 물결을 낳았다. 몇몇 병영에서는 일반 사병과 장교들이 처음으로 함께 집회를 열었다. 공장 점거는 이제 작은 물결이 아니라 거대한 홍수로 바뀌었다. 그리고 AFM, 거대 독점기업인 CUF와 샴팔리마우드, 은행 지도자들은 서로 완전히 분열했다. 기업주들이 외국으로 도망간 후 공장을 점거한 노조 활동가들은 공장이 국유화됐다는 통보를 받았다. 포르투갈 산업의 대부분이 하루아침에 국가 소유로 넘어가 버린 것이다.

그런데, 누가 국가를 통치했는가?

권력의 파편화

최고 권력은 AFM이 가진 것처럼 보였다. 그들이 정부를 지배했으며 새로 국유화된 공장의 관리자를 임명했고 군부 내의 지휘 계통을 통제하고 있었다. 서방 언론의 일부는 포르투갈이 군사 독재 국가가 됐다는 투로 보도했다. 그들은 '정치수' — 투옥된 비밀 경찰 PIDE의 옛 요원들, 9월과 3월 쿠데타 시도 이후 체포된 몇 사람 — 에 대해 야단법석을 떨었다. 국제적으로 일부 좌파도 이런 생각을 받아들여, 포르투갈에서 가장 큰 위협은 "보나파르트주의 독재"라고 주장했다.[10]

그러나 AFM 지도부에게는 사실상 거의 권력이 없었다. 그들은 1만 명의 장교 중 400명에 불과한 소수였다. 그들이 유명하게 된 것은, 다른 장교들은 앙골라 전쟁에 대한 태도가 불명확했고 사병들에게 노동자들을 공격하라고 했다가 되레 폭동이 일어날까 봐 두려워했기 때문이다. 하지만 그렇다고 해서 다수의 장교들이 사라져 버린 것은 아니었다. 오직 해군에서만 상당수의 장교들이 쫓겨났을 뿐이다.[11] 다른 곳의 장교들은 병영에서 반란을 초래할 만한 명령들을 자제하면서 시간을 벌고 있었다. 또, 일반 사병들이 혁명적 사상에 물들지 않게 차단하려고 최선을 다했다.

AFM 지도부는 군대 안에서 매우 강력한 것처럼 보일 수 있었는데, 그 이유는 다수의 장교들과 일반 사병 대중 사이의 세력 균형 때문이었다. 전자는 자신들의 우파 성향을 드러낼 만큼 스스로 충분히 강력하다고 생각하지 않았고, 후자는 노동자들을 공격하고 싶지는 않지만 그렇다고 장교들의 공식적인 권력을 뒤집을 만큼 충분한 자신감이 있지는 않았다. 하지만 이것은 필연적으로 일시적 균형이었고 불안정한 평형 상태였다. 시간이 흐르면, 사병들이 장교들의 특권에 도전하든지, 아니면 장교들이 병영에서 완전한 통제권을 다시 획득하고 그 힘을 노동자 탄압에 사용할 것이었다. 어떤 경우든지 AFM은 기반을 잃고 무너질 것이었다.

군부 내의 균형은 사회 전체의 세력 균형을 반영하고 있었다. 거대 독점 자본가들은 그 힘을 잃어 버렸다. 경제적 부가 그들의 수중에 집중됐다는 바로 그 사실이 그들을 취약하게 만들었다. 그들을 위해 목숨을 걸 준비가 돼 있는 포르투갈 사람들은 거의 없었다. 하지만 노동자 투쟁의 물결이 닿지 않은 중소기업들도 여전히 많았으며 노동자들이 점거한 공장들도 여전히 시장 원리에 따라서 가동되고 있었다. 물론 많은 노동자들이 해고를 받아들이지 않았기 때문에 시장 원리가 많이 약화되기는 했지만 말이다. 부르주아지는 와해됐고 내부적으로도 분열됐다. 그래서 주요 부르주아 정당인 PPD는 스피놀라의 어떤 쿠데타도 감히 지지하지 못했다. 그러나 부르주아지는 여전히 강력한 사회 세력이었다.

이런 [기존 질서의] 와해 덕분에 AFM 장교들이 잠시 동안 사회 위에 올라설 수 있었다. 그러나 잠시뿐이었다.

이 기간 동안 그들 중 일부는 아마도 독재를 꿈꾸었던 듯하다. 파시스트식 독재가 아니라 아프리카에서 그들이 맞서 싸웠던 제3세계 해방운동 모델에 근거한 독재였다. 그것은 대중의 지지를 받는 독재로서 그 독재 권력을 이용해 산업을 장악하고 포르투갈을 가난과 후진성에서 벗어나게 할 것이다. 그들이 본받고 싶어한 모범은 히틀러나 무솔리니가 아니라 카스트로나 나세르였다. 그런데 나세르나 카스트로 같은 제3세계의 독재자들이 최고 권력으로 부상할 수 있었던 것은 주요 사회 계급들이 수동적이었기 때문이다. 즉, 부르주아지는 취약하고 와해됐으며 노동계급은 파편화되고 투쟁성을 상실했다.[12] 포르투갈의 상황은 그렇지 않았다. 부르주아지가 약해진 것은 사실이었으나 아직 상당한 여력이 있었고 주요 서방 열강들의 지원을 받고 있었다. 그리고 노동계급은 대중적으로 조직돼 있었고 매우 활동적이었다. AFM 지도부가 독재에 대한 꿈을 실현하기 위해서는 국내외 자본에 대항해 모든 노동계급 세력을 동원해야만 했을 것이다. 그리고 대중이 이렇게 동원되면 그들이 꿈꾸었던 독재는 불가능했을 것이다.

동유럽 모델에 따라 정권을 수립하고 싶어한 공산당 지도부의 스탈린주의적 환상도 마찬가지였다. 그들은 국가기구의 민간 부문들, 대중 매체, 국유화된 산업에 영향을 미치는 요직들을 차지했다. 그 대가로 그들의 영향력을 이용해 노동자들의 전투성을 억제했다. 하지만 그들은 노동자들의 전투성을 분쇄하지는 못했다. 그리고 그들이 이룬 성공은 두 방향에서 위협을 받았다. 하나는 중간 부르주아지와 군 장교들 사이에서 점점 증대되는 우익적 분위기였고 다른 하나는 노동계급 내에서 지속적으로 증대되는 혁명적 사회주의 조직들의 영향력이었다.

이제 공산당이 안고 있던 문제들은 그 외의 두 가지 요인들 때문에 더 심각해졌다. AFM의 일부가 점점 더 공산당을 불신하면서 공산당의 영향력이 자신들에게 해가 될지도 모른다고 두려워했다. 그리고 다른 서방 국가들은 공산당을 NATO 심장부에 놓인 잠재적인 친소 '트로이의 목마'라고 여기며, 이러한 예가 이탈리아와 스페인에서도 반복되지 않을까 걱정했다.

이미 공산당은 자신들이 설립을 도와준 조직의 도전을 받고 있었다. 1975년 1월에 사회당은 프랑스 모델을 따라서 정치적 경쟁 관계에 있는 계열 노조의 결성을 촉진하기 위해 노조 관련 법률을 개정하려고 시도했다. 공산당은 이러한 움직임을 방해할 수도 있었다. 그러나 일시적이고 급작스런 좌경화 분위기 속에서 30만 명의 노동자들을 거리에 동원함으로써만 그렇게 할 수 있었을 것이다. 그 후에는 결코 문제가 그리 쉽지는 않았다.

권력의 방정식에서 또 다른 중요한 요인은 바로 노동계급 자신이었다. 노동계급은 파시즘을 전복시킨 후에 급속히 성장했다. 9월과 3월에는 우파의 지배를 복원하려는 어떤 움직임도 막아낼 수 있는 역량을 보여 주었다.

그 때문에 마르크스주의자들은 1974~75년에 '이중 권력'을 말했다.[13] 포르투갈은 부르주아 정부의 공식 권력이 노동자들의 직접 민주주의에 기초한 조직들의 권력과 균형을 이룬 상황에 있다고 판단한 것이다. 그러나 더 정확한 표현은 '파편화한 권력'이었다. 왜냐하면, 현장 노동자들이 사회 전반의 핵심 부문에서 — 군대의 중요 부분에서, 점거된 공장에서, 일부 언론 매체에서, 우파의 대중 동원 시도에 맞선 거리에서 — 엄청난 압력을 행사하고 있었지만, 노동자평의회도 없었고 전국 수준은 물론 지역 수준에서도 이런 영향력을 통합할 수 있는 구조가 전혀 없었기 때문이다. 물론 공장위원회는 있었지만, 이들을 조율하려는 시도는 일시적으로 성공했을 뿐이다.

그 원인 중 하나가 AFM의 영향력이었다. 그들이 앞장서서 파시즘을 전복했다는 사실 때문에 400명의 장교들은 노동계급 사이에서 엄청난 영향을 미치고 있었다. 군대가 모든 노동자의 요구를 가로막는 장애물 노릇만 했다면 그들의 영향력은 오래 가지 않았을 것이다. 그러나 군부 내의 분열 때문에 일부 군인들은 고용주나 우파에 맞서 싸우는 노동자들 편에 서게 됐다. 예를 들면, 흔히 COPCON은 전투적인 노동계급 투쟁에 공산당이나 인테르신디칼보다 더 동조하는 것처럼 보였다. 그 결과, 선출되고 소환될 수 있는 대표들로 이루어진 독자적인 상설 조직이 필요하다는 사실을 자생적으로 깨달은 노동자는 거의 없었다.

둘째 이유는 혁명적 좌파의 취약성이었다. 단일하고 강력한 혁명적 사회주의 정당이 노동자들에게 그들 자신의 힘에 의존해야지 소수 장교들의 선의에 의존하면 안 된다고 주장했다면, 다양하고 파편화한 노동자 권력의 형태들이 대표에 기초한 조직과 연계될 수도 있었을 것이다. 그러나 그런 정당이 없었다.

▌혁명적 좌파

▌파시즘이 전복됐을 때 혁명적 좌파의 규모는 매우 작았다. 그런데, 그 때는 공산당을 제외하면 모든 조직 정치 세력이 마찬가지로 미미했다. 공산당이 파업 물결에 격렬하게 반대하자 [혁명적] 좌파는 그 어느 때보다 좋은 성장 기회를 맞이했고 그 기회를 잘 이용했다. 좌파가 발행한 주간 신문은 널리 팔렸다. 그리고 좌파는 리스본 지역의 대부분 공장에서 조직원들을 획득했으며, 앞서 보았듯이 그들의 영향을 받은 4만 명이 2월에 실업과 NATO에 반대하는 시위를 벌였다. 4만이란 수는, 훨씬 큰 나라인 프랑스에서 5월 사건의 절정기에 혁명적 좌파와 CFDT가 공동으로 샤를레티 경기장에 불러모을 수 있었던 사람 수만큼 많은 것이다.

그러나 혁명적 좌파는 정치적 분석이라는 문제에 시달렸다. 혁명적 좌파의 간부층 대부분은 공산당이나 그 일선 조직에서 뛰쳐나온 사람들이었다. 그들에게 영향을 주었던 사상은 유럽의 혁명적 좌파 대부분에게 유행하던 마오주의, 게바라주의, 그리고 가끔은 제4인터내셔널의 사상이었다.

마오주의자들은 카에타누의 몰락 직후 몇 주 동안 운동을 진전시키는 데 엄청난 열정과 헌신을 보여 주었다. 가장 큰 마오주의 그룹인 MRPP의 신문 편집장은 병사들에게 식민지 전쟁을 중단하라고 촉구했다는 이유로 투옥됐다. 다른 그룹인 AOC의 활동가들은 우편 노동자 파업에서 두드러진 역할을 수행하면서 노조의 리스본 지부에서 지도적 지위를 확보했다. 세 번째 마오주의 그룹인 UDP는(실제로는 두 조직의 전선체였다) 2월 시위를 주최한 위원회의 주요 세력이었다. 당시 노동자들은 마오주의자들이 공산당보다 더 좌파적이라고 생각했다.

그러나 마오주의자들은 그들이 처한 복잡한 상황을 이론적으로 이해하고 설명할 수 없었다. 그들이 받아들인 혁명의 기본 성격은 공산당과 동일한 것이었다. 약간 윤색하기는 했지만, 어쨌든 '민족 민주' 혁명이라는 것이었다. 그래서 모든 마오주의 그룹은 동맹의 대상이 될 '부르주아 민주주의자들'을 찾고 있었다.

처음 몇 달 동안 이것은 그리 큰 문제가 아니었다. 왜냐하면, 이런 동맹 대상들을 찾는다고 해서 노동자 투쟁에 신경을 덜 쓰거나 식민지 전쟁을 즉각 중단하라는 주장을 희석시키지 않았기 때문이다. 그러나 1975년 봄이 되자 그들의 이론적 분석은 엄청난 어려움을 가져오기 시작했다. 포르투갈은 분명히 보통의 '부르주아 민주주의'가 아니었다. 한편으로는 높은 수준의 노동자 투쟁이 있었고 다른 한편으로는 AFM이 정부를 지배하고 있었기 때문이다. 이런 상황에서는 '민족 민주적' 요구가 무엇을 의미하는지 결코 명확하지 않았다. 그 목표가 혁명을 전진시키기보다는 퇴보시키는 것이 아니라면 말이다.

더욱이, 포르투갈 공산당은 다른 어떤 서방 국가의 공산당보다 더 강력한 영향력을 행사했고, 마오주의 그룹들은 공산당을 분석하지 못하고 있었다. 그들에게는 공산당이 그저 '수정주의자들', '배신자들', '사회 제국주의의 앞잡이들'의 기구에 불과했다. 소련은 '사회 파시즘'이었고 소련과 비슷한 사회를 건설하려 하는 포르투갈 공산당은 '사회 파시스트' 정당이었다.

이런 입장에 내재한 논리 때문에 일단 AFM과 공산당이 강력해지자 마오주의 조직들은 우경화했다. '군사 독재'와 '사회 파시즘'이 성장한 상황에서, '민주주의 과제'를 수행하는 것은 공산당과 AFM에 맞서 '부르주아 민주주의자들'과 동맹하는 것을 의미했다.

MRPP와 AOC는 바로 이런 노선을 추구했다. 1975년 4월이 되자 그들의 모든 선전 활동은 공산당과 AFM에 대항하는 것이었다. 열렬한 선전 활동 때문에 몇 명의 조직원이 체포되자, 그들은 훨씬 더 격렬한 비난을 퍼부어 댔다.

마오주의자들이 우경화하자 5월과 6월에 이들 조직에 이끌렸던 전투적인 노동자들은 틀림없이 엄청난 혼란을 느꼈을 것이다. 그것은 혁명의 진전에 반대한 사람들이 점차 공산당을 혐오하게 된 우편 노동자들 같은 노동자들 사이에서 발판을 마련하는 것을 도와 주었다.

세 번째 마오주의 조직인 UDP는 이런 함정을 피했다. 하지만 이 조직도 여전히 '사회 파시스트'라는 용어를 고수했고,[14] 이 때문에 그 조직원들은 우파에 맞서 공산당원들과 공동 활동을 해야 할 필요성을 이해하기 힘들었다. 오히려 이들은 "내전 반대"라는 구호를 중심으로 '애국 전선'을 결성해야 한다고 주장했다.

두 개의 '정설' 트로츠키주의 조직이 있었는데, 둘 다 제4인터내셔널과 연계를 맺고 있었다. 한 조직의 정치적 입장은 우파 마오주의자들과 거의 다르지 않았다. 이들은 주요한 위험이 공산당이며 이에 맞서 사회당을 지지해야 한다고 주장했다. 다른 한 조직은 실제 상황을 더 잘 이해했지만, 대부분의 활동을 첫 번째 조직과의 통합 논의에 소모하고 있었다.

소규모 좌파 사회주의 정당인 사회주의좌파운동(MES)이 있었는데, 주로 지식인들로 구성돼 있었으나 섬유 노조에 약간 영향을 미치고 있었다. 이들은 공산당에 압력을 넣으려고 시도할 것인가 아니면 혁명가들의 지도를 따를 것인가를 놓고 동요하고 있었다.

마지막으로, 프롤레타리아혁명정당(PRP)이 있었다. 이 당은 노동자평의회에 기초한 노동계급 혁명의 필요성을 강조했지만, 산하 무장 조직인 혁명 여단을 통한 무장 투쟁을 강조하는 일종의 게바라주의 정치를 가미하고 있었다. 파시즘 치하에서 이들은 사보타지 활동(나토 시설을 폭파하거나 파시스트 선거에서 해군 제독이 카에타누의 후보로 출마했을 때 해군 장교복을 입은 돼지를 풀어놓았다)에 엄청난 노력을 쏟았다. 이들은 몇몇 공장에서 조직원들을 확보하고 있었지만, 4월 25일 전에는 영향력이 거의 없었다.

카에타누를 전복시킨 후 몇 주가 안 돼 PRP는 주간지인 <헤볼루카>를 5만 부씩 인쇄한다고 주장했다.[15] 하지만 이 조직의 많은 회원들은 비밀 활동에서 벗어나는 데 신속하지 못했고 시위나 공장에서 그들의 존재를 알리는 것도 더뎠다. 그 결과, 1975년 3월에 우파가 두 번째 쿠데타를 시도했을 때의 마오주의 조직보다 훨씬 더 약해졌다. 1975년 여름에는 사정이 더 나아졌다. 그들은 노동자들에게는 오로지 사회주의 혁명만이 더 나은 길이라고 주장했다. 노동자들이 수백 개의 공장을 통제하고 있고 노동자 권력이라는 문제를 더는 피할 수 없는 상황에서 이런 주장은 마오주의자들의 주장보다 훨씬 더 현실에 들어맞았다.

그러나 이 때조차도 PRP는 정치적 취약성이라는 부담을 안고 있었다. 그들은 독자적인 당의 역할을 무시하고 마오주의자들의 종파주의에 대해서 '정당 거부 노선(apartiderism)' — 선의의 노동자들은 여러 정당의 존재를 무시한 채 무조건 뭉쳐야 한다는 태도 — 으로 대응하고 있었다. 이들은 새로운 당원을 충원하려는 노력을 거의 하지 않았고 당원들이 당의 상징물을 착용하지 않는 것을 자랑스럽게 생각했다.[16] 이들은 1975년 4월 선거에서 '종파주의'를 피하라며 사람들에게 "사회주의 혁명을 위해서"라고 적힌 백지 투표용지를 나눠주었다.

동시에, 그들의 정치에서는 게바라주의 색채가 두드러졌다. PRP는 대중을 정치적으로 조직하기보다는 사회주의 혁명을 위해 무장을 기술적으로 준비하는 것을 강조했다. 조직원들도 군사 훈련에 점점 더 많은 관심을 가지게 됐고 1975년에는 신문 발행도 등한시해 3주에 한 번 겨우 발행할 정도였다. 당시는 시시각각은 아니지만 날마다 상황이 급변하고 있었는데도 말이다. 신문기사의 문체도 대다수 노동자 활동가들에게는 낯설었다.(1년 전의 대중적 문체와는 사뭇 달랐다.)[17] 당 지도부는 공산당과 사회당을 지지하는 노동자들을 획득하는 것보다는 좌경화하는 군 장교들에게 영향을 미치는 것에 더 많은 노력을 쏟았다.

PRP는 당의 임무가 사회주의 혁명을 위한 선전이며 거사 당일 동원 가능한 무장 조직들을 확보하는 것이라는 생각을 갖고 있었다. 나머지는 노동자들의 자생적 행동에 맡기면 된다는 것이었다. PRP는 개혁주의에서 떨어져 나오고 있는 사람들을 정치적으로 조직하기 위해 지금 당장 여기서 싸워야 할 필요성을 전혀 모르고 있었다.[18]

사회민주주의 카드

1975년 4월이 되자 서방 평론가들은 포르투갈의 사태 전개를 엄청나게 우려했다. 국제 언론은 [포르투갈의] '정치수' 이야기나 오텔루 데 카르발루 같은 사람들의 '독재 수립 의도'에 대해 떠들어대면서 야단법석을 피우기 시작했다. 국제 금융기관들은 포르투갈이 파괴적인 경기 후퇴를 피하는 데 꼭 필요한 신용 대출을 거부하고 나섰다. 포르투갈 주재 미국 대사 칼루치는 CIA와의 연계망을 이용해 포르투갈 정치에 영향을 미치려고 노력했다.

분명히 우파는 또 다른 공격을 감행할 것이다. 그런데 어떤 형태의 공격일까? 포르투갈의 좌파는 9월 28일과 3월 11일 — 스피놀라의 옛 파시스트 친구들이 우파 권위주의 정권을 세우려 했던 움직임 — 보다 더 심각한 형태를 생각하는 경향이 있었다.[19] 이런 생각은 우파 지하조직 ELP가 출현해 사보타지를 감행하자 더 그럴 듯해 보였다. 그러나 실제로는 포르투갈에 대한 국제 자본주의의 전략이 이미 변하고 있었다. 두 차례 쿠데타 시도가 실패한 것은 극우파 카드가 효과가 없었음을 보여 주었다. 사람들은 극우파의 지배가 어떤 것인지 너무 생생하게 기억하고 있었다. 혁명을 지지하는 정치인들을 찾아내 그들로 하여금 혁명을 되돌리게 만드는 게 더 나았다.

유럽의 사회민주주의 정부들, 특히 독일과 영국의 사회민주주의 정부들은 그 전 해에 마리우 소아레스가 이끄는 사회당과 관계를 강화하고 있었다. 1972년에 포르투갈 사회당 결성을 후원한 것이 바로 독일 사민당이었다. 소아레스는 4월 25일 이후 포르투갈 정부에 참여하기 전에 영국의 해럴드 윌슨과 독일의 빌리 브란트에게 조언을 구했다. 1975년 봄에 유럽인들은 소아레스라는 카드를 활용해야 한다고 미국인들을 설득하는 데 성공한 듯했다. 그 이후 CIA는 포르투갈 극우파를 설득해 소아레스의 지도를 따르게 만들었다.

그 전 해에 사회당의 정책들은 공산당의 정책들과 사실상 구별되지 않았다. 4월 25일 사건 이후 스피놀라에게 공산당이 참여하지 않으면 임시정부가 제 기능을 못할 것이라고 말한 사람이 바로 소아레스였다. 그는 공산당이 조직한 수많은 집회에서 쿠냘과 나란히 연사로 나섰다.

정치적 경험이 없는 노동자들이 공산당과 사회당의 차이점을 발견하기는 어려웠을 것이다. 공산당이 노동부를 통제하고 있었고 노조에 대한 영향력도 더 크고 현장 활동가들도 더 많이 확보하고 있었기 때문에 파업을 중단시키는 데서도 더 효과적이었다는 점을 제외하면 말이다. 사회당이 이런 일에 덜 연루됐기 때문에, 공산당보다 좌파적이라는 인상을 줄 수도 있었다. 공산당이라는 보호막 아래 있던 사회당은 대중에게 인기 없는 정부의 일부 조처들에 별로 노출되지 않은 채 '혁명' 세력으로 널리 인정받을 수 있었다. 이런 식으로 자신의 당을 만들어 나가던 소아레스는 이제 사회당이 독자적으로 행동할 때가 왔다고 생각했다.

최초의 독자적 행동은 1월의 통합 노총 결성 저지 시도였다. 소아레스는 노조의 단결을 바라는 대중 시위에 직면해 후퇴할 수밖에 없었고 정부에서 사임하겠다는 위협을 철회했다. 그러나 이런 행동조차도 장기적으로 노동자들 사이에서 그의 인기를 떨어뜨린 것은 아니었다. 그것은 사회당과 공산당 둘 다 조금씩 책임이 있는 분파 싸움에 불과한 것으로 비쳤다.

1975년 봄에 소아레스가 한 연설은 여전히 좌파적 미사여구로 가득했다. 그는 4월 20일 대규모 집회에서 다음과 같이 말했다.

> 사회당은 부르주아 정당이 아니며 AFM과 불화도 없다. 우리는 소련·중국·쿠바·스웨덴 중 어떤 모델도 따르고 싶지 않다. 우리는 포르투갈의 독자적인 사회주의를 원한다. 우리의 정치적 계획은 AFM의 계획이다.[20]

동시에, 소아레스는 영국과 독일 정부에 있는 자기 친구들에게 — 그리고 스피놀라를 지지했던 세력에게도 — 자신이 그 전 해의 혁명적 소요를 끝장내기로 결심했다고 말하고 있었다.

그가 처음으로 성공한 것은 1975년 4월 25일 제헌의회 선거였다. 제헌의회 자체는 공식적 권력이 전혀 없었다. 단지 헌법을 제정하기 위해 구성된 것으로 여기서 만든 헌법에 따라 앞으로 선거를 치를 것이었다. 그러나 여러 정당에게 제헌의회 선거는 인기투표 같은 것이었다. 선거 결과는 나중에 정부 구성을 위한 정치적 흥정에서 사용할 카드였다.

선거 운동은 매우 치열했지만, 세 주요 정당인 민중민주당(PPD), 사회당, 공산당 사이의 정치적 차이는 거의 없었다. 세 당 모두 AFM과 현 정부, 그리고 그 전 해의 변화 조치들을—주요 국유화를 포함해—지지한다고 말했다. 소아레스의 선거 운동은 모든 사람에게 모든 것을 의미했다. 그는 공산당과 사회당의 정책 차이를 전혀 알 수 없었던 많은 노동자들한테 지지를 받았다. 동시에 금융자본의 이익을 대변하는 어느 잡지도 독자들에게 "우파와 중도파는 PPD가 아니라 사회당에 투표해야 한다."고 주장했다.[21]

선거 결과, 사회당은 거의 38퍼센트를 득표한 반면, 공산당과 그 전선체인 MDP는 17퍼센트, 공공연한 부르주아 정당들은 34퍼센트를 득표했다. 서로 경쟁하는 네 극좌파 정당의 후보들은 모두 합쳐 2.5퍼센트를 득표했고, 약 7퍼센트의 유권자들은 백지투표를 했는데 이들은 아마 AFM의 일부 지도자들의 충고가 마음에 걸렸을 것이다.

소아레스는 그 전 12개월 동안 정부 내에서 합의됐던 사항들을 파기하는 데 사회당의 높은 득표율을 이용했다. 그는 공산당과 격렬한 논쟁을 벌이기 시작했고, 처음으로 AFM을 공공연하게 비난하고 나섰다. <헤푸블리카> 신문에서 신문 소유주인 사회당 출신 전 장관 파울 헤구에 맞선 파업과 점거농성이 벌어졌는데, 그 투쟁을 주도한 '선동가들'을 해고하는 일을 COPCON이 도와주지 않자 소아레스는 '독재 정권' 운운했다. 헤구는 공보 장관 시절이던 그 전 해 여름 일부 신문사가 '금지' 기사를 실었다는 이유로 벌금을 부과한 적이 있었는데, 이제는 갑자기 언론 자유의 주창자가 돼 국제적으로 박수갈채를 받고 있었다![22] 사회당 장관들은 우선 정부 회의에 참석하는 것을 거부했다. 그 뒤 AFM이 자신들의 요구를 받아들이지 않자 7월 초에 사임했다. 그 다음 날 부르주아 정당인 PPD가 사회당의 뒤를 따랐다.

그 기간 내내 공산당 지도부는 소아레스의 손에서 놀아나고 있었다. 선거는 포르투갈 노동계급의 압도 다수가 사회주의를 원하고 있으며 다른 계급들은 이에 맞설 생각도 의지도 없음을 보여 주었다. 그러나 선거는 노동자들의 절반쯤은 소아레스를 통해 사회주의를 이룰 수 있을 것이라고 믿고 있음도 보여 주었다. 그들에게는 다른 확신이 필요했다. 그리고 그것은 소아레스가 몰래 추진하는 정책들과 충돌하는 투쟁에 노동자들을 끌어들이기 위해 진정한 사회주의자들이 온 힘을 쏟을 때만 가능했다. 그러나 공산당은 총리 곤살베스가 요구한 '긴축 정책'이나 '생산을 위한 전투'를 전폭 지지하는 한편, 사회당의 영향력을 관료주의적 방식으로 약화시키려 했다. 리스본에서 열린 메이 데이 집회에서 소아레스를 연단 멀리 떨어져 있게 하거나, 사회당 집회에 공산당 '행동대원들'을 보내 방해하거나, 심지어 공산당 투사들더러 사회당 집회에 반대하는 바리케이드를 설치하라고까지 했다. 그 결과는 소극적인 사회당 지지자들을 소아레스 수중에 넘겨 준 것이었다.

사회당이 연정에서 탈퇴한 것을 보며 모든 우파 세력들은 정부에 반대하는 직접 행동을 조직할 때가 왔다고 느꼈다. 포르투갈 북부의 작은 마을들에서 폭동이 잇따랐다. 그곳의 소농들은 성직자들의 강력한 영향을 받아 매우 보수적이었고 경제 위기의 결과를 도시의 혁명적 소요 때문이라고 비난했다. 이마을 저 마을에서 폭도들이 공산당과 노조의 사무실들을 공격하고 불태웠다. 이 건물들을 지키기 위해 파견된 극좌파 군부대들은 빗발치는 욕설을 들어야만 했다.

이런 동요는 노동계급 대중이 사회당의 캠페인을 지지했음을 보여 준다는 주장이 가끔씩 나온다.[23] 북부 도시 포르투에서 열린 소아레스 지지 시위에 노동계급이 등장하기는 했다. 하지만 거기에는 그 지역의 중간계급도 뒤섞여 있었고 기껏해야 거대한 사회당 지지자들의 아주 작은 일부였을 뿐이다. 리스본이나 남부의 주요 노동계급 지역에서 소아레스의 캠페인은 노동자들의 적극적 지지를 거의 받지 못했다. 사회당이 조직한 시위들은 공산당은 말할 것도 없고 혁명적 좌파가 조직한 시위보다 규모가 작았다. 게다가, 그런 시위에서는 PPD나 CDS 등 돈 많은 부르주아 정당의 당원들이 그보다 훨씬 더 소수의 사회당 대열 뒤를 따라 행진했다. 리스본에서 소아레스가 상대적으로 취약했다는 사실은 몇몇 노조에서 소아레스 지지자들이 우파 마오주의 조직들과 선거 연합을 구성해야 했다는 데서 잘 드러났다.

거듭되는 위기

사회당이 야당이 되자 AFM은 곧바로 단독 통치를 시도했다. 곤살베스는 장교들만으로 정부를 구성했다. AFM은 이제 군부 내의 여러 그룹들과 서로 다른 사회 계급들 사이에서 균형을 잡을 뿐 아니라 국내의 주요 정당들의 치열한 경쟁 사이에서 균형을 잡고 있었다.

그러나 그들이 힘의 균형 속에서 더 높이 올라갈수록, 전체 활동은 점점 더 불안정해졌다. 국가 권력의 상징을 쥐고 있다고 해서 그들이 포르투갈 사회의 모든 지역에서 일어나는 일들을 통제할 수 있는 기구를 가지고 있었던 것은 아니었다.

남부에서는 노동자들이 독자적으로 통제할 수 있는 영역을 넓혀가고 있었다. 빈민들의 점거농성이나 토지 점거 물결이 확대됐고, 1년 전에 쟁취한 임금 인상이 30퍼센트의 인플레이션 때문에 흐지부지되자 새로운 파업이 일어났고, 집세를 낮추라는 대규모 시위가 벌어졌다. 공산당의 지지를 받은 군대가 파업을 멈추게 하려고 파견됐으나 그렇게 할 수가 없었다. 그들은 이틀 만에 리스본 전화교환국에서 철수해야 했으며 철도 요금 인상을 거부하는 노동자들과 하나가 됐다. 총을 들고 장갑차를 탄 제복 입은 병사들이 무리지어 노동자 시위에 나서기 시작했다.[24]

정부의 약점이 몇 가지 경우에서 상징처럼 드러났다. 정부는 노동자들이 스스로 통제하면서 발행하는 신문인 〈헤푸블리카〉에 대한 발행 금지를 강행할 수가 없었다. 점거된 라디오 방송국인 '헤나센카'는 점점 더 혁명적 좌파의 영향력 아래에 놓이게 됐는데, 정부는 이 방송국을 공식 주인인 가톨릭 교회에 돌려줄 수가 없었다.

한편, 북부 시골 지역에서는 정부가 지방 행정기구의 관리로 임명한 사람들이 우파의 선동 물결에 떠밀려 사퇴해야 했지만 정부는 속수무책이었다.

무엇보다도 정부는 심화하는 경제 위기에 제대로 대처할 수가 없었다. 그들은 노동자들에게 '긴축 정책'을 강요하고 국제 대기업들의 신뢰를 얻고 외국 자본을 유치하는 등 자본주의적 방식으로 위기에 대처할 수 없었다. 그렇다고 사회주의적 수단을 선택할 수도 없었다. 왜냐하면, 그것은 경제를 노동자들의 통제 아래 둔다는 것을 의미하기 때문이었다. 즉, 그것은 장교 99퍼센트의 계급적 배경과 완전히 단절하는 것을 의미했다.

사실, 군인들만으로 구성된 정부는 전임 정부들보다 더 취약했다.

균형을 유지하려는 과정에서 발생한 뒤틀림 때문에 AFM은 여러 갈래로 찢어졌다. 우경화한 일부는 군대를 동원해 파업을 와해하려는 부질없는 짓을 시도하면서 사회당을 달래보기도 했다. 다른 일부는 과거처럼 공산당에 의존해 밀고 나가려 했다. 또 다른 부류는 우파에 대항할 수 있는 세력의 기반을 노동자와 일반 병사들 사이에서 찾기 시작하면서, 한때는 노동자평의회와 병사평의회를 건설하려는 계획을 진지하게 검토했다. 어떤 일부는 사실상 하룻밤 사이에 양극단을 왔다갔다하기도 했다.

그러나 AFM은 그들이 직면한 딜레마를 해결할 수 없는 운명을 타고났다. AFM 좌파는 지난 한 해 동안 점점 더 지배계급을 혐오하게 됐고 혁명적 시기의 열정을 가지고 일을 추진해 나갔다.(이런 점에서 그들은 1968년에 혁명가들이 된 학생이나 지식인들과 조금은 비슷했다.) 하지만 그들에게 깊이 배어 있는 중간계급적 태도 때문에 노동자들과 일반 병사들을 해방의 주체가 아니라 군사 음모의 잠재적 지지자로 보았다. 중요한 사실은, AFM 내의 좌파가 장교 선출이라는 혁명적 요구를 제기한 적이 한 번도 없었다는 점이다.

AFM의 우파는 그들 나름대로 좌파와 때 이른 충돌을 빚을까 봐 걱정했다.

그런 충돌이 승승장구하는 노동자 투쟁을 또다시 폭발시킬 수 있었기 때문이다. 그들은 또한 군부 내의 극우파도 두려워하고 있었다. 극우파들은 앙골라에서 미국이 지원하는 FNLA가 MPLA을 상대로 벌이고 있는 전쟁에 참여하고 싶어했다.

위기를 해결하기 위한 여러 가지 시도가 있었다. AFM 회의에서는 민중평의회를 세울 것인가 아니면 혁명수호위원회를 세울 것인가를 놓고 논쟁을 벌인 뒤, 둘 다 폐기했다. 코스타 고메스(우파), 곤살베스(중도파), 오텔루 데 카르발루(좌파)의 '삼두체제'가 구성됐지만, 이내 잊혀졌다. 길다란 '제5차 임시 정부 강령'이 만들어졌지만 실행되지는 않았다.

한 달이 채 안 돼 군인들만으로 구성된 정부 — 일부 좌파가 매우 위험하다고 여긴 보나파르트-스탈린주의 괴물 — 가 해체됐다. 전에 좌파였던 사람들을 포함해 AFM의 핵심 조직원 아홉 명은 완전히 새로운 정부 구성과 우파와의 화합을 촉구하는 문서에 서명했다. 그들은 이렇게 경고했다.

국가 구조가 점차 해체되고 있다. AFM 내에서 조야하고 아나키즘적인 권력 집행 형태들이 나타났다. 원래 정당들을 초월하려 했던 운동은 점점 더 정당들과 대중 조직들의 책략에 놀아나게 됐다. …… 국가를 재앙적인 해체 상태로 이끌고 있는 무질서와 포퓰리즘을 강력하게 격퇴해야 한다. …… 국가 전체가 통제할 수 없는 폭력의 물결 속으로 잠길 위험에 처해 있다.

AFM 내의 좌파는 다수의 장교들이 이 문서에 호응할까 봐 저항을 시도했다. COPCON은 반대파의 문서에 찬성표를 던졌다.[25] 혁명가들도 참여해 작성한 이 문서는, 아홉 명의 장교가 제안한 내용을 받아들이면 "우파가 복원될 것이고 그들이 혁명을 파괴할 수 있는 술책을 부릴 여지가 넓어질 것이다."라고 주장했다. 그 문서는 현 정부가 궁지에 몰렸으며 공산당의 관료주의적인 행동 때문에 북부에서 사람들이 극우파에게 넘어갔다는 사실을 인정했다. 그러나 필요한 것은 오른쪽이 아니라 왼쪽으로 이동하는 것이었다. 그 문서는 "마을·공장·지역에서 평의회들을 구성하고 승인함으로써 대중적 조직 체계를 건설해 노동자들이 스스로 결정하고 문제를 해결할 수 있게 해야 한다."고 주장했다.

극좌파는 COPCON의 제안을 지지하는 대규모 집회를 주최할 수 있었다. 한 참가자는 이렇게 이야기했다.

지프차와 군용 트럭을 탄 2000명의 선원들과 병사들이 행진을 주도했다. …… 병사들은 차를 몰고 귀대하라는 장교들의 명령을 공공연히 거부했다. 그 뒤에는 …… 수백 명의 리스나베 조선소 노동자들이 작업복과 헬멧을 쓰고 따라갔다.

또 그 뒤에는 노동자위원회와 세입자위원회의 대의원들, 트랙터에 올라 탄 농장 노동자와 빈농위원회 대의원들이 수백 명씩 길게 줄을 지어 2마일[약 3.2km] 넘게 따라가고 있었다. 길가에 서 있던 또 다른 노동자들이 시위에 참가한 노동자들을 향해 환호하며 주먹을 치켜들고 구호를 외쳤다. …… 병사들은 계속 이렇게 외쳤다. "병사들은 항상 국민의 편이다!" 전체 행진 대열이 이 구호를 따라 외쳤다.[26]

그 다음 주에 정부에 대한 우파의 압력이 극에 달하자, 공산당은 갑자기 좌선회해 혁명가들과 공동전선을 결성한 뒤 훨씬 더 큰 시위를 호소했다. 50만 명이 참가할 것으로 예상됐다.

그러나 그런 노력에도 불구하고 다수의 장교들은 이제 균형 잡기는 끝났다고 생각했다. 이틀 후, 곤살베스 정부는 사퇴했고 사회당과 PPD 장관들을 포함하는 정부 구성 협상이 시작됐으며 공산당은 이를 지지했다. AFM의 한 좌파 장교는 <르몽드>에 이렇게 이야기했다.

환상을 깨는 법을 알아야 한다. 군대를 내부에서 바꿀 수는 없다. …… AFM은 더는 존재하지 않는다. 포르투갈 사회를 산산조각 낸 것과 똑같은 모순 때문에 AFM은 붕괴하고 말았다. …… 이제 우리는 선택의 기로에 서 있다. 제 자리에 멈춰 서서 사회민주주의적 신(新)자본주의를 받아들이든지, 아니면 사회주의로

나아가든지.[27]

쓰라린 가을

AFM 정부는 몰락했지만 그들이 직면했던 문제들은 사라지지 않았다. 그들을 사회 [권력] 위에 올려놓았을 뿐 아니라 이제는 산산조각 내버린 경쟁적 압력이 새 정부를 여전히 괴롭혔다. 새 정부는 우파의 압력에 굴복해 북부의 소요를 진압했고 해외 신용을 얻어 경제 위기에 대처하겠다고 약속했다. 그러나 이 때문에 리스본과 남부 지역에서는 노동계급의 폭발 가능성이 커졌다. 새 정부는 그들이 질서를 회복했음을 보여 주기 위해 필사적으로 노력했고 이 점을 입증할 상징적 승리가 필요했다.

그러나 그들이 이런 조치를 취하기도 전에 새로운 문제에 직면했다. 장교들의 운동인 AFM이 사라지고, 갑자기 일반 병사들의 대중 운동이 등장해 AFM을 대체한 것이다.

이제까지 일반 병사들의 투쟁 참여는 비조직적이고 일시적이었다. 사병들 중 일부가 파업 분쇄나 노동자 시위 진압을 거부했기 때문에 중요한 순간에 장교들 사이의 세력 균형은 왼쪽으로 기울었다. 다른 장교들이 어떻게 나올지 모른다는 두려움 때문에 우파 장교들은 노골적인 반혁명에 의존할 수 없었다. 하지만 대개 이 사병들은 좌파 장교들을 추종했을 뿐 독자적 힘을 가진 하나의 세력으로 행동하지 않았다. 오로지 한 부대에서만 병영 내 계급 분열이 가장 뚜렷하게 드러나, 장교·하사관·일반 병사용 식당 분리가 철폐됐다. AFM 총회에 대의원으로 나온 120명의 군인 중에 일반 병사는 오직 12명뿐이었다.[28]

징집된 병장 한 명은 1975년 7월 초의 상황을 다음과 같이 설명했다.

우리는 일반 병사들도 총회 소집 권한을 가져야 한다고 강력하게 주장했다. 그러나 총회 소집권만으로는 힘이 부족했다.

병사들이 얼마나 큰 힘을 갖고 있는지는 그들의 조직과 정치 의식에 달려 있다. 장교들은 이런 회의들에 한 명의 대의원을 파견할 권리가 있고, 더 후진적인 부대들에서는 장교 대의원이 나타나기만 해도 병사들은 압력을 받아 진정한 권력을 장교들의 수중에 넘겨 주고 만다. 더 선진적인 부대에서는 상황이 사뭇 다르다. 회의에서 사병들이 장교 대의원에 반대하거나 그를 퇴장시키기는 일도 흔했다. ……

상황은 미묘하게 균형을 이루고 있다. 우리는 아직 장교를 선출할 수 없으며 일상적인 부대 운영은 장교들과 사병들이 공동으로 하고 있다.[29]

'세력 균형'이 뜻하는 것은 우파가 리스본 지역에서 가장 전투적인 부대를 '못 믿는다'는 것이었다. 자기 입으로 우파를 자처한 소수의 장교들은 일반 병사들한테 쫓겨났으므로 대부분의 장교들은 그 지위를 유지하기 위해 전투적인 발언을 하면서 후일을 도모했다. 이와 반대로, 북부의 군대는 우파의 요새로 여겨졌다. 그리고 대다수 사람들은 아프리카에서 돌아올 대규모 병력이 북부 군대의 힘을 강화시켜 줄 것이라고 예상했다.

이런 전망은 새 정부의 개각이 끝난 지 겨우 12일 만에 강력한 충격을 받았다. 북부 도시 포르투에서 2000명의 병사들이 "병사들은 언제나 국민 편에서 있을 것이다", "포르투갈은 제2의 칠레가 될 수 없다"고 외치며 시위를 벌인 것이다.

적어도 한 개 이상의 병영에서 병사들의 시위 참가를 막기 위해 장교들이 문을 걸어 잠갔다.[30]

그 시위는 소수의 혁명적 좌파가 주도했다. 그들은 SUV(단결한 병사들은 승리한다 : Soldiers United Will Win)라는 조직을 만들고 행동을 촉구하는 전단을 돌렸다.

최근 몇 주 동안 우리는 병영 환경 개선을 요구하고 반동에 대항하는 투쟁을 벌여 왔다. 우리는 봉급 인상, 자의적 처벌 중단, 반동적 명령 거부권, 회합과 토론의 자유를 요구하며 싸웠다. ······

우리의 투쟁은 민중 권력, 노동자 권력을 위한 위대한 투쟁의 일부다.

금빛 견장을 달고 있는 저 신사들은 그들의 특권을 잃고 싶어하지 않는다. 우리는 여러분이 군사 쿠데타를 주장하는 자들에 반대할 것이라고 믿는다. ······ 봉급 인상과 무료 교통을 위한 투쟁, 사병들만 괴롭히는 규율에 반대하는 투쟁 속에서 우리는 하나다.

병사들은 언제나, 언제나 국민 편에 서 있을 것이다.[31]

그 논조는 AFM의 장교들, 심지어 좌파 장교들이 쓴 그 어떤 글과도 달랐다. 그 전단은 병영의 물질적 조건들에 대해 이야기하면서, 일부 '반동적 장교들'을 제외하면 군대는 통일돼 있다는 신화를 선전하지 않았다. 그 뒤 며칠 동안 그런 메시지를 받아들인 군부대가 잇따랐다.

SUV가 주최한 리스본 시위에서는 1만 2000명의 병사들(포르투갈 군대의 5분의 1이라고 했다)이 8만 5000명의 노동자들을 이끌고 도심을 행진했다. SUV의 전단을 나누어 주던 병사 두 명이 체포됐다는 소식이 전해졌다. 분노에 찬 시위대의 항의 덕분에 그들은 곧바로 석방됐다.

즉각 약 2만 명의 사람들이 눈에 띄는 모든 2층 버스를 잡아탔다. 우리는 버스 운전사들과 군 운전병들의 도움을 받아 트라파리아 군 감옥으로 향했다. 호송차가 도착하자 7000명의 병사들이 방송차를 보호하러 앞으로 나섰고 감옥 안의 군인들과 논쟁을 시작했다. ······ 대표단이 감옥 책임자를 만났다. 그와 COPCON의 대표인 오텔루 데 카르발루 모두 그들의 석방을 거부했다. ······

새벽 1시 50분쯤 결정적 순간이 왔다. 시위를 해산하러 가던 장갑차 행렬이 리스본의 타구스 강 건너편에 도달했다. 휠체어에 탄 좌파 예비역들이 전략적으로 중요한 그 다리를 이미 차지한 채 장갑차 행렬을 저지했다. 토론 끝에 정예부대는 병영으로 복귀했다. 10분 후, 그러니까 바로 2시 정각에 카르발루가 병사들을 석방하는 데 동의했다는 발표가 나왔다. 2만 명의 병사들과 노동자들은 함께

인터내셔널가를 부르며 트라파리아의 병사들의 환호 속에 버스로 돌아갔다.[32]

그 시위의 대부분은 헌병대가 조직했다. 정부는 좌파의 영향력이 강력한 부대를 통제하기 위해 두 명의 장교들을 제거하려 했다. 사병들은 투표를 통해 그 둘에 대한 신임을 재확인했고 대중 집회를 열어 9명의 우파 장교들을 사임하게 만들었다. 연대로 운송하려던 1000정의 자동소총이 사라졌는데, 그 대중 집회에 참가한 사람들은 이 총이 '훌륭한 혁명가들'에게 갔다는 좌파 장교의 말을 받아들였다.

정부는 언론 매체가 군대 내 상황을 보도하지 못하게 하는 포고령을 내려 사병들 사이에서 번지고 있는 동요를 막아보려 했다. 라디오와 TV 방송국들이 그 명령을 거부하고 병사들의 시위 소식을 곧잘 보도했는데, 그러면 방송국들을 통제하기 위해 군대가 출동했다.

그러나 정부의 계획은 또다시 반발을 불러일으켰다. 몇몇 라디오 방송국 노동자들은 방송국을 점령하고 있는 병사들을 토론에 끌어들이는 등 군대의 명령을 거부했다. 병사들은 노동자들이 방송을 내보내는 데 동의했다.

그 날 밤 11시 30분에 '하지우 헤나센사'는 인터내셔널가와 다른 혁명 가요들을 방송했다. …… 리스본 지역의 모든 군부대에서 열린 대중 집회들은 라디오 방송국 노동자들을 지지했다.[33]

정부가 우파로 알려진 부대조차 믿을 수 없었다는 사실을 보여 주는 일화가 하나 있다. 아마도라에서 온 특수부대의 지휘관은 핵심적인 우파 장교였는데, 그 부대가 정보통신부 건물 밖에서 벌어진 1만 명의 시위를 해산시키기 위해 파견됐다.

트럭을 타고 온 아마도라 특수부대가 도심을 통과하려 했다. 총소리가 울려 퍼졌다. 몇 명이 도망갔다. 그러나 사람들은 그런 반응을 보여서는 안 된다고 말했다.

그러자 발길을 멈춘 그들은 트럭 쪽으로 가서 병사들을 설득하기 시작했다. 곧 군중 전체가 "병사들은 언제나, 언제나 국민의 편이다", "반동들은 병영에서 물러가라."는 구호를 외쳤다.

특수부대는 긴장했다. 그들 중 어느 누구도 움직이지 않았다. 그 때, 한 젊은 병사가 두 번째 트럭으로 뛰어 올라 주먹을 치켜들고 환호하는 표정으로 이렇게 외쳤다. "병사들은 언제나, 언제나 국민의 편이다." 다른 병사들도 머뭇거리며 구호를 따라 외쳤다. 노동자들은 트럭에 올라타서 병사들과 어깨를 걸고 계속 구호를 외쳤다.[34]

정부는 다른 특수부대를 파견해 가장 혁명적인 방송국 '하지우 헤나센사'를 점령하게 함으로써 상황을 만회하려 했다. 그러나 2주 후 대규모 시위가 벌어지자 이 부대도 철수했다. 절박한 상황에서 정부 스스로 테러에 의지했다. 정부는 일단의 공수부대를 파견해 방송국의 발신 장치를 폭파했다. 라디오 방송은 중단될 수밖에 없었다. 하지만 이런 조치도 반발을 샀다. 다른 병사들이 공수부대를 설득해 정부에 등을 돌리게 만들었다. 그래서 125명의 장교 중 123명이 탄코스의 병영을 떠나야 했다.

그러나 군대를 다시 통제하려는 정부의 시도가 모두 실패한 것은 아니었다. 리스본보다 노동자 운동이 취약한 곳에서는 사병들이 장교들에게 대항하는 능력도 취약했다. 10월 초에 포르투에서 SUV의 영향력이 강력한 CICA 병영을 우파 군대가 급습했다. 그 부대는 해체됐으며 부대원들은 강제 전역해야 했다. 우파는 이와 비슷한 방식으로 중부 지역의 베자(Beja)를 통제할 수 있었다.

당시 리스본에서는 내전 가능성에 대한 이야기가 많았다. 언론에서는 정부가 필요하다면 리스본을 포기할 준비가 돼 있고 나중에 재탈환할 것 같다고 보도하기도 했다. 어떤 부대가 좌파를 위해 싸우고 어떤 부대가 정부를 위해 싸울 것인지에 대한 논쟁이 공공연하게 벌어졌다. 공산당은 "내전 반대"라는 구호를 내세웠다. PRP와 좌파 사회주의 조직인 MES는 내전을 피할 수 있는 유일한 길은 노동자들을 무장시키고 봉기를 준비하는 것뿐이라고 주장하면서 공동 활동을 시작했다.

좌파의 약점

좌파는 격전이 눈앞에 다가왔다고 확신했다. 하지만 이 싸움을 준비하면서 한 가지 결정적인 점을 놓치고 있었다. 혁명적인 영향력이 노동자 대중보다 병사들 사이에서 더 강력했다는 점이다.

혁명적 좌파는 리스본 지역의 많은 작업장에서 청중을 획득할 수 있었으며 몇몇 주요 시위에서 상당한 지지를 받을 수 있었다. 그렇지만 이 일시적 영향력에 지속적이고 조직적인 형태를 부여할 수는 없었다. 2월 시위를 조직했던 '공장 간' 위원회는 시들시들해졌다. PRP는 노동자평의회와 병사평의회에 찬성하는 시위에서 많은 작업장의 지지를 받았으나 그런 평의회 건설 시도는 벽에 부딪혔다. 수많은 노동자들이 COPCON 문서의 모호한 평의회 언급을 지지하는 시위를 벌였지만, 어떤 평의회도 결성되지 않았다.

주요 장애물은 그런 노선을 무조건 반대하는 공산당이었다. 결정적으로 중요한 리스본 지역에서 노동계급의 지지표 거의 절반을 사회당이 가져가기는 했지만, 공장에는 사회당의 조직적 기반이 전혀 없었다. 사회당이 지도부의 다수를 차지한—근소한 차이로—유일한 노조는 교사노조 같은 화이트칼라 노조뿐이었다! 공산당과 극좌파가 함께 조직한 시위나 정치 파업은 대중적 호응을 받았다. 여기에는 사회당에 투표한 많은 노동자의 호응도 포함돼 있었다.

공산당은 권력을 장악할 수 있는 조직 노동계급 대중 운동을 철저히 외면했다. 8월에 곤살베스 정부가 붕괴하면서 국가라는 지렛대를 움직여 보려는 공산당의 관료적 책략이 실패하자 공산당은 후퇴하기로 결심했다. 공산당은 그들에게 제공된 상징적인 장관 자리 하나, 즉 공공사업부 장관직을 받아들이고 혁명적 좌파와의 공동전선에서 이탈했다. 공산당은 병사들의 운동인 SUV에 반대했고 정부의 라디오 방송국 점령에 항의하는 파업에도 반대했다.

그러나 공산당이 단지 후퇴만 한 것은 아니었다. 그들은 공장에서 자신들의 기반을 강화할 수 있는 기회도 발견했다. 공산당이 파업을 반대하고 희생을 요구하자 공산당 활동가들은 가장 중요한 노동자 집단 다수 사이에서 고립됐다. 리스본 지역의 핵심 작업장들은 공산당을 무시하고 극좌파가 조직한 시위에 참여했다. 핵심 공산당 활동가들 중 일부는 공산당의 온건 노선에 거의 공개적으로 반대했다. 그러나 이제 정부 내에서 책임 있는 지위를 대부분 상실한 공산당은 제한적이나마 좌경화함으로써 작업장에서 영향력을 다시 확보할 수 있었다.

공산당은 인기 없는 정부 시책에 반대하는 파업과 시위를 주도하기 시작했다. 공산당의 영향을 받는 노동자위원회들은 9월 중순 리스본 지역에서 3만 명이 참가한 시위를 조직했고 남부 농업 지역인 알렌테주에서 하루 파업을 벌였다. 10월에는 좌파의 영향을 받고 있는 병영 앞에서 지방 공장과 세입자들의 시위를, 11월 초에는 리스본에서 대규모 시위를, 11월 24일에는 상징적인 2시간 총파업을 감행했다. 이러한 행동 덕분에 공산당은 극좌파에게 빼앗겼던 영향력을 되찾아올 수 있었고 새로운 조정 중추인 리스본 산업 지구 노동자위원회를 지배할 수 있었다.

만약 모든 혁명가가 공산당의 행태를 꿰뚫어 보는 단일 정당으로 조직돼 있었다면, 공산당이 이런 제한적 좌경화를 통해 핵심 노동자 부문에 대한 영향력을 그렇게 쉽사리 회복하지는 못했을 것이다. 그러나 이런 단일한 혁명적 사회주의 정당은 존재하지 않았다.

극좌파는 6개의 고만고만한 조직으로 분열해 있었다. 게다가 공산당을 지지하는 많은 노동자들이 여름 몇 달 동안 동요하고 있을 때, 그들을 견인할 수 있는 단일한 구심도 없었다. 일부 마오주의자들이 우파를 지지하고 나서자 혼란은 엄청나게 가중됐다. 좌파 마오주의 조직인 UDP는 공산당의 구호인 "내전 반대"를 되뇌고 있었다. PRP는 노동자평의회를 건설할 필요성을 깨닫고 있었으나 혁명적 좌파 내에서 소수—공장에서 PRP의 활동적인 회원들은 UDP보다 훨씬 적었던 듯하다—에 불과했고 가장 중요한 임무, 즉 공장과 노동계급 거주 지구에서 판매되는 정기적 신문 — 일간지가 가장 바람직했을 것이다 — 을 통해 공산당이나 다른 혁명적 좌파 일부의 영향을 받고 있는 노동자 대중에게 무엇을 해야 하는지를 "참을성 있게 설명하는"[35] 임무를 게을리했다.

노동자평의회가 발전하지 못한 데는 또 다른 요인도 작용했다. 일반으로는 AFM, 특히 COPCON이 그런 구실을 했다. AFM과 COPCON이 억압기구가 되기를 거부하고 국민 다수에 유리하게 개입한 덕분에 노동자들은 더 쉽게 성과를 얻을 수 있었다. 이것은 노동자들의 투쟁을 고무했다. 그러나 투쟁이 항상 강력할 필요가 없음을 의미하기도 했다. COPCON이 노동자 투쟁을 분쇄하지 않고 오히려 노동자들에 유리하게 '중재하기' 시작하자, 노동계급의 단호함·연대·자립성이 아니라 "군대와 국민의 동맹"(AFM의 수많은 포스터에 나왔던 구호)이 투쟁의 성패를 좌우하는 것처럼 보였다. 공장과 지역이 아니라 군대에서 일어난 일이 중요하게 보였던 것이다.

가장 뛰어난 일부 혁명적 좌파조차도 어느 정도 이런 환상에 빠졌다. 그들은 공장에서 일어나는 일보다도 AFM 위원회의 정책 문서나 장교 지도부의 성명서 내용에 집중하고 있었다.

예를 들면, PRP는 처음에 리스본 지역의 대공장들에 뿌린 선전물에서는 노동자평의회 건설에 관한 문제를 제기했다. 그러나 그런 논의를 진척시키기가 힘들어지자, 노동계급 내에서 정치 선동을 강화하지 않고 노동자평의회 요구를 특별한 상황에 맞게 바꾸었다. 예를 들어, PRP는 기존 공장위원회들을 통합하고 확대해 노동자평의회들을 건설하자고 요구할 수도 있었다. 그람시가 1919~20년에 이탈리아에서 주장했고 트로츠키가 1923년에 독일에서 주장한 것처럼 말이다.[36] 그러나 오히려 PRP는 AFM이 평의회를 만들어 주기를 기대하고 있었다.

6월에 한 PRP 당원은 이렇게 말했다.

몇몇 장교들은 …… 자율적인 혁명적 평의회를 요구하는 …… 이런 구호들을 우리와 사뭇 다른 이유에서 지지하고 있다. 하지만 [노동자] 평의회는 프롤레타리아 독재로 나아가는 길을 열어 젖힐 것이다.[37]

이런 태도는 "COPCON을 지지하자"는 구호와 함께 AFM을 선전하는 것으로 끝나버렸다. 이것은 진보적 장교들이 노동자들의 문제를 대신 해결해 줄 것이라는 널리 퍼진 환상을 부추길 뿐이었다. 물론, 혁명가들은 우파에 반대해 AFM 좌파를 전술적으로 지지해야 했지만, 그렇다고 해서 그들과 자신들을 동일시할 필요는 없었다. 진보적 장교들이 중요한 위기 때마다 동요했고 계속 그럴 것이라는 사실을 말했어야 했는데, 그렇게 하지 않았다.

노동계급 내에 혁명적 조직을 건설하는 일을 게을리하고 오히려 군부에 거의 완전히 초점을 맞춤으로써 군대 내의 운동 자체도 약화시켰다.

일반 병사들의 운동인 SUV가 절정에 이른 1975년 10월 IS의 토니 클리프는 이렇게 경고했다.

혁명 운동의 주된 약점은 병사들과 노동자들의 불균등한 발전이다. 노동자들이 병사들보다 뒤처졌다. …… 공산당의 보수적 영향력은 병사들보다 노동자들 사이에서 비할 바 없이 더 크다.

그 불균등성이 영원히 지속될 수는 없다. 노동자들이 혁명적인 병사들 수준으로 올라서지 않는다면 병사들의 의식 수준이 노동자들 수준으로 떨어져 버릴 위험이 있다. …… 병사들은 국가 권력을 장악하기 위해 독자적으로 나서는 것을 꺼릴 것이다. 노동자 대중의 지지를 받지 못하는 봉기는 병사들에게 호소력이 없을 것이다.[38]

자발적 노동자 투쟁이 대거 분출했다면 군대 일부에 의존하려는 경향을 막을 수 있었을 것이다. 1975년 가을에 벌어진 대규모 투쟁은 거의 봉기에 가까운 분위기가 얼마나 빨리 노동자 대중 속으로 확산될 수 있는지를 보여 주었다. 32개 지역의 건설노동자위원회—아직 공사 중인 거대 정유공장의 건설 노동자들도 포함된—는 제헌의회 밖에서 파업과 시위를 벌였다. 그들은 바리케이드를 세우고 자신들의 요구를 들어줄 때까지 제헌의회를 볼모로 잡고 있었다.

하지만 모든 정치 집단이 하나같이 내전 가능성을 이야기하던 당시 몇 달 동안 그렇게 폭발적인 투쟁은 드물었다. 정부가 어떤 충돌도 일으키지 않으려고 매우 조심한 것도 그 이유 중 하나였다. 정부는 임금 문제에 집중하려 했는데, 그렇게 되면 군대에 대한 통제력을 되찾을 시간을 벌 수 있다고 생각했기 때문이다. 그러나 또 다른 요인도 있었다.

사람들은 사회적 위기가 어떤 정치적 해결책이 필요한 지점에 이르렀다고 생각했다. 특히 국유화된 산업의 노동자들—이제 전체 노동자의 60퍼센트를 차지하게 된—과 노동자 통제 아래 운영되는 소규모 공장의 노동자들이 그렇게 느꼈다. 사회 전체를 철저히 재조직해야만 그들은 시장의 지배에서 벗어날 수 있었다. 그러나 1975년 가을 거의 모든 포르투갈 사람은 '정치'란 군대 안에서 일어나는 일이라고 생각했다. 기껏해야 '정치'는 노동자들 스스로 권력을 쟁취하기 위해 싸우는 것이 아니라 진보적 장교들이 노동자들을 대신해 투쟁하는 것이라고 생각했다.

이것이 포르투갈 혁명의 비통한 '딜레마'였다. 노동자들을 동원하는 것이 아니라 군대 내부의 음모와 반(反)음모야말로 결정적인 것처럼 보였다. 그러나, 노동자 대중을 동원하지 못하면 우파가 군대 내부의 음모전에서 승리하게 돼 있었다.

9월 말 라디오 방송국의 통제권을 장악하려는 정부의 시도는 혁명가들이 공산당이나 COPCON의 도움을 받지 않고 독자적으로 노동자들을 조직할 수 있는지 시험하는 기회였다. 그들은 이 시험에서 실패했다. 혁명적 조직들은 총파업과 대중 시위를 호소했다. 총파업은 리스나베와 세트나베 두 군데 조선소를 제외하고는 진전이 없었고 항의 시위도 겨우 1만 명 정도가 참가했을 뿐이다. 정부도 라디오 방송국 통제권을 되찾는 데 실패했는데, 그 이유는 노동 계급이 아니라 군대 내부 사정 때문이었다.

더 지능적인 정부 고문들이 이 점을 놓칠 리가 없었다. 공산당이나 COPCON 같은 신망있는 무장 세력의 지원이 없다면 혁명적 좌파는 당장 리스본 지역의 노동계급 대중을 동원할 수 없었다. 평화 시위에도 [대중을] 동원하지 못하는데, 하물며 사람들이 두려워하는 내전이 일어나면 무엇을 할 수 있겠는가? 만약 우파가 공산당과 COPCON을 중립화하고 노동자 대중에게 즉각 영향을 미치지 않는 문제들을 집중 공격한다면 사태를 다시 통제할 수 있을 것이었다.

1975년 11월 25일 마침내 우파는 이럭저럭 그렇게 할 수 있었다.

대단원

11월 24일 군사 정권은 카르발루가 리스본 지역의 군사 책임자 직에서 물러날 것이라고 발표했다. 그것은 명백히 좌파에 대한 타격이었다. 카르발루는 이런 명령을 거역할 수 없다고 생각했다. 그러나 몇몇 장교들은 다르게 생각했다.

가장 최근에 급진화한 군대 세력은 바로 공수부대였다. 그들은 '하지우 헤나센사'를 폭파하라고 명령을 내린 장교들의 거짓말에 분노해 거의 모든 장교를 병영에서 쫓아냈다. 공산당과 연결된 일단의 장교들은 여름에 정부 내에서 갖고 있었던 자신들의 영향력을 회복하는 수단이 바로 공수부대라고 생각했다. 공산당 지도부도 같은 생각을 하고 있었을 것이다.

11월 25일 그들이 공수부대를 동원해 리스본 지역의 병영 다섯 군데의 통제권을 장악하는 동안, 다른 우호적인 부대들이 라디오와 TV 방송국을 장악했다.

정부는 이런 행동이 전체적인 협조 속에서 이루어진 것이 아니라는 사실을 잘 알고 있었다. 카르발루 자신이 즉시 공화국 대통령과 상의를 한 것만 봐도 알 수 있었다. 정부는 절호의 기회라고 생각했다. 카르발루의 행동은 COPCON의 주요 부대가 스스로 움직이지도 않을 것이며 노동자들에게 그렇게 하라고 요구하지도 않을 것임을 보여 주었다. 공산당은 정부 내에서 더 많은 자리를 얻고 싶어했지만 심각한 충돌을 원하지 않는다는 것도 분명했다. 혁명적 좌파는 전혀 준비가 돼 있지 않았다.

좌파가 아직 준비가 안 된 상태에서 정부는 그들에게 도전할 수 있는 기회를 잡았다. 정부는 무장 반란에 직면했다는 내용의 성명서를 발표했다. 정부는 공수부대에 대항하고 TV와 라디오 방송국을 탈환할 수 있을 만큼 믿을 만한 부대를 파견했다.

정부가 동원한 병사들의 실제 규모는 소수였다. 약 200명에 불과했다. 그러나 그들의 장교들은 단호하게 병사들을 이끌고 공수부대에 대항했고, 공수부대는 싸움도 하지 않고 포기했다. 그 다음에 이들은 좌파가 통제하고 있는 다른 부대로 주의를 돌려 차례로 투항하게 만들었다. 이틀 후, 포르투갈의 한 혁명가는 왜 이렇다할 저항이 없었는지를 설명했다.

> 협조, 진정한 협조가 전혀 없었다. 공산당은 COPCON이 그렇게 할 것이라고 기대했지만, COPCON은 그러지 않았다. 그들은 망설이고 동요했다. 이른바 혁명적 부대에서도 똑같은 일이 벌어졌다. 그 이유는 그들이 순전히 방어적인 입장을 취하면서 전혀 준비가 돼 있지 않았기 때문이다. 그들은 병영에서 어떤 지도력도 발휘하지 못했다. ……
>
> 아무도 특수부대에 저항하지 않았다. 헌병대에서는 몇 발의 총성이 있었다. 헌병대 최고 책임자는 특수부대를 위해 문을 열어주기도 했다. …… 헌병 한 명은 병사들이 봉기를 위해, 사회주의 혁명을 위해 준비돼 있고 조직돼 있다고 말했다. [그러나] 지휘관 두 명이 사라지자 병사들은 어쩔 줄을 몰랐다. 명령을 내릴 사람이 아무도 없었던 것이다. 병사들이 군사 규율을 거부하고는 있었지만 달리 어떻게 행동해야 할지 몰랐다.
>
> 경포병부대 병영에서도 병사들은 뭐든 하고 싶었지만 군사적 지휘를 받지 못했다. 지휘관이 투항했던 것이다.
>
> 이른바 혁명적 장교들은 사라지고 없었다.[39]

혁명적 좌파는 정말로 우파에 대항하고 싶었지만 효과적인 저항 방법을 알지 못했다. 공수부대의 반란이 시작된 지 두 시간 뒤에, PRP와 MES는 공수부대를 공격하는 것에 반대하는 성명서를 발표했다. 그들은 결정적 전투가 시작됐으며, 비록 시기가 좋지 않지만, 좌파가 그 전투 결과를 그냥 무시할 수만은 없다는 사실을 깨닫고 있었다.

하지만 그들은 사태의 순수 군사적 측면에만 너무 집착하다 보니 어떻게 대응해야 할지 몰랐다. 전에 군대 내에서 우파가 좌파를 공격했을 때 이를 분쇄할 수 있었던 것은 화력의 우세가 아니라—사실 화력은 양측이 거의 비슷했다—노동자 대중의 행동이었다. 왜냐하면, 아직은 우파 장교들이 병사들에게 수많은 비무장 노동자들을 사살하도록 강요할 수 없었기 때문이다. 노동자들의 대규모 가두 시위를 동반한 총파업이 벌어졌다면 좌파 부대들은 힘을 얻었을 것이고 우파 부대의 사병들은 [진압] 작전 실행을 주저했을 것이다. 심지어 수천 명만 길을 막고 시위를 벌였더라도 군인 200명은 머뭇거렸을 것이다.

정부는 분명히 자기 약점을 잘 알고 있었다. 그래서 바헤이루 같은 노동자 지역으로는 감히 군대를 파견하지 못했다. 6개월 전에 사회당은 그 곳에서 표의 절반을 얻었지만, [이제는] 거리에 나오지 말라는 내용의 전단을 공중에서 살포할 뿐이었다! 리스본에서도 많은 사람들이 정부가 실시한 통행금지를 무시하는데도 정부는 별다른 조치를 취할 수 없었다.

그러나 혁명적 좌파는 거리 시위와 비무장 노동자들의 파업을 호소하지 않았다. 오히려 PRP-MES의 성명서는 지금이야말로 공세적인 무장 행동을 할 절호의 기회라는 인상을 주었다. 그들은 "이제 부르주아지에게 따끔한 맛을 보여 줄 때"라고 말했다. 노동계급은 부르주아지의 이런 공격에 대해 "파시스트적 행동을 분쇄하고 권력을 장악하기 위해 꼭 필요한 폭력으로" 대응해야 한다는 것이었다.[40]

그 성명서는 우파의 공격을 분쇄하는 데 필요한 것을 과장하면서 노동자들이 행동에 나서도록 고무하는 것이 아니라 오히려 그들을 만류했다. 군대 내의 정부 지지 세력 거의 전부가 한때 열렬하게 파시즘을 지지했다는 말은 맞지만 그렇다고 이번 공세가 파시스트적 공격은 아니었다. 파시스트 우파는 아직 너무 취약해서 사회민주주의자들과 자유주의자들 뒤에 숨어 있어야 했다. 물론 이런 상황은 바뀔 수 있었다. 하지만 아직은 아니었다. 이를 깨닫지 못하고 그 가능성이 너무 높다고 여겼기 때문에 노동자 대중이 스스로 할 수 있는 것은 아무것도 없다고 느꼈다.

극좌파 세력들이 촉구한 내전이라는 선택과 훨씬 더 큰 공산당이 촉구한 평화적 후퇴라는 선택 사이에서 노동자들은 후퇴를 선택할 수밖에 없었다. 이런 일은 일어나지 않을 수도 있었다. 만약 혁명적 좌파가 공산당의 영향력 아래에 있는 다수의 노동자들에게 "오늘 무기를 들지" 말고 "여러분의 지도부에게 압력을 넣어 우파에 맞선 파업과 시위를 지지하게 하시오" 하고 호소했다면 말이다.

11월 25일 좌파 부대들이 무장 해제당한 이유는 노동자들은 군대가 자기들을 위해 행동할 것이라며 군대에 의존했고, 군대 내부에서는 사병들이 진보적 장교들의 지도에 의존했기 때문이다.

11월 25일에 우파가 거둔 성과는 어찌 보면 매우 제한적이었다. 군대에서 가장 좌파적인 부대가 무장 해제됐다. 그러나 이 때문에 다른 부대 사병들의 반란이 무너져서는 안 됐다. 하물며 광범한 노동자 부문의 혁명적 기대가 무너져 내려서도 안 됐다.

분명히 포르투갈의 우파는 아직 상황을 완전히 통제하고 있지 않다고 생각했다. 그들은 군대의 '정상적인' 지휘 체계를 확립하기 시작했고 '문제' 사병들은 집으로 돌려보내거나 심지어 투옥하기도 했다. 하지만 파시즘 전복 후 노동자들이 획득한 성과물을 전면 공격하기까지는 시간이 더 필요했다. 심지어 노동자들이 통제한 신문 <헤푸블리카>조차도 즉각 폐간되지는 않았다. 노골적인 부르주아 정당들은 아직도 소아레스나 사회주의자들 뒤에 숨어 있어야 했다. 그들은 모두 여전히 공산당에 의존해야 했다. 왜냐하면 공산당만이 가장 전투적인 노동자들에게 법을 지키라고 설득할 수 있었기 때문이다.

하지만 노동자들이 자신들의 독자적 대중 행동이 없었다면 AFM은 스피놀라 지지에서 더 나아가지 못했을 것이라는 점을 망각한 채 AFM을 지나치게 신뢰했다는 바로 그 이유 때문에, 가장 선진적인 노동자들은 11월 25일에 모든 것을 잃어 버렸다고 느꼈다.

서방 자본주의는 긴 안도의 한숨을 쉴 수 있었다.

14

그리스 대령들의 몰락

여기는 자유를 위해 싸우는 학생들의 라디오 방송국이다. 여기는 자유를 위해 싸우는 그리스인들의 라디오 방송국이다. 투쟁! 군부 정권 타도! 우리는 자유를 위한 우리의 투쟁에 모두 동참할 것을 호소한다.[1]

1973년 11월 초였다. 1만 명의 학생들이 아테네 과학기술대학을 점거했다. 그들의 첫 번째 요구 사항은 학생 징집 중단, 보안경찰의 학원 사찰 중단, 교육 제도 개선 등이었다. 그러나 머지않아 항의의 성격이 바뀌었다.

노동자들, 특히 대규모 공사 현장의 건설 노동자들이 라디오 방송의 호소에 호응하기 시작했다. 정오가 되자, 과학기술대학 주변 반경 400미터 내에 있는 모든 도로가 사람들로 가득 찼고 시위는 사방으로 번지기 시작했다. 사람들은 여러 행정 관청, 특히 공안부 건물을 포위하기 시작했다. 이윽고, 경찰과 첫 번째 충돌이 일어났다. 시위대는 버스와 전차를 뒤집어 바리케이드로 사용했다.

노동자 대표들이 학생들에 합류했고, 노동자·학생 공동위원회는 투쟁의 확대를 호소했다.

투쟁의 성격은……군부 독재와 이를 지지하는 국내외 독점 기업들 전부에 대항하는 투쟁이다. 이것은 국민의 손으로 권력을 되찾는 투쟁이다. ……[노동자] 위원회를 설립하자는 요구를 모든 작업장에 전파해 노동자들이 경제적·정치적 총

파업을 준비하게 해야 한다.[2]

첫날 저녁 적어도 10만 명이 거리로 쏟아져 나와 대학 주변 반경 3마일[약 4.8km]을 장악했다. 학생들의 점거농성으로 시작된 투쟁이 총체적인 — 비록 비무장이었지만 — 봉기로 바뀌어 그리스를 6년 넘게 지배해 온 독재 정권에 저항했다.

1967년 한 무리의 대령들이 그리스의 정권을 장악했다. 총선에서 게오르기오스 파판드레우가 이끄는 자유주의 중도연합당이 승리할 것으로 예상되자 이를 저지하고 대중 소요를 끝장내기 위한 것이었다. 그들은 주요 우파 정당인 급진연합당을 포함해 모든 정당을 불법화했으며, 비록 진정한 파시즘의 특징인 대중 조직은 없었지만 강력한 파시스트 경향의 정권을 수립했다.

대개 서유럽 언론은 군사 정권 지도자 타소스 파파도풀로스를 정신이 좀 이상한 우파 미치광이로 묘사했다. 그는 진짜 그랬다. 그렇지만, 그는 그리스 자본의 주요 부문의 이익을 지킬 수 있는 방법을 알고 있었다. 그가 권력을 차지할 수 있었던 이유는, 그리스 지배계급의 주요 부문 전체가 지난 20년 간의 경험 끝에 아주 사소한 개혁도 두려워하게 됐기 때문이다. 역대 정부는 노조 간부들을 직접 임명해 노조의 힘을 약화시켰고, 노동계급의 주요 정당인 공산당을 불법화했으며, 심지어 우파 국회의원들이 국가를 통제하려는 것조차 금지했다. 국왕은 이미 파판드레우 정부를 한 번 퇴짜놓은 적이 있었고 왕당파 장군들은 선거 **뒤**에 쿠데타를 일으켜 또 다른 쿠데타를 막을 계획을 세우고 있었다. 그리스 비밀 경찰의 총수였던 파파도풀로스는 선거 **전**에 쿠데타를 일으켜 권력을 장악할 수 있는 시기가 도래했다고 판단했다.

쿠데타가 일어나자 어리둥절해진 좌파는 사기가 떨어졌다. 왜냐하면 그들은 선거가 진보의 기회라는 공산당의 말을 믿고 있었기 때문이다. 4년 동안 군사 정권에 반대하는 대중적 저항은 전혀 없었다. 이런 기사가 있었다.

군사 정권은 대규모 테러 — 대량 체포, 체계적 고문, 경찰 폭력 — 를 이용해 노동자·농민의 비공식 조직을 모두 해체시키는 데 성공했고 노조와 소비조합에는 그들이 임명한 사람들을 포진시켰다. 조직을 결성하려는 모든 시도는 사정없이 박해받고 탄압받았다.[3]

군부는 이윤 상승을 보장해 주고 그리스 산업이 유럽 수준의 경쟁력을 갖추고 수십만 명의 농민을 토지에서 몰아내 농업을 합리화하고 임금 상승을 억제하는 정책들을 밀어붙일 수 있었다. 이런 성공 덕분에 그들은 군부 내 다른 파벌이나 보수 정치인들과의 긴장 상태 — 이런 긴장 때문에 1967년에 군사 정권은 국왕을 해외로 망명하게 만든 적이 있었다 — 를 완화할 수 있었다. 1972년에 이르러 군사 정권과 제도권 야당은 거의 합의에 이른 것처럼 보였다. 국왕이 귀국하고 우파 민간 정치인들이 정권의 얼굴마담 역할을 맡기로 했다.[4] 좌파 야당 세력은 운이 다한 것처럼 보였다. 왜냐하면, 그들의 전략은 부르주아 정치인들과 '민중전선'을 구성하는 것에 기초하고 있었는데, 이들이 지금 군부 편에 붙었기 때문이다.

그리스 학생들은 베를린, 파리, 로마, 런던 등지에서 유학하던 중에 1968년의 국제적 운동에 참가했다. 당시 그리스 국내의 상황은 가장 암울한 시기였기 때문이다. 오직 망명가 그룹만이 유일한 저항 세력처럼 보였는데, 이들은 몇몇 신문이나 전단을 몰래 조국으로 보냈다.

1971~72년에 상황이 조금씩 바뀌기 시작했다. 물가가 임금보다 빠르게 상승하자 노동자들이 군사 정권이 임명한 노조 지도부에 압력을 넣기 시작했고, 직접 비공식 투쟁을 벌이기도 했다. 1972년에는 살로니카 플라스틱 공장과 피레에프스 건설 현장의 중요한 파업들을 포함해 작업 거부 사태가 속출했다. 그 해 가을에는, 노조 지도부가 한나절 만에 취소하기는 했지만, 아테네 전차 노동자들이 공식적인 작업 거부에 돌입하기도 했다.[5]

1973년 봄에는 아래로부터 압력 때문에 노조 지도부가 은행·서비스·철도 파업을 경고해야 했다. 최후의 순간에 상당한 양보를 얻어 낸 다음에야 그들은 파업을 철회할 수 있었다. 농촌에서는 정권에 대한 소농들의 분노가 커져갔다. 그들은 정부 산하 농업 은행에 빚을 지고 있었고 농산물 시장을 독점하고 있는 자본가들(이들은 정권과 결탁해 있었다) 등쌀에 시달리고 있었다. 그렇지만, 군사 정권에 대항하는 첫 번째 명백한 정치적 운동은 노동자들이나 농민이 아닌 학생들이 시작했다.

거대 자본은 군사 정권에 압력을 넣어 고등교육을 확대하고 현대화하게 했다. 새로운 시험 제도나 선발 방식과 더불어 일정한 자유화 조치가 있었다. 그 목적은 면학 분위기를 조성하려는 것이었다. 정권은 학생들이 스스로 대표를 뽑는 선거도 허용했다. 그러나 그 뒤에는 선거 결과를 통제하려 했다.[6] 이런 책략은 격렬한 반발을 불러일으켰다. 몇몇 대학에서는 군사 정권에 반대하는 좌파가 선거를 이용해 공개적으로 활동했다. 그런데 정부가 선거를 조작하려 하자 학생 대중은 좌파의 항의 운동에 동조하게 됐다.

1972년 봄에 아테네 지역의 한두 대학에서 시작된 항의 시위는 1973년 2월 대규모 불법 가두 시위 때까지 계속 확산됐다. 군사 정권이 시위를 중단시킬 수 있는 길은 경찰을 투입해 학생 3명을 살해하는 것뿐이었다.

탄압 때문에 학생 시위는 잠시 수그러들었다. 그러나 이 때문에 정권의 근본적 약점도 드러나고 말았다. 그래서 낡은 정치인들과 정권의 밀월 관계도 종말을 맞았다. 왕당파 해군 장교들은 이런 상황을 이용해 독자적인 쿠데타를 시도했다. 이에 대해 군사 정권은 1973년 여름 공화국을 선포하는 것으로 맞섰으나 왕당파 극우 세력과의 분열을 심화시켰을 뿐이다.

11월 14일 아테네 과학기술대학 학생들이 점거농성에 들어간 것은 바로 이런 상황에서였다. 정권에 대한 분노가 널리 퍼져 있었기 때문에 이 점거 투쟁은 전국의 학생·노동자·농민의 초점이 됐다.

군사 정권은 자신들이 아는 유일한 방법으로 반격을 시도했다.

탱크를 앞세운 해병대가 기관총을 난사하며 과학기술대학으로 돌진했다. 사람들이 총에 맞아 쓰러졌다. 수십 명이 죽고 수백 명이 부상을 입었다. 학살은 거리로 확산돼 유혈 충돌이 벌어졌다. 토요일 아침에는 계엄령이 선포됐고 토요일 오후

부터는 통행금지가 실시됐다. 하지만, 일요일에도 아테네 중심가에서는 계속 충돌이 있었다.[7]

이런 탄압으로 직접적인 저항은 분쇄됐다. 그러나 군사 정권도 더욱 고립됐다. 군사 정권이 중간계급의 자녀들을 살해하자, 중간계급이 정권에 등을 돌렸다. 그리스의 자본가들은 대령들에 의존했다가는 더 큰 충돌이 일어날 것이라고 생각했다. 그리고 다음 번에는 군부가 패배할지도 모른다고 생각했다. 자본가들은 민간 보수 정치인들에게 권력을 이양하고 물러나라고 군사 정권에 압력을 넣기 시작했다.

군 내부와 보수 정치인들의 소극적 반대에 직면한 대령들은 그 뒤 8개월 동안 이런 압력에 저항했다. 1974년 여름 그들은 키프로스 정부 전복 쿠데타를 시도하며 특권을 유지하려고 필사적으로 시도했다.

그들의 목표는 키프로스 섬의 일부라도 그리스로 병합하는 것이었다. 이에 대해 터키는 북 키프로스에 군대를 상륙시켰고 양국은 전쟁 일보직전까지 치달았다. 그리스 군대의 총력 동원 체계가 혼란에 빠지자 그들의 약점도 드러났고 군사 정권과 경쟁 관계에 있던 집단이 쿠데타를 일으켰다. 그들은 노회한 보수 정치인 콘스탄틴 카라만리스를 망명지에서 불러들여 '국민 화합 정부'를 책임지게 했다. 그 정부에는 파판드레우의 옛 정당 당원들도 포함돼 있었다.

군사 정권 타도의 즉각적 여파는 1974년 4월 25일 이후의 포르투갈 상황과 여러 모로 비슷했다. 당시 그리스의 어떤 혁명가는 이렇게 설명했다.

포르투갈처럼 갑작스런 힘의 해방이 있었다. 정치수들은 감옥에서 풀려 나왔다. 사람들은 자유롭게 정부에 여러 가지를 요구했다. 망명지에서 돌아온 공산주의자들과 다른 좌파들은 군중의 열광적인 환영을 받았다.

그러나 중요한 차이점도 있었다. 우선, 포르투갈의 AFM에 비견할 만한 급진적 운동이 없었다. 그리고 군사 정권의 붕괴 정도는 포르투갈의 파시즘이 붕괴한 것보다 훨씬 미미했다. …… 비밀 경찰은 쫓겨나지 않았다. 군사 정권의 억압기구는 그 전 해 4월 포르투갈의 경우보다 훨씬 더 강력했다. …… 정치수는 석방됐으나 그들을 고문하고 살해한 자들도 사면받았다.[8]

억압적 국가기구가 그대로 남아 있었기 때문에 카라만리스가 이끄는 보수당('신민주당'의 전신)은 1974년 11월 과학기술대학 봉기 1주년 기념일에 치러진 선거에서 쉽게 이길 수 있었다. 농촌에서는 경찰의 압력을 이용해 카라만리스가 지지표를 긁어모았고, 도시에서는 카라만리스가 패배하면 새로운 군사 개입이 있을 것이라는 은근한 협박이 똑같은 효과를 낳았다.

그러나 사실은 군부가 다시 정권을 장악할 만한 상황은 아니었다. 게다가, 그리스 자본주의는 더는 군부가 필요없었다. 보수적인 정부는 그 전 해에 폭발한 전투성을 통제할 수 있음을 보여 주었다.

군사 정권이 붕괴한 지 1년 뒤에, 건설 노동자들이 실업 증가에 항의하는 하루 파업과 대중 집회를 조직했다. 정부는 경찰을 투입했고 노동자와 학생들은 아테네 거리에서 경찰에 맞서 12시간 동안 투쟁했다. 그 날, 두 명의 노동자가 살해당하고 수백 명이 부상했다. 그러나 노동자들과 학생들이 경찰을 격퇴할 수 있는 모든 기회가 무산됐다. 왜냐하면,

…… 공산당과 사회당의 청년 조직들이 라디오 방송에서 5분마다 내보내는 발표문을 통해 군사 정권 몰락 기념 집회를 취소했으니 모든 당원과 지지자들은 집에서 나오지 말라고 지시했다.[9]

1960년대 말에 그리스 자본주의가 두려워했던 부르주아 민주주의가 1970년대 말에는 노동자 투쟁을 잠재울 수 있음을 입증했다. 노동자들은 자신들의 힘에 의존하기보다는 좌파가 선거에서 승리하는 데 희망을 집중하도록 설득당했다. 1981년 선거에서 좌파가 승리하긴 했지만, 이는 '긴축 정책'과 임금 삭감이라는 새 시대를 알리는 전주곡에 불과했다.

그리스의 좌파

독재 정권 전에 그리스에는 혁명적 좌파가 거의 없었다. 공산당에서 갈라져 나온 마오주의자들이 소수 존재했을 뿐이다. 그러나 1972~73년의 학생 운동과 함께 상황이 달라지기 시작했다. 기존 좌파 조직들은 탄압을 받아 산산조각 났다.

학생 운동은 투쟁 경험이 전혀 없는 사람들로 구성된 새롭고 젊은 운동이었다. 그러나 소규모 그룹들이 나타나 마르크스주의 서클들을 형성하기 시작했다. 자유화 국면 동안 일부 출판사들은 마르크스주의 서적들을 발간했고, 어떤 그룹들 —이들은 모두 독일·프랑스·영국에 기반을 두었다— 은 자신들의 잡지를 몰래 들여오기도 했다. 학생들의 소요가 시작되자 이 그룹들이 전면에 나섰다. 그들은 과학기술대학 점거 투쟁에 커다란 영향을 미쳤다. 물론 그들이 조정위원회에서 다수를 차지하지는 못했지만 말이다. 개혁주의 좌파가 원한 것은 이 점거 투쟁을 이용해 국민 화합 정부를 요구하고 정치인들이 선거를 치르도록 하는 것이었다. 혁명가들은 "우리는 정권의 자유화가 아니라 정권 타도를 원한다."고 말했다.[10]

1974년 여름 군사 정권이 몰락하자 좌파 전체가 급속히 성장했다. 혁명적 좌파 진영에서는 마오주의 조직들이 대부분의 다른 그룹들을 제치고 두드러지게 성장했다. 그러나 진짜 크게 성장한 것은 공산당이었다. 공산당은 독재 기간 동안 유로코뮤니스트들과 친소련파로 분열해 있었다. 양쪽 모두 혁명적 좌파보다 더 널리 알려져 있었고, 이제 그리스 사회의 각계 각층 인사들이 공산당에 합류했다.

처음에는 유로코뮤니스트들이 가장 앞서 나가는 것처럼 보였다. 하지만 그들의 정치는 '국민 화합 정부'의 정치와 별로 구별되지 않았고, 이 때문에 영향력을 크게 상실했다. 1970년대 말이 되자 친소련파가 주요 부문의 노동자들에게 지배적 영향력을 행사하며 최대 세력으로 떠올랐다.

한편, 게오르기오스 파판드레우의 아들 안드레아스가 망명지에서 돌아와 '범그리스 사회당', 즉 PASOK를 건설했다. 그는 아버지의 정당인 옛 중도연합당의 여러 요소에 사회주의적 미사여구를 접목시켰다. 이런 정치는 다양한 부문들 — 공산당에 의존하지 않는 새로운 노동자 집단들, 일부 노조 지도자들, 일부 농민 계층, 자유주의적인 중간계급 — 의 지지를 받아 1981년 선거에서 정권을 차지했다.

마오주의 그룹들은 1979~80년까지 살아남았다. 그 뒤 노동자 투쟁이 잠잠해졌을 때, 대학가에서 잠시 소요의 물결이 일었다. 이탈리아에서처럼 이런 물결은 '자율주의자들'에게 유리하게 작용했고 마오주의 조직들은 사실상 붕괴했으며 그 조직원들은 정치에서 멀어지거나 PASOK에 합류했다. 1985년에 새로운 노동자 투쟁의 물결이 일어날 때까지, 살아남아 일정한 구실을 한 혁명적 사회주의 그룹은 하나뿐이었다. 그것은 영국 사회주의노동자당과 비슷한 정치를 가진 '사회주의혁명'이라는 그룹이었다.

15

프랑코 체제의 종말

스페인의 1969년은 잔인한 해였다. 정부는 '비상 상황'을 선포해 경찰과 민간 무장 단체에게 누구든 마음대로 체포하고 고문할 수 있는 권한을 부여했다. 거의 매일 노동자·학생·바스크 민족주의자 들이 체포됐다. 공안재판소는 바스크 분리주의자 조직인 에테아[ETA : 바스크어로 '바스크족의 고향과 자유'를 뜻하는 영어 머리글자]의 전단을 돌리거나 파업을 조직했다는 이유로 10년형을 선고하기도 했다. 1968~69년에 바스크 지역에서만 1000여 명이 체포됐고 250명은 징역형을 선고받았으며 250명은 국외로 추방됐다. 온건한 비판적 출판물은 정간당하거나 벌금을 물었다.

이런 사정은 6년 후에도 별다를 바가 없었다. 카에타누의 파시즘은 이제 기억 속에만 남아 있고 그리스의 대령들은 장기수로 복역하고 있었으나 프랑코는 여전히 끄떡없었다. 1974년 상반기 6개월 동안 프랑코의 경찰은 500명의 좌파 인사들을 투옥했다.[1] 그 중 두 명은 중세에 사용하던 교수대에서 처형됐다. 1975년의 대부분 기간에 바스크 지역은 비상 상황에 처해 있었고 심지어 한때는 빌바오 투우장이 체포된 사람들 수용 시설로 쓰인 적도 있었다. 9월에 프랑코는 내전 종식 이후 아무것도 바뀌지 않았음을 보여 주었다. 다섯 명 이상의 정적들을 '테러' 연루 혐의로 처형한 것이다.

프랑코는 1968년에 분출한 세계적 운동이 스페인에 미친 여파와 새로운 노동자 운동을 다루는 데 자기가 아는 유일한 방식을 사용하기로 결심했다. 총을 선택한 것이다. 양보하기는커녕 오히려 수천 명을 죽일 극우 파시스트 '벙커'가 복귀한 듯했다.

하지만, 프랑코는 1940년대 말의 사회로 복귀할 수만은 없었다. 당시는 아무리 사소한 불만도 가혹한 탄압을 받았었다. 그러나 새로운 노동자 세대는 내전의 패배를 겪지도 않았을 뿐더러 그 뒤의 유혈 사태도 경험하지 않았다. 노동자들이 더 많아졌을 뿐 아니라 훨씬 더 집중돼 있었다. 탄압을 강화한다고 해서 투쟁이 잠잠해지지는 않았다. 오히려 전례 없이 격렬하고 처절하며 정치적인 투쟁이 벌어졌다.

1970년에는 사람들이 국가가 정한 임금수준보다 훨씬 높은 물가수준을 따라잡으려고 시도함에 따라 노동계급 투쟁이 되살아났다. 이 해는 아스투리아스 지방의 광원 2만 명이 벌인 파업(정부는 동유럽에서 석탄을 수입해 이 투쟁을 분쇄하려 했다)으로 시작해서 그라나다와 마드리드 건설 노동자들의 파업과 마드리드 전철 노동자들의 전면 작업 거부로 끝났다. 그라나다에서는 2000명의 시위대에 경찰이 발포함으로써 세 명의 파업 노동자들이 살해당했고, 전철 노동자들은 군대 징집 위협에 밀려 작업장으로 복귀할 수밖에 없었다.

그 뒤 5년 동안 그런 양상이 지속됐다. 즉, "정권은 모든 형태의 저항, 특히 노동 운동에 강경한 태도를 취했다."[2] 노동자들의 요구에 대해 공장 폐쇄, 해고, 경찰 투입, 총격 등으로 대응했다. 그렇지만, 1970년에는 50만 명의 노동자들이 투쟁에 참여했고 1966~69년에 일어난 전체 파업 건수보다 3배나 많은 파업이 있었다.

1970년 말에 정부가 12명의 ETA 회원을 정치재판에 회부했을 때, 국민은 정치적 행동을 취할 준비가 돼 있고 프랑코가 순전히 탄압에 의존할 수만은 없음이 드러났다. 12명의 ETA 회원들은 ETA의 첫 번째 암살 사건에 직접 연루된 혐의로 부르고스 군사법정에 기소됐는데, 물론 증거는 전혀 없었다. 암살당한 사람은 악명 높은 고문 경찰이었다. 재판부는 예상대로 6명의 피고에게는 사형, 나머지에게는 30년형을 선고했다. 그러자 거대한 저항의 물결이 온 나라를 뒤흔들었다.

바스크 지역에서는 파업과 시위가 잇따랐다. 마드리드와 바르셀로나, 두 대학의 학생들은 동맹 휴업에 들어갔고 바르셀로나 거리에서는 3000명의 학생들과 노동자들이 경찰에 맞서 격렬한 싸움을 벌였다. 300명의 작가·예술가·지식인이 카탈루냐의 몬세라트 수도원에서 불법 집회를 열었다. 그들은 무장한 민간경비대에게 이틀 동안 포위돼 있다가 그 곳을 떠났다.

노동 운동의 역사를 기록한 어떤 책은 "스페인 내전 이래 최초의 중요한 정치적 동원"이 일어났다고 썼다.[3] 프랑코 정권의 오랜 버팀목 중 하나였던 가톨릭 교회조차 이렇게 말했다. "교회는 항의 시위에 참가한 많은 신도들과의 접촉을 완전히 끊을 수는 없었다. 특히, 부르고스 법정의 피고인 두 명이 성직자였기 때문에라도 더욱 그랬다." 마지못해 프랑코는 이런 압력에 약간 굴복해야만 했다. 그래서 사형 선고를 각각 30년형으로 감형했다.

그 뒤 탄압은 5년 동안 지속됐다. 하지만, 대중의 저항도 지속됐다. 그리고 가끔씩 정권은 대중을 달래는 제스처를 취해야 했다.

1971년에 마드리드에서는 건설 노동자들의 격렬한 파업 투쟁이 일어났다. 한 노동자와 공산당 당원이 전단을 돌리다가 경찰이 쏜 총에 맞아 숨졌다. 1972년 3월에는 엘페롤의 조선소에서 대규모 파업이 일어났는데, 경찰의 발포로 파업 노동자 한 명이 사망했다. 그리고 9월에는 비고 조선소에서 파업이 있었다. 이 두 파업은 다른 곳에서 벌어진 연대 파업과 함께 그 지역의 총파업으로 발전했다.[4] 1973년에는 경찰이 바르셀로나 공장의 한 노동자를 살해하자 카탈루냐 전역에서 파업이 벌어졌다.

그러나 그 해의 가장 큰 파업은 나바라 주의 주도인 팜플로나에서 벌어졌다. 그 도시는 1936년에 한 차례의 총격전도 없이 프랑코 편으로 넘어간 곳이었다. 그 뒤, 산업화의 물결은 주민들의 성향을 바꾸어 놓았다. 5월 초에 이비리카 자동차 공장에서 시작된 파업이 이웃 공장으로 번져 나갔다. 경찰이 2000명의 시위대를 최루탄과 고무총탄으로 공격하자 파업은 50명 이상 근무하는 모든 작업장으로 퍼졌으며 5만 명의 노동자들이 참여했다.[5] 결국 고용주들은 노동자들의 요구를 수용했고, 이 과정에서 보복을 당한 노동자들은 아무도 없었다. 이 파업에 참가한 아우디 자동차 공장 노동자들은 자신감을 얻어 이듬해에 다시 파업에 들어갔고 37일 동안 싸워 또 승리했다.[6]

이 모든 투쟁에서 1960년대 노동자위원회 운동의 주요 특징들, 즉 대중 집회에서 투쟁을 조직하고, 대의원을 선출하며, 여러 작업장으로 투쟁이 확산되는 현상 등이 다시 나타났다. 많은 경우, 노동자들은 고용주들로 하여금 당국 몰래 노동자 대표들과 불법 협상을 하게 만들었다. 노동자위원회의 역사적 지도자들은 투옥과 해고에도 불구하고 또다시 많은 투쟁의 지도자로 부상했다.[7] 정부 스스로 이런 사실을 시인했다는 점은 정부가 그 중 10명을 체포해 1973년의 '1001 재판'에서 이들에게 총 162년의 징역형을 선고한 데서 드러났다. 결국 팜플로나 파업은 아스투리아스 · 빌바오 · 카탈루냐 · 마드리드 같은 오래된 공업 지대의 투쟁 전통이 신흥 공업 지대로 쉽게 번져갈 수 있다는 사실을 보여 주었다. 이런 지역의 많은 노동자들은 우파 사상을 가진 농민 출신들이었다.

투쟁이 제풀에 꺾이길 바라던 프랑코 정권의 희망은, 아랍과 이스라엘의 전쟁으로 유가가 네 배로 뛰고 세계적 호황이 갑자기 중단된 1973년 가을에 산산조각 났다. 물가는 25퍼센트 인상됐다. 석유가 70퍼센트, 요리할 때 쓰는 부탄가스는 60퍼센트, 교통비가 33퍼센트나 올랐다. 반면, 임금은 15퍼센트 인상에 그쳤다. 파업이 잇따라 벌어졌다.

1974년 말 세아트 자동차 노동자들이 해고 노동자 복직과 임금 인상을 요구하며 거대한 파업을 벌이자 바르셀로나 전체가 흔들렸다. 공장은 폐쇄됐다.

노동자들은 기술직과 관리직 사원들의 지지를 받으며 거리로 쏟아져 나갔다. 한편, 대중 집회에서 선출된 노동자 대표들은 각 공장을 돌아다니며 무엇이 쟁점인지 설명했다. 11월 14일에 수천 명의 세아트 노동자들은 은행과 관공서의 화이트칼라 노동자들의 지지를 받으며 주요 광장에서 연좌농성을 벌였다. 총과 최루탄으로 무장한 폭동 진압 경찰이 즉각 출동했다. ……

이 몇 주 동안 바르셀로나에서는 많은 시위가 있었는데, 여기서 사람들은 "독재 종식", "세아트는 승리하리라"는 구호를 외쳤다. …… 세아트 노동자들은 공격받지 않고 집회를 열 수 있는 유일한 장소인 공장으로 돌아오기로 결정했다. 그러나 그들은 바로셀로나 시의 분위기를 완전히 바꾸어 놓는 데 성공했다. 작업장이든 거리에서든 노동자 집회에 참가한 사람들의 수가 상당히 늘어났다. 그리고 전투적인 노동자들은 1930년대 내전 이후 그 어느 때보다 자유롭게 의사를 표현할 수 있었다.[8]

1974년의 마지막 6개월 동안 100만 명 이상의 노동자들이 파업에 참가했다. 1975년 1월에는 빌바오에서 1만 명의 노동자들의 파업을 벌이거나 공장을 폐쇄했다. 마드리드에서는 정부 기관 몇 군데에서 파업이 있었으며[9] "지하 갱도에서 연좌농성을 벌이는 160명의 광원들과 연대하는 총파업 비슷한 투쟁 때문에 팜플로나가 마비됐다."[10] 2월에는 '1001 재판'을 거쳐 투옥된 노동자위원회 지도자들—보통 '카라반첼의 10인'으로 알려진—의 석방을 요구하며 10만 명의 노동자들이 파업을 벌였다.

정치와 바스크인들

1970년대 전반기의 파업들은 1960년대의 파업들보다 훨씬 더 정치적이었다.

이것은 무엇보다도 북부의 바스크 지역에 꼭 맞는 말이었다. 비스카야(주도(州都)는 빌바오), 기푸스코아(주도는 산세바스티안), 나바라(주도는 팜플로나), 알라바(주도는 비토리아), 이 네 주로 이루어진 바스크는 수백 년 동안 스페인 국왕의 통치를 받아왔으나 19세기가 돼서야 완전히 스페인 국가 체계로 통합됐다. 바스크 주민의 꽤 많은 소수—전체로는 약 20퍼센트, 기푸스코아에서는 43퍼센트—가 에우스카라어를 계속 사용했다. 에우스카라어는 다른 유럽어와는 완전히 다르다. 파시즘 체제 전에는 최대 정당이었던 바스크민족

당(PNV)이 스페인으로부터 독립 또는 적어도 '자치'라는 요구와 보수주의를 서로 결합시켰다.[11]

스페인 내전 때 프랑코는 중앙집권화에 몰두했다. 바스크 민족주의 정치인들은 공화국 편에 서는 것 말고는 달리 선택의 여지가 없었다. 내전에서 승리한 파시스트 군대는 사회주의자·아나키스트·공산주의자는 물론 보수 성향의 민족주의자 수천 명을 학살하고 바스크족 전체 인구 150만 명 중 10만~15만 명을 국외로 추방하는 등 보복을 가했다.[12] 남은 사람들은 공공 장소에서 전통 문화를 드러내면 가혹한 처벌을 받았다. 1940년대에는 거리에서 바스크어 몇 마디만 해도 감옥에 갈 수 있었고, 바스크 깃발을 흔드는 것은 아주 심각한 범죄 행위였다.

주로 바스크어를 사용하는 농촌 사람들만 프랑코의 국가에 반기를 든 것은 아니었다. 빌바오와 산 세바스티안 주변은 스페인에서 가장 중요한 산업 지대 두 곳으로서 독일의 루르나 스코틀랜드의 로랜즈처럼 중공업 중심지였다. 그 두 지역에서는 1947년, 1951년, 1962~63년에 파시스트 정권에 대항하는 최초의 파업들이 벌어졌다. 1960년대와 1970년대에는 스페인 전체 노동자의 10분의 1에 불과한 바스크 지방 노동자들이 전체 파업 노동자의 3분의 1을 차지했다.[13]

바스크 문제를 제기하는 사람들을 공격한 바로 그 무장 경찰이 파업 노동자들도 공격했기 때문에 점점 많은 전투적 노동자들이 민족주의적 요구에 공감했다. 심지어 다른 지역에서 바스크 지방으로 이주한 노동자들도 그랬다. 바스크 깃발을 흔들고 구호를 외치며 바스크 축제에 참가하고 불법적인 바스크 국경일을 기념하는 것 등이 프랑코 정권에 대한 분노의 구심이 됐다. 이에 자극받은 스페인 경찰과 민간경비대는 폭력 탄압을 자행했고, 이것이 이번에는 분노를 더욱 증폭시켰다.

바스크민족당은 민족주의 선동을 계속하면서도 폭력 충돌은 피하려 했다. 그들은 프랑코가 죽을 때까지 자기 지지자들을 그대로 유지하는 것이 중요하다고 생각했다. 그러나 1950년대와 1960년대 초에 이런 노선에 불만을 품은 젊은 민족주의자들이 나타났다. 그들이 조직하기 시작한 ETA는 무장 투쟁에 전념했다.

처음에 그들의 무장 투쟁은 제한적이었다. 1968년에야 첫 번째 암살을 감행했고, 1968~73년에 ETA가 연루된 살인 사건의 피해자 19명 중 11명은 ETA 조직원들이었다.[14] 그렇지만, 이런 행동은 프랑코 체제를 난폭하게 만들기에 충분했다. 군 장성들은 1936년에 "빨갱이들에 맞선 십자군 전쟁"을 통해 반대파를 완전히 분쇄했다고 믿고 있었다. 그런데 이제 그 싹이 다시 피어나고 있으므로 싹둑 잘라버려야 했다.

바스크 지역으로 파견된 무장 경찰이 ETA 관련 용의자들을 무조건 체포했다. 그들은 수백 명씩 사람들을 체포해서 고문하고 장기간 투옥했다. 1960년부터 1977년까지 총 8500명의 바스크 사람들이 체포되거나 투옥됐다.

그러나 이런 강경 탄압 때문에 ETA가 옳다고 확신하는 사람들이 점점 더 늘어났다. 1970년의 부르고스 재판은 기푸스코아나 비스카야 등 바스크 해안 지역의 많은 노동자들이 ETA의 투쟁에 상당히 공감한다는 사실을 보여 주었다. 나바라, 알라바 같은 내륙 지방에서는 이런 공감대가 더 약했다. 나바라와 알라바에서는 바스크 민족주의가 항상 더 약했지만, 1973년의 총파업 이후 팜플로나 지역에서는 사정이 바뀌기 시작했다. 1974년 12월에 인플레이션과 탄압에 항의하는 파업이 벌어졌을 때, 2만 명의 나바라 노동자들이 비스카야와 기푸스코아의 노동자 15만 명과 함께 파업을 벌였다.

ETA가 대중적 인기를 누리게 된 것은 사실상 프랑코의 총리였던 파시스트 카레로 블랑코를 극적으로 암살한 사건 덕분이었다. 블랑코가 방문할 예정이었던 교회에서 폭탄이 터져 그와 그의 차를 날려 버렸다. "프랑코를 블랑코보다 더 높이 날려버리자."라는 구호가 유명해졌다.

이 때 노동자위원회 운동은 그 지도부인 '카라반첼의 10인'의 투옥에 항의하는 전국적 하루 파업을 조직할 만큼 충분히 재건된 상태였다. 1975년 2월에 10만 명의 노동자들이 그들을 지지하는 파업을 벌였다.

1970년대에 노동계급의 저항은 국가를 운영하는 이익 집단에 심대한 영향을 미쳤다. 내전 당시 프랑코를 지지했던 다양한 세력들—대기업, 팔랑헤의 이데올로기적 파시스트들, 주류 왕당파, 반대파인 카를리스트 왕당파, 우파 기업·종교 집단 오푸스 데이[Opus Dei : 라틴어로 '하느님의 사업'이라는 뜻으로 보수적이고 엄격한 가톨릭 평신도와 사제 조직]의 단원들—은 언제나 서로 다투었다. 하지만, 과거에는 억압기구를 운영하는 노른자위를 누가 차지하느냐를 둘러싸고 싸웠지 억압 자체의 성격을 가지고 싸운 적은 없었다. 이제 이런 상황이 바뀌기 시작했다.

자신들의 미래—와 스페인 자본주의의 미래—를 보호하는 유일한 길은 적어도 민주주의의 외양을 갖춘 우파 정권으로 전환하는 것이라고 생각하는 분파들이 지배 블록에서 떨어져 나오기 시작했다. 왕당파들은 포르투갈에 망명중인 왕위 계승권자가 자유주의 성향을 갖고 있다고 암시하기 시작했다. 반동적인 가톨릭 세력은 갑자기 기독교 민주주의자들을 자처하기 시작했다. 일부 카를리스트 왕당파는 스스로 사회주의자를 자처했다. 일부 팔랑헤주의자들은 그들이 언제나 급진적인 사회 정책들을 은밀하게 선호하고 있었음을 발견했다. 1974년 여름이 되자 개혁이 필수적이라는 것은 더는 하찮은 생각이 아니었다. 정권 핵심부에도 그런 생각을 지지하는 사람들이 생겨났다.

1974년에는 유명 기업인·금융인들과 온건 야당 인사들의 거의 공개 회동이 계속 있었다. 리츠 호텔에서 있었던 회동과 스페인 재계에서 가장 중요한 인물 중 하나인 호아킴 가리게스 왈커의 집에서 열린 회동이 가장 각광을 받았다. 그는 재앙적 충돌을 피하기 위해서는 정치적 자유화라는 위험을 감수해야 한다는 신념을 감추지 않았다.[15]

지배 블록의 파편화는 탄압이 더 강화되더라도 그 효과는 점점 떨어지고 있음을 보여 주었다. '온건' 야당 세력과 논의한 사람들 중 일부는 파시스트기구 자체—예를 들면, 왕당파 신문, 가톨릭 잡지—의 일부를 통제하고 있었고, 그래서 반체제 성향의 기사를 실을 수 있었다.

'온건' 야당 세력은 나름대로 더 급진적인 야당 세력과 회담을 통해 자신들의 입지를 강화하려 했다. 1971년 11월에 공식적인 재야 세력 — 공산당이 주도하는 노동자위원회, 자유주의적 왕당파, 가톨릭과 전문가 집단 — 이 카탈루냐에서 만들어졌다. 1974년 중반에 공산당, 노동자위원회, 소규모 사회주의 정당 하나, 일부 지역주의자들, 일부 왕당파가 전국 '민주회의'를 수립했다.

이 모든 반체제 운동은 1974년 4월 포르투갈의 파시즘이 몰락했다는 소식에 더욱 힘을 얻었다. 프랑코 체제 아래서 출세한 사람들은 스페인에서도 포르투갈과 비슷한 격변이 일어나면 자기들이 기득권을 유지할 수 있을까 걱정하기 시작했다.

프랑코는 자기가 죽은 뒤에도 파시스트 체제가 지속될 것임을 분명히 함으로써 이런 파편화에 대응하려 했다. 그는 후계자로 왕위 계승권자의 아들 후안 카를로스를 지명했다. 마드리드에서 파시스트 가정교사들에게 교육받은 카를로스는 암살당한 카레로 블랑코의 자리에 나바로 아리아스를 임명함으로써 일상적인 정부 운영권을 강경파의 수중에 넘겨 주었다. 아리아스는 "카레로 내각에서도 가장 강경파였다."[16] 1975년 여름의 사형 집행은 전반적 통제력을 회복하려는 프랑코의 필사적인 마지막 시도였다. 두 달 후 그는 사망했다.

전면 탄압으로 돌아선 프랑코의 마지막 시도는 성공하지 못했다. "그의 죽음의 고통을 마무리한 것은 시위, 파업, 총격전이었다."[17]

프랑코의 자리를 차지한 왕은 파시스트 교육을 받았고 파시스트 자문단과 파시스트 총리를 거느렸으며 파시스트 운동에 서약을 했다. 그의 내각은 대부분 강경파 파시스트들이었다. 그의 군대와 경찰 간부들은 파시스트 탄압 경력을 가진 자들이었다. 공산당 계열의 <문도 오브레로> 같은 좌파 지하 신문들이 그의 왕위 계승에 대해 "강요된 국왕 반대", "프랑코의 국왕 반대" 같은 1면 머리 기사를 뽑은 것도 당연했다.

그러나 많은 각료들은 국내외 대기업들과도 밀접하게 연결된 자들이었다. 1960년대에 프랑코 밑에서 검열 담당 부서의 장관을 지낸 프라가는 이제 내무 장관으로서 탄압뿐 아니라, 경제 발전에 핵심적인 관광도 책임지고 있었다.

다른 장관들은 US스틸, 랭크제록스, 제너럴 일렉트릭 등과 관계를 맺고 있었다. 외무 장관 아레일사는 서유럽 전역의 지배 집단들과 연계가 있는 귀족이었다.

이들 중 어느 누구도 파시스트 탄압에 원칙적으로 반대하지 않았다. 파시스트 탄압이 제대로 먹혀들기만 한다면 말이다. 그러나 제대로 먹혀들지 않는다면 권력을 유지할 수 있는 대안을 고려할 준비가 돼 있었다. 나중에 밝혀졌지만, 왕 또한 같은 생각이었다. 그의 할아버지는 인기 없는 독재 정권과 연계를 맺고 있다가 왕위에서 쫓겨났고 최근에는 그의 친척인 그리스 국왕도 축출당했다. 그는 같은 길을 가고 싶지 않았다.

아레일사는 재계의 장기적 이익에 대한 생각을 다음과 같이 요약했다.

사실은 이랬다. 만약 우리가 봉급을 평균 인플레이션 수준보다 낮게 유지하려 했다면, 무엇보다도 정치적 자유와 노조 활동의 자유를 양보안으로 내놓아야 했다. 만약 우리가 시장 경제 모델이 지속될 수 있는 신자본주의를 보장하려 했다면, 개혁을 받아들여야 했다.[18]

프라가는 신중하게 통제된 개혁은 정권에 '민주주의'라는 허울을 씌워줄 것이라는 생각에 공감하고 있었다. 다른 서방 정부들은 법률가 펠리페 곤살레스가 주도하는 온건한 사회당의 공공연한 활동을 허용하라고 프라가와 아레일사에게 압력을 넣고 있었다. 포르투갈에서 소아레스가 했던 것과 마찬가지로 [곤살레스가] 안전판 구실을 할 수 있게 허용하라는 말이었다.[19]

그렇지만 1975~76년의 겨울에는 내각이나 국왕, 어느 누구도 파시즘을 해체하려는 진지한 노력을 하지 않았다. 공장과 거리에서 거대한 분출이 있고 나서야 그들은 방향을 바꾸기 시작했다.

전환점

바스크 지역 알라바 주의 비토리아 시는 투쟁 전통이 없었다. 내전 당시 파시스트에 대항해서 싸우지도 않았고 감옥에 갇힌 바스크인들을 지지하는 대규모 항의 파업에도 참가하지 않았다. 인구의 절반은 지난 15년 동안 이 도시로 새로 전입한 노동자들이었는데, 흔히 바스크 외부 출신들이었다. 그런 도시에서 1976년 3월 초에 그 전 8주 동안 파업을 벌이고 있던 몇몇 공장들과 연대하는 총파업이 폭발했다.

총파업 첫날 아침에 모든 대기업, 모든 중소 공장, 건설 현장, 교육 기관, 대부분의 상점·술집·은행이 마비됐다.

오전 10시에 약 8000명이 시내 중심지를 향해 행진했다. 그 곳에서는 시위에 합류하려는 수많은 학생들이 기다리고 있었다. 경찰은 고무총탄, 최루탄, 소총 등 모든 수단을 동원해 평소보다 더 폭력적으로 시위대를 공격했다. …… 전화국 앞에서 엄청나게 많은 여성들이 도시 전체로 울려 퍼질 만큼 크게 구호를 외쳐댔다. "해고 노동자들을 복직시켜라! 경찰을 줄이고 일자리를 늘려라!"
경찰의 난폭한 행동은 계속됐다. …… 경찰은 사람들을 겁주기 위해 기관총을 쏘아대기 시작했다. 그리고 창문으로 내다보는 사람들에게 연막탄을 쐈다.[20]

잠시 경찰이 후퇴하자, 사람들이 모여들어 방어용 바리케이드를 쌓기 시작했다. 5000명이 성 프란시스코 성당에 모여 그 날 오후 일을 상의했다. 그러나 경찰이 금방 돌아왔고 교회를 포위한 채 출입을 막았다.

곧 엄청나게 많은 인파가 교회 밖에 모였다. 그들은 해고 노동자들을 복직시키고 경찰을 철수시키며 파업 노동자들의 요구 사항을 들어주라는 구호들을 외쳤다. 경찰은 최루탄을 교회 안으로 던졌고 흩어지기 시작한 사람들을 곤봉으로 두들겨 팼다. 노동자들은 수단과 방법을 가리지 않고 자기 방어를 위해 노력했다. 곧바로 경찰은 군중에게 기관총을 쏘기 시작했다.[21]

몇몇 경찰 개인들은 이런 사태에 전혀 놀라지 않았다. 그것은 가장 잔혹한 수단을 이용해 운동을 진압하려는 의도적 시도였다. 사태 발생 몇 분 전에 경찰 무전기로 명령이 하달됐다. "군중을 해산시킬 다른 방법이 없다면 사살하라."[22]

현장에서 세 명의 노동자가 사살당했고, 이어진 격렬한 가두 투쟁에서 두 명이 더 살해당했다. 바스크 전역에서 비토리아에 연대하는 투쟁이 일어나 "내전 이후 최대의 총파업"이 벌어졌다.[23] 빌바오에서 또 다른 시위대 한 명이 살해당하자 노동자들은 바리케이드를 쌓기 시작했고 "한때 50만 명의 파업 노동자들이 철강·화학 공장, 대규모 조선소가 있는 빌바오 공업 단지의 대부분을 통제했다."[24]

비토리아에서는 희생자들의 장례식 자체가 대중적 저항의 표시였다. 거리를 가득 메운 10만 명이 메르세데스-벤츠 공장에서 온 젊은 파업 지도자 헤수스 나베스가 파시즘과 자본주의를 비난하는 연설을 들었다. 정권에서 이반하는 현상은 전반적이었다. 내무 장관 프라가가 입원중인 부상자들을 방문했을 때, 한 환자는 "나를 아예 끝장내기 위해서 왔느냐?"라며 쏘아붙였다.[25]

런던의 <데일리 텔레그래프>는 이렇게 보도했다. 도시 전체가 "적군에게 점령당한 것처럼 고요하고 모든 문이 굳게 닫혀 있었다. 아라나의 노동계급 거주 지역은 아직 전쟁터나 다름없고 거리는 온통 조잡한 바리케이드로 가득 차 있다."

비토리아가 정권과 노동자들이 가장 격렬하게 충돌한 곳이지만 유일한 곳은 결코 아니었다.

또 다른 신흥 공업 지역인 발렌시아에서도 "파업, 시위, 대중 집회, 공장 폐쇄 등이 확산되면서 대부분의 노동계급이 여기에 참여했다."[26] 임금 계약을 갱신할 때가 되자, 금속·건설·은행·보건·가구·인쇄 노동자들과 교사들의 대중 투쟁이 꼬리를 물었다.

파시스트 노조는 노동자들이 노조 건물을 사용하는 것을 거부했다. 노동자들은 교회나 거리에서 모여야 했다. 노동자들은 파시스트 노조에 대의원들을 파견하지 않고 대중 집회에서 스스로 핵심적인 역할을 하기 시작했다. 이런 집회는 대

부분 시위로 이어졌다.[27]

마드리드에서는 전철 노동자들과 우편 노동자들이 파업을 벌이자 군대가 투입돼 전철을 대체 운행했다. 금속·건설 산업의 쟁위 행위 때문에 도시 근교가 사실상 마비됐다. 바르셀로나에서는 14만 3000명의 건설 노동자들이 파업을 벌이며 경찰의 공격으로부터 자신들을 방어하기 위해 도시의 주요 도로에 바리케이드를 쌓았다. 한편, 사바델 교외의 공업 지대에서는 5만 명의 공장 노동자들이 파업을 벌여 결국 내무 장관이 1주일 전에 체포한 노동자들을 석방하라고 지시하게 만들었다.[28] 시내에서는 거의 매주 정치수 사면과 카탈루냐 자치를 요구하는 대규모 시위대가 경찰과 충돌했다.

1976년 첫 두 달 동안 벌어진 시위 시간을 모두 합치면 3600만 시간이나 됐다. 이는 그 전 해 총합보다 2배나 많은 것이었다. 마드리드 경영자협회는 정부의 경제 정책이 모두 위기에 처했다고 경고했다.[29]

새 정권은 가장 절망적인 순간을 맞이했다. 각료들은 대부분 어쩔 줄을 몰랐다. 비토리아에 관한 소식을 들은 장관들은 "파문당한 성직자들", "음란물의 범람", "좌파 극단주의자들" 때문이라고 비난했다.[30] 고위 장성들은 내전 이후처럼 강력하게 탄압해야 한다고 주장했다. 그러나 최근에 그리스와 포르투갈의 독재 정권이 당한 일을 잘 아는 사람들은 탄압이 불러올 위험을 무릅쓰려하지 않았다. 강경 탄압이 1∼2년 정도는 효과를 볼 수 있겠지만, 군대가 그런 엄청난 사회적 압력을 영원히 억누를 수는 없었다. 마지막에 찾아오는 대폭발은 통제할 수 없을 것이다. 그들은 재빨리 개혁 조치를 취해야 한다고 주장했다. 외무 장관 아레일사는 "비토리아와 빌바오에서 일어난 사건들은 정부의 권위를 심각하게 무너뜨렸다."고 썼다.

국왕과 옛 파시스트 집단 전체는 선택의 여지가 없다는 사실을 깨달았다. 6월에 새 총리로 아돌포 수아레스가 임명됐다. 그는 평생 파시스트기구의 조직원이었기 때문에 야당 세력 대부분은 그의 임명을 '벙커'의 승리로 받아들였다. 그러나 그는 바람이 어디로 부는지 잘 알고 있었다. 그는 1977년 6월 이

전에 총선을 치르겠다고 약속하면서 일부 정치수 사면을 발표했다.

수아레스, 국왕, 그리고 지배계급의 핵심부는 새로운 전략을 결정했다. 가장 급진적인 반체제 세력들이 아직 조직돼 있지 않을 때 재빨리 선거를 치르는 것이다. 그렇게 하면 옛 파시스트들과 '온건 야당 세력'이 조직한 정당들이 확실히 승리할 수 있다고 생각했다.

그러나 이 전략은 주요 야당 세력이 그 '정당성'을 인정해 줄 때만 제대로 먹혀들 수 있었다. 이런 목적을 이루기 위해서 수아레스는 옛 사회당, 즉 스페인 사회노동당(PSOE)의 주류 지도자 곤살레스를 만났다. 곤살레스는 수아레스의 바람을 기꺼이 승낙하고 싶어했다. "그들의 관계는 전환기 내내 우호적이었다."[31] 곤살레스의 정당은 공공연한 조직 활동을 허가받았고 그 답례로 곤살레스는 12월 마드리드에서 열린 전당대회에서 공산당 같은 좌파 정당이 금지된 상황에서도 사회당은 선거에 참여할 것이라고 분명히 밝혔다.

곤살레스는 '민주화'라는 허울을 원하는 옛 파시스트들과 스페인 자본주의에 훌륭한 도움을 주었다. 그러나 이 모든 책략의 피해자가 된 정당의 지도부도 머지않아 그런 도움을 주었다. 그 정당은 바로 공산당이었다.

공산당

프랑코에 반대하는 데서 공산당이 사회당보다 훨씬 더 중요했다. 가장 어려운 시기였던 1940년대와 1950년대에 공산당은 지하에서 저항했고,[32] 1960년대의 노동자위원회 운동에서 단일 세력으로는 가장 큰 영향을 미쳤다. 공산당은 1968년 이후 지하로 숨어야 했을 때, 그 비밀스런 구조와 투사들의 헌신성 덕분에 노동자위원회 지도부와 계속 연계를 맺을 수 있었다. 프랑코가 죽을 무렵, 공산당은 스페인의 대부분 지역에서 반대파의 핵심 세력으로 등장했고 다른 세력들이 활동할 수 있게 해 주는 중추 역할을 했다.

반면, 사회당은 1950년대와 1960년대에 지하 활동을 사실상 포기했다. 개별 당원들은 좌파 변호사나 언론인으로 잘 알려져 있었지만 활동가들의 연계망은 없었다. 사회당 계열의 노조인 노동조합총연맹(UGT)은 내전 전에는 대부분의 전투적인 노동자들에게 중요한 의미가 있었으나 그 뒤에는 아무런 역할도 하지 못했다. 프랑코가 죽을 무렵, UGT는 유럽의 비공산당 계열 노조들한테서 경제적 후원을 받은 결과 국제적으로 많은 지지를 얻게 됐다. "그러나 스페인 내에서는 노동자위원회나 노동조합연맹(USO)보다 훨씬 더 취약했다."[33] 어떤 계산에 따르면, 사회당 당원은 1976년 2월에 1만 명이었고[34] 다른 자료는 사회당이 완전히 합법화되고 몇 달이 지난 1년 뒤에도 겨우 6만 명에 불과했다고 한다.[35]

만약 공산당이 그 명성과 1976년의 거대한 투쟁을 이용해 사태에 개입했다면 사회당이 정부와 함께 정치 게임을 즐길 수는 없었을 것이다. 왜냐하면 파업 물결이 가을까지 쭉 이어지면서, 경제 문제를 둘러싼 거대한 파업들이 벌어졌고, 바스크 지방에서는 70만 명이 참가한 작업 거부가 있었으며, '민주화'를 요구하는 상징적 파업에 전국에서 100만 명이 참가했기 때문이다. 전년도보다 열 배나 많은 파업이 있었다. 모든 투쟁에서 노동자위원회의 전통과 연결된 직접 민주주의가 전면에 떠올랐다. 투쟁 현장의 90퍼센트에서 공산당이나 공산당보다 더 좌파적인 조직 출신 인사들이 파업위원회 지도부로 선출됐다.

그러나 공산당 지도부는 이런 대중 투쟁의 분출을 이용해 1960년대 반(半)합법 노동자위원회의 현장 노동자 직접 민주주의에 기초한 통일된 노동자 운동을 건설할 의지도, 능력도 없었다. 그들의 모든 정치 방식은 더 우파적인 세력들과 정치적 거래를 하는 한편, 가장 조잡하고 관료적인 스탈린주의 방식으로 노동자 조직들을 통제하는 것에 기초하고 있었다.

공산당 지도자 산티아고 카리요는 '자유주의 왕당파들', '민주적' 옛 파시스트들, '진보적' 고용주들, 사회당 지도부를 달래기 위해 공산당 당원들의 전투성을 무디게 만들 준비가 돼 있었다. 이 때문에 1976년 봄에 공산당은 눈에 띄게 우경화했다. 과거에 공산당은 동맹의 목적이 정권에 대항하고 '루프투라 데모크라티카(ruptura democratica)', 즉 민주주의의 돌파구를 여는 것이라고 말했다. 그러나 이제 공산당은 '루프투라 파크타다(ruptura pactada)', 즉 국가 권력을 장악하고 있는 파시스트와 옛 파시스트 세력과의 협상을 위한 '돌파구'를 여는 것이라고 말했다. 9월에 공산당 지도부는 총리와 '간접적'으로 접촉했다.[36] 공산당은 사회당을 비난할 수 있는 처지가 아니었다.

이런 정책은 당의 모든 활동가의 실천에 영향을 미쳤다. 그들은 파업 운동을 이용해 비전투적이었던 수많은 노동자들의 전투성을 강화하려 하지 않고 공산당과 노동자위원회 지도부가 권력에 가까이 갈 수 있도록 압력을 넣으려 했다.

1976년 4월에 한 스페인 혁명가가 말했듯이, 공산당은 많은 투쟁을 시작하는 데서 중요한 역할을 했지만 전면 파업은 억제했다.

> 공산당은 자신들이 통제할 수 있는 상징적 파업과 시위를 원했다. 많은 대중 투쟁이 구체적 요구 사항들을 제기하며 시작됐다. 그러나 공산당은 이런 구체적 요구를 중심으로 선동하지 않고 일반적 구호만 외쳤다. …… 바르셀로나의 건설 노동자들이 파업을 벌였을 때, 9일이 지나자 공산당은 작업장으로 복귀하자고 이야기했다. 그러나 노동자들은 이후 3일 동안 구체적 요구들을 내걸고 투쟁을 지속했다. 비토리아의 총격 사건 이후 바스크 지방의 혁명적 조직들과 반(半)혁명적 조직들은 노동자위원회[그 지역에서는 공산당의 통제를 받지 않았다 — 크리스 하먼]와 함께 총파업을 호소했다. 공산당은 아무 말도 하지 않았다. 바르셀로나에서는 카탈루냐 공산당이 그저 '국민 화합'만을 강조했을 뿐이다.[37]

1976년에 사바델의 금속 노동자들이 격렬한 파업을 벌이는 동안 공산당은 고용주들에게 공개 서한을 보내 만약 고용주들이 새로운 교섭 팀을 임명해 '타협'을 받아들이고 사바델 민주회의에 참여한다면 분쟁이 해결될 것이라고 주장했다.[38]

카리요 자신이 1976년 말 지하에서 나와 마드리드에서 연 불법 기자회견에서 당의 전망을 발표했다. 그는 당과 노조가 전면 합법화된다면 '사회 협약에 협조하겠다고 약속했다.

카리요는 며칠 후 경찰에 붙잡혀서 잠시 구속돼 있었다. 그는 자신이 제시한 조건을 정부가 들어주지 않았는데도 계속 '계약'에 매달렸다.

1977년 1월 24일에 어떤 파시스트 집단이 마드리드에 있는 노동 변호사들의 사무실을 공격해 다섯 명을 사살했다. 그 중 4명은 노동자위원회의 주도적인 인물이었다. '벙커'가 여전히 적들을 죽일 수 있을 만큼 건재하다는 사실을 과시하려 한 것이었다. 충격과 분노의 물결이 전국을 휩쓸었다. 그런데, 공산당은 노동자위원회를 지지하는 파업과 대중 시위를 호소하기는커녕 '평온'을 촉구하며 대규모 장례식을 조용히 치렀을 뿐이다. 그것은 국왕과 수아레스에게 공산당이 규율 있고 온건하다는 인상을 심어주기 위한 것이었다. 만약 공산당이 원하는 것이 합법화뿐이라면 이것은 먹혀들 것이다. 한 달 후, 수아레스는 카리요와 8시간 동안 면담한 뒤 공산당이 군주제를 인정하고 사회 협약에 협력하는 대가로 공산당을 합법화하기로 동의했다.

이 회동의 결과는 곧 드러났다. 그 때부터 공산당 활동가들은 파업을 제지했고 파업을 막을 수 없는 곳에서는 적극적인 피케팅을 막았다. 파업의 숫자가 감소했고 벌어진 파업들은 패배했다.

수단과 방법을 가리지 않는 공산당의 동맹 정책 덕분에 사회당과 그 산하 노조인 UGT는 공산당이 아니었으면 꿈도 못 꿀 발판을 얻을 수 있었다.

1976년 여름까지 노동자위원회의 정책은 현장 기반이 있는 모든 노조기구에 개방된 노동조합회의 건설 운동을 벌이는 것이었다.[39] 이런 정책이 만약 공개적이고 민주적인 방식으로 실행됐다면 UGT를 재건하려는 사회당의 시도를 완전히 차단할 수 있었을 것이다. 왜냐하면, UGT는 사회당에 동조적인 노동자들이 그런 회의를 지지하지 못하게 막을 힘이 없었기 때문이다.

[그러나] 동맹에 집착하는 공산당의 정책 때문에 그런 생각은 빛을 볼 수 없었다. 오히려 노동자위원회 지도부는 곤살레스를 달래기 위해 노동자위원회, 그보다 작은 좌파 사회주의 노조인 USO, 당시는 초소규모였던 UGT, 이 셋으로 이루어진 조정위원회, 즉 COS를 설립하는 데 동의했다. 그들은 파업

기간에 세 노조 모두 고용주들의 '협상 파트너'로 나서야 한다는 데 합의했다. 심지어 파업 작업장의 활동가 다수가 노동자위원회 소속인 곳에서도 말이다.

이런 동맹과 함께 관료적 통제가 뒤따랐다. 공산당은 가장 큰 반대 세력들 (두 마오주의 정당)을 쫓아냄으로써 노동자위원회의 전국 조정위원회에 대한 지배력을 확고히 한 다음, 노동자위원회를 노조로 전환해 다른 노조들과 조합원을 확보하기 위해 경쟁하게 만들었다. 공산당은 다양한 정치 조류 사이의 논쟁과 대의원 선출에 기초한 대중적 노조보다는 자신들이 거의 완전히 통제할 수 있는 조직 노동자들의 소규모 기구를 선호했다. 그런 기구는 국가를 운영하는 옛 파시스트 세력들과 협상할 때 흥정 대상으로 이용할 수 있었다. 반면, 대중적 노조는 결코 흥정 대상으로 이용할 수 없었을 것이다.

이런 책략 때문에 노동계급의 힘이 불필요하게 약해졌다. 1948년 이후 프랑스와 이탈리아에서는 노동조합 운동이 서로 경쟁하는 노조들로 분열하고 이에 따라 취약한 정치 연맹들로 쪼개지는 과정에서 많은 노력과 미국의 자금이 소모됐다. 그러나 스페인에서는 이런 사태가 공산당 스스로 애쓴 결과였다.

1977년 6월 선거는 총리 주변 집단, 즉 '민주 인사'로 변모한 옛 프랑코주의자들에게는 그들의 꿈이 실현된 것처럼 보였다. 총리의 당인 중도민주연합(UCD)은 유권자의 3분의 1이 넘는 표를 얻어 다수당이 됐으며, 다른 당과 쉽게 연합해 집권할 수 있었다. 곤살레스와 사회당 역시 기뻐할 수 있었다. 그들은 1년 전만 해도 사실상 어떠한 조직도 없었지만, 지금은 28.5퍼센트를 득표할 수 있었다. 아직도 파시스트 시절과 단절하지 못한 정당들은 패배했다. 특히 옛 내무 장관 프라가의 민중동맹은 8.4퍼센트 득표에 그쳤고, 공산당은 9.3퍼센트를 득표했지만 이는 자신들이 정당 설립을 도와 준 사회당의 3분의 1에 불과했다.

공산당은 자기 변명할 구실이 있었다. 총리의 정당이 TV의 중요 시간대를 독차지하고 언론에 엄청난 영향력을 행사했다. 사회당에 표를 던진 것은 변화를 원하면서도 충돌을 피하고 싶어하는 사람들의 부드러운 선택이었다. 공산당이 합법적으로 선거를 준비할 수 있었던 기간은 겨우 8주뿐이었다. 공산당은 오랫동안 잘 조직돼 있었던 카탈루냐 지방에서는 비교적 성과가 좋았지만 남부와 서부에서는 훨씬 더 나빴다.

무조건적 동맹 정책이 오히려 반대파의 힘을 강화시킨 데서 공산당이 교훈을 얻지 못했다면 그런 변명은 아무 의미가 없었다. 그러나 공산당은 아무것도 배우지 못했다. 4개월 후, 공산당과 노동자위원회는 사회당·UGT와 손잡고 정부·고용주들과 '몬클로아 협약'에 서명했다. 그들은 물가가 29퍼센트나 상승한 시기에 임금 인상을 20~22퍼센트로 제한한다는 데 동의하고 '통화주의'에 입각해 신용을 제한하고 공공 지출을 삭감한다는 것도 받아들였다. 그 대가로 그들은 일련의 경제 개혁을 약속받았다.

노조들과 정당들은 협상 정책을 고수하면서 파업과 항의 시위에 반대하고 1975~76년에 거대한 노동자 투쟁이 폭발했다는 사실을 곧 기억에서 멀어지게 만들었다. 그렇지만 정부가 개혁을 이행한 것은 거의 없었다. 오히려 실업률이 7퍼센트에서 13퍼센트로 뛰어 올랐고 파산과 공장 폐쇄가 잇따랐다. 노동자들은 1976~77년에 서로 경쟁하는 노조들로 몰려들었다. UGT만 해도 1977년 초에 6만 명이었던 조합원 수가 8월에는 100만 명이 됐다고 주장했다.[40] 노동자위원회 노조도 비슷한 경험을 했다고 자랑할 수 있었다. 그러나 1978년 이후에는 노동자들이 노조의 필요성을 별로 느끼지 못하게 되면서 모든 노조의 조합원 숫자가 줄어들었다.

혁명적 좌파

공산당이 대기업과 수아레스, 사회당 지도부의 계획을 저지할 정치를 갖고 있지 않은 반면, 혁명적 좌파는 힘이 없었다. 투쟁이 분출하던 1960년대에 혁명적 좌파는 거의 존재하지 않았다. 1930년대의 옛 마르크스주의통일노동자당(POUM)은 박해와 망명 시절을 거치며 "새로운 방향을 제시하지 못하는 옛 투사들의 모임쯤"[41]으로 위축됐다.

새로운 혁명적 좌파들은 다른 유럽에서와 마찬가지로 1967~69년의 산물이었다. 처음에는 소규모 조직들이 매우 많았다. 그들의 근원은 주로 네 가지였다.

공산당 지도부가 정통 스탈린주의에서 유로코뮤니즘으로 이동하는 과정은 일련의 분열과 축출 때문에 중단됐다. 이런 분열이 새 조직 건설로 이어지지는 않았지만 지하 정치 운동에 대한 당의 지배력이 무너지는 데 일조했다.

둘째 근원은 ETA가 계속 분열한 것이었다. ETA 내에서 무력 투쟁을 지향하는 세력과 노동계급 쪽으로 눈을 돌리려고 하는 사람들 사이에 지속적인 긴장 상태가 있었다. 정확한 이유는 바스크 지역이 프랑코 치하에서 가장 강력하게 탄압받은 곳인 동시에 가장 높은 수위의 계급투쟁이 벌어진 곳이었기 때문이다.

ETA 지도부는 계속해서 알제리·쿠바·베트남의 사례를 들면서 민족주의와 이른바 '마르크스-레닌주의'를 통일시키려고 노력했다. 노동계급 투쟁의 수위가 낮거나 바스크 지역에만 국한됐을 때는 이런 결합이 가능했다. 그러나 노동자 투쟁이 활발해져 스페인 국가기구와 폭력 충돌을 빚는 수준까지 발전하면 ETA 조직원이나 동조자들은 스페인 전체에 기초한 혁명적 사회주의 정치로 이끌렸다. 1966~67년에는 일부 지도부가 프랑코를 쓰러뜨릴 수 있는 방법은 노동계급 투쟁이라고 결론 내렸다가 ETA에서 축출당했다. 이들은 후에 카탈루냐에 기반을 둔 조직과 통합해 스페인공산주의운동(MCE)을 결성했다. 이들을 축출하는 데 찬성했던 많은 사람들이 1970년에 파업에 참가하면서 좌경화했다. 그들은 혁명적 사회주의를 선언하고는 트로츠키주의 조직인 혁명적공산주의자동맹(LCR)과 통합했다.

다른 혁명적 조직들은 가톨릭 노동자 운동에서 발전해 나왔다. 1960년대의 많은 새로운 투사들이 처음으로 정치를 논의할 수 있는 기회를 얻은 것은 바로 이 가톨릭 노동자 운동에서였다. 그 중 일부는 좌파 사회주의 노조인 USO를 건설했다. 다른 일부는 혁명적 결론을 끌어냈다. 이런 분위기에서 대규모 마오주의 조직인 노동자혁명조직(ORT)이 생겨났다. 대부분의 좌파 조직에는 옛 가톨릭 신자들도 많았지만 옛 성직자들도 조금씩 있었다.

마지막으로, 다른 유럽 지역과 마찬가지로 학생들의 투쟁에서 배출된 조직들이 혁명적 사상에 이끌렸다. 1976년까지도 대학들은 이데올로기 소요에 휩싸여 있었고 공산당·마오주의·게바라주의·트로츠키주의 사상이 서로 싸우고 있었다. 1970년대 초반의 이런 분위기 덕분에 제4인터내셔널의 지부인 LCR은 사실상 아무것도 없는 상태에서 성장할 수 있었다. 반면에, 다른 트로츠키주의 조직인 '공산주의자운동'은 학생들을 조직하지 않았고 결국 와해되고 말았다.

1970년대 중반에 이르러 이 소규모 그룹들은 6개의 주요 조직으로 정리됐다. 이들 사이의 분열은 한편으로는 국제 혁명 운동의 이데올로기적 분열을 반영하는 것이었고, 다른 한편으로는 스페인 자체에 대한 아주 중요한 논쟁에서 비롯한 것이었다. 그것은 부르주아지 일부를 설득해 혁명적 구실을 하도록 만들 수 있는가, 그리고 민족 운동에 대해 어떤 태도를 취해야 하는가에 대한 논쟁이었다.

하지만, 이 그룹들은 몇 가지 공통점도 있었다. 그들은 모두 프랑코 체제가 부르주아 민주주의로 평화롭게 이행하지는 않을 것이라고 주장했다. LCR은 당시 상황을 혁명 전야라고 묘사했다. 제4인터내셔널의 지도자 에르네스트 만델은 1975년 세계 대회에서 다음 대회는 "붉은 마드리드"에서 열릴 것이라고 말했다. 몇몇 마오주의 그룹들은 "장기적 인민 전쟁"을 준비했다.[42]

이 모든 그룹은 1970~76년에 거대한 투쟁이 분출하는 데 어느 정도 영향을 미쳤다. ORT는 1973년 팜플로나 파업 때 지도부에 있었다.[43] OICE는 비토리아 투쟁에서 지도적 역할을 했다고 주장했으며 사바델과 발렌시아의 포드 공장에 어느 정도 영향을 미쳤다.[44] PTE는 세아트의 몇몇 부문의 지도부를 자처했다.[45] MCE는 확실히 비스카야·기푸스코아·나바라의 많은 작업장에서 영향력이 있었다.

두 가지 요인 때문에 그들은 자신들의 역량을 과대 평가하고 운동의 흐름에 찬물을 끼얹을 수 있는 공산당의 능력을 과소 평가했다.

1970~75년에 일부 그룹은 '자신들만의' 혁명적 노동자위원회를 수립했다.

이것은 그 당시에는 별 문제가 없었다. 왜냐하면, 과거의 전국적 체계는 탄압으로 산산조각 난 상태였고, 개별 도시들에서 투쟁이 분출한 시기를 제외하면 스스로 '노동자위원회'를 자처하는 활동가 집단들만 남아 있었기 때문이다. 그러나 이러한 경향들은 1976년에 공산당이 UGT나 USO와 함께 노조 운동의 분열에 동의했을 때 공산당에 대항할 수 있는 혁명가들의 능력을 약화시켰다. PTE와 ORT의 마오주의자들은 노동자위원회를 전국적으로 조정하는 것에서 그들만의 소규모 노조를 건설하는 것으로 기꺼이 전환한 반면, '좌파 공산주의'인 OICE는 이런 논쟁에 가담조차 하지 않았다. LCR과 MCE만이 외롭게 싸우고 있었다.

혁명적 좌파는 노동조합에 대한 전술적 실수 때문에 공산당·사회당·노조가 수아레스·대기업과 거래하는 것에 대항하는 데서 더욱 취약한 처지에 놓였다. 그러나 아무리 훌륭한 전술을 사용했을지라도 혁명가들이 그런 거래를 막을 수는 없었을 것이다. 1976~77년 겨울에 혁명적 좌파는 아마도 다 합쳐서 2만 명쯤 됐을 것이다. 반면에 공산당은 약 10만 명의 당원과 많은 수동적 지지자들을 확보하고 있었다. 정부가 갑자기 개혁으로 선회하자 비전투적인 노동자 대부분은 공산당 투사들의 충고에 따라 '모험'과 '도발'을 피하면 더 많은 개혁이 있을 것이라고 확실히 믿게 됐다.

나중에 드러났듯이, 대부분의 노동자에게 이것이 의미하는 바는 사회당에 투표하라는 것이었다. 왜냐하면 공산당은 그토록 애를 썼음에도 여전히 '극단적' 선택처럼 보였기 때문이다. 그래서 1977년 6월 총선 결과가 그렇게 나타났던 것이다.

▌고요한 파장

▌스페인의 지배계급은 1977년 여름에 깊은 안도의 한숨을 내쉴 수 있었다. 그들은 혁명의 위험을 무릅쓰지 않고서도 파시즘에서 민주주의 정권으로 이행했다. 포르투갈에서 일어난 사건들은 혁명의 위험을 너무나 분명하게 보여

주었다. 정권은 대체로 프랑코 치하에서 국가기구의 일부를 운영하던 사람들의 수중에 그대로 남아 있었다. 그런데도 옛 프랑코 반대 세력의 핵심 부분—특히 공산당과 노동자위원회—은 그들과 협력할 만반의 준비가 돼 있었다. 스페인 산업을 대규모로 합리화할 기초가 마련됐다. 몬클로아 협약에 발이 묶인 노조들은 이런 합리화 정책에 저항하지 않았다. 중도민주연합 정부가 결국 1982년에 위헌 시비에 휘말렸을 때, 똑같은 정책을 고수한 사회당이 정권을 차지했다.

여전히 문제는 남아 있었다. 강력한 군 장성들은 과거로 회귀하기를 간절히 원했다. 그들은 모여서 불평을 늘어놓았다. 1981년 2월에 민간경비대 대장 테헤로가 무력으로 국회를 포위하고 있는 동안 다른 여러 부대는 쿠데타를 기도했다.

그러나 군사적 음모는 항상 최후의 순간에 산산조각이 났다. 지배계급의 압도 다수가 새로운 부르주아 민주주의 질서를 좋아했고 노동계급의 전투성을 폭발하게 만드는 위험을 감수하려 하지 않았다. 그들은 장성들이 바보 같은 짓을 하지 못하게 했고 국왕이 이런 음모가들에 분명히 반대하게 만들었다. 테헤로의 쿠데타가 겁 많은 국회의원들을 놀라게 한 것은 틀림없지만 그것은 비극이라기보다는 희극이었다.

부르주아적 안정이라는 그림에 단 하나의 오점이 있었는데, 그것은 부르주아지가 견딜 수 있는 문제였다. 그것은 바로 바스크 문제였다.

정부는 프랑코를 추종하는 장군들을 달래려는 의도에서 지방 의회에 일부 권한을 이양하자는 제안을 연기했다. 프랑코에 반대했던 일부 온건 야당—카탈루냐 이외 지역의 민족주의 정당들—은 여기에 불만이었다. 대체로 이것은 장기적 문제는 아니었다. 사실 이 때문에 많은 반대파(다수의 혁명가들을 포함해)의 에너지가 사소한 민족주의 선동 쪽으로 쏠리게 돼 지방 깃발을 흔들거나 계급이 아니라 언어를 강조하게 됐다. 하지만, 바스크 지역에서는 중앙 정부에 대한 뿌리깊은 불만과 무장투쟁의 전통이 있었다. 만약 중앙 정부가 부르주아적인 바스크민족당과 신속하게 협상했다면 이런 불만은 과거지사처

럼 보였을지도 모른다. 그러나 2년이 지난 뒤에야 바스크 자치에 관한 협정이
체결됐다.

한편, 정부는 군대에 의존해 질서를 유지했고 바스크 주민의 약 3분의 1한
테 지지를 얻은 ETA는 무장 투쟁의 강도를 높였다. ETA의 투쟁과 관련된
사망자 수가 1977년의 11명에서 이듬해 60명으로 증가했다. 1977년 바스크 선
거에서 혁명적 민족주의 정당들이 약 9.5퍼센트를 획득했다. 1978년에는 친
ETA 정당인 에리 바타수나가 16퍼센트를 득표했다.[46] 이 기간 내내 시위대와
경찰은 격렬하게 충돌했고, 경찰은 거리낌없이 발포했다. 수천 명이 산세바스
티안이나 빌바오 거리로 쏟아져 나와 "ETA, 경찰을 더 많이 죽여라!"라고 외
치는 장면은 전혀 낯설지 않았다.

민족주의를 부추긴 것은 억압만이 아니었다. 바스크 지역 — 특히, 비스카
야 — 은 스페인 중공업의 중심지였다. 이 지역은 경기 침체, 산업 합리화, 실
업 등의 문제로 큰 타격을 입었다. 공장 폐쇄가 속출하고 실업률이 치솟자 한
때 스페인에서 가장 전투적이었던 노동자들도 자신감을 잃게 됐다. 그래서 자
신들의 힘에 의존하지 않고 다른 사람들이 온갖 위험을 무릅쓴 채 벌이는 민
족주의적 무장 투쟁을 수동적으로 지지하는 경우가 점차 늘어났다.

그러나 바스크 지역에 국한된 투쟁은 스페인 정부를 괴롭히는 것 이상으로
나아가지 않았다. 스페인 자본주의는 체제 전환에 90퍼센트 성공했다고 자부
할 수 있었다.

16

유럽 좌파의 위기

1968년은 전후 서구 자본주의의 역사에서 하나의 전환점이었다. 세 겹의 위기 — 베트남에서 미국의 헤게모니 위기, 거대하게 확대된 노동계급에 직면한 권위주의적 지배 방식의 위기, 체코슬로바키아에서 스탈린주의의 위기 — 가 전 세계로 퍼져 나가면서 그동안 지배적이었던 이데올로기적 합의를 갈기갈기 찢어 놓았다. 특히 젊은이들에게 이데올로기를 전파하라고 가르치던 대학에서 이런 파열이 가장 두드러졌다. 이런 파열이 젊은이들의 일반적 정서에 영향을 미치면서 음악, 영화, 심지어 복장 등의 대중 문화에도 영향을 미쳤다. 더 중요한 것은 새로운 혁명적 좌파가 생겨났으며 몇몇 나라에서는 이 혁명적 좌파가 많은 노동자들의 새로운 전투성에 영향을 미칠 수 있었다는 점이다.

그러나 1974~76년은 두 번째 전환점이었다. 모든 곳에서 부르주아적 지배는 안정됐다. 지배계급이 내적 결속을 유지하고 사회의 다른 부문을 지배할 수 있게 해 주었던 구조들이 복구됐다. 가장 극단적인 경우에는 이런 구조들이 사실상 새로 만들어졌다.

미국에서는 제럴드 포드(1974~76)와 지미 카터(1977~80) 집권기를 거치며 베트남과 워터게이트에서 입은 충격을 극복했다. 그들은 미군이 지상전에 직접 개입하는 것을 자제했으며, FBI와 CIA의 규모를 축소했으며, 수천 명이나 되는 베트남전 징집 거부자와 탈영병을 사면했을 뿐 아니라 1960년대 말과 1970년대 초의 반체제 인사들을 다시 미국 사회의 주류로 통합시켰다.

남부 유럽에서는 스페인·포르투갈·그리스의 독재 정권들이 물러나고 의회 민주주의가 등장하면서 전에 박해를 받았던 야당들이 갑자기 국회의원, 노조 지도자, 때로는 정부 장관이 돼 중요한 역할을 담당했다. 이탈리아에서는 가장 큰 정당이자 두 번째로 많은 득표를 한 이탈리아 공산당이 거의 30년 만에 처음으로 정부 정책에 영향을 미칠 기회를 얻었다. 영국에서는 히스 정부가 노조 탄압법을 제정하려다 후퇴하고 노조 지도자들의 총체적 협력에 힘입어 노동당 정부가 등장했다.

이런 변화들은 우연이 아니었다. 이 변화들은 그 전에 있었던 사회적 격변의 산물이었다. 1973년 말에 터진 심각한 경제 위기 때문에 모든 서방 경제는 노동자들을 희생양 삼아 구조조정을 해야만 했다. 우파 정부들이 5년 동안 직접적이고 전면적인 공격을 했지만 노동 운동을 약화시키지 못했다. 완력을 통한 정면 돌파가 실패한 셈이었다. 오히려 설득과 속임수를 써야 했다. 반대파 운동의 활동가들이 체제의 경제적 위기에 정면으로 맞서고 있는 상황에서 그 운동의 지도자들을 체제 내로 흡수할 필요가 있었다.

그리하여 부르주아 지배가 다시 안정을 찾은 특징적 형태는 비혁명적 반대파 지도부, 정부, 대기업이 공식 협약에 서명하는 것이었다. 영국에서는 이 협약을 '사회 협약'이라고 불렀고, 스페인에서는 '몬클로아 협약', 이탈리아에서는 '역사적 타협'이라고 불렀다. 세 경우 모두 그 목적은 동일했다. 이 협약 덕분에 지배계급은 두어 해 전에는 정치적으로 불가능해 보였던 생활수준 삭감, 실업자 증가 등을 추진할 수 있었다. 일자리를 구하지 못한 노동자 수가 두 배로 증가했고, 실질임금은 수십 년 만에 처음으로 떨어졌다. 그리고 노동자들은 이런 변화를 수용했다.

그러나 전에 그토록 열심히 싸웠던 노동자들이 이번에는 왜 항복했을까?

▌'새로운' 개혁주의

혁명이 아니라 개혁을 지향하는 조직들은 1960년대 말과 1970년대 초에 갑자기 분출한 투쟁에 대체로 제대로 대응할 수 없었다. 그들의 전반적인 정치적 입장은 기성 정치 구조 내에서 벌어지는 일들에 집중돼 있었다. 그들은 노동자 투쟁을 기껏해야 기성 정치 구조에 압력을 행사하는 수단쯤으로 생각했다. 그 압력은 틀에 박힌 활동에 의해 계속 유지돼야 했고, 위로부터 신중하게 감독을 받아야 했으며, 독자적인 생명을 가져서도 안 됐다.

서구의 공산당들에게 이것은 체제에 도전하지 않는 경직되고 폐쇄적인 스탈린주의적 입장을 유지하는 것을 의미했다. 이들의 전략은 프랑스와 이탈리아에서는 '좌파 정부'가 선거에서 승리할 때까지 기다리는 것이었고, 스페인에서는 '평화적 총파업'을 통해 '국민 화합'을 이룩하는 것이었으며, 영국에서는 '좌파적 진보'와 '대안적 경제 정책'을 끊임없이 주장하는 것이었다.

사회민주주의 정당은 더 열악한 처지에 있었다. 프랑스 사회당은 알제리 식민지 전쟁을 지지하고 1958년 드골 정부에 참여함으로써 신뢰를 상실했다. 이탈리아 사회당은 기독교민주당 연정에 참여함으로써 지지와 신뢰를 잃어버렸다. 영국 노동당은 임금 통제를 실시하고 노조를 법적으로 통제하려다 많은 노동당 활동가들을 환멸에 젖게 만들었다. 망명자들로 구성된 스페인 사회당은 지하 조직을 건설할 수 없는 것처럼 보였다. 포르투갈에서는 1970년대 초까지 사회민주당이 존재하지도 않았다.

노동자들이 임금 인상 투쟁, 시위, 정치적 파업, 공장 점거 등에 돌입했을 때, 그 가능성에 대비한 좌파는 흔히 혁명적 사회주의자들뿐이었다. 적어도 일부 노동계급 활동가들은 갑자기 혁명적 사회주의자들의 리플릿과 신문을 열정적으로 받아 읽었다. 한때 그들이 치켜든 붉은 깃발 아래서 수천 명이 행진하기도 했다. 학생 운동에 연루해 수십 명에서 수백 명으로 성장했던 그룹들이 이제는 수천 명의 노동자들을 끌어들일 수 있었다.

그러나 개혁주의 조직들의 마비 상태가 오래 지속되지는 않았다. 심지어 극단적으로 경직됐던 프랑스 공산당조차 사회민주주의자들이나 우파와 정치적 흥정을 할 때 자신들의 입지를 강화하기 위해 '전선에 뛰어들며' 5월 사태를 이용했다. 이탈리아 공산당은 새로운 투쟁 분위기를 이용하는데 더 능수능

란했다. 이들의 영향력 하에 있던 노조는 많은 현장 활동가들을 끌어들이기 위해 공장평의회를 만들었다. 스페인 공산당은 너무 소심해 팜플로나와 비토리아 총파업 때 팔짱 끼고 지켜보기만 했으나, 여전히 전국의 노동자위원회에 헤게모니를 행사할 수 있었다. 포르투갈에서는 1974년 여름에 열심히 파업을 주저앉혔던 스탈린주의 공산당이 1975년 가을에는 '좌선회'를 할 수 있었다. 그리스에서는 군부에 대항하는 투쟁에서 하찮게 여겨졌던 공산당의 스탈린주의 분파가 군부가 물러가자 노동계급의 가장 전투적인 부문에 대한 전통적 통제력을 재확립할 수 있었다.

이탈리아 · 스페인 · 프랑스 공산당이 '유로코뮤니즘'으로 전환한 주된 이유는 자국 지배계급의 이익을 소련에 팔아넘기지 않겠다는 점을 확신시켜 주기 위한 것이었다. 그러나 이런 전환을 통해 공산당은 이른바 '새로운 세력'에게 문호를 개방할 수 있었다. 다양한 좌파 지식인들에게 이제 공산당 안에는 그들을 위한 공간이 존재한다는 사실을 확신시켜 준 것이다. 1968~69년에는 공산당에 가입할 생각조차 못했던 사람들에게 새로운 관용의 분위기가 생겨났다.

스탈린주의의 변신은 사실 사회당에 비하면 애들 장난에 불과했다.

프랑스에서는 옛 사회당인 SFIO가 1969년 대통령 선거에서 창피하게도 6퍼센트밖에 얻지 못했다. 사회당은 일련의 책략을 통해 1971년에 새롭게 재탄생했다. 새로운 당은 옛 사회당과 단절할 수 있는 것이라면 무슨 일이든 마다하지 않았다. 신임 당수 미테랑은 옛 사회당 당원이 아니었으며, 새 당은 '좌파적' 미사여구를 늘어놓는 데 주저하지 않았고, 사회당보다 좌파인 통일사회당(PSU)의 많은 지도자들을 흡수했다. 새 당은 '노동자 참여'를 아주 잘 활용했을 뿐 아니라 공산당과 동맹을 공공연하게 추구했다. 새 당은 옛 동지들인 '온건파' 노동자의 힘(FO)과의 관계보다는 1968년에 '좌파적'이라는 명성을 쌓은 옛 가톨릭 노조 CFDT와의 관계 개선에 주력했다. 그 결과 새 당은 놀랄 만큼 부흥했다. 공산당과 달리 사회당은 산업 기반을 건설해 본 적이 없었는데도 1970년대 중반에 공산당의 표밭을 공략할 수 있었고, 1970년대 말이 되자 사회당은 선거를 통한 변화를 갈망하는 노동자들의 구심이 됐다.

포르투갈에서는 독일 집권당인 사회민주당의 지원금과 1974년 모든 사람에게 모든 것을 의미한 정책을 서로 결합시킨 덕분에 전에는 존재하지도 않았던 사회당이 최다 득표 정당으로 성장할 수 있었다. 가장 중요한 리스본 지역의 공장이나 노조에 대한 영향력은 아주 미미했지만 말이다.

포르투갈의 소아레스 현상은 곧 스페인에서 곤살레스 현상으로 이어졌다. 여기서도 역시 서독의 지원금과 언론의 지원, 좌파적 언사를 결합시킨 사회당이 공산당보다 많은 표를 긁어모을 수 있었을 뿐 아니라 사실상 기능이 마비됐던 UGT를 되살릴 수 있었다.

1970년대에 영국 노동당의 정치는 크게 성장하지 않았다. 활동가들은 계속 당을 떠났고, 당내 좌파는 1979년 보수당이 선거에서 승리할 때까지 숨을 죽이고 지내야 했다. 그러나 노조 내에서는 좌파 개혁주의 정치가 상당히 성장했다. 1950년대와 1960년대에 우파 사회민주주의가 대부분의 주요 노조를 지배했지만 1960년대 말부터는 '범좌파'와 연계된 인물들이 몇몇 핵심적인 노조에서 지도력을 행사했다. 노조 지도부는 의식적으로 직장위원들을 노조 운영에 더 긴밀히 결합시키는 방식을 발전시키기 시작했다. 1968~70년의 파업은 비공식 파업의 경향을 띠었지만 1971~74년의 거대한 파업들은 그렇지 않았다.

1970년대 중반에는 좌파의 '공백'이 1960년대 말처럼 그리 두드러지지 않았다. 부르주아 사회 안에서 압력을 행사해 변화를 이룰 수 있다고 노동자들에게 주장하는 단체들이 대부분 그 공백을 메우고 있었다.

다양한 색깔의 개혁주의자들은 노동자들의 새로운 행동주의를 끌어들이기 위해 많은 노력을 기울였다. 하지만 그런 노력 자체는 투쟁의 물결이 어떻게 가라앉았는지 알려주지 않는다. 왜 노동자들은 자신들의 투쟁이 개혁주의자들이 그어 놓은 한계 안에 제한되도록 내버려뒀을까?

이 물음에 답하기 위한 올바른 출발점은 1921년—그 전에 국제적으로 분출했던 노동자 투쟁이 이 때 가라앉았다—에 트로츠키가 지적한 것에서 찾을 수 있다. 트로츠키는 노동계급이 갑작스런 경제 위기에 어떻게 반응하는지 날카롭게 분석했다.

위기가 정치에 미치는 영향은 전체 정치 상황에 의해, 그리고 위기에 선행하거나 동반해서 발생하는 사건들에 의해 결정된다. 특히 위기에 앞선 싸움에서 노동계급의 승패에 따라 결정된다. 어떤 상황에서 위기는 노동 대중의 혁명적 행동에 강력한 추동력을 제공할 수도 있다. 다른 상황에서는 노동계급의 공세를 완전히 마비시킬 수도 있다. …… 혁명적인 정치 공세와 후퇴의 시기에 뒤이어 나타나는 장기 실업은 전혀 유리하게 작용하지 않는다. …… 반면 위기가 길어질수록 한쪽에서는 아나키즘적 분위기가 만연하고 다른 한쪽에서는 개혁주의 분위기가 번성하기 십상이다.[1]

경제 위기는 노동자들의 생활수준과 일자리를 공격하게 만든다. 경제 위기의 정도만큼 노동자들의 고통도 커진다. 노동자들이 실업수당을 타기 위해 줄지어 늘어서면, 전에는 정치·경제 체제에 의문을 가져 본 적이 없던 노동자들도 체제에 대해 심한 혐오감을 가질 수 있다. 그러나 위기는 또 다른 측면을 발전시킨다. 위기는 일자리를 가지고 있는 노동자들이 투쟁에 참가하는 것을 경계하게 만든다. 자칫하면 그들의 일자리가 위험에 처할 수도 있는 것이다. 이런 시기에는 정치적 상황이 위기에 대한 대응 방식을 결정한다.

1970년대 중반에 노동자들은 1920년대나 1930년대 중반의 불황 때와 달리 경영진이 자신들을 해고하고 실업자들로 대체하는 것을 별로 두려워하지 않았다. 너무 강력한 투쟁 전통 때문에 경영진은 그런 시도를 할 수 없었다. 하지만 교활한 방법이 사용됐다. 노동자들은 자신들의 일자리가 체제의 특정 부문의 생존에 달려 있다는 이야기를 끊임없이 들었다. 현재의 생활수준과 노동조건을 지키는 일은 '우리' 공장, '우리' 회사, '우리' 나라 전체를 괴롭히고 있는 위기를 **심화시킬** 것이며, 일자리를 제공할 수 있는 가능성을 파괴할 것이라는 말을 들었다. 언론도 이런 주장을 반복했다. 임금, 노동 조건, 노동시간을 둘러싼 투쟁이 계속되면 사회가 '나락'에 빠질 것이라고 떠들었다.

노동자들은 이런 주장에 저항할 수도 있었을 것이다. 그러나 위기가 빈번할 수밖에 없는 현 체제가 아닌 다른 대안이 있다는 것을 알고 있거나 또는 너무 격분해서 결과야 어찌 되든 싸우고 보자는 태세가 돼 있을 때만 그랬을 것이다.

영국의 히스 정권 때나 이탈리아 공산당이 정부에 참여하기 전, 그리고 스페인에서 몬클로아 협약이 맺어지기 전에 노동자들이 반격할 준비가 돼 있었던 이유를 발견하는 것은 어렵지 않다. 노동계급의 기성 개혁주의 지도부는 대안이 있음을 보여 주고 있었다. 즉, 그들이 정부에 들어가는 것이 대안이었다. 이것은 불만을 가지고 있던 모든 노동자가 쉽게 동의할 수 있고 눈에 보이는 일반적인 정치적 대안이었다. 노동자들은 개혁주의 지도부가 약속을 지킬 것이라고 대단한 환상을 가질 필요도 없었다. 운동의 일반적 정서는 모든 불만에 맞선 싸움이 벌어질 수 있다는 것이었다.

개혁주의 지도자들이 정부에 협력하기로 절반 정도 약속했을 때 이미 투쟁의 구심은 사라진 것이나 다름없었다.

만약 새롭고 자생적인 대중 투쟁이 분출했다면 이것이 크게 문제되지 않았을 것이다. 노동계급은 이런 투쟁에서 적어도 대안의 맹아는 만들어낼 수 있었을 것이다. 혁명적 좌파가 대중적 세력이고 그 자체로 믿을 만한 대안으로 보였더라도 문제는 심각하지 않았을 것이다. 그러나 1974~76년에는 개혁주의자들이 내세운 것과 끝이 없어 보이는 위기 사이에서 노동자 대중이 믿을 만한 대안은 아무것도 없었다.

개혁주의자들이 개혁을 통해 가져다줄 수 있는 것은 아무것도 없었다. 위기가 심화하자 그들의 말은 점점 지배계급의 말과 비슷해졌다. 그 말 속에 노동자들이 환상을 가질 만한 **긍정적인** 것은 거의 없었다. 그러나 노동자들이 개혁주의자들의 처방을 따를 수밖에 없었던 이유는 그들의 처방이 아무리 초라하더라도, 그것만이 가능한 대안으로 보였기 때문이다.

결국 개혁주의 정당들도 자신들이 조장한 상황 변화의 희생자가 될 수밖에 없었다. 일부 노동자들은 이런 위기에 자본주의적 해결책밖에는 없다는 논리적 결론을 끌어내고 가장 우파적인 개혁주의 정당이나 심지어 공공연한 자본주의 정당을 선택했다. 1970년대 말 이탈리아에서는 공산당의 득표율이 하락했다. 스페인에서도 공산당 지지율이 하락해 거의 주변적인 정치 세력으로 전락했다. 영국 노동당은 1979년 총선에서 대처가 이끄는 우경화된 보수당에 패배하고 말았다.

혁명적 좌파의 위기

1974년에 대부분의 나라에서 혁명적 좌파들은 지난 5~6년 동안 자신들의 세력이 강화됐음을 느낄 수 있었다. 그들은 적어도 세계 경제 위기가 노동자들의 생활수준과 노동 조건에 타격을 가하는 속도만큼 빠르게 자신들도 계속 성장할 것이라고 기대했다. 영국에서도 우리는 히스 정부를 무너뜨린 광산 노동자들의 투쟁을 보면서 우리의 힘이 크게 증대할 것이라고 기대했다. 노동계급 운동은 노동당 정부와 몇 달 동안 밀월 기간을 가진 뒤 '빅뱅'처럼 폭발할 것이라고 예상했던 것이다.

'국제사회주의자들'(IS)의 공식 입장은 제4인터내셔널의 신문 <레드 위클리>에 "이중 권력으로 가는 길"에 대해 쓴 사람들처럼 터무니없이 낙관적이지는 않았다. 그렇지만 우리도 투쟁의 급속한 분출을 예상했다.

> 계급투쟁의 소강기는 불가피하다. 하지만 심각한 경제 위기 때문에 노조와 노동당 정부의 '밀월' 관계는 1964~66년보다 훨씬 짧을 것이다. 이번에는 몇 년이 아니라 몇 달에 불과할 것이다.[2]

실천에서도 우리는 이전 시기의 거대한 성장이 지속될 것처럼 행동했다. 활동과 모임이 고양기와 같은 속도로 계속됐다. 우리는 상황이 전혀 바뀌지 않았다는 전제 아래 신문 판매와 신입 회원 가입 목표를 세웠다.

유럽의 기준으로 보면 우리의 전망은 매우 보수적인 것이었다. 이탈리아에
서는 1976년 선거 준비기에 거의 모든 혁명적 좌파는 공산당이 기독교민주당
보다 더 좋은 선거 결과를 얻을 것이라고 믿었으며 혁명가들이 많은 표를 획
득해 '좌파' 정부가 구성될 것이라고 기대했다.

프랑코가 죽기 전의 스페인에서도 이런 기대가 일반적이었다. 스페인의
LCR은 "혁명적 상황이 무르익고" 있다고 주장했으며, 규모가 큰 마오주의 조
직들은 "인민 전쟁"을 얘기하고 있었다.

프랑스에서는 1968년의 과도한 낙관주의가 1970년대 초에 가라앉아 버렸
다. 그와 함께 낙관주의를 양산했던 다양한 마오주의와 자생주의 그룹들의 영
향력도 사라져 버렸다. 그럼에도 혁명적 좌파의 일부는 자신들의 행동만으로
도 이런 상황을 변화시킬 수 있다는 듯이 행동했다. 1976~78년에 공산당과
사회당의 '노동자 정부'가 선출되면 계급투쟁이 거대하게 분출할 것이라는 환
상과 함께 낙관주의가 지속됐다.

당시 혁명적 좌파의 기대는 지금 돌이켜 보는 것만큼 터무니없게 보이지는
않았다. 사람들은 새로운 혁명적 조직들이 성장해 노동자 투쟁에 영향을 미쳤
던 5년을 막 지나고 있었다. 1968년 이전부터 활동했던 사람들만이 노동자 운
동에서 완전히 주변화되는 것이 어떤 것인지를 기억할 수 있었다.

이런 희망이 좌절되자 혁명적 좌파들은 위기에 빠질 수밖에 없었다. 조직
이 크면 클수록 운동에 미치는 영향력과 기대감도 더 컸고 그래서 위기도 더
심각했다. 이탈리아에서는 1976년 6월 선거 패배 후 겨우 한 달 만에 '혁명적
좌파의 위기'라는 말이 널리 퍼졌다. 1년도 채 안 돼 위기의 증상들이 서유럽
과 북미 전역에서 확연히 나타났다.

한 가지 중요한 요인은 '전투성의 위기'였다. 1970년대 중반까지 혁명 조직
의 많은 조직원은 7~8년, 심지어 10년 동안 끊임없이 활동에 참여했다. 그들
은 1967~69년의 바리케이드에서 정치를 배웠고 그 뒤로 거의 멈추지 않고 전
진해 왔다. 매일, 매주 그들은 신문을 팔았고 소식지를 만들었으며, 공장 밖에
서 정치 쟁점들을 주장해 왔다. 운동이 계속 힘을 얻을 때는 괜찮았다. 하지만

전진할 수 있는 동력이 억제되자 활동의 대부분은 아무 의미가 없어 보였다.

이런 '피곤함'이 가장 두드러진 것은 이탈리아에서는 1976년 6월 선거 이후, 스페인에서는 프랑코 이후 정권이 공고해지면서, 영국에서는 1975년에 계급투쟁이 침체한 이후, 그리고 다시 1977~78년 소방수 파업이 패배한 후, 미국에서는 카터 정부 출범 이후였다. 이 때문에 조직의 요구에 '반기'를 드는 분위기가 조성될 수 있었다. 프랑스에서는 1977년에 LCR의 한 지부가 '파업에 들어가' 회비 납부, 모임 참석, 신문 판매 그리고 내부 소식지 구독을 거부한 사례가 적어도 한 번 있었다. 이런 행동은 지도부가 활동 시간 단축을 허용할 때까지 지속됐다. 1976년 로타 콘티누아 조직의 비극적인 마지막 대회에서 조직원들이 계속 물고늘어진 한 가지 주제를 공식 기록은 이렇게 요약하고 있다. "사회에서 개인의 존재와 조건은 그 개인이 혁명 정당 건설에 참여하는 기초로서 인정돼야 한다."[3]

처음에 이런 분위기는 1968년 당시 학생이었던 사람들 사이에서 만연했다. 그들은 자신들이 활동했던 투쟁의 외부에 있었거나 아니면 '산업화해' 자발적으로 공장 활동의 부담을 떠맡았었다. [그런데] 투쟁이 하강하기 시작하자 그들은 다른 직업을 얻으려는 유혹에 이끌렸고 노동계급 출신이 아닌 사람들에게 열려 있는 길을 따라 공장을 떠나갔다.

그렇지만 이 분위기는 곧 '진짜' 노동자들에게도 영향을 미쳤다. 일부는 공장의 일상에서 벗어나 고등교육이나 노조 교육자의 길을 걸었다. 다른 일부는 노동조합의 상근 또는 준상근 활동의 유혹을 떨쳐버리지 못했고, 그런 분위기에서 살아남기 힘들게 만드는 혁명적 사상을 포기했다. 훨씬 더 많은 사람들은 정치 활동을 그냥 포기했다.

많은 혁명 조직의 정치는 전투성의 '위기'를 필요 이상으로 악화시켰다. 마오주의의 영향 때문에 스탈린주의 조직 형태를 채택하는 경우가 만연했고, 스탈린주의 조직은 조직원들이 정치·전략·전술 논의에 참여하는 것을 거의 허용하지 않았다. 당 대회에서는 상이한 입장들 사이의 토론과 논쟁이 활발하게 벌어지지 않고 강령들만 무성하게 쏟아져 나왔다. 내부 소식지(가 있었던 곳에서)는 견해 차이가 아니라 지도부의 문건을 그대로 내보냈다. 사무총장은 스탈린이나 마오를 본떠 '지도자'로 묘사됐다. '민주적 중앙집권주의'는 당 '노선'에 대한 맹목적 복종을 의미하는 것으로 해석됐다. 그 노선을 실행하기가 얼마나 어려운가는 전혀 중요하지 않았다.

하지만 1975~77년 이후 투쟁 수위가 떨어지고 혁명적 사상에 대한 관심이 줄어들자, 엄청난 좌절을 겪지 않은 '노선'은 하나도 없었다. 과거에 내부 논쟁이 없었다는 사실이 지금 벌어지는 논쟁을 막을 수는 없었다. 오히려 지금의 논쟁을 더 격렬하고 불쾌한 것으로 만들었을 뿐이다. 사람들은 스탈린주의와 마오주의 규율이 지배하던 시절에 반발해 이제는 모든 규율을 거부하는 것으로 대처했다. 상명하달식 노선에 개별 투사들의 인격을 완전히 종속시키는 것을 받아들였던 입장을 포기하고 이제는 개성의 필요 자체가 '정치적'이기 때문에 어떤 전략도 필요하지 않다는 입장으로 돌아선 것이다.

마오주의 조직들의 세계적 정치는 전투성의 위기를 강화시켰다. 중국을 미화하는 것에 타격을 가한 사건들이 잇따랐다. 1968~71년에 마오의 2인자는 린뱌오였다. 그는 마오주의자들이 활동하는 곳이라면 어디서나 '위대한 영도자'와 함께 나란히 포스터에 등장했다. 그런데 중국 정부가 갑자기 그가 사라져 죽었다고 발표했다. 군사 쿠데타의 실패 이후 러시아로 가려다가 비행기가 추락했다는 것이었다. 1976년에 마오가 사망하자 이번에는 '사인방' — 마오의 부인과 세 명의 다른 지도자 — 차례가 됐다. 그들은 '음모가'로 낙인찍혀 공개재판에서 장기 징역형을 선고받았다. 덩샤오핑이 중국의 실질적 지배자가 됐다. 그리고 그는 마오와 문화혁명을 비판했다는 이유로 <타임>지의 '올해의 인물'로 선정되는 영광을 얻었다. 한편 캄보디아의 폴 포트 정권이 소련보다더 극악한 스탈린주의를 확립했을 때 중국은 이들을 지지하고 나섰다. 이 정권은 국가자본주의적 '일국 사회주의'를 건설하는 과정에서 100만 명을 가장 극악한 방식으로 죽였다. 1978년에 베트남이 캄보디아를 침략해 무력으로 폴포트 정권을 전복하고 중국이 베트남과 전쟁을 벌이자 그나마 남아 있던 환상은 최후의 타격을 받았다.

이런 일련의 사건 때문에 1968년 세대 대부분은 사기가 엄청나게 떨어졌다. 이들은 특히 중국·베트남·캄보디아의 제3세계 게릴라 투쟁을 사회주의와 동일시했다. 특히 마오주의자들이 이런 경향이 심했는데, 일부 '정설' 트로츠키주의자들도 '호치민'을 모델로 삼아 연구하고 추종했다. 제3세계 혁명에 대한 어떠한 비판도, 심지어 제국주의에 대항해 그들을 방어하는 사람들이 하는 비판까지도, 입밖에 내지 못하게 하거나 그렇게 하지 못하면 비난받았다.[4]

그들은 중국·베트남·캄보디아에 존재하는 체제를 이탈리아·프랑스·영국에서 혁명을 통해 건설해야 할 모범으로 믿고 있었다. 진실이 밝혀지자 그것은 정치적 전기 충격 비슷한 효과를 낳았다. 그 충격은 단지 그들의 잘못된 믿음만 파괴한 것이 아니라 서방 자본주의에 대한 합리적 인식마저 파괴했다. 마오의 추종자들은 하루아침에 떨어져 나갔다. 대부분은 정치를 포기했다. 소수는 '신철학자'가 됐다. 그들은 제국주의의 사도가 돼 핵무기와 중앙아메리카의 콘트라 반군을 지지했다.[5]

▌우경화

▌우리가 앞서 보았듯이, 경제 위기가 심화하고 개혁주의 지도부가 정부 정책을 공공연하고 분명하게 지지하기 시작하자 노동자들의 분위기가 바뀌었다. 정치적 논의의 우경화는 학교와 대중 매체에서 주입하는 '지배적 사상'에서 이제 막 벗어나기 시작한 수많은 노동자들에게 영향을 미쳤다.

이것이 이번에는 혁명적 좌파의 주장을 대부분 수용할 준비가 돼 있던 투사들에게 강력한 압력을 가했다. 분위기의 변화는 그들의 세계관에 영향을 미쳤다. 해고 위협에 시달리는 상황에서 '점거 투쟁, 국유화'라는 요구를 제기하기보다는 경영진과 '생존 가능성'에 대한 토론을 하는 것이, 실업이 두 배로 늘어난 상황에서 체제를 전복하자고 주장하기보다는 '대안적 경제 정책'과 '사회적 투자 계획' 등의 대가로 임금 통제를 받아들이는 것이, 임금의 전면 인상보다는 생산성 증가분만큼 지급하라고 요구하는 것이 더 '현실'인 것처럼 보였다.

몇 년 전에는 모호한 개혁주의 사상을 갖고 있던 많은 투사들이 경제적 요구를 위한 투쟁에서는 개혁주의 지도부보다 훨씬 더 멀리 나아갈 준비가 돼있었다. 이제 바로 그들이 공장 투쟁에 반대하는 개혁주의적 주장을 제기하고 있었다.

혁명 조직의 성원들은 갑자기 자신들이 고립돼 있다는 것을 알게 됐다. 여러 가지 이유로 그들은 더는 성공에 성공을 거듭할 수 없다는 사실을 깨닫지 못하고 있었다. 그들의 신문 판매 부수는 정체되거나 줄어들었다. 싸우고 있는 노동자들에 대한 연대 투쟁 호소도 별 호응을 얻지 못했다. 일부 노동자 조직원들은 떨어져 나가고 있었다.

가장 쉬운 일은 대세를 따라 우경화하는 것이었다.

1974~76년에 이탈리아 혁명적 좌파의 주요 조직들이 우경화해 '좌파' 정부의 마술적 힘을 믿게 됐다.

프랑스에서 트로츠키주의 LCR은 선거를 통해 사회당-공산당 좌파 정부가 들어서는 새로운 혁명적 고양기를 열어줄 수 있는 유일한 길이라는 입장을 발전시켰다. 1978년 총선 당시 그들은 인쇄물을 통해 사회당-공산당 연합이 다수당이 돼야 할 필요성을 역설했다. 하지만 이들의 정치가 영국이나 서독에서 정권을 잡고 있는 노동당이나 사회민주당과 별반 다르지 않을 것이라는 사실은 거의 경고하지 않았다. 1960년대 중반 공산당이 선거에서 미테랑 지지를 표명하자 환멸을 느낀 학생 당원들이 혁명적 정치로 전환함에 따라 성장했던 이 조직[LCR]의 정치적 운명이 이렇게 된 것은 이상한 아이러니였다.

적어도 프랑스 LCR은 독자적 조직을 유지했다. 다른 곳의 혁명적 사회주의자들은 좀 더 나아갔다.

1980년 런던에서는 세 명의 노동당 좌파 의원들(토니 벤, 스튜어드 홀랜드, 오드리 와이즈)과 세 명의 혁명적 좌파 대표들(국제마르크스주의그룹의 타리크 알리, 같은 그룹의 옛 조직원이었던 힐러리 웨인라이트, 사회주의노동자당의 폴 풋)이 양 편으로 나뉘어 논쟁을 벌였다. [그러나] 2년이 채 안 돼 알리는 노동당에 합류했고 웨인라이트는 노동당이 통제하는 런던 광역 의회에서 활동했다. 이 곳에서 그는 한때 국제사회주의자들(IS) 그룹에 있었던 존 팔머나 한때 마오주의자였던 마이크 쿨리 같은 옛 혁명가들과 함께 활동했다.

독일과 스페인의 대규모 자생주의적 마오주의 조직들의 운명도 그리 다르지 않았다. 1980년대 초에 이들은 거의 붕괴했고, 그 조직원들은 정치를 포기하거나 다양한 선거주의자들로 변신했다. 프랑스에서는 제스마르가 미테랑 정부의 보좌관이 됐고, 독일에서는 두치케와 콩방디가 녹색당 창당 회원이 됐다.

미국에서는 '현실적'이 된다는 것은 훨씬 더 우경화하는 것을 의미했다. 이렇다 할 사회민주주의 정당이 없었기 때문에 두 주요 부르주아 정당 중에 약간 더 '자유주의적'인 민주당을 선택할 수밖에 없었다. 1980년대 중반에 한때 마오주의자였던 사람들이 민주당에 깊숙이 들어가서는 제시 잭슨의 대통령 선거 운동을 지원했다. '신좌파' 잡지인 ≪사회주의 혁명≫은 ≪사회주의 평론≫으로 이름을 바꾸고, 민주사회주의조직위원회나 20년 전 SDS와 결별한 마이클 해링턴 같은 사람들과 함께했다. SDS의 지도자였고 시카고 내란 음모 재판의 피고인이었던 톰 헤이든은 더 나아갔다. 그는 민주당의 캘리포니아 주의회 의원이 돼 이제 사형 제도에 찬성한다고 말했다.[6]

운동들의 성장

1968년 이후 10년 동안 사기 저하된 혁명가들에게 유일한 대안은 개혁주의로 우경화하는 것만은 아닌 듯했다. 한 동안 이른바 '사회 운동' — 여성·동성애자·반핵·환경 운동 — 이 분출해 또 다른 대안처럼 보였다. 여성 운동은 그 자체가 새로운 것은 아니었지만 이런 운동의 발전에 추진력을 제공하는 것처럼 보였다.

미국의 주류 여성 조직인 전국여성조직은 1966년에 만들어졌다. 1967~68년에 더욱 급진적인 여성 조직이 그 뒤를 따랐다.[7] 영국에서는 <블랙 드워프>

가 1969년을 '전투적인 여성의 해'로 선포했고[8] 여성 워크숍들이 최초로 열렸다. 전국 여성 해방 대회가 1970년에 처음으로 개최됐다. 또 여성 해방 지지자들이 처음으로 노동계급 여성들을 조직하려고 시도했다. 런던의 야간 청소부들 사이에서 캠페인이 벌어지기도 했다. 독일에서는 이미 1968년 12월 독일 SDS의 마지막 대회에서 여성에 대한 태도를 두고 격렬한 논쟁이 벌어졌다. 이탈리아에서는 1974년에 이혼에 관한 국민투표를 앞두고 여성의 권리 문제가 핵심으로 대두됐다.

임노동을 하거나 고등교육을 받은 여성들이 늘어남에 따라 여성 해방이라는 사상이 널리 퍼졌다. 하지만 운동 자체는 비교적 소수의 활동가만을 끌어들였다. 영국에서는 여성 해방 대회 참석 인원이 수백 명 정도였고, 그들의 잡지 판매 부수도 전부 합쳐 수천 부를 넘지 못했다. 잡지 ≪사회주의 여성≫은 1974년에 이렇게 쓰고 있다. "대부분의 노동계급 투사들은 자신들의 투쟁을 집중하고 조직하기 위해 여성 해방 운동에 관심을 기울이지 않았다."[9]

유럽의 많은 곳에서도 이 때는 사회주의 좌파들이 많은 여성을 포함한 노동계급 투쟁들과 연계를 맺을 수 있는 시기였다. 노동계급에 기반을 둔 마르크스주의 조직과 여성 해방을 대립시키는 여성 정치 활동가들은 거의 없었다. 대부분의 여성 운동 활동가들은 자신을 좌파의 일부라고 생각했다. 그들은 자본주의 사회에서 성장하고 자본주의 이데올로기에 영향 받은 사회주의 활동가들에게 존재하는 몇몇 태도에 도전해야만 했다. 투쟁과 토론만이 이런 태도를 바꿀 수 있을 것이다. 그런 문제들은 여성과 남성 노동자들이 함께 체제에 맞서 싸울 때만 해결할 수 있는 것들이었다.

남부 유럽에서는 여성들이 겪는 억압에 맞선 투쟁을 더 넓은 노동계급 투쟁의 일부로 봐야 한다는 압력이 특별히 더 강했다. 이탈리아에서는 여성 억압에 대한 도전이 필연적으로 기독교민주당에 대한 도전을 수반하고 있었다. 포르투갈, 스페인, 그리스에서 [여성 해방] 투쟁은 강력한 독재 정권과의 충돌 없이는 생각할 수도 없었다.

미국의 급진파 여성 해방 운동에서 지배적인 태도는 이와 조금 달랐다. 그들은 유럽의 학생 좌파들과는 매우 다른 경험을 가진 학생 좌파 출신들이었다. 그들이 학교에 다니고 있을 당시까지 미국의 대학은 성차별적 태도와 남학생들의 친목회 문화가 지배하고 있었다. 학생 좌파가 자신들의 사회적 배경과 단절했다 하더라도 그것은 조직 노동계급과 접촉한 결과가 아니었다. 조직 노동계급에게는 남녀 노동자들이 함께 참여하는 집단적 투쟁의 전통이 있었다. 오히려 좌파는 룸펜 프롤레타리아 부문에 눈을 돌렸다. 그들은 지역 사회에서 한편으로는 SDS를 조직하거나 다른 한편으로는 특히 흑표범당 같은 흑인 민족주의 집단들을 조직했다. 또는 베트남 전쟁에 반대하는 젊은 병사들에게 관심을 기울였다. '심층적 조직화'는 흔히 이런 집단들 사이에서 가장 낮은 수준의 공통 분모를 찾는 것에 기반하고 있었다. 이것은 그런 집단들 사이에 널리 퍼져 있는 성차별주의 태도를 모방하는 것을 의미했다. 1967년에 스토클리 카마이클의 주장은 이런 태도를 잘 요약했다. "운동 내에서 여성의 역할은 납작 엎드리는 것이다."

그 결과 처음부터 여성 운동의 급진파는 남성들과 '남성이 지배하는' 좌파에 적대적 태도를 갖는 경향이 있었다. 유럽의 대부분에서 이런 적대감은 1970년대 초에 여성과 남성 노동자들이 함께 체제에 맞선 거대한 투쟁을 하면서 계속 약화됐다. [그러나] 미국에서는 그렇지 않았다. 1970년대 초에 이미 미국 좌파 사이에서는 사회주의는 여성을 해방시킬 필요가 없다는 주장이 '상식'이 됐다. 유럽에서는 이런 사상이 여성 사회주의자들의 거센 저항에 부딪혔다. '가부장제'라는 용어 — 여성 억압에 맞선 투쟁과 자본주의에 반대하는 투쟁은 서로 별개의 것이라는 의미를 함축하는 — 는 유럽의 여성 운동에서는 별로 사용되지 않았다.

그러나 노동계급 투쟁이 하강하기 시작한 1974~76년 이후에 이탈리아, 스페인, 영국에서 여성에게 핵심 문제인 낙태권을 둘러싼 투쟁이 분출했다. 전에는 주로 고등교육을 받은 사람들에게만 국한됐던 여성 운동이 모든 계급의 여성들, 특히 노동계급 여성을 끌어들이는 것처럼 보였다. 또 여성 운동은 혁명적 조직들의 '낡은' 정치가 완전히 실패하더라도 여전히 유효한 정치 행동의 한 형태처럼 보이기도 했다. 이런 주장은 당시 활발했던 다른 운동—독일의 핵발전소 반대 운동, 영국의 흑인 운동, 스페인의 바스크 민족주의와 민족·지역 자치 운동—으로 확대됐다.

단지 여성들뿐 아니라 많은 사람들이 혁명적 조직을 떠나 이 새로운 '운동주의'를 받아들였다. 이탈리아에서는 로타 콘티누아 출신의 많은 활동가들이 이제 중국이 신뢰를 잃었으므로 여성 운동을 원형으로 간주했다. 영국에서는 전에 혁명적 사회주의자들이었던 쉴라 로보썸, 린 시걸, 힐러리 웨인라이트가 공저 ≪파편을 넘어서≫에서 '페미니즘'이야말로 '사회주의를 개조'하기 위한 모델이라고 주장했다.[10] 또 페미니즘은 '낡은' 혁명적 좌파의 억압적 구조와 단절하려는 운동의 전형을 보여 준다고 주장했다.

'자율적 운동들'의 '운동'이라는 개념이 기존 혁명 조직들에 영향을 미치기 시작했다. 이것이 바로 로타 콘티누아 지도부가 1976년 그들의 마지막 대회 이후 확립하고자 했던 것이었다. 지도부의 일원이었던 기도 비탈레는 '프롤레타리아'를 이렇게 이야기했다.

지난 몇 년 동안 노동자 투쟁의 힘과 내용을 받아들였던 모든 부문이 이제는 그들 자신의 자율적 성장을 하나의 운동으로, 하나의 대중 조직으로 파악하고 있거나 파악하기 시작했다. 실업자, 중앙정부와 지방정부 공무원, 젊은이, 병사, 사회적 투쟁 등등.[11]

이에 대해 한 혁명가는 이렇게 논평했다.

만약 미래의 역사가들이 시간이 남는다면, 거리에 나가 구호를 외치고 싶어한 학생들을 프롤레타리아로 묘사한 기사를 <로타 콘티누아>에서 수백 개 찾을 수 있을 것이다.[12]

완전히 파편화한 '민주적 프롤레타리아'(아방구아르디아 오페라이아의 후신)는 "광범한 민주적 저항을 실천하고 …… 그래서 반자본주의 진영을 단결

시킬 수 있는 세력들을 축적하는 것"을 자신들의 과제로 제시했다.[13]

'운동주의' 경향은 이탈리아의 조직 하나를 파괴했고 다른 조직의 내부 응집력을 약화시켰다. 다른 곳에서도 이렇게 심하지는 않았지만 비슷한 일들이 있었다.

다른 운동들의 '자율성을 존중하라'는 압력을 받은 혁명 조직들은 그들을 공동 투쟁에 끌어들이려는 노력이나 그들의 특정 요구들을 쟁취할 수 있는 유일한 세력 — 수동적이지만 잠재적으로 혁명적인 노동계급 — 과 그들을 연계시키려는 시도를 포기하는 경향이 있었다. 그러나 그런 운동들은 사회의 주변에 머물러 있었고 그들 자신의 독자적 힘을 발휘할 능력이 없었다. 이것은 심지어 여성 운동에도 적용됐다. 비록 여성 운동이 인구의 절반 이상을 포괄한다고 주장했지만 실제로는 소수의 노동계급 여성만을 끌어들이고 있었으며, 여성 운동이 대표하려 했던 다수는 여성 운동을 보며 혼란(때로는 공감하고 때로는 적대하며)을 느끼고 있었다. '자율성'이라는 개념은 운동에 참여한 사람들 스스로 결정할 수 있는 권리를 혁명가들이 존중해야 한다는 것(마치 그런 선택이 가능하다는 듯이)만 의미하지 않았다. 혁명가들이 운동 내의 토론에 개입하는 것을 **원칙적으로** 거부해야 한다는 것도 의미했다. 그리고 이것은 운동들이 '주변'에서 벗어나도록 도우려는 일체의 시도를 배제해 버렸다.

서로 별개의 '자율적' 부문들이라는 개념이 혁명 조직 자체에 영향을 미치기까지 했다. 이제 혁명적 조직은 서로 다른 이익 집단들의 연합체가 됐다. '젊은 세대'와 '구 세대', '노동조합원'과 '여성', '북부 출신'과 '남부 출신' 등의 모든 분파가 스스로 독자적인 결정을 내렸다. 혁명적 신문은 체제에 대항하는 여러 투쟁들을 단결시키는 메커니즘이 아니었다. 오히려 일련의 섹션들로 나뉘어, 한 섹션은 여성들을 위해, 다른 섹션은 젊은이들을 위해, 또 다른 섹션은 남성 노조 활동가를 위해, 한 섹션은 '운동' 참여자들을 위해 할당됐고, 서로 끊임없이 논쟁을 벌였다. 특정 운동들의 부침에 영향받지 않고 사람들을 공동의 투쟁으로 끌어들일 수 있는 총체적인 정치적 분석은 사라졌다.

운동들에 파묻히는 것은 혁명 조직의 내부 파편화로 그치지 않았다. 이 때문에 많은 조직원들이 혁명적 전망을 포기하기도 했다.

1976~77년에 거대하게 분출한 운동들─특히 여성 운동─은 노동자 투쟁과 노조 조직에 관심이 있는 '옛' 좌파보다 더 혁명적인 것처럼 보였다. 그들은 모든 것에 도전했고, 현존하는 모든 행동 양식에 반기를 들었다. 반면 '낡은' 혁명적 좌파는 작업장에서 벌어지는 착취에 반대하는 투쟁이 중심적이어야 한다고 주장했다.

그러나 그런 운동들은 머지않아 혁명적 성격을 상실했다. 그 활동가들의 다수는 개혁주의와 타협했으며, 그들의 사상은 유로코뮤니즘과 사회민주주의라는 '상식'의 일부가 됐다. 예를 들어 영국에서는 ≪파편을 넘어서≫의 저자들이 모두 노동당 좌파 속으로 들어갔다. 한편 '마초 전투성'이란 용어가 노동자 투쟁을 비난하고 싶어하는 노동당 지도부가 선호하는 문구가 됐다. 그리고 페미니스트 언론인 비아 캠벨은 자기 동료인 유로코뮤니스트 에릭 홉스봄 교수가 계급 정치 포기를 정당화했을 때 1970년대 말 '운동들'의 미사여구를 사용해 그를 전폭 지지했다. 우파들─예를 들어 영국의 시온주의자들─은 이런 분위기에 편승해 자신들을 비판하는 사람들이 "우리의 자율성을 침해했다."고 비난했다.[14]

그런 운동들이 개혁주의로 빠진 것은 결코 우연이 아니었다. 그들이 노동계급 투쟁을 통해서만 변혁이 가능하다는 사실에 눈을 감은 순간부터 그것은 필연적이었다. 그런 운동들 자체에는 사회에 결정적 영향을 미칠 수 있는 힘이 없었다. 그런 운동은 사회적 항의이지 사회적 힘이 아니었다. 그들은 급속히 성장할 수 있었으나 그 지지자들이 운동의 무기력함을 발견하자마자 재빨리 사그라졌다. 이제 남은 것이라고는 더 넓은 사회관계에서 고립돼 자신들의 생활양식을 바꾸는 것으로 자족하거나(보통 아주 불만스런 방식으로) 자신들에게 변화를 가져다줄 수 있는 기성 정치 제도에 의존하는 소규모 집단이 되는 것뿐이었다. '운동들의 운동'이라는 '혁명적' 계획이 실천에서는 개혁을 바라는 압력 단체들의 재구성으로 끝나고 만 것이다.

17

다음 번의 불꽃

68 세대의 희망이 좌절되자 많은 사람들이 사회주의 혁명의 가능성을 단념했다. 혁명적 사회주의자였던 사람들이 이제는 노동계급 투쟁의 중요성을 거부하는 유로코뮤니즘, 개혁주의, 환경운동 등으로 기울었다. 그들은 현대 노동계급에게 혁명적 잠재력을 기대했던 것이 1968년의 실수라고 말했다. 제1차세계대전이 끝날 때쯤 노동계급이 역사적 변화의 주체가 될 수 있었던 역사적 순간이 있긴 했지만 그것은 과거지사가 돼 버렸다. 이제 노동계급은 쇠퇴해 가는 사회 세력이고 내적으로 분열돼 있으며 기성 체제 전복에 무관심한 '부유한' 부문이 점점 더 늘어나고 있다. 사회주의자가 할 수 있는 일이라곤 쇠퇴하는 노동계급 조직들과 '신사회 운동' 그리고 중간계급을 연결하는 동맹을 구축하는 것뿐이라는 게 그들의 주장이었다.[1]

이 책의 목적 중 하나는 1968년과 1976년 사이에 서구의 일부 주요 국가에서 노동자들이 결정적인 사회 세력으로 등장했다는 사실을 보여 줌으로써 그런 주장들을 반박하는 것이었다. 노동자들의 투쟁이 드골·히스·프랑코·판파니의 계획을 좌절시켰다. 노동자 투쟁이 움츠러들거나 흐트러지기는커녕 전에는 노동계급 투쟁에 거의 관심이 없었던 부문들까지도 이곳저곳에서 끌어들였다. 교사, 사무보조원, 사회복지사, 도서관 사서, 소방수, 컴퓨터 오퍼레이터 등이 모두 투쟁에 뛰어들었다. 전에는 흔히 노동계급 투쟁에 강력하게 반대했던 화이트칼라 노동자 대중이 이제는 경제적인(항상 정치적인 것은 아니라도) 노동계급 운동에 동참했다.

1968년의 의붓자식들이 후회하면서 채택한 새로운 개혁주의 이론들은 마치 아무 일도 없었던 것처럼 그 때의 경험을 지워버리려 했다. 그들은 위기가 심화된 1980년대에 1950년대 호황기에 유행했던 사상들을 부활시키려 했다. 그 사이에 일어난 일이라고는 극소수 학생들의 '마약' 복용뿐이라는 듯이 말이다.

그런 주장을 더 좌파적으로 변형시킨 사람들은 여전히 노동계급이 중심이라고 생각했지만, 서구 노동자들이 레닌이나 트로츠키 같은 사람들이 기대한 혁명적 방향으로 움직이지는 않을 것이라고 결론내렸다. 영국 노동당을 비판한 랠프 밀리반드, ≪뉴 레프트 리뷰≫의 편집장 페리 앤더슨, 스페인 공산당 출신 페르난도 클로댕, 한때 마오를 추종했던 니코스 풀란차스 등 다양한 사상가들이 이렇게 주장했다.[2]

그들은 서구 사회가 그 '민주주의 형식들'에 대한 강력한 지지를 확보하고 있다고 주장했다. 왜냐하면 의회 제도가 실질적 권력체인 듯한 외양을 띠기 때문이다. 노동자들은 [의회 제도를 거부할 수 있는] 기회가 찾아오더라도 의회 제도에 대한 일체감을 포기하지 않을 것이다. 진지한 사회주의자들은 이 영역에서 활동하는 법을 터득하기 전에는 노동자 대중에 대한 지속적 영향력을 행사할 수 없을 것이라는 주장이었다.

클로댕은 심지어 1917~21년에도 레닌이 구상한 혁명은 서구에서는 배제됐다고 주장했다.

무엇보다도 서구 프롤레타리아의 문화적 환경을 그[레닌]는 알지 못했다. 예를 들어 서구 노동자들의 정치적 행동에 심대한 영향을 미치는 두 가지 주요한 측면은, 민족적 가치와 민주적 가치에 대한 깊은 애착이다.[3] ……

꽤 확고한 의식을 가진 다수가 급진적 변화를 원한다는 사실이 선거를 통해 드러나지 않는 한, 대중 투쟁에서든 의회 투쟁기구에서든 독점 자본주의와 결정적 대결을 벌일 필수조건은 충족되지 않는다.[4]

밀리반드도 이와 비슷한 주장을 했다.

의회 다수파 달성이 가능해 보이는 한, 혁명적 권력 장악이라는 예상에 기초한 대안 전략은 아주 하찮은 정치적 의미밖에 없다. 그런데 이런 권력 장악은 실질적인 대중적 지지 없이는 불가능하지만, 체제 전복 기도에 대한 그런 대중적 지지는 자본주의적 민주주의 상황에서는 얻을 수 없다. 이 때문에 체제 전복 기도는 그저 환상에 그치고 만다.[5]

타리크 알리는 이런 주장을 변형해 포르투갈 혁명의 패배를 분석했다.

포르투갈의 전위는 공장과 군대에서 준비가 돼 있었다. 그들은 자신들이 혁명을 일으킬 수 있다고 생각했다. 그들은 제헌의회 선거 때 또다시 탈선했다. 이런 선거의 중요성을 이해하지 못한 극좌파와 선거를 무시하라고 관료적으로 촉구한 공산당의 동맹은 단명에 그쳤다. 이 때문에 마리오 소아레스가 노동계급 내에서 민주주의를 옹호하는 유일한 인물로 자처할 수 있었다.[6]

제4인터내셔널의 주도적인 이론가인 에르네스트 만델도 이런 주장에 어느 정도 공감했다. 그는 "포르투갈 혁명"이 "언론 자유"라는 문제(즉, 노동자들이 <헤푸블리카>와 '하디우 헤나센카'를 장악한 것)에서 "탈선했다"고 주장했다. 그리고 서구에서 이중 권력이 "여러 해 지속될지 모른다"고 주장했다.[7]

페리 앤더슨은 서구에서는 의회주의가 혁명에 대한 이데올로기적 장벽이라고 결론지었다.

의회제 국가의 존재는 …… 지배계급의 다른 모든 이데올로기 메커니즘의 골격이다. 이에 비하면, 개혁을 통해 얻는 경제적 향상―명백히 더 물질적인―은 대체로 서구의 대중에게 이데올로기적 의미가 덜하다. …… 부르주아 민주주의라는 이데올로기는 사회복지 개혁주의보다 훨씬 더 호소력이 있으며, 자본주의 국가가 주입한 합의의 영속적 구문(構文)을 형성한다.[8]

명백한 사실에서 잘못된 주장이 나오는 경우가 흔하다. 이런 주장이 바로 그렇다. 1968~76년에 노동계급 대중 행동은 노동자 대중 의식의 혁명적 변화로 이어지지 않았다. 그러나 혁명적 마르크스주의 전통을 분석의 기초로 삼는 우리가 이런 사실에 놀라서는 안 된다. 대부분의 시기에 자본주의 사회는 피지배자들의 다소 소극적인 지지를 받는다. 지배적인 사상은 지배계급의 사상이다. 대다수 사람들은 기성 체제가 아닌 대안을 발견하지 못한다. 기성 체제에 저항하는 소수는 하찮은 불만 세력으로 무시당하거나 필요에 따라서는 탄압을 받기도 한다.

그런 시기에 부르주아 민주주의는 진가를 발휘할 수 있다. 지배계급은 부르주아 민주주의를 이용해 수동적인 대중이 스스로 체제를 어느 정도 통제하고 있다고 생각하게 만든다. 이 때문에 어떤 상황에 대한 대중의 불만은 상이한 부르주아 정당의 상호작용 속으로 흡수될 수 있다.

약 70년 전에 네덜란드의 '좌익' 공산주의자 파네쿡은 대중이 서유럽 부르주아 사회의 메커니즘으로 흡수되는 것을 이렇게 설명했다.

낡은 부르주아 생산양식과 그와 함께 발전해 온 수백 년 된 문명이 대중의 사고와 정서에 완전히 각인됐다. …… 부르주아 문화는 일차적으로 전통적 사고틀로서 프롤레타리아 속에 존재한다. 이에 사로잡힌 대중은 현실적인 관점에서가 아니라 이데올로기적으로 생각하게 된다. ……

수백 년 동안 벌어진 수많은 계급투쟁에서 물려받은 정신적 반영물은 정치적·종교적 사고 체계로 살아남아 그 이데올로기적 전망에 따라 낡은 부르주아 세계를 여러 집단으로, 교회로, 종파로, 정당으로 분열시키고, 부르주아 세계에서 태어난 프롤레타리아도 그렇게 만든다. 따라서 부르주아적 과거는 새로운 세계를 창조하는 데 꼭 필요한 계급적 단결을 가로막는 조직적 전통으로서 프롤레타리아 속에 살아 있다. 이런 낡은 조직들에서 노동자들은 부르주아 전위를 추종하거나 지지한다. 이런 이데올로기 투쟁에서 지도적 역할을 하는 사람들이 바로 지식인들이다. 지식인들 — 성직자, 교사, 문학가, 언론인, 예술가, 정치인 — 은 수많은 집단을 형성한다. 이 집단들의 기능은 부르주아 문화를 육성하고, 발전시키고,

456

선전하는 것이다. 이 집단들은 부르주아 문화를 대중에게 전달하고 자본의 지배와 대중의 이익을 중재하는 역할을 한다.[9]

이탈리아의 혁명적 마르크스주의자 안토니오 그람시가 나중에 제시한 설명도 이와 비슷하지만 이보다 더 유명하다. 그는 국가와 대중 사이를 중재하는 제도적 네트워크를 '시민사회'라고 불렀다. 이 네트워크 덕분에 자본주의 사회는 "직접적인 경제적 요소들(공황, 경기 침체 등)의 재앙적 공습에 저항할 수 있다."[10] 이 네트워크들은 국가에 대한 공격을 막는 강력한 방어벽이 돼 주고, 심지어 국가 자체가 잠시 붕괴하더라도 살아남을 수 있으며, 부르주아지가 재조직하고 재기할 수 있게 해 준다. 그래서 대부분의 시기에 혁명적 투쟁은 '진지전'의 형태, 즉 이러한 네트워크와 (그리고 아마도 그 네트워크 내에서) 영향력(헤게모니)을 다투는 투쟁 형태로 나타나고, 전면전('기동전')은 단지 '전술적' 중요성만 가지게 된다.[11]

파네쿡과 그람시의 정식화는 현실의 중요한 면을 설명해 준다. 예를 들어 영국 빅토리아 후기의 노동계급은 양대 부르주아 정당, 즉 보수당과 자유당의 지배를 받았다. 이 당들은 각각 경쟁적인 종교·사회 제도들과 연결돼 있었다. 북아일랜드의 노동계급은 오랫동안 왕당파와 민족주의라는 경쟁 구조에 의해 분열돼 있었다. 이탈리아의 기독교민주당은 그런 네트워크 덕분에 1950년대에 노동자와 농민 들을 자신들에게 묶어둘 수 있었다. 프랑코의 파시즘조차도 부분적으로는 교회 지지자들, 왕당파, 카를로스파 네트워크의 지지에 의존했다.

하지만 이런 분석은 비역사적이다. 이 분석은 자본주의 발전이 과거에 형성된 '시민사회' 구조 자체를 허물어 버리는 경향이 있다는 점을 무시한다. 파네쿡과 그람시가 언급했던 많은 사회 제도들은 1940년대, 1950년대, 1960년대 초의 장기 호황기에 서구 사회에서는 대부분 쇠퇴했다. 이것은 수많은 사람들이 농촌과 소도시를 떠나 대규모 산업이 존재하는 대도시들로 몰려 들어가면서, 그리고 산업의 옛 중심지에서 새 중심지로 옮겨 가면서 생긴 일이다.[12] 의

미심장하게도, 1950년대 말에 영국·미국·서독·프랑스 노동계급의 생활을 관찰한 사람들은 그들의 주요 특징이 정치적 충성이 아니라 '무관심'이라고 주장했다. 그들이 거의 깨닫지 못한 사실은 노동계급 투쟁의 폭발을 가로막은 그 낡은 장벽들이 약해졌다는 점이 바로 그런 무관심의 다른 측면이라는 것이다.

토니 클리프는 1969년에 이렇게 썼다.

수십 년 동안 마르크스주의자들은 대중의 의식 상태를 파악하기 위해 몇 가지 제도적 지표 — 조직원 수, 신문 독자 수 등 — 를 이용했다. 전통적 조직들과 노동자들의 심각한 괴리는 그 모든 지표를 산산조각 냈다. 이것이 1968년에 대중 투쟁의 분출을 감지하지 못한 이유다. 그리고 더 중요하게는 이것이 1968년 투쟁의 폭발적 성격을 설명해 준다. 프랑스 노동자들이 노조와 공산당 지부에 참여하는 데 익숙해 있었다면 이런 기구들은 파업 운동이 제약받지 않고 확산되는 것을 막는 도구나 안전판 구실을 했을 것이다.

무관심이나 개인주의라는 개념은 정적인 것이 아니다. 발전의 어떤 단계에서 무관심은 그 반대, 즉 신속한 대중 행동으로 바뀔 수 있다. …… 전통적 조직들에 충성하지 않는 노동자들은 …… 그들 자신의 극단적이고 폭발적인 투쟁으로 나아갈 수밖에 없다.[13]

노동계급의 행동이 변하자 계급 세력 균형이 갑자기 깨질 수 있었다. 그 때문에 이번에는 노동계급의 의식이 급진적으로 재구성될 수 있었다. 많은 노동자들이 갑자기 새로운 사상을 받아들였다. 그들이 갖고 있던 낡은 이데올로기가 그들의 행동과 더는 일치하지 않았기 때문이다.

이것이 1968년에서 1976년까지 투쟁이 분출할 수 있었던 이유다. 노동자들 중 상당한 소수 — 나라마다 그 규모는 다양하지만 — 는 대규모 투쟁 덕분에 심대한 의식 변화를 경험했으며, 다른 노동자들에게 영향을 미치기 시작했다. 체제 전복적인 새로운 네트워크가 낡고 보수적인 제도나 사상의 네트워크에 도전하기 시작했다.

하지만 이것이 문제의 끝일 수는 없었다. 지배계급의 가장 현명한 대표들은 국가와 노동자 대중을 중재하는 제도를 강화하거나 심지어 새로 만들어야 할 필요성을 느꼈다. 바로 이 지점에서 앤더슨, 밀리반드 등이 그토록 강조한 부르주아 민주주의가 중요한 구실을 하게 된다. 프랑스에서는 제2의 5월 사태를 예방하기 위해 1968년 이후 부르주아 민주주의 체제가 강화돼야 했다. 그리스에서는 부르주아 민주주의가 최대한 빨리 복구돼야 했고, 스페인과 포르투갈에서는 새롭게 창조돼야 했다.

하지만—바로 이 지점에서 앤더슨과 다른 이론가들은 완전히 길을 잃고 헤맨다—이 부르주아 민주주의는 단지 이데올로기적 추상이나 일련의 의회적 형태들에 불과한 것만은 아니었다. 그것은 특정한 구체적 제도들과 연결된 부르주아 민주주의였다. 그 제도들은 사람들이 자기 삶을 영위하고 일을 하는 조건을 어느 정도 협상할 수 있게 해 주었다.

전에 노조가 금지됐던 곳에서는 노조가 합법화됐고, 노동자 대표들을 관료적 협상 구조 속으로 통합시키려는 체계적 시도가 이루어졌다. 새로운 산업도시 주민들을 국가 구조 안으로 통합하기 위해 많은 기구들이 이용됐다. 영국에서는 지역사회 관련 위원회들이 세워졌다. 미국에서는 지방의 민주당 기구들이 재정비돼 다양한 백인 집단들뿐 아니라 흑인들과 히스패닉계를 후원했다. 이탈리아·스페인·프랑스에서는 지역 위원회들을 위한 다양한 계획이 세워졌다. 이런 방법을 통해서만 사람들은 5년에 한 번씩 종이 쪽지에 기표하는 행위가 자신들의 일상 생활에 어쨌든 영향을 미친다고 생각할 수 있었다.

앤더슨이 부르주아 민주주의 '이데올로기'를 '사회복지 개혁주의'에 대비시키며 암시한 것과 달리, 제도적 변화는 사람들의 물질적 환경과 무관하게 일어난 것은 아니었다. 어디서나 전투성의 분출을 억누른 첫걸음은 직접적인 경제적 요구의 충족이었다. 프랑스에서는 1968년 5월과 6월에 임금 인상이 받아들여졌다. 영국에서는 1974년에 새로 선출된 노동당 정부가 광원들과 다른 노동자들에게 양보안을 제시했다. 같은 해 포르투갈에서는 최저 임금이 30퍼센트 인상됐고, 1975년 이탈리아에서는 물가·임금 연동제를 수용했다. 이런 양보는 지배계급에게 시간을 벌어주었을 뿐 아니라 노동자들로 하여금 기성 사회 구조 내에서 성과를 얻을 수 있다고 생각하게 만들었다. 그들은 이데올로기를 빵과 버터로 바꾸었다.

물질적 양보는 일시적이었다. 머지않아 정부는 생활수준을 삭감하려 했으며, 실업 억제 약속을 포기했고, 사회복지를 축소하려 했다. 그러나 그 때는 이미 새로운 제도적 네트워크들이 충분히 뿌리내린 뒤였다. 그래서 영국의 대처, 미국의 레이건, 서독의 콜 정부처럼 우파 정부가 권력을 장악했을 때도 제도적 네트워크들은 여전히 살아남았다. 해고와 직장 폐쇄는 강압이 아니라 협상을 통해 이루어졌다. 임금 삭감은 경영진의 독단적 명령이 아니라 [노·사·정] 삼자 협상을 통해 이루어졌다.

이 모든 노력을 보면 폭발하는 전투성을 안전한 '부르주아 민주주의' 쪽으로 돌리는 것이 결코 쉽지 않고 매우 어려웠음을 알 수 있다. 물론 사회의 '지배적 사상'이 세상을 바꾸는 길은 의회적 방식을 통하는 것이라고 말한다면 많은 노동자들은 그렇게 믿을 것이다. 하지만 의식은 개인들이나 계급들의 고정 자산이 아니다. 의식은 그들 상호간의, 그리고 이 세계와 그들 간의 관계의 반영이다. 그런 관계의 조건이 변하면 의식 자체도 혼란에 빠진다. 그람시는 이렇게 말했다(그를 추종하는 개혁주의자들이 한 번도 인용한 적이 없는 문단에서).

대중 속의 활동적인 인간은 실천적 활동을 하지만, 자신의 실천적 활동을 이론적으로 분명하게 인식하지는 않는다. 그럼에도 그런 활동이 세계를 변화시키는 만큼 세계를 이해하고 있다. 사람들의 이론적 의식은 역사적으로 그의 행동과 모순될 수도 있다. 우리는 사람들이 두 개의 이론적 의식(또는 하나의 모순된 의식)을 가지고 있다고 말할 수 있다. 하나는 그의 행동에 함축돼 있으며, 현실에서는 실제 세계를 실천적으로 변화시킬 때 동료 노동자와 그를 단결시켜 주는 의식이다. 다른 하나는 겉보기에는 분명하고 말로 표현되는 것으로, 과거로부터 물려받아 무비판적으로 수용한 의식이다.[14]

밀리반드, 앤더슨, 그리고 다른 사람들의 이론에서 그토록 두렵게 나타난 부르주아 민주주의 이데올로기는, 의식의 다른 요소와 마찬가지로, 이 모순적 과정에서 벗어날 수 없다. 부르주아 민주주의 이데올로기는 그 자체로 존속할 수 있는 것이 아니다. 그것은 노동자들이 자신들을 위협하는 사회 과정을 어떻게 통제할 수 있는가 하는 질문에 대해 부르주아 사회가 제시하는 답변이다. 노동자들은 투쟁이 분출하는 동안에도 그 대답을 계속 되뇌일 수 있다. 다른 한편 그들 자신의 행동은 완전히 다른 대답을 제시하는데, 그들은 이것도 부분적으로 받아들인다.

사실, 어떤 의미에서는 부르주아 민주주의 이데올로기 자체가 노동자들의 의식 내부에 존재하는 모순적 요소들 사이의 격차를 메우려는 시도다. 한편으로 노동자들은 부르주아 사회에서 살고 있고 그것을 당연하게 여긴다. 다른 한편으로 뭔가 더 나은 것을 갈망한다. 부르주아 민주주의 이데올로기는 노동자들로 하여금 현 사회가 그 자체의 구조들을 통해 바뀔 수 있다고 믿게 함으로써 이 둘을 화해시키려 한다.

하지만 앤더슨과 밀리반드의 주장과 달리, 부르주아 민주주의 이데올로기는 혁명적 격변의 시기에는 결코 안정적인 의식 요소가 아니다. 변화에 대한 지배계급의 저항이나 이에 대한 노동계급의 갈망이 매우 크다면 이 타협은 실패로 끝나게 된다.

자본주의의 역사는 양대 사회 계급이 부르주아 민주주의의 수용을 향해 끊임없이 전진한 것만은 아니었다. 그 역사는 부르주아 민주주의가 양대 계급의 요구를 만족시킬 수 없어 위기에 빠진 시기도 포함하고 있다.

역사적 예를 하나 들어보자. 1918~19년에 유럽의 최강대국 독일의 지배자들은 사회민주주의자들이 주도하는 부르주아 민주주의 연립정부를 세움으로써 그들의 권력을 유지할 수 있었다. 노동자들과 중간계급 모두 이들을 압도적으로 지지했고, 극좌와 극우는 주변화됐다. 하지만 두 계급 모두 이런 '부르주아 민주주의' 의식에 오래 머물지 않았다. 1920년이 되자 지배계급 일부와 중간계급이 반민주적 우파 정당을 선택하면서 이 체제는 무너졌다. 그리고 점점 많은 노동자들이 혁명적 좌파의 영향을 받았다.[15] 사실 부르주아 민주주의 이데올로기의 지배력이 너무 약했기 때문에 1920년 이후 '민주적' 정당의 득표율은 50퍼센트 이하였고, 1933년 바이마르 공화국이 붕괴할 때 이 공화국을 방어하기 위한 총격전은 단 한 차례도 없었다. 첨예한 경제·사회 위기 때 중간계급과 노동계급의 수많은 사람들은 선거 메커니즘이 자신들의 운명을 개선할 수 있다는 믿음을 모두 잃어버리게 된다.

바이마르 공화국이 유일한 예도 아니었다. 1918~22년의 이탈리아, 1931~36년의 스페인 제2공화국, 1934~40년의 프랑스에서도 비슷한 사태가 전개됐다. 중재 메커니즘이 더는 중재를 하지 못한다는 느낌이 들면 사람들은 부르주아 민주주의를 버리는 경향이 있었다. 그것을 보면 밀리반드, 앤더슨, 기타 논자들의 주장과는 달리 부르주아 민주주의에 체제 유지 능력이 있는 것은 아님을 알 수 있다.

부르주아 민주주의는 자본주의 역사의 특정 시기에 그 안에서 계급투쟁이 벌어지는 하나의 구조일 뿐이다. 이 구조가 유지될 수 있는 것은 주요 주인공들이 아직 그것과 결별하고 싶지 않기 때문이다. 지배계급이 이 구조를 받아들이는 이유는 자신들에게 가해지는 압력이 아직 크지 않아 노동계급의 방어 구조들을 전면 공격하는 위험을 무릅쓸 필요가 없기 때문이다. 압도 다수의 노동자들은 대중 투쟁으로 내몰리지 않는 한, 부르주아 민주주의에 도전하지 않는다.

마르크스는 "사회적 존재가 의식을 결정한다."고 주장했다. 결국 서로 싸우는 계급들이 '부르주아 민주주의'를 받아들이는 정도는 그들이 싸우고 있는 경제적 영역에 달려 있다.

안정화와 위기들

제1차세계대전과 제2차세계대전 사이의 기간과 1974년 이후를 비교하면 이런 점이 분명하게 드러난다. 첫째 기간에는 유럽의 부르주아 민주주의가 계속 붕괴했다. 둘째 기간에는 프랑스나 이탈리아 같이 부르주아 민주주의가 한 때 취약했던 나라들에서 체제가 안정되고 포르투갈, 스페인, 그리스로 퍼져 나갔다.

핵심적인 차이는 경제 위기의 성격에 있다.

1930년대의 위기는 1974년 이후의 그 어떤 위기보다 훨씬 더 심각했다. 1931년에는 세계의 양대 산업 강국, 미국과 독일의 노동자 3분의 1이 실업자 였다. 선진국 가운데 가장 적은 타격을 입은 영국에서도 1932년에 실업률이 20퍼센트에 이르렀다.

1974년 이후의 불황은 앞의 것보다 더 광범한 영향을 미쳤다. 얼마 전까지 사람들에게 끝없는 '풍요'를 약속했던 나라들에 빈곤의 웅덩이들이 깊이 패였 다. 이제 고용 불안은 화이트칼라, 블루칼라 가릴 것 없이 모든 노동자에게 삶 의 현실이다. 모든 도시는 황폐화의 상징들이 돼 버렸다. 그러나 주요 서방 경 제들에서 실업률은 아직 1931년 미국과 독일 수준의 절반에도 미치지 못했다.

1930년대의 위기는 노동자들의 실업 수준에만 영향을 미친 것이 아니었다. 많은 중간계급이 궁지에 몰렸다. 그들의 기업이 도산했고, 은행이 파산하면서 그들의 저금도 날아갔고, 이자를 지급하기 위해 땅도 팔아치워야 했다. 트로 츠키의 말을 빌자면, 그들은 위기 때문에 "미쳐버렸다." 그리고 그들의 광기는 그들을 파시즘으로 향하게 만들었다. 가장 큰 타격을 입은 국민 자본주의의 지배계급들도 절망에 빠졌다. 그래서 1932년 말에 크룹스와 티센은 아돌프 히 틀러에게 구원을 요청했던 것이다.

1970년대 중반과 1980년대 초의 위기들은 꽤나 달랐다. 이 위기들은 1950 년대와 1960년대의 장기 호황 속에서 나타났다. 그리고 이 호황에서 물려받은 몇몇 요소가 위기의 즉각적 효과를 누그러뜨렸다.

군비 지출은 1929~33년보다 훨씬 높은 수준으로 유지되면서 생산 저하를 막는 버팀목 구실을 했다. '불개입'이나 '사유화' 등의 미사여구에도 불구하고 국가는 파산 위기에 처한 대기업, 은행, 심지어 나라들 — 미국의 크라이슬러 와 컨티넨털 일리노이스, 영국의 존슨-매씨, 서독의 아에게(AEG) — 을 구제하기 위해 언제든지 달려갔다. 양차 세계대전 사이에 일자리의 3분의 1과 중간계급의 저금을 먹어치워 버린 그 블랙홀을 만들어 낸 잇따른 붕괴는 피했다.

그 위기들의 진행 속도는 훨씬 더 느렸다. 이것은 정치적으로 중요했다. 그 덕분에 위기의 직접적 영향을 둘러싸고 벌어지는 협상에서 전문적 중재자들 — 노조 지도부, 국내 정치인들 — 이 비록 작더라도 어떤 역할을 할 수 있었다. 그들은 공장 폐쇄를 완전히 막을 수는 없었지만 노동자들이 지칠 때까지 공장 폐쇄를 연기할 수는 있었다. 그들은 실업수당이 확실히 지급되도록 할 수는 있었다. 이것은 1930년대에는 전혀 생각할 수도 없었던 것이다. 그래서 노동계급 내에서 개혁주의적 관료주의가 통제력을 유지해 부르주아 민주주의 이데올로기를 수용하도록 부추길 수 있었다.

한편, 중간계급은 갑작스런 빈곤 때문에 '미칠' 정도는 아니었다. 파산이 아니라 여피 생활이 많은 중간계급의 전망으로 떠올랐고, 그들은 극우가 아니라 중도 정치를 선택했다.

1974년 이후 부르주아 민주주의의 힘을 강화시킨 그런 객관적 요인들의 중요성은 아무리 강조해도 지나치지 않다. 만약 1970년대 초중반에 혁명적 사회주의자들이 정부, 고용주, 노조 지도부 사이에 맺어진 '사회 협약'을 통해 사회가 다시 안정될 수도 있다는 것을 잘못 판단했다면 그 부분적 이유는, 위기에도 불구하고 지배계급에게 경제적 여지가 있었음을 예측하지 못했기 때문이다.

예컨대 포르투갈의 경우, 우리는 서방 국가들이 소아레스가 이끄는 우파 사회민주주의 정부에 기꺼이 재정 지원을 할 것이라는 점을 과소 평가했다. 우리는 1975년 11월 25일 이후 곧바로 노동자들의 생활수준에 대한 야만적 공격이 뒤따를 것이라고 생각했다. 사실 이런 공격은 몇 달이 아니라 몇 년에 걸쳐 진행됐고 정부와 지배계급은 노동자들의 저항에 전면 대결로 대응한 것이 아니라 제풀에 지쳐 수그러들게 만들었다.

영국에서도 상황은 비슷했다. [지배자들은] 린우드의 크라이슬러 자동차 공장 폐쇄와 노동자들의 절반을 해고하려던 브리티시레일런드 문제를 오랫동안 질질 끌었다. 이탈리아에서는 제1차 자동차 산업 합리화―밀라노의 이노센티 공장 폐쇄 시도―와 토리노의 피아트 공장 노동자 해고 사이의 시차가 5년이나 됐다.

요점을 대충 정리해 보면, 자본주의는 공장 폐쇄를 단계적으로 진행할 수 있었고, 노동자들에게 [해고시] 증액 퇴직금과 실업수당을 지급할 수 있었다. 그래서 합리화와 구조조정이 생활수준에 미치는 즉각적 충격을 누그러뜨릴 수 있었다. 그리고 이 덕분에 부르주아 민주주의 제도가 그 지배력을 유지할 수 있었다.

그러나 1930년대와 비교한 1974년 이후 위기의 다른 성격은 자본주의 체제에 긍정적 영향뿐 아니라 부정적 영향도 미쳤다.

1930년대에는 위기의 규모 때문에 일부 국민 자본주의들이 1930년대 중반이 되자 위기에서 빠져나오기 시작할 수 있었다. 일본과 독일은 노동자들의 생활수준을 무자비하게 공격하고, 자본들을 강제 합병시키며, 전쟁을 지향하는 국가자본주의 경제를 발전시켜 위기에서 탈출했다. 이것은 다른 국민 자본주의들이 따라야 하는 모델이었다. 1941년이 되자 전 세계 자본주의가 완전고용과 높은 이윤율을 회복했다. 비록 전쟁 공포에 의존한 것이었지만 말이다. 경제 위기는 시작한 지 10여 년 만에 완전히 끝났다.[16]

이와 대조되게, 1973년에 시작한 경제 위기는 이미 25년이나 지속됐으며, 끝날 기미도 보이지 않는다. 1973~76년의 첫 번째 주요 불황 때 대부분의 나라에서 실업률이 두 배로 뛰었고, 1979~82년의 두 번째 불황에서 실업률은 다시 두 배로 뛰었다. 첫 번째 불황 때 오히려 경제가 팽창할 수 있었던 나라들―예를 들면, 폴란드, 브라질, 멕시코, 나이지리아, 아일랜드 공화국, 필리핀―도 두 번째 불황은 피할 수 없었다. 이 불황에서 회복하는 정도는 부분적이었고 국제적으로 자본주의 체제의 불안정성을 제거하기보다는 오히려 증가시키는 데 기여했다. 이 점은 1990년대 초에 갑자기 새로운 세계적 불황이 시작되면서 극적으로 드러났다. 겨우 몇 달 사이에 선진 공업국들에서 수백만 개의 일자리가 사라졌다. 그러나 이 때는 노동자들만 타격을 입은 것이 아니었다. 주요 회사들도 고통을 겪었고, 유명한 회사 몇 개가 파산했다. 중소기업 파산 건수가 기록적 수치를 나타냈다. 그리고 이 불황은 특히 전에 자신들을 '중간계급'이라고 여기는 경향이 있었던 화이트칼라 노동자들을 강타했는데, 영국에서는 직장뿐 아니라 집도 잃은 사람이 수십만 명이나 됐다.

문제는 거기서 끝나지 않았다. 마침내 영국과 미국―불황이 시작된 나라들―에서 모종의 '경기 회복'이 있긴 했지만, 그것은 높은 수준의 고용 불안 지속과 미국의 가구당 실수령 급여의 꾸준한 하락을 수반한 회복이었다. 그러나 서유럽과 일본은 위기에서 벗어나지 못했다. 거기서는 위기가 계속됐다. 이 글을 쓰는 지금 프랑스와 독일은 경제 성장이 약간 회복됐음에도 실업률은 여전히 기록적인 수치이며, 일본은 6년째 정체를 겪으며 주가지수가 9년 전의 절반에도 미치지 못하고 있다.

1990년대 초부터 1997년까지 기성 체제의 열광적 옹호자들은 경제 위기야말로 체제에 대한 신랄한 기소장이라는 비판에 대해 한 가지 대답을 내놓았다. 그들은 동아시아가 나머지 세계에 희망을 제시한 "역동적 성장의 중심"이라고 지적했다. 그러나 그 꿈도 1997년 말에는 산산조각 나고 말았다. 태국에서 시작된 위기의 물결이 말레이시아와 인도네시아를 휩쓸고 남한까지 집어삼킨 것이다. 주요 친자본주의 경제학자들은 아직도 그 때의 충격에서 헤어나지 못한 채 전 세계 '디플레이션'―그들이 1930년대식 불황을 에둘러 부르는 말―이라는 심각한 위험의 가능성 여부를 둘러싸고 자기들끼리 논쟁하고 있다.

그들의 공황 심리가 과민반응이라 하더라도, 그것은 앞으로 10년 동안 세계 경제의 안정을 기대하기가 힘들 것임을 아주 강력히 시사한다.

경제와 정치

경제 위기가 자동으로 정치 변화로 이어지는 것은 아니다. 그러나 둘 사이에 연관은 있다. 경제 위기가 지속되는 시기에는 수많은 사람들이 먹고살기가 매우 힘들어진다. 그리고 이 때문에 그들은 자신들이 속해 있는 더 광범한 사회에 의문을 제기하게 된다.

그러나 혼란은 사회의 바닥에서만 일어나지 않는다. 지배계급이 과거처럼 지내기가 더는 쉽지 않음을 깨닫게 되면서, 혼란은 사회 상층에서도 일어난다. 지배계급의 일부 성원들은 통치 방식의 변화를 추구한다. 그들은 흔히 다른 지배계급 성원들을 희생시키는 '구조조정' 압력을 넣는다. 이데올로기적 논쟁들이 벌어지고, 여기에는 지배자들뿐 아니라 사회의 나머지 부분에 대한 자신들의 권력을 정당화하는 모든 사람들이 뛰어든다. 답답하고 메마른 생활을 참고 견디라고 대중을 설득하는 데 도움이 됐던 기존의 확실성이 모두 논쟁의 대상이 된다.

바로 그 때문에 나는 이 책의 초판 결론에서 주장하기를, 1968년의 희망을 영원히 파멸시켜 버린 듯했던 정치적 안정성은 "두께를 알 수 없는 얼음 위에 지어진 성(城)" 같은 것이라고 했다. 1988년 이후 몇 년 동안 낡은 구조에 갑자기 균열이 일어났고 아무도 예기치 못한 충돌들이 갑자기 폭발했다.

최초의 거대한 붕괴는 동구권에서 일어났다. 겉보기에 안정적이고 무미건조했던 브레즈네프 시기는 오래 전에 활력을 잃어 버린 경제에 의존하고 있었다. 이를 극복하기 위해 고르바초프는 제한적 '글라스노스트'(개방)를 장려했다. 그러나 사태는 완전히 통제를 벗어나 1956년 헝가리와 1968년 체코슬로바키아보다 엄청나게 더 큰 규모로 전개됐다.

모스크바의 자유주의 지식인들 사이에서 조심스레 논쟁이 시작되자 머지않아 예레반[아르메니아의 수도]과 빌니우스[리투아니아의 수도]에서는 거리 시위가 벌어졌다. 우크라이나에서 시베리아와 카자흐스탄까지 광원들의 연대 파업이 벌어졌다. 폴란드와 헝가리에서는 전에 투옥됐던 반체제 인사들과 '원탁 협상'이 시작됐다. 동독과 체코슬로바키아에서는 정부를 강제 퇴진시킨 대규모 시위가 벌어졌다. 루마니아에서는 자생적 무장 봉기가 일어나 독재자 체아우셰스쿠를 그의 부하 장성들이 처형하는 장면이 TV로 방송됐다.

고르바초프는 국내에서 자신의 입지를 강화하는 데 자원을 집중하기 위해 동유럽에서 철수하는 문제를 단계적·전략적으로 신중하게 처리하고 싶어했다. 그러나 동유럽에서 패퇴한 데 이어서 1991년 여름에는 모스크바에서 쿠데타 시도가 실패한 뒤 소련이 각 공화국들로 해체되고 말았다.

옛 동구권이 정치적으로 붕괴하자 서방 체제를 옹호하는 이데올로그들은 기뻐서 어쩔 줄 몰랐다. 그들의 주장은 미국이 냉전에서 승리했다는 것만이 아니었다. 그들은 자본주의가 모든 적을 물리쳤다고도 주장했다. 신문 칼럼니스트들은 동유럽, 특히 동독이 서독과 이탈리아가 1950년대 말과 1960년대 초에 경험한 것과 같은 종류의 '경제 기적'을 이룰 것이라고 약속했다. 미국 대통령 조지 부시는 우리가 "새로운 세계 질서" 속에서 살고 있다고 선포했다. 전 국무부 관리 프랜시스 후쿠야마가 "역사의 종말"을 선언한 글은 틀림없이 수십 개 언어로 100번은 인쇄됐을 것이다.

우파가 축하연을 벌인 반면, 각국의 많은 좌파는 침통해 있었다. 그들은 사회주의의 역사적 패배를 보았다고 생각했다. 각국에서 공산당의 해체가 잇따랐고, 옛 공산당 지도자 몇몇은 그동안 줄곧 러시아를 비판해 온 트로츠키주의자들이 옳았다고 시인하기까지 했다. 과거의 급진 경제학자들은 시장을 민주적 계획으로 교체하려는 모든 생각은 틀렸음이 입증됐다고 주장했다. 유명한 좌파 지식인들이 입장을 바꿔 그동안 줄곧 비난해 왔던 자본주의 체제를 극찬하는 경우도 있었다.

다른 사람들은 세계를 합리적으로 설명하려고 시도했던 18세기 계몽주의까지 거슬러 올라가 문제의 근원을 찾기도 했다. 독단적 열정에 넘친 그들은 우리가 '포스트모던' 세계에 살고 있으며 여기서 계급투쟁은 과거지사가 됐고 역사적 설명은 단지 '담론'일 뿐이며 각각의 담론은 저마다 나름대로 타당하다고 주장했다. 우리가 할 수 있는 것이라고는 기껏해야 특정 불만들을 다루기 위한 아주 제한적인 개혁들을 제시하는 것뿐이며 급진적 변화에 대한 희망은 포기해야 한다고 그들은 주장했다.

1990년대의 궤적

1980년대가 끝나갈 무렵의 지적 분위기는 완전히 한 바퀴 돌아서 1960년대 초 "이데올로기의 종언"으로 되돌아간 것처럼 보였다. 그러나 베를린 장벽이 무너진 지 12개월도 채 안 돼 서방 자본주의는 심각한 문제에 직면했다.

동구권을 무너뜨린 바로 그 경제적 악마들이 서방 자본주의에서도 활약하고 있었다. 언론은 여전히 끝없는 번영을 떠들어대고 있었지만, 15년 만에 찾아 온 세 번째 불황이 그들 주변에서 폭발했다. 거기서 끝나지 않았다. 미국 주도의 연합군이 바그다드를 끊임없이 폭격하고 50만 명의 군대를 [이라크] 사막에 집결시켜 한때 미국의 심복이었던 독재자 사담 후세인을 처벌하자, "새로운 세계 질서"라는 말은 곧 진부한 문구가 돼 버렸다.

한편 1980년대의 장기 집권자 중 한 명이었던 마거릿 대처는 런던 거리에서 100년 만에 폭동이 일어나고 취약한 영국 자본주의가 유럽화폐통합에 어떻게 대처할 것인가를 둘러싸고 자신의 당 내에서 격렬한 논쟁이 벌어지는 와중에 공직에서 물러났다.

새로운 정치적 변덕의 시기에 몰락한 정치 지도자가 대처만은 아니었다. 취임 첫해 여론조사에서 엄청난 인기를 끌었던 정치인들의 지지율이 겨우 몇 달 만에 형편없이 찌그러졌다. 부시, 메이저, 베를루스코니, 발라뒤르, 김영삼, 쥐페 등이 그랬다. 그들이 떠난 뒤에는 모든 종류의 정치인들에 대한 일반적 환멸만이 남아 있었다.

1990년대의 특징 중 하나는 프랑스의 르펜, 오스트리아의 하이더, 이탈리아의 피니 등 훨씬 더 위험한 인물들이 정치 무대의 전면에 떠오른 것이었다. 1980년대에는 거의 아무도 예상하지 못했던 끈질긴 저력을 극우파는 보여 주고 있다. 더욱이 그들은 점차 명망 추구라는 가면을 벗어 던지고 파시스트적 본색을 노골적으로 드러내고 있다. 그들은 상황 악화에 절망한 사람들이 의회 정치에서 멀어질 수 있음을 알고 있고, 양차 대전 사이에 무솔리니와 히틀러 가 그랬듯이 그런 분위기를 이용해 이득을 보고 싶어한다.

아직 그들은 수백만의 지지표를 수십만의 가두 투쟁 조직들—검은셔츠단이나 돌격대와 비슷한—로 보완할 수 있는 처지에 있지는 않다. 아직 중간계급들은 피케팅 대열이나 좌파와의 물리적 충돌에서 생명이나 신체의 위험을 무릅쓸 각오가 돼 있을 만큼 위기의 타격을 강하게 받지는 않았다. 그러나 또 다른 거대한 불황이 닥치면 곧 그런 상황은 바뀔 수 있음을 신나찌는 알고 있다. 그들은 양차 대전 사이 시기보다 훨씬 더 느리게 성장해 왔지만 성장할 수 있는 시간은 더 많았다. 지금까지 경제 위기들이 덜 심각했지만 더 오랫동안 질질 끌면서 계속돼 온 것과 비슷했다. 마치 세계는 1930년대와 똑같은 방향으로, 그러나 더 느리게 가고 있는 듯하다.

1990년대 초에 "역사의 종말" 주장의 좌파 버전들을 수용했던 사람들이 자기만족에 빠질 여지는 없을 것이다. 포스트모더니스트들은 담론 이외의 어떤 것도 그 타당성을 부인할 것이다. 그러나 옛 나찌의 홀로코스트는 단지 담론만은 아니었다. 오늘날 그 후예들이 이미 저지르고 있는 인종 차별적 살인과 폭탄 공격도 마찬가지다. 그러나 다행히도 1990년대에는 극우파와는 다른 위기 탈출 방안을 제시할 수 있는 세력들이 새롭게 성장하기도 했다.

거대한 투쟁들은 1980년대에도 있었다. 그러나 대체로 방어적 투쟁들이었고, 심지어 영국 광원 파업 같은 영웅적 투쟁들도 마찬가지였다. 그리고 그 형태는 흔히 '관료적 대중 파업'—노조 지도부가 노동자들에게 파업 돌입을 호소한 뒤 투쟁이 본격적으로 벌어지기 시작하는 바로 그 때 사소한 양보 획득을 이유로 작업 복귀를 선언하는 식으로 노조 관료들이 신중하게 관리한 파업 투쟁—이었다. 그 전반적 결과는 새로운 세대 사이에서 과감한 투쟁 정신을 고취한 것이 아니라 1960년대 말과 1970년대 초 세대 출신의 마지막 활동가들을 지치게 만들고 사기저하시킨 것이었다.

1990년대의 궤적은 꽤나 달랐다. 1990년대는 대체로 조직 노동계급의 주변에서 벌어진 투쟁과 함께 시작됐다. 잉글랜드의 주민세 폭동과 형사(刑事)재판법 반대 시위, 아일랜드에서 낙태권을 둘러싸고 벌어진 "엑스 사건"(X-case) 시위, 걸프전 반대 시위, 로스앤젤레스 봉기, 최저 임금을 둘러싼 프랑스 젊은이들의 시위, 독일의 인종 차별주의 반대 시위 등이 그것이다.

그러나 1990년대 중반에는 많은 나라에서 작업장에 집중된 투쟁들이 전면에 떠올랐다. 이탈리아 베를루스코니 정부의 복지 [삭감] 계획에 반대하는 총파업, 독일 금속 노동자들과 공공 부문 노동자들의 파업, 프랑스 트럭 운전사들의 최초의 도로 봉쇄, 캐나다 오타와 주에서 여러 차례 벌어진 하루 총파업, 그리스의 장기 파업들과 하루 총파업, 벨기에의 대규모 시위와 파업, 미국 유피에스(UPS) 노동자들의 파업 승리.

1980년대와 가장 두드러지게 차이가 나는 곳은 프랑스였다. [1980년대에] 대통령 미테랑이 이끌던 사회당 정부들은 15년 동안 '신자유주의' — 대처리즘 — 정책들을 수용하고 추진함으로써 지지자들의 사기를 떨어뜨렸다. 실업률이 치솟았고, 신나찌 르펜의 득표율이 1981년 0.5퍼센트에서 15퍼센트 이상으로 뛰어올랐다. 그리고 주류 우파는 1993년 총선에서 압승해, 국회 다수파가 됐고 1995년에는 대통령직을 차지할 만큼 충분히 강력해졌다.

그런데 1995년 12월에 우파 장관들이 갑자기 "새로운 68"에 대해 말하기 시작했다. 주요 도시들에서 200만 명이나 되는 사람들이 1주일에 두 번이나 시위를 벌였고, 파업 때문에 전국의 철도망과 파리의 교통이 완전히 마비됐다. 크리스마스 며칠 전에 총리 쥐페가 주요 양보안을 내놓은 뒤에야 파업은 가까스로 끝났다. 그러나 파업의 배후에 깔린 불만이나 좌경 급진화 흐름은 사라지지 않았다. 15개월 뒤 쥐페는 우파의 총선 압승을 위해 도박을 감행했지만 끝내 패배했다.

프랑스의 정치 문화 전체가 좌경화했다. 미테랑 집권기의 특징이었던 정치적 무관심이나 냉소주의가 사라졌다. 여론조사 결과는 높은 실업률이 불가피하다거나 실업자들의 곤궁은 그들 자신의 탓이라는 사상을 사람들이 거부하고 있음을 보여 주었다. 파업 노동자들에 대한 여론 지지율은 높았다. 젊은이들은 '불법 체류' 이주민들을 지지하는 대규모 시위를 벌였고 유명한 지식인들은 이민을 규제하는 법률을 위반하겠다고 선언했다. 르펜은 처음으로 대규모 반대 시위에 부딪혔고 가끔은 매우 전투적인 반대 시위에도 부딪혔다.

다음 번의 불꽃

1990년대 말의 새로운 분위기가 어디로 흐를지 지금 예측하기는 너무 이르다. 일부 나라들, 특히 영국에서 그런 분위기는 선거 결과의 변화로만 드러났을 뿐 아직 노동계급 투쟁의 부활로 이어지지는 않고 있다. 이탈리아 같은 다른 나라들에서는 투쟁의 물결을 타고 정부에 참여하게 된 옛 저항 세력들이 이제는 그 투쟁들을 가라앉히기 위해 최선을 다하고 있다. 그리고 대부분의 나라들에서는 이제 상당한 파시스트 세력들이, 삶이 망가진 것에 분노한 사람들이 냉소주의로 흐르게 되면 소수를 희생양으로 만드는 분위기가 널리 확산될 것을 기대하면서 때가 오기를 기다리고 있다.

경제 위기의 시기에는 사람들이 거대한 변화를 원할 수 있다. 그러나 그 변화가 왼쪽으로 가야 한다고 미리 정해진 것은 아니다. 사람들이 투쟁을 통한 집단적 해결책의 전망이 보이지 않는다고 판단하게 되면, 그들은 오히려 일부 우파가 떠들어대는 만병통치약—가끔은 매우 위험한—에 이끌릴 수 있다.

양차 대전 사이의 시기가 바로 그랬다. 당시의 극심한 고통 때문에 1934년과 1937년의 미국이나 1936년의 프랑스 같은 나라들에서는 노동자 투쟁이 분출하기도 했지만 독일에서는 나찌가 성공하기도 했다. 더 최근의 사례로는 1987~88년에 인종 차이를 뛰어넘어 모든 노동자들을 단결시킨 파업 물결이 유고슬라비아를 뒤흔든 것을 들 수 있다. 그러나 그런 투쟁도 겨우 2년 뒤에 밀로셰비치나 투지만 같은 민족주의 데마고그들이 노동자들을 징집해 유혈낭자한 내전을 벌이고 끔찍한 인종 청소를 자행하는 것을 막지는 못했다.

동구권과 옛 소련 해체에서 노동자 투쟁은 결정적 구실을 했다. 그러나 그 정치적 수혜자는 노동자들이 아니라 흔히 민족주의적 외투를 걸친 옛 노멘클라투라 잔당들이었다. 그래서 오늘날 옛 [소련 공산당] 정치국원 보리스 옐친이 러시아를 통치하고, 옛 정치국원 알리예프가 아제르바이잔을, 옛 정치국원 나제르바예프가 카자흐스탄을, 옛 정치국원 셰바르드나제가 그루지야를 통치하고 있는 것이다. 그런 자들이 시장 자본주의를 받아들인 옛 반체제 인사들의 도움을 받아 1989년의 희망을 파괴하는 데 앞장섰다.

체제의 경제적 불안정성 때문에 분명히 또다시 투쟁은 분출할 것이고 또 다른 희망이 생겨날 것이다. 그러나 그런 희망의 실행은 자동으로 보장되지 않는다. 전문 '중재자들' — 노조 관료들, 사회민주주의 정치인들, 변신한 스탈린주의자들, 포퓰리스트 데마고그들 — 은 그런 투쟁들을 기성 사회 쪽으로 되돌리는 데 언제나 유용할 것이다. 기구들을 통제하는 자들은 첫 번째 갑작스런 분출에 데였기 때문에 [다음 번에는] '전면에 나서' 통제력을 회복하려 들 것이다. 기존 조직들이 취약한 곳에서는, 쿠날·카리요·소아레스·곤살레스가 그랬듯이, 자원자들이 기꺼이 나서서 그런 조직들을 재건하려 할 것이고, 걱정에 빠진 지배계급 성원들이 그들을 지원할 것이다. 그러나 일단 기존 사회의 일상이 복원되고 사람들의 변화 열망이 꺾이면, 우파 세력은 이제 '중재자들'이 필요없다고 느낄 만큼 강력해질 것이고 파시스트들은 반혁명적 절망을 이용한 야만적 메시지를 들고 그늘에서 기어나올 수 있는 기회를 붙잡을 것이다.

중재자들이 투쟁을 제한할 수 있는지 아닌지는 부분적으로 객관적 요인들에 달려 있다. 반란의 규모, 투쟁에 불을 지핀 물질적 불만을 충족시킬 수 있는 체제의 능력 등이 여기에 해당한다. 이런 요인들은 개인이나 개별 조직의 역량을 벗어나는 것들이다. 궁극적으로 이것들은 세계 체제의 역동성에 달려 있고 이 역동성에 대한 수많은 사람들의 반응에 달려 있다. 바로 그 때문에 1968~76년의 거대한 봉기가 정확히 언제 어디서 일어날지 아무도 몰랐고, 다음 번의 거대한 반란을 아무도 예측할 수 없는 것이다.

하지만 '주관적' 요인들 — 상이한 투쟁 노선을 주장하는 사람들의 집단들 — 도 중요한 역할을 한다. 착취받는 계급들을 현존 사회에 묶어 놓는 '네트워크'는 쇠나 돌로 이루어진 것이 아니라 그들의 투쟁 방향을 놓고 서로 논쟁하는 사람들로 구성돼 있다. 그들은 작업반장, 성직자, 노조 관료, 지역 정치인, 변호사, 지방 의회 의원 등이다. 그들은 다른 조직들의 도전을 받을 수도 있고, 정당들로 조직된 혁명적 사회주의자들의 도전을 받을 수도 있다. 그런 정당들 덕분에 혁명적 사회주의자들은 자신들의 노력을 결합시키고 공동의 주장을 제시하고 공동의 전략을 수행할 수 있다.

현대의 산업 자본주의 사회에서 그런 주장을 위한 가장 중요한 영역은 압도 다수의 사람들이 착취당하는 작업장과 그들의 불만을 대변한다고 하는 노동 운동이다. 바로 거기서 결정적 논쟁들이 벌어지고 그 결과에 따라 사람들이 투쟁을 고양시켜 단결하고 승리하느냐 아니면 온건해지고 파편화해 패배하느냐가 결정된다. 로자 룩셈부르크가 1919년 살해되기 직전에 말했듯이 "자본주의의 사슬은 그 사슬이 만들어지는 바로 그 곳에서 끊어져야만 한다."

하지만 혁명 조직 자체는 단지 작업장에서만 건설되는 것이 아니다. 일부 혁명 조직들은 1968년의 학생·흑인·반전 운동에서 성장할 수 있었기 때문에 나중에 노동자 대중 투쟁에도 연루할 수 있었다. 작업장에서 패배와 사기 저하가 한참 지속된 오늘날 혁명 조직들은 다시 공장 바깥에서 새로운 지지자들을 찾아야 한다. 이런 지지는 궁극적으로 공장 안에서 벌어지는 논쟁과 연결돼야 한다. 다음에 거대하게 분출한 투쟁이 승리하려면 말이다.

주관적 요인 자체는 결국 객관적 요인들에 달려 있다. 인간의 생각은 하늘에서 뚝 떨어지는 것이 아니라 인간의 행동과 늘 변하는 객관적 세계가 상호 작용한 결과다.

1968년에 혁명적 사회주의 사상이 갑자기 커다란 영향을 미칠 수 있었던 것은 여러 가지 이유 때문이다. 세계의 양대 진영이 정치적 위기에 빠졌고 20년 동안 체제를 지탱해 준 이데올로기들이 약해졌다. 동시에 장기 호황 동안 엄청나게 팽창한 노동계급—특히 남부 유럽과 미국의 흑인 게토에서—을 낡은 방식으로는 더는 통제할 수가 없었다.

지난 10년 동안 그 양대 진영 중 하나가 1960년대 말에 그들을 뒤흔든 것과 똑같은 모순 때문에 산산조각 났다. 이제 미국 지배계급은 미국이 유일 초강대국이 됐으며 과거 그 어느 때보다 강력하다고 생각하고 싶어 한다. 그러나 막강한 세계 지배력을 천명하려는 그들의 노력은 '베트남 신드롬'—라이벌 강대국이 아니라 상대적 소국의 민중 투쟁에 당한 쓰라린 패배의 기억—때문에 끊임없이 침식당하고 있다. 그리고 국내에서는 20년에 걸친 부자들의 끝없는 탐욕과 노동자 대중의 실질 임금 저하 때문에 아메리칸 드림의 영향력도 약해졌다. 한편 세계 전역에서 사회적 부패 증상은 그 어느 때보다 눈에 띄었다. 식량이 산더미처럼 쌓여 있는데도 기근이 되풀이되고, 부자들에게는 더 부자가 되라고 하고 가난한 사람들에게는 더 많은 희생을 요구하며, 피비린내 나는 국지전들이 벌어지고, 끔찍한 집단 학살이 자행되며, 군비는 증가하는 반면 사회복지 예산은 축소되고, 시장을 믿으라고 선전했는데 바로 그 시장이 느닷없이 완전한 혼란에 빠져버렸다.

1968년의 진정한 의미는 동서방 제국주의가 아닌 대안이 있다는 것이며, 사람들이 그들 자신의 행동을 통해 합리적 기초 위에 새로운 사회를 건설할 수 있다는 것이며, 노동계급은 지배계급이 돼 계급 없는 사회를 건설할 수 있다는 것이다. 소르본 대학 담벼락에는 다음과 같은 트로츠키의 구호가 휘갈겨져 있었다. "마지막 자본가가 마지막 관료의 창자로 목 졸려 죽은 뒤에야 인류는 자유로울 것이다."

경제·정치·이데올로기적 위기에 빠진 세계의 현실 때문에 소수의 개인들은 이 메시지에 공감할 수 있다. 그리고 이들 소수는 다음 번 투쟁의 물결을 지난 번과 다르게 끝낼 수 있는 정당들을 건설할 수 있다.

후주

1장 오랜 침묵

1   A Crosland, *The Future of Socialism*(London 1956), p. 115.

2   A Crosland, p. 515.

3   A Crosland, p. 62.

4   A Crosland, pp. 32~33.

5   L Coser의 *The Function of Social Conflict*를 참조.

6   D Bell, *The End of Ideology*(Illinois 1960), p. 84.

7   D Bell, p. 207 참조.

8   D Bell, p. 14.

9   H Marcuse, *One-Dimensional Man*(London 1964), ppxi-xii.

10   H Marcuse, p. 256.

11   H Marcuse, p. 256.

12   C Wright Mills, *The Causes of World War Three*(New York 1960).

13   A Gorz, 'Reform or Revolution' in R Miliband and J Saville(eds) *Socialist Register 1968*(London 1968), p. 111.

14   Jimmy Porter in John Osborne's play *Look Back in Anger*(London 1956).

15   E P Thompson이 편집한 책 제목. *Out of Apathy*(London 1960).

16   자세한 설명은 T Cliff, 'Perspective on the Permanent Arms Economy', in *Socialist Review*, May 1957, reprinted in T Cliff, *Neither Washington nor Moscow*(London 1982), and M Kidron, 'Rejoinder to Left Reformism', in *International Socialis*(이후, *IS*로 표기) 1 : 7, winter 1961~62 참조. 최근의 설명은 C Harman, *Explaining the Crisis*(London 1984) 2장과 3장 참조.

17   자세한 설명은 D Eudes, *The Kapetanios*(London, 1972) 참조.

18   G Lefranc, *Le Mouvement Sindical*(Paris 1969), pp. 132, 205.

19   G Lefranc, pp. 206~207.

20   수치는 G Bibes, *Il Sistema Politico Italiano*(Rimini 1975) 참조.

21   수치는 M Regini, 'Labour Unions, Indurstrial Action and Politics', in P Lange and P S Tarrow(eds), *Italy in Transition*(London 1980) p. 64 참조.

22 자세한 설명은 K M Stampp, *The Era of Reconstruction*(New York 1965), and W E Dubois, *Black Reconstruction*(New York 1956) 참조.

23 자세한 것은 J H Franklin, *From Slavery to Freedom*(New York 1980) p. 266.

24 P Foner, *Organised Labor and the Black Worker*(New York 1982) pp. 277~278.

2장 '완행 열차는 다가오고'

1   수치는 the Organisation for Economic Cooperation and Development(OECD)에서 제공된 것.

2   OECD 통계.

3   수치는 J Estaban, 'The Economic Policy of Franco', in P Preston(ed), *Spain in Crisis*(Hassocks 1976) p. 286에서 인용.

4   OECD 통계.

5   이런 농민들의 보수적 태도에 대한 설명은 G Brenan, *The Spanish Labyrinth*(Cambridge 1974) and R Fraser, *Blood of Spain*(Harmondsworth 1981) pp. 83~94를 참조.

6   G Pasquino in P Lange and P S Tarrow(eds), *Italy in Transition*(London 1980) p. 88.

7   P Furlong, *The Italian Christian Democracy*(Hull 1982) p. 27.

8   M Sclavi, *Lotta di Classe e Organizzazione Operaia*(Milan 1974) p. 212 ; L Lanzardo, *Classe Operaio e Partito Comunista alla Fiat*(Turin, no date) pp. 14~28.

9   J C Argos Villar and J E Gomez Diaz, *El Movimento Obrero en Cantabrica* 1955~77(Santander 1982) pp. 49~52와 61~66 ; 카탈로니아 지역에 관해서는 I Boix and M Pujados, *Conversaciones Sindicales con Dirigentes Obreros*(Barcelona 1975).

10 A Accornero, in *Problemi del Socialismo*(Milan, July 1962) p. 633.

11 L Lanzardo, 'La Fiat Dopo lo Sciopero del '62', in *Quaderni Rossi 4*(Turin 1964) pp. 67~68에서 지적한 내용.

12 E Giovannini in *International Socialist Journal*(Rome 1965) 참조.

13 G Ross, *Workers and Communists in France*(Berkeley 1982) p. 147.

14 *Le Commissioni Operaraie Spagnole*(Turin 1969) pp. 29~30 ; F A Morcillo and others, *Il Sindicato de Classe in Espana 1939~77*(Barcelona 1978) pp. 39, 42 ; J C Argos Villar and J E Gomez Diaz, p. 51.

15 F A Morcillo and others, p. 57.

16 F Claudin, 'El Nuevo Movimiento Obrero Espanol', in L Margri and others, *Movimiento Obbrero y Accion Politica*(Mexico 1975).

17 J C Argos Villar and J E Gomez Diaz, pp. 52~54. 이 시기에 마드리드와 바르셀로나에 등장한 이와 유사한 조직 형태에 대해서는 F A Morcillo and others 참조.

18 J M Susperregui, in M Zaguirre and J M de la Hoz(eds), *Presente y Future del Sindicalismo*(Barcelona 1976) p. 141.

19 F Claudin, p. 107.

20 수치는 P Baran and P Sweezy, *Monopoly Capital*(Harmondsworth 1973) p. 248.

21 P Baran and P Sweezy, p. 252.

22 P Baran and P Sweezy, p. 256.

23 수치는 P Fonor, p. 295에서 인용.

24 H Zinn, *SNCC*(Boston 1965) p. 51.

25 H Zinn, p. 234.

26 H Zinn, p. 235에서 인용.

27 A Schlesinger, *A Thousand Days*(London 1965).

28 H Zinn, p. 190.

29 'What Black Power means to Negroes in Mississippi', in J Geschwender(ed), *The Black Revolt*(New Jersey 1971) p. 211.

30 T Cliff and C Barker, *Incomes Policy, Legislation and Shop Stewards*(London 1966) p. 81에서 인용.

31 H A Turner, *The Trend of Strikes*(Leeds 1963) p. 2.

32 상세한 토론을 보려면, C Harman, '1984 and the Shape of Things to Come', in *IS* 2 : 29(1985) pp. 64~65.

33 공식적인 당원 수는 이러한 감소를 숨기고 있다. 600개의 지역 조직에서 전국적인 정당과 연계를 맺기 위해서는 최소한 1000명의 당원 수를 확보하고 있어야 하기 때문에 공식적인 당원 수가 그 이하로 내려가는 일은 없다.

34 자세한 수치는 C Harman in *IS* 2 : 29, p. 64 참조.

35 수치는 J Townsend, 'The Communist Party in Decline', in *IS* 1 : 62, 1973년 9월을 참조.

36 이 분열에 대한 초기 혁명적 사회주의자들의 분석을 보려면, T Cliff, 'China and Russia', in *IS* 1 : 3, 1960~61, 겨울.

37 N Harris의 *The Mandate of Heaven : Marx and Mao in Modern China*(London 1978) pp. 60~62를 참조하라.

38 1967년 8월 23일과 8월 7일, N Harris, p. 63에서 인용.

39 N Harris, p. 67에서 인용.

40 *New Left Review 45*, 1967년 9~10월, p. 2에서는, "드브레이가 뛰어난 문제를 통해 정치적 · 전략적 분석에서 레닌주의 전통을 새롭게 발전시켰다."고 아주 전형적이고 어이없는 주장을 하고 있다.

3장 학생 반란

1 H Draper, *Berkeley : The New Student Revolt*(New York 1965) p. 98에서 인용.

2 H Draper의 글과 *Student in Revolt : The Battle of Berkeley Campus*(Solidarity, London, no date)를 보라.

3 H Draper, p. 105.

4   H Draper, p. 107.

5   H Draper, p. 108.

6   1963~64년에 이탈리아에서는 소수의 학생들이 학교를 점거한 일이 있었으나 버클리의 수준은 아니었다. F Catalano, *Il Movimenti Studenteschi in Scuola in Italia*(Milan 1969) p. 372를 보라. 1930년대에 미국에서는 '평화'를 위한 동맹 휴업이 있었지만 한 시간밖에 지속되지 못했다.

7   'Documentos del Movimiento Universitario Bajo el Franquismo', in *Materiales* no 1(Barcelona 1977) p. 117.

8   A W Astin, in A W Astin and others, *The Power of Protest*(San Francisco 1975) p. 42.

9   C Harman, D Clark, A Sayers, R Kuper and M Shaw, *Education, Capitalism and the Student Revolt*(London 1968) p. 6.

10 Flaubert의 *Sentimental Education*이 혁명 운동을 촉구하는 것에서 혁명을 탄압하는 것을 돕는 것으로 전환하는 모습을 살펴보는 데 도움이 될 것이다.

11 자세한 것은 H Draper의 책에 있는 M Garson의 팸플릿 *The Regents*를 참조하라. 그리고 LSE Socialist Society에서 LSE governors를 분석한, *LSE : What it is and how we fought it*(London 1967)을 참조.

12 University Central Council on Admissions, *Social Trends 1986*(HMSO, London)에서 인용.

13 계급적 관점에서 이런 범주를 분석한 글은, A Callinicos, 'The new middle class' in *IS* 2 : 20, summer 1983과 C Harman, 'The working class after the recession', in *IS* 2 : 33, autumn 1986. 두 글 모두 A Callinicos and C Harman, *The changing working class*(London 1987)에 실려 있음.

14 A Callinicos and S Turner, 'The Student Movement Today', in *IS* 1 : 75(1975).

15 *Quaderni di Avanguardia Operaia* 7, vol. 2(Milan 1973) p. 6.

16 H Draper, pp. 31~32.

17 *LSE : What it is and how we fought it*을 참조.

18 E K Trimberger, in H S Becker, *Power Struggle*(New Jersey 1973) p. 33.

19 E K Trimberger, in H S Becker, p. 38.

20 E K Trimberger, in H S Becker, p. 162.

21 E K Trimberger, in H S Becker, p. 158.

22 'An End to History', H Draper의 글 p. 182.

23 T Hayden 'The Politics of "The Movement"', in I Howe(ed), *The Radical Papers*(New York 1966).

24 T Hayden, in I Howe.

25 M Parker, 'SDS : Copping out of American Life', in *New Politics*, vol 7, no 4(New York 1969)

26 M Buddeberg, 'The Student Movement in West Germany', in *IS* 1 : 33, p. 33.

27 L Bobbio, *Lotta Continua : Storia di una Organizzazione Revoluzionaria*(Rome 1979) p. 14.

28 L Bobbio, p. 14.

29 *Quaderni di Avanguardia Operaia*, p. 16.

30 회의에서 있었던 중요한 토론에 대한 자료는 F Wolff and E Windhaus(eds), *Studentenbewegung 1976~79*(Frankfurt-am-Main 1977)을 보라.

31 L Bobbio.

32 A W Astin and others, p. 26.

33 G R Vickers, *The Formation of the New Left*(Lexington 1975) p. 48.

34 H Draper, p. 165.

35 H Draper, p. 165.

36 J Rubin, *Do It*(New York 1970) p. 26.

37 D Cluster, *They Should have Served that Cup of Coffee*(Boston 1979).

38 SDS의 부의장이었던 Carl Davidson, Racciocco의 글 *The New Left in America*(Stanford 1974) p. 184에서 인용.

39 전에 반전 군인 신문에서 일했던 역전의 용사 Steve Rees의 글, in D Cluster p. 154.

40 Norman Mailer의 기사, in N Mailer, *The Armies of the Night*(Harmondsworth 1970) p. 134에서 인용.

41 G R Vickers, p. 131.

42 *Black Dwarf*, 1969년 1월 10일자에 수록된 레논(Lennon)과 존 호이랜드(John Hoyland)의 서신 왕래를 보라.

43 R Corato, *Gli Studenti Tedeschi*(Florence 1968) p. 135.

44 Marplan-Forschung, R Corato, p. 19.에서 인용.

45 *Der Spiegel*, R Corato, p. 19.에서 인용.

4장 미국 : 전쟁의 귀환

1 E E Goldman, *The Tragedy of Lyndon Johnson*(London 1969) p. 255.

2 E E Goldman p. 512에서 인용.

3 D Halberstam, *The Best and the Brightest*(London 1970) p. 78에서 인용.

4 D Halberstam, pp. 209~211.

5 E E Goldman, p. 398에서 인용.

6 D Halberstam, p. 123.

7 D Halberstam, p. 525에서 인용.

8 D Halberstam, p. 577.

9 더 상세한 분석은 D Halberstam, p. 619를 보라.

10 D Halberstam, pp. 606~610.

11 E E Goldman, p. 509.

12 J Geschwender, p. 206에서 인용.

13 *Newsweek*, 1964년 8월 3일, J Boskin, *Urban Racial Violence*(Los Angeles 1969) p. 100에 실림.

14 E E Goldman, p. 172에서 인용.

15 O Kerner and others, *Report of the National Advisory Committee on Civil Disorders*(New York 1968) p. 38.

16 B Rustin, J Boskin의 책 p. 109에서 인용.

17 J Boskin, p. 38.

18 J Boskin, p. 38.

19 *Newsweek*, 1967년 8월 7일, J Boskin, p. 126에서 인용.

20 수치는 A Platt, *The Politics of Riot Commissions 1917~20*(New York 1971) p. 351.

21 J Boskin, pp. 130~133을 보라.

22 J Boskin, p. 126.

23 이 시기에 대한 설명은 F Halstead, *Out Now!*(New York 1978) pp. 9~42를 보라.

24 토론회 운동은 영국으로 확산됐다. 그리고 나는 보수당원으로서 토론회에 참가했다가 IS 회원인 나이젤 해리스의 주장에 설복된 사람을 한 명 안다.

25 D L Lewis, *Martin Luther King*(London 1970) pp. 277~278.

26 D L Lewis, p. 306.

27 D L Lewis, p. 324에서 인용.

28 D J Garrow, *The FBI and Martin Luther King*(New York 1981) p. 214.

29 D J Garrow, pp. 180~181에서 인용.

30 D J Garrow, pp. 126~134.

31 D J Garrow, p. 198.

32 *The Times*, 1968년 1월 1일.

33 F Halstead, p. 365에서 인용.

34 F Halberstam, pp. 647~648.

35 F Halberstam, p. 653.

36 E Cleaver, *Post-prison Writings and Speeches*(London 1971) p. 96.

37 Bobby Seale, G Otis, *Eldridge Cleaver : Ice and Fire*(London 1977) p. 1에서 인용.

38 C L Heath의 *Off the Pigs!*(New Jersey 1976)에 따르면, 15명의 핵심 회원이 있었다고 한다. 저자가 경찰과 FBI의 자료에 의존하기는 했지만, 이 경우에는 그리 실제 지표와 동떨어진 이야기는 아닌 듯하다.

39 D Cluster, p. 44에서 인용.

40 E Cleaver, *Post-priso writings*.

41 E Cleaver, *Soul on Fire*(London 1979) p. 95. 이 책은 기독교인으로 다시 태어난 클리버가 회개하는 마음으로, 과거의 많은 것을 떨쳐 버리려고 쓴 것이지만 초기 흑표범당의 운동을 다루는 부분은 매우 정확하다.

42 E Cleaver, *Soul on Fire*, p. 97.

43   B Seale, *Seize th Time*(London 1970) p. 84를 참조.

44   B Seale, p. 291.

45   E Cleaver, *Soul on Fire*, p. 112.

46   R Scheer, introduction to E Cleaver, *Post-prison Writings*, p. 21.

47   David Hilliard, B Seale의 책 p. 297에서 인용.

48   *The Washington Post*, Norman Mailer, *Miami and the Siege of Chicago*(Harmondsworth 1968) p. 145에서 인용.

49   S Lerner, *Village Voice*, N Mailer의 책, p. 146에 인용.

50   S Lerner, N Mailer, *Miami and the Siege of Chicago*, p. 146에 인용.

51   N Mailer의 책 p. 166. Mailer가 자기 중심적인 경향을 보이기는 하지만 전당대회와 1968년 여름의 전반적인 분위기를 환상적으로 잘 묘사하고 있다.

52   J Newfield in *Village Voice*, N Mailer의 책 p. 165에 인용.

53   N Mailer, p. 171.

54   N Mailer, p. 172.

55   N Mailer, p. 173에 인용.

5장 프랑스의 5월

1   G Pompidou, *Pour Rétablir une Vérité*(Paris 1982) p. 181.

2   Vladmir Fisera in the Introduction to V Fisera(ed), *The Writing on the Wall*(London 1978) p.11 ; L Roux and R Backman, *L'Explosion de Mai*(Paris 1968) p. 78.

3   V Fisera(ed), p. 78.

4   수치는 Daniel Cohn-Bendit in H Bourges(ed), *The Student Revolt : the Activists Speak*(London 1968) p. 67에서 인용.

5   L Rioux and R Backmann, p. 38.

6   V Fisera의 문서, p. 79.

7   Posner(ed), *Reflections on the Revolution in France*(Harmondsworth 1970) p. 64에서 인용.

8   D B Said and H Weber, *Mai 1968 : une Répétition Génerale*(Paris 1968) p. 112.

9   P Labro, *Les Barricades de Mai*(Paris 1968).

10   D B Said and H Weber.

11   D B Said and H Weber.

12   당시 총리인 조르쥬 퐁피두의 말. G Pompidou, p. 180.

13   M Kidron, *Western Capitalism since the War*(Harmondsworth 1970) p. 169.

14   M Kidron, p. 170.

15   *Pouvoir Ouvrier*, January-February 1968, and G Ross, p. 163.

16   *L'Humanité*, 1968년 5월 3일, in V Fisera(ed), p. 109.

17   L Rioux and R Backmann, p. 215.

18 L Rioux and R Backmann, p. 216에서 인용.

19 L Rioux and R Backmann, p. 218에서 인용.

20 L Rioux and R Backmann, p. 218에서 인용.

21 L Rioux and R Backmann, p. 217에서 인용.

22 G Ross, p. 182에서 인용.

23 G Ross, p. 182.

24 G Ross, p. 182에서 인용.

25 T Cliff and I Birchall, *France : The Struggle Goes On*(London 1968) p. 19.

26 L Rioux and R Backmann, p. 256에서 인용.

27 L Rioux and R Backmann, p. 254.

28 L Rioux and R Backmann, pp. 256~257.

29 G Ross, p. 184.

30 L Rioux and R Backmann, p. 247에서 인용.

31 L Rioux and R Backmann, p. 423.

32 L Rioux and R Backmann, p. 376에서 인용.

33 L Rioux and R Backmann, p. 382에서 인용.

34 L Rioux and R Backmann, p. 383에서 인용.

35 L Rioux and R Backmann, p. 384.

36 Georges Seguy of the CGT, G Ross의 책, p. 202에서 인용.

37 이 당시에 대한 좀 더 상세한 설명을 보려면 L Rioux and R Backmann, pp. 442~458 를 참조하라. 또한, G Ross, pp. 203~204를 참조.

38 L Rioux and R Backmann, p. 446에는 시위의 규모를 30~40만 명으로 추정하고 있다. G Ross, p. 206에는 80만 명으로 추정하고 있다.

39 G Pompidou, p. 197.

40 L Rioux and R Backmann, p. 249.

41 L Rioux and R Backmann, p. 276 ; D B Said and H Weber, p. 159~160.

42 G Ross, p. 181.

43 G Ross, p. 185.

44 G Ross.

45 L Rioux and R Backmann, p. 408에서 인용.

46 L Rioux and R Backmann, p. 450에서 인용.

47 L Rioux and R Backmann, p. 465에서 인용.

48 G Ross, p. 208에서 인용.

49 L Rioux and R Backmann, p. 512에서 인용.

50 L Rioux and R Backmann, p. 513.

51 L Rioux and R Backmann, p. 553.

52 L Rioux and R Backmann, p. 281에서 인용.

53 L Rioux and R Backmann, p. 559나 D B Said and H Weber, pp. 209~210을 참조.

54   L Rioux and R Backmann, p. 451에 인용된 한 CFDT 지도자의 말.

55   L Rioux and R Backmann, p. 522에서 인용.

56   L Rioux and R Backmann, p. 524에서 인용.

6장 프라하의 봄

1   C Harman, *Bureaucracy and Revolution in Eastern Europe*(London 1974) pp. 188~
    242를 참조하시오. 더 함축적인 글로는 *Class Struggles in Eastern Europe*(London 1983).

2   1968년 3월 16일 연설. Novotny가 대통령직을 사임하기 1주일 전이다.

3   P Tomalek, 'Report from Prague', in *NLR 53*, 1969년 1~2월.

4   Tomalek의 말.

5   P Tomalek, in *NLR 53*, p. 16.

6   P Tomalek, in *NLR 53*, p. 18.

7   P Tomalek, in *NLR 53*, p. 19.

8   Lubes Holacek, J Kavan, 'Czechoslovakia 1968 : Workers and Students', in *Critique*
    no 2, p. 69에서 인용.

9   J Kavan in *Critique* no 2, p. 67~68.

7장 바람이 일고 있네

1   'The Belgrade Sudent Insurrection', in *NLR 54*(1969) p. 61.

2   'Yugoslav Students under Attack', in *IS* 1 : 45(1970) p. 9. 벨그라드에서 몰래 가져 나
    온 문서.

3   *NLR 54.*

4   *NLR 54.*

5   *NLR 54*에서 인용.

6   *Student* 잡지에서, *NLR 54*에 인용.

7   *NLR 54.*

8   *The Times*, 1970년 10월 24일.

9   P A Vives, 'La Matanza de Tltelolco' *in Siglio XX* no 32(1985).

10 Vives는 이 운동 전체를 중간계급 운동으로 간주한다.

11 Vives.

12 P A Vives.

13 J L Rhi Sausi, 'Breve cronica de Mexico', in *Debate*(Rome) no 2, 1977년 12월.

14 *The Times*, 1968년 9월 25일.

15 좀 더 상세한 설명은 C Bambery, *Ireland's Permanent Revolution*(London 1986)을 참조.

16 E McCann, *War and an Irish Town*(Harmondsworth 1974) p. 30에 인용.

17 이 설명은 McCann의 글에 대부분 의존한 것이지만, C Gray and J Palmer, 'Ireland

and the British left', in *IS* 1 : 36, *Socialist Worker*, 1968년 10월 12일과 *The Times*, 1968년 10월 7일을 참조할 수 있다.

18 Eamonn McCann, in *Socialist Worker*, 1968년 10월 12일.

19 Ian Taylor, in *Socialist Worker*, 1968년 9월 28일을 참조.

20 R Rossanda, *L'Anno Degli Studenti*(Bari 1968) pp. 39~41.

21 L Bobbio.

22 R Rossanda, pp. 46~48 ; *The Times*, 1968년 3월 1~2일.

23 R Possanda, p. 31에 따르면 15퍼센트 정도만이 노동자와 농민 출신이었다.

24 수치는 R Rossanda, p. 32.

25 L Bobbio, p. 14.

26 R Rossanda, p. 45.

27 *Quaderni di Avanguardia Operaia* 7, vol.1, p. 130.

28 *Quaderni di Avanguardia Operaia* 7, vol.1, pp. 11~12.

29 *Quaderni di Avanguardia Operaia* 7, vol.1, p. 17.

30 M Sclavi, p. 41.

31 M Sclavi, p. 45.

32 M Sclavi, p. 45.

33 M Sclavi, p. 65.

34 *The Times*, 1968년 12월 6일 ; Norah Carlin, in *Socialist Worker*, 1968년 12월 14일.

35 *The Times*, 1968년 12월 6일. 신문의 사진을 보라.

36 L Bobbio, p. 28 이후.

37 L Bobbio, p. 29.

38 L Bobbio, p. 30.

39 L Bobbio, p. 31.

40 L Bobbio, p. 31.

41 L Bobbio, p. 33에 인용.

42 L Bobbio, p. 34.

43 L Bobbio, p. 34.

44 *Lotta continua*, L Bobbio, p. 62에 인용. Agnelli는 피아트의 사장이었다.

8장 폭풍우가 일으킨 잔물결

1 *Black Dwarf*, 1968년 10월 15일.

2 *The Times*, 1968년 9월 5일 ; J D Halloran, *Demonstration and Communications : A Case Study*(Harmondsworth 1970).

3 *Tribune*, 1966년 4월 8일.

4 파업에 관한 설명은 R Blackburn and A Cockburn(eds), *The Incompatibles* (Harmondsworth 1967), P Foot, *The Politics of Harold Wilson*(Harmondsworth

1968) pp. 173~178.

5   이런 조치에 대한 설명은 P Foot, *The Politics of Harold Wilson*, pp. 178~181, P
     Whitehead, *The Writing on the Wall*(London 1985) pp. 173~178를 참조.

6   P Foot, *the Politics of Harold Wilson*, p. 191과 D F Wilson, *The Dockers*(London
     1972) pp. 187~189를 참조.

7   예를 들면, 이러한 항의에 관한 글로는 J Palmer, 'Soggies Begin to See the Light',
     in *Labour Worker*, 1967년 9월을 참조.

8   *The Times*, 1968년 4월 26일.

9   *Black Dwarf*, 1968년 5월 12일.

10   *New Society*에서 행한 조사. Halloran, Elliott and Murdock, p. 53.에 인용.

11   I Birchall, *The Smallest Mass Party in the World*(London 1981)를 참조하라. 이안
     (Ian)과 나는 VSC위원회 모임에 참석했다.

12   *The Times*, 1968년 1월 27일.

13   *The Times*, 1968년 3월 9일.

14   *The Times*, 1968년 3월 16일.

15   일부 아나키스트와 순수 트로츠키주의자들은 이 구호에 반대했다. 이에 관련된 가장
     괜찮은 이야기는 IS의 Tony Cliff, 'Who cares what they are chanting if thousands
     of people storm the American embassy'.

16   'The Demonstration', *World in Action*(TV 프로그램), 1968년 3월 18일.

17   *World in Action*, 1968년 3월 18일.

18   David Triesman, in *Black Dwarf*, 1968년 10월 15일.

19   *The Times*, 1968년 4월 26일

20   *The Times*, 1968년 5월 4일과 6일.

21   *IS* 1 : 34(1968 여름) 편집부 글.

22   1968년 6월에 했던 나의 연설, D Widgery, *The Left in Britain*(Harmondsworth
     1976) p. 341에 인용.

23   *The Times*

24   YCL의 조직가 Fergus Nicolson, *Black Dwarf*, 1968년 8월 14일 참조.

25   Paul Gerhardt, *Black Dwarf*, 1968년 8월 14일. *The Times*, 1968년 7월 22일.

26   혼세이는 공산당 당원이 핵심 역할을 한 유일한 학교 점거농성이 벌어졌던 곳이다. 그
     런데 그들은 혁명적 사회주의 학생들이 공개 토론을 벌이는 것을 결사적으로 막았다.

27   *Black Dwarf*, 1968년 5월 1일, 특별호.

28   *Black Dwarf*, 1968년 7월 5일.

29   *Black Dwarf*, 1968년 10월 15일.

30   알리는 분파주의적 비판에 대한 대응으로 다음과 같이 주장했는데도 말이다. "내가 내
     자신을 학생 지도자라고 생각하냐고? 지금도 아니고 그랬던 적도 없다. 나는 학생도
     아니고 지도자도 아니다. 대중 매체가 나를 그렇게 불러왔던 것은 나하고는 상관도 없
     고 나의 생각에 거스르는 일이다."

31 *Black Dwarf,* 1968년 9월 22일.

32 ≪뉴 레프트 리뷰≫가 이런 입장을 취한 것은 매우 최근의 일이다. 노동당 정부 초기 몇 년 동안 그들의 정치적 관점은 노동당 좌파에 영향을 미치는 것을 목표로 했다.

33 T Cliff and C Barker.

34 J Rosser and C Barker, 'A working-class defeat : the ENV story', in *IS* 1 : 31 (1967), and *The Times*, 1968년 5월 24일.

35 *IS* 1 : 33(1968 여름)의 편집부 글.

36 *IS* 1 : 34에 실린 편집부의 글. 여러 가지 형태로 이런 주장이 제기됐는데, 대부분은 이 와 유사했다.

37 'Workers Fight'라고 불리는 소규모의 트로츠키 그룹을 제외하고 말이다. 이들은 1968 년 여름에 IS에 가담하지만, 그 안에서 그들의 비밀스럽고 독립적인 체계를 유지했다. 그러다가 1971년에 결국 축출됐다.

38 D Widgery의 글 p. 349.

39 가장 유명한 신입 회원은 바네사 레드그레이브(Vanessa Redgrave)와 그의 오빠 코린 (Corin)이었다. 이 서클에서 이루어진 토론은 Trevor Griffithes의 연극 *The Party*에 기초가 됐다.

40 LSE Socialist Society에서 주도적인 역할을 했던 한 사람은 부분적으로 마오의 사상 에 영향을 받은 사람이었는데 1968년에 IS쪽으로 견인됐다.

41 J Wilcox, 'Two Tactics' in *NLR* 53, 1969년 1~2월.

42 IS와 IMG는 의견이 갈렸다. IS는 핵심은 시위 자체가 아니라 노동계급 내에 광범한 혁명적 사회주의 운동을 건설하는 것이라고 주장했고 IMG는 베트남 문제를 가지고 계속해서 평화 시위를 벌이는 전략을 주장했다.

43 D Widgery, p. 386에 인용된 Geoff Richman의 보고서. Roger Protz, *The Times*, 1968 년 10월 30일을 참조하시오.

44 D Widgery, p. 415.

45 타협의 내용에는 IS 학생들이 자신들이 동의하지 않은 붉은 기지 구성에 마지못해 찬 성한 것도 포함돼 있었다.

46 *The Times*, 1968년 6월 13일.

47 *The Times*, 1968년 10월 8일.

48 LSE가 펼친 술책에 대한 뛰어난 익명의 설명은, J West, *Thusg and Wreckers,* May Day Manifesto pamphlet(London 1969) pp. 2~6을 보라.

49 D Widgery, p. 417. 그가 LSE에 참여하지는 않았지만 이 당시 그는 주도적인 LSE 학 생들과 같은 IS 지부에 속해 있었고 진행 상황을 잘 알고 있었다.

50 *IS* 1 : 36 편집부의 글.

9장 상처 입은 야수

1 *IS* 1 : 35, 1968~69 겨울. *Socialist Worker*, 1969년 1월 4일. 첫 페이지를 참조.

2   *IS* 1 : 35.

3   *The Times*, 1968년 10월 26일.

4   D Halberstam, p. 661.

5   F Halstead에 따르면. p. 522.

6   F Halstead에 따르면. p. 536.

7   모든 수치는 F Halstead에서 인용. pp. 544, 556.

8   F Halstead, p. 559.

9   F Halstead, pp. 6, 9, 19.

10   Steve Rees, D Cluster에 실린 글, p. 160.

11   F Halstead, p. 426.

12   *New York Times*, 1974년 8월 8일.

13   수치는 D Cluster에서 인용. p. 152.

14   M Rinaldi, 'The Olive Green Rebels : Military Organising during the Vietnam Era',
     Radical America, 1974년 5~6월.

15   예비역 대령 R D Heinl의 글. *American Forces Journal*, 1971년 6월 7일, F Halstead,
     p. 637에서 인용.

16   *SIPRI Yearbook*(Stockholm 1972), p. 56.

17   수치는 K Moody, 'The American working class', *IS* 1 : 40, p. 19.

18   F Halstead, p. 582.

19   R D Heinl, F Halstead에 실린 글. p. 637.

20   F Halstead, p. 582.

21   D Cluster, p. 144.

22   D Cluster, p. 145.

23   J Weinberg and J Gerson, 'SDS and the Movement', in *Independent Socialist*(US),
     1969년 10월. M Friedman, *The New Left of the Sixties*(Berkeley 1972) p. 180.

24   D. Cluster, p. 126.

25   G R Vickers, p. 129.

26   이런 자세는 반전 운동의 역사에서 잘 드러나 있었다. F Halstead를 참조하라.

27   M Parker, in *New Politics*, vol. 7, no 4.

28   J Weinberg and J Gerson, p. 188.

29   M Parker, in *New Politics*, vol. 7, no 4.

30   D Cluster, p. 129.

31   J Weinberg and J Gerson.

32   Raccaccio, *The New Left in America*(Stanford 1974) p. 210에서 인용.

33   이 이름은 밥 딜런의 노래 'Subterranean Homesick Blues'의 가사에서 뽑은 것.

34   J Weinberg and J Gerson, p. 158에서 인용.

35   J Weinberg and J Gerson, p. 188에서 인용

36   1972년 11월 *Rolling Stone*의 인터뷰. J H Bunzel, *New Force on the Left : Tom*

Hayden and the campaign against Corporate America(Stanford 1983) p. 12에서 인용.

37 FBI 인선 간부들의 편지. D J Garrow, p. 187에서 인용.

38 R G Powers, *Secrecy and Power : The Life of Edgar J Hoover*(London 1987) p. 426 에서 인용.

39 R G Powers, p. 458.

40 R G Powers, p. 458과 D Cluster, p. 44.

41 D Cluster, p. 44.

42 수치는 C L Heath, p. 61.

43 흑표범당 필라델피아 지부의 지도자였던 Schell의 설명을 참조. D Cluster, pp. 61~62.

44 E Cleaver, *Soul on Fire*, p. 112.

45 B Seale, *Seize the Time*, p. 421.

46 B Seale, *Seize the Time*, pp. 421~422

47 C L Heath, p. 152.

48 E Cleaver, *Soul on fire*, p. 111.

49 Schell, D Cluster, p. 61~62에서 인용.

50 C L Heath, p.159~163에서 인용.

51 E Cleaver, *Soul on Fire*, p. 189.

52 John Watson과 한 인터뷰, *Fifth Estate*에 수록. J Geschwender, *Class, Race and Worker Insurgency*(New York 1977) p. 139에서 인용.

53 John Watson, 'Perspectives, a Summary Session', Geschwender, *Class, Race and Worker Insurgency*, p. 141에서 인용.

54 J Geschwender, *Class, Race and Worker Insurgency,* pp. 90~91에 인용된 *DRUM* 에서 발췌.

55 J Geschwender, *Class, Race and Worker Insurgency,* p. 145에서 인용.

56 D Georgakas and M Surkin, *Detroit : I do mind dying*(New York 1975) p. 117에서 인용.

57 D Georgakas and M Surkin, p. 117에서 인용.

58 Mike Hamlyn, J Geschwender, *Class, Race and Worker Insurgency,* p. 180에서 인용.

59 D Georgakas and M Surkin, p. 161 참조.

60 D Georgakas and M Surkin, p. 161.

61 D Georgakas and M Surkin, p. 179.

62 John Williams, Rufus Burke and Clint Maybury, J Geschwender, *Class, Race and Worker Insurgency,* p. 159에서 인용.

63 Mike Hamlyn, J Geschwender, *Class, Race and Worker Insurgency,* p. 178에서 인용.

64 D Georgakas and M Surkin, p. 162.

10장 이탈리아 : 길고 뜨거운 가을

1 이 일화는 A Martinelli, 'Organised Business and the Italian Politics', in P Lange and P S Tarrow(eds), p. 73에 나와 있다.

2 M Regini, 'Labour unions, industrial action and politics', in P Lange and P S Tarrow(eds)를 참조.

3 L Bobbio, p. 32.

4 M Salvati, 'Muddling through: Economics and Politics in Italy 1969~79', in P Lange and P S Tarrow(eds), p. 31.

5 M Regini, in P Lange and P S Tarrow(eds), pp. 52~53.

6 Andreas Savonuzzi, in *Socialist Worker*, 1969년 12월 11일.

7 M Sclavi, p. 96.

8 J R Low-Beer, *Protest and Participation : The New Working Class in Italy*(Cambridge 1978) p. 38.

9 J R Low-Beer, pp. 48~49.

10 M Sclavi, p. 253.

11 L Bobbio, pp. 49, 54.

12 A Savonuzzi, 'Italy' in *IS* 1 : 49, pp. 20~21.

13 M Salvati, 'Impasse for Italian Capitalism', in *NLR* 76, 1972년 11~12월, p. 24.

14 M Regini, in P Lange and P S Tarrow(eds), p. 5.

15 M Regini, in P Lange and P S Tarrow(eds), p. 53.

16 수치는 M Regini와 P Lange and P S Tarrow(eds), p. 64.

17 L Bobbio, p. 63 ; A Savonuzzi, in *IS* 1 : 49, p. 21.

18 *Quaderni di Avanguardia Operaia*, p. 62.

19 L Bobbio, p. 107.

20 L Bobbio, p. 49.

21 L Bobbio, p. 22.

22 L Bobbio, p. 68.

23 *Lotta Continua*, 1970년 2월 14일. L Bobbio, p. 59에서 인용.

24 L Bobbio, p. 58에서 인용.

25 L Bobbio, p. 65.

26 L Bobbio, pxv.

27 R Panzieri, *La Ripresa del Marxism-Leninism in Italia*(Milan 1972) 서문과 A Mangano, 'Per una Autocritica del '68', in *Praxis*(Palermo), nos 14~15, 1977 참조.

28 Mangano는 이런 시야는 Panzieri의 것이고 Tronti와 다른 사람들이 그의 생각을 조잡하게 만드는 데 일조했다고 주장했다.(A Mangano, in *Praxis*, nos 14~15.)

29 *Potere Operaio*, 1967년 3월 11일, L Bobbio, p. 8에서 인용.

30 *Potere Operaio*, 1967년 10월 26일, L Bobbio, p. 12에서 인용.

31 A Sofri, *Avanguardia e Massa*, L Bobbio, pp. 20~22에서 인용.

32 L Bobbio, pxii.

33 L Bobbio, p. xii.

34 L Bobbio, p. xiii.

35 Luciana Castellian의 인터뷰. *NLR* 151, 1985년 5월~6월.

36 Lucio Magri의 글 'What is a revolutionary party?' in *NLR* 60, 1970년 3월~4월에 실린 후기를 참조.

37 예를 들면, *Quaderni di Avanguardia Operaia,* vol. 1, pp. 187~204와 vol. 2, pp. 32~42를 참조.

38 L Bobbio, p. 64.

39 Corvisieri는 이탈리아에 관한 트로츠키의 글을 편집했다. Massimo Gorla는 1968년 5월 9일에 프랑스 파리의 JCR 모임에서 연설을 했다.

40 Avanguardia Operaia와 IS의 논쟁을 참조. *IS* 1 : 84 1985년 12월과 *Praxis* no. 9~10, 1976년 11~12월에 실린 Silverio Corvisieri와 한 인터뷰를 참조.

41 자세한 것은 *Quaderni di Avanguardia Operaia,* vol. 2, p. 92~94 참조.

42 L Bobbio, p. 80.

43 L Bobbio, p. 79에서 인용.

44 L Bobbio, p. 86.

45 L Bobbio, p. 191.

46 L Bobbio, p. 102.

47 L Bobbio, p. 117에서 인용.

48 쿠테타에 관한 분석은 M Gonzalez, 'Chile 1972~73 : The Workers United', in C Barker(ed), *Revolutionary Rehearsals*(London 1987), pp. 41~82.

49 이 설명은 1974년 4월 24일에 프랑크푸르트에서 있었던 칠레와의 연대를 위한 국제회의에서 일 마니페스토와 로타 콘티누아가 제출한 주장에 근거했다.

50 A Sofri, L Bobbio, p. 125에 인용.

51 *Quaderni di Avanguardia Operaia,* vol. 1, p. 80, pp. 198~204.

52 *Quaderni di Avanguardia Operaia*에 있는 분석 참조.

53 *Quaderni di Avanguardia Operaia*의 첫 번째 부분의 일반적 주장이다.

54 CUBs에게 일어난 일에 관한 설명은 G Cousins, in *the International Discussion Bulletin* no. 9(SWP London 1979), p. 13참조.

55 T Potter와 나의 논쟁 참조. *International Discussion bulletin*, no. 4(1977).

56 *Italy 1977 ~78 : Red Notes*(London 1978) ; L Bobbio, p. 147 참조.

57 나 자신이 그 회의에 참관했다.

58 회의에서 벌어진 논쟁은 L Bobbio, p. 178 ; *Italy 1977 ~78 : Red Notes*, pp. 81~96 참조.

59 L Bobbio, p. 163.

60 L Bobbio, p. 175.

61 L Bobbio, p. 178.

62 *Italy 1977 ~78 : Red Notes*, pp. 93~96에 실린 연설.

63　*International Discussion Bulletin*에 있는 문서에서 발췌, nos 2~3(1977년 3월) pp. 20~23.

64　*Italy 1977~78 : Red Notes*, p. 52.

65　*Italy 1977~78 : Red Notes*, p. 53에 나온 설명.

66　*Italy 1977~78 : Red Notes*, p. 25에 인용.

67　*Lotta Continua*, 1977년 3월 17일. *Italy 1977~78 : Red Notes*, p. 64에서 인용.

68　이것은 아주 대강의 설명일 수밖에 없다. *Italy 1980~81 : Red Notes*(London 1981), p. 21에 있는 Tony Negri와 한 인터뷰를 참조하라.

69　L Bobbio, pp. 104~105.

70　*Italy 1980~81 : Red Notes*, p. 3에 Sergio Bologna의 인터뷰.

71　*Italy 1980~81 : Red Notes*, p. 3의 Bologna의 인터뷰.

72　*Italy 1980~81 : Red Notes*에 있는 Bologna의 인터뷰. Castellina는 "새로운 시민전쟁의 분위기 속에서 수백 명이 살해당하고 수천 명이 투옥됐다."고 주장했지만 과장된 것으로 보인다. *NLR* 151, p. 35.

73　*Italy 1980~81 : Red Notes*의 Bologna의 인터뷰.

11장 꺼져 가는 불꽃

1　P Lange, G Ross and M Vannicelli, *Unions, Change and Crisis*(London 1982) p. 38.에 있는 수치.

2　P Lange, G Ross and M Vannicelli, p. 28.

3　CGT가 어떻게 활동했는가에 대한 설명은 'France : Results and Prospects', in *IS* 1 : 36, 1969년 4~5월에 있는 설명을 참조.

4　Volkhard Mosler and James Wickham in *IS* 1 : 49, 1971년 가을, pp. 22~23 참조.

5　V Mosler, 'The German Workers' Winter Sleep is Over', in *Socialist Worker*, 1969년 10월 2일 참조.

6　M Salvate and G Brosio, in *Daedalus*, 1979년 봄, p. 52.

7　수치는 P Armstrong, A Glyn and J Harrison, *Capitalism since World War Two*(London 1984) p. 378.

8　M Popp and R Gantzer, *Die Maoisten, die Modernen Volkstuemler*(Frankfurt-am-Main 1974) p. 7.

9　*Politischer Bericht des Zentral Komitees des Kommunistischen Bundes Westdeutschland*(Mannheim 1974) p. 70.

10　좀 긴 비판을 보려면, M Popp and R Gantzer의 글을 참조.

12장 상승기의 영국

1　후에 합병해 브리티시레일랜드가 되는 회사들과 강철 산업 분야에도 해당된다는 사실

은 잘 알려져 있다.

2 T Cliff, *The Employers' Offensive*(London 1970) p. 20 참조.

3 M Barker, 'Why is Merseyside so Militant?', in *Socialist Worker*, 1968년 11월 16일.

4 P Whitehead, p. 21에서 인용.

5 P Whitehead, p. 22에서 인용.

6 *Socialist Worker*, 1969년 5월 29일~6월 26일의 기사를 참조하라.

7 *Socialist Worker*, 1970년 2월 26일자에 있는 Vince Hall 참조.

8 *Socialist Worker*, 1970년 2월 19일과 26일.

9 R Protz, 'What Really Happened in St Helens', in *Socialist Worker*, 1970년 5월 23일자에서 인용.

10 'The Pilkington Strike', in *IS* 1 : 44(1970), p. 5.

11 경험 부족으로 인해, 파업위원회 사람들은 다수의 노동자들이 그들을 방어하는 파업에 참여하지 않을 것이 분명해졌을 때, 일자리를 유지할 필요성을 인식하고 투쟁에서 물러나는 전술을 택하지 못했다. 한 사람은 IS 사람들과의 장시간의 토론 끝에 다른 사람들의 비난을 무릅쓰고 작업에 복귀했다.

12 D Butler and M Pinto-Duschinsky, *The British General Election of 1970*(London 1971) p. 92.

13 P Whitehead, p. 54에서 인용.

14 *Socialist Worker*, 1970년 11월 14일.

15 *Socialist Worker*, 1971년 1월 16일.

16 *Socialist Worker*, 1971년 4월 10일과 E Wigham, *Strikes and the Government 1893~1981*(London 1982) p. 168 참조.

17 *Socialist Worker*, 1971년 5월 22일, 6월 19일, 6월 26일자 참조.

18 *Socialist Worker*, 1971년 5월 29일.

19 *Socialist Worker*, 1971년 6월 19일 참조.

20 *Socialist Worker*, 1971년 5월 1일자에서 인용.

21 P Whitehead, p. 80에서 인용.

22 P Whitehead, p. 81.

23 Peter Bain, *Socialist Worker*, 1972년 3월 4일자에 실린 글 참조.

24 *Socialist Worker*, 1971년 8월 28일.

25 *Socialist Worker*, 1972년 1월 15일.

26 *Socialist Worker*, 1972년 11월 13일.

27 *Socialist Worker*, 1972년 1월 8일.

28 *Socialist Worker*, 1972년 3월 11일.

29 *Socialist Worker*, 1971년 11월 6일.

30 *Socialist Worker*, 1972년 4월 22일.

31 P Whitehead, p. 74에서 인용.

32 *NLR* 92 (1975) pp. 9~10에 실린 인터뷰.

33 *NLR* 92 (1975) pp. 9~10에 실린 인터뷰.

34 *Socialist Worker*, 1972년 1월 22일.

35 *Socialist Worker*, 1972년 1월 29일.

36 *NLR* 92에 실린 Arthur Scargill의 인터뷰.

37 *NLR* 91, pp. 18~19에 실린 Scargill의 글.

38 G Jenkins, in *Socialist Review*, 1984년 4월, p. 12에서 인용.

39 Jim Prior, P Whitehead, p. 75에서 인용.

40 R Maudling, *Memoirs*(London 1978) pp. 160~161.

41 P Whitehead, p. 76에서 인용.

42 D Hurd, *An End to Promises*(London 1979) p. 103.

43 *Socialist Worker*, 1972년 4월 22일.

44 자세한 것은 *Socialist Worker*, 1972년 5월 6일 참조.

45 *Socialist Worker*, 1972년 5월 6일.

46 *Socialist Worker*, 1972년 5월 13일.

47 *Socialist Worker*, 1972년 5월 6일.

48 *Socialist Worker*, 1972년 5월 20일.

49 P Whitehead, p. 79에서 인용.

50 T Cliff, 'The Balance of Class Forces', in *IS* 2 : 6(1979)에서 인용된 Michael Fenn의 이야기.

51 Socialist worker, 1972년 7월 22일, 특별호에 실린 인터뷰.

52 *Socialist Worker*, 1972년 9월 2일. TUC의 초고를 볼 수 있었는데 지금 그 복사물을 가지고 있지는 않다.

53 P Whitehead, p. 88에서 인용.

54 P Whitehead, p. 87에서 인용.

55 E McCann, p. 64에 있는 영국군과 데리 방어 위원회 사이에 있었던 토론에 관한 설명을 참조하시오.

56 E McCann, p. 80.

57 Clann na hEireann, *The Battle of Belfast*(London, 1972) p. 18에 나와 있는 마켓 지역에서 있었던 싸움에 대한 묘사를 참조.

58 M Dillon and D Lehane, *Political Murders in Northern Ireland*(Harmondsworth 1973) 참조.

59 *Socialist Worker*, 1972년 7월 8일과 15일자에 실린 Mike Miller의 글을 참조하라.

60 *Socialist Worker*, 1971년 11월 6일.

61 존 팔머는 "영국·아일랜드 공산주의 조직"을 "오렌지당의 베이징 지부"라고 정확히 묘사했다.

62 P Whitehead, p. 88.

63 *Socialist Worker*, 1973년 3월 24일자에 실린 'What Went Wrong at Ford's?' ; *Socialist Worker*, 1973년 5월 3일과 12일.

64 *Socialist Worker*, 1973년 9월 1일, 8일, 15일, 22일 ; P Jones, 'Politics and the Shop Floor : 12 months at Chrysler, in *IS* 1 : 64(1973) p. 13.

65 *Socialist Worker*, 1973년 5월 5일.

66 *Socialist Worker*, 1973년 2월 3일과 17일.

67 *Socialist Worker*, 1973년 3월 17일.

68 *Socialist Worker*, 1973년 1월 27일.

69 *Socialist Worker*, 1973년 1월 20, 2월 3일, 3월 10일.

70 *Socialist Worker*, 1973년 2월 24일.

71 T Cliff, *Socialist Worker*, 1973년 3월 17일.

72 T Cliff, *Socialist Worker*, 1973년 3월 17일

73 *Socialist Worker*, 1973년 4월 7일과 14일자에 실린 글 참조.

74 자세한 것은 P Jones, in *IS* 1 : 64.

75 *IS* 1 : 64, p. 8에 인용된 P Jones의 말.

76 *Socialist Worker*, 1972년 2월 5일.

77 경찰 공격 이후 '망그로브 9인' 재판이 이어진 런던 노팅힐 지역의 사례는 *Socialist Worker*, 1971년 10월 9일자를 참조.

78 *Socialist Worker*, 1972년 9월 2일 참조.

79 *Socialist Worker*, 1972년 8월 5일자에 실린 T Cliff의 글.

80 *Socialist Worker*, 1973년 9월 8일.

81 *Socialist Worker*, 1973년 6월 23일.

82 *Socialist Worker*, 1973년 12월 1일자에서 인용.

83 P Whitehead, p. 109.

84 P Whitehead, p. 110에서 인용.

85 P Whitehead, p. 108에 있는 묘사.

86 *Socialist Worker*, "직장 폐쇄를 분쇄하자"라는 제목으로 나간 기사가 있었다.

87 *Socialist Worker*, 1972년 8월 5일.

88 P Whitehead p. 125에 있는 수치.

89 서리에 있는 콘-메크 엔지니어링의 노조 승인 파업에서 비롯됐다.

90 P Whitehead, p. 131에 인용된 Cambell Adamson.

91 P Whitehead, p. 143.

92 P Whitehead, p. 150.

93 P Whitehead, p. 152에 인용된 Sid Weighell.

94 P Whitehead, pp. 151~152에 설명된 사건.

95 이 말은 엥겔스가 한 것이다.

13장 포르투갈 : 시들어버린 혁명

1 Deniz Correia, *Socialist Worker*, 1975년 3월 1일자에서 인용.

2   Bob Light, in *Socialist Worker*, 1974년 7월 13일.

3   자세한 설명은 나의 책 *Class Struggles in Eastern Europe*(London 1983) 1부 참조.

4   B Light, *Socialist Worker*, 1974년 7월 13일.

5   *Revolucao*, 1974년 6월 14일. *Revolucao e Contra Revolucao*(Lisbon 1976) pp. 44~45.

6   *Socialist Worker*, 1974년 7월 27일자에 있는 리스본 금속 노조의 Antonio Martins dos Santos와 한 인터뷰.

7   A de Figueiredo, *Portugal: Fifty Years of Dictatorship*(Harmondsworth 1975) p. 247.

8   P Robinson, 'Portugal 1974~75 : Popular Power', in C Barker(ed), *Revolutionary Rehearsals*, p. 95에 있는 한 현장조합원의 이야기.

9   *Socialist Worker*, 1975년 3월 22일.

10   제4인터내셔널의 미국 분파인 미국 사회주의노동자당에 관련된 이야기.

11   J Rollo, 'Portugal : One Year After the Coup', in *IS* 1 : 77(1975) p. 17.

12   이런 현상에 대한 설명은 T Cliff, 'Deflected Permanent Revolution', in *IS* 1 : 12(spring 1963) 참조. 이 글은 같은 이름의 팸플릿(London 1981)에 재수록됐다.

13   *Socialist Worker*, 1975년 3월 22일 참조.

14   나는 7000명이 참여한 집회에서 "쿠날(Cunhal), 노동계급을 배신한 놈", "사회파시즘은 물러가라"라는 구호가 외쳐졌던 것을 기억한다.

15   *Revolucao e Contra Revolucao*, p. 42

16   *Revolucao e contra Revolucao*, p. 249.

17   *Revolucao e contra Revolucao*의 기사들을 참조하시오.

18   더 긴 논쟁은 나의 글 'Portugal : The Latest Phase', in *IS* 1 : 83, 1975년 11월 참조.

19   이런 사태 분석에 많은 나라의 사람들이 영향을 받았다.

20   P Naville, *Pouvoir Militaire et Socialisme au Portugal*(Paris 1975) p. 35.

21   *Portugal : Espoir du Socialisme*(Paris 1975) p. 70.

22   이 사건의 전모를 보려면 *Socialist Worker*, 1975년 6월 28일.

23   이 당시 미국의 SWP는 이런 주장을 폈다. 그리고 후에 만델의 제4인터내셔널 분파도 이를 지지했다.

24   Colin Sparks and Richard Noss, *Socialist Worker*(Lisbon), 1975년 7월 19일과 26일 참조.

25   PRP와 UDP의 회원들.

26   Richard Noss, *Socialist Worker*, 1975년 8월 30일.

27   Matos Gomes, *Socialist Worker*, 1975년 9월 20일자에서 인용.

28   Portugal Espoir du socialism, appendix 8, p. 117에 나와 있는 AFM에 대한 글을 참조.

29   *Socialist Worker*, 1975년 7월 12일자에 있는 Carlos Silva와 한 인터뷰.

30   *Socialist Worker*, 1975년 9월 20일자에 있는 Robin Ellis의 보고서.

31   Robin Ellis, *Socialist Worker*, 1975년 9월 20일.

32   *Socialist Worker*, 1975년 10월 4일자에 실린 Roger Kine and Margaret Renn의 기사.

33   *Socialist Worker*, 1975년 10월 4일자에 실린 리스본에서 쓴 나의 글.

34 *Socialist Worker*, 1975년 10월 4일자에 내가 쓴 글. 이 책에서는 기억을 떠올려 약간 보완했다.

35 이 문구는 레닌이 1917년 4월에 쓴 것이다.

36 A Gramsci, *Political Writings 1910~20*(London 1977) pp. 64~114와 L Trotsky, *The Lessons of October*(London 1971) pp. 56~57.

37 IS 전당대회에 참여한 PRP 대표단, *Socialist Worker*, 1975년 6월 14일.

38 T Cliff, 'Portugal : The Great Danger', *Socialist Worker*, 1975년 10월 18일.

39 T Cliff and C Harman, *Portugal : The Lessons of 25 November*(London 1975)에서 인용. 이 장(章)의 많은 주장은 이 팸플릿에 나온 내용이다.

40 전체 연설은 *Revolucao e Contra Revolucao*, p.470~471.

14장 그리스 대령들의 몰락

1 *Socialist Worker*, 1973년 11월 24일자에서 인용.

2 S Marks, 'Greece : The Junta stumbles', in *IS* 1 : 65, 1975년 12월, p. 14.

3 *Socialist Worker*, 1973년 3월 3일자에 실린 그리스 '사회주의 혁명' 그룹의 사람들.

4 이 시기에 관한 설명은 *IS* 1 : 65, p. 12와 이어지는 글에 실린 S Marks의 그리스 혁명적 사회주의자들에 관한 토론을 참조.

5 S Marks, in *IS* 1 : 65, p. 12.

6 이 설명은 *Socialist Worker*, 1972년 6월 24일자에 실린 George Gionis의 기사에 근거했다.

7 *Socialist Worker*, 1973년 11월 24일자 기사.

8 Christos Patrakes, in *Socialist Worker*, 1973년 11월 24일.

9 *Socialist Worker*, 1975년 8월 2일자에 실린 George Gionis의 기사.

10 그리스 '사회주의 혁명'의 회원인 Panos, 1987년에 있었던 인터뷰.

15장 프랑코주의의 종말

1 이 수치는 P Preston, *The Triumph of Democracy in Spain*(London 1986) p. 62.

2 F A Morcillo and others, p. 52.

3 F A Morcillo and others, p. 53.

4 F A Morcillo and others, p. 54.

5 F A Morcillo and others, pp. 39~40과 P Preston, p. 48.

6 R P Clark, *The Basques, the Franco Years and Beyond*(Nevada 1979) pp. 260~262.

7 F A Morcillo and others, p. 53.

8 *Socialist Workers*, 1975년 3월 8일자에 실린 바르셀로나 현지 보고.

9 *Socialist Workers*, 1975년 2월 22일.

10 *Socialist Workers*, 1975년 1월 25일.

11 수치는 R P Clark, pp. 6~7, 142~150.

12 수치는 R P Clark, p. 80.

13 R P Clark, p. 256.

14 R P Clark, p. 165.

15 P Preston, p. 68.

16 *Vanguardia*, P Preston, p. 51에서 인용.

17 P Preston, p. 75.

18 J M de Areilza, *Diario de un Ministro de la Monarchia*, 1975년 12월 30일, p. 36.

19 Areilza의 일기 p. 101에 윌슨과 칼라건, 그리고 다른 사람들과의 회합에 관한 글을 참조.

20 *Coordinadora de Euskadi de Commisiones Obreros*(Solidaridad, Vitoria, no date), translated in *Socialist Worker*, 3 April 1976.

21 *Coordinadora de Euskadi*, in *Socialist Worker*, 1976년 4월 3일.

22 *Coordinadora de Euskadi*, in *Socialist Worker*, 1976년 4월 3일.

23 R P Clark, p. 269.

24 *Washington Post* 기사, R P Clark, p. 270에서 인용.

25 P Preston, p. 83에서 인용.

26 *Voz Obrero*, translated in *Socialist Worker*, 1976년 4월 3일.

27 *Voz Obrero*, translated in *Socialist Worker*, 1976년 4월 3일.

28 *Socialist Worker*, 1976년 3월 6일.

29 *Financial Times*, 1976년 3월 14일.

30 비토리아 사태 다음 날 아레일사가 각료회의에 대해 자기 일기에 쓴 설명, Areilza's diary, p. 102

31 P Preston, p. 95.

32 이 시기에 대한 설명은 J Semprun, *Autobiografia de Frederico Sanchez*(Barcelona 1977)를 참조.

33 F A Morcillo and others, p. 131. USO는 소규모의 좌파 사회주의 노조였다.

34 *Cambio 16*, F A Morcillo and others, p. 138에서 인용.

35 *Las Provincias*, F A Morcillo and others, p. 138에서 인용.

36 P Preston, p. 95.

37 *Socialist Worker*, 1976년 4월 3일자에 실려 있는 인터뷰.

38 D Fabrigas and D Gimenez, *La huelga y la reforms, Sabadell, metal otone 76*(Madrid 1977)과 P F Grass, R Cliville and M Serracant, *Metal: 30 dias de huelga*(Sabadell 1976)의 글.

39 F A Morcillo and others, pp. 59~64 참조.

40 F A Morcillo and others, p. 138.

41 'Chequeo a la Vanguardia' in *Acción Comunista* 15(Frankfurt-am-Main 1973) p. 6.

42 1976년 봄에 있었던 OICE 대회를 개최할 즈음에는 지도부에서 평화적인 이행이 가능하다는 주장이 있었다. 그러나 사람들이 그 전에는 그런 말을 지도부한테서 들은 적이

없다고 한다.

43 A Amigo, *Pertur, ETA 1971~76*(San Sebastian 1978) p. 49.

44 OICE에 의해 회람된 문서, 1976년 3월.

45 1976년 11월에 나와 직접 이야기를 나눈 사람들.

46 *Euskadi Eskarra* and ESB/ANV.

16장 유럽 좌파의 위기

1 L Trotsky, *The First Five Years of the Communist International* vol. 2(New York 1972) pp. 76, 82.

2 1974년 4월의 내부 문건에 실린 IS 전국 위원회 보고서.

3 *Italy 1977~78 : Red Notes*, p. 83에서 인용.

4 1969년에 런던에서 있었던 모임에서 나는 감히 호치민의 정치가 가지고 있는 몇몇 요소를 비판했다. 강단에 있었던 다른 사람들은 — 타리크 알리, 에이드리언 미첼 — 나를 욕하면서 베트남 대사관에서 나온 사람과 공산당, 마오주의자들과 결합했다.

5 Guy Hocquenghen, *Lettre Ouverte a ceux qui sont passes du Mao au Rotary*(Paris 1987).

6 *The Guardian*(London), 1987년 여름에 나의 글.

7 자세한 설명은 L German, 'The Rise and Fall of the Women's Movement', in *IS* 2 : 37을 참조하시오. 이 절의 많은 내용은 그의 설명에 근거하고 있다.

8 *Black Dwarf*, 1969년 1월 10일. 쉴라 로보썸이 편집위원회에 있었지만, 이것을 제외하고는 별다른 여성 운동에 대한 기사가 없었다.

9 L German, in *IS* 2 : 37에서 인용.

10 S Rowbotham, L Segal and H Wainwright, *Beyond the Fragments*(London 1979). 이 책의 부제는 'Feminism and the re-making of socialism'이다.

11 *Italy 1977~78 : Red Notes*, p. 84에서 인용.

12 P Petti, in *Praxis*, February 1979, p. 84.

13 *Praxis*, 1978년 5월, p. 5.

14 전국학생회연합에서 이런 일이 되풀이해 일어났다. 여성 운동이라고 남아 있던 사람들은 *Spare Rib*의 편집부를 놓고 비참한 분열로 이어졌다.

17장 다음 번의 불꽃

1 이것은 영국 공산당의 월간지 ≪맑시즘 투데이≫가 1987년 6월에 개최한 그람시 컨퍼런스에서 스튜어트 홀(Stuart Hal)l과 에릭 홉스봄(Eric Hobsbawm)이 펼친 주장이었다. 이들은 1968년 세대들에게 열광적인 호응을 얻었다.

2 N Poulantzas, *State, Power and Socialism*(London 1978), F Claudin, *Eurocommunism and Socialism*(London 1977), P Anderson, 'The Antinomies of Antonio Gramsci', in *NLR*

100, 1976년 11월~1977년 1월, R Miliband, *Capitalist Democracy in Britain*(London 1982) 를 참조.

3   F Claudin, *The Communist Movement*(Harmondsworth 1975) p. 60.

4   F Claudin, *Eurocommunism and Socialism*, p. 108.

5   R Miliband, *Capitalist Democracy in Britain*, p. 157.

6   Tariq Ali, 'The Lessons of 1968' in *Socialist Review*, no 2, 1978년 5월 2일.

7   Mandel의 인터뷰, *NLR* 100, p. 110.

8   P Anderson, in *NLR* 100, p. 28.

9   'World Revolution and Communist Tactics', translated in Smart(ed), *Pannekoek and Gorter's Marxism*(London 1978) pp. 103~105.

10 A Gramsci, *Prison Notebooks*(London 1971) p. 235.

11 이 문제에 대한 그람시의 자세한 설명은 C Harman, *Gramsci versus Reformism* (London 1983) 참조.

12 그런 사회 제도들이 북아일랜드에서 살아남을 수 있었던 북아일랜드 호황의 미약한 영향과 어느 정도 연관이 있다.

13 T Cliff, 'On Perspectives', in *IS* 1:36, 1969년 4~5월, p. 17.

14 A Gramsci, *Prison Notebooks*, p. 333.

15 이 시기에 대한 자세한 설명은 C Harman, *The Lost Revolution : Germany 1918~23* (London 1997) 참조.

16 양차 세계대전 사이의 위기에 대한 설명은 C Harman, *Explaining the Crisis*(London 1984)에 있는 'The Crisis Last Time'을 참조하시오.

용어 설명

COHSE 영국보건의료노조.

COPCON 포르투갈 군대운동(AFM)의 특수 파견 부대. 좌파의 영향을 받음.

CORE 인종평등회의. 미국의 전투적 공민권 운동 조직.

CPSA 영국 사무직 공무원 노조.

CRS 프랑스 시위 진압 경찰.

CUBs 이탈리아의 현장조합원 조직들.

DRUM 도지 혁명적 노조 운동. 디트로이트의 흑인 노동자 조직.

ETA 바스크 민족주의 군사 조직.

FNLA 앙골라의 부족 조직. 미국과 남아공 아파르트헤이트 정부의 지원을 받음.

GMWU 영국 지방자치단체 노조. GMB의 전신.

Green Machine 미국 군인들이 미국 군대를 욕할 때 쓰는 여러 은어 중 하나.

International Socialists(IS) 영국의 주요 혁명적 사회주의 조직. SWP의 전신.

JCR 프랑스의 트로츠키주의 조직. LCR의 전신.

Jim Crow 미국 남부 여러 주의 백인 우월주의 관행과 제도를 일컫는 말.

Latin Quarter 라탱 지구. 전통적으로 학생과 지식인이 많이 사는 파리 세느강 좌안 지역.

LCR 프랑스와 스페인의 트로츠키주의 조직들 이름.

Lotta Continua 로타 콘티누아. 이탈리아의 혁명적 사회주의 조직과 그 조직의 신문 이름.

MES 포르투갈의 좌파 사회주의 조직.

MPLA 앙골라의 민족주의 운동

MRPP 1974~75년에 급속히 우경화한 포르투갈의 마오주의 조직.

MSI 이탈리아의 파시스트 정당.

NUPE 영국 보건의료 부문과 지방 정부 부문 육체 노동자들의 조직.

OICE 스페인 좌파 공산주의 조직. 자생주의·트로츠키주의·마오주의 사상의 영향을 받은 혁명적 조직.

ORT 스페인의 마르크스주의 조직.

PDUP 극좌파보다 우파적인 이탈리아의 정당. 일부 노조 간부들에게 영향을 미침.

PRP 게릴라전 이론과 혁명적 사회주의 사상이 뒤섞인 포르투갈의 혁명적 조직.

PSU 프랑스의 좌파 사회주의 정당.

PTE 스페인의 마르크스주의 조직.

RSSF 영국의 혁명적사회주의학생연합.

SCLC 남부기독교지도자회의. 마틴 루서 킹이 이끈 미국 남부의 공민권 운동 조직.

SDS 독일 사회주의학생연맹과 미국 민주학생연합의 머리글자.

SNCC 주로 학생들로 이루어진 미국의 전투적인 공민권 운동 조직. 나중에 블랙 파워를 지지함.

SOGAT 영국의 인쇄 노조.

SUV '단결한 병사들은 승리한다'. 포르투갈의 일반 사병 조직.

TASS 영국의 화이트칼라 금속 노동자들의 노조.

TGWU 영국의 운수일반노조. 몇 년 전까지 영국 최대 노조였음. 주로 반숙련·미숙련 노동자들의 조직.

UCATT 영국의 건설 노조.

UDP 포르투갈의 좌파 마오주의 조직.

UGT 사회민주주의자들이 지배한 스페인의 노조 연맹.

UIL 사회민주주의자들이 지배한 이탈리아의 노조 연맹.

UNEF 좌파 정치를 가진 프랑스의 주요 학생 조직.

USO 스페인의 좌파 사회주의 노조 연맹.

Vietcing(베트콩) 베트남 민족해방전선을 일컫는 미군의 용어.

VSC 영국 베트남연대운동.

참고 도서

1968년에 관한 책 세 권이 10년 전 이 책의 출간과 동시에 나왔다. 가장 방대한 데이빗 코트(David Caute)의 ≪1968≫(*Nineteen Sixty Eight*)은 그 해의 많은 운동과 시위를 자세히 다루고 있지만, 부분적으로 피상적이고 부정확하다. 로널드 프레이저(Ronald Fraser)의 구술사(口述史) ≪68 — 반란의 세대≫(*68 — A generation in Revolt*)[국역 : ≪1968년의 목소리≫, 박종철출판사]는 더 낫긴 하지만 거의 완전히 학생 활동가들에게만 국한시킨 문제가 있다. 두 책 다 1968년 이후를 1970년대 전반기의 노동자 투쟁과 연결시켜 설명하지 않고 있다. 타리크 알리(Tariq Ali)의 ≪거리 투쟁 시절≫(*Street Fighting Years*)은 그 시기에 대한 개인적 회고들과 저자 자신의 경험들을 담고 있는데, 전체적 설명을 시도하고 있지는 않다.

그 시기 전체 이탈리아 상황에 대한 훌륭한 통찰을 보여 주는 책이 두 권 있다. 비록 그 저자들이 더는 자신들을 혁명가로 여기지 않고 있지만 말이다. 폴 긴스버그(Paul Ginsborg)의 ≪현대 이탈리아사≫(*A History of Contemporary Italy*)는 1968년과 그 이후의 운동을 초래한 변화들을 아주 잘 설명하고 있고, 로버트 럼리(Robert Lumley)의 ≪비상사태 : 1968~1978 이탈리아 반란의 문화≫(*States of Emergency : Cultures of Revolt in Italy from 1968 to 1978*)는 그 저항 시기 전체에 대한 설명이다.

세바스티안 밸푸어(Sebastian Balfour)의 ≪독재, 노동자, 도시 : 1939년 이후의 바르셀로나 노동자≫(*Dictatorship, Workers and the City : Labour in Greater Barcelona since 1939*)는 스페인 제2의 도시 노동자 운동이 프랑코 정권에 한 도

전한 것을 탁월하게 설명하고 있다.

존 L 해먼드(John L Hammond)의 ≪민중 권력 수립하기≫(*Building Popular Power*)는 카에타누 타도부터 혁명적 구조의 해체까지 포르투갈 사태를 자세히 묘사하고 있다.

테리 H 앤더슨(Terry H Anderson)의 ≪운동과 1960년대≫(*The Movement and the Sixties*)는 베트남 전쟁이 끝나고 닉슨이 사임할 때까지 미국의 운동을 자세히, 그러나 약간 단조롭게 설명하고 있다.

미국의 공민권 운동과 흑인 운동을 꽤 자세히, 그리고 흔히 자전적으로 설명한 책들이 몇 권 있다. 데이빗 J 개로(David J Garrow)의 ≪십자가를 지다≫(*Bearing the Cross*)는 십중팔구 마틴 루서 킹과 SCLC 관련 저작의 결정판이라고 할 수 있다. 헨리 햄프턴(Henry Hampton)과 스티브 페이어(Steve Fayer)의 ≪자유의 목소리≫(*Voices of Freedom*)는 모든 투쟁에서 나온 연설문과 회고담을 모아 놓은 것이다. 허브 보이드(Herb Boyd)의 ≪알기 쉬운 흑표범당≫(*Black Panthers for Beginners*)은 흑표범당의 성장과 몰락을 평이하면서도 정확하게 설명하고 있다. 일레인 브라운(Elaine Brown)의 ≪권력의 취향≫(*A Taste of Power*)과 데이빗 힐러드(David Hillard), 루이스 콜(Lewis Cole)의 ≪영광의 이면≫(*This Side of Glory*)은 주요 활동가들의 얘기를 담고 있다.

찾아보기

인명

사항

445, 446, 468

약어

신문·잡지